Exilforschung · Ein internationales Jahrbuch · Band 3

Fördernde Institutionen/Supporting Institutions

Akademie der Künste, West-Berlin

Leo-Baeck-Institute, New York

Friedrich-Ebert-Stiftung, Bonn

Lion-Feuchtwanger-Institute, Los Angeles

University of Alabama

State University of New York at Albany

Technische Universität Berlin

California State University, Long Beach

University of South Carolina, Columbia

Wayne State University, Detroit

Philipps-Universität Marburg

Smith College, Northampton

University of Illinois, Urbana

Julius-Maximilians-Universität Würzburg

Hessischer Sparkassen- und Giroverband

EXILFORSCHUNG

EIN INTERNATIONALES JAHRBUCH

Band 3
1985
Gedanken an
Deutschland im Exil
und andere Themen

Herausgegeben im Auftrag der
Gesellschaft für Exilforschung / Society for Exile Studies
von Thomas Koebner, Wulf Köpke und Joachim Radkau

edition text + kritik

Anschrift der Redaktion
Prof. Dr. Thomas Koebner
Institut für Neuere deutsche Literatur
Philipps-Universität Marburg
Wilhelm-Röpke-Str. 6 A
3550 Marburg

CIP-Kurztitelaufnahme der Deutschen Bibliothek

Exilforschung: e. internat. Jahrbuch / hg. im
Auftr. d. Ges. für Exilforschung. – [München]:
edition text + kritik
    Erscheint jährl.
Bd. 3 (1985) –

© edition text + kritik GmbH, München 1985
Satz: Fertigsatz GmbH, München
Druck: Weber Offset GmbH, München
Buchbinder: Vogel GmbH, Haar
Umschlagentwurf: Dieter Vollendorf, München
ISBN 3-88377-205-4

Inhaltsverzeichnis

Vorwort 9

Gedanken an Deutschland im Exil

Bernd Faulenbach	Der »deutsche Weg« aus der Sicht des Exils. Zum Urteil emigrierter Historiker	11
Ehrhard Bahr	Paul Tillich und das Problem einer deutschen Exilregierung in den Vereinigten Staaten	31
Helga Grebing	Was wird aus Deutschland nach dem Krieg? Perspektiven linkssozialistischer Emigration für den Neuaufbau Deutschlands nach dem Zusammenbruch der nationalsozialistischen Diktatur	43
Willi Jasper	»Sie waren selbständige Denker«. Erinnerungen an die »Affäre Breitscheid/Hilferding« und die sozialdemokratische Emigration von 1933 bis 1945. Ein Gespräch mit Fritz Heine	59
Joachim Radkau	Richard Wagners Erlösung vom Faschismus durch die Emigration	71

Politik der Verfolgung – Politik der Verfolgten

Lieselotte Maas	Kurfürstendamm auf den Champs-Elysées? Der Verlust von Realität und Moral beim Versuch einer Tageszeitung im Exil	106

Claus-Dieter Krohn	»Nobody has a right to come into the United States«. Die amerikanischen Behörden und das Flüchtlingsproblem nach 1933	127
Patrik von zur Mühlen	Der »Gegenführer« im Exil. Die Otto-Strasser-Bewegung in Lateinamerika	143
Richard Albrecht	»Die ›braune Pest‹ kommt ...«. Aspekte der Verfolgung Frank Arnaus im Exil 1933/34	158
Helmut G. Asper	Max Ophüls gegen Hitler	173
Beate Messerschmidt	»Von Deutschland herübergekommen«. Die Vertreibung des freiheitlichen Gildengeistes 1933. Zur Buchgemeinschaft »Büchergilde Gutenberg«	183

Exil als geistige Lebensform – der Autor im fremden Land

Dagmar Barnouw	Exil als Allegorie: Walter Benjamin und die Autorität des Kritikers	197
Erich Kleinschmidt	»Sprache, die meine Wohnung war«. Exil und Sprachidee bei Peter Weiss	215
Wulf Köpke	Die Wirkung des Exils auf Sprache und Stil. Ein Vorschlag zur Forschung	225
Alexander Stephan	Ein Exilroman als Bestseller. Anna Seghers' *The Seventh Cross* in den USA. Analyse und Dokumente	238
Georg Bollenbeck	Vom Exil zur Diaspora. Zu Oskar Maria Grafs Roman *Die Flucht ins Mittelmäßige*	260
Siegfried Mews	Von der Ohnmacht der Intellektuellen: Christopher Hamptons *Tales from Hollywood*	270

Lebensläufe im Exil

Klaus Müller-Salget	Zum Beispiel: Heinz Liepmann	286
Heike Klapdor-Kops	»Und was die Verfasserin betrifft, laßt uns weitersehen«. Die Rekonstruktion der schriftstellerischen Laufbahn Anna Gmeyners	313
Thomas Lange	Emigration nach China: Wie aus Klara Blum Dshu Bailan wurde	339
Alfons Söllner	Deutsch-jüdische Identitätsprobleme. Drei Lebensgeschichten intellektueller Emigranten	349
Friedrich Kröhnke	Surrealismus und deutsches Exil. Eine mexikanische Episode	359
Hans Keilson	»Sie werden von niemandem erwartet«. Eine Untersuchung über verwaiste jüdische Kinder und deren ›sequentielle Traumatisierung‹	374
	Kurzbiographien der Autoren	396

Vorwort

Als Einstiegsthema war für diesen Band das Stichwort »Deutschland« ausgegeben worden. Die Auswanderung, die Flucht konnte nur dann zum »Exil« werden, wenn man irgendeine, über territoriale Grenzen hinausreichende Vorstellung von »Deutschland« besaß und sich selber innerhalb dieses imaginären Landes zu lokalisieren vermochte. Unter den Emigranten war besonders während der ersten Jahre die Vorstellung beliebt, sich als das »wahre«, das »bessere« Deutschland zu begreifen. Man mag daran zweifeln, ob dieses Selbstgefühl – auf der Ebene der Manifeste und feierlichen Akte zur Schau gestellt – auch das Alltagsbewußtsein des Exils prägte; schon Tucholsky hat über ein derartiges Wunschdenken seinen bitteren Spott ausgegossen. In neuerer Zeit neigt die Geschichtsforschung dazu, eher die Zusammenhänge zwischen der NS-Zeit und der davorliegenden deutschen Geschichte herauszuarbeiten. Die Bemühungen des Exils, die deutsche Kultur als ein »anderes Deutschland« und einen Widerpart zum Faschismus aufzubauen, wirken aus heutiger Sicht leicht als eine geistige Sackgasse: Mag diese Strategie auch im Kampf gegen den Nazismus nicht ohne Nutzen gewesen sein, so scheint sie doch kaum über 1945 hinauszuführen. Für die spätere wissenschaftliche Diskussion über deutsche Kontinuitäten sind indessen – was bisher kaum wahrgenommen worden ist – im Exil ebenso Grundlagen geschaffen worden.

Dennoch – der Anspruch des Exils, das kulturelle Erbe Deutschlands zu hüten und an eine neue Zukunft zu vermitteln, war keine bloße Phrase. Die Emigranten verkörperten gewiß ein erhebliches Stück der deutschen Kultur: allerdings kein einheitliches, das sich auf einen Begriff hätte bringen lassen, auch nicht auf den Begriff »Antifaschismus«. Man muß unterscheiden – und hier liegt ein weites Forschungsfeld – zwischen den Vorstellungen, die das Exil von sich selbst und »seinem« Deutschland ausbildete, und den deutschen Traditionen, die es tatsächlich umfaßte und fortentwickelte. Zwar gab es die Deutschland-Ideale und -Pläne des Exils; aber es gab auch ungeplante und unvorhergesehene Einwirkungen von Emigranten auf das politische und kulturelle Klima Deutschlands nach 1945.

Ist es zulässig, dabei von deutscher »Identität« zu reden? Am ehesten wohl in dem folgenden Sinne: Die neuere deutsche Geschichte wurde zum Lehrstück schlechthin für die katastrophalen Konsequenzen des autonomen Nationalstaats und der Gleichsetzung von Politik und Gewalt. Von nationaler historischer Identität ist in Deutschland heutzutage am ehesten dort zu reden, wo diese Lehre angenommen wird – am allerwenigsten bei einem Nationalismus, der die reale deutsche Geschichte mit ihren Konsequenzen nicht sehen will. Zu einer deutschen Identitätsfindung dieser Art hat das Exil vieles beigetragen: Denn in ihm begann der Diskurs über die ›Wende‹ von 1933 und nicht erst nach 1945. Natürlich führte er nicht zu einem einhelligen Ergebnis; auch die deutsche Spaltung wurde im Exil vorbereitet.

Mindestens so gewichtig aber wie jenes »andere Deutschland«, das die Emigranten in der Vergangenheit suchten, sind jene neuen politischen und kulturellen Identitäten, die sich unterdessen im Exil entwickelten. Der erzwungenen Ausbildung eines anders gearteten Selbstverständnisses im Exil – oft gleichbedeutend mit der Vernichtung des alten Ich und seiner spezifischen Vergangenheit und Zukunft – gelten die Beiträge, die unter dem Stichwort »Lebensläufe« versammelt sind. Nicht selten ist hier von einer Abkehr die Rede, einer Abkehr in Gedanken und Taten. Doch der Versuch, eine ganz neue Identität zu finden, gelingt sehr selten, so hartnäckig er auch unternommen wird. Wie immer man den Grad der Determinierung des Menschen durch die Muttersprache einschätzen mag: jeder Schriftsteller des Exils ist mit dem Problem konfrontiert gewesen, in welcher Sprache er denn jetzt eigentlich schreiben solle – und für welches Publikum.

Identität war in besonderem Maße für deutsch-jüdische Emigranten in Frage gestellt. Sie hatten sich in ihrer Mehrheit als ehrliche deutsche Patrioten gefühlt und die Ideale der deutschen Kultur besonders ernst genommen. Mit dem Entzug der Existenzmöglichkeit und dann der Androhung der physischen Vernichtung war ihnen weit mehr genommen worden als nur ein »Gastland«. Ihr Leiden an Deutschland fiel besonders intensiv aus, und es gelang ihnen keineswegs leichter als anderen, ihre nationale Identität abzuschütteln. So spiegeln sich Deutschland-Probleme auch auf individueller Ebene, unabhängig davon, ob ein Mensch politisch aktiv gewesen ist oder nicht.

Bernd Faulenbach

Der »deutsche Weg« aus der Sicht des Exils.
Zum Urteil emigrierter Historiker

Zur Gruppe der Historiker

Die seit der Reichsgründung sich entwickelnde Vorstellung, daß sich die deutsche politische, soziale und kulturelle Entwicklung von der übrigen europäischen, insbesondere der westeuropäischen, grundlegend unterscheide, bildet eine wesentliche Komponente deutscher Selbstinterpretation und damit auch der realen historischen Entwicklung, die sie zugleich – wenn auch vielfach gebrochen – reflektiert.[1] Offensichtlich gab es für das Bildungsbürgertum in der späteren Bismarckzeit und in der Wilhelminischen Zeit ein ausgesprochenes Bedürfnis, das Kaiserreich und seine spezifische Struktur im historischen Zusammenhang und im Hinblick auf die andersartige westeuropäische Entwicklung zu rechtfertigen, ein Bedürfnis, das unter den Vorzeichen des Kulturkrieges im Ersten Weltkrieg zur Ausbildung der »Ideen von 1914« führte. Der die besondere deutsche Entwicklung legitimierenden Anschauung stand vor 1914 freilich in der Sozialdemokratie und ansatzweise auch im Linksliberalismus eine Einschätzung gegenüber, nach der die politische Entwicklung Preußen-Deutschlands als Fehlentwicklung oder als durch Rückständigkeit und Stagnation gekennzeichnet zu begreifen war.

Der Zusammenbruch des Kaiserreichs, die Novemberrevolution und die Etablierung der Weimarer Republik 1918/19 schienen ein Einmünden der deutschen in die (west)europäische Entwicklung und damit die Aufgabe einer besonderen deutschen Entwicklung zu signalisieren – und so ist die neue Situation, verbunden mit einer kritischen Bewertung der Geschichte des Kaiserreiches, vielfach auch gesehen worden. Daneben aber stand das Bemühen um Kontinuität zur besonderen deutschen Entwicklung der Vergangenheit oder auch der dezidierte Wille, die besondere deutsche Entwicklung durch Überwindung der Weimarer Republik und ihrer Kultur freizusetzen.[2] Die NS-Machtübernahme wurde zwar als »deutsche Revolution«, zugleich aber auch als Rückkehr zu den preußisch-deutschen Traditionen der Vergangenheit interpretiert.[3] Unzweifelhaft machte sie das erneute Auseinandertreten der deutschen und der westeuropäischen Entwicklung manifest. Und ähnlich wie vor dem Ersten Weltkrieg standen sich zwei Wertungen gegenüber: die des positiven deutschen Weges und die der deutschen Anomalie, wobei letzteres in Deutschland nicht mehr offen artikuliert werden konnte.

Wir fragen in dieser essayistischen Skizze nach der Beurteilung der deutschen Entwicklung durch Emigranten, genauer durch emigrierte Historiker, die nicht nur Opfer dieser »besonderen« Entwicklung waren, sondern sich mit dieser auch – qua Profession – beschäftigten.[4] Bei allen politischen und weltanschaulichen Unterschieden hatten die emigrierten Historiker – wie alle Emigranten – »eine gemeinsame biographische Erfahrung, nämlich die politisch veranlaßte, wenn nicht erzwungene Auswanderung oder Flucht aus dem Herrschaftsbereich des nationalsozialistischen Regimes«.[5] Es soll hier gefragt werden, wie sie diese Erfahrung, aber auch die politische Entwicklung in Deutschland, den Zweiten Weltkrieg, die deutsche Niederlage und die deutsche Nachkriegsentwicklung, in ihrer Beurteilung der deutschen Geschichte verarbeitet haben.[6] Gibt es gemeinsame Züge der Interpretation der Geschichte durch diese Historiker? Welche Haltung nahmen sie gegenüber dem Vansittartismus ein, der eine spezifische Interpretation der deutschen Geschichte implizierte?[7] Welche Rolle spielt die Anschauung der politischen Kultur der Gastländer, namentlich die Englands und der USA?

Wir gehen diesen Fragen im wesentlichen an Hand von drei historischen Komplexen nach:
– der Beziehung von deutscher Geschichte und deutschem Charakter,
– der preußisch-deutschen Entwicklung, der Rolle Preußens für die deutsche Geschichte des 19. Jahrhunderts, der Reichsgründung und der Geschichte des Zweiten Reiches und ihrer Folgen,
– der Geschichte des »anderen Deutschlands«, der Rolle des deutschen Idealismus und der Geschichte des deutschen Liberalismus und der Demokratie.

Selbstverständlich kann die Beurteilung der deutschen Geschichte durch emigrierte Historiker nicht abstrahieren von der Gesamtdiskussion über die besondere deutsche Entwicklung. Es ist vielmehr zu fragen nach der Kontinuität der Interpretationen zur Diskussion der Weimarer Zeit, nach dem kommunikativen Zusammenhang zu gleichzeitigen Interpretationen der Historiker im NS-Deutschland – auch in der Negation ist eine dialektische Verknüpfung denkbar – und zur Nachkriegsdiskussion in Deutschland, wobei von Interesse ist, inwieweit die Emigranten auf die Nachkriegsdiskussion haben einwirken können.

Eine Auseinandersetzung mit der Historiographie der Emigration kann sich dementsprechend nicht auf die Jahre 1933 bis 1945 beschränken, sondern hat die Vor- und Nachgeschichte einzubeziehen. In politisch-wissenschaftlicher Hinsicht, d. h. in ihrer Stellung zu den vorherrschenden Positionen der Zunft, bildet ein Teil der später emigrierenden Historiker schon in der Weimarer Zeit eine Gruppe mit eigenem Profil, wenn auch nicht unbedingt mit einem gemeinsamen Gruppenbewußtsein; unter den emigrierten Historikern herrschen liberale, linksliberale und linke Positionen vor.[8] Zu berücksichtigen hat die Beschäftigung mit der Historiographie der Emigration auch, daß nicht wenige der emigrierten Historiker erst nach 1945 größere Arbeiten über die besondere deutsche Entwicklung veröffentlicht haben, abgesehen davon, daß nur ein Teil – von den namhaften Historikern nur Hans Rothfels – nach Deutschland zurückgekehrt ist. 1945 kann also keineswegs als Ende der Emigrationsdiskussion betrachtet werden. Wie die kulturelle Emigration als »Teil der deutschsprachigen Kultur im 20. Jahrhundert« zu sehen ist[9], so die Geschichtsschreibung der emigrierten Historiker als Teil der deutschen historischen Diskussion dieser Epoche.

I Deutsche Geschichte und deutscher Nationalcharakter

Im Hintergrund zahlreicher Diskussionen von Emigranten stand – wenn auch nicht immer ausgesprochen – die Frage, wie es zu 1933 kommen konnte. In einer Deklaration des »Fight for Freedom Committee«, einer Vereinigung der Vansittartisten in England, anläßlich der 10. Wiederkehr der NS-Machtergreifung, heißt es: »The 30th January was not a break with, but the result of German political development for the last three generations.«[10] Doch gerade aus der Sicht dieser Richtung waren die Ursachen von 1933 nicht nur in der neuesten deutschen Geschichte, sondern vor allem im deutschen Nationalcharakter zu suchen. In welcher Beziehung standen aus der Sicht der Emigration Nationalcharakter und Geschichte? Helmuth Plessner stellt in der Neuauflage seines 1935 in Holland erschienenen Buchs über das *Schicksal des deutschen Geistes im Ausgang seiner bürgerlichen Epoche* pointiert fest: »feste Charakteranlagen für die Taten und Leiden einer Nation verantwortlich machen (...) heißt aber die Geschichte umdrehen, in der und an der sie sich gebildet haben.«[11]

Schon in der Geschichtsschreibung der Weimarer Zeit war der deutsche Volkscharakter Gegenstand historischer Betrachtung gewesen und zusammen mit der deutschen geopolitischen Lage als wichtige Determinante der deutschen Geschichte genannt worden.[12] Auch bei den emigrierten Historikern spielte der Begriff eines deutschen Volks- bzw. Nationalcharakters eine bedeutsame Rolle, nicht zuletzt auch deshalb, weil bestimmte deutsche Spezifika aus der Sicht des Exils besonders bewußt wurden. Einige der Nationalcharakter-Interpretationen der Emigranten waren freilich schon in der Weimarer Zeit entstanden, so Eugen Rosenstock-Huessys Buch über die europäischen Revolutionen, das der Autor für das amerikanische Publikum umschrieb. Rosenstock-Huessy erklärte die Entstehung der europäischen Nationen aus revolutionären Umbrüchen, wobei die deutsche Nation ihre Prägung durch die Fürstenrevolution der Reformation erhalten hatte.[13] Auch das 1937 in Zürich erschienene Buch Erich Kahlers *Der deutsche Charakter in der Geschichte Europas*, das den deutschen Charakter im Hinblick auf die verschiedensten Bereiche des politischen, gesellschaftlichen und kulturellen Lebens zu bestimmen versucht, war noch in der Endphase von Weimar geschrieben worden.[14]

Nach dem Ausbruch des Zweiten Weltkrieges wurde die Frage nach dem deutschen Charakter zum Thema der englischen und amerikanischen Öffentlichkeit, was sich zwangsläufig auch auf die Diskussion der Emigranten auswirkte. Der Schriftsteller Emil Ludwig interpretierte den Nazismus als »akuten Ausbruch eines Jahrhunderte schwebenden Verhängnisses«; er sah den Nazismus als Produkt der gesamten deutschen Geschichte.[15] Doch auch Veit Valentins während des Krieges entstandenes, 1946 in New York veröffentlichtes Buch *The German People: Their History and Civilization from the Holy German Empire to the Third Reich* läßt die Tendenz erkennen, die Prägung des Nationalcharakters durch die Geschichte und der Geschichte durch den Nationalcharakter in einer Weise aufzuschlüsseln, die eine Affinität zu vansittartistischen Deutungen zu verraten scheint.[16] »Wer seine Geschichte studiert« – so meint Valentin – »kommt dem deutschen Volkscharakter näher und wird, wenn er es richtig macht, den deutschen Volkscharakter verstehen (...)«.[17]

Valentin stellt zwar – die Linie seiner Geschichtsschreibung über die Revolution von 1948 in der Weimarer Republik fortsetzend[18] – auch die Geschichte der liberalen und demokratischen Kräfte in Deutschland dar; er versucht zu zeigen, »wie wesentlich die Zusammengehörigkeit der Deutschen mit ihren westlichen Nachbarn immer war, wie stark demokratische und liberale Kräfte gegen den Militarismus und Autoritätsglauben arbeiteten, warum es immer wieder revolutionäre Bewegungen gab und wieso sie bis jetzt scheiterten«.[19] Doch interpretierte er zugleich den Nationalsozialismus als »die Summe der deutschen Vergangenheit« und als die »entscheidende Lebenskrise des deutschen Volkes«.[20] Der Nazismus wiederhole »alle wichtigeren Triebkräfte der deutschen Geschichtsentwicklung, um sie zu einer Krise von einzigartiger Spannung zusammenzufassen«.[21] Im Nationalsozialismus zum Ausdruck kommende Merkmale des deutschen Volkscharakters waren aus Valentins Sicht u. a. folgende kollektive Unzulänglichkeiten: Servilität, Engherzigkeit, kriegsbereite Autoritätsgläubigkeit, Einseitigkeit, wie sie u. a. das deutsche »Fachmenschentum« kennzeichne, Irrationalismus und Wirklichkeitsferne, mangelnde Fähigkeit zur internationalen Politik – Aspekte, die Valentin vor allem mit geographischer Vielfalt und kleinstaatlich-obrigkeitsstaatlichen Strukturen in Zusammenhang brachte.[22] Wie andere deutsche Historiker – z. B. Gerhard Ritter[23] – große Einzelpersönlichkeiten als Verkörperung des deutschen Nationalcharakters betrachtend, kennzeichnet Valentin Hitler als das »deutsche Genie als Demagoge«[24], wobei deutlich wird, wie schwer es bei Beibehaltung eines traditionellen, auf die Einzel- und Kollektivindividualitäten gerichteten, die Sozial- und Strukturgeschichte weitgehend ausblendenden Blickwinkels war, den Nationalsozialismus im Kontext der deutschen Geschichte zu erklären.

Zu Valentins, die Emigrantensituation reflektierender, zwiespältiger Interpretation, nach der der Nazismus Ausdruck der deutschen Geschichte ist und es dennoch ein »anderes Deutschland« gibt, paßt es, daß das Buch mit der Bekundung der Hoffnung auf ein neues Deutschland abschließt.[25] Die Emigranten haben sich während des Krieges und danach vielfach gegen eine zu weitgehende Identifikation von deutschem Volk und Nationalsozialismus gewandt, so etwa Hans Rothfels 1947 in seinem Vortrag über den deutschen Widerstand, der dem Stereotyp des unterwürfigen und amoralischen Deutschen widersprach.[26] Die Wandelbarkeit der Deutschen, die Voraussetzung der Reeducation und auch eigener pädagogischer Bemühungen war, wurde in der Nachkriegszeit häufig betont.[27]

Zugleich aber ist die Frage nach den langfristigen politisch-kulturellen Prägungen der deutschen Nation in der Nachkriegszeit immer wieder von den Emigranten gestellt worden. Der Politologe Franz Neumann, der mit seinem *Behemoth* eines der bedeutendsten Bücher der Emigration über das NS-System geschrieben hat und an der Entwicklung amerikanischer Neuordnungsvorstellungen Anteil hatte, meinte 1948, daß es gewiß schwierig sei, über die psychische Struktur der deutschen Nation Aussagen zu machen, dagegen aber möglich, »sich über die hervorstechenden Tatsachen der deutschen Geschichte weitgehend zu einigen, über ihre Besonderheiten, die Deutschland von Westeuropa unterscheiden«, und nannte dabei insbesondere das Fehlen einer erfolgreichen Revolution und einer militanten liberalen Bewegung, so daß der Fortschritt immer von oben diktiert worden sei: »Die Eigentümlichkeit der modernen deutschen Geschichte läßt sich in der These zusammenfassen, daß sie wesentlich die Geschichte der herrschenden Klassen und nicht die Geschichte des Volkes ist.«[28] Die Frage nach dem deutschen Nationalcharakter verschob sich zur Frage nach den Spezifika deutscher Geschichte. Hans Kohn – der in einem weiteren Sinne Emigrantenkreisen zugerechnet werden kann[29] – unterstrich in seinem Buch *The Mind of Germany. The Education of the Nation*, daß kein Volk von Natur aus militaristisch oder aggressiv sei, vielmehr Produkt geschichtlicher Umstände und Entscheidungen.[30] Insofern erschien ihm der NS nicht als Abirrung, eher schon als Konsequenz deutscher Geschichte oder bestimmter – nicht zuletzt geistesgeschichtlicher – Traditionen.

Ganz überwunden wurde die charakterologische Interpretation der deutschen Geschichte unter den Emigranten in den Nachkriegsjahren freilich nicht, wie Erich Kahlers in den fünfziger Jahren entstandenes Buch *The Germans* zeigt, in dem er, die Thesen seines früheren Buches noch zuspitzend, die Prägung des deutschen Charakters bis in die Zeit der Auseinandersetzung der germanischen Stämme mit dem Imperium Romanum zurückverfolgte, mit seiner Interpretation freilich auf den Widerspruch Gerhard Masurs stieß, der zwar die Existenz von Nationalcharakteren anerkannte, doch diese als »Ergebnis unendlich vieler Einflüsse und Umstände« bezeichnete.[31]

Es läßt sich feststellen, daß emigrierte Historiker, an der Diskussion in der angelsächsischen Öffentlichkeit über den deutschen Nationalcharakter partizipierend, dessen Prägungen – ähnlich wie Historiker in der NS-Zeit – mehr oder weniger weit in die Geschichte verfolgt haben. Dieses Bemühen überschnitt sich mit dem Versuch, Charakteristika der deutschen Geschichte festzustellen und Kontinuitäten aufzuweisen. Unverkennbar waren die Historiker um Gesamtdeutungen deutscher Geschichte bemüht und liefen dabei Gefahr, die Interpretation deutscher Geschichte allzusehr zu vereinfachen.

Felix Gilbert meinte deshalb, die Frage nach der Kontinuität zwischen deutscher Geschichte und NS-Regime könne nicht durch eine abstrakte Diskussion über den deutschen Charakter und die deutsche Geschichte beantwortet werden. Am Beispiel der Mitteleuropa-Idee zeigte Gilbert, wie der Nationalsozialismus eine problematische Tradition aufgegriffen und die mit ihr verknüpften Ziele radikalisiert habe; der Nationalsozialismus führte mithin Traditionen fort und transzendierte sie.[32]

II Das Kaiserreich und seine Folgen

Eine zentrale Rolle in der Diskussion über die besondere deutsche Entwicklung in der Weimarer Zeit und zum Teil auch der NS-Zeit hat das zweite deutsche Kaiserreich gespielt. Die große Mehrheit der Historiker war dabei der Ansicht, daß Bismarcks Lösung des deutschen Problems als die der deutschen Lage und der Zeit angemessene Form staatlicher Verfaßtheit zu betrachten sei, die auch im Hinblick auf die Gegenwart zukunftsweisende Momente enthalte.[33] Nur wenige Historiker haben sich dieser Einschätzung entzogen, unter ihnen einige der später emigrierenden Historiker.

So bezeichnete der Althistoriker Arthur Rosenberg in seiner 1928 veröffentlichten *Entstehung der deutschen Republik*, ähnlich wie der deshalb heftig befehdete Johannes Ziekursch[34], diesen Staat als »von Anfang an todkrank«, da es Bismarck nicht gelungen sei, »die verschiedenen Kräfte, die im deutschen Volke vorhanden waren, organisch miteinander zu verbinden«.[35] Hinter der bonapartistischen Fassade seien die politischen Machtverhältnisse zwischen Militäradel und Bürgertum ungeklärt geblieben, mit der zwangsläufigen Konsequenz der politischen Korrumpierung des Bürgertums und einer Repression der auf politische Emanzipation drängenden Arbeiterklasse. Folge der strukturellen Mängel sei eine »politische Dauerkrise« gewesen, die sich in der Wilhelminischen Zeit verschärft und in der Revolution 1918 kulminiert habe.[36]

Arthur Rosenberg hat Elemente dieser Interpretation – etwa Bismarcks korrumpierende Wirkung auf das deutsche Bürgertum[37] – auch in Veröffentlichungen nach seiner Emigration vertreten und das Scheitern der ersten deutschen Republik vor allem mit der Beibehaltung des alten Staatsapparats und der ausbleibenden gesellschaftlichen Umgestaltung erklärt.³⁸ Die NS-Massenbewegung freilich versuchte er im Zusammenhang marxistischer Faschismusanalyse aus der Krise des Kapitalismus zu erklären, wobei er 1934 die deutsche Entwicklung noch keineswegs als eine »besondere« begriff.³⁹

Die Geschichte des Kaiserreichs als Konstitutivum der besonderen deutschen Entwicklung hat demgegenüber im Lichte der NS-Zeit – aus der Sicht des englischen Exils – der liberale Jurist und Historiker Erich Eyck, der sich schon in der Weimarer Zeit kritisch mit Themen des Kaiserreichs und seiner Vorgeschichte beschäftigt hatte⁴⁰, in mehreren – methodisch gewiß konventionell auf das Handeln »großer Männer« konzentrierten – Werken, insbesondere in seiner Bismarck-Biographie, dargestellt, wobei er die deutsche an der englischen Entwicklung mißt.⁴¹ Eyck sieht Bismarck als den Mann, der zwar die deutsche Einheit realisierte, doch durch die Wahl seiner Mittel und seine preußisch-konservative Orientierung die deutsche politische Kultur deformierte, indem er – anders als der liberale englische Staatsmann Gladstone⁴² – den Ausgleich von Macht und Moral unmöglich machte und eine Verfassung schuf, die wirkliche parlamentarische Einrichtungen ausschloß und damit die Vermittlung von gesellschaftlicher Entwicklung und politischem System verhinderte.⁴³ Als Folge der ausgebliebenen Parlamentarisierung sieht Eyck das die Fortdauer der Herrschaft Ostelbiens ermöglichende »persönliche Regiment« und das Fehlen politischer Köpfe in der Wilhelminischen Zeit.⁴⁴ Für Eyck ist die Entwicklung des Reiches durch das Zurückbleiben, die Unvollendetheit der deutschen Verfassungsentwicklung gekennzeichnet, wobei er dieser – nicht ohne idealisierende Tendenz – das national geeinte und sozial gefestigte England mit seinen parlamentarischen Einrichtungen gegenüberstellt, die Freiheit nach innen und machtvolle äußere Politik ermöglichen. Die Emigration hat zweifellos Eycks schon vorher vorhandene Orientierung am englischen Vorbild verstärkt.

Von emigrierten Historikern ist die Reichsgründung und die Bismarcksche Politik durchweg kritischer gesehen worden als von den Historikern in Deutschland, wenn auch einzuräumen ist, daß es auch hier angesichts der »deutschen Katastrophe« zu einer Diskussion über das Bismarckbild kam, die indes – wie die vielfach geforderte Überprüfung aller Traditionen – nicht wirklich zu einer Revision des Geschichtsbildes führte.⁴⁵

Charakteristisch für diese Divergenz in den Nachkriegsjahren ist Hajo Holborns Kritik an seinem Lehrer Friedrich Meinecke, der 1948 in einem Aufsatz die Schicksalhaftigkeit der deutschen Entwicklung betont hatte.⁴⁶ Holborn vermochte – die Möglichkeiten einer Nationalstaatsbildung unter Führung des Liberalismus kontrafaktisch diskutierend – nicht den tatsächlichen Weg der Reichsgründung als unausweichlich und sinnvoll zu betrachten. Gegen Meinecke, der inmitten der Tragödie überall auch Züge echter Kultur zu finden glaubte, kritisierte Holborn die – eben aus der Geschichte des deutschen Bürgertums erklärliche – Trennung von Kultur- und Staatswerten; Moral und Kultur hätten sich – so argumentierte Holborn unter angelsächsischem Einfluß – gerade in den harten Auseinandersetzungen mit den Realitäten zu bewähren.[47]

Bismarck und die Bismarcksche Politik wurden von den emigrierten Historikern zwar nicht in eine Linie mit Hitler und dem Nationalsozialismus gerückt, wie dies teilweise in Deutschland während der NS-Zeit oder auch – in kritischer Absicht – in der alliierten Öffentlichkeit geschah, doch wurde von ihnen die Frage nach den Fehlentwicklungen nachdrücklicher gestellt als von den meinungsführenden deutschen Historikern der Nachkriegszeit, die – wie z. B. Gerhard Ritter – in Bismarcks Politik geradezu den diametralen Gegensatz zu Hitler sahen und den Nationalsozialismus im wesentlichen als eine Erscheinung des Massenzeitalters, eine Folge der Modernisierung, aber eben damit nicht vorrangig als Erscheinung der deutschen Geschichte interpretierten.[48]

III Die preußische Tradition

Die besondere Rolle Preußens in der deutschen Geschichte, aber auch die besondere Hochschätzung des Preußentums in der NS-Zeit, hat zwangsläufig diesen Komplex für die Emigranten zum Gegenstand kritischer Auseinandersetzung machen müssen. Wie ausgeprägt die preußenkritische Haltung sein konnte, zeigt der Pädagoge Friedrich Wilhelm Foerster, der nicht im Nazismus, sondern im Preußentum den Hauptgegner sah.[49]

Auch wies die Neigung der Emigrationshistorie, von 1933 und dem Dritten Reich Kontinuitäten in die preußische Geschichte hinein zu suchen, formal Übereinstimmungen mit Tendenzen der Geschichtswissenschaft in Deutschland während der NS-Zeit auf – wobei der Unterschied in der Bewertung lag –, während sie in Spannung zwar nicht zur Nachkriegspublizistik, wohl aber zur Nachkriegshistoriographie stand, die die historische Distanz zwischen dem alten Preußen und dem modernen Nationalsozialismus herauszuarbeiten suchte und bestritt, daß das alte Preußen gleichsam eine Vorstufe des NS-Systems gewesen sei.[50]

Beispiel einer kritischen Preußensicht ist etwa das Buch *Der Irrweg einer Nation* von Alexander Abusch, der im Widerstand arbeitete, in Konzentrationslager gesperrt wurde, nach 1941 in Mexiko lebte und später einer der maßgeblichen Kulturpolitiker der DDR wurde.[51] Abusch sah im »Preußengeist«, den er in engen Zusammenhang mit dem deutschen Militarismus brachte, »eine entscheidende – wenn auch nicht die einzige – reaktionäre Quelle des Nazigeistes«. Für ihn bot die historische Entwicklung Preußens und seine Wirksamkeit bis in die Kriege des 20. Jahrhunderts »einen der Schlüssel – wenn nicht den alleinigen – zur Lösung des deutschen Rätsels«.[52] Charakteristisch für Preußen war die militaristische Organisation und seine Staatsideologie, vor allem aber – wie Abusch das Preußenbild Franz Mehrings fortschreibend betont – auch die Fortdauer der Herrschaft des junkerlichen Militäradels trotz der industriellen Revolution und der großen bürgerlichen Revolution in Westeuropa. Und dieser Herrenkaste schrieb Abusch »ein gerütteltes Maß Schuld« daran zu, »daß Deutschland schließlich in die tragisch-verbrecherische Entwicklung eines überheblichen Militarismus und Imperialismus gedrängt wurde«.[53] Abusch ordnete Bismarck in diese Tradition ein, sah ihn aber zugleich als Gegenrevolutionär, der den Rechtsbegriff im deutschen Adel und im deutschen Bürgertum und damit die deutsche politische Kultur korrumpiert hat. Abusch stellte einen »tiefen inneren Zusammenhang« her »zwischen dem Geist von Potsdam und dem später durch das neue Element des Monopolkapitalismus entscheidend geformten Geist des deutschen Imperialismus«.[54]

Abuschs Buch war eine auf die deutsche gesellschaftliche und politische Neuordnung nach dem Zweiten Weltkrieg zielende Interpretation deutscher Geschichte. Daß die Exilsituation und die mit ihr gegebene kritische Distanz eine neue wissenschaftliche Sicht der preußischen Geschichte ermöglichen konnte, zeigen die Arbeiten Hans Rosenbergs, die in mancher Hinsicht Fragen des 1933 in den USA verstorbenen Eckart Kehr weiterführen.[55]

Rosenberg hat später berichtet, daß nach dem Eintritt der Vereinigten Staaten in den von Hitler entfesselten Krieg, zu einem Zeitpunkt, als der Ausgang des globalen Krieges noch keineswegs klar war, in ihm »der verwegene Entschluß« gereift sei, »eine umfassende Sozialgeschichte der vorindustriellen preußisch-deutschen Herrschaftseliten in Angriff zu nehmen«. Mit dem Blick auf säkulare Konsequenzen wollte er »Kontinuität und Wandel der kollektiven Wesenszüge, Interessen, Mentalität, funktionalen Rollen und Verhaltensweisen dieser strategisch plazierten Sozialgruppen einer kritischen Überprüfung« unterziehen.[56] Ergebnisse dieses Planes sind Aufsätze, in denen er die Formierung und Konsolidierung der politisch-ökonomisch-gesellschaftlichen Herrschaftsstellung des Landadels vom späten 14. bis zur Mitte des 17. Jahrhunderts sowie den Struktur- und Rollenwandel der großagrarischen Rittergutsbesitzerklasse im Industriezeitalter untersucht hat[57], und vor allem sein Buch *Bureaucracy, Aristocracy and Autocracy. The Prussian Experience 1660–1815*[58], das die politischen und sozialen Faktoren analysiert, die in Preußen den bürokratischen Absolutismus und jene politisch-gesellschaftliche Strukturen herausgebildet haben, die für eine spätere Demokratisierung Deutschlands außerordentlich hinderlich gewesen sind. Rosenberg stellt dar, wie die sich entwickelnde Bürokratie, die anfänglich in starkem Gegensatz zur aristokratischen Hierarchie stand, mit dem alten Adel verwuchs, wobei die zentrale Verwaltung immer aristokratischer und der Adel seinerseits bürokratischer wurde. Die preußischen Reformen waren danach ein Parteikampf innerhalb der herrschenden Klasse. Rosenberg sieht in dem »Dreiecksverhältnis von Bürokratie, Adel und

Autokratie« zählebige Machtstrukturen entstehen, die zusammen mit einer spezifischen Kultur den Aufstieg eines selbstbewußten Bürgertums und eines starken Liberalismus gehemmt haben und wesentliche Dispositionen für die autoritären Regime des 19. und 20. Jahrhunderts bis zur totalitären Herrschaft Hitlers schufen.[59]

Rosenbergs kritische Sicht zielte auf das restaurative Klima in der Bundesrepublik der fünfziger Jahre, in der aus Rosenbergs Sicht der Nationalsozialismus zum puren Betriebsunfall der deutschen Geschichte reduziert wurde.[60] In der Tat war der Gegensatz zum Preußenbild in der westdeutschen Geschichtsschreibung offensichtlich, die Kontinuitäten zwischen Preußen und dem Dritten Reich weitgehend leugnete, vielmehr geradezu eine Gegensätzlichkeit behauptete.

Insgesamt läßt sich feststellen, daß die preußisch-deutsche Geschichte durch die emigrierten Historiker ungleich kritischer beurteilt wurde als in der überwiegend um Verteidigung des traditionellen Geschichtsbildes bemühten Geschichtsschreibung in der frühen Bundesrepublik[60a]. Erst eine jüngere Generation hat dann die von der Emigration, vor allem von Rosenberg ausgehenden Impulse aufgenommen.

IV Die »Tragödie des deutschen Liberalismus«

In der Geschichtsschreibung vor 1933 sind die liberalen und demokratischen Bewegungen der deutschen Geschichte vielfach sehr ambivalent beurteilt worden und im Begriffsschema »Deutscher Geist und Westeuropa« ideologisch – und dies gilt insbesondere für die Linke – Westeuropa zugeordnet worden.[61] Die kleine Gruppe linksliberaler und demokratischer Historiker, zu der Veit Valentin, Ludwig Bergsträsser und Gustav Mayer gehörten[62], hat demgegenüber nicht nur liberale und demokratische Volksbewegungen zum vorrangigen Forschungsgegenstand gemacht, sondern diese auch als konstitutives Element der deutschen Geschichte des 19. Jahrhunderts zu erweisen versucht.[63]

Wie am Beispiel Valentins bereits gezeigt, haben emigrierte Historiker sich darum bemüht, die Geschichte der liberalen und demokratischen Bewegungen, die Geschichte des »anderen Deutschland«, dem man sich zugehörig fühlte, als wichtige Entwicklungslinie der deutschen Geschichte zu akzentuieren.[64] Doch kam man dabei nicht an der Tatsache vorbei, daß dieses »andere Deutschland« 1933 erneut unterlegen und durch den Nationalsozialismus zurückgedrängt worden war, ohne daß es kämpferischen Widerstand geleistet hatte. Diese Niederlage, wie die Kette von Niederlagen dieses »anderen Deutschland« überhaupt, galt es zu erklären und überschattete unverkennbar sein Bild.

Im Vergleich mit den durch den Liberalismus geprägten westlichen Gesellschaften konnten dementsprechend die Schwäche von Liberalismus und Demokratie nicht weniger als die NS-Herrschaft selbst als

Kennzeichen der besonderen deutschen Entwicklung erscheinen. So haben emigrierte Historiker (und ihre Schüler) die Frage nach diesem Spezifikum deutscher Geschichte und die damit zusammenhängende Frage nach der politischen Geschichte des deutschen Bürgertums als Schlüsselfragen betrachtet.

Als Beispiel für die Auseinandersetzung mit der Geschichte des deutschen Liberalismus aus der Emigrationsperspektive mag hier Friedrich C. Sells *Tragödie des deutschen Liberalismus* dienen[65], ein Buch, das deutsche politisch-kulturelle Spezifika vor dem Hintergrund der Emigrationserfahrung zu bestimmen sucht: »Nur in dem täglichen Umgang mit dem Andersgearteten wird man sich der eigenen Voraussetzungen, Gewohnheiten und Vorurteile klar.«[66] Sell fragt nach dem »anderen Deutschland«, das so recht niemals zum Zuge gekommen ist[67], und entwirft ein Bild der deutschen Geschichte, in dem den Negativfaktoren Preußentum-Protestantismus, Servilität der geistigen Elite usw. als positive Faktoren der Liberalismus, die Ideen der Menschenrechte und der liberale Verfassungsstaat gegenüberstehen. Sell geht davon aus, daß der in Westeuropa früher entwickelte Liberalismus bis 1848 auch in Deutschland auf fruchtbaren Boden fiel. 1848/49 bedeutete eine erste Schwächung des nun realpolitisch werdenden Liberalismus. Entscheidend jedoch war für die »Tragödie des deutschen Liberalismus«, daß dieser 1866 mit der Annahme der Indemnitätsvorlage den Weg innerer Spaltung beschritten hat. Zwischen Macht und Ideal zerrieben, nahm der Liberalismus in der Verbindung mit imperialistischen Phantasmagorien weiteren Schaden[68], um in der Weimarer Republik durch Erosion seiner Trägerschichten vollends ausgehöhlt zu werden und geradezu zwangsläufig gegenüber dem Nationalsozialismus zu versagen.

Sell beschreibt die »Tragödie des deutschen Liberalismus« als eine Geschichte der Niederlagen und der inneren Schwächung; mit dem Blick auf ein bestimmtes ideelles Leitbild des Liberalismus, zu dessen Merkmalen die Naturrechtslehre der Aufklärung und der Verzicht auf nationale Machtpolitik gehören. Überspitzt läßt sich sagen, daß er die Geschichte des deutschen Liberalismus als Geschichte der Akzeptanz und der Aufgabe einer bestimmten Philosophie beschreibt, wobei die besondere deutsche Geistesgeschichte – schon die Romantik überwand die Naturrechtslehre, zu der Sell, wie andere Emigranten, nun die Deutschen zurückführen will – insgesamt als überaus problematische Entwicklung erscheint. Am ehesten entspricht noch der gemäßigte Liberalismus Süddeutschlands mit seiner Verbindung von altrechtlichen Betrachtungsweisen und liberaldemokratischem Partizipationswillen dem Ideal Sells, zumal der noch keine Verbindung mit dem antiwestlichen Nationalismus eingegangen war.[69] Sells Buch sieht weitgehend von einer Einbeziehung gesellschaftlicher Probleme und Interessen ab, wodurch der Niedergang des deutschen Liberalismus als geistig-moralischer Verfall erscheinen kann. Zugleich zielt das Buch auf eine geistig-moralische Neuorientierung durch Rückkehr zu liberalen Ideen und stellt ein Stück Selbstvergewisserung liberalen Denkens dar.

In größere Distanz gerückt ist die Geschichte des deutschen Liberalismus bei Leonard Krieger, einem Schüler Hajo Holborns, der die Linie einer kritischen Interpretation des deutschen Liberalismus fortführt. Sein Buch über *The German Idea of Freedom*[70] macht als Charakteristika des deutschen Liberalismus nicht nur eine ausgesprochene Distanz zum Ideal der Volkssouveränität aus, sondern auch eine spezifische Idee der Freiheit, die die Realisierung von Freiheit in der Verbindung mit staatlichen Strukturen sucht. Krieger sieht die Problematik des deutschen Liberalismus und die tiefste Ursache seines Scheiterns in seiner positiven Beziehung zum gegebenen Obrigkeitsstaat, der sich liberale Elemente so weit assimilieren konnte, daß sie diesen nur belebten, aber nicht überwanden. Unverkennbar hat nach dieser Darstellung, die ihren Fluchtpunkt letztlich im Nationalsozialismus hat, der deutsche Liberalismus keine wirkliche Alternative zur vollzogenen Entwicklung geboten.[71]

Der bereits erwähnte Hans Rosenberg, der in seiner 1932 fertiggestellten Studie über Haym den Ursachen für die Verschiedenheit des deutschen und des westeuropäischen Liberalismus sowie der Entfremdung Deutschlands von der westeuropäischen Entwicklung nachgegangen war, hat den Niedergang des deutschen Liberalismus in seiner Arbeit über die *Große Depression und Bismarckzeit* zusammen mit dem Aufkommen des Antisemitismus und – von Rosenberg so bezeichneter – präfaschistischer Einstellungen stärker in ökonomisch-gesellschaftlichen Zusammenhängen als Auswirkungen der Depression unter den spezifischen politisch-kulturellen Bedingungen Mitteleuropas untersucht und damit wichtige Hinweise für die Aufarbeitung der Spezifika der deutschen Gesellschaftsgeschichte geliefert.[72]

Nicht selten wurde der Niedergang des deutschen Liberalismus als Teil der »verspäteten« Geschichte des deutschen Bürgertums gesehen, dem es nicht gelang, zur dominierenden politischen Kraft zu werden. Nach der Realisierung seiner »Ideale«, des Rechtsstaats und der »nationalen Einheit«, hat sich demnach das deutsche Bürgertum politisch-kulturell an die bislang herrschenden Schichten angelehnt, wobei es im Nationalismus eine gemeinsame Basis mit den alten Führungsschichten fand, was sich noch in den antidemokratischen Verhaltensmustern des deutschen Bürgertums in der Weimarer Republik auswirkte und zu deren Scheitern beitrug.[73]

Diese wenigen Beispiele mögen genügen, um zu zeigen, daß von den emigrierten Historikern der deutsche Liberalismus – und ähnliches läßt sich partiell auch für die Sozialdemokratie feststellen – als Bestandteil der problematischen besonderen deutschen Entwicklung und nur bedingt als virtuelle Alternative zu dieser betrachtet worden ist.

V Von Luther zu Hitler?

In der Weimarer Zeit waren unter den Historikern Luthers Reformation, der Idealismus und der Historismus als konstitutive Komponenten des deutschen Denkens betrachtet worden. Eine Annäherung des deutschen an das westeuropäische Denken wurde vielfach mit Skepsis gesehen oder abgelehnt, von einer Minderheit – zu der die später emigrierenden Historiker vornehmlich gehörten, eine Ausnahme bildet Hans Rothfels – bejaht, wobei die politischen Implikationen des sogenannten deutschen Denkens eine wichtige Rolle spielten.[74]

Die Frage nach der deutschen geistesgeschichtlichen Tradition wurde im Exil – seit 1939 durch die Diskussion in der alliierten Öffentlichkeit verstärkt angeregt[75] – neu gestellt. Schon Helmuth Plessner hat 1935 zur Frage der deutschen Geistesgeschichte einen bedeutenden – allerdings in der Emigration teilweise unbekannt bleibenden – Beitrag geschrieben.[76] Ausgehend von der Frage des deutschen Protests gegen den politischen Humanismus des Westens diskutierte Plessner die Geistesgeschichte des deutschen Nationalismus mit dem Ziel, Wurzeln der Ideologie des Dritten Reiches aufzudecken. Zu den von Plessner erörterten historischen Komplexen gehörte das Luthertum, das religiöse Energien weckte, die in dem obrigkeitlich reglementierten Kirchenwesen nicht gebunden blieben, sich einerseits in Weltfrömmigkeit und innerweltlichen Eschatologien auswirkten, andererseits eine radikale Kritik daran evozierten, mit der Konsequenz, daß diese Kritik sich selbst aufhob und an ihre Stelle die »autoritäre Biologie« trat. Kennzeichnend war aus der Sicht Plessners die durch seine Verspätung bedingte mangelnde Verwurzelung des deutschen Bürgertums in Humanismus, Rationalismus und Aufklärung, ein Umstand, der sowohl einen ausgesprochenen Modernismus als auch den romantischen Historismus förderte. Die politische Entwicklung verstärkte die politisch-ideologische Schwäche dieses Bürgertums, mit der Folge seiner Wendung gegen die Ideen des Westens.[77] Plessners Niveau der Reflexion der deutschen Geistesgeschichte ist im Exil – aber auch darüber hinaus – selten erreicht worden.

Verstärkt kritisiert wurde die deutsche Geistesgeschichte als Vorbereitung des Nationalsozialismus während des Krieges, wobei namentlich das Luthertum, aber auch die Staatslehre Hegels und der Nihilismus Nietzsches eine Rolle spielten. Der Soziologe Carl Mayer räumte zwar ein, daß Affinitäten zum Nationalsozialismus erkennbar seien, betonte jedoch die unterschiedlichen Entstehungskontexte. Er selbst wollte den Nationalsozialismus mit dem deutschen Bürgertum, dem konservativen intellektuellen Erbe des Protestantismus und auch mit dem Antiliberalismus des Marxismus in Beziehung setzen.[78] Doch wenn der Idealismus meist auch nicht in die intellektuelle Vorgeschichte des Nationalsozialismus eingeordnet wurde, so drängte sich doch zunehmend die Einsicht in die Unfähigkeit der klassischen deutschen Kultur auf, zur politischen Kultur zu werden.[79]

Hajo Holborn hat in der Nachkriegszeit die Frage aufgeworfen, inwieweit der deutsche Idealismus für die Trennung der deutschen und der westeuropäischen Entwicklung mitverantwortlich sei. Holborn, der sich in der Weimarer Zeit gegen eine zu einfache und den Gegensatz zu Westeuropa überbetonende Sicht der deutschen Geistesgeschichte gewandt hatte[80], gelangte in seinem 1952 veröffentlichten Aufsatz »Der deutsche Idealismus in sozialgeschichtlicher Beleuchtung«[81] zu dem Ergebnis, daß der deutsche Idealismus sich in der Ausbildung einer spezifischen Kultur der Innerlichkeit ausgewirkt habe, die auf der einen Seite die Rolle der christlichen Religion aushöhlte, auf der anderen Seite Staat und Ethik miteinander verknüpfte. So entstand eine bildungsaristokratische Kultur ohne tiefe soziale Bindekraft, während zugleich der Beamten- und Militärstaat eine Weihe erhielt, die nicht nur der Machtpolitik zugute kommen mußte, sondern auch eine innere Integration der alten und der neuen Klassen erschwerte. – Holborns Überlegungen standen im Gegensatz zu der im Nachkriegsdeutschland auffälligen Rückwendung zum deutschen Idealismus. Auch die klassische Periode der deutschen Geistesgeschichte war nach seiner Auffassung Teil der problematischen deutschen Geistesgeschichte. Allerdings lehnte es Holborn nachdrücklich ab, die Wurzeln des Nationalsozialismus in dieser Periode zu suchen.[82]

Recht intensiv wurde von emigrierten Historikern und ihren Schülern, nicht zuletzt von Hajo Holborn und seinen Schülern, die Frage nach den intellektuellen Ahnherren des Nazismus untersucht; Kenneth Barkin hat von einer »Jagd nach geistigen Vorläufern« gesprochen, von einem Versuch, einen »geistigen Stammbaum« des Nazismus zu rekonstruieren[83], der im übrigen zwangsläufig Berührungspunkte mit Tendenzen der NS-Zeit aufweisen mußte. Die Entstehung und Entwicklung nationalistischen, völkischen, rassistischen, antiwestlichen, antiliberalen und kulturpessimistischen Denkens als »German ideology« wurde u. a. von Hans Kohn, Fritz Stern (*The Politics of Cultural Despair*) und George Mosse (*The Crisis of German Ideology*) erforscht.[84] Eine kritische Haltung nicht nur gegenüber dieser Strömung, sondern gegenüber der – wie Richard Löwental formuliert hat[85] – ganzen »deutschen Zwischenkultur« war unter den der Emigration zuzuordnenden Historikern während der vierziger, fünfziger und sechziger Jahre vorherrschend.

Allerdings löste sich die Generation der emigrierten Historiker, die ihre wissenschaftliche Ausbildung in Deutschland vor oder nach dem Ersten Weltkrieg erhalten hatte, keineswegs völlig von den deutschen wissenschaftlichen Traditionen, sondern versuchte diese teilweise sogar in das neue Umfeld einzuführen.[86] Es ist deutlich, daß einige der emigrierten Historiker die besondere deutsche Entwicklung vorrangig als Problematik der deutschen Geistesgeschichte thematisierten, was man – mit Radkau – mit der besonderen Rolle der Meinecke-Schule in der Emigration und mit der Exilsituation erklären mag.[87] Auf jeden Fall erhielt so der deutsch-westeuropäische ideologische Gegensatz, zu dessen Überwindung man beitragen konnte und wollte, ein besonderes Gewicht. Auch auf diesem Feld wurde die Frage nach der Kontinuität der deutschen Geschichte eindringlicher gestellt als in der Nachkriegsgeschichtsschreibung, die die Linie von Luther zu Hitler stets als Beispiel einer abwegigen Kontinuitätskonstruktion gewertet hat – was sie gewiß auch war, nicht aber die Frage nach Kontinuitätslinien deutscher Geschichte. Und auch hier ließ sich die These von den zwei Deutschland nicht halten.

Resümee

Die grobe Behandlung einiger Komplexe in der Diskussion über die besondere deutsche Entwicklung – die u. a. um den Komplex der Kontinuität deutscher Außenpolitik vom zweiten zum Dritten Reich zu erweitern wäre – ermöglicht eine Einordnung in die Diskussion über den »deutschen Sonderweg«.

(1) Unverkennbar setzt die Emigrationshistoriographie jene kritische Sicht der deutschen Geschichte fort, die in der Weimarer Zeit von einer kleinen Minderheit von Historikern unter dem Eindruck des Untergangs des Kaiserreichs und seines scheinbaren Einmündens in die von Westeuropa bestimmte europäische politisch-kulturelle Entwicklung vertreten worden ist, einer Minderheit, die sich teilweise in der Emigration wiederfindet, hier freilich das Scheitern der ersten Republik und die NS-Machtergreifung in die kritische Sicht der deutschen Geschichte einzuarbeiten hat.

(2) Die Beschäftigung mit den Spezifika der deutschen Geschichte kreist bei den Emigranten zum Teil um die gleichen historischen Komplexe wie in der Diskussion der Weimarer Zeit, um die Rolle Preußens und die Geschichte des Kaiserreichs, die Geschichte des Liberalismus und der Demokratie in Deutschland, nicht zuletzt um die deutsche Geistesgeschichte, um Luther, den Idealismus und die Romantik. Gewiß wurde auch im mainstream der Historiographie nach 1918 die deutsche Geschichte als durch Überlagerung und Verwicklung verschiedener Probleme gekennzeichnet gesehen, doch verteidigte man die Spezifika der neueren preußisch-deutschen politischen Kultur nachdrücklich, während nur eine Minderheit die mit ihr verbundenen Hemmnisse für die Entwicklung einer demokratischen politischen Kultur hervorhob.

Für die Historiker in der Emigration waren diese Spezifika angesichts der offenkundigen Fortsetzung der besonderen deutschen Entwicklung Teil des insgesamt als Fehlentwicklung begriffenen Gangs der neuesten deutschen Geschichte. Konsequenz dieser Sichtweise war, daß es in der Emigration zunehmend schwieriger wurde, die positiven Linien der deutschen Geschichte zu bestimmen, da auch die Traditionen des geistigen Deutschlands ebenso wie auch die verschiedenen politischen und kulturellen Bewegungen auf ihre Beziehung zum Dritten Reich hin zu betrachten waren. In dem Versuch, Kontinuitäten der deutschen Geschichte bis zu NS-Deutschland aufzuzeigen, konnte die Interpretation der Emigranten – zumindest formal – mit bestimmten Tendenzen im Geschichtsbewußtsein der NS-Zeit konvergieren, in dem ebenfalls die deutsche Geschichte vom Dritten Reich her in den Blick kam, wobei natürlich die Wertungen diametral entgegengesetzt waren.[88] Auf diese Weise blieb die historische Interpretation der Emigranten dem Dritten Reich dialektisch verbunden.

(3) Die emigrierten Historiker haben die Auseinandersetzung über das alte Thema »Deutschland und der Westen« fortgeführt. Die Vorstellung einer besonderen deutschen Entwicklung war stets mit der Gegenüberstellung von Deutschland und dem Westen verbunden gewesen. Dies gilt auch für die kritische Variante, die schon im Kaiserreich an der westeuropäischen Entwicklung orientiert war. Und auch die hypothetische Ideallinie der deutschen Geschichte des 19. Jahrhunderts aus »Weimarer« Sicht war unverkennbar von einer gewiß harmonisierten westeuropäischen Entwicklung abstrahiert, wie umgekehrt die Vorstellung eines positiven deutschen Weges ein Negativklischee der westlichen Entwicklung enthielt. Die Exilsituation führte dazu, daß die emigrierten Historiker, von denen die meisten in den USA Zuflucht fanden, Deutschland und den Westen verstärkt als antithetisch verstanden.[88a] Auch befestigte sich bei ihnen die Vorstellung, die westliche – und das hieß die englische und die amerikanische – sei die normale, dem säkularen Prozeß der Demokratisierung entsprechende, während die deutsche die abweichende, die Sonderentwicklung sei. Die Emigration wurde geradezu als Chance begriffen, die deutsche Anomalie schärfer zu erfassen.[89] Implizit ist in den Darstellungen der deutschen Geschichte häufig ein Vergleich mit der westlichen Entwicklung enthalten und vielfach auch eine Identifikation mit dieser erkennbar. Sie enthielt damit ein legitimatorisches Moment für »westliche« Ideen und für eine an diesen orientierte politische Neuordnung im Nachkriegsdeutschland.

(4) Die emigrierten Historiker haben – weniger als die Politologen und Soziologen – die NS-Herrschaft kaum als Erscheinungsform des kapitalistischen Wirtschaftssystems oder als Problem sich modernisierender Gesellschaften unter dem Aspekt totalitärer Herrschaft, sondern vorrangig als Problem deutscher Geschichte diskutiert, was freilich schon aufgrund ihrer Kompetenz für deutsche Geschichte nahelag.[90] Man mag darin eine unzulässige Fixierung auf die deutsche Entwicklung sehen, »in der in negativer Weise jene deutsch-nationalistische Vorstellung [weiterwirkt], daß Deutschland etwas Besonderes sei (...)«.[91] Doch läßt sich auch umgekehrt sagen, daß gerade diese Fixierung ein Ausweichen vor der Kontinuitätsproblematik deutscher Geschichte verhindert hat.

(5) Die Interpretation deutscher Geschichte durch emigrierte Histo-

riker unterscheidet sich nicht unerheblich von vorherrschenden Interpretationsmustern der Geschichtswissenschaft in der Nachkriegszeit, einer Geschichtswissenschaft, die im übrigen die Arbeiten der Emigranten teilweise ignoriert hat. Zwar forderte auch sie eine Überprüfung aller Traditionen, doch richtete sich ihr Bestreben – teilweise als Gegenbewegung gegen überdehnte Kontinuitätsthesen in der deutschen und internationalen Öffentlichkeit nach 1945 – zunehmend auf die Wiederherstellung des von den NS-Zusätzen befreiten traditionellen nationalen Geschichtsbildes, wobei die NS-Zeit unter dem Gesichtspunkt der Diskontinuität eingeordnet wurde.[92] Dabei ist anzumerken, daß sich dieses Geschichtsbild auch teilweise nicht mit dem »westlichen« Selbstverständnis der Bundesrepublik verband. Unverkennbar haben die emigrierten Historiker die deutsche Geschichte entschiedener von der Epoche 1933–45 her in den Blick genommen. Vor diesem Hintergrund wird es verständlich, daß manche der emigrierten Historiker, insbesondere die politisch eher links orientierten, zunächst weitgehend unbeachtet blieben und erst in den sechziger Jahren von einer jüngeren Historiker-Generation entdeckt wurden, deren Frage nach den politisch-gesellschaftlichen Kontinuitäten seit dem 19. Jahrhundert auf das restaurative Klima der Nachkriegsperiode zielte. So haben einige dieser Historiker eine bemerkenswerte Spätwirkung ausüben können.[93]

Insgesamt gesehen wird man eine Reihe von emigrierten Historikern und ihre Schüler wohl zu den entschiedensten Vertretern der Sonderwegs-These zählen können. Zweifellos tendiert diese These dazu, von bestimmten Epochen und Ereignissen her – hier von 1933 und dem Dritten Reich – die vielschichtige und widersprüchliche Vergangenheit auf bestimmte Kontinuitätslinien zu verengen. Doch nirgendwo war sie als Interpretationsmuster deutscher Geschichte verständlicher als in der Emigration.

---

1 Vgl. dazu: Bernd Faulenbach, »Deutscher Sonderweg«. Zur Geschichte und Problematik einer zentralen Kategorie des deutschen geschichtlichen Bewußtseins. In: APUZ 1981, B 33, S. 3–21; ders., Die These vom deutschen Sonderweg und die historische Legitimation politischer Ordnung in Deutschland. In: Karl-Ernst Jeismann (Hg.), *Geschichte als Legitimation?* Internationale Schulbuchrevision unter den Ansprüchen von Politik, Geschichtswissenschaft und Geschichtsbedürfnis, Braunschweig 1984, S. 99–117. — 2 Vgl. Bernd Faulenbach, *Ideologie des deutschen Weges. Die deutsche Geschichte in der Historiographie zwischen Kaiserreich und Nationalsozialismus*, München 1980. — 3 Siehe ders., Die »nationale Revolution« und die deutsche Geschichte. Zum zeitgenössischen Urteil der Historiker. In: Wolfgang Michalka (Hg.), *Die nationalsozialistische Machtergreifung*,

Paderborn 1984, S. 357–371. — **4** Zu den Historikern in der Emigration siehe Georg G. Iggers, Deutsche Historiker in der Emigration. In: Bernd Faulenbach, *Geschichtswissenschaft in Deutschland*, München 1974, S. 97–111; Gerald Stourzh, Die deutschsprachige Emigration in den Vereinigten Staaten: Geschichtswissenschaft und Politische Wissenschaft. In: *Jahrbuch für Amerikastudien* 10, 1965, S. 59–77; Joachim Radkau, *Die deutsche Emigration in den USA. Ihr Einfluß auf die amerikanische Europapolitik 1933–45*, Düsseldorf 1971, S. 50 ff.; neuerdings: Peter Th. Walther, Emigrierte deutsche Historiker in den USA. In: Ber. Wissenschaftsgeschichte 7, 1984, S. 41–52. – Der Begriff »Historiker« wird hier in einem weiteren Sinne aufgefaßt, der auch Nachbarwissenschaftler einschließt, die historische Arbeiten veröffentlicht haben. Selbstverständlich kann in dieser Skizze nur ein Teil der Emigrationshistoriographie berücksichtigt werden. — **5** M. Rainer Lepsius, Die sozialwissenschaftliche Emigration und ihre Folgen. In: Soziologie in Deutschland und Österreich 1918–1945. Sonderheft 23 der Kölner Zeitschrift für Soziologie und Sozialpsychologie 1981, S. 461–500, hier S. 463. -- **6** Vgl. dazu Hans Rosenbergs retrospektives Urteil, der entscheidende Wendepunkt seiner Entwicklung als Historiker(!) sei nicht die Auswanderung, sondern seien »die elektrisierenden Eindrücke und Einsichten, die in den unmittelbar vorangehenden traumatischen Umbruchsjahren vom Entsetzen der großen Weltwirtschaftskrise bis zur endgültigen Zertrümmerung der Weimarer Demokratie durch die nationalsozialistische Diktatur gewonnen wurden«. (Rückblick auf ein Historikerleben zwischen zwei Kulturen. In: Ders., *Machteliten und Wirtschaftskonjunkturen*. Studien zur neueren deutschen Sozial- und Wirtschaftsgeschichte, Göttingen 1978, S. 11–23, hier S. 12.) — **7** Vgl. dazu Joachim Radkau, Die Exil-Ideologie vom »anderen Deutschland« und die Vansittartisten. Eine Untersuchung über die Einstellung der deutschen Emigranten nach 1933 zu Deutschland. In: APUZ 1971, B 2, S. 31–48. — **8** Vgl. Radkau, *Die deutsche Emigration in den USA*, S. 51 ff. Hans-Ulrich Wehler hat zu Recht darauf hingewiesen, daß Eckart Kehr, Arthur Rosenberg, Gustav Mayer, Veit Valentin, Johannes Ziekursch, Georg G. Hallgarten, auch Hedwig Hintze, innerhalb der Geschichtswissenschaft der Weimarer Zeit Außenseiterrollen einnahmen, alle, mit Ausnahme Ziekurschs, aus dem Lande getrieben wurden, so daß das Schicksal der Emigration dem zweiten Mal verband. (H.-U. Wehler, Einleitung zu Alfred Vagts, *Bilanzen und Balancen*. Aufsätze zur internationalen Finanz und internationalen Politik, Frankfurt/M. 1979, S. 7 ff.) — **9** Horst Möller, *Exodus der Kultur. Schriftsteller, Wissenschaftler und Künstler in der Emigration nach 1933*, München 1984, S. 25. — **10** Kurt Grossmann und Hans Jacob, The German Exiles and the »German Problem«. In: Central European Affairs 4, 1944/45, S. 165–185, hier S. 178. — **11** Hier zitiert nach Helmut Plessner, *Die verspätete Nation. Über die politische Verführbarkeit bürgerlichen Geistes*, Stuttgart 1959, S. 22. — **12** Vgl. Faulenbach, *Ideologie des deutschen Weges*, S. 31 ff. — **13** Eugen Rosenstock-Huessy, *Die europäischen Revolutionen. Volkscharaktere und Staatenbildung*, Jena 1931. Das neukonzipierte Werk erhielt den Titel: *Out of Revolution. Autobiography of Western Man*, New York 1938. – Vgl. Bernd Faulenbach, Eugen Rosenstock-Huessy. In: Hans-Ulrich Wehler (Hg.), *Deutsche Historiker*, Bd. IX, Göttingen 1982, S. 102–126, hier S. 118. — **14** Zur Entstehung siehe Erich Kahler, *The Germans*, Princeton/New Jersey 1974, S. VIII. — **15** Siehe Emil Ludwig, *The Germans, double history of a nation*, Boston 1941. Vgl. Radkau, Die Exil-Ideologie vom »anderen Deutschland« und die Vansittartisten, S. 37 ff. — **16** Wie Valentin im Vorwort schreibt, hat er die erste Fassung als »Ergebnis vielfacher Erfahrung mit ausländischen Studenten« 1940 in New York niedergeschrieben und dann mehrfach überarbeitet; 1946 erschien sie bei Alfred A. Knopf in Berlin (hier und im folgenden zitiert nach der deutschen Ausgabe Berlin 1947, S. XIV f.) — **17** *Geschichte der Deutschen*, S. 727 — **18** Siehe insbes. Veit Valentin, *Geschichte der deutschen Revolution von 1848/1849*, 2 Bde., Berlin 1931. Vgl. Elisabeth Fehrenbach, Veit Valentin. In: H.-U. Wehler (Hg.), *Deutsche Historiker*, Bd. I, Göttingen 1971, S. 69–85. — **19** *Geschichte der Deutschen*, S. 737. — **20** Ebd. S. 683. — **21** Ebd. S. 629. — **22** Ebd., S. 727 ff. — **23** Vgl. z. B. Gerhard Ritter, *Luther der Deutsche*, München 1933. — **24** *Geschichte der Deutschen*, S. 686.— **25** Ebd. S. 740 f. — **26** Siehe Hans Rothfels, *The German Opposition to Hitler. An Appraisal*, Hinsdale/Illinois 1948. — **27** Siehe z. B. Alexander Abusch, *Der Irrweg einer Nation. Ein Beitrag zum Verständnis deutscher Geschichte*, Berlin 1946, S. 6 f. — **28** Franz Neumann, Militärregierung und Wiederbelebung der Demokratie in Deutschland (1948). In: Ders., *Wirtschaft, Staat, Demokratie. Aufsätze 1930–54*, Frankfurt/M. 1978, S. 309–326, hier S. 315 f. — **29** Der aus Prag stammende Hans Kohn ging 1931 von Palästina in die USA und lehrte an der New School für Social Research. Er läßt sich Emigrantenkreisen zuordnen. Vgl. Georg G. Iggers, Deutsche Historiker in der Emigration, S. 104. — **30** Titel der deutschen Ausgabe: *Wege und Irrwege. Vom Geist des deutschen Bürgertums*, Düsseldorf 1962. — **31** Publiziert wurde das 1950/51 entstandene Buch erst Princeton/New Jersey 1974. – Siehe zu Kahlers Thesen Gerhard Masur,

Der nationale Charakter als Problem der deutschen Geschichte. In: HZ 221, 1975, S. 603–622. — **32** Felix Gilbert, Mitteleuropa – The Final Stage. In: Journal of Central European Affairs 7, 1947/48, S. 5–67. — **33** Vgl. Faulenbach, Ideologie des deutschen Weges, S. 214 ff., 236 ff. — **34** Johannes Ziekursch, Politische Geschichte des neuen deutschen Kaiserreiches, 3 Bde., Frankfurt/M. 1925–30. Vgl. Faulenbach, Ideologie des deutschen Weges, S. 219 ff. — **35** Arthur Rosenberg, Die Entstehung der deutschen Republik. 1871–1918, Berlin 1928. Neuaufl. unter dem Titel: Entstehung der Weimarer Republik, Frankfurt/M. 1961, hier S. 12 ff. — **36** Ebd. S. 11 f. — **37** Arthur Rosenberg, Der Faschismus als Massenbewegung, Karlsbad 1934, zitiert nach: Ders., Demokratie und Klassenkampf, Frankfurt/M. 1974, S. 272 f. — **38** Ders., Geschichte der Deutschen Republik, Karlsbad 1935. — **39** Siehe A. Rosenberg, Der Faschismus als Massenbewegung. — **40** Erich Eyck, Des deutschen Bürgertums Schicksalsstunde, Leipzig und Berlin 1919; ders., Die Monarchie Wilhelms II. nach seinen Briefen, seinen Randbemerkungen und den Zeugnissen seiner Freunde, Berlin 1924. — **41** Vgl. Klaus Hildebrand, Erich Eyck. In: H.-U. Wehler, Deutsche Historiker. Bd. II, Göttingen 1971, S. 98–119. — **42** Siehe Erich Eyck, Gladstone, Zürich und Leipzig 1938. — **43** Erich Eyck, Bismarck. Leben und Werk. 3 Bde., Erlenbach-Zürich 1941–44. — **44** Ders., Das persönliche Regiment Wilhelms II. Politische Geschichte des deutschen Kaiserreiches 1890–1914, Erlenbach-Zürich 1948. — **45** Vgl. Ernst Schulin, Zur Restauration und langsamen Weiterentwicklung der deutschen Geschichtswissenschaft nach 1945. In: Ders., Traditionskritik und Rekonstruktionsversuch, Göttingen 1979, S. 133–143. — **46** Friedrich Meinecke, Irrwege in unserer Geschichte? In: Der Monat 2, 1949/50, S. 13–24; Hajo Holborn, Irrwege in unserer Geschichte? ebd. S. 531–535. — **47** Ebd. S. 532 f. — **48** Siehe Gerhard Ritter, Europa und die deutsche Frage. Betrachtungen über die geschichtliche Eigenart des deutschen Staatsdenkens, München 1948. Allerdings hat auch Hans Rothfels, der in mancher Hinsicht eine Sonderstellung unter den emigrierten Historikern einnimmt, betont, daß unter keinen Umständen die fundamentale Tatsache übersehen werden dürfe, »daß Hitler in fast jeder Beziehung das ausgeführt hat, was zu tun der Gründer des Reiches sich weigerte« (Hans Rothfels, Problems of a Bismarck-Biography. In: Review of Politics 9, 1947, S. 363–380). — **49** Vgl. Joachim Radkau, Die Exil-Ideologie vom »anderen Deutschland« und die Vansittartisten, S. 46. — **50** Siehe Gerhard Ritter, Staatskunst und Kriegshandwerk, München 2. Aufl. 1959, S. 398. – Vgl. Jürgen Mirow, Das alte Preußen im deutschen Geschichtsbild seit der Reichsgründung, Berlin 1981, S. 180 ff., S. 231 ff. — **51** Das mit dem Untertitel »Ein Beitrag zum Verständnis deutscher Geschichte« versehene Buch erschien 1946 im Aufbau-Verlag Berlin (Ost). — **52** Ebd. S. 30. — **53** Ebd. S. 32. — **54** Ebd. S. 129 f. — **55** Zu Eckart Kehr vgl. Hans-Ulrich Wehler, Eckart Kehr. In: Ders. (Hg.), Deutsche Historiker, Bd. I, Göttingen 1971, S. 100–112. — **56** Hans Rosenberg, Rückblick auf ein Historikerleben zwischen zwei Kulturen. In: Ders., Machteliten und Wirtschaftskonjunkturen. Studien zur neueren deutschen Sozial- und Wirtschaftsgeschichte, Göttingen 1978, S. 11–23, hier S. 19. — **57** Ebd. - Siehe Hans Rosenberg, The Rise of the Junkers in Brandenburg-Prussia, 1410–1653. In: American Historical Review 49, 1943/44, S. 1–22, 228–242. — **58** Hans Rosenberg, Bureaucracy, Aristocracy and Autocracy, Cambridge/Mass. 1958. — **59** Vgl. Hans-Ulrich Wehler, Vorwort zu: Sozialgeschichte Heute. Festschrift für Hans Rosenberg zum 70. Geburtstag, Göttingen 1974, S. 14 f. — **60** Siehe H. Rosenberg, Rückblick auf ein Historikerleben zwischen zwei Kulturen, S. 21. — **60a** Das britische Preußen-Bild der Emigration schloß nicht unbedingt eine positive Sicht des republikanischen Preußens Otto Brauns aus. Vgl. Hajo Holborn, Prussia and the Weimar Republic. In: Social Research 23, 1956, S. 331–342. — **61** Vgl. Faulenbach, Ideologie des deutschen Weges, S. 157 ff. — **62** Vgl. Hans Schleier, Die bürgerliche deutsche Geschichtsschreibung der Weimarer Republik, Köln 1975, Teil II. — **63** Vgl. z. B. die Geschichtsschreibung von Veit Valentin und Hans Rosenberg. Zu Rosenberg siehe ders., Rückblick auf ein Historikerleben zwischen zwei Kulturen, S. 13 f. — **64** Zur Exil-Ideologie vom »anderen Deutschland« und der Schwierigkeit, diese durchzuhalten, vgl. Joachim Radkau, Die Exil-Ideologie vom »anderen Deutschland« und die Vansittartisten. — **65** Friedrich G. Sell, Die Tragödie des deutschen Liberalismus, Stuttgart 1953, Neuaufl. Baden-Baden 1981. — **66** Ebd. S. 9. — **67** Ebd. S. 7 ff., Zitat S. 9. – Zur Biographie Sells siehe die Einleitung zur Neuaufl. von Rainer Koch, S. III–XXIX, insbes. S. VI f. — **68** Vgl. auch Friedrich G. Sell, Intellectual Liberalism in Germany about 1900. In: The Journal of Modern History 15, 1943, S. 227–236. — **69** Vgl. Koch S. XI. — **70** Leonard Krieger, The German Idea of Freedom. History of a Political Tradition, Boston 1957. — **71** Vgl. zu Krieger: Klaus Epstein, Vom Kaiserreich zum Dritten Reich. Geschichte und Geschichtswissenschaft im 20. Jahrhundert, Frankfurt/M., Berlin, Wien 1972, S. 34 ff.; Ernst Schulin, Deutscher Liberalismus. Rezension: L. Krüger, The German Idea of Freedom. In: GG 3, 1977, S. 264–272. — **72** Hans Rosenberg, Große Depression und Bismarckzeit. Wirtschaftsablauf, Gesellschaft und Politik in Mitteleuropa,

Berlin 1967. — **73** Siehe Hajo Holborn, *Deutsche Geschichte*, Bd. III, München 1971, S. 608 ff. Vgl. auch Gustav Mayer, *Erinnerungen*, München 1949. — **74** Vgl. Faulenbach, *Ideologie des deutschen Weges*, S. 131 ff. — **75** Siehe Carl Mayer, On the Intellectual Origin of National Socialism. In: Social Research 9, 1942, S. 225 f. — **76** Helmuth Plessner, *Das Schicksal des deutschen Geistes im Ausgang seiner bürgerlichen Epoche*, Zürich 1935; Neuaufl. unter dem Titel: *Die verspätete Nation. Über die politische Verführbarkeit bürgerlichen Geistes*, 5. Aufl. Stuttgart 1969. — **77** Siehe ebd. — **78** Carl Mayer, On the Intellectual Origin of National Socialism. In: Social Research 9, 1942, S. 225–247. — **79** Vgl. z. B. Paul Tillich, *An meine deutschen Freunde. Die politischen Reden Paul Tillichs während des zweiten Weltkriegs über die »Stimme Amerikas«*, Stuttgart 1973, S. 90–95. — **80** Vgl. Faulenbach, *Ideologie des deutschen Weges*, S. 129. — **81** Hajo Holborn, Der deutsche Idealismus in sozialgeschichtlicher Beleuchtung. In: HZ 174, 1952, S. 359–384. — **82** Siehe ders., Ursprünge und Charakter der NS-Ideologie. In: APUZ 1964, B 11, S. 16–20. — **83** Kenneth D. Barkin, Amerikanische Forschungen (1945–1975) zur modernen Sozial- und Wirtschaftsgeschichte. In: Hans-Ulrich Wehler (Hg.), *Die moderne deutsche Geschichte in der internationalen Forschung 1945–1975*, Göttingen 1978, S. 11–45, hier S. 15 f. — **84** Hans Kohn, *German History. Some Views*, Cambridge/Mass. 1945; Georg Mosse, *The Crisis of German Ideology*, New York 1964; Fritz Stern, *The Politics of Cultural Despair*, Berkeley 1963. – Mosse und Stern verließen Deutschland im jugendlichen Alter und haben ihre akademische Karriere erst nach Ende der NS-Herrschaft begonnen, sind gleichwohl der Emigration zuzurechnen (vgl. Möller, *Exodus der Kultur*, S. 98 ff.). — **85** Richard Löwenthal, Bonn und Weimar: Zwei deutsche Demokratien. In: Heinrich August Winkler (Hg.), *Politische Weichenstellungen im Nachkriegsdeutschland 1945–1953*, Göttingen 1979, S. 9–25. — **86** Vgl. z. B. Hajo Holborns Bemühen, die Philosophie Wilhelm Diltheys in die amerikanische Diskussion einzuführen (s. Faulenbach, Hajo Holborn. In: Hans-Ulrich Wehler (Hg.), *Deutsche Historiker*, Bd. VIII, Göttingen 1982, S. 125 ff.). — **87** Radkau, *Die deutsche Emigration in den USA*, S. 50 ff. — **88** Vgl. Faulenbach, »Deutscher Sonderweg«, S. 11 f. — **88a** Vgl. Iggers, Deutsche Historiker in der Emigration, S. 104. — **89** Siehe Sell, *Die Tragödie des deutschen Liberalismus*, S. 7 ff.; Hajo Holborn, *Deutsche Geschichte in der Neuzeit*, Bd. I, S. XII: »Meine Verwandlung in einen Amerikaner hat mir für alle deutschen Dinge eine weitere Perspektive verliehen (...). Aber noch wichtiger war meine zunehmende Neigung, historische Phänomene auf einer vergleichenden Ebene zu beurteilen.« — **90** Vgl. Gerald Stourzh, Die deutschsprachige Emigration in den Vereinigten Staaten: Geschichtswissenschaft und Politikwissenschaft, S. 64. — **91** Joachim Radkau, Die Exil-Ideologie vom »anderen Deutschland« und die Vansittartisten, S. 48. — **92** Vgl. Hans Mommsen, Betrachtungen zur Entwicklung der neuzeitlichen Historiographie in der Bundesrepublik. In: G. Alföldy u. a. (Hg.), *Probleme der Geschichtswissenschaft*, Düsseldorf 1973, S. 124–155; Bernd Faulenbach, Deutsche Geschichtswissenschaft nach 1945. In: Tijdschrift voor Geschiedenis 94, 1981, S. 29–57, hier S. 33 ff. — **93** Siehe Hans-Ulrich Wehler, Einleitung zu Alfred Vagts, *Bilanzen und Balancen*, S. 7.

Ehrhard Bahr

Paul Tillich und das Problem einer deutschen Exilregierung in den Vereinigten Staaten

Während des Zweiten Weltkrieges gab es zwei Organisationen, die zeitweilig an den Status einer deutschen Exilregierung herankamen und irrtümlicherweise auch als solche bezeichnet wurden, obwohl sie die völkerrechtliche Anerkennung nie erhielten. Die erste Organisation war das Nationalkomitee Freies Deutschland in der Sowjetunion, die zweite der Council for a Democratic Germany in den Vereinigten Staaten. Über das Nationalkomitee Freies Deutschland sind wir hinreichend informiert durch die Monographie von Bodo Scheurig, die auch auf englisch veröffentlicht wurde.[1] Über den Council for a Democratic Germany existiert keine Monographie; es gibt lediglich zwei Aufsätze von ehemaligen Mitgliedern des Council sowie ein kurzes Kapitel in Joachim Radkaus Studie über die deutsche Emigration in den USA.[2] In zwei weiteren Aufsätzen hat Radkau allgemein zu Problemen der Exilpolitik Stellung genommen, wobei auch der Council erwähnt wird.[3] In den einschlägigen Handbüchern und Einführungen in die Exilliteratur und das Exil in den USA wird der Council auf wenigen Seiten abgehandelt.[4] Diese Forschungslage ist um so erstaunlicher, wenn man bedenkt, daß Paul Tillich, der Vorsitzende des Council, Gesammelte Werke von über zwanzig Bänden mit umfangreichem biographischem Material hinterlassen hat.[5] Doch in diesen Werken sind lediglich im Band XIII knapp 15 Seiten dem Abdruck von Council-Dokumenten eingeräumt.[6] In einem biographischen Abriß hat Tillich den Council lediglich mit zwei Sätzen bedacht.[7] In der amerikanischen Tillich-Biographie von Wilhelm und Marion Pauck umfaßt die Council-Episode vier Seiten, in der Rowohlt-Monographie von Gerhard Wehr ist dem Council eine knappe Seite gewidmet.[8] Daß Tillich wegen des Scheiterns des Council dieses Erlebnis zu verdrängen suchte, ist psychologisch verständlich, doch kein Grund für den Historiker, diese Organisation und die Erforschung ihrer Funktion und Bedeutung zu vernachlässigen. Trotz der erwiesenen Wirkungslosigkeit des Council besitzt er Modellfunktion für das Studium der Deutschlandpolitik der Alliierten und der Legitimationsprobleme einer deutschen Exilregierung während des Zweiten Weltkrieges.

Der Council stellte eine westliche Alternative zum Nationalkomitee Freies Deutschland dar, das im Juli 1943 von deutschen Exilanten sowie kriegsgefangenen Soldaten und Offizieren in der Sowjetunion gegründet worden war. Die sowjetische Führung scheint sich zu diesem Zeitpunkt dieser Gründung als eines politischen Mittels unter anderen bedient zu haben, um – wenn möglich – ein vorzeitiges Kriegsende, selbst auf Kosten eines Kompromißfriedens mit einer deutschen Regierung, herbeizuführen. Im Juli 1943 stand die Eröffnung der Zweiten Front durch die westlichen Alliierten noch in weiter Zukunft. Trotz der militärischen Erfolge seit der Wiedereroberung von Stalingrad stand der Feind noch mitten im Land, und es war noch mit großen Verlusten der sowjetischen Truppen und der Zivilbevölkerung zu rechnen, bevor der Krieg zu Ende sein würde. Auf der anderen Seite waren nach der Niederlage von Stalingrad zahlreiche kriegsgefangene deutsche Soldaten und Offiziere zu der Einsicht gekommen, daß Deutschland den Krieg nicht mehr gewinnen könne. Deshalb standen sie einer Organisation aufgeschlossen gegenüber, die mit der erklärten Absicht gegründet worden war, die nationale Existenz Deutschlands durch den Sturz der Hitler-Regierung zu retten. Sie wurden darin durch Stalins bekannte Worte vom 23. Februar 1942 bestärkt, daß »die Hitler kommen und gehen, aber das deutsche Volk, der deutsche Staat bleibt«.[9] Da die Sowjetunion den Krieg noch nicht gewonnen und Deutschland ihn noch nicht verloren hatte, ließen sich zu diesem Zeitpunkt die sowjetischen und deutschen Interessen auf einen Nenner bringen.

Das Nationalkomitee war nicht als Exilregierung konzipiert, aber als eine von der Sowjetunion anerkannte Vertretung deutscher Interessen, die sich als Zwischenlösung bis zur Bildung einer verhandlungsfähigen deutschen Gegenregierung anbot. Falls es dem Nationalkomitee gelänge, die deutsche Generalität zur Einstellung der Kampfhandlungen und zur geordneten Rückführung der Wehrmacht auf das Reichsgebiet zu bewegen, wurde von sowjetischer Seite als Gegenleistung ein Waffenstillstand zugesichert. Deutschland könnte einen günstigen Frieden erzielen, wenn es sich durch den Sturz Hitlers wieder verhandlungsfähig machte. Unter dieser Bedingung wäre die Sowjetunion zu einem Separatfrieden bereit, der das Deutsche Reich in seinen Grenzen von 1937 garantieren würde. Voraussetzung hierfür wäre lediglich eine bürgerlich-demokratische Regierung, die durch Freundschaftsverträge mit der Sowjetunion verbunden sein sollte.[10] Der Beschluß des Manifests an die Wehrmacht und das deutsche Volk gab deutlich das Programm zu erkennen: »Für Volk und Heimat! Gegen Hitler und seinen verbrecherischen Krieg! Für sofortigen Frieden! Für die Rettung des deutschen Volkes! Für ein freies und unabhängiges Deutschland!«[11]

Als Antwort auf sein Manifest erhielt das Nationalkomitee zahlreiche Sympathieerklärungen aus den Vereinigten Staaten, u. a. von Reinhold Niebuhr und von deutschen Exilanten wie Lion Feuchtwanger, Oskar Maria Graf und Hubertus Prinz zu Loewenstein. Thomas Mann gab eine Erklärung für die sowjetische TASS-Agentur ab, in der er das Manifest als »legitimes Gegenstück zu der Aufforderung der

Westmächte an das italienische Volk« bezeichnete, »sich des faschistischen Regimes zu entledigen«.[12]

Die westlichen Alliierten waren zunächst durch die Gründung des Nationalkomitees völlig überrascht worden und verhielten sich ablehnend. Die amerikanische Presse, wie z. B. die »New York Times« vom 23. Juli 1943, wertete die Gründung als einen Schachzug Stalins, um die Zweite Front durchzusetzen, und glaubte, dieses Manöver gefährde die Einheit der Anti-Hitler-Koalition der Alliierten.[13] Der »Aufbau«, die führende Zeitung der deutsch-jüdischen Immigration in New York, übernahm das Wort von »Stalins Schachzug« in seiner Ausgabe vom 30. Juli 1943 und kam am 13. August 1943, ähnlich wie die »Neue Volkszeitung«, das Organ des rechten Flügels der Sozialdemokratie im Exil, zu einer entschiedenen Ablehnung des Nationalkomitees wegen seiner Zusammenarbeit mit der deutschen Generalität. Der Antimilitarismus war bei beiden Exilgruppen zu stark, um sich auf die sowjetische Alternative eines Militärputsches einzulassen. Hinzu kam die ablehnende Haltung der Exil-SPD gegen eine Zusammenarbeit mit den Kommunisten.[14]

Bei den Exilschriftstellern an der Westküste läßt sich eine ähnliche Reaktion feststellen. Zunächst konnte man sich bei dem vielzitierten Treffen am 1. August 1943 in der Wohnung von Berthold Viertel in Santa Monica auf eine gemeinsame Sympathieerklärung für das Nationalkomitee einigen. Man begrüßte »die Kundgebung der deutschen Kriegsgefangenen und Emigranten in der Sowjetunion« und bekannte sich zu der notwendigen Unterscheidung »zwischen dem Hitlerregime (...) und dem deutschen Volk andererseits«. Aber bereits am 2. August 1943 zog Thomas Mann seine Unterschrift zurück, weil die Erklärung zu »patriotisch« sei und man damit den Alliierten »in den Rücken falle«. Die bekannte Kontroverse zwischen Thomas Mann und Bertolt Brecht im Exil wurde durch das Scheitern dieser gemeinsamen Erklärung ausgelöst, ihre Ursachen lagen aber tiefer. Während Brecht daran festhielt, daß »das erste Volk, das (Hitler) unterdrückte, das deutsche« war, wandte sich Thomas Mann gegen die zweckoptimistische Legendenbildung von der unterdrückten Nation. Obwohl er die innerdeutsche Widerstandsbewegung in seinen Rundfunksendungen nach Deutschland zur Kenntnis nahm, verwies er andererseits auf die Unterstützung des Regimes durch das deutsche Volk, das als solches »hinter dem Regime« stände und »seine Schlachten« schlüge. Deshalb bestand Thomas Mann darauf, dem deutschen Volk eine moralische Bewährung in der Selbstbefreiung von Hitler abzuverlangen. Lediglich in der Ablehnung der Kollektivschuld waren sich Brecht und Mann einig, obwohl sie es nicht zugestehen wollten. Brecht beschuldigte den Romanschriftsteller in einem damals veröffentlichten Gedicht, eine zehnjährige Bestrafung des deutschen Volkes befürwortet zu haben.[15]

Im August/September 1943 wurde in New York ein Initiativkomitee zur Bildung einer »Free Germany-Bewegung« gegründet, um in den

Vereinigten Staaten eine Alternative zum »Nationalkomitee Freies Deutschland« herzustellen. Es besteht kein Zweifel daran, daß man durch die Gründung einer überparteilichen Organisation einer rein kommunistischen Initiative zuvorkommen wollte. Diese überparteiliche Organisation sollte eine unabhängige Körperschaft darstellen, die »sich aus Personen (zusammensetzte), die verschiedenen politischen Richtungen (nahestanden), von den Liberalen und dem katholischen Zentrum, den Sozialdemokraten und unabhängigen Sozialisten bis zu den Kommunisten«.[16]

Zum Vorsitzenden dieser Organisation wollte man Thomas Mann gewinnen, da sein Name in den USA politische Zugkraft besaß und unter den bürgerlichen und sozialdemokratischen Exilgruppen Überparteilichkeit garantierte. Am 27. oder 28. Oktober, als Thomas Mann sich auf einer Vortragsreise in New York befand, wurde ihm von Vertretern der »Free Germany-Bewegung« die »führende Beteiligung« angetragen, aber Thomas Mann hatte bereits den Entschluß gefaßt, amerikanischer Staatsbürger zu werden und keine politische Rolle in einem Nachkriegsdeutschland zu spielen.[17] In seinem Tagebuch heißt es sarkastisch am 2. November 1943: »Im Laufe des Abends viel über meine Führer-Zukunft in Deutschland, vor der mich Gott bewahre.«[18] Am 4. November konferierte Thomas Mann in New York mit Paul Tillich, Carl Zuckmayer, Paul Hagen, Siegfried Aufhäuser (SPD), Paul Hertz (SPD) und einigen anderen über die geplante Gründung. Die treibende Kraft hinter der »Free Germany-Bewegung« war Paul Hagen (eigentlich Karl B. Frank), der wegen seiner Mitgliedschaft in der linkssozialistischen Gruppe »Neu Beginnen« als Vorsitzender nicht in Frage kam. Bei dem Treffen in New York lehnte Thomas Mann den Vorsitz ab, erklärte sich jedoch bereit, wegen Anerkennung der »Free Germany-Bewegung« beim State Department zu intervenieren.

Inzwischen wurde aber durch die militärische und politische Entwicklung die Funktionsfähigkeit der Exilvertretungen in der Sowjetunion und in den westlichen Exilländern in Frage gestellt. Der Zusammenbruch der deutschen Sommeroffensive bei Kursk im Juli 1943 und das Scheitern der mysteriösen sowjetischen Friedensfühler in Stockholm im September 1943 führten zu einer Revision der sowjetischen Deutschlandpolitik mit dem Ziel der Niederwerfung von Wehrmacht und Reich.[19] Den entscheidenden Ausschlag dazu gab die Einigung der Alliierten auf die Forderung nach bedingungsloser Kapitulation. Auf der Konferenz von Casablanca vom 14. bis 26. Januar 1943 hatten sich die westlichen Alliierten auf die Formel der bedingungslosen Kapitulation festgelegt. Auf der Moskauer Außenministerkonferenz vom 19. bis 20. Oktober 1943 wurde die Formel dann auch von der Sowjetunion übernommen. Damit waren die für Friedensverhandlungen mit einer deutschen Regierung ohne Hitler notwendigen Voraussetzungen entfallen. Die von westlicher Seite befürchtete Gefahr eines sowjetischen Separatfriedens war gebannt. Zugleich aber war damit die Bedeutung der deutschen Exilvertretungen in der Sowjetunion und den westlichen Ländern sowie der deutschen Widerstandsbewegung innerhalb von Deutschland reduziert worden. Sie waren damit der Hoffnung beraubt, durch ein vorzeitiges Kriegsende günstige Friedensbedingungen für Deutschland herbeiführen zu können. Die Formel der bedingungslosen Kapitulation bedeutete, daß die Alliierten nicht länger zwischen dem deutschen Volk und dem NS-Regime unterschieden und auf Weiterführung des Krieges bis zur endgültigen Niederwerfung des Reiches bestanden.[20]

Die Konferenz von Teheran, zu der sich Churchill, Roosevelt und Stalin vom 28. November bis 1. Dezember trafen, führte zu einer weiteren Koordinierung der alliierten Kriegsziele. Die Konferenz erbrachte nicht nur die feste Zusage der Errichtung der Zweiten Front, sondern auch die vorbehaltliche Anerkennung der sowjetischen Westgrenze vom Spätherbst 1939 sowie der polnischen Territorialentschädigung durch Ostpreußen und Gebiete Pommerns und Schlesiens. Die neue Konzeption der sowjetischen Deutschlandpolitik läßt sich an der veränderten Funktion des Nationalkomitees erkennen, das seit dem Januar 1944 nur noch zur Frontpropaganda eingesetzt wurde, um deutsche Truppenteile zum Überlaufen zu bewegen. Die Garantie des geordneten Rückmarsches auf das Reichsgebiet und das Versprechen eines Verhandlungsfriedens waren durch die Formel der »Rettung durch Übertritt« ersetzt worden.[21]

Vor dem Hintergrund dieser militärischen und diplomatischen Entscheidungen, die eine radikale Bedeutungs- und Funktionsveränderung der deutschen Exilvertretungen in der Sowjetunion und den westlichen Ländern zur Folge hatte, fand Thomas Manns Intervention für die »Free Germany-Bewegung« beim State Department statt. In einem entsprechenden Brief vom 18. November 1943 an Adolf A. Berle, Assistant Secretary of State, umriß Thomas Mann die Pläne und Ziele der geplanten Organisation. Die Bewegung könnte »zur Unterstützung der politischen Kriegsführung die Menschen in Deutschland beeinflussen«, und sie könnte sich, wegen ihrer »Kenntnis der deutschen Mentalität, beratend amerikanischen Behörden als nützlich erweisen«.[22] Thomas Mann hielt eine Anerkennung der Bewegung durch die amerikanische Regierung für unbedingt notwendig. Die Unterredung mit Berle am 25. November 1943 in Washington, D. C., verlief zu Thomas Manns Erleichterung »mit glücklich negativem Ausgang«, wie es in seiner Tagebucheintragung für diesen Tag heißt. Bei der Entwicklung der amerikanischen Außenpolitik – das Gespräch fand zwischen der Außenministerkonferenz in Moskau und dem Dreiertreffen in Teheran statt – war es nicht überraschend, daß sich das State Department einer »Free Germany-Bewegung« gegenüber abwartend, gar ablehnend verhielt.

Am 26. November berichtete Thomas Mann in New York Paul Tillich und den Befürwortern der »Free Germany-Bewegung« über seine Unterredung mit Adolf A. Berle. In der Tagebucheintragung für diesen Tag heißt es mit deutlicher Distanzierung: »Versammlung der ›Herren‹ bei mir. Erhitzende Angelegenheit, sie abschlägig zu bescheiden und zu trösten.« Am 29. November wandte sich Thomas Mann in einem Leserbrief an die »New York Times« gegen Gerüchte über seine angeblich vom State Department empfohlene Teilnahme an einem »Free Germany-Komitee«, und er bezeichnete den gegenwärtigen Zeitpunkt als ungeeignet für die Bildung eines solchen Komitees. Diese ablehnende Haltung trug ihm den bekannten Brief von Bertolt Brecht vom 1. Dezember ein, den Thomas Mann postwendend unter Wiederholung seiner Bedenken am 10. Dezember 1943 beantwortete. Während Brecht dogmatisch an der Zwei-Deutschland-These festhielt, wie sein Aufsatz »The Other Germany« von 1943 zeigt, entwickelte Thomas Mann in den folgenden Jahren sowohl in seinen politischen Reden als auch in seinem Roman Doktor Faustus den Gedanken von der letztendlichen Identität des »einen« und des »anderen« Deutschland.[23]

So trat im Mai 1944 der Gründungsausschuß des Council for a Democratic Germany ohne die erhoffte Teilnahme von Thomas Mann zusammen. Auch der ehemalige Reichskanzler Heinrich Brüning, der der katholischen Zentrumspartei angehörte, hatte ähnlich wie Thomas Mann den Vorsitz abgelehnt, solange nicht eine ausdrückliche Aufforderung der amerikanischen Regierung vorläge. So wurde der Vorsitz von Paul Tillich übernommen, dessen Name in Amerika, ähnlich wie der Thomas Manns, moralische Zugkraft besaß. Aufgrund seiner politischen Vergangenheit als religiöser Sozialist besaß Tillich den Ruf der Überparteilichkeit. Als ehemaliges SPD-Mitglied war er weder als Links- noch als Rechtsextremer belastet. Seine Gegnerschaft zum NS-Regime war bekannt. Der protestantische Theologe war 1933 seines Lehrauftrages an der Universität Frankfurt entbunden worden und emigrierte noch im selben Jahr in die Vereinigten Staaten. Auf Einladung des amerikanischen Theologen Reinhold Niebuhr lehrte er am Union Theological Seminary und an der Columbia University in New York. Seit 1936 hatte Tillich sich in zahlreichen öffentlichen Reden zur Lage der deutschen Emigration als Wortführer des politischen Exils in den Vereinigten Staaten profiliert.[24] Von 1942 bis 1944 hatte er für das Office of War Information eine Serie von 109 Rundfunkreden nach Deutschland verfaßt. Tillich besaß wertvolle Kontakte zu amerikanischen Intellektuellen und zum Weißen Haus, so daß er nach Thomas Mann für das Amt des Vorsitzenden nahezu prädestiniert erschien.

Am 15. Mai 1944 wandte sich der Council for a Democratic Germany mit einem Gründungsmanifest an die amerikanische Öffentlichkeit, das von zwei verschiedenen Gruppen unterzeichnet worden war: von den deutschen Exilanten und von einer Gruppe amerikanischer Staatsbürger, die das Programm des Council unterstützten. Zur ersten Gruppe gehörten u. a. Elisabeth Bergner, Bertolt Brecht, Oskar Homolka, Peter Lorre und Erwin Piscator, zur zweiten Reinhold Niebuhr und Dorothy Thompson. Die amerikanische Gruppe bezeichnete sich als American Friends of German Freedom und beteiligte sich mit 57 Unterschriften an dem »Programm für ein demokratisches Deutschland«.[25] Thomas Mann verweigerte die Unterschrift, aber enthielt sich jeder öffentlichen Stellungnahme gegen den Council, auch als er von amerikanischen Journalisten dazu aufgefordert wurde.[26]

Auf der ersten öffentlichen Veranstaltung des Council am 17. Juni 1944 in New York verwies Paul Tillich auf drei Probleme: die Zusammensetzung des Council, seine Organisation und die Reaktion der Öffentlichkeit. Dabei betonte er die »balancierte Front« des Council:

> »Wir haben mit größter Sorgfalt darauf geachtet, daß sogenannte Bürgerliche, Persönlichkeiten, die dem Zentrum, der Sozialdemokratie, der Neubeginnen-Gruppe, dem Kommunismus nahestanden, sowie Parteilose in angemessener Proportion im Council vertreten sind.«

Der Council sollte nicht ein »Spiegelbild« der deutschen Exilgruppen in Amerika darstellen, sondern »die zu erwartenden Kräfte eines demokratischen Wiederaufbaus in Deutschland« abbilden.[27] Im Gegensatz zum Nationalkomitee Freies Deutschland erfolgte die aktive Mitgliedschaft im Council nur auf Einladung und durfte unter keinen Umständen die »Balance-Struktur« der im Council vertretenen Richtungen gefährden. Für die Zusammensetzung des Council war die »Wahlgeometrie« der Weimarer Republik ausschlaggebend.[28] Diese Organisationsform läßt darauf schließen, daß zumindest eine Reihe von Mitgliedern mit dem Gedanken einer Exilregierung spielte, indem der Council sorgfältig darauf angelegt war, mit der letzten amtierenden demokratischen und völkerrechtlich anerkannten Regierung in Deutschland übereinzustimmen.[29]

Auch die Geschäftsordnung war auf völkerrechtliche Legitimation angelegt. Während das Nationalkomitee Freies Deutschland als Plenum mit einfacher Mehrheit beschließen konnte, erforderte die »Balance-Struktur« des Council den Konsensus sämtlicher Fraktionen. Keine Fraktion konnte sich mittels Abstimmung über die Opposition einer Minderheit hinwegsetzen, jedoch jede Fraktion konnte als Sperrminorität die Arbeit des Council blockieren, wie es tatsächlich im Herbst 1945 geschah, als der Council aufgrund der kommunistischen Opposition geschäftsunfähig wurde.

Als letzten Punkt betonte Tillich im Juni 1944 die Öffentlichkeitsarbeit. Zwischen September 1944 und Mai 1945 gab der Council fünf Nummern seines Bulletins heraus, das in englischer Sprache erschien. Bereits in der ersten Nummer des »Bulletin of the Council for a Democratic Germany« sah sich Tillich gezwungen, dem Vorwurf des Nationalismus entgegenzutreten. Die Mitglieder wären zu Flüchtlingen geworden, weil sie immer gegen diesen Nationalismus gekämpft hätten. Tillich versuchte, die Kluft zwischen Immigranten und Exilierten, die sich zu diesem Zeitpunkt auftat, zu überwinden, und sprach sich eindeutig für den »vollständigen Sieg« der alliierten Truppen aus. Es ginge dem Council nicht darum, ob Deutschland harte oder milde Friedensbedingungen gestellt würden, sondern nur darum, »ob der erwartete Friede schöpferische Möglichkeiten in sich birgt und allen europäischen Völkern jene Menschenwürde und Möglichkeiten schenkt, zu deren Verteidigung dieser Krieg geführt wurde«.[30]

Im September 1944 legte Präsident Roosevelt den sogenannten Morgenthau-Plan vor, der die Aufteilung des neuen Deutschland in zwei autonome Staaten vorsah, ferner die Demontage der Ruhrindustrie sowie Reparationen und Kontrolle der Wirtschaftsentwicklung für die Dauer von zwanzig Jahren. Das Hauptziel des Morgenthau-Plans bestand in der Ausschaltung des für einen zukünftigen Krieg notwendigen Industriepotentials. Aufgrund der Opposition des State Department, dem die deutsche Schwerindustrie für den Wiederaufbau Europas notwendig zu sein schien, zog Roosevelt Ende September 1944 seine Zustimmung zum Morgenthau-Plan zurück.[31] Der Council lehnte den Morgenthau-Plan mit der Veröffentlichung einer Presseerklärung in der zweiten Nummer des Bulletins im Oktober 1944 ab, in der die vorgeschlagene Strukturveränderung Deutschlands als »umgekehrter Hitler-Plan« (Hitler's plan in reverse) bezeichnet wurde.[32]

Die erste Krise im Council wurde durch die Konferenz von Jalta vom 3. bis 11. Februar 1945 hervorgerufen, auf der Churchill, Roosevelt und Stalin die Besetzung, Kontrolle und Reparationen des besiegten Deutschlands beschlossen, ohne daß Einzelheiten festgelegt wurden. Polen wurde territorialer Zuwachs im Westen zuerkannt, doch die endgültige Festlegung der polnischen Westgrenze wurde auf eine zukünftige Friedenskonferenz vertagt. Die Krim-Konferenz, wie sie in den Vereinigten Staaten genannt wurde, führte zu Meinungsverschiedenheiten innerhalb des Council, die Tillich mit der Veröffentlichung von sechs verschiedenen Stellungnahmen zu überbrücken suchte. In der vierten Nummer des Bulletins wurden von der Mehrheit der Mitglieder die Gemeinsamkeiten zwischen dem Council und der offiziellen Presseerklärung über die Konferenz auf der Krim herausgearbeitet. Mit Ausnahme von Paul Hagen, der gegen den vorgesehenen »halbkolonialen Status für Deutschland« protestierte, glaubte man, daß die Entscheidungen der Konferenz weitgehend im Interesse eines zukünftigen demokratischen Deutschlands getroffen worden seien. Die verschiedenen Stellungnahmen ließen eine eindeutige Mehrheit erkennen. Daß man keine einheitliche Erklärung zustande brachte, ist als »katastrophal« für die Öffentlichkeitsarbeit des Council bezeichnet worden,[33] doch der Council überstand diese Krise. In der fünften Nummer des Bulletins vom Mai 1945 wurden einstimmig die in den Konzentrationslagern begangenen Verbrechen verurteilt und ein Notstandsprogramm für Deutschland entwickelt.

Der Council bestand bis zum Herbst 1945, bis er schließlich an einem Protest gegen das Abkommen der Potsdamer Konferenz scheiterte, die vom 17. Juli bis 2. August 1945 zur Durchführung der Krim-

Deklaration einberufen worden war. Als neue Punkte waren hinzugekommen die Oder-Neiße-Linie als Westgrenze Polens bis zur Regelung durch einen Friedensvertrag, die Übergabe der Stadt Königsberg und des anliegenden Gebiets an die Sowjetunion sowie die Überführung deutscher Bevölkerungsteile aus Polen, der Tschechoslowakei und Ungarn nach Deutschland. Paul Tillich hielt das Potsdamer Abkommen für das Ende Deutschlands als »Reich« und gebrauchte in einem Privatbrief an Friedrich Baerwald, den Vertreter der Zentrumspartei im Council, das Wort von der »Liquidierung Deutschlands«. Für Tillich stellten die wirtschaftlichen und territorialen Regelungen von Potsdam eine »radikale Annahme des Morgenthauplans« dar.[34] In einem Entschließungsentwurf wandte sich Tillich in erster Linie gegen die wirtschaftlichen Entscheidungen, die er für untragbar hielt. Seiner Ansicht nach bedeuteten sie »entweder das Aussterben von erheblichen Teilen des deutschen Volkes oder die Notwendigkeit seiner Ernährung von außen auf unbegrenzte Zeit«. Er sah dadurch die Schaffung eines »lebensfähigen, demokratischen Deutschlands« gefährdet. Ferner suchte Tillich einen gemeinsamen Protest sowohl gegen »die Methoden der Evakuierung, der Deportation und der Zwangsarbeit« als auch gegen die »oft sehr wohlwollende Stellungnahme der Besatzungsbehörden zu früheren Nazis und ihren politischen Verbündeten« einzulegen.[35] Die kommunistischen und einige der parteilosen Mitglieder des Council verweigerten jedoch die Zustimmung zu einer öffentlichen Kritik an den Potsdamer Beschlüssen. Sie nutzten die »Balance-Struktur« des Council dazu aus, um weitere gemeinsame kritische Erklärungen zu verhindern. Die »Balance-Struktur« machte es andererseits unmöglich, sich mittels Abstimmung über die kommunistische Opposition hinwegzusetzen. Daraufhin kam es zu Austrittserklärungen aus entgegengesetzter Richtung. Sowohl Paul Hagen als Vertreter der linkssozialistischen Gruppe »Neu Beginnen« als auch Friedrich Baerwald als Hauptvertreter der Katholiken sagten ihre weitere Mitarbeit unter Protest auf. Damit war das Ende des Council besiegelt. Seine letzte Sitzung fand am 15. Oktober 1945 statt.[36]

Tillich hatte die Aufgabenstellung des Council nach Beendigung des Krieges in der Herstellung einer »Brücke« zwischen den demokratischen Kräften in Deutschland und »denjenigen Kreisen in Amerika« gesehen, »die dem Wiederaufbau eines demokratischen Deutschlands sympathisch gegenüberstehen«. Es sollte gezeigt werden, daß es sowohl in Deutschland als auch außerhalb seiner Grenzen Vertreter eines »anderen Deutschland« gab, die einen demokratischen Wiederaufbau in Deutschland einleiten könnten.[37] Daß dem von Tillich konzipierten Entschließungsentwurf von den kommunistischen und parteilosen Mitgliedern des Council die Zustimmung verweigert wurde, lag nicht an dem implizierten Begriff des »anderen Deutschland« – denn dieser wurde ja auch von den Kommunisten vertreten –, sondern an der Anti-Potsdam-Erklärung. Die Kritik schien sich in erster Linie gegen die Sowjetunion zu richten, die am meisten von der Potsdamer Konferenz zu profitieren hatte. Obwohl sich Tillich auch gegen »die Herrschaft der Verwalter der Atombombe [...] zur Aufrechterhaltung des Monopolkapitalismus« wandte, so waren doch seine Bedenken gegen die Oder-Neiße-Linie weitaus schwerwiegender. Tillich sah durch die Oder-Neiße-Linie, wie einem Privatbrief an Friedrich Baerwald zu entnehmen ist, »die 1000jährige Geschichte der deutschen Ostsiedlung rückgängig gemacht« und den deutschen Protestantismus »mit all den kulturellen Kräften, die er produciert hat, [...] ausgerottet«.[38] Es ist unwahrscheinlich, daß Tillich seine Privatmeinung völlig verbergen konnte, und es war daher im Grunde voraussagbar, daß die kommunistischen Mitglieder einer Anti-Potsdam-Erklärung des Council ihre Zustimmung verweigern würden. Die weitere Zusammenarbeit im Council war nur um den Preis der Zustimmung zu den Potsdamer Beschlüssen zu erkaufen. Da sich in der Diskussion der Alliierten bereits Verbesserungen abzeichneten, war es nach der Meinung von Paul Hagen »schlechthin pervers«, an dem derzeitigen Status festzuhalten, der ein Übergangsstatus sei.[39]

Der Council for a Democratic Germany bezeichnete sich zu keinem Zeitpunkt als Exilregierung, obwohl man sich in der Organisation alle Möglichkeiten dazu offengehalten hatte. Dennoch hofften die Mitglieder des Council auf eine Mitwirkung bei der Gestaltung der Deutschlandpolitik der Vereinigten Staaten. Diese Hoffnungen erwiesen sich jedoch als verfehlt. Obwohl bei der Regierung Roosevelt, im Kongreß und bei der amerikanischen Presse Sympathien für prominente Exilanten bestanden und eine Anzahl von ihnen zur Mitarbeit im Office of Strategic Services (OSS) oder Office of War Information (OWI) herangezogen wurde, gelang es dem Council zu keinem Zeitpunkt, die amerikanische Deutschlandpolitik maßgeblich zu beeinflussen.[40] Nach Ansicht von zeitgenössischen Zeugen und Historikern bestand dazu eine echte Chance, die aber nicht wahrgenommen wurde. Man hat dieses Versagen auf die Gespaltenheit des deutschen Exils oder auf »Defizite der politischen Kultur« zurückzuführen gesucht.[41] Der Hauptgrund bestand m. E. jedoch in der alliierten Forderung nach bedingungsloser Kapitulation, die jegliche Verhandlungen selbst mit Vertretern eines »anderen Deutschland« von vornherein ausschloß. Deshalb stand das State Department seit 1942 dem Gedanken einer deutschen Exilregierung ablehnend gegenüber. Aus dem gleichen Grunde wurde das Nationalkomitee Freies Deutschland in der Sowjetunion seit 1944 nur noch zur Überläuferpropaganda eingesetzt. Nach der bedingungslosen Kapitulation im Mai 1945 gab es für die Alliierten weder de jure noch de facto eine deutsche Vertretung, mit der sie hätten verhandeln können.

Ein weiterer Grund für das Versagen des Council ist in der Persönlichkeit des Vorsitzenden zu suchen. Tillich, der als Sohn eines evangelisch-lutherischen Pfarrers in einem kleinen Dorf in der Provinz Brandenburg, östlich der Oder-Neiße-Linie, geboren und als evangelischer Pfarrer ausgebildet war, konnte seine Herkunft nicht verleugnen, als er mit den Ergebnissen des Zweiten Weltkriegs, wie sie im Potsdamer Abkommen festgelegt waren, konfrontiert wurde. Wie seinem Privatbrief an Baerwald zu entnehmen ist, konnte sich Tillich zu diesem Zeitpunkt nicht mit dem Verlust der protestantischen Gebiete östlich der Oder-Neiße-Linie abfinden. Mitglieder des rechten Flügels der sozialdemokratischen Partei zeigten ähnliche Tendenzen, als sie von der Auflösung des deutschen Reiches erfuhren. Es herrschte damals eine starke Reichsideologie, die zum Teil sogar imperialistische Züge aufwies, unter den deutschen Exilanten aller Parteirichtungen. Es war ihnen unmöglich, eine politisch konsequente Lösung ihres Dilemmas herbeizuführen, das darin bestand, daß sie sich in einem Kampf einerseits gegen Hitler, andererseits für die Erhaltung des deutschen Reiches befanden. Sie hielten die Auflösung des deutschen Reiches nicht nur für unmoralisch, sondern auch für unvereinbar mit dem Wiederaufbau eines neuen demokratischen Deutschlands.

Die völkerrechtlichen Konsequenzen der bedingungslosen Kapitulation sind weder von den Exilanten noch von der Forschung klar durchschaut worden. Bis zum Oktober 1945 glaubte Tillich noch, »vom Standpunkt Deutschlands aus« sprechen zu können. Seit Mai 1945 fehlte jedoch diesem Standpunkt jegliche völkerrechtliche Legitimation. Deshalb war es folgerichtig, daß sich der Council selbst auflöste. Wenn Tillich dabei der Ost-West-Spaltung die Schuld zuschob, war das nur oberflächlich richtig.[42] Insgeheim wußte er, wie der Brief an Baerwald zeigt, daß es politisch keinen Sinn mehr hatte, vom »Standpunkt Deutschlands aus zu sprechen«, höchstens noch, »humanitär für 50 Millionen Deutsche und ihr Lebensminimum« zu reden.[43]

1 Bodo Scheurig: *Freies Deutschland: Das Nationalkomitee und der Bund deutscher Offiziere in der Sowjetunion 1943–1945*. 2. überarb. u. erg. Aufl. München 1961; engl. Übers. Herbert Arnold, Middletown 1969. Siehe auch Walther von Seydlitz: *Stalingrad – Konflikt und Konsequenz: Erinnerungen*. Oldenburg 1977; Erich Weinert: *Das Nationalkomitee Freies Deutschland 1943–1945: Bericht über seine Tätigkeit und seine Auswirkung*. Berlin

1957; Willy Wolff: *An der Seite der Roten Armee: Zum Wirken des Nationalkomitees Freies Deutschland an der sowjetischen Front 1943-1945.* Berlin 1973. — **2** Karl O. Paetel: »Zum Problem einer deutschen Exilregierung«. In: »Vierteljahrshefte für Zeitgeschichte«, 4 (1956), S. 286-301; Friedrich Baerwald: »Zur politischen Tätigkeit deutscher Emigranten im Council for a Democratic Germany«. In: »Vierteljahrshefte für Zeitgeschichte«, 28 (1980), S. 372-83; Joachim Radkau: *Die deutsche Emigration in den USA: Ihr Einfluß auf die amerikanische Europapolitik 1933-1945,* Studien zur modernen Geschichte, Bd. 2. Düsseldorf 1971, S. 193-204. — **3** Joachim Radkau: »Die Exil-Ideologie vom ›anderen Deutschland‹ und die Vansittartisten«. In: »Das Parlament«, 10. Januar 1970, Beilage (B 2, 70), S. 31-48; derselbe: »Das Elend deutscher Exilpolitik 1933 bis 1945 als Spiegel von Defiziten der politischen Kultur«. In: *Im Gegenstrom: Für Helmut Hirsch zum Siebzigsten.* Herausgegeben von Horst Schallenberger und Helmut Schrey. Wuppertal 1977, S. 105-46. — **4** Eike Middell: *Exil in den USA mit einem Bericht: Schanghai - Eine Emigration am Rande.* Leipzig 1979, S. 189-94; Alexander Stephan: *Die deutsche Exilliteratur 1933-1945: Eine Einführung.* München 1979, S. 220-21. — **5** *Paul Tillich: Gesammelte Werke,* 14 Bde. Stuttgart 1959-1973; Renate Albrecht (Hg.): *Ergänzungs- und Nachlaßbände,* 6 Bde. Frankfurt/M. 1971-1983. Dazu kommen 3 Bde. *Systematische Theologie,* 1. Aufl. Stuttgart 1966. — **6** *Gesammelte Werke,* XIII, S. 312-23. — **7** *Gesammelte Werke,* XII, S. 75. — **8** Wilhelm & Marion Pauck: *Paul Tillich: His Life & Thought.* New York, London 1976, S. 201-204; Gerhard Wehr: *Paul Tillich,* Reinbek 1979, S. 90-91. — **9** Bodo Scheurig, a.a.O., S. 51-70; Alexander Stephan, a.a.O., S. 223. — **10** Scheurig, a.a.O., S. 57-8. — **11** »Freies Deutschland« (Mexiko), Nr. 9 (August 1943). — **12** »Freies Deutschland« (Mexiko), Nr. 12 (November 1943), S. 16. — **13** Scheurig, a.a.O., S. 71-72. — **14** Hans-Albert Walter: *Deutsche Exilliteratur 1933-1950,* Bd. 4. Stuttgart 1978, S. 647-48; Joachim Radkau: *Die deutsche Emigration in den USA,* a.a.O., S. 157-63. — **15** Siehe Herbert Lehnert: »Bert Brecht und Thomas Mann im Streit über Deutschland«. In: John M. Spalek u. Joseph Strelka (Hg.): *Deutsche Exilliteratur seit 1933.* Bd. 1. Kalifornien. Bern - München 1976. S. 62-88; Ehrhard Bahr: »Der Schriftstellerkongreß 1943 an der Universität von Kalifornien«, ebd., S. 40-61. — **16** Aus: »An die Redaktion der Neuen Volkszeitung«, 18. Januar 1945, vervielfältigtes Manuskript der American Association for a Democratic Germany, zitiert nach Karl O. Paetel, a.a.O., S. 289. — **17** Siehe Lehnert, a.a.O., S. 64-66; Bahr, ebd., S. 44-51. — **18** Thomas Mann, *Tagebücher 1940-1943.* Herausgegeben von Peter de Mendelssohn. Frankfurt/M. 1982, S. 645. — **19** Siehe Wolfgang Leonhard: *Die Revolution entläßt ihre Kinder.* Köln 1955, S. 293-95; Bodo Scheurig, a.a.O., S. 122-36; Horst Duhnke; *Die KPD von 1933 bis 1945.* Köln 1972, S. 383-85; Alexander Fischer: *Sowjetische Deutschlandpolitik im Zweiten Weltkrieg 1941-1945.* Stuttgart 1975, S. 38-45; Alexander Stephan, a.a.O., S. 223-24. — **20** Siehe Günter Moltmann: »Die Genesis der Unconditional-Surrender-Forderung«. In: »Wehrwissenschaftliche Rundschau«, 6 (1956), S. 105-18, 177-88; Anne Armstrong: *Unconditional Surrender: The Impact of the Casablanca Policy upon World War II.* New Brunswick 1961; Michael Balfour: »Another Look at ›Unconditional Surrender‹«. In: »International Affairs«, 46 (1970), S. 719-36. — **21** Scheurig, a.a.O., S. 117-23. — **22** Hans Bürgin u. Hans-Otto Mayer (Hg.): *Die Briefe Thomas Manns: Regesten und Register,* Bd. 2. Frankfurt/M. 1980, S. 745. — **23** Bahr, a.a.O., S. 50-57. — **24** *Gesammelte Werke,* Bd. XIII, S. 185-281. — **25** »A Program for a Democratic Germany«. In: *Christianity and Crisis,* 15. Mai 1944. Dt. Übers. in: Paul Tillich: *Gesammelte Werke,* XIII, S. 313-18. — **26** Lehnert, a.a.O., S. 80-81. — **27** *Gesammelte Werke,* XIII, S. 318-22. — **28** Paetel, a.a.O., S. 300. — **29** Ebd., S. 287. — **30** »A Statement«. In: *Bulletin of the Council for a Democratic Germany,* 1 (1944), Nr. 1 (September 1st), S. 1, 4. Dt. Übers. in: Paul Tillich: *Gesammelte Werke,* XIII, S. 322-23. — **31** Henry Morgenthau: *Germany is Our Problem.* New York/London 1945; John M. Blum: *Roosevelt and Morgenthau.* Boston 1970. — **32** *Bulletin of the Council for a Democratic Germany,* 1 (1944), Nr. 2 (23. Oktober), S. 2. — **33** Paetel, a.a.O., S. 296. — **34** Brief ohne Datum an Friedrich Baerwald, zitiert nach Friedrich Baerwald, a.a.O., S. 378-79. — **35** »Entwurf einer Erklärung von Professor Tillich für die Mitglieder des Geschäftsführenden Ausschusses«. Zitiert nach Baerwald, a.a.O., S. 381-82. — **36** Ebd., S. 377. — **37** »Entwurf einer Erklärung...,«. Zitiert nach Baerwald, a.a.O., S. 382. — **38** Brief ohne Datum an Friedrich Baerwald. Zitiert nach Baerwald, a.a.O., S. 378-79. — **39** Paetel, a.a.O., S. 299. — **40** Anthony J. Nicholls: »American Views of Germany's Future during World War II«. In: *Das Andere Deutschland im Zweiten Weltkrieg: Emigration und Widerstand in internationaler Perspektive.* Veröffentlichungen des Deutschen Historischen Instituts London. Bd. 2. Lothar Kettenacker (Hg.) Stuttgart 1977, S. 77-78; bes. S. 86; 218-47. — **41** Radkau: »Das Elend deutscher Exilpolitik 1933 bis 1945«, a.a.O., S. 105-46. — **42** *Gesammelte Werke,* XII, S. 75. — **43** Brief ohne Datum an Friedrich Baerwald. Zitiert nach Baerwald, a.a.O., S. 378.

Helga Grebing

Was wird aus Deutschland nach dem Krieg?

Perspektiven linkssozialistischer Emigration für den Neuaufbau Deutschlands nach dem Zusammenbruch der nationalsozialistischen Diktatur

I

Es gibt inzwischen eine Reihe von Untersuchungen, Dokumenten und summierenden Darstellungen über die sozialdemokratische und auch die linkssozialistische Emigration, die ein relativ abgerundetes Bild von den Diskussionen über die Zukunft Deutschlands nach dem Zusammenbruch der nationalsozialistischen Gewaltherrschaft über große Teile Europas vermitteln.[1] Wenn dennoch das Thema noch einmal aufgegriffen wird, dann geschieht dies aus mehreren Gründen: Erstens ist beabsichtigt, die Entwicklung der Diskussionen um die Zukunft Deutschlands aus ihrem Vorfeld vor 1939 heraus darzustellen; zweitens soll der Diskussionsprozeß über das Jahr 1945 hinaus bis 1946/47 verfolgt werden, und drittens wird beides an Teilen der linkssozialistischen Emigration exemplifiziert, deren Anspruch auf theoretische Fundierung oder doch politisch-analytische Reflexion ihrer Konzepte am ausgeprägtesten war. Dies alles geschieht mit dem Ziel, Erklärungen dafür zu finden, warum diese, einen »Ruck nach links« verheißenden Konzepte im befreiten Deutschland gar nicht oder doch nur sehr begrenzt realitätsgestaltend gewirkt haben.

II

Zwei Jahre nach der nationalsozialistischen Machtübernahme fand sich Fritz Sternberg[2], der neben August Thalheimer wohl am meisten (auch kontrovers) diskutierte Faschismus-Theoretiker auf der marxistischen (nicht-stalinistischen) Linken in Deutschland, in seiner Auffassung bestätigt[3], daß die nationalsozialistische Diktatur in Deutschland zu wesentlich schärferem Terror übergehen würde als seinerzeit die faschistische Herrschaft in Italien: die vollständige Zertrümmerung der deutschen Arbeiterbewegung hatte Sternberg vorausgesehen. Nachdem die nationalsozialistische Führung sich – wie Sternberg feststellte – im Zusammenhang mit dem sogenannten Röhm-Putsch ihre eigene Massenbasis zerstört hatte, stützte sie sich wie jede andere Diktatur nunmehr auf den traditionellen Machtapparat, dessen Effizienz durch spezifische Terrorinstrumente verschärft wurde. Mit dieser Entwicklung waren die Momente der Eigengesetzlichkeit, die der Nationalsozialismus gegenüber den Interessen des Monopolkapitals in Anspruch nahm, eliminiert, und der Übergang des deutschen Faschismus »zu seiner reinen Funktion: Praetorianergarde, ausführendes Organ des Monopolkapitals« zu sein, vollzogen. Mit ihrem dominierenden Charakter als monopolkapitalistische Diktatur und deren Konsolidierung wuchs zugleich – nach Sternbergs Auffassung – die Gefahr des nächsten Weltkrieges.

Bis 1936 glaubte Sternberg wie viele andere, unter ihnen seine Freunde aus der Sozialistischen Arbeiter-Partei (SAP), noch an die Möglichkeit eines Sturzes der nationalsozialistischen Diktatur von innen durch die Einheitsfront der Arbeiterklasse, als deren Kern er die Betriebsarbeiter ansah. Diese Möglichkeit gewann für ihn an Gewicht noch dadurch, daß die Nationalsozialisten ihre eigene Machtbasis dezimiert hatten; zumindest rechnete er damit im Falle eines drohenden Krieges. Doch 1936/37 war die Einsicht unabweisbar, daß sich das nationalsozialistische Terrorregime fest installiert hatte, zugleich aber – Ergebnis der Reflexionen über die Bedeutung des Bürgerkriegs in Spanien – die Kriegsgefahr gewachsen, der Kriegsausbruch nur noch eine Frage der Zeit war.

Dies veranlaßte Sternberg, Analysen darüber anzustellen, wie lange Hitler mit Aussicht auf einen Sieg Krieg führen könnte.[4] Da Deutschland zu Beginn des Krieges aufgrund der vorausgegangenen militärisch-industriellen Mobilmachung eine gewisse Überlegenheit besaß, diese aber auf dem gleichen Niveau nicht lange durchgehalten werden konnte, mußte Hitler versuchen, durch einen Blitzkrieg schnellstens vollendete Tatsachen zu schaffen: »Siegt der Faschismus nicht schnell, dann siegt er niemals.« Dies waren die Voraussetzungen für Sternberg, schon im Frühjahr 1939 den europäischen Kontinent zu verlassen und in die USA zu gehen, wo er sich darum bemühte, die liberale Öffentlichkeit über die politische, militärische und wehrwirtschaftliche Lage Europas im Zweiten Weltkrieg aufzuklären und von der Notwendigkeit eines baldigen Kriegseintritts der USA zu überzeugen, damit Hitler den Zweiten Weltkrieg nicht gewinne.[5] Die Bedeutung der USA wuchs in Sternbergs Analytik der das Weltgeschehen bestimmenden Kräfte in dem Maße, in dem die Sowjetunion unter Stalin einen Doppelcharakter annahm: immer noch fortschrittlich zwar gegenüber den kapitalistischen Ländern (»so gewiß fortschrittlich, als die sozialistische Planwirtschaft der kapitalistischen überlegen ist«), aber reaktionär im Verhältnis zu den Aufgaben der internationalen Arbeiterklasse (vergleichbar dem Frankreich des Thermidor).[6] Deshalb – so war Sternbergs Auffassung – würde zwar die Sowjetunion ein machtvoller Bundesgenosse im nächsten Krieg sein, aber deshalb müsse auch die europäische Arbeiterbewegung unter allen Umständen ihre Selbständigkeit bewahren, »um nicht in den Armen ihres Verbündeten zu ersticken«.

Schon die Vorbereitung des Krieges, aber erst recht der Krieg selber, so meinte Sternberg, würde die sozialen Spannungen und Umschichtungsprozesse beschleunigen. Zwar hätte die Aufrüstung die Krise des deutschen Kapitalismus gestoppt, zwar wären auch die Gewinne der Kapitalisten gesteigert worden, aber gleichzeitig hätte der »faschistische Staatskapitalismus« die Verfügungsgewalt über die Profite (durch Beteiligungszwänge, Devisenkontrollen, Außenhandelsmonopole des Staates) erheblich beschränkt und damit den Charakter des Privatkapitalismus quasi planwirtschaftlich verändert: Die deutschen Kapitalisten hatten dem nationalsozialistischen Staat gewissermaßen ihre Profite gestundet mit Aussicht auf die imperialistische Expansion in Südosteuropa, wenngleich, was Sternberg betont, das Risiko, das ein Krieg in sich berge, von den deutschen Kapitalisten durchaus gesehen wurde. Aber sie hatten, so schloß Sternberg, keine Wahl zwischen der Fortführung der Aufrüstungsproduktion und der Angleichung an den Weltkapitalismus mit normaler Friedensproduktion. Letzteres würde zur Wiederauflage der Krise führen, deshalb gingen die entscheidenden Tendenzen im faschistischen Staat und Kapitalismus »in die Richtung des Krieges«.

Die fortgesetzten Eingriffe des nationalsozialistischen Staates in die Wirtschaft führten nach Sternberg zu erheblichen strukturellen Veränderungen und sozialen Umschichtungen mit Folgewirkungen im Krieg und für den nachfaschistischen Neubeginn. Die Reglementierung der gesamten Produktion (»Wehrwirtschaft« genannt) ließ die eigentliche Unternehmertätigkeit in immer größerem Umfange schwinden. Vor allem aber schafften die Nationalsozialisten selbst ihre in den Massen verankerte soziale Basis ab (nachdem sie schon 1934 im Röhm-Putsch ihre organisierte soziale Basis zerstört hatten): die städtischen und die ländlichen Mittelschichten, deren Verarmungsprozeß sich unter dem NS-Regime fortgesetzt hatte[7] und unter denen die Opposition gegen den staatlichen Dirigismus zu wachsen beginne.

Auch unter den Arbeitern erwartete Sternberg im kommenden Krieg erhebliche Massenlegitimationsverluste für die nationalsozialistische Diktatur. Zwar hatte die Aufrüstung inzwischen die Arbeitslosigkeit beseitigt, aber es war auch der Grad der Rationalisierung und der Intensivierung der Arbeit bei gleichzeitigen Arbeitszeitsteigerungen gewachsen, während die Reallöhne geringer ausfielen als zur Zeit der Krise. Aber erst der totale Krieg mit der Verschärfung des Terrors würde den Arbeitern als »Volk in Waffen« die Widersprüche des Systems besonders verdeutlichen. Sternberg vermutete, daß es zunächst der Kriegspropaganda gelänge, diese Legitimationsverluste auszugleichen. Wenn aber die Losungen verbraucht wären, dann würde der Verlust an seelischer Widerstandskraft rapide zunehmen und in Deutschland einen »inneren Kriegsschauplatz« schaffen.

Die Frage, warum der Widerstand bisher so bedeutungs- und folgenlos geblieben sei, erklärte Sternberg mit den Sanktionen des Terroregimes; aber aus der geringen Zahl der oppositionellen Kader – so meinte er – dürfe nicht geschlossen werden, daß es keine Opposition gäbe: »Die deutschen Arbeiter sind zwar weiter immun gegen den Nationalsozialismus, aber sie sind noch passiv, noch nicht tätig. Sie warten ihre Zeit ab.«[8] »Ihre Zeit« – so erwartete Sternberg – käme im totalen Krieg: »Die oppositionellen Strömungen, die gerade durch den Krieg wachsen werden, wachsen müssen, werden daher nicht nur individuelle Ziele haben, sie werden ein gemeinsames Ziel, gemeinsame Kampflosungen haben: Sturz des nationalsozialistischen Regimes.«[9]

Diese kurz vor Ausbruch des Zweiten Weltkrieges durch die Analysen authentischer deutscher Materialien gewonnenen Einsichten bildeten eine wesentliche Voraussetzung für die Bedingungen des Aufbaus eines demokratisch-sozialistischen Deutschlands nach dem Ende des Zweiten Weltkrieges: die starke planwirtschaftliche Komponente des nationalsozialistischen Staatskapitalismus, die politisch-ökonomische Zwangsgemeinschaft von nationalsozialistischer Diktatur und kapitalistischer Wirtschaft, die Beschleunigung der Verarmung (und damit tendenziellen Auslöschung) der Mittelschichten, die latente Opposition der Betriebsarbeiterschaft und selbst von Teilen der Mittelschichten (besonders der Bauern), die unter den Bedingungen des totalen Krieges, den die Nationalsozialisten führen mußten, zu einer neuen Qualität – vielleicht sogar des Widerstandes – sich transformieren würde, wie Sternberg annahm. Nicht nur er, auch Willy Brandt hatte sich im schwedischen Exil noch 1943/44 nicht vorstellen können, »daß Deutschland einen totalen Zusammenbruch erleben würde«, man erwartete eine »Volkserhebung«.[10]

Als dies nicht mehr zu erwarten war, und zwar nicht, weil die Vermutung einer latenten Opposition falsch gewesen wäre, sondern weil die Oppositionsstimmung im Verlauf und durch den Verlauf des Krieges und die immer aggressiver werdenden Methoden des nationalsozialistischen Terrorregimes statt in offenen Widerstand in Apathie, Resignation und individuellen Durchhaltewillen umschlug, trat für Sternberg ein neuer Bedingungsfaktor für den Aufbau eines demokratisch-sozialistischen Deutschland hinzu: Deutschland würde bloßes Objekt der Sowjetunion und der angelsächsischen Mächte sein, die sich zwar in der Anti-Hitler-Koalition zur Zerschlagung der nationalsozialistischen Diktatur zusammengefunden hatten, aber deren Interessen und Ziele darüber hinaus sehr unterschiedlich, wenn nicht sogar gegensätzlich waren.[11]

Bereits im Februar 1944 schien es Sternberg unabweisbar, daß die Sowjetunion nach der Niederschlagung des Faschismus in Europa die mächtigste Militärmacht Europas vor Frankreich und England sein würde, deren Wirtschaftspotentiale schon vor Ausbruch des Krieges von dem der Sowjetunion übertroffen worden waren (wie Sternberg mit allen statistischen Einzelheiten ausführte). Als mittelfristige Ziele der Sowjetunion nannte er: erstens die Ausschaltung Deutschlands als Angreifer gegen die Sowjetunion ein für alle Male und zweitens den möglichst schnellen Wiederaufbau ihrer zerstörten Provinzen. Als

Maximalziel der Sowjetunion definierte Sternberg die Eingliederung Deutschlands in die »russische Koalition«. Alle drei Ziele ließen erwarten, daß die Sowjetunion kein Interesse an einer Zerstückelung Deutschlands haben würde.

Dieser Zielklarheit der Sowjetunion stand eine Unklarheit der Ziele der angelsächsischen Mächte gegenüber. Konsens bestand zwischen ihnen nur über die Zerschlagung des Nazi-Staates; dabei überwog, wie Sternberg feststellte, die Neigung zu einer extremen Aufteilung Deutschlands. Für den Fall, daß diese Tendenzen sich durchsetzen würden, prognostizierte Sternberg mit dem Widerstand aller Deutschen gegen diese Aufteilung das Wachsen der Sympathien für die Sowjetunion. Er vermutete unter Hinweis auf die Konferenzen von Moskau und Teheran, daß die Sowjetunion als Gegenleistung für bestimmte Konzessionen der Westmächte bereit sein könnte, »eine revolutionär-sozialistische Bewegung in Deutschland zunächst nicht zu fördern«. Die Konzessionen mußten nach Sternbergs Auffassung folgende sein: Festlegung der Grenzen in Osteuropa, den Wünschen der Sowjetunion entsprechend; sowjetfreundliche Regierungen in Osteuropa; Teilnahme an der Kontrolle Deutschlands; weitreichende Unterstützung für den Wiederaufbau durch die USA. Die Konsequenz solcher Konzessionen von westlicher Seite müßte dann aber die Erhaltung eines ungeteilten Deutschlands sein; denn nur wenn Deutschland »ungeteilt in den Grenzen von 1919 bestehen bleiben darf«, würden die linken progressiven Kräfte, »die fähig sind, eine sozialistische Demokratie aufzubauen, allmählich die Oberhand gewinnen können«.

Der Bedingungsrahmen für den Aufbau der sozialistischen Demokratie im nachfaschistischen Deutschland wurde also von Sternberg von vornherein als außerordentlich kompliziert erkannt: Der noch latenten, aber unabweisbaren Tendenz der Sowjetunion zu imperialer Expansion (wie Sternberg sie damals in Übereinstimmung mit der heutigen Forschungslage konstatierte[12]) stand – zunächst – eine Diffusion in den Zielvorstellungen auf seiten der westlichen Partner der Anti-Hitler-Koalition gegenüber. Deutlich war zu diesem Zeitpunkt für Sternberg jedenfalls, daß die demokratisch-sozialistische Linke in Deutschland sich zwischen die Stühle von Roosevelt und Stalin würde setzen müssen (siehe das offizielle Bild der Konferenz von Jalta, auf dem links von Roosevelt Stalin und rechts von ihm Churchill zu sehen sind). Für Sternberg als einem genauen Kenner der Stalinschen Politik, mit der er sich bereits eineinhalb Jahrzehnte zunehmend kritischer auseinandergesetzt hatte, stand in seiner nächsten größeren, 1946 verfaßten und 1947 veröffentlichten Schrift *Coming Crisis*[13] völlig fest, daß Deutschland auch nach der Zerschlagung der nationalsozialistischen Diktatur das Zentrum Kontinentaleuropas bleiben und damit für das Weltparallelogramm der Kräfte wichtig sein würde: Käme es ganz unter russischen Einfluß, so würde die russische Position eine ganz gewaltige Steigerung erfahren, wie umgekehrt die der USA auch. Beides konnte nicht im Interesse der demokratischen Sozialisten sein, deshalb plädierte Sternberg angesichts der divergierenden Interessen der beiden Weltmächte für das Aussetzen definitiver Entscheidungen.

Denn – und dies war 1946/47 seine Hauptthese für die Zukunft Deutschlands, ja des europäischen Kontinents überhaupt – die gesellschaftlichen Bedingungen, die die Nazi-Herrschaft und der Zweite Weltkrieg geschaffen hatten, arbeiteten für den demokratischen Sozialismus und gegen den Kapitalismus in seiner monopolistischen Struktur. Denn in Deutschland waren die sozialen Antagonismen in der Zeit der nationalsozialistischen Herrschaft und während des Zweiten Weltkrieges verstärkt worden (wie Sternberg in Anknüpfung an sein Buch aus den Jahren 1938/39 über die deutsche Kriegsstärke feststellte); dabei war Deutschland der einzige europäische Großstaat gewesen, in dem bereits nach dem Ersten Weltkrieg eine stärkere Polarisierung der Gesellschaft eingetreten war (dies war gesagt mit Blick auf die sozialen Folgen der Inflation, die einen großen Teil der städtischen Mittelschichten in die Verarmung getrieben hatte). Der Kapitalismus aber hatte sich immer auf die Mittelschichten als soziale Massen- und politische Akklamationsbasis gestützt. Diese Basis war nun nach dem Zweiten Weltkrieg zerfallen; ruiniert waren auch die deutschen Städte und die deutschen Industrieanlagen. Dazu kam die Zwangsevakuierung Millionen Deutscher aus dem Osten. All das hatte nach Sternbergs Ansicht die faktische und sozialmoralische Grundlage des Kapitalismus, den Eigentumsbegriff, »aufs stärkste zerstört«. Während in der russischen Zone in Konsequenz der historischen Lage antifaschistisch-antikapitalistische Strukturreformen durchgeführt würden, ließen es auch die unterschiedlichen Interessen der Westmächte (in England gab es seit 1945 eine Labour-Regierung, die in ihrem Programm umfassende Sozialisierungsmaßnahmen vorgesehen hatte, die auch umgesetzt wurden; in Frankreich erfolgte unter der Herrschaft des Tripartismus von Sozialisten, Kommunisten und Katholiken wenn schon nicht ein Sprung in den Sozialismus, so aber doch auch keine umstandslose Rückkehr zu monopolkapitalistischer Strukturkonsolidierung) als unwahrscheinlich erscheinen, daß das alte kapitalistische System wieder etabliert werden könnte. Auch im westlichen Teil Deutschlands würde Planwirtschaft herrschen mit dem Ziel, den Unterschied im deutschen Lebensstandard im Vergleich zu den übrigen europäischen Ländern nach Möglichkeit zu verringern.

Eine solche Perspektive war die deutsche Variante des von Sternberg mit vielen Zeitgenossen konstatierten »obvious trend toward the Left in Continental Europe«. Daß dieser Trend, abgekoppelt von den USA, eine Kraft aus sich selbst heraus entwickeln könnte, glaubte Sternberg von Anfang an nicht. Deshalb konzentrierte er sich auf die Gewinnung und die Unterstützung jener Liberalen in den USA, die davon zu überzeugen waren, daß ein demokratisch-sozialistisches Deutschland, ja Europa, ein unaggressives Bollwerk gegen die expansionistischen Tendenzen der Sowjetunion und so der beste Garant für die Verhinderung eines dritten Weltkrieges sein würde.

III

Die Koppelung von Friedenssicherung und europäischem Weg zum demokratischen Sozialismus war eine Frage, die seit Mitte der dreißiger Jahre auch einen anderen Emigranten aus der Sozialistischen Arbeiter-Partei (SAP) bewegte: Willy Brandt.[14] Auch er konnte es sich lange Zeit, nach eigenem Zeugnis noch 1943/44, »immer noch nicht vorstellen (...), daß Deutschland einen totalen Zusammenbruch erleben würde«: »Wir gingen einfach davon aus, daß die Formung des neuen Staates wesentlich durch eine Volkserhebung gegen die bisherigen Machthaber mitgeprägt werden würde.«[15] Indes übersah Brandt nicht, daß Hitler durch die terroristischen Methoden seines Regimes einen »unvermindert starken Einfluß auf gewisse Schichten der deutschen Arbeiterschaft« ausübe[16], wie er Ende 1941 feststellte. Aber auch 1944 nahm er noch an, »daß die militärische Niederlage eine Erhebung breiter Volksschichten auslösen wird. Die unterschiedlichsten Interessen werden sich dann geltend machen; man wird höchst verschiedene Ziele proklamieren. Eine starke Raserei wird sich gegen die Nazis richten, und viele werden es sich angelegen sein lassen, so schnell wie möglich nazistische Organisationen und Institutionen zu zerstören. Ungeachtet der sonstigen sozialen Zielsetzung werden sich jedoch viele Deutsche um die Forderung der Wiedererrichtung der elementaren demokratischen Rechte sammeln können: Meinungsfreiheit, Organisationsfreiheit, Pressefreiheit. (...) Man kann also davon ausgehen, daß eine deutsche Umwälzung einen antinazistischen und teilweise demokratischen Ausgangspunkt haben wird.«[17]

Dieser relativ optimistischen Einschätzung der deutschen Situation stand die kritisch-pessimistische Beurteilung der Sowjetunion gegenüber; sie beruhte auf den Erfahrungen im Spanischen Bürgerkrieg und war durch den Hitler-Stalin-Pakt erhärtet worden. Ganz in Übereinstimmung mit Fritz Sternberg bezeichnete Brandt die Sowjetunion als einen »reaktionären Faktor der internationalen Politik«, gegen den die internationale Arbeiterbewegung wie gegen jede Reaktion kämpfen müsse: »Die Politik Stalins bedeutet überall in der Welt eine Stärkung der reaktionären antisozialistischen und arbeiterfeindlichen Kräfte«. Im Dezember 1941, also ein halbes Jahr nach Hitlers Angriff auf die Sowjetunion, schrieb Brandt an einen norwegischen Freund im Londoner Exil ohne Wenn und Aber, daß er es nicht »für eine wünschenswerte Perspektive halten« könne, »daß sich die bolschewistische Herrschaft auf ganz Ost- und Mitteleuropa einschließlich Deutschland ausdehnt«.[18] An dieser Eindeutigkeit änderte sich auch in der Folgezeit nichts, und sie ist zu unterscheiden von der wachsenden klaren Einsicht in die deutsche Situation für die Zeit nach dem Krieg, die nach Brandts Ansicht ein Einvernehmen und eine Zusammenarbeit sowohl mit dem Osten als auch mit dem Westen erforderte. Denn wie Sternberg, ja weit stärker als diesen, trieb Brandt, wie sich seit 1941 belegen läßt, angesichts der verschiedenen, mehr oder weniger offiziellen Teilungs- und Reduktionspläne für Deutschland auf Seiten der westlichen Alliierten die Sorge um, daß die Nichtbeachtung des Selbstbestimmungsrechtes für ein demokratisches Deutschland oder eine »Demütigungs- und Besetzungspolitik« gegenüber Deutschland »das sicherste Mittel sein könnte, um die Deutschen in eine feste Allianz mit den Bolschewiken hineinzutreiben«.[19] Auch bzw. erst recht nach dem Zusammenbruch der nationalsozialistischen Diktatur hielt Brandt an dieser Auffassung fest, die in einem engen Zusammenhang mit seiner Interpretation der Schuldfrage stand: Schuldig waren die Nazis und jene, die den Nationalsozialisten geholfen hatten, »den Terror und den Krieg zu entfesseln«.[20] Diesen Gruppen müßte ihr gesellschaftlicher Einfluß genommen werden. Etwas anderes als diese Schuld war dagegen die Verantwortung, die die Deutschen, die Nazi-Gegner eingeschlossen, tragen müßten. Nur so erschien es Brandt möglich, Hoffnung auf den Aufbau eines deutschen Rechtsstaates und einer »dauerhaften antinazistischen Demokratie« hegen zu können.[21]

Die gesellschaftliche Neuordnung Deutschlands mußte sich – wie Brandt 1944 schrieb – im Konsens zwischen »demokratischen Sozialisten und Sozialradikalen mit liberaler Grundhaltung« vollziehen: »Die große Aufgabe, die unserer Generation gestellt ist, besteht darin, die Synthese von Kollektivismus und Liberalismus zu finden.«[22] Demokratische Planwirtschaft war aus dieser Sicht ein Mittel zur Untermauerung der Freiheit und deshalb eben nicht dasselbe wie »totaler Kollektivismus«, wie Brandt in Antizipation der zukünftigen Konfliktlinien in der Neuordnungsdiskussion nach 1945 in Deutschland formulierte. Es waren Überlegungen, die sich einfügten in die breite Diskussion der Haupt- und Staatsfrage: »Was wird aus Deutschland nach dem Krieg?«, wie sie im schwedischen Exil von Sozialdemokraten und Sozialisten geführt wurde.[23]

IV

Wie schon an anderer Stelle von der Verfasserin begründet[24], nahm innerhalb dieser Diskussion die programmatische Positionsbestimmung einen herausragenden Platz ein, die ein »Kreis früherer Funktionäre der Sozialistischen Arbeiter-Partei in Schweden« im Juli 1944 (Datum des Vorworts) unter dem Titel *Zur Nachkriegspolitik deutscher Sozialisten* als Broschüre von 63 Seiten veröffentlichte. Zu den Verfassern dieser Broschüre zählen vor allem Willy Brandt neben Stefan Szende, August Enderle und Irmgard Enderle[25]. Die Fixierung der Grundsätze eines Kreises, dessen Mitglieder sich selbst als demokratische Sozialisten kennzeichneten, war gewissermaßen die Voraussetzung für den im Herbst 1944 erfolgenden Eintritt in die Stockholmer SPD-Gruppe[26].

In dieser Broschüre wird klar ausgedrückt, daß dem Aufbau eines freiheitlichen und friedlichen Deutschlands die militärische Niederlage Hitlers und die ihr nachfolgende vollständige Besetzung Deutschlands vorausgehen würde. Dies galt als Voraussetzung für die diesen Vorgängen folgende »deutsche Nachhitlerrevolution«, deren Ausgangspunkt eine »unbändige Raserei« gegen Nazi-Führer und Gestapo-Leute sein würde; sie dürfte sich aber nicht nur – darauf beharrten die Stockholmer – gegen die Nazis richten, sondern müßte auch jene treffen, die die Nationalsozialisten an die Macht gebracht hatten. Eine konsequente demokratische Revolution, wie sie 1918/19 leider nicht durchgeführt wurde, war – so das Votum – historisch angezeigt, und das bedeutete: Enteignung des Großgrundbesitzes sowie Überführung der Monopole und Banken in öffentliche Verwaltung. Als Träger dieser demokratischen Revolution im Schatten der alliierten Okkupation wurden die Arbeiterschaft und die Intelligenz angesehen; auch setzte man gewisse Hoffnungen auf die Kirchen, wenngleich man einschränkend bemerkte, daß deren aktivste Gegner des Nationalsozialismus zugleich auch die konservativsten in sozialen Fragen seien. Was die Arbeiterschaft anging, machte man sich zwar keine Illusionen über das Ausmaß von deren Opposition und Widerstand, glaubte aber dennoch – in fast ungebrochener Anknüpfung an die eigenen Erwartungen zu Beginn der nationalsozialistischen Gewaltherrschaft –, daß gerade in Deutschland »die Produktionsstätten das wichtigste ordnende Element im revolutionären Prozeß« sein könnten, um den eigentlichen Aufbau einer neuen deutschen Demokratie von unten her vorzunehmen.

Voraussetzung dafür waren nach Auffassung der Stockholmer Autoren auf seiten der Arbeiterschaft und Arbeiterbewegung »die Bildung einer demokratisch-sozialistischen Einheitspartei« und die Schaffung von Einheitsgewerkschaften. Die Einheitspartei mit der Hauptbasis Arbeiterschaft – dieser Schluß wurde aus der Rolle der Mittelschichten als sozialer Basis für den Nationalsozialismus gezogen – müßte aber auch Raum für städtische und ländliche Mittelschichten haben: Es müßte verhindert werden, daß es anderen Kreisen erneut gelänge, »eine ideologische und politische Kluft zwischen den Mittelschichten und der Arbeiterschaft zu schaffen«; es müßte vielmehr die trotz aller Maßnahmen des Naziregimes noch immer vorhandene Masse der Mittelschichten so eng wie möglich mit der Arbeiterschaft zusammengeschweißt werden. Bei der Schaffung der Einheitsgewerkschaften (parteipolitisch neutral, unabhängig vom Staat, aber mit öffentlichen Aufgaben betraut) sollte es darauf ankommen, daß der Gründungsprozeß in »engster Verbindung mit den in Bewegung geratenen Massen, den spontan entstehenden Betriebsräten und den lokalen Gewerkschaftsorganisationen« ablaufe. Anders als im traditionellen zentralistisch-bürokratischen Funktionsmodell der Gewerkschaften vor 1933 sollten die Betriebe und Betriebsgruppen die tragenden unteren Einheiten der gesamten Gewerkschaftsbewegung werden.

Trotz dieser von den Autoren vermuteten massiven Kräftepotentiale für eine demokratische Revolution nach Hitler in der Arbeiterschaft erwartete man nicht, daß diese Kräfte für den revolutionären Transformationsprozeß ausreichen würden: Nur eine Koalition aller fortschrittlichen Kräfte auf der Grundlage eines radikaldemokratischen Aktionsprogramms mit starker sozialer Ausrichtung werde die neue Ordnung etablieren können. Die Grenze für solide Bündnisse mit bürgerlich-demokratischen Kräften bestimmte sich dadurch, daß ein Bündnisverhältnis zwischen der Sozialistischen Einheitspartei und einer Partei, die die ökonomische Monopolstellung der Kapitaleigentümer anstrebte, angesichts der Ziele der demokratischen Revolution kaum in Frage kommen durfte.

Diese Zielsetzung hatte ihre außenpolitischen Bedingungen, die hellsichtig konturiert wurden (und die die, sogar stilistisch verifizierbare Handschrift Willy Brandts tragen): Wenn auch das deutsche Volk nicht die Alleinschuld am Zweiten Weltkrieg trage, so habe doch Hitler-Deutschland den Krieg entfesselt, und deshalb sei es die Aufgabe einer demokratischen Außenpolitik, den deutschen Imperialismus zu liquidieren, die nazistischen Verbrechen wiedergutzumachen und Vertrauen zu erwerben. Um diese Aufgaben erfüllen zu können, müßten die demokratischen Sozialisten vor allem »das Recht ihres Volkes auf Selbstbestimmung im Rahmen einer internationalen Organisation (...) vertreten und seine Lebensmöglichkeiten (...) sichern«. Gegenüber den Besatzungsmächten müsse eine Position vertreten werden, die weder bedingungslose »Erfüllungspolitik« noch eine Politik des fortdauernden Protestierens bedeute. Die fast leidenschaftlich geführte Argumentation richtete sich gegen alle Aufteilungspläne, gegen die mit ihrer Verwirklichung verbundene Rückkehr in die Kleinstaaterei und gegen die schon jetzt, 1944, als verheerend vorausgesagten Folgen der Verschiebung der polnischen und der russischen Westgrenzen und der Vertreibung deutscher Bevölkerung (die, wie man vermutete, im neuen Deutschland »ein nationales und soziales Unruheelement erster Ordnung« darstellen würde). Das Ziel der Argumentation war, das neue Deutschland in freier Selbstbestimmung einzubringen in eine europäische Föderation, die als wesentliche Teillösung eines wirklichen weltumfassenden Systems kollektiver Sicherheit angesehen wurde, die damit der internationalen Friedenssicherung diene. Kein europäischer Staat werde nach dem Zweiten Weltkrieg mehr zu den Weltmächten zählen, und die Interessengegensätze der Großmächte würden einer weltweit bezogenen Lösung der Probleme der Friedenssicherung zunächst nicht förderlich sein. Deshalb müsse in und für Europa, das bis in die Gegenwart Hauptherd kriegerischer Auseinandersetzungen gewesen sei, ein Anfang gemacht werden. Auch hier würden unmittelbar nach Kriegsende noch keine umfassenden Lösungen erreichbar sein, weil der durch den Nationalsozialismus verursachte Haß gegen alles Deutsche einer gesamteuropäischen Lösung entgegenstehe, ohne Deutschland aber keine gesamteuropäische Lösung denkbar sei. Deshalb müßten regionale Teillösungen in Angriff genommen werden, und selbst für diese sah man große Probleme voraus. Doch meinte man, daß durch den Trend zu einer radikaldemokratischen Entwicklung mit sozialistischen Tendenzen in vielen Staaten Europas günstigere Voraussetzungen für eine europäische Föderation geschaffen würden, als sie im Vorkriegseuropa bestanden hatten. Ausschlaggebende Bedeutung wurde der Verständigung zwischen Frankreich und Deutschland beigemessen. Man betonte die große Bedeutung einer möglichst engen und freundschaftlichen Zusammenarbeit mit den Kräften der amerikanischen Demokratie, und gegenüber der Sowjetunion wurde festgestellt: »Als Sozialisten haben wir ein besonderes Interesse daran, mit der Sowjetunion in engen, freundschaftlichen Beziehungen zu stehen. Solche Beziehungen sind eine der entscheidenden Voraussetzungen für die Zukunft des deutschen Volkes und für die Stabilisierung des Friedens in Europa.«[27]

Bei der Zielsetzung für die demokratische Revolution im Nach-Hitler-Deutschland wurde unterschieden zwischen kurz- und langfristigen Zielen oder Aufgaben. Zu den kurzfristigen Aufgaben wurden gezählt: erstens Verfolgung und rücksichtslose Niederschlagung der Nazis; zweitens Herstellung demokratischer Grundrechte; drittens Bewahrung der Menschen vor Hunger und Arbeitslosigkeit, was nur möglich erschien durch den Aufbau eines große Teile der Wirtschaft umfassenden quasi-planwirtschaftlichen Apparates; viertens Demokratisierung der Verwaltung und des Unterrichtswesens.

An erster Stelle der langfristigen Ziele stand neben dem Aufbau neuer demokratischer Staatsorgane und der ihnen gemäßen Institutionen der politischen Willensbildung (wobei an wenige große Parteien und an die Mitwirkung der Vertreter der Belegschaften der Großbetriebe und der Vertrauensleute der gewerkschaftlichen und der beruflichen Organisationen gedacht wurde) und der Umgestaltung des Erziehungswesens (»im Geiste demokratischer Pädagogik und des realen Humanismus«) ein neuer Wirtschaftsaufbau. Da man davon überzeugt war, daß ohne zentrale Planung und Lenkung nicht aus dem Elend herauszukommen sei, kam schon aus diesem und erst recht aus prinzipiellen Gründen eine Rückkehr zu den Formen der kapitalistischen Wirtschaft, wie sie bis zum Anfang der dreißiger Jahre bestanden hatten, nicht in Frage. Keineswegs unterschätzte man die Widerstände der kapitalistischen Kreise, weder in Deutschland noch im internationalen Rahmen, glaubte aber doch, einige Forderungen als unerläßlich für die Neugestaltung der deutschen Volkswirtschaft durchsetzen zu können: der Großgrundbesitz, ein feudales Relikt, sollte endlich enteignet, die privaten Industrie- und Finanzmonopole sollten gebrochen und in die Hand des Staates oder der Gemeinden überführt werden. Weitere Nationalisierungen von Großunternehmen waren mehr eine politische denn eine wirtschaftliche Frage; unerläßlich erschienen aber eine allgemeine staatliche Lenkung, eine Kontrolle der Investitionen und der Produktion, der Ein- und Ausfuhr, der Kredite und Preise. Um eine Überbürokratisierung des gesamten gesellschaftlichen Lebens zu verhindern, sollten Selbstverwaltungsformen und Dezentralisierungstendenzen unterstützt, sowie vor allem die Selbstverwaltungsorgane der Arbeiter eingeschaltet werden. Die Betriebsräte sollten zu Organen demokratischer Kontrolle und Mitbestimmung ausgebaut werden, und es sollte die Möglichkeit zur Abberufung von ungeeigneten und sabotierenden Beamten geschaffen werden.

Dieses Programm hatte seine Wurzeln in den besten undogmatischen demokratisch-sozialistischen Traditionen der deutschen Arbeiterbewegung. Seine Verfasser hatten die Konsequenzen gezogen aus den Fehlern der deutschen Arbeiterbewegung nach 1918, aber auch aus den Fehlentwicklungen bei der sozialistischen Transformation in Rußland seit 1917. Sie hatten aber auch, vergleicht man ihre programmatischen Vorstellungen mit dem SAP-Programm von 1932, ganz offensichtlich aus der Realität der skandinavischen sozialen Demokratien gelernt. Darüber hinaus hatten sie in einer in der sozialistisch-sozialdemokratischen Programmatik bisher nicht üblichen Weise den allgemeinen internationalen Bedingungsrahmen für sozialistisches Handeln präzise beschrieben.

V

Vergleicht man die Stockholmer Antwort auf die Frage »Was wird aus Deutschland nach dem Krieg?« mit anderen programmatischen Dokumenten, die zeitgleich im Londoner sozialdemokratisch-sozialistischen Exil erarbeitet wurden[28], so wird man in den zentralen Punkten der Aussagen weitgehende Übereinstimmung feststellen, wenn auch unterschiedliche Akzentuierungen als Zeichen ursprünglicher Verankerungen in den Traditionen der deutschen Arbeiterbewegung unübersehbar bleiben (so sind z.B. bei den Stockholmern durchgängig die basisdemokratischen Elemente deutlicher). Es gab am Ende der Diskussionen im Exil über Deutschlands Zukunft nach Hitler ein breites Band von deckungsgleichen Formulierungen der Ziele und der Wege zur Verwirklichung dieser Ziele (selbstverständlich auch aufgrund von gegenseitigen direkten Beeinflussungen, die aber für den hier versuchten Argumentationsgang keine Rolle spielen). Niemand verkannte die Gefahren, die einem demokratisch-sozialistischen Neubeginn in Deutschland drohen würden; alle waren der Auffassung, daß keine Zwangsläufigkeit für den Transformationsprozeß des Kapitalismus in den Sozialismus bestand, sondern daß die historische Situation aktives Handeln erforderte.

Die Konsensbreite wird noch erheblicher, wenn man demokratisch-sozialistische Konzepte, die aus dem Widerstand in Deutschland hervorgegangen waren, in das Gesamtspektrum einordnet: das Buchenwalder Manifest vom April 1945, Kurt Schumachers »Politische Richtlinien« vom August 1945, Eugen Kogons und Walter Dirks Entwurf eines »Sozialismus der Freiheit« vom Mai 1945, das Manifest des »Freien Sozialismus«, das Alfred Weber und Alexander Mitscherlich im April 1946 veröffentlichten. Durchaus legitim kann auch Paul Serings (d. i. Richard Löwenthal) viel diskutiertes Buch *Jenseits des Kapitalismus*, das aus Diskussionen im Londoner Exil hervorging und im Dezember 1946 in Deutschland veröffentlicht wurde[29], hier mitgenannt werden, vertrat doch der Autor ebenfalls das Konzept einer neuen sozialistischen Strategie der Transformation der kapitalistischen Klassengesellschaft durch demokratische Planung – im Gegensatz sowohl zur früher in der sozialistischen Theorie dominanten Doktrin vom revolutionären Umsturz als auch zur, in der sozialdemokratischen Arbeiterbewegung in hoher Geltung stehenden, reformistischen Praxis, die sich ausschließlich auf partielle Verbesserungen der Lage der arbeitenden Klassen konzentrierte.

VI

Angesichts dieser Fülle von konvergenzfähigen Konzepten drängt sich unabweisbar die Frage auf, warum jener trotz aller Schwierigkeiten dennoch erwartete »Ruck nach links« in Deutschland und in Europa nicht stattfand. Für die Beantwortung dieser Frage liegen einige exogene Gründe auf der Hand: die unterschiedlichen Ziele der Alliierten, die sich zu offenen Gegensätzen auswuchsen; die Beschränkung des englischen Sozialismus-Experimentes auf England, statt dem Transformationsprozeß durch eine Erweiterung der Sozialisierungen auf das unter britischer Besatzungsmacht stehende Ruhrgebiet eine breitere Basis zu geben; die langanhaltenden Vorbehalte der europäischen demokratischen Sozialisten gegenüber den Deutschen und auch den deutschen Sozialdemokraten; die negativen Auswirkungen des Stalinismus auf Idee und Realitätsgehalt demokratisch-sozialistischer Konzepte.

Mitten in einer Phase der historischen Entwicklung, in der die sozialistische Transformation auf der Tagesordnung der Geschichte hätte stehen können, geriet der Sozialismus in eine erneute Krise – wie schon einmal nach 1917/18. Diese Krise war aber nicht allein durch äußere Faktoren und Umstände verursacht, sondern auch Ausdruck einer von den Protagonisten des Transformationskonzeptes selbst veranlaßten Mängelsituation. Willy Brandt hat auf eine »gewisse Unreife« der deutschen Opposition im Exil hingewiesen und dies auch »für meine engeren Gesinnungsfreunde« festgestellt. Er hat aber zu bedenken gegeben, daß dieses Urteil dadurch modifiziert werden müßte, »daß es die Deutschen im Exil besonders schwer hatten«. Als Fazit bleibt aber dennoch, »daß die verschiedenen Gruppen und Richtungen nicht fähig waren, eine einigermaßen repräsentative Vertretung der deutschen Opposition im Ausland gemeinsam zustande zu bringen«[30], was ihr ein größeres Gewicht gegenüber den späteren Besatzungsmächten hätte geben können. Aus diesem Zusammenhang ergab sich aber auch, daß es keine oder nur eine sehr begrenzte strategische Vorbereitung für den Neuanfang in Deutschland auf Seiten der

Repräsentanten der noch in der letzten Phase des Exils zustandegekommenen »Einheit aller deutschen Sozialisten in der Sozialdemokratie« gab oder – wie man es gerechterweise ausdrücken müßte – geben konnte. Damit war man von vornherein gegenüber den Kommunisten mit ihren klaren strategisch-taktischen Handlungsperspektiven in einem Nachteil, der nicht aufzuholen war. Zu sehr hatte man sich darauf verlassen, daß, wenn der Krieg vorbei wäre, »jede Ortsgruppe sofort wieder da« sein würde.[31]

Dies verweist auf Analyse-Mängel, die angesichts der kommunikativen Defizite, wie sie durch das Chaos der unmittelbaren Nachkriegszeit bedingt waren, nicht kompensiert werden konnten. Solche Mängel waren: die zu positive Einschätzung der Gegnerschaft gegen den Nationalsozialismus durch die deutsche Bevölkerung; die Unterschätzung der Überlebensfähigkeit und -kraft des Kapitalismus; die Überschätzung der Offensivkraft der deutschen Arbeiterklasse (deren klassische Funktionen durch Krieg und Nachkriegszeit vorübergehend sistiert wurden) und – teilweise – gerade unter den linkssozialistischen Emigranten die sich bald als Illusion herausstellende Hoffnung auf die historische Schubkraft der wiederherzustellenden Einheit der Arbeiterbewegung in Deutschland[32].

Das Ergebnis des erneuten Scheiterns in einer historischen Situation, in der man sich als hegemoniale Kraft verortet gesehen hatte, war auf seiten der in diesem Beitrag vorgestellten demokratischen Sozialisten weder Resignation noch Endzeitdenken. Vielmehr sahen sie sich herausgefordert, die Vision des demokratischen Sozialismus erneut mit den historischen, politisch-ökonomischen und sozialen Tatbeständen zu konfrontieren. Manches sprach immer noch dafür, daß der Trend in die Richtung einer demokratisch-sozialistischen Transformation gehen würde, wenn auch in einem langen, mühsamen Prozeß. Eine Gewißheit gab es dafür nicht, doch blieb aufs Ganze gesehen die Situation offen: »Es gibt eine Chance für eine demokratisch-sozialistische Entwicklung in der Welt. Es gibt sehr starke Möglichkeiten in der Richtung der Barbarei. (...) Der Kapitalismus wird das Jahr 2000 kaum erleben. Aber noch weiß niemand, wer sein Erbe ist.« Dies schrieb Fritz Sternberg 1951 in seinem das Weltparallelogramm der Kräfte umspannenden Buch *Kapitalismus und Sozialismus vor dem Weltgericht*.[33]

---

1 Werner Röder: *Die deutschen sozialistischen Exilgruppen in Großbritannien*. Hannover 1968; Joachim Radkau: *Die deutsche Emigration in den USA. Ihr Einfluß auf die amerikanische Europapolitik 1933–1945*. Düsseldorf 1971; Helmut Müssener: *Exil in Schweden. Politische und kulturelle Emigration nach 1933*. München 1974; Jörg Bremer: *Die Sozialistische Arbeiterpartei Deutschlands (SAP). Untergrund und Exil 1933–1945*. Frankfurt/M.

1978; Klaus Misgeld: *Die »Internationale Gruppe demokratischer Sozialisten« in Stockholm 1942-1945. Zur sozialistischen Friedensdiskussion während des Zweiten Weltkrieges.* Uppsala und Bonn 1976; Dieter Günther: *Gewerkschafter im Exil. Die Landesgruppe deutscher Gewerkschafter in Schweden 1938-1945.* Marburg 1982; Brigitte Seebacher-Brandt: *Ollenhauer. Biedermann und Patriot.* Berlin 1984; Helga Grebing: *Lehrstücke in Solidarität. Briefe und Biographien deutscher Sozialisten 1945-1949.* Stuttgart 1983; dies. (Hg.): *Entscheidung für die SPD. Briefe und Aufzeichnungen deutscher Sozialisten 1945-1948.* München 1984; Erich Matthias: *Sozialdemokratie und Nation. Ein Beitrag zur Ideengeschichte der sozialdemokratischen Emigration in der Prager Zeit des Parteivorstandes 1933-1938.* Stuttgart 1952; Lewis J. Edinger: *Sozialdemokratie und Nationalsozialismus. Der Parteivorstand der SPD im Exil von 1933-1945.* Hannover, Frankfurt/M. 1960; Erich Matthias, Werner Link (Hg.): *Mit dem Gesicht nach Deutschland. Eine Dokumentation über die sozialdemokratische Emigration aus dem Nachlaß von Friedrich Stampfer.* Düsseldorf 1968; Willi Jasper: »Entwürfe einer neuen Demokratie für Deutschland. Ideenpolitische Aspekte der Exildiskussion 1933-1945. Ein Überblick.« In: *Exilforschung. Ein internationales Jahrbuch.* Bd. 2 (1984), S. 271-298. — 2 Siehe Helga Grebing (Hg. unter Mitarbeit von Iring Fetscher, Hans-Christoph Schröder, Herbert Ruland, Gerhard Beier): *Fritz Sternberg (1895-1963). Für die Zukunft des Sozialismus. Werkproben, Aufsätze, unveröffentlichte Texte, Bibliographie und biographische Daten.* Köln 1981. — 3 Vgl. Fritz Sternberg: *Der Faschismus an der Macht* (1935). Neuausgabe mit einer Einleitung von Gert Schäfer. Hildesheim 1981. Zu Sternbergs Faschismus-Theorie vgl. Herbert Ruland: »Analyse und Strategien zur Verhinderung und Überwindung des Faschismus in den Schriften von Fritz Sternberg.« In: Grebing (Hg.), *Sternberg,* a.a.O. — 4 Fritz Sternberg: *Deutschland wohin? Die Wirtschaft des Dritten Reiches und ihre Perspektiven.* Strasbourg 1937; ders.: *Germany and a Lightning War.* London 1938; deutsche Ausgabe: *Die deutsche Kriegsstärke. Wie lange kann Hitler Krieg führen.* Strasbourg, Paris 1939; schwedische Ausgabe: Lund 1938; ferner folgende Aufsätze von Sternberg: »Kritische Bemerkungen zu den Thesen ›Die Internationale und der Krieg‹.« In: »Marxistische Tribüne.« Nr. 3 (1936) (Pseudonym: Ungewitter); »Oeconomische Perspektive des deutschen Faschismus.« In: ebd. Nr. 6 (1936) (Pseudonym: Fried); »Das Kriegspotential des ›Dritten Reiches‹.« In: »Der Sozialistische Kampf.« Jg. 1938; »Wie lange kann Hitler Krieg führen?« In: »Die Zukunft.« Nr. 10, (1938); »Deutschland, Südosteuropa und die englische Aufrüstung.« In: ebd. Nr. 7 (1938); »Faschistischer Staat und krisenfreie Wirtschaft.« In: »Der Kampf NF.« Nr. 4 (1938); »Die Hintergründe der Demission Schachts.« In: »Neue Front.« Nr. 2 (1939); »Der staatliche Sektor wächst weiter.« In: ebd. Nr. 3 (1939); vgl. auch die Replik auf einen Beitrag von Jacob Walcher, in: ebd. Nr. 5 (1939). — 5 Vgl. die Lebensdaten und die Auflistung der amerikanischen Publikationsorgane, in denen Sternberg Aufsätze veröffentlichte, in: Grebing (Hg.), *Sternberg,* a.a.O. — 6 *Die deutsche Kriegsstärke* S. 34 ff. und die in Anm. 4 genannte Auseinandersetzung mit Walcher. — 7 Vgl. die Aufsätze in der »Neuen Front« sowie *»Die deutsche Kriegsstärke«,* S. 323 f. — 8 *Die deutsche Kriegsstärke,* S. 345. — 9 Ebd., S. 348. — 10 Willy Brandt: *Draußen. Schriften während der Emigration.* Hg. von Günter Struve. Berlin, Bonn ²1976, S. 70 f. — 11 Vgl. »Germany, Economic Heart of Europe.« In: »The Nation.« New York, vom 12. 2. 1944; deutsche Übersetzung in: Grebing (Hg.), *Sternberg,* S. 447 ff. — 12 Siehe Hermann Graml: *Die Alliierten und die Teilung Deutschlands. Konflikte und Entscheidungen 1941-1948.* Frankfurt/M. 1985. — 13 Fritz Sternberg: *The Coming Crisis.* London, New York 1947. — 14 Für die folgenden Ausführungen zu den Positionen von Willy Brandt wurden folgende Publikationen herangezogen: Willy Brandt: *Ein Jahr Krieg und Revolution in Spanien,* hektographiert, Juli 1937; die ins Deutsche übersetzten Auszüge in dem Band *Draußen* (s. Anm. 10) aus folgenden Veröffentlichungen: *Spaltung oder Einheit - Die Komintern und die kommunistischen Parteien* (norwegisch, 1939), *Sowjetische Außenpolitik* (norwegisch, 1939), *Kriegsziele der Großmächte und das Neue Europa* (norwegisch, 1940), *Nach dem Sieg - die Diskussion über Kriegs- und Friedensziele* (schwedisch, 1944), *Verbrecher und andere Deutsche* (norwegisch und schwedisch, 1946). Ferner: Willy Brandt: *Links und frei. Mein Weg 1930-1950,* Hamburg 1982. — 15 *Draußen,* S. 71, 70. — 16 Ebd., S. 21. — 17 Ebd., S. 117 f. — 18 Ebd., S. 101 f., 103, 104, 22. — 19 Ebd., S. 21 (1941), S. 24 (1942). — 20 So die Argumentation in dem 1946 veröffentlichten Buch *Verbrecher und andere Deutsche;* vgl. *Draußen,* S. 129 f. — 21 *Draußen,* S. 130. — 22 So in dem 1944 veröffentlichten Buch *Nach dem Sieg;* vgl. *Draußen,* S. 45. — 23 Vgl. Müssener: *Exil in Schweden;* Misgeld: *Die »Internationale Gruppe demokratischer Sozialisten«.* (Anm. 1), vgl. hier die Ausführungen über das Dokument »Friedensziele der demokratischen Sozialisten« in Stockholm (1942/43), S. 62 ff. — 24 Grebing (Hg.): *Entscheidung für die SPD,* S. 14 f. — 25 Zitate und Textparaphrasen bei Müssener: *Exil in Schweden,* S. 172-176 und bei Bremer: *Die Sozialistische Arbeiterpartei* (Anm. 1), S. 271-274; die Verfasserin benutzte für die folgenden Ausführungen eine Kopie der Broschüre. — **26** Näheres dazu bei Grebing (Hg.): *Entscheidung für die SPD*. — **27** *Zur Nachkriegspolitik deutscher Sozialisten*, S. 38. — **28** Vgl. hierzu die Angaben bei Röder, Bremer und Seebacher-Brandt (alle Anm. 1); u. a. sind einschlägig: Erich Ollenhauer: *Möglichkeiten und Aufgaben einer geeinten sozialistischen Partei* (Ende 1942); Paul Walter: *Sozialistische Revolution gegen Nazi-Imperialismus* (Februar 1943, Replik auf Ollenhauer); Erich Ollenhauer: *Die politische Arbeiterbewegung in Deutschland* (Jahreswende 1943); die Internationale Entschließung der Union deutscher sozialistischer Organisationen in Großbritannien (Oktober 1943); der Richtlinienkatalog des SPD-Vorstandes in London von Anfang September 1945 über die Parteiarbeit sowie die Ende November 1945 von der »Union« herausgegebene Broschüre *Zur Politik deutscher Sozialisten*. — **29** Über Richard Löwenthal und die »Sozialdemokratische Richtung Neubeginnen«, deren »Chefideologe« Löwenthal war, vgl. Röder: *Die deutschen sozialistischen Exilgruppen*, S. 39 ff. Ein Nachdruck des Buches mit einer ausführlichen Einführung von Löwenthal: *Nach 30 Jahren* erschien Berlin, Bonn 1977. — **30** Brandt: *Draußen*, S. 66. — **31** So Ollenhauer, vgl. Seebacher-Brandt: *Ollenhauer*, S. 265. — **32** Vgl. Grebing (Hg.): *Entscheidung für die SPD*, S. 24 ff. — **33** Fritz Sternberg: *Kapitalismus und Sozialismus vor dem Weltgericht*. Hamburg 1951, S. 450.

Willi Jasper

»Sie waren selbständige Denker«
Erinnerungen an die »Affäre Breitscheid / Hilferding« und die sozialdemokratische Emigration von 1933 bis 1945

Ein Gespräch mit Fritz Heine

Am 24. August 1944 flogen englische und amerikanische Bomber einen Angriff auf die Rüstungshallen der Gustloff-Werke. Direkt neben dem Fabrikgelände befand sich das KZ Buchenwald. Hier gab es die meisten Toten. Unter den Opfern war auch der sozialdemokratische Politiker Rudolf Breitscheid. Ob er wirklich durch die direkten Folgen des Luftangriffs gestorben ist oder schon vorher, wie der Kommunistenführer Thälmann, ermordet wurde, läßt sich nicht mehr ermitteln. Sein Schicksal ist in jedem Fall durch eine doppelte Tragik gezeichnet. Für den ehemaligen Reichstagsabgeordneten war schon zuvor das französische Exil, wohin er sich hatte retten können, zur Falle geworden. 1941 wurde er zusammen mit dem marxistischen Theoretiker Rudolf Hilferding von den Vichy-Behörden an die Gestapo ausgeliefert. Die näheren Umstände und politischen Hintergründe der »Affäre Breitscheid / Hilferding«, wie Daniel Bénédite die damaligen Vorgänge im Frankreich Pétains nennt, sind heute Gegenstand der Untersuchung sowohl französischer als auch deutscher Historiker. Vor kurzem erschien in Frankreich eine Studie von Daniel Bénédite, die sich auf Aussagen französischer Zeitzeugen stützt.

Willi Jasper hat mit dem heute 81jährigen Fritz Heine gesprochen, der damals für den Exilvorstand der SPD in Frankreich mit organisatorischen Fragen der Flüchtlingshilfe beauftragt war und die Exilproblematik aus seiner Sicht schildert. Im Gespräch mit Fritz Heine werden nicht nur Erinnerungen an die Persönlichkeiten Breitscheids und Hilferdings wach, werden nicht nur Details der tragischen Vorgeschichte der Auslieferung erörtert, es wird auch ein Gesamtüberblick über die verschiedenen Facetten der sozialdemokratischen Emigration von 1933 bis 1945 gegeben.

Willi Jasper: Am 24. August 1944 kam Rudolf Breitscheid im KZ Buchenwald ums Leben. Besonders tragisch ist in diesem Zusammenhang die Vorgeschichte, die Auslieferung Breitscheids und Hilferdings durch die französische Polizei des Vichy-Regimes, der unbesetzten Zone, an die Gestapo im Februar 1941. Rudolf Hilferding, der den

Nationalsozialisten als marxistischer Theoretiker besonders verhaßt war, wurde schon kurz nach seiner Auslieferung im Pariser Gestapo-Gefängnis zum »Selbstmord« gezwungen. Sie, Herr Heine, waren ja damals für die SOPADE in der Flüchtlingshilfe organisatorisch aktiv. Wie stellt sich der beschriebene tragische Vorgang in Ihrer Erinnerung dar? Welches Bild haben Sie von den Persönlichkeiten Breitscheids und Hilferdings? Stimmen die Darstellungen in Büchern wie dem von Daniel Bénédite *(La filière Marseillaise. Un chemin vers la liberté sous l'occupation.* Paris 1984)?

Fritz Heine: Ich bin mit dem Autor befreundet und wir korrespondieren häufig. Ich habe jetzt auch den sehr persönlichen Briefwechsel zwischen ihm und seinem ehemaligen Chef in Marseille, Varian Fry, ebenfalls gelesen. Varian Fry hat ja auch ein Buch geschrieben, in dem er auf die Breitscheid-Hilferding-Sache eingeht *(Surrender on demand),* genau wie Daniel Bénédite ein Kapitel diesem Thema widmet. Es sind noch zwei andere Bücher zum Thema Marseille erschienen, die sind aber nicht so wesentlich, gehen auch nicht so sehr auf die Sache Breitscheid-Hilferding ein.

Jasper: Ich habe das Buch von Bénédite gelesen, das es leider nur in Französisch gibt. Mich würde da interessieren, ob der Autor recht hat, wenn er die persönliche Unbekümmertheit – speziell von Breitscheid – schildert und diese mitverantwortlich macht für die genannten tragischen Vorgänge. Mir schien es teilweise so, als ob die französischen Stellen, die für die Auslieferung verantwortlich waren, etwas entlastet würden. Vielleicht täusche ich mich da auch.

Heine: Nein, ich teile nicht diesen Eindruck. Die Situation war außerordentlich schwierig, beide hatten komplizierte und unterschiedliche Charaktere, schließlich bewirkte das verhängnisvolle Zusammentreffen etlicher Ursachen und Folgewirkungen das tragische Ende. Ich war in der damaligen Zeit, in den entsprechenden Monaten immer in engem Kontakt mit Breitscheid und Hilferding gewesen, soweit das die Umstände ermöglichten. Sie lebten beide ja zunächst in Marseille und wohnten dort zusammen mit B. Nicolaevsky in einem Hotel in der Nähe des Bahnhofs. Hilferdings Frau hielt sich noch in Paris auf. Breitscheids Frau und Breitscheids Sekretärin, Erika Müller, die Tochter des ehemaligen Reichskanzlers Hermann Müller, waren bei ihm. Hinsichtlich der Pläne, Breitscheid und Hilferding aus Frankreich herauszubringen, gab es bei Breitscheid zwei Überlegungen. Die eine war: »Wir sind in Frankreich so bekannt, so oft abgebildet, daß der Versuch, unter falschem Namen auszureisen, sinnlos ist für uns. Das schaffen wir nicht, da würden sofort alle Grenzbeamten auf uns aufmerksam werden.« Und die zweite Überlegung war: »Ich bin seit vielen Jahrzehnten ein Freund Frankreichs. Man kann mich doch nicht in diesem Land, das ich liebe und für das ich mich eingesetzt habe, behandeln wie einen Verbrecher.«

Es gab dann noch die Diskussion über eine scheinbare oder tatsächliche Möglichkeit, mit dem Schiff herauszukommen, übers Mittelmeer zu einem afrikanischen Hafen. Breitscheid lehnte dieses Angebot damals, wenn ich mich recht erinnere, aus zwei Gründen ab. Einmal, weil Hilferding wie üblich zauderte. Er konnte sich schwer zu Entschlüssen durchringen. Und weil das Schiff für sie nur noch eine Möglichkeit bot, im Zwischendeck unterzukommen. Das wollte er seiner Frau nach den schrecklichen Anstrengungen der letzten Monate nicht antun. Darüber hinaus sorgten sich Hilferding und Breitscheid darum, daß sie mit falschen Papieren am Kai von den Grenzbeamten entdeckt und aufgehalten würden. Dies war vermutlich die letzte Chance zur Flucht. Beide konnten oder wollten nicht die risikoreiche Fahrt über Spanien machen, weil sie befürchteten, in Spanien verhaftet und an die Deutschen ausgeliefert zu werden. Breitscheid und Hilferding waren nicht von der spielerischen Natur z. B. eines Georg Bernhard, dem ehemaligen Chefredakteur der »Vossischen Zeitung«. Der erwiderte auf unsere Frage, ob er die Fahrt durch Spanien machen würde: »Wie stehen denn die Chancen? Wenn sie 99 zu eins gegen mich sind, ist es immer noch eine gute Chance und ich mache es!« Insgeheim hofften Breitscheid und Hilferding wohl immer noch: »Die Franzosen werden uns doch nicht im Stich lassen!«

Eines Tages, es war im Februar 1941, rief mich Breitscheid an und erklärte, daß der Polizeipräsident von Arles, dort hielten sich die beiden damals auf, von ihnen verlangt hätte, morgen früh die Ausweispapiere bei ihm abzuliefern. Sie würden dem nachkommen. Da bestürmte ich ihn: »Um Gottes Willen, das ist schrecklich, dagegen müssen wir doch etwas unternehmen!« Ich machte dann noch Vorschläge, aber beide waren offensichtlich der Meinung, zumindest formulierten sie es so, daß der Polizeipräsident es gut mit ihnen meine. Sie glaubten nicht daran, daß das nun das Vorspiel vom Ende sein sollte.

Jasper: Ich habe einen Abschnitt des Buches von Bénédite in Erinnerung, in dem er beschreibt, wie Breitscheid und Hilferding im Café von Arles sitzen und Unbekümmertheit und Sorglosigkeit demonstrieren. Bénédite führt dies auf eine typisch sozialdemokratische Tradition des »legalistischen Denkens« zurück. Mir scheint auch, daß da eine gewisse Ähnlichkeit vorhanden ist zwischen dem Fatalismus der »alten Garde« des SPD-Parteivorstandes in der Phase der Machtübernahme Hitlers, dem Abwarten gegen Ende der Weimarer Republik und dieser Sorglosigkeit von Breitscheid und Hilferding im französischen Exil. Obwohl beide ja politisch unterschiedlich dachten, z. B. in der Volksfrontfrage, kann man nicht doch ihre Hoffnungen: »Es wird uns schon nichts passieren«, auf eine gemeinsame Tradition ihrer bürgerlich-liberalen Herkunft zurückführen?

Heine: Das hat sicher eine Rolle gespielt, zumindest im Untergrund ihrer Gedanken und Gefühle. Es ist auch sehr schwer für einen Menschen, der den größten Teil seines Lebens in der Legalität verbracht und 1933 schon die Mitte des Lebens hinter sich hat, nun plötzlich in die Illegalität gestoßen zu werden. Er reagiert natürlich ganz anders als ein junger Mensch. Wer 40 oder 50 Jahre in einer bestimmten Situation oder Haltung aufgewachsen ist, der kann sich nicht plötzlich davon trennen. Es gibt also eine Mischung von verschiedenen Problemen, die da zusammengekommen sind. Man muß auch berücksichtigen – das ist schwer in Worte zu fassen –, daß die unterschiedlichen Charaktere von Breitscheid und Hilferding zu einem gewissen Spannungsverhältnis führten. Das drang nicht nach außen, war aber in ihnen und trug auch dazu bei, ihre Entschlußfreudigkeit zu hemmen.

Jasper: Man sagt, daß sie persönliche Freunde waren. Stimmt das, oder erweckte es nur den Anschein, bedingt durch die Exilsituation, die sie zusammengeführt hatte?

Heine: Sie übten jahrelang eine gemeinsame politische Tätigkeit aus. Die Zeit nach 1933, als Hilferding zunächst in Zürich lebte und Breitscheid in Paris, bewirkte sicherlich eine Entfremdung, nicht nur eine örtliche Entfremdung, denn es gab ja Meinungsverschiedenheiten zwischen den beiden – ich will hier nur das Stichwort »Volksfront« nennen. Das Verhältnis Hilferdings zu uns (d. h. dem SOPADE-Vorstand) in Prag war enger, das Breitscheids zu uns in jener Zeit erheblich kühler. Daß sie dann später sozusagen als Dioskuren-Paar auftraten, lag natürlich auch daran, daß sie beide als Vorstandsmitglieder in Paris wohnten und ihre Familien dort hatten, eine gewisse Distanz zu SOPADE-Vorstandsmitgliedern wie Wels und Vogel zeigten, beide Intellektuelle waren, alte Kollegen ... Freundschaft, ja mit einer gewissen Einschränkung. Die Persönlichkeiten der beiden unterschieden sich zu sehr, um das, was normale Männerfreundschaft ist, zu ermöglichen. Sie waren beide selbständige Denker – ich glaube nicht, daß man sie im engeren Sinne Freunde nennen konnte. Sie hatten sich aneinander solange abgerieben, bis die großen Differenzen in Temperament und Wesen im Gespräch nicht mehr so sichtbar wurden.

Jasper: Hinsichtlich der politischen Unterschiede zwischen Breitscheid und Hilferding verfahren ja DDR-Darstellungen recht einseitig. Ich denke da z. B. an die umfangreichen Biographiebände »Deutsche Widerstandskämpfer«, in denen Breitscheid an hervorgehobener Stellung, gleich hinter Thälmann, abgehandelt, Hilferding aber überhaupt nicht erwähnt wird. Er war ihnen, d. h. der KPD gegenüber, wohl zu polemisch?

Heine: Das überrascht mich überhaupt nicht. Breitscheid war in der Pariser Volksfront aktiv, und Hilferding lehnte eine Mitarbeit ab. Das ist für die Leute in Ostberlin schon ein ausreichender Grund, ihn zur Nicht-Person zu erklären.

Jasper: Breitscheid ist ja in Köln geboren. Hat er eigentlich auch in der lokalen Arbeiterbewegung irgendeine Rolle gespielt?

Heine: Das glaube ich nicht. Breitscheid stammte aus dem liberalen Bürgertum. Er war als Jugendlicher nicht in der Arbeiterbewegung gewesen, sondern erst sehr viel später als Erwachsener vom Liberalismus zu uns gestoßen. Ins Rampenlicht trat er erst in seiner Berliner Zeit ... Die Tragik nach seiner Auslieferung in Frankreich bestand darin, daß er nach Berlin ins Gefängnis gebracht wurde und harten Vernehmungen ausgesetzt war. Seine Frau ging dann freiwillig nach Berlin und fand dort bei einer halbjüdischen Familie Hilfe, einer erstaunlichen Familie – die Frau lebt noch als 96jährige in den USA. Diese Familie unterstützte Frau Breitscheid trotz ihrer eigenen Schwierigkeiten, die sie hatte, auch wenn sie als Kunsthändler finanziell unabhängig waren. Und Rudolf Breitscheid wurden immer wieder Lebensmittel ins Gefängnis gebracht. Als Breitscheid dann ins Konzentrationslager kam, folgte ihm seine Frau freiwillig. Der Sohn lebt in Dänemark, ist inzwischen auch schon über 70. Er ist nicht dafür, daß um seinen Vater große Geschichten gemacht werden. Er verehrt ihn, aber es ist für ihn ein zeitlich abgeschlossenes Kapitel.

Jasper: Im Zusammenhang mit der Rolle Breitscheids und Hilferdings im Exil habe ich noch die Frage nach einer anderen sozialdemokratischen Persönlichkeit, nämlich nach Erich Kuttner. Mir ist aufgefallen, daß er einen anderen Weg gegangen ist als die meisten der Intellektuellen im Exil. In der Regel verwandelten sich Intellektuelle im Exil vom Literaten zum Politiker, bei Kuttner verlief das geradezu umgekehrt. Er war von Haus aus Jurist und dann sehr früh beim »Vorwärts« tätig. Ging also als Parteifunktionär ins Exil, versuchte die SOPADE zu einem größeren Engagement im spanischen Bürgerkrieg zu veranlassen, betätigte sich dort als Korrespondent und unterstützte die Volksfrontaktivitäten. Schließlich kehrte er aber resigniert in sein holländisches Exil zurück und schien sich aus dem aktiven politischen Leben zurückgezogen zu haben. 1937 veröffentlichte er seinen Künstlerroman *Hans von Marées* und widmete sich dann ganz literarischer Tätigkeit. Der Gestapo, die ihn nach Mauthausen verschleppte und dort 1942 umbrachte, war sein Wandel vom Funktionär zum Literaten natürlich gleichgültig. Sie haben ihn sicherlich gekannt.

Heine: Ich habe ihn ganz gut gekannt. Er war früher »Vorwärts«-Redakteur und Landtagsabgeordneter. Die genauen Daten seines späteren Lebenswegs sind mir im Moment nicht präsent. Sie könnten dazu Helmut Kern befragen, der damals Chefredakteur der Emigrantenzeitung in Holland war. Er lebt jetzt in Amerika.

Kuttner war ein sehr agiler Mann, beinahe noch leidenschaftlicher als Victor Schiff, jähzornig auch, temperamentvoll. Er hatte uns im Vorstand öfter – von Holland aus – brieflich attackiert.

Jasper: In diesem Briefwechsel, der sich z. T. im Nachlaß von Friedrich Stampfer findet, vertritt Kuttner, wenn ich mich recht erinnere, die Auffassung, daß in der gesellschaftlichen Struktur des republikanischen Spanien quasi der alte sozialdemokratische Traum der Sozialreform verwirklicht sei. Er könne deshalb überhaupt nicht verstehen, weshalb sich die Sozialdemokratie dort – nur weil die Kommunisten auch präsent seien – nicht engagieren wolle. Die österreichische Sozialdemokratie hat sich da ja aktiver verhalten...

Heine: Ja, vor allen Dingen durch Julius Deutsch. Erich Ollenhauer war als Chef einer Jugenddelegation der Sozialistischen Jugendinternationale zusammen mit einigen anderen während des Bürgerkriegs in Spanien gewesen und brachte doch recht skeptische Berichte mit, was unser Denken und unsere Haltung beeinflußte. Für uns signalisierte natürlich die Ermordung von Mark Rein, dem Mitglied der Gruppe »Neu Beginnen« und Sohn des exilrussischen Sozialisten Rafael Abramowitsch, wie weit die Kommunisten schon zum Terror gegenüber unseren eigenen Leuten übergegangen waren.

Jasper: Sie, Herr Heine, waren schon vor 1933 Mitarbeiter des Parteivorstandes...

Heine: Der Parteivorstand plante 1924, Volontäre auszubilden und schrieb an die Bezirke. Es ging eine Reihe von Vorschlägen ein, und der Zufall wollte, daß ich als erster genommen wurde. Wenig später kam eine Genossin, Herta Gotthelf, ebenfalls als Volontärin, die dann auch zum Mitglied des Parteivorstandes aufrückte. Ich wurde also 1925 der jüngste Angestellte im Parteivorstand, zunächst in der Kasse. Bis 1933 stieg ich etwas auf, zum Leiter der Werbeabteilung usw. – und dann ging ich mit in die Emigration, über Prag nach Paris und von Paris über Marseille, Lissabon dann 1941 nach London. Das war der Weg.

Jasper: Dann haben Sie ja vom Blickwinkel der Zentrale aus die Exilentwicklungen, d. h. Richtungskämpfe, Spaltungen und Einheitsbemühungen, von Anfang an verfolgen können. Der Zerfall der Exil-Sozialdemokratie in verschiedene Strömungen und Gruppierungen vollzog sich ja schon sehr früh. Friedrich Stampfer sprach einmal davon, daß die »dritte Emigration« – im Unterschied zur Vormärzemigration und der Emigration nach Bismarcks Sozialistengesetz – eine »ständige Bewegung der gegenseitigen Anziehung und Abstoßung« gewesen sei. Wenn ich das recht sehe, ist die Brücke zur Einigung dann erst durch die Bemühungen der UNION in London geschlagen worden?

Heine: Sie haben das kurz und richtig skizziert. Man müßte vielleicht noch vorausschicken, daß die Spaltungstendenzen eigentlich seit 1914 in die Partei wirkten und sie auseinandertrieben. Sie kennen die Entwicklung: USPD, SAP, die kleineren Gruppen, Friedensbewegung usw. Das brachte nach 1933 – in einer so schwierigen Situation, wie sie die SPD noch nicht erlebt hatte – natürlich große Probleme. Das Sozialistengesetz war dagegen ein Kinderspiel. Wenn jemand von

Dresden nach Hamburg ausgewiesen wurde, war das nicht so dramatisch wie das Exil nach 1933...

Jasper: ... oder wenn jemand mit dem Nachen Flugblätter über den Bodensee transportierte...

Heine: Eben. Die Emigration unter dem Sozialistengesetz konnte nicht als Vergleich herhalten. Die Konflikte innerhalb und außerhalb der Partei waren 1933 auf einem Höhepunkt. Die Tatsache, daß wir es nicht vermocht hatten, erfolgreich gegen das Nazi-Regime anzugehen, beflügelte natürlich die Auseinandersetzung darüber, was man den richtigen Weg nennen sollte. Und das führte auch innerhalb der zentralen Parteigruppierung, des Parteivorstandes, zu Meinungsverschiedenheiten. Ich brauche bloß an die Entscheidung von Paul Löbe und anderen zu erinnern: »Wir bleiben im Lande und bilden im Gegensatz zu Prag einen Parteivorstand, der versucht, die legale Existenz der SPD aufrechtzuerhalten.« Das waren Illusionen, die diejenigen, die nach Prag gingen, nicht – oder nicht mehr – teilten. In der Emigration zeigte sich dann, daß die kleineren Gruppen wie »Neu Beginnen«, ISK, SAP und »Revolutionäre Sozialisten«, die neben der großen offiziellen Partei mit über einer Million Mitgliedern nicht viel Potenz an Zahlen hatten aufbringen können – ich will hier nicht über geistige Potenzen sprechen –, nun in der Emigration plötzlich ein ganz anderes Gewicht bekamen. Nicht alle Mitglieder des Parteivorstandes lebten in Prag, nicht alle Mitglieder des Parteivorstandes in Prag waren sich einig, es gab z. B. den Konflikt zwischen der Mehrheit und Dr. Paul Hertz. Das zog sich hin. Und je länger die Emigration dauerte, desto schwieriger war es – vom Standpunkt der SOPADE aus gesprochen –, die »Reste« der Partei zusammenzuhalten, bis sich dann die Hoffnung abzeichnete, daß der von Hitler begonnene Krieg durch dessen Niederlage enden werde. Dank der Vernunft der Beteiligten, Vogel, Ollenhauer und uns anderen auf der einen Seite und Waldemar von Knoeringen, Eichler, der kleinen SAP-Gruppe auf der anderen Seite, fand man sich in England zusammen und erarbeitete eine gemeinsame Plattform.

Jasper: Der erste Versuch, eine gemeinsame Plattform zu schaffen, war ja wohl das »Prager Manifest« von 1934. Doch dieser Versuch scheiterte offensichtlich.

Heine: Es gab von Anfang an im Parteivorstand Meinungsverschiedenheiten über die Formulierungen. Ein erster Entwurf wurde abgelehnt und ein neuer Entwurf, von Hilferding beeinflußt, fertiggestellt.

Jasper: Ich glaube, vor allen Dingen Stampfer und Hilferding bemühten sich um einen Kompromiß ihrer Positionen.

Heine: Das ist wohl auch einigermaßen gelungen. Aber ich glaube, daß man zurückblickend sagen kann: Das »Prager Manifest« war unter dem Eindruck der kompletten Niederlage so eine Art Selbstanklage (was haben wir alles falsch gemacht) und bewirkte eine Rückbesinnung auf die – sagen wir es einmal pathetisch – alten sozialdemokratischen Werte.

Die praktische Arbeit in der Emigration, die eigene Tätigkeit und die Arbeit mit den Illegalen, führte dann weiter weg von dem rein Theoretischen. Diejenigen, die im Parteivorstand in Prag saßen, waren ja auch nicht Theoretiker im eigentlichen Sinn, sondern in erster Linie Praktiker der Organisation. Ihre Konzentration auf die praktische Arbeit stach von der Haltung anderer Emigranten ab, die sich mangels Möglichkeiten auf das rein Theoretische beschränkten.

Jasper: Welche Wirkung und Ausstrahlungskraft hatte das Parteivorstands-Mitglied Friedrich Stampfer? Auch er stammte aus einer mehr bürgerlichen Tradition. Später engagierte er sich sehr im amerikanischen Exil. Als er dann nach 1945 zurückkam, sich im Taunus niederließ – wohl mit der Hoffnung, Frankfurt würde Bundeshauptstadt –, war er da eigentlich schon zu alt oder zu resigniert, um sich an der Parteiarbeit zu beteiligen? Wenn ich recht informiert bin, hat Stampfer als 80jähriger noch einmal eine eigene Pressekorrespondenz herausgegeben, wie schon zu Beginn seiner politischen Karriere, als er noch gegen Rosa Luxemburg polemisierte.

Heine: Ja, er gab noch eine kleine Korrespondenz heraus und fand sozusagen zu seinen Anfängen zurück. 1940 ging er mit Frau und Tochter nach Amerika und war dort in der German Labor Delegation tätig. Er schrieb oft in der »Neuen Volkszeitung«, die noch ein paar Jahre nach 1945 bestand. Er kam auch während des Krieges – praktisch als einziger – von Amerika nach England und sprach mit uns, versuchte Hilfe zu leisten, was nicht so gut gelang, wie er und wir es uns erhofft hatten. Friedrich Stampfer war, wie so mancher Auslandsdeutsche, ein 150prozentiger Patriot. Ich kann mich erinnern, daß ich 1933 Stampfer und Vogel – wie viele andere auch, weil ich die Gegend gut kannte – über die Grenze in die Tschechoslowakei gebracht habe. Wir gingen eines Morgens im Riesengebirge von der Katzensteinbaude in Richtung Kamm, das war der Grenzweg. Abstände von einigen hundert Metern trennten dort die Grenzsteine. An einem gewissen Punkt sagte ich: »Hier ist die Grenze. Jetzt gehen wir in die Tschechoslowakei. Wir müssen jetzt durch den Wald.« Stampfer blieb an dem Grenzstein, an dem auf der anderen Seite das »D« zu lesen war, stehen und konnte und konnte sich nicht von ihm lösen. Ich war ein wenig ungeduldig und nervös, weil ich die beiden in Sicherheit wissen wollte. Auch wenn wir schon auf der tschechischen Seite waren, solange wir uns noch nicht im Wald befanden, hätte immer noch ein Grenzposten kommen und uns mit dem Gewehr im Anschlag zurückbeordern können – dann wäre es um uns geschehen gewesen. Aber diese kleine Szene am Grenzstein: Stampfer, der dort stehenblieb und sich nicht losreißen konnte, war typisch für seine Einstellung. Die trieb ihn dann nach 1945 auch wieder zurück.

Jasper: Wie kam es, daß Stampfer als deutscher Patriot und Europäer nach Amerika gegangen ist? Gab es überhaupt keine Exilmöglichkeit mehr in Europa, z. B. in England – oder war es allein eine Frage der Visenbeschaffung?

Heine: Wir hatten die amerikanischen Freunde, das Jewish Labor Committee und American Federation Of Labor, durch die German Labor Delegation gebeten, Visen zu beschaffen, und diese außerordentliche Hilfsaktion hat ja sehr vielen das Leben gerettet. Es handelte sich dabei nur um amerikanische Visen; andere standen nicht zur Verfügung, als Stampfer ging; ich weiß nicht genau wann, wohl im September oder Oktober 1940. Ollenhauer und Vogel folgten erst später, im Dezember 1940, nach Portugal. Ihnen hatte W. Gillies, der internationale Sekretär der Labour Party, bei einem früheren Besuch in England zugesichert, daß sie nach England kommen könnten, hatte sie auch eingeladen. In Portugal herrschte in jener Zeit eine Art Psychose. Leute, die glücklich aus Frankreich herausgekommen waren und Spanien passiert hatte, fürchteten – unberechtigterweise, wie sich herausstellen sollte –, daß die deutsche Armee auch in Portugal einziehen und ihren Vormarsch bis Gibraltar fortsetzen würde, so daß Portugal zur Mausefalle geworden wäre. Deshalb gab es die überstürzte Flucht vieler nach Amerika, dem einzigen Land, das ihnen, neben einigen exotischen Ländern, damals die Einreise gewährte, wenn auch nur mit Besuchervisen.

Für Stampfer stand damals gar kein englisches Visum zur Debatte, das gab es nicht. Erst später, nach monatelangem Warten, konnten Vogel und Ollenhauer nach England flüchten. Ich selbst kam noch später aus Frankreich heraus, nach Erledigung meiner Aufgabe, und folgte ihnen nach.

Für Amerika sprach damals natürlich die Tatsache, daß das Land noch nicht in den Krieg mit Deutschland eingetreten war. Aus Stampfers Sicht bot ihm Amerika somit die Möglichkeit der publizistischen Entfaltung und politischen Wirksamkeit, die in einem kriegführenden Land nicht in dem Maße gegeben schien. Es war also ein vernünftiges Kalkül, das ihn bewog, dorthin zu gehen, außerdem hatte er für Frau und Tochter zu sorgen. Die Kenntnis, daß auf das kriegsbedrohte und beschädigte London V1- und V2-Bomben niedergingen, bot natürlich auch keine vergnügliche Aussicht. In Amerika wußte Stampfer seine abgöttisch geliebte Tochter und Frau in Sicherheit, in England nicht. Außerdem wünschten die schon in Amerika anwesenden Freunde Max Brauer, Albert Grzesinski usw., ihn dort zu haben.

Jasper: Die Szene von Stampfers Abschied am Grenzstein erinnert mich an die Beschreibungen Heinrich Manns, eines ebenfalls bewußten Deutschen und Europäers. Er saß mit Kantorowicz in einem Marseiller Restaurant und trank zum Abschied von Europa noch einmal alten, vor dem Krieg gekelterten Wein – und dann, als sein Schiff Lissabon in Richtung Amerika verließ, da trauerte er um Europa wie um eine Geliebte, die er verlassen mußte.

Heine: Da gibt es sicher Gemeinsamkeiten bei Friedrich Stampfer und Heinrich Mann. Beide waren literarische Intellektuelle. Der Aufbruch ins Exil beendete ja auch einen wesentlichen Lebensabschnitt. Für einen Menschen wie Stampfer, der die Lebensmitte überschritten hatte und nicht mehr so viel Zukunft vor sich sah, bedeutete das natürlich sehr viel, abgesehen davon, daß er in der Heimat verwurzelt war – und dann diese Trennung, unter diesen Umständen, die Ungewißheit vor Augen.

Für einen jungen Menschen, das muß man sehen, ist das etwas anderes. Da spielt etwas Abenteuerlust, etwas Neugier eine Rolle, da ist man unverheiratet, das ist ein anderes Problem.

Jasper: Zum Beispiel im Briefwechsel aus dem Nachlaß von Stampfer werden Sie, Herr Heine, als sehr aktiv beschrieben. Sie waren damals im Exil in der Gruppe um Ollenhauer und Vogel wohl einer der Jüngsten?

Heine: Ich bin 1904, die anderen waren zumeist – mit Ausnahme Ollenhauers – noch im letzten Jahrhundert geboren. Ich habe schon auf vielen Hochzeiten getanzt, politisch zwar festgelegt auf einen bestimmten Kurs, innerhalb dieses Kurses aber doch sehr betriebsam. Wenn man jung ist ... Das waren zwei verschiedene Lebenswelten zwischen Stampfer, Breitscheid, Hilferding auf der einen Seite und jüngeren Leuten wie mir auf der anderen Seite.

Jasper: Für Lion Feuchtwanger z. B., oder auch für Fritz Landshoff, den Querido-Lektor, mit dem ich vor einiger Zeit in Amsterdam gesprochen habe, war das Erlebnis Exil im großen und ganzen sogar positiv. Als Fazit konstatieren beide, daß das Exil ihnen Erfahrungen und Werte vermittelt habe, die ihnen mehr bedeuten als die von zuvor.

Heine: Das gilt wahrscheinlich für viele der ehemaligen Emigranten. Wenn man ins Exil kommt, muß man eine ganze Menge lernen, der Horizont wird erweitert, sprachlich, völkerkundlich – in jeder Hinsicht eigentlich. Wenn man mit offenen Augen durch die Welt geht, sammelt man natürlich auch positive Erfahrungen neben all den negativen, die die Emigration nun einmal mit sich bringt.

Jasper: Ich kenne die Erfahrung des Exils nur aus Beschreibungen. Was mich noch interessieren würde, wären Ihre Erfahrungen bei der Rückkehr nach Deutschland. Hat man das, was positiv an der politischen Kultur des Exils gewesen war, nach 1945 hier mit einbringen können? Auch wenn teilweise die Misere der politischen Zerstrittenheit von der Weimarer Republik mit ins Exil genommen wurde, gab es doch auch so etwas wie eine Befreiung von dem belastenden Erbe der politischen Tradition Deutschlands. Politische Gegner sprachen wieder miteinander. Das, was Sie als Erweiterung des Horizontes für den Einzelnen beschrieben haben –, wirkte das nach?

Heine: Daß man im Exil Gelegenheit hatte, besser als in der Weimarer Zeit mit Menschen anderer politischer Richtung zusammenzukommen, war natürlich ein Vorteil. Ich beteiligte mich z. B. in England ein bißchen als Ratgeber an dem sogenannten akademischen Hilfskomitee von Prof. Demuth und sah mich so ein bißchen in diesen Kreisen um. Es bestand natürlich eine größere Aufgeschlossenheit, auch für Bürgerliche, weil man gemeinsam in einer Pfanne schmorte. Und es kam hinzu, daß vor allen Dingen durch Vogel, Ollenhauer, aber auch durch Eichler und Waldemar von Knoeringen, ab 1941/42 eine Annäherung innerhalb der sozialistisch-sozialdemokratischen Bewegung zustande kam. D. h. die »Neu Beginnen«- und die ISK-Leute verkörperten mehr den intellektuellen Typ als wir, die wir mehr die organisatorische Seite vertraten. Der Kontakt befruchtete natürlich und ergab neue, interessante Zusammenschlüsse. Ob das nach der Rückkehr in Deutschland nachwirkte, ist nicht so einfach zu beantworten. Zuerst war da natürlich das außerordentlich befreiende und überschäumende Gefühl des Sich-Wiederfindens. Ollenhauer und ich nahmen bei diesem ersten Treffen in Kloster Wennigsen teil, faktisch einem ersten Nachkriegsparteitag, zu dem die Vertreter aus allen vier Zonen, z. T. illegal, kamen. Das war eine Wiedersehensfeier und -freude, die ich bei einem vergleichbaren Gefühlsausbruch nie wieder erlebt habe. Man fühlte sich wieder im heimatlichen Stall.

Für mich war das Erstaunlichste, worauf ich schon in verschiedenen Gesprächen hinwies: Als wir im Oktober 1945 zu unserem ersten Gespräch wieder mit Schumacher zusammentrafen – ich kannte ihn noch von vor 1933 –, das Hauptgespräch führten Ollenhauer und Schumacher, ich saß mehr oder weniger nur dabei, erwies sich als das Frappierendste und Überraschendste, daß wir in der Betrachtung der internationalen Politik, der Weltlage, in jedem einzelnen Punkt mit Schumacher völlig übereinstimmten, der ja zehn Jahre im Konzentrationslager eingesperrt gewesen war, abgeschnitten von fast allen Informationsmöglichkeiten, und erst in den letzten Monaten – von April/Mai bis Oktober – wieder (dürftige) Nachrichten erhalten hatte. Er beurteilte intuitiv und intellektuell die Situation in der Welt, die Politik, genauso wie wir, die wir uns dieses Wissen in den langen Jahren des Exils angehört, angelesen, angeeignet hatten. In der ersten Zeit beschäftigten uns allerdings Parteiprobleme so sehr und Existenzfragen überhaupt – man lebte ja von Kohlsuppe und Runkelrüben –, daß wir wenig Berührung mit anderen politischen Gruppierungen hatten. Kontakte wurden zudem auch von den Besatzungsbehörden ziemlich stark eingeschränkt. Wenn man von Hannover nach Kassel fahren wollte, mußte man durch eine sehr schwierige Prozedur die Erlaubnis dafür erwirken. Es war ja nicht so, daß man sich hätte einfach in den (nicht vorhandenen) Zug setzen können.

Inwiefern Exilerfahrungen in Nachkriegsdeutschland eindrangen, das läßt sich nicht statistisch oder numerisch belegen. Zu meinen Aufgaben gehörte unter anderem auch die Aufsicht über das Auslandsbüro des Parteivorstandes. Natürlich konnte ich mich noch auf gute Verbindungen aus der Exilzeit stützen. Ollenhauer war mit seinen glänzenden Beziehungen, z. B. zu den Skandinaviern, Persona gratissima. Unsere Interessen waren aber damals in erster Linie auf den Wiederaufbau der Partei und Deutschlands gerichtet, und das hielt uns sozusagen 24 Stunden am Tag in Atem. Da blieb wenig Zeit für theoretische Überlegungen oder Kontakte, die über das notwendige Maß hinausgingen.

Jasper: Wie lange waren Sie nach dem Krieg noch für die Parteiführung tätig?

Heine: Bis 1958 war ich Mitglied des SPD-Vorstandes, dann übte ich eine andere Funktion in der SPD aus, als Geschäftsführer der wirtschaftlichen Unternehmungen. Ich war im Parteivorstand nicht im vordersten Glied, nur eines der sieben Büromitglieder, nie Vorsitzender oder Stellvertretender Vorsitzender. Dafür hätte ich wohl auch nicht ausgereicht.

Joachim Radkau

Richard Wagners Erlösung vom Faschismus durch die Emigration

Vorbemerkung: Für wertvolle Materialhinweise und auch für Einblicke in die neueren Kontroversen um Wagner danke ich Petra-Hildegard Drescher, Lieselotte Maas und Hartmut Zelinsky. Die in diesem Beitrag erwähnte Exilpresse habe ich in der Sammlung Exil-Literatur der Deutschen Bibliothek in Frankfurt/M. eingesehen.

Richard Wagner als Antisemit, als Wegbereiter des Nationalsozialismus: das galt lange als ein Thema für Langweiler, bei denen sich ein Mangel an musikalischen Einfällen argwöhnen ließ, oder die auf einem plumpen Nachkriegs-Niveau der Entnazifizierung steckengeblieben waren. In einer Zeit, in der gerade Bayreuth viele Wagner-Anhänger vor den Kopf stieß, wirkte das Antiwagnerianertum ebenso überholt wie das alte Wagnerianertum. Hans Mayer versicherte 1964, alles sei schon von Nietzsche gesagt – man brauche das »nicht abermals bei ältlichen Philosophiestudenten repetieren«.[1]

Dennoch gewann die Auseinandersetzung um Wagner in den letzten Jahren eine Schärfe wie lange nicht mehr. Den Anstoß gab das hundertjährige Jubiläum der »Parsifal«-Erstaufführung 1982: Hans Jürgen Syberberg, bereits Autor eines Hitler-Films, in dem Hitler »wie eine Vision auf einer schwarzen Messe« dem geöffneten Grabe Wagners entstieg[2], brachte eine »Parsifal«-Verfilmung zustande, die im Rahmen der Bayreuther Festspiele vorgeführt wurde und von der er verkündete: »Dieser Film entsühnt Richard Wagner.«[3] Der Literaturwissenschaftler Hartmut Zelinsky dagegen, der zum hundertjährigen Jubiläum der Bayreuther Festspiele (1976) die bis dahin reichhaltigste Dokumentation zur Wirkungsgeschichte Wagners herausgebracht hatte[4], wollte im »Parsifal« eine halbverschlüsselte, durch die Suggestion der Musik dem Unterbewußten vermittelte antisemitische Botschaft entdecken: »eine vernichtungswillige, eine brutale Ideologie«.[5]

Die Folge war eine anhaltende wütende Pressepolemik, deren Ausläufer bis in das »Wagner-Jahr« 1983 reichten, als sich Wagners Todestag zum hundertsten, die nationalsozialistische Machtergreifung zum fünfzigsten Male jährte. Über den »Parsifal« hinausgehend wurde die Frage nach dem historischen Gewicht des Wagnerschen Antisemitismus zu einem Thema, das Emotionen aufrührte wie noch nie und die heftige Kontroverse unter den Wagnerianern über die neuen Bayreuther Inszenierungen überdeckte. Dabei enthüllte sich auch manche Unklarheit und Verwirrung. In ein und demselben Interview versicherte Hans Mayer, daß »die Infamie Wagners« »natürlich Auschwitz möglich gemacht« habe, daß Wagner aber »ganz sicher nicht« dazu beigetragen habe, daß es zum Nationalsozialismus gekommen sei.[6]

Wie erklärt sich die Aufregung; war es nicht altbekannt, daß Wagner ein heftiger Judengegner – zugleich aber ein Freund und Idol von Juden – war, und konnte die Veröffentlichung der Cosima-Tagebücher (1976) da mehr als einige zusätzliche Schärfen und Paradoxien bringen?

Die Empörung über Zelinsky hatte gewiß mehrere Gründe. Gerade der »Parsifal« galt denen, für die Wagners »Juden«-Schrift ein Ärgernis war, als höchste Vollendung des anderen, über völkische Militanz erhabenen Wagner: als »Mitleidswerk voll emanzipatorischer Menschenliebe« (Gregor-Dellin)[7]. Das sollte nun alles Blendwerk sein und Wagners Judenfeindschaft keine unverbindliche Künstlerlaune, sondern eine bitterernste, direkt auf Auschwitz weisende Geheimlehre. Zelinsky versteigt sich sogar zu der These, das »Judenthema« sei »im Grunde Wagners einziges Thema überhaupt« gewesen, so wie »das Judenproblem *das* zentrale Problem seines Lebens« gewesen sei.[8]

Wenn es seit eh und je – zumal bei Musikliebhabern – beliebt gewesen war, zwischen Wagners Schriften und seinem musikalischen Werk einen Trennstrich zu ziehen, so ging demgegenüber Zelinsky davon aus, daß Wagners Musik im Dienste seiner Ideologie stand – und steht. War es seit den 1950er Jahren die provozierende Abkehr des neuen Bayreuth von der alten Bayreuther Tradition gewesen, die weltweites Aufsehen erregte, so wurde nun auch die neuerliche Wagnerrezeption in ein Zwielicht der Vergangenheit getaucht[9], und das zu einer Zeit, da die Beliebtheit Wagners wieder bemerkenswert zugenommen hatte, der deutsche Taschenbuchmarkt einen beispiellosen Wagner-Boom erlebte und in Frankreich André Glucksmann, ein führender Kopf der »neuen Philosophen« und Sohn deutschjüdischer Emigranten, Wagner über Marx stellte.[10]

An Hinweisen auf häßliche Seiten Wagners hatte es in der Literatur nie gemangelt; sie wurden jedoch in diesem Literaturgenre, das häufig selber musikalische Ambitionen verrät, vielfach als spannungsaufbauende Dissonanzen verwendet, die am Ende mit der Beschwörung des Zaubers der Wagnerschen Musik wieder aufgelöst wurden. Diese Auflösung fehlt bei Zelinsky, die Dissonanz bleibt stehen, und als logische Konsequenz scheint sich zu ergeben, daß Wagner nicht mehr gespielt werden sollte. Durch seine empirisch nicht voll gestützten Hyperbeln bot Zelinsky breite Angriffsflächen und Stoff für manche elegante Gegenattacke. Alles in allem zeigte sich jedoch deutlich, daß das Thema nicht so leicht zu erledigen war. Wie ist das zu erklären? War über die Thematik nicht längst mehr als genug geschrieben worden? Oder hatte man es tatsächlich unterlassen, Wagners Antisemitismus so ernst zu nehmen, wie er es verdiente? War an Erich Kubys These etwas

Wahres, daß das neue Bayreuth der Ära Wieland Wagner »zu den raffiniertesten deutschen Verdrängungspraktiken« gehöre, ja »ein Trick der Wagnerianer sondergleichen« sei[11]?

Die Frage führt in die Exilforschung hinein; denn die Bedeutung von zurückgekehrten Emigranten für den Bayreuther Neuanfang nach 1950 – dafür, daß auf international überzeugende Art ein neues Profil von geistiger Tragweite gewonnen wurde – ist offenkundig. Der von Wieland Wagner zum 150. Geburtstag seines Großvaters herausgebrachte Sammelband »Richard Wagner und das neue Bayreuth« (1962) spricht für sich. Der titelgebende Beitrag ist von Willy Haas verfaßt, der vor 1933 in Berlin die »Literarische Welt« herausgegeben hatte und es im Exil bis zum Leutnant der britischen Armee in Indien brachte[12]; in seinem Essay stellt er Wagner neben den »brutal-humorvollen Imperialismus Rudyard Kiplings, der dem Kindergemüt und dem Kindermärchen immer rührend nahe blieb«, und vergleicht das »echte, große«, weil mythisch begründete Pathos bei Wagner mit dem »metaphysischen Zeugungslied des indischen Gottes Schiwa, das sich immer ebenso tief in die dunkle Erde graben muß, wie es über sie emporragt«.[13]

»Richard Wagner und Rudyard Kipling«: Das erinnert an Ernst Blochs »Rettung Wagners durch Karl May« von 1929[14], einen Essay, der, zusammen mit anderen Wagner-Schriften Blochs, seit den fünfziger Jahren im Umkreis von Bayreuth stilprägend wurde: Man lernte, über Wagner ungeniert zu reden – über seine Effekte, seine Exzesse, die Sexualität in seiner Kunst –, ohne den herkömmlichen Grundton feierlicher Ergriffenheit und sakraler Ehrfurcht, aber dafür mit einem neuen, unbeschwerten Vergnügen. Wieland Wagners Sammelband enthält einen Beitrag über Wagners (meist nicht gutes) Verhältnis zu Bismarck, aber keinen über seinen Antisemitismus, seinen völkischen Nationalismus.

Bloch, Adorno und Hans Mayer gehören zu den Mitarbeitern des Bandes; diese drei einstigen Emigranten werden immer wieder als geistige Leitsterne der neuen Bayreuther Ära genannt.[15] Berndt W. Wessling setzt dieses Zusammentreffen in Parallele zu der schon zu Wagners Lebzeiten sehr auffälligen Affinität von Juden zur Wagnerschen Musik und bemerkt, allesamt täten sie sich mit Wagners Antisemitismus »denkbar schwer«: »Sie berühren – auf irgendeine mysteriöse Art und Weise – damit wunde Punkte ihrer eigenen Existenz.«[16] Aber dieser Kommentar verschleiert mehr, als er klärt; er lenkt von der ganzen Problematik der Frage ab, wieweit es zulässig ist, von historischen Einsichten über Wagners Antisemitismus Schlüsse auf die moderne Wagner-Rezeption zu ziehen. Die Rückblende auf die Zeit des Exils wirft ein Licht auf diese Schwierigkeit. Es genügt nicht, Bloch mit dem einstigen Wagner-Dirigenten Levi zu parallelisieren und über eine spezifisch jüdische Wagner-Süchtigkeit zu munkeln; es gibt nach 1933 Exil-Diskussionen, die geeignet sind, die neuerliche Wagner-Rezeption mit Hintergrund zu versehen.

Aber hat es Sinn, Wagner als Thema »des« Exils zu behandeln und nicht lediglich als ein Thema im Rahmen der individuellen geistigen Entwicklung Thomas Manns, Blochs, Adornos und anderer? Es ist eine Binsenwahrheit, daß es »das« Exil als innere Einheit nicht gibt; aber man kann auch die Vielfalt und fehlende Homogenität des Exils überzeichnen. Die Exilforschung erscheint oftmals hin- und hergerissen zwischen einerseits der theoretischen Voraussetzung, daß so etwas wie »Exilliteratur« als Phänomen sui generis existiere, und andererseits der für die Forschungspraxis leitenden Prämisse, daß es oberhalb der Exilzeitschriften und Exil-Organisationen keine Strukturen des Exils gebe: wobei die Zeitschriften und Organisationen, zu oft ein bloßer Tummelplatz für Pseudoaktivität, vielfach so wenig attraktive Themen abgeben, daß die Forschung dann doch immer wieder um Einzelpersonen kreist.[17] Wenn man aber die Ergebnisse über längere Zeit verfolgt, wächst nicht nur der Einblick in die enorme Variationsbreite der Exilerfahrung, sondern mehren sich auch die »déjà-vu«-Erlebnisse. Offensichtlich gibt es Typisches im Exil; vielleicht wird man in Zukunft noch viel mehr davon entdecken. Das Thema »Wagner« kann man – wiederholt in Verknüpfung mit dem Thema »Nietzsche« – zu den geistigen Leitmotiven des Exils rechnen: nicht unbedingt von dem quantitativen Umfang der entsprechenden Abhandlungen her, aber doch im Blick auf die gedankliche Substanz dieser Literaturpassagen.

Das Jahr 1933, das Jahr der Machtergreifung und der beginnenden Verfolgung, war auch ein Wagner-Jahr: Zum fünfzigsten Mal jährte sich der Todestag des Komponisten. Es war abzusehen, daß der siegreiche Nationalsozialismus dieses Jubiläum auf seine Art begehen würde, war doch Hitlers Verehrung für Wagner und Bayreuth wohlbekannt. Eine Woche vor seiner Verhaftung, am 21. Februar 1933, prophezeite Ossietzky in der »Weltbühne«, wie schon unter Wilhelm II. solle jetzt wieder, mit »Wallaleia heiajahei«, »aus Deutschland eine Wagner-Oper werden«[18]; der Ruf der Rheintöchter bekommt in dieser Passage, die die politische Dimension nur noch andeutet, etwas Gellendes und erinnert an das »eia eia allalà«, den archaisierenden Kampfruf der italienischen Faschisten.

In welchem Maße die Erinnerung an Wagner damals zum Politikum und zur Provokation für den NS-deutschen Kulturbetrieb werden konnte, zeigte jenes als »Protest der Richard-Wagner-Stadt München« betitelte, von einer ganzen Phalanx von Exponenten der Kunst- und Musikbranche unterzeichnete Manifest gegen den Wagner-Vortrag Thomas Manns (April 1933), das den Schriftsteller, der später als geistiges Oberhaupt des Exils galt, dazu veranlaßte, nicht mehr nach Deutschland zurückzukehren. »Ohne es zu wissen und zu ahnen«, erinnerte Thomas Mann 1937 in der Aula der Universität Zürich, habe er mit diesem Vortrag »von Deutschland Abschied« genommen.[19] Der Nazismus selber gab Grund genug dazu, Wagner zu einem Thema des Exils zu machen. Wagner sei »der einzige wirkliche Klassiker« der NS-

Ideologie, schrieben 1938 die »Pariser Tageszeitung« und der »Neue Vorwärts«[20]; er sei zumindest der einzige Klassiker, auf den sich der Nazismus habe berufen können, schrieb Adorno 1952.[21] Das war um so bedeutungsvoller, als die Musik, weit mehr als die Literatur und bildende Kunst, ein dem NS-Stil besonders entgegenkommendes Medium war, das unter nationalsozialistischer Regie nicht ungeschickt eingesetzt wurde.[22]

Merkwürdiges zeitliches Zusammentreffen: 1933 begann die voluminöse Wagner-Biographie des renommierten englischen Musikkritikers Ernest Newman zu erscheinen, die bis 1946 auf vier Bände anwuchs. Mit diesem Opus, dessen Verfasser jüdischer Herkunft war, stand der sechsbändigen Wagner-Hagiographie Glasenapps (1905–11) erstmals eine gleichgewichtige, von Bayreuth einigermaßen unabhängige Materialgrundlage gegenüber. Adorno, der Verfasser der berühmtesten Wagner-Studie des Exils, verdankt Newman manche Anregung.[23] Newmans Opus war insgesamt freilich keineswegs darauf angelegt, der Wagner-Kritik Munition zu liefern. Später schrieb Newman für das Bayreuther Festspielbuch bei der Wiedereröffnung der Festspiele 1951 einen Beitrag »Wagners Bedeutung für die Welt von heute«, der auch den Sammelband von 1962 »Richard Wagner und das neue Bayreuth« eröffnete: eine Polemik gegen neuerliche »Afterkritiker«, die die beharrlichen Wagnergegner in einer Art lächerlich macht und als geistige Kretins hinstellt, wie es Wagner selber nicht besser gekonnt hätte. Schon das ein Schlaglicht auf Ambivalenzen der außerdeutschen Wagnerrezeption während der NS-Zeit!

Zunächst ein grober Überblick über Wagner-Reflexe im Exil; dabei soll insbesondere beachtet werden, wie man mit Wagners Antisemitismus und dem nationalsozialistischen Wagner-Kult umging, und ob und wie man Konsequenzen für den Umgang mit Wagner daraus zog. Danach sollen Erklärungsmöglichkeiten für die Wagner-Rezeption des Exils erörtert und soll die Frage nach der Bewertung gestellt werden.

Zuerst zu *Thomas Mann*. Daß das Exil dieses Schriftstellers, von dem viele Mitexulanten in der Folge immer wieder richtunggebende Signale erwarteten, mit einem Wagner-Vortrag begann, und daß Manns kritisches Bekenntnis zu der Mehrdeutigkeit Wagners eine derart heftige Eifersuchtsreaktion in der sich dem Nazismus anbiedernden Musikszene auslöste, konnte nicht ohne Signalwirkung auf die Emigranten bleiben, zumal Thomas Mann diesen Vortrag verschiedentlich wiederholte, an ihn erinnerte und zu erkennen gab, wie viel ihm seine eigene Art der Wagner-Rezeption bedeutete. Aber 1933 solidarisierte Mann sich noch nicht offen mit dem Exil; erst 1936/37, nach langem Zögern, ließ er sich dazu herbei. Der »Protest der Richard-Wagner-Stadt München« war keine von der NS-Führung inszenierte Aktion, die Thomas Mann aus Deutschland ausstoßen sollte, sondern ging wohl auf den Dirigenten Knappertsbusch zurück und mag durch Mißverständnisse bedingt worden sein.[24] Noch Anfang 1935, als Mann den Wagner-Vortrag in Prag und Budapest – vor einem wohl zum erheblichen Teil jüdischen Publikum – wiederholte, registrierten die dortigen deutschen Gesandtschaften, daß er politische Spitzen geflissentlich vermied, und das, obwohl das Thema »angesichts der besonderen Verehrung, die Richard Wagner im Dritten Reich genießt, die Gelegenheit zu einer wenn auch nur mittelbaren Auseinandersetzung mit dem Gedankengut des neuen Deutschland (hätte) bieten können«.[25] Wagners Antisemitismus wurde in dem Vortrag nicht erwähnt.

Von 1937 an ließ Thomas Mann die politischen Hemmungen fallen. Ergab sich daraus auch ein anderer Umgang mit Wagner? Ende 1939, kurz nach dem Ausbruch des Krieges in Europa, sah sich der in die USA übergesiedelte Schriftsteller von amerikanischer Seite herausgefordert. Peter Viereck (1916 in New York geboren), ein rühriger Schriftsteller und Publizist, später ein Wortführer des amerikanischen Neokonservatismus[26], veröffentlichte in der Zeitschrift »Common Sense« einen Aufsatz über »Hitler und Wagner«, der die Hauptthesen seines späteren Buches »Metapolitics – From the Romantics to Hitler« (1941, Neuausgabe 1961) enthielt. Der »Sherlock Holmes der Metapolitik«, die Deutschland auf den Weg des Verderbens führte, war für ihn Richard Wagner, er und kein anderer. Er schrieb über den Komponisten: »Das von mir zusammengetragene Beweismaterial zeigt dieses böse Genie als die wohl wichtigste Einzelquelle, ja schlechthin als den Urquell der Nazi-Ideologie.« Er klagte darüber, daß man davon in den USA, wo Wagner so »fashionable« sei und man sich sogar einen Gegensatz zwischen dem »Deutschland Wagners« und dem Hitlers einbilde, gar keine Ahnung habe, und erwähnte in dem Zusammenhang mit deutlichem Sarkasmus, daß Thomas Mann, »der nobelste und größte deutsche Hitler-Gegner«, nicht anders als Hitler »seine Liebe und Bewunderung nicht nur für den Musiker, sondern auch für den Denker Wagner« offen verkünde.[27]

Thomas Mann gab sich mit der Erwiderung auf den ihm unbekannten Viereck sichtlich Mühe.[28] Seinen Thesen über »die Beziehungen, welche unbestreitbar zwischen der Wagner'schen Sphäre und dem nationalsozialistischen Unheil bestehen«, stimmte er zunächst einmal voll und ganz zu und erklärte es für »außerordentlich verdienstvoll«, »diese verzwickten und peinlichen Verhältnisse« erstmals in Amerika einer »scharfe(n) und unerbittliche(n) Analyse« unterzogen zu haben. Über Viereck sogar noch hinausgehend, findet er »das nazistische Element« nicht nur in Wagners Schriften, sondern auch in seiner Musik. Und dennoch – Wagner habe ganz richtig von seinen Werken als von »Wunderwerken« gesprochen: Das sei das treffende Wort. Aber nur behutsam distanziert sich Thomas Mann von Vierecks Kampf gegen das Wagnerianertum. Er läßt sich darüber aus, daß man leider Gutes und Böses nicht scharf voneinander geschieden vorfände: nicht bei Wagner, nicht bei Deutschland. Entschieden verwahrt er sich freilich gegen die Unterstellung, daß er das Böse an Wagner nicht erkannt habe. Er erinnerte daran, daß gerade seine Wagner-Rede von 1933 den Ausschlag für seine Emigration – er korrigiert: seine »Nicht-Rückkehr nach Deutschland« – gegeben habe, »da ihre Begeisterung von einer Gebrochenheit war, welche die Nazis in blinde Wut versetzt hatte«.[29] Aber nicht »die Nazis« waren damals in Wut geraten, und die Rede hatte tatsächlich kaum andeutungsweise die von Viereck angesprochenen Zusammenhänge erkennen lassen.

Zehn Jahre nach der Antwort auf Viereck war es Thomas Mann selber, der dem einst befreundeten, in NS-Deutschland verbliebenen Bühnenbildner Emil Preetorius vorhielt: »es ist viel ›Hitler‹ in Wagner«; das habe er, Preetorius, in seinem Wagner-Buch von 1942 »natürlich« ausgelassen.[30] Aber auch da ist für Thomas Mann das Hitlersche in Wagner mehr eine Frage des Stils als der Ideologie: Es ist Wagners »namenlose Unbescheidenheit«, sein »Bramarbasieren«, »Alleinreden-Wollen« ... Aus seiner eigenen Faszination durch Wagner macht er kein Hehl, am wenigsten, wenn er über »Wagners Erotizismus, wie er in Gesellschaft noch nie exhibiert worden war«, seufzt. In ihm selber scheint Wagner wieder den alten Eros aufzuwühlen – »Ich werde eben wieder jung, wenn es mit Wagner anfängt.«

In neuerer Literatur findet sich verschiedentlich die Annahme, Thomas Mann habe im Exil seine Einstellung zu Wagner gründlich gewandelt, indem er ihn als »Proto-Hitler« erkannt habe.[31] Schon Zeitgenossen glaubten dies zu bemerken. Demgegenüber versicherte Mann selber 1942, seine »Redeweise über Wagner« habe »nichts mit Chronologie und Entwicklung zu tun«. Sein Verhältnis zu Wagner sei und bleibe »ambivalent«: »ich kann heute so über ihn schreiben und morgen so.«[32] Kann man ihm glauben, daß das Exil keine Spuren in seinem Wagnerbild hinterließ? Intern konnte Mann sich schon viel früher über Wagner geradezu angewidert auslassen; einen »schnupfende(n) Gnom aus Sachsen« nannte er den Komponisten in einem Brief von 1911, wo er Goethe gegen Wagner stellte[33]. In seinem Tagebuch notierte er 1935 nach der Lektüre eines Buches über den »Antisemitismus in der Musik«, das ihm offenbar die Schärfe und Zukunftsträchtigkeit von Wagners Antisemitismus erst recht bewußt machte: »Grausiges Gefühl davon, wieviel dieser als Charakter abscheuliche Kleinbürger tatsächlich vom Nationalsozialismus antizipiert.«[34] Aber schon die Sprachebene gibt solchen Äußerungen ein geringeres Gewicht gegenüber den bekannten Wagner-Abhandlungen des Schriftstellers. Wagners Antisemitismus scheint für ihn ein triviales Thema geblieben zu sein.

Es gibt sogar Indizien dafür, daß seine Beziehung zu Wagner in den dreißiger Jahren intimer wurde. Manns Wagner-Artikel von 1911 hatte in einer Reihe von Aufrufen zur Abkehr vom Wagnerianertum gestanden; er war ein Versuch gewesen, sich aus dem Bann des »Bayreuthers« zu lösen und zu ihm ein kühleres, distanziertes Verhältnis zu finden[35]. Sein Vortrag von 1933 ist demgegenüber viel mehr ein Bemühen um eine neue Vertrautheit mit Wagner. 1911 und noch in den »Betrachtungen eines Unpolitischen« von 1918 setzte er die Wagnersche Prägung seiner selbst eher in das Präteritum, wenn auch beide

Male mit dem Bekenntnis verbunden: Wenn unverhofft ein Wagner-Klang sein Ohr treffe, »erschrecke ich vor Freude«.³⁶ 1933 aber ist die Magie Wagners Gegenwart: »Die Passion für Wagners zaubervolles Werk begleitet mein Leben, seit ich seiner zuerst gewahr wurde.«³⁷ Je mehr sich die unheilvollen Dimensionen der Wirkung Wagners entfalten, desto mehr erinnert das Hin- und Hergerissensein Thomas Manns an die Rolle des Tannhäuser gegenüber Frau Venus. Der emigrierte Schriftsteller, der imstande war, 1939 den Essay »Bruder Hitler« zu veröffentlichen – und der Verfasser der *Betrachtungen eines Unpolitischen* konnte den Verfasser von *Mein Kampf* nur zu gut verstehen –, war durch die Wahrnehmung des »Wagnerianischen« in Hitler schwerlich in seiner Intimität zu Wagner zu beirren. Mehr noch: Wenn er 1933 erklärte, die Vereinigung der beiden Mächte »Psychologie und Mythos« seien das Wagnerische schlechthin – das, was »das Werk Wagners geistig so hoch über das Niveau allen älteren musikalischen Schauspiels« erhebe³⁸, so beschreibt er ein Leitmotiv seines eigenen Schaffens³⁹, das in der Folge mehr denn je seinen Stil bestimmte. Mit der im Exil verfaßten *Joseph*-Trilogie konnte er sich wie nie zuvor als Wagner redivivus vorkommen, mochte er auch, nüchtern besehen, mit dem Schöpfer der »Ring«-Tetralogie nicht eben viel Gemeinsamkeiten aufweisen. Selbst in Äußerlichkeiten verrät sich seine Identifikation mit Wagner: Ein ihm 1940 zu Weihnachten geschenktes Kleidungsstück würdigt er mit der Bemerkung, »Richard Wagner wäre vor Neid erblaßt bei seinem Anblick.«⁴⁰

Zum Kreis Thomas Manns im Schweizer Exil gehörte Franz Beidler, ein mit Wagner-Forschung befaßter Enkel Wagners, »dem er übrigens zum Lachen und Verwundern ähnlich sieht« (Klaus Mann)⁴¹, und gehörten auch zwei Mitemigranten, die der politischen Tragweite der Ausstrahlung Bayreuths in der Folge eine ernstere Aufmerksamkeit widmeten: *Erich von Kahler*, der später Zelinsky auf die Brisanz dieses Themas brachte⁴², und Ferdinand Lion, der im Exil über Thomas Mann mehrere Bücher publizierte. Kahler, der einst dem George-Kreis nahestand, veröffentlichte 1943 eine universalhistorische Deutung der deutschen Katastrophe (*Man the Measure*), die den Schlüsselvorgang in der »Weltrevolution des Nihilismus«, in der systematischen Demontage der traditionellen christlich-europäischen Werte erblickte. Die Sichtweise erinnert an Rauschnings *Revolution des Nihilismus* von 1938; konservative Geschichtsphilosophien dieser Art wurden, je mehr die Schrecken des NS-Regimes noch die ärgsten Befürchtungen übertrafen, geradezu ein Typus der Aufarbeitung des Traumas.⁴³ Kahler erörtert den Anteil Nietzsches und Georges an der Herausbildung des faschistischen Nihilismus, meint aber zugleich, »keine intellektuelle Inspiration« sei für den Aufstieg des Nazismus verantwortlich – der Nährboden der NS-Bewegung sei niederer Art gewesen.⁴⁴ Hieraus ergibt sich für ihn die Schlüsselrolle Wagners: Sein Wirken habe sich in jener »vulgären Sphäre« vollzogen, auf die es ankam.⁴⁵ Er habe die »Weltrevolution des Nihilismus« mit jener »teutonischen Note« versetzt, die aus alldem eine politische Triebkraft machte; in Bayreuth sei der Rassismus und Antisemitismus mit Weltwirkung begabt worden.[46] In Wagners Lehren sei bereits die gesamte NS-Ideologie im Keim enthalten; selbst der Stil und Ton Hitlers sei schon da: Er, Wagner, sei der »unmittelbare Ahnherr des Nationalsozialismus«; zu Recht berufe sich Hitler auf ihn.[47]

Diese Behauptungen wurden jedoch nicht so detailliert belegt, wie es nötig gewesen wäre: denn die These von Wagners Zerstörertum gegenüber den christlichen Werten war keineswegs aus sich heraus evident. Für den Gang der Wagner-Rezeption war das Buch, das nie ins Deutsche übersetzt wurde, kaum von Bedeutung. Da Kahler im übrigen den Kern des Unheils in der Heraufkunft des »Nihilismus«, im Zerfall der traditionellen Werte erblickte, waren die Wurzeln des Faschismus am Ende unübersehbar weit verästelt, und die Aufmerksamkeit blieb nicht an der Gestalt Wagners haften. Es fehlte an einem Interpretationsrahmen, der der Macht der Musik ein besonderes Gewicht gegeben hätte.

Ferdinand Lions 1946 entstandenes Buch *Romantik als deutsches Schicksal* enthält ein Kapitel »Richard Wagner und die Deutschen«. Er legt dar, wie mit Wagner, dem »größten« aller deutschen Romantiker, die Romantik eine Wende zum Machthunger genommen habe. Wagner also als die Schlüsselfigur, die die deutsche Romantik mit der deutschen Katastrophe verknüpft. Aber ähnlich wie bei Thomas Mann sind auch die tiefen Vorbehalte gegen Wagner von Schauern überrieselt. Kesten rühmte an dem Kapitel die »schöne Verwandlung der Musik in ein Wortkunstwerk«[48]: Mit einem Großteil der Wagner-Literatur teilt Lion auch die musikalische Ambition. Er handelt nur von der Musik, nicht von den Schriften Wagners, und von der Musik auch nur in gefühlsmäßigen Eindrücken: Ein Niveau wirklicher Beweisführung wird nicht erreicht. Wagner habe »immer etwas Dunkles, Böses«, schreibt er; in seiner Musik sei »der Wille zur Macht«. Mit der Magie seiner Musik habe er den Deutschen sein »geheimstes Vermächtnis« beigebracht: »daß nichts über die Macht ginge und man jedes Mittel verwenden dürfe, um sie zu erringen«.[49] Eine Wagner-Diskussion konnte sich an solchen raunenden und wähnenden Eindrücken nicht entzünden.

Ganz anders der *Versuch über Wagner* von *Theodor W. Adorno,* der 1937/38 entstand, auszugsweise 1939 in Horkheimers »Zeitschrift für Sozialforschung« und als Ganzes erstmals 1952 in der Bundesrepublik erschien.[50] Man kann wohl sagen, daß seit Nietzsche keiner den Fall Wagner brillanter zu kommentieren und intellektuell aufregender zu gestalten vermocht hat als Adorno, der zu jener Zeit die Musiksoziologie als sensibles Instrumentarium der Gesellschaftskritik zu begründen suchte. Es war sein erklärtes Ziel, mit dieser Schrift dazu beizutragen, »die Urlandschaft des Faschismus aufzuhellen, damit sie nicht länger die Träume des Kollektivs beherrscht«[51], also eine auf die gesamte Gesellschaft bezogene Psychoanalyse zu betreiben, in der

Annahme, bei Wagner gleichsam auf den libidinösen Urgrund der faschistischen Neurose zu stoßen.

Für Brecht stand Adornos Wagner-Arbeit zu sehr im Bann der Psychoanalyse: Mißfällig notierte er 1942, »Wiesengrund-Adorno« stöbere »ausschließlich nach verdrängungen, komplexen, hemmungen im bewußtsein des alten mythenschmieds«.[52] In Anbetracht dessen, daß Adorno es auf die politischen und gesellschaftlichen Zusammenhänge Wagners abgesehen hatte, muß es jedoch auffallen, wie wenig er sich für die Biographie und die äußeren Lebensumstände, auch für das umfangreiche theoretische und ideologische Opus des Komponisten interessierte. Adorno gehörte insofern zu jener Richtung der Wagner-Rezeption, für die im wesentlichen nur die Musik zählt. Mit gekonntem und boshaftem Witz ergeht sich Adorno in der Durchleuchtung des Wagnerschen Antisemitismus: Aber zumeist verschmäht er dabei den einfachen Weg, von Wagners »Judentum in der Musik« und »Erkenne dich selbst« auszugehen, sondern will vielmehr Wagners Antisemitismus in seinem Werk selbst identifizieren: in angeblichen Juden-Karikaturen wie Mime, Alberich und Beckmesser.

Damit behält Wagners Judenfeindschaft jedoch etwas Mehrdeutiges, auch Vorläufiges. Adorno schreibt, der Wagnersche Antisemitismus bekenne sich in Gestalt von Mime und Alberich »als individuelle Idiosynkrasie«, deren Untergrund der Selbstekel und die Angst vor der Enthüllung der eigenen Nichtigkeit sei; denn der kleine Wagner mit seinem »zu großen Kopf« sei »dem Bild des Zwergen knapp entronnen«: Dieser meistkarikierte Komponist sei »erst durch den Ruhm vorm Lachen geschützt gewesen«.[53] Adornos Frotzeleien über die Wagnersche Judenhatz sind am Ende bloßes Vorspiel zu der Schilderung des anderen, wahrhaft Erregenden der Wagnerschen Musik: der musikalischen Vorahnung vom Untergang der Bourgeoisie, vom Sich-Totlaufen des Imperialismus. Und das, so Adorno, sei nicht alles; die »übertäubenden Wogen« der Wagner-Klänge führten darüber hinaus. Indem sie »die Angst des hilflosen Menschen« aussprächen, könnten sie den Hilflosen »Hilfe bedeuten und aufs neue versprechen, was der uralte Einspruch der Musik versprach. Ohne Angst leben.« So endet Adornos Wagner-Buch und so schon das Fragment von 1939, höchst wagnerianisch, mit einer Erlösung verheißenden Sphärenmusik ähnlich dem Chor der jüngeren Pilger am Schluß des *Tannhäuser*. Nicht ohne Grund hat Tibor Kneif Adorno vorgeworfen, er mache »aus der Soziologie Musik«[54]. Mit einer Vision von einer »Entsühnung« Wagners in einer entsühnten Welt schließt auch Adornos Nachschrift zur Wagner-Diskussion von 1964 – und mit einer Erinnerung an den Schluß der *Götterdämmerung*, »da die Rheintöchter das Gold als Spielzeug zurückerlangen«.[55]

Man kann wohl sagen, daß jene Sichtweise, die das Thema »Antisemitismus« zwar scharf anvisiert, aber am Ende doch mehr dem äußeren Schein zurechnet, eine Wahrnehmungsart der Vor-Auschwitz-Ära ist. Max Horkheimer polemisierte noch 1939 in dem Aufsatz »Die

Juden und Europa« mit schneidender Schärfe gegen Emigranten, die ihre Empörung ganz auf die nationalsozialistische Judenverfolgung konzentrierten, anstatt sich selber als durchaus normale Opfer des Kapitalismus zu begreifen.[56] Bei dieser Position blieb die »Frankfurter Schule« nicht stehen; die Erfahrung der Judenverfolgung wurde in der Folge zu einem Stimulus der Forschungsstrategie. Adornos Urteil über Wagner scheint davon nicht betroffen worden zu sein; eher läßt sich erkennen, daß in den sechziger Jahren, als Wagner in der Bundesrepublik weder in aufdringlicher Form zur Massen- noch zur herrschenden Kultur gehörte[57], Bayreuth aus dem Zielfeld der musikalischen Gesellschaftskritik Adornos herausrückte und Adorno sich unter jene intellektuellen Autoritäten einreihte, die das neue Bayreuth stützten.[58]

Verdruß und Mißerfolg im Exil bereitete sich *Ludwig Marcuse* mit einem Tausend-Seiten-Manuskript über Wagner: ihm zufolge ein »wütendes Pasquill«[59]; jedenfalls ein Opus, das sich von jenem Grundton der Ergriffenheit, der selbst in weiten Teilen der kritischen Literatur über Wagner vibriert, scharf absetzte und eine Stilform des Unernstes wählte, die der Satire oder besser des kabarettistischen Sketch. Die Arbeit, die Marcuse als geradezu »übermütig« gegenwartsnah empfunden haben will[60] – die Exilschriftsteller liebten den historischen Roman –, entstand zur gleichen Zeit wie Adornos *Versuch über Wagner*; Marcuse bemühte sich damals vergeblich darum, in den wählerischen Horkheimer-Kreis aufgenommen zu werden.[61] Sein Wagner-Manuskript wurde von Querido in Amsterdam, dem damals führenden Verleger von Exilliteratur, abgelehnt. Danach wurde Stefan Zweig seine Hoffnung, obwohl Marcuse eben noch Zweigs Pazifismus als appeasement-verdächtig angegriffen hatte, und obwohl Zweig einst, 1911, mit Ergriffenheit bei einer *Parsifal*-Aufführung in New York bekannt hatte, nie habe er mehr gefühlt als hier, wie sehr Wagner Deutschland sei.[62] Auf seine Art meinte das auch Marcuse; aber seine Äquivalente waren ein anderes Deutschland und ein anderer Wagner. In seinen Erinnerungen schildert er, wie der sonst so verbindliche Zweig angesichts des Wagner-Manuskriptes erstarrt sei; er habe nur dazu gesagt: »Ich kenne viel Gehässiges gegen den Meister. So etwas habe ich noch nie gelesen. Das Wort ›Genie‹ kommt nicht ein einziges Mal vor.«[63] Erst 1963 gelangte Marcuses *Wagner* in gekürzter Fassung an die Öffentlichkeit.[64]

Wichtige Grundgedanken formulierte Marcuse 1937 in einem aus Moskau geschriebenen Brief an Thomas Mann, wo er mit Grund gegen Manns Bekenntnisse zur Wahlverwandtschaft mit Wagner und dessen schopenhauerische Deutung des Wagnerschen Eros vorstellig wurde, dabei aber dem Schriftsteller vermutlich zu nahe trat: »wieviel Abenteuer Sie auch mit Wagner gehabt haben, er gehört nicht zu Ihrer Art wie Schopenhauer. Man kann die Kluft zwischen Wagner und Schopenhauer nicht weit genug aufreißen. Schopenhauer ist ein unfruchtbares Ende – und Wagner führt ins dritte Reich.« Wichtiger ist sein

Vorwurf, er, Thomas Mann, »verstehe nicht einmal, daß man Wagners Theorie ernst nehmen« könne. Wagners Musik und seine Lehre seien unzertrennlich; viele Jünger Bayreuths seien zuerst durch sein Weltbild, dann erst durch die Musik zu Wagnerianern geworden.[65]

Dem Wagner-Buch Marcuses fehlt es nicht an Geistesblitzen oder zumindest Bonmots; aber der witzelnde Conferencier-Stil, der das empirische Fundament der einander jagenden Pointen im Unklaren läßt, wirkt auf die Länge ermüdend und bietet am Ende nicht die geeignete Form, um dem durchaus ernsten Anliegen Gewicht zu geben. Die pauschale Art und Weise, wie Marcuse die Brücke von Wagner zu Hitler schlägt, gerät überdies in fatale Nähe zur Selbststilisierung des »Dritten Reiches«. Das gilt bereits für den Auszug aus dem Wagner-Opus, den Marcuse 1938 in der Pariser Tageszeitung veröffentlichen konnte. Es waren eben die Passagen, die sich mit dem Weg »von Bayreuth nach Nürnberg« befaßten; sie schließen mit dem Satz, »Wagners unsteter deutscher Geist« habe »heimgefunden«, – auf den Reichsparteitagen der NSDAP![66] Am Schluß der späteren Buchausgabe ist das Motiv: »Die Nazi-Generation als imaginäre Wagner-Helden« – schon 1933 die Pointe Ossietzkys – breit ausgewalzt, wobei die Ironie fast verlorengeht. Seltsamerweise ist nur von der Unterdrückung der »Katholischen« die Rede! Was den Juden in NS-Deutschland geschah, ließ sich in Marcuses Stil nicht beschreiben.

Wo blieben die alten Antiwagnerianer im Exil? Zu den Emigranten, die eifrig in der Exilpresse publizierten, gehörte der Theaterkritiker Julius Bab, der 1911 in der »Schaubühne« zum »Kampf gegen Wagner« als dem vielleicht »entscheidungsvollsten« Kulturkampf der Zeit aufgerufen und Wagner als »Anti-Goethe«, als »Todfeind« der auf Weimar gegründeten deutschen Kultur deklariert hatte[67]; es ist nicht bekannt, daß er zu der Zeit, als Wagner tatsächlich zum Abgott einer mörderischen Diktatur geworden war, diesen Kampf wiederaufgenommen hätte. Ähnliches gilt für Franz Werfel, der zur Prominenz des literarischen Exils gehörte und mit dem *Lied von Bernadette* einen der größten Verkaufserfolge der Exilliteratur erzielte. Durch sein *Verdi*-Buch von 1924, das – die Reichweite von Wagners Bann einigermaßen übertreibend – Verdis Lähmung durch Wagners Erfolge und seine Wiedererweckung durch Wagners Tod schildert, hatte er sich einen wutschäumenden Angriff im Bayreuther Festspielführer zugezogen[68]; aber schon in der Volksausgabe des Romans von 1930 hatte er das Wagnerbild aufgehellt.[69] Im Exil schuf sich Werfel seinen eigenen Gralsmythos: in dem unter den Emigranten heftig umstrittenen Roman *The Conspiracy of the Carpenters* (1943), der von dem priesterlichen Regiment des auf den »Orden der Zimmerleute« gestützten Adam Faust und seinem Kampf gegen den intellektuellen Möchtegern-Diktator Dr. Urban handelt.[70]

Zu den rührigsten, später durch seine Deutschenfeindschaft umstrittensten Publizisten des Exils – wenn auch im strengen Sinne kein Emigrant[71] – gehörte Emil Ludwig, der erfolgreichste Verfasser populärhistorischer Biographien seiner Zeit. 1913, zu Wagners 100. Geburtstag, hatte er aus seiner Absage an Wagner ein ganzes Buch gemacht (*Wagner oder die Entzauberten*).[72] 1939 veröffentlichte er seine erste Schrift gegen die Deutschen unter dem Titel *Barbaren und Musiker;* eine französische Fassung kam in Paris in einer Reihe von Kriegspropagandabroschüren heraus. Jedem Kapitel war ein Goethe-Motto vorangestellt; Goethe wurde aber nicht mehr als Repräsentant eines »anderen Deutschland«, sondern einer zur deutschen Realität im Gegensatz stehenden Geistigkeit beschworen. Titel und Gesamtanlage der Broschüre wären wie gemacht dazu gewesen, Wagner als bösen Geist der Deutschen in Szene zu setzen: Einen Ansatz dazu gibt es aber nur sporadisch und in recht ungeschickter Form.[73] Lieber wollte Ludwig die Kulturlosigkeit des Deutschen Reiches demonstrieren: Da paßte Wagner nicht gut hinein.[74]

Andere um Konsequenz bemühte Wagnergegner blieben im Exil obskur: so der Kunstkritiker Emil Szittya, der 1933 in seinem kurzlebigen Blättchen »Die Zone« (Paris) einen Kampf gegen Wagner begann[75], oder der Schriftsteller Hans Rothe, der bis zu der These ging: »Solange Wagneropern Erfolg haben, ist auf unserer Erde die Rückkehr zu einer nationalsozialistischen Heilslehre möglich.«[76]

Mehr Hintergrund hätte die Auseinandersetzung mit Wagner in Kreisen des Zionismus und der Palästina-Emigration haben können. 1938 auf die Nachricht von der »Kristallnacht« wurde in Palästina eine geplante jüdische »Meistersinger«-Inszenierung abgesagt[77]; in dem späteren Staat Israel blieb Wagner jahrzehntelang verfemt.[78] Daß Theodor Herzl einst den *Judenstaat* »begleitet von Richard Wagners Musik, der einzigen Musik, die er hören« konnte, geschrieben hatte, war wohl nur Eingeweihten bekannt.[79] Berühmt-berüchtigt dagegen war das Antiwagnerianertum eines anderen zionistischen Gründervaters, des Schriftstellers Max Nordau. Sein 1892 erschienenes Buch »Entartung«, in dem Wagner im Stile des populären Nietzscheanertums als der Gipfel aller Degeneration und Hysterie geschmäht wird, und das es weder unterläßt, über die angeblich »geile Erotik« der Wagnerschen Musik, noch über Wagners Anti-Vivisektionismus herzuziehen[80], war freilich zu einer Zeit, als »Entartung« zu einem Kernbegriff des NS-Jargons wurde, eine eher peinliche Erinnerung geworden.

»Richard Wagner, der Nationalsozialist« war der Titel eines Aufsatzes des Mozartkenners Paul Riesenfeld in der Emigrantenzeitschrift »Orient«[81], die 1942/43 in Haifa erschien. Dieses linksorientierte Blatt erlebte ein ungewöhnlich dramatisches Schicksal: Auf dem Hintergrund leidvoller Erfahrungen deutscher Juden in den von Ostjuden beherrschten palästinensischen Siedlerkolonien, zugleich mit Einsicht in die Tragweite des Araberproblems, legte es sich frontal mit dem dortigen Zionismus an, brandmarkte die zionistischen Kampfverbände mit ihrer Bereitschaft zur brachialen Gewalt als »nazistische Terrorbanden« und wurde selber von Boykott und Sabotage bedroht,

bis es nach einem Bombenattentat sein Erscheinen einstellte.[82] Der
»Orient« konnte also schwerlich eine nachhaltige Wirkung ausüben.

Das Thema »Wagner« ist bei Riesenfeld, wie auch sonst verschiedentlich in der Exilliteratur, zugleich mit der Diskussion um Nietzsche verbunden. Noch ganz im Gefolge der alten Nietzsche-kontra-Wagner-Polemik, stellt er die fragwürdige These auf: »Größere Gegensätze als die Gedanken Nietzsches und Wagners gibt es überhaupt nicht.« Er glaubt, Wagner würde in der Gegenwart tatsächlich Nationalsozialist sein. Daß seine Ideen von »Reue, Buße und Entsagung« dem Nazismus widerstrebten, würde nicht stören; denn Wagner habe selber vorgelebt, daß man dieser Predigt in der Praxis nicht zu folgen brauche. Wenn Riesenfeld freilich den Unhold Alberich, in dem Adorno den Wagnerschen Juden erkennen wollte, als »Ahnherr Himmlers« bezeichnet, scheint er ein antifaschistisches Potential des »Ringes« anzudeuten; und im Finale des Artikels ist Wagner eben doch »ein großer Künstler« und darin den Nazis fern.

Eine vollkommene Unbefangenheit gegenüber Wagner gab es auch weiterhin selbst in bewußt jüdischem Milieu. Der New Yorker »Aufbau«, die kommerziell bei weitem erfolgreichste und langlebigste Exilzeitschrift, die einen gemäßigten Zionismus vertrat[83], brachte im März 1940 einen schwärmerischen, in wagnerianisierende Sprache verfallenden Artikel »Walküre wie einst«: Bei einer New Yorker Inszenierung unter Leitung des emigrierten Dirigenten Leo Blech waren »nicht weniger als vier Sänger« einer »denkwürdigen Berliner Aufführung« wieder beisammen gewesen, bereichert aber um »zwei herrliche amerikanische Soprane«, eine »helle, sieghaft aufstrebende« und eine »herbe, dunkelfundierte Nordlandstimme« – so werde der »wehende Atem mächtiger Impulse« wieder lebendig.[84]

1936 erschien, von Wittelsbach und Bayreuth betreut, in vier Bänden der Briefwechsel zwischen Wagner und König Ludwig II. Er inspirierte Klaus Mann zu einer Novelle über den unglücklichen Monarchen[85], die ihm einen Verweis Stefan Zweigs eintrug: Für ihn sei dieser Briefwechsel Dokument der »schmachvolle(n) Erniedrigung eines Genies«, und da gebe es nichts zu »romantisieren«.[86] Noch ein zweites Exilwerk wurde durch den Briefwechsel angeregt und ebenfalls bei Querido verlegt: *König Ludwig II. von Bayern und Richard Wagner* von *Annette Kolb* (1947). Die Schriftstellerin hatte über ihre Mutter, die mit Cosima Wagner befreundet gewesen war, einen Zugang mündlicher Tradition zur Familie Wagner gehabt. Sie war bereits Autorin einer Mozart- und einer Schubert-Biographie, bekannte sich aber als Wagnerianerin durch und durch, und zwar als Verehrerin auch der Schriften des Meisters: »Anhand dieser zehn Bände vollzog sich mein Bildungsgang.«[87] Durch keinen »Mißbrauch«, der mit Wagner getrieben worden sei, habe sie sich beirren lassen.

Annette Kolb, Tochter einer französischen Mutter und eines deutschen Vaters, der im Krieg von 1870/71 zu Frankreich gehalten hatte, widmete ihr ganzes Leben der deutsch-französischen Verständigung;

noch die Hochbetagte suchte zwischen Adenauer und De Gaulle zu vermitteln.[88] Auch ihr Wagner-Buch, das zugleich auf deutsch und französisch erschien, war sichtlich an diesem Ziel orientiert: so wenn sie den Eindruck erweckt, nicht Cosima, sondern Judith Gautier sei die große Liebe des späten Wagner gewesen[89], Wagners antifranzösische Ausbrüche dagegen und seinen Brief vom 12. August 1870 an Judith und deren Gatten, wo er ihnen die von ihm sehnsüchtig erwartete Zerstörung von Paris schmackhaft zu machen versucht, unerwähnt läßt. »Barbarisch« sei »die unsägliche Gedankenlosigkeit«, mit der Wagner »als eine Art ›nationaler Komponist‹ abgestempelt« worden sei.[90]

Am wenigsten zur Absage an Wagner geneigt waren die emigrierten *Musikwissenschaftler*. In seinem Werk *Die Romantik in der Musik* handelt Alfred Einstein von Wagner nicht in dem Kapitel »Nationalismus«, sondern unter der Überschrift »Universalismus im Nationalen«: Selbst wenn Wagner die »nordischen Göttergestalten« auf die Bühne bringe, habe das »nichts zu tun mit Nationalismus«. Dabei gebraucht er hinsichtlich der »Juden«-Schrift ungewöhnlich weitgehende Formulierungen: Diese sei eines der »infamsten Produkte des Polemikers Wagner«, »das wahre Arsenal des Antisemitismus für die folgenden neun Jahrzehnte«.[91] Hat sie mit Wagners Musik gar nichts zu tun? Immer wieder weist Einstein darauf hin, Musik sei für Wagner nur ein Mittel gewesen, und die Neuartigkeit und Besonderheit Wagners hinge nicht zuletzt damit zusammen[92]; aber der Frage nach dem Wofür wird nicht intensiver nachgegangen.

Das Wagner-Buch von Willi Reich (1948)[93] besteht größtenteils aus Wagnerschen Selbstzeugnissen; es sollte der damals verbreiteten »Animosität« gegen Wagner entgegenwirken. Reichs Vorbemerkung bezog sich auf den »vielfachen Mißbrauch«, der mit dem Bayreuther Meister getrieben worden sei. – Aus der Feder eines ehemaligen Emigranten stammt auch Hans Gals »Versuch einer Würdigung« Wagners (1963)[94]; in seinem Register fehlt nicht nur Hitler, sondern sogar Gobineau. – Als »letzte und vielleicht größte Offenbarung der Romantik«, nicht als Vorausdeutung auf schlimmere Zeiten, figuriert Wagner in Arnold Hausers *Sozialgeschichte der Kunst*.[95] Die bisher umfangreichste kritische Wagner-Biographie, die den Antisemitismus ihres Helden ernst nimmt: Robert Gutmans *Wagner* (1968), ist von einem gebürtigen New Yorker verfaßt.

Um das Bild des Exils noch bunter zu machen: Seit 1939 gehörte auch *Friedelind Wagner*, die damals 21jährige Enkelin Richard Wagners, zu den Emigranten. Sie wohnte zunächst im alten Wagnerhaus in Tribschen bei Luzern und ging dann nach England und in die USA, wo sie dank ihres berühmten Großvaters und der Freundschaft Toscaninis Eingang in die Massenmedien fand[96], während das literarische Exil von ihr anscheinend kaum Notiz nahm. Sie verkündete, sie sei »aus den gleichen Gründen« wie ihr Großvater »freiwillig zur Emigrantin« geworden. Ganz und gar falsch sei die verbreitete Meinung, daß Wagner »im Geist ein Nazi gewesen sei«; das sei Nazi-Propaganda, die durch Wagners Schriften Lügen gestraft werde. »Erlösung durch Liebe und Mitleid«, das und nichts anderes sei »das ewige Motiv«, das die Werke Wagners durchziehe. Selbst auf ihren Vater Siegfried dehnt sie die Entnazifizierung aus; das Stigma der Verderberin des hehren Erbes bleibt an ihrer Mutter Winifred haften.[97]

Für die Wagner-Rezeption der Linken setzte zu der Zeit, als Adornos Wagner-Manuskript noch in der Schublade lag, *Ernst Bloch*, der Philosoph des emanzipatorischen Wünschens und Hoffens, markante Signale. Wagnerianische Spuren durchziehen sein gesamtes Lebenswerk; er liebte an Wagner den hemmungslosen Tagträumer mit der blühenden Phantasie, aber auch den effektvollen Klamaukmacher. Er ging mit Wagner respektloser, aber auch vorbehaltloser um als Thomas Mann und verübelte diesem die Hinweise auf Wagnersche Ursprünge des Nazismus[98]. Auffallend heftig zog er in einem Vortrag von 1939 über die »Wurzeln des Nazismus« gegen solche Auffassungen zu Felde; er unterstellte sie dem »zivilisierten Spießer« unter den Antifaschisten – jenem beschränkten »Realschul-Verstand«, dessen Phantasielosigkeit einen Teil der Schuld am Untergang der Weimarer Republik trage. Einerseits kämpfte er mit Hinweis auf die Internationalität des Faschismus gegen die Vorstellung von dem spezifisch deutschen Ursprung des Nazismus; andererseits insistierte er drastisch, wenn auch nicht eben überzeugend darauf, daß »der Nazi« im »eigenen Saft« koche, d. h. nicht wesentlich aus einem anderen abzuleiten sei.[99]

Das Bild »Der Nazi kocht im eigenen Saft« machte ihm solchen Spaß, daß er es als Schlagzeile für einen ähnlichen Artikel im »Freien Deutschland« (April 1942) verwendete, dem kommunistischen Exilorgan in Mexiko. Hier wurde er noch schärfer: Es sei »eine heillose Mode, dem Nazi sogenannte Vorläufer kultureller Art zuzutreiben«; Wagner und Nietzsche zu Vorläufern des »Dritten Reiches« zu machen, sei im Effekt reine NS-Propaganda und lenke überdies von den ökonomischen Ursprüngen des Nazismus ab. »Völlig unsinnig« sei es, »sich durch die Nazis um irgendein deutsches Kulturerbe betrügen zu lassen«: Diesen Kernsatz seines Vortrags von 1939 wiederholte er auch jetzt, obwohl er im Grunde auf widersprüchlichen Prämissen beruhte: auf der Annahme, daß Kultur unpolitisch, aber dennoch für oder gegen den Nazismus zu gebrauchen sei.

Bloch, der sich im Exil zur KPD hielt und der Parteilinie selbst durch den Stalinismus folgte, war auf kommunistischer Seite eine eindrucksvolle Autorität dafür, daß Wagner zum respektablen kulturellen Erbe gehörte, auch wenn der assoziative Dschungel des Blochschen Philosophierens auf der marxistischen Linken schwerlich Schule machen konnte. Zu einem Bloch-Adepten auch in Sachen Wagner wurde im Exil der von Lukács herkommende Literaturwissenschaftler Hans Mayer[100], dessen Bedeutung für die Wagner-Rezeption der Nachkriegszeit bekannt ist. Was *Lukács* betrifft, so fällt eher sein Schweigen über Wagner auf.[101] In seine monumentale Abrechnung mit der Geschichte des »Irrationalismus« in Deutschland (*Die Zerstörung der Vernunft*) hätte Wagner als Schlüsselfigur bestens hineingepaßt, zumal den von Bayreuth aus wirkenden Rassentheoretikern Gobineau und Houston Stewart Chamberlain ganze Kapitel gewidmet sind. Nicht weniger als dreimal zitiert Lukács den Hinweis Alfred Rosenbergs, daß Wagner, Nietzsche, Lagarde und Chamberlain die klassischen Autoritäten des Nazismus seien[102] – im übrigen aber erwähnt er Wagner fast nur als Zielscheibe Nietzsches. Der Umstand, daß vor allem Nietzsche für Lukács der Vollender des Unheils ist, scheint Wagner randständig zu machen. Auch Fronten der »Formalismus-Debatte« und Beziehungen zu Thomas Mann mögen hineingespielt haben.

Bertolt Brecht, der in der Formalismus-Kontroverse auf der anderen Seite stand und ohne Respekt vor dem »kulturellen Erbe« seine eigene Art von Gesamtkunstwerk aus Drama, Epos und Musik, aus Mythos und Realität schuf, dabei aber den Illusionseffekt der Kunst bekämpfte, wird von Adorno als »wilder Antiwagnerianer« erwähnt[103]. Wieweit das zutrifft, sei dahingestellt; Brecht brauchte bloß »eine karenzzeit für richard wagner« (1944) vorzuschlagen, um dem Dirigenten Otto Klemperer schon einen kleinen Schreck einzujagen.[104]

Ein komplizierteres Verhältnis zu Wagner läßt sich bei *Hanns Eisler* erkennen, dem Schönberg-Schüler, Brecht-Vertoner und späteren Schöpfer der Nationalhymne der DDR. 1935 legte er mehrmals ausführlich dar, daß es sich bei dem NS-deutschen Wagnerkult keineswegs nur um eine äußerliche Aneignung, sondern um eine tiefere Affinität handele: Es seien »ganz bestimmte Qualitäten der Wagnerschen Musik«, die die NS-Ideologie »aufs wirksamste« unterstützten; Wagner übe in der Tat »eine faschisierende Wirkung auf breite Massen« aus.[105] 1938 in einer Diskussion mit Bloch focht er zwar dessen Bekenntnis zu Wagners Größe nicht an, äußerte aber Bedenken gegen jene »unkritische Wahllosigkeit, die überall Klassiker sieht«.[106] Eisler, der wie Wagner Dissonanz und große Geste, Musik und ideologische Botschaft miteinander zu verbinden suchte und schließlich zum repräsentativen Staatsmusiker aufstieg, betonte die transmusikalische Dimension des Wagnerschen Leitmotivs: Es schaffe eine »Atmosphäre symbolischer oder weltanschaulicher Bedeutung«.[107] Andererseits erklärte er, der Faschismus könne »nicht die geringste Dissonanz« vertragen, weder in der Realität noch in der Musik[108] – wurde er dann nicht durch den »Tristan« erschüttert? Die Wagner-Jubiläen der DDR 1983 konnten sich nicht nur auf Thomas Manns Rede von 1933, sondern auch auf die Autorität Hanns Eislers berufen, der gewiß vor »unkritischem Wagnertum«, aber auch »vor oberflächlicher, bohèmehafter Unterschätzung dieses enormen Meisters« gewarnt habe.[109]

1938 wurde der 125jährige Geburtstag Wagners nicht nur in NS-Deutschland, sondern auch in der Sowjetunion mit einigem Aufwand begangen. Die in Moskau erscheinende Monatsschrift »Das Wort«, das führende Kulturorgan des kommunistischen Exils, feierte den Revolutionär Wagner und tat die nationalsozialistische Wagner-Aneignung ab: »Ungeschickter, dümmer kann man kaum fälschen.«[110] Peinlicher wurde es nach dem Stalin-Hitler-Pakt, als auf höchste Weisung im Moskauer Bolschoi-Theater unverzüglich die *Walküre* zu inszenieren war. Die Leitung lag bei Eisenstein, dem berühmtesten sowjetischen Filmregisseur, dessen Vater ein deutscher Jude gewesen war; im übrigen hatte jedoch die gesamte Inszenierung »judenfrei« zu erfolgen.[111] Ein langer Bericht Eisensteins in den »Deutschen Blättern« erging sich gleichwohl mit einer Unbefangenheit in wagnerianischer Schwärmerei, wie man das in Bayreuth nicht besser gekonnt hätte. In Wagners Musik, in seinen »herrlichen Gestalten«, habe »der kollektive Genius des deutschen Volkes seinen hervorragenden Ausdruck« gefunden. Nicht der leiseste Unterton kritischer Reserve trübt die Begeisterung. Eisenstein wird förmlich zum Über-Wagner; aus dem Eschenstamm in Hundings Hütte macht er einen »den ganzen Raum der Bühne ausfüllenden Baum«; Hunding erhält eine »riesige, vielfüßige« Meute; die acht Walküren Wagners werden um eine »Schar beschwingter, kriegerischer Jungfrauen« vermehrt[112], womit Brünhilde gleichsam eine Massenbasis bekommt.

Auch der deutsche Angriff auf die Sowjetunion führte nicht zur Verfemung Wagners. Unter der Überschrift »Dämmert der Tag, oder leuchtet die Lohe?« berichtete das »Freie Deutschland« über eine Premiere der *Götterdämmerung* in Moskau an dem Tag der sowjetischen Rückeroberung von Smolensk. Thomas Manns »Ring«-Essay von 1937 wurde als Gewähr für den »revolutionären« Gehalt des Stückes erwähnt und die Aufführung im übrigen als Siegesfeier, der Nornengesang als Vision vom Untergang des »Dritten Reiches« verstanden.[113] Mehr als andere Linksgruppen des Exils zeigten die Kommunisten eine Empfänglichkeit für das Element von Macht und Feierlichkeit in der Wagnerschen Musik. Schon im Februar 1946 gab es eine *Tannhäuser*-Premiere in Chemnitz; Wagners Werk wurde neben dem Mozarts das »in jeglicher Hinsicht« »meistdiskutierte« Bühnenœuvre der DDR.[114]

In dem sozialdemokratischen »Neuen Vorwärts« wäre eine Wagner-Begeisterung wie in der kommunistischen Exilpresse schwer vorstellbar; hier wurde Wagner gelegentlich als der »einzige wirkliche Klassiker« der NS-Ideologie erkannt.[115] Aber auch da gab es die Auffassung, daß das »Dritte Reich« sich Wagners zu Unrecht bemächtigt habe[116], und konnte sogar kritisch kommentiert werden, daß die Bayreuther Festspiele 1936 von den Olympischen Spielen in den Schatten gestellt würden: als Indiz für das Mißverhältnis von Körper- und Geistespflege unter dem NS-Regime.[117]

Ein Blick noch auf *historisch-politische Schriften* des Exils: Das Standardwerk des Exils über den NS-Führer war die zweibändige Hitler-Biographie von Konrad Heiden, die bereits im Jahr ihres Erscheinens (1936) auch auf Englisch und Französisch erschien. Da wird an einer Stelle die »Vorliebe, ja Hörigkeit Hitlers Wagner gegenüber« als

»äußerst aufschlußreich« erwähnt. Die darauffolgenden Erläuterungen sind jedoch wenig erhellend.[118] Tiefergehende, strukturelle Analogien zwischen der Rolle und Wirkung Wagners und Hitlers suchte der Historiker Wolfgang Hallgarten. Er, der gelegentlich die Geschichtsszene mit Wagner-Anspielungen mythologisch zu überhöhen liebte – wenn er Stinnes mit Alberich und Kirdorf mit Wotan verglich –, machte Wagner zum Archetypus einer in Hitler mündenden Reihe von Außenseitern, »Fremden«, die sich als Retter jener Gesellschaft aufspielten, die sie ursprünglich ins Abseits verwies.[119] Es ist die, soweit ich sehe, intensivste Auseinandersetzung eines emigrierten Historikers mit Wagner. Wenn sie sich besonders dem Emigranten Wagner widmet, läßt sie zwischen den Zeilen erkennen, daß es nicht nur um eine Deutung des Faschismus, sondern auch um eine Deutung der Wirkungsmöglichkeiten der Emigration ging, deren historische Rolle Hallgarten mehr und mehr suspekt wurde.[120]

Ein Kronzeuge Zelinskys[121] unter den Emigranten wurde *Hermann Rauschning*, der frühere nationalsozialistische Senatspräsident von Danzig, der das Grundmuster einer konservativen Nazismus-Gegnerschaft lieferte und darin von weitreichender Wirkung war.[122] Rauschnings *Gespräche mit Hitler*, die wie die dokumentarische Evidenz zu seiner *Revolution des Nihilismus* wirkten, enthält in dem Kapitel »Hitler, Wagner, Gobineau« die aufregendsten Hitler-Äußerungen zu Wagner, die bis heute bekannt sind. Da wird ein Hitler präsentiert, der Wagnermotive vor sich hin summt und den Bayreuther Meister als seinen einzigen Vorläufer und damit als »die größte Prophetengestalt« der Deutschen bezeichnet. Zu Wagner kehre er »auf jeder Stufe seines Lebens« zurück. Besonderen Wert legt Hitler nach Rauschning darauf, daß der *Parsifal* ganz anders zu verstehen sei, als dies gemeinhin geschehe: Da werde keine Mitleidsreligion verkündet, sondern ein neuer Adel des reinen Blutes verherrlicht.[123] Hier ist der Ursprung der These Zelinskys. Diese besondere, intime Beziehung Hitlers zu *Parsifal* ist anderen Quellen nicht zu entnehmen[124]; Hitlers Schwärmerei für Wagner pflegt sich sonst mehr im Allgemeinen zu halten. Rauschning schildert Hitler selbst wie einen Klingsor, der, selber unbeweibt, »phantastisch schöne Frauen« als Agentinnen für sich arbeiten läßt und persönlich dirigiert.[125] Nicht nur hier gibt es Grund zu dem Verdacht, daß Rauschning seine Begegnungen mit Hitler nicht authentisch wiedergibt, sondern phantasievoll überhöht.[126]

Die bedeutendste Weltgeschichte der Exilliteratur, das Opus Veit Valentins, widmet Wagner immerhin eine ganze Seite, erwähnt aber seine Judenfeindschaft so untertreibend wie nur möglich: Wagners Ideologie sei »nicht frei von antisemitischen Stimmungen« gewesen.[127] Valentin beeilt sich, nach diesem leichten Schatten zu versichern, Wagner bleibe »doch immer in alle Zukunft hinein der Schöpfer der Meistersinger und des Tristan«. Um noch über den Zeitraum des Exils hinauszugreifen: In Fritz Sterns *The Politics of Cultural Despair* spielt Wagner ebensowenig eine Rolle wie in George L. Mosses *The*

Crisis of the German Ideology, obwohl beide Werke von der Formierung des völkisch-antisemitischen Denkens in Deutschland im späten 19. und frühen 20. Jahrhundert handeln.[128] Ein Kapitel »Wagner und seine Zeit« mitsamt der Feststellung, Hitler habe mehr mit Wagner als mit Bismarck gemein, enthält Hans Kohns *The Mind of Germany*[129], ein in seinem Inhalt und seiner ideengeschichtlichen Ausrichtung den beiden eben genannten Werken ähnelndes Buch. Kohn – kein Emigrant im strengen Sinne, da er bereits 1931 in die USA gegangen war[130] – will, wie vor ihm Kahler (s. o.), das Gefährliche an Wagner vor allem in dem angeblichen Nihilismus des Komponisten erkennen: ein dürftiger und fragwürdiger Ansatz der Wagner-Kritik.[131]

Alles in allem kann man es höchst merkwürdig finden, wie gern sich viele Exilanten dem Bann Wagners aussetzten und wie wenig man sich demgegenüber mit Wagner dann beschäftigte, wenn es um die Analyse der Ursachen des Faschismus ging: vor allem auch, wie wenig Aufmerksamkeit man dem Wagnerschen Antisemitismus und seinem ideologischen Umfeld widmete. Das ist um so erstaunlicher, als Wagners Schattenseiten um 1933 in keiner Weise neu zu entdecken waren: die Polemik gegen Wagner reichte damals schon über fast drei Generationen. Aber vielleicht war gerade diese Tradition eine Belastung des Antiwagnerianertums?

Die Positionen der Wagnerliteratur des Exils sind gewiß nur vor einem historischen Hintergrund zu erklären, der lange vor 1933 ansetzt. Problemwahrnehmung und Frontstellungen wurden vielfach nicht durch die Auseinandersetzung mit dem Faschismus bestimmt, sondern wurzelten in davorliegenden Zeiten. Aber hätten sich nicht schon lange vor 1933 an Wagner politische Fronten bilden müssen? Daß Bayreuth eine Hochburg des völkischen Nationalismus, ein Allerheiligstes des aufsteigenden Nationalsozialismus war, war längst bekannt.[132] Die am Ende des »Wagner-Jahrs« 1983 in einer Sendung des Hessischen Rundfunks von Adelheid Coy vertretene These, »daß die Diskussion um Wagner nie unpolitisch gewesen ist, es auch gar nicht sein kann«, erscheint plausibel. Aber war die Diskussion um Wagner vielleicht dennoch unpolitisch?

Eine gründliche Geschichte der Wagner-Rezeption und der Kämpfe um Wagner ist noch nicht geschrieben. Es gibt zwar mittlerweile eine Reihe von Dokumentationen; aber über den jeweiligen Kontext und Hintergrund des dort gebotenen Materials ist noch viel zu klären.[133] Immerhin wird rasch deutlich, daß aus der Bayreuther Position keineswegs zu folgern ist, die Gegenseite sei durchweg demokratisch, international und »links« ausgerichtet gewesen. Schon der Umstand, daß das Antiwagnerianertum seit dem Ende des 19. Jahrhunderts mit Vorliebe Nietzsche-Motive aufgriff, läßt erkennen, daß es im Fall Wagner markante Divergenzen gerade innerhalb der neukonservativen Strömungen wie auch später in der NSDAP gab.[134] Härte, Selbstzucht, Disziplin waren Ideale des sich im Gefolge Nietzsches, der Jugendbewegung und schließlich des Weltkrieges formierenden Rechtsradikalismus; die Sphäre Wagners konnte als das Gegenreich dazu empfunden werden. Dabei lassen die stereotypen Grundmotive eines Großteils der Wagner-Ablehnung – die Entrüstung über das Dekadente, Schwülvibrierende, die »geile Erotik« der Wagner-Musik, die »Hysterie« der Wagnerschen Frauengestalten, die Wagnersche Skrupellosigkeit bei der Verwendung von Sagen und Mythen, die Unklarheit seiner Beziehung zum Christentum – trotz der Berufung auf Nietzsche manche spießige Enge erkennen, die Blochs Wut auf die »kleinsüchtigen, blicklosen Schufte«, die an Wagner moralästhetisch herummäkelten[135], zumindest teilweise verständlich macht. Selbst in Ossietzkys Artikel von 1933, wo Wagner als der »genialste Verführer, den Deutschland gekannt hat«, vorkommt – zwischen den Zeilen eine Abwertung Hitlers? –, tendiert die Kritik an Wagner stark zum Ästhetisch-Moralischen bis hin zu Schlenkern über die »Klingsor-Girls«, das »tingeltangelhafte Nuttenballett der Blumenmädchen«[135a].

Und die Wagner-Anhänger selbst? Sie zerfielen seit langem in höchst unterschiedliche Richtungen; seibst vielen glühenden Wagnerianern war der Kreis der Jünger, der sich um Haus Wahnfried und die »Bayreuther Blätter« scharte, ein Greuel.[136] Daß man Wagner vor den wagnerianischen Zeloten retten müsse, war schon zu Lebzeiten des »Meisters« eine gängige Meinung und erst recht in der Ära der Epigonen und der »Parsifalschutzbewegung«, die Wagners letztes »Bühnenweihfestspiel« auf ewig für Bayreuth reservieren wollte. »Mit Wagner gegen Bayreuth«: Auch das war 1933 schon eine alte Parole.

Es gab eine Dialektik von Wagner- und Antiwagnerianertum. Manche Waffen der Antiwagnerianer stammten von Wagner selbst: Schon Gustav Freytag hatte darauf hingewiesen, wie gut manche Merkmale des Wagnerschen »Judentums« auf Wagners eigene Musik paßten.[137] Immer neu wurde mit Staunen und Spott bemerkt, wie stark gerade die Juden unter den Wagner-Anhängern vertreten waren; das ging so weit, daß »Siegfried« zu einem typisch jüdischen Vornamen wurde.[138] Wer Wagners Antisemitismus nicht ernst nehmen wollte, fand immer leicht eine witzige Begründung dafür. Im übrigen bereiteten die Antiwagnerianer den Boden für neue Arten der Wagner-Faszination. Wenn Nietzsche bemerkte, daß »Paris der eigentliche Boden für Wagner sei« (»Wohin Wagner gehört«)[138a], so war das nicht unbedingt ein Argument *gegen* Wagner. Der dekadente Wagner wurde zum Abgott des Wagnerianertums im französischen Fin de siècle; Thomas Manns Wagner-Sucht stand in dieser Tradition.[139] Wagners Erotik, zunächst eine eher verborgene, von den Antiwagnerianern denunzierte Attraktion seiner Musikdramen, konnte in einer Ära der sexuellen Emanzipation Element eines neuen Wagnerianertums werden. Im Gefolge Sigmund Freuds rühmt Adorno an Wagner, daß, wenn auch »die Erfahrung der Lust als Krankheit« sein gesamtes Werk durchdringe, die Libido doch nicht verdrängt werde: »daß Wagner, allen deutschtümelnden Idealen zum Trotz, von der Atmosphäre des muffig Ehrbaren sich durchweg freihält, hat er einer unverschandelten Anschauung vom Sexus zu verdanken...«[140] Nicht zuletzt dadurch bewahrt das Werk Wagners für Adorno ein Stück befreiender, Verdrängtes aufarbeitender Kraft. Wagners »musikalische Nachschöpfung erotischer Ekstase« in *Tristan und Isolde* verkörpert für den Historiker Hobsbawm den »Realismus« der Wagnerschen Klangwelt.[141]

Daß Nietzsche der bedeutendste Gegner Wagners war und blieb – aber einer, der sich zeitlebens nur mühsam von Wagners Bann befreite und erregender als die meisten Wagnerianer die Magie der Wagnerschen Musik zu schildern wußte –, konnte zu einer Zeit, da der Verfasser des »Zarathustra« zum Idol militant-völkischer Gruppen geworden war, auch zu einem Argument *für* Wagner werden. Gegenüber einem vulgarisierten Nietzsche, dessen Lehre in Kernsprüchen wie »gelobt sei, was uns hart macht« auf Stammtischniveau gelangte, wirkte die Wagnersphäre wie eine Zuflucht, ein Reich der Zartheit, der Liebe und des Mitleids. »Wagner oder Nietzsche«: so stellte sich noch im Exilschrifttum häufig die Alternative. Die einst von Thomas Mann und Julius Bab gestellte Alternative »Wagner oder Goethe« trat zurück[142]; Thomas Mann selber suchte im Exil eine Brücke von Goethe zu Wagner zu schlagen (während der NS-Ideologe Alfred Rosenberg bisweilen auf die Front »mit Goethe gegen Wagner« schwenkte!).[143] Gewiß sprach Mann auch von der Nähe Wagners zu Hitler, mehr sogar als viele andere Wagner-Verehrer; aber als er dann jenen Roman schrieb, der das deutsche Verhängnis in einem Musikerschicksal verkörperte – nirgends hätte sich Wagnerianisches besser als Vorlage angeboten als bei »Doktor Faustus«! –, wählte er nicht den Komponisten, den die Dresdner einst »Dr. Richard Faust« nannten[144], als Inspirationsquelle, sondern das Leben Nietzsches und – mit Adornos Hilfe – die Musik des Mitemigranten Schönberg, der diese Verwendung seiner Kompositionsmethode in einem offenen Brief als »Piraterie« und »Verbrechen« brandmarkte.[145]

Adorno selbst gestand der »grandiosen Schwäche Wagners«, wenn auch mit Vorsicht, am Ende jenes »kritische Bewußtsein« zu, das diese über das »Nietzschesche Desiderat der Gesundheit« erhob.[146] Andere begaben sich energischer in die Frontstellung »mit Wagner gegen Nietzsche«; der Wagner-Biograph Newman stellte die rhetorische Frage: »Hätten fünfzig Wagners die Nation in eine schlimmere Katastrophe treiben können, als der eine Nietzsche es getan hat?« Walter Kaufmann, der bekannteste Nietzsche-Forscher unter den Emigranten, replizierte mit gleicher Münze, indem er behauptete, Hitler sei »mit Wagner bestimmt fünfzigmal besser vertraut als mit Nietzsche« gewesen.[147] Wenn man sich an das Antisemitismus-Kriterium hielt, dann stand Nietzsche, der am liebsten »alle Antisemiten erschießen« lassen wollte, hoch über Wagner. Aber dieses Kriterium bestimmte die Wahl im allgemeinen nicht, und die Alternative »Wagner oder Nietzsche« blieb so oder so vertrackt genug.

Die Stellung zu Wagner war vor wie nach 1933 wesentlich von ästhetischen Gesichtspunkten geleitet. Es hatte wohl eine Zeit gegeben, in der die Parteinahme für und gegen Wagner stark von Wagners Antisemitismus bestimmt wurde: Das war vor allem die Zeit unmittelbar nach der – nun nicht mehr anonymen – Neuveröffentlichung von Wagners *Judentum in der Musik* (1869).[148] Aber das war lange her. In der Zeit vor 1933, als Antisemitismus allenthalben in der Luft lag, fiel der Wagnersche Antisemitismus nicht sonderlich auf; die Frage, ob Wagner nicht in einer entscheidenden Phase der Entstehung des modernen Antisemitismus zum Katalysator geworden war, war auf dem damaligen Stand der historischen Kenntnis schwer zu stellen.

Als innerer Kontext der Wagner-Rezeption vor 1933 läßt sich vor allem die Auseinandersetzung mit der »neuen Sachlichkeit«, allgemeiner auch mit dem, was Max Weber die »Entzauberung« der Welt nannte, erkennen[149]; diese Auseinandersetzung hat das Zeitbewußtsein tief geprägt. Auch der Aufstieg des Nazismus wurde von Zeitgenossen in diesem Rahmen erklärt: als eine Auflehnung gegen die übergroße Nüchternheit der Moderne.[150] Als Gegner des Nazismus konnte man daraus folgern, daß es nun gelte, das Panier der Rationalität erst recht hochzuhalten; man konnte aber auch zu dem Schluß kommen, daß die bisherige Art der Aufklärung und des Fortschritts zu wenig Gespür für die Seele, das Fühlen und Träumen entwickelt habe. Das war die emphatische Überzeugung Ernst Blochs, und in dieser Richtung bewegte sich auch das Denken der entstehenden »Frankfurter Schule«, die die Brücke von Marx zu Freud schlagen wollte. Von hier ergaben sich neuartige Zugänge zu Wagner. Daß man es nicht zulassen dürfe, daß Wagner von der völkischen Rechten vereinnahmt werde, war schon in den Jahren vor 1933 eine wiederholt zu hörende Mahnung; in mehreren Fällen handelte es sich bei den Mahnern um künftige Emigranten.[151]

Wenn Wagners Antisemitismus dabei überhaupt erwähnt wurde, so hieß es, daß man ihn nicht wichtig zu nehmen brauche.[152] Hier muß man bedenken, daß es zu jener Zeit eine ganze Wagner-Literatur von völkisch-nationalistischer Seite gab, die in breiter Ausführlichkeit und triumphierend den Antisemitismus und Arierkult des »Meisters« würdigte. In dieser Situation war Wagners Antisemitismus einfach kein Thema für NS-Gegner, und diese Frontstellung und Rollenverteilung wirkte fort bis in das Exil.

Wie sich Konstellationen in den Aufnahmeländern der Emigration auf das Verhältnis zu Wagner auswirkten, ist schwer zu übersehen; ein einheitliches Bild ist nicht anzunehmen. Wagners teutonische Züge waren schon um 1870 herum eine Zielscheibe der französischen Karikatur gewesen und waren nach 1933 im Westen gewiß keine Neuentdeckung, wenn auch Emil Ludwig in *Barbaren und Musiker* und Viereck in *Hitler und Richard Wagner* diesen Eindruck erweckten. Schon der berühmte britische Ökonom J. M. Keynes hatte nach dem Ersten Weltkrieg die Vermutung geäußert, »daß kein einziger Mann soviel Verantwortung für den Krieg trägt wie Wagner«.[153] Die Wirkung der vierbändigen Wagner-Biographie Newmans, die die westliche Wagner-

Publizistik auf eine neue Grundlage stellte, war zwiespältig: Newman erklärte Wagners ideologische Eskapaden für »pseudointellektuelles Gefasel«, das ernsthafter Betrachtung nicht wert sei[154], lieferte aber gleichwohl Material genug über die erschreckenden Seiten des Komponisten[155].

Der schärfste mir bekannte Anti-Wagner-Ausbruch ist in einer 1941 erschienenen Rezension des dritten Bandes dieser Biographie enthalten; der Autor, Carl Engel – kein Emigrant, aber 1883 in Paris geboren –, war der langjährige Redakteur des Musical Quarterly, also ein einflußreicher Mann der amerikanischen Musikpublizistik. Engel schrieb, Hitlers Ideen seien »im Prinzip« die Ideen Wagners, und steigerte sich zu dem Ausruf: »Verbannen und Verbrennen sollten wir jeden Fetzen (scrap) von Wagners Musik und Schriften und jedes Buch, das über den staunenerregenden Zauberer geschrieben ist.«[156] Es war ein sichtlicher Ausbruch von Kriegshysterie und ein Aufruf zur Bücherverbrennung, der deutsche Emigranten eher erschrecken mußte: Nur zu leicht konnte auch Exilliteratur auf Engels Scheiterhaufen fliegen. Die Nähe von Wagner und Hitler scheint zu jener Zeit in den USA eine gängige Meinung gewesen zu sein[157]; Klaus Mann bemerkt 1945, bei der Armeezeitung schreibe er zu »such familiar themes as the German Junkers, the City of Berlin, Wagner's influence on Nazi philosophy, and so forth«.[158]

Zugleich aber war Wagners Popularität im amerikanischen Musikleben auf dem Höhepunkt. Selbst Viereck mußte feststellen: »Wagners Opern sind die einzigen, die heutzutage in Amerika ein Massenpublikum anziehen.«[159] Der spätere US-Präsident Carter erinnerte sich, wie er in seiner Zeit bei der Marine nach dem harten Dienst den »Liebestod« aus dem *Tristan* vom Grammophon hörte, und wie sich dann jedes Mal eine Gruppe von Lauschenden um ihn sammelte.[160] Und um das Bild vollends zu verwirren: Im nationalsozialistischen Deutschland ging die Beliebtheit Wagners in einem Maße zurück wie nie zuvor seit Wagners Tod[161]; gelegentlich wurde dieser Popularitätsschwund hinter der Fassade des offiziellen Wagnerkultes auch im Exil bemerkt.[162] Der Berliner Kritiker Hans Heinz Stuckenschmidt stellte 1933 fest, die deutsche Jugend, »merkwürdigerweise auch die Hitler-Jugend«, stehe »Wagner ferner als je«.[163] Curt von Westernhagen bedauerte 1936, »daß Wagner von Nietzsche bei der Jugend verdrängt wird«.[164] Daß die Wirkung der Wagnerschen Musik ein internationales, kein spezifisch ›teutonisches‹ Phänomen war, war in den dreißiger Jahren so deutlich wie eh und je.

Natürlich wurde in der Exilliteratur mit besonderer Vorliebe der Wagner der frühen Pariser und Dresdner Zeit, der Freund und Verehrer Heinrich Heines, der von einer befreiten Menschheit träumende Utopist, der von Mitleid mit den Geknechteten erfüllte Revolutionär beschworen, zumal es hier manches zu entdecken oder wiederzuentdecken gab, was der späte Wagner und mehr noch Cosima und die konservativen Bayreuther unterschlagen oder heruntergespielt hatten.[165] Schon Thomas Mann hatte in seinem Vortrag von 1933 dieses Motiv angerührt: Wagner als Politiker sei »sein Leben lang mehr Sozialist und Kulturutopist im Sinne einer klassenlosen, vom Luxus und vom Fluche des Goldes befreiten, auf Liebe gegründeten Gesellschaft« geblieben. »Sein Herz war für die Armen, gegen die Reichen.«[166] Dieses Wagnerbild war nicht der ganze Wagner, aber es war nicht falsch: Das haben die Cosima-Tagebücher bestätigt.

Noch ein anderes Motiv der Wagner-Rezeption besaß die Autorität Thomas Manns: das Motiv »Wagner als Verkörperung des 19. Jahrhunderts«. »Novelist Regards Composer as Supreme Symbol of Nineteenth Century«, so berichtete die New York Times über einen Wagner-Vortrag des Schriftstellers.[167] »Wagner ist neunzehntes Jahrhundert durch und durch«, dieses Zitat konnte Julius Bab schon 1911 in seiner Absage an Wagner von Thomas Mann entnehmen.[168] Damals war das ein Versuch kühler Distanzierung; aber für die Emigranten nach 1933 hatte das 19. Jahrhundert ein ganz anderes Gesicht bekommen: Es war zu einem goldenen Zeitalter geworden, je bitterer das 20. Jahrhundert die Zukunftsträume der Jahrhundertwende enttäuschte. »Wagner als Gipfel des 19. Jahrhunderts«: Das bedeutete nunmehr, daß Wagner trotz allem doch eine Gegenwelt zum Faschismus verkörperte.

Zu alledem Wagner, der Emigrant: der sogar zweimalige Flüchtling, wobei seine Flucht vor den Gläubigern (1839) mindestens so bedeutungsvoll wurde wie seine Flucht vor der Gegenrevolution zehn Jahre später; der Emigrant, der unter seinem Flüchtlingsdasein litt und diesem Leiden in seinem Werk Ausdruck gab – der als Heimatloser seinen eigenen Kunststil fand, mit dem er dann (zumindest äußerlich) im Triumph in die Heimat zurückkehrte! Nicht nur seine Enkelin Friedelind empfand eine spezifische Emigranten-Verbundenheit mit Wagner und eine Erhöhung des Flüchtlingsdaseins durch das Wagnersche Vorbild. Von dem Emigranten und siegreichen Heimkehrer Wagner ließ sich der Historiker Hallgarten zu einer Faschismus-Deutung inspirieren (s. o.), die ihn von seiner ökonomischen Geschichtsinterpretation abführte.

Thomas Mann hatte schon früher geglaubt, »das große geistige Erlebnis« seines Lebens habe Wagner in der »Einsamkeit seines Schweizer Exils« erfahren[169]; durch sein eigenes Schweizer Exil schien er dem Komponisten ähnlicher zu werden: dem Wagner von Tribschen, Paris, Venedig, der ohnehin anziehender war als der Wagner von Bayreuth. Adornos eigenes Emigrantenschicksal scheint durch, wenn er die »Erschütterung der ersten Emigrationswochen« bei Wagner nachvollzieht und seinen Aufschrei des Heimwehs zitiert: »oft blöke ich wie ein Kalb nach dem Stalle und nach dem Euter der nährenden Mutter...«[170] »Friedmund darf ich nicht heißen; Frohwalt möcht' ich wohl sein: doch Wehwalt muß ich mich nennen«: Wenn diese Antwort des flüchtigen Siegmund auf die Frage, wer er sei, einst für den Wagner-Kritiker Daniel Spitzer voll unfreiwilliger Komik war[171], so war sie für einen Emigranten, der selber womöglich anonym publizieren mußte und unter Identitätszweifeln litt, gar nicht zum Lachen. Adorno rühmte die »unbeschreibliche Emigranten-Musik« jener Passagen.[172] Die übliche Kritik an der Verschwendungssucht Wagners geißelte er als »verlogen«: Die Opernhäuser hätten sich an ihm reich verdient, während er im Exil »darben mußte«[173]: Man spürt die Solidarität von Emigrant zu Emigrant (die in der Realität des Exils freilich enge Grenzen hatte). Und in der Tat wird der Seelenzustand vieler Emigranten der ruhelosen Sehnsucht eines Wagner näher gewesen sein als die Stimmungslage des üblichen Bayreuther Publikums.

Schon rasch nach 1933 wurde unter den Exulanten die Parole »Kultur gegen Barbarei« beliebt: Der Nazismus wurde als Rückfall in eine Art von Kannibalismus interpretiert, das Exil als die Verkörperung der deutschen Kultur schlechthin. Diese Definition der Front war als einigende Parole wie geschaffen in der Zeit der »Volksfront«-Bemühungen; sie entsprach auch existentiellen Bedürfnissen vieler Emigranten, denn im Ausland waren sie nun einmal besonders als Experten für »deutsche Kultur« zu gebrauchen. Ein Richard Wagner war da schwer zu umgehen: Niemand konnte daran zweifeln, daß er ungemein charakteristisch für die neuere deutsche Kultur war.

Nun konnte man, wenn man mit Ernst an die Sache ging, gewiß nicht die ganze deutsche Kultur en bloc als »antifaschistisch« deklarieren. Statt dessen gab es die schon weit vor 1933 zurückreichende Vorstellung von den »zwei Deutschlands«: Variationen zum Thema »Weimar und Potsdam«.[174] Aber in welche Zone gehörte Bayreuth? Kaum einer brachte mehr Verwirrung in die Vorstellung von den »zwei Deutschlands« als Richard Wagner; in seiner Antwort auf Viereck, also am Fall Wagner gelangte Thomas Mann zu der Erklärung, die seine frühere Alternative »Wagner oder Goethe« zurücknahm: »Denn es gibt nur *ein* Deutschland, nicht zwei, nicht ein böses und ein gutes ...«[175] Zumindest der Kritik an der manichäisch-dualistischen Vorstellung wird der Historiker zustimmen; nicht nur die Wagner-, sodern auch die ausgiebige Max-Weber- und Meinecke-Rezeption unter den Emigranten wäre geeignet gewesen, zu dieser Einsicht zu führen.

Wenn sich aber selbst bei kritischen Wagner-Studien ein gewisses Desinteresse an dem Antisemitismus Wagners erkennen läßt, so mögen – neben dem Widerwillen, in das gleiche Horn zu stoßen wie die völkische Wagner-Literatur – noch weitere Motive hineingespielt haben. Viele, gerade politisch bewußte Exulanten wollten, auch wenn sie jüdischer Herkunft waren, doch nicht als jüdische Emigration, sondern als deutsches Exil gelten[176]; es erschien als politisch unklug, im Kampf gegen den Faschismus jüdische Interessen in den Vordergrund zu stellen. Das änderte sich teilweise, als sich die nationalsozialistische Vernichtungspolitik gegenüber den Juden abzuzeichnen begann; aber das Ausmaß des Furchtbaren wurde doch nur langsam begriffen, und noch länger dauerte es, dieses Unvorstellbare zu verarbeiten:[177] Ob es überhaupt geschehen ist, kann man bis heute bezweifeln. Insbesondere die Frage, wie sich in entscheidenden Schichten der deutschen Gesellschaft ein Konsens herausbilden konnte, der die nationalsozialistische Judenverfolgung zuließ, wenn nicht gar vorantrieb – während andere Richtungen der NS-Aktivität mit Erfolg gebremst wurden –, wurde kaum je in der nötigen Schärfe gestellt, sondern durch verbreitete Totalitarismus- und Faschismus-Theorien eher versperrt.

Gerade wenn man sich Mühe gab, Wagners Antisemitismus historisch zu verstehen und zu bewerten – und daß man Wagner aus dem 19. Jahrhundert heraus zu verstehen habe, war schon unter den Emigranten eine gängige Meinung –, wurde (und wird) das Urteil schwierig. Mehr noch als den Heutigen war es den Emigranten aus eigener Erfahrung geläufig, daß es zahlreiche Spielarten des Antisemitismus und der antijüdischen Vorbehalte gab: auch solche, die von der NSDAP weit entfernt erschienen, ja sogar Attitüden innerhalb des Judentums selbst; denn vielen von denen, die von den Nazis als »Juden« verfolgt wurden, machte die jüdische Tradition tatsächlich und nicht nur, wie den Antisemiten, in der Einbildung zu schaffen. Ähnelte nicht Wagners Antisemitismus jener jüdischen Aversion gegen Jüdisches, das auch ein Karl Marx oder Walter Rathenau empfinden konnten, zumal seit Nietzsche das Gerücht kursierte, daß Wagner selber jüdischer Herkunft sei?[178] War es nicht allzu deutlich, daß es bei Wagners antijüdischen Ausfällen letztlich um ganz anderes ging als um die Juden: daß es ein Haß auf die Herrschaft des Goldes und der geschäftigen Diesseitigkeit war, und auch ein Stück Wagnerscher Ekel vor sich selbst? War es nicht, politisch betrachtet, ein harmloser Typus von Antisemitismus, der in einer elitären Phantasiewelt aufgehoben und gegen die Niederungen des Radau-Antisemitismus hermetisch verschlossen war? Thomas Mann hatte in seinem Wagner-Vortrag von 1933 versichert, »dieser Nationalismus« sei »in einem Maße mit europäischer Artistik durchtränkt«, daß er »zu irgendwelcher Simplifizierung (...) im tiefsten untauglich« geworden sei.[179] Traf diese Logik zu?

Auch heute kann von einer abschließenden Antwort auf all diese Fragen keine Rede sein. Das läßt der Forschungsstand nicht zu: Allzu einseitig konzentriert sich die einschlägige Literatur auf die Person Wagners, anstatt ihn und seine Wirkungsgeschichte im Rahmen der Geschichte des Antisemitismus, der verschiedenen völkischen Bewegungen, aber auch der dazu konkurrierenden Strömungen zu erforschen. Manchmal werden den Wagner-Zitaten Hitler-Zitate und Berichte über Hitlers Wagner-Schwärmerei gegenübergestellt, aber auch eine solche Blütenlese – und das Material ist nicht allzu reichhaltig – bringt methodisch nicht viel weiter.[180]

Aber die Diskussion leidet vielfach nicht nur an einem Mangel breiter Kenntnisse der Ideologie- und Gesellschaftsgeschichte, sondern auch an einem Mangel an Kategorien und Erklärungsmodellen, die es gestatteten, den »Faktor Wagner« einzuordnen und zu bewerten. Relativ leicht ordnete sich eine Wagner-Kritik in konservative Geschichtsphilosophien ein: An Wagners Werdegang ließ sich gut demonstrieren, wie der Faschismus mit jenen revolutionären Traditionen zusammenhing, aus denen auch der Sozialismus hervorging.[181] In der berühmtesten marxistisch geprägten Faschismus-Deutung des Exils dagegen, in Franz Neumanns *Behemoth*, ist der »Kathedersozialist« Adolf Wagner ein weit gewichtigerer Ahnherr des Nazismus als der Komponist Richard Wagner. In philosophiegeschichtliche Werke über die Wurzeln des Faschismus paßte Wagner nicht hinein; denn seine Schriften besaßen kein philosophisches Niveau: Weder in Karl Löwiths *Von Hegel zu Nietzsche* noch in dessen marxistischem Pendant, in Lukács' *Zerstörung der Vernunft*, hat Wagner einen Ort. Auch in der üblichen Art der politischen Geschichtsschreibung war Wagner nicht unterzubringen.[182] Besser geeignet war das »Ideologie«-Konzept der Frankfurter Schule, das in tiefere Schichten der Gesellschaft reichte als die herkömmliche Ideenhistorie: Dieses Konzept ermöglichte das Wagner-Buch Adornos.

Treffender noch wäre vermutlich die Kategorie »Kultur«. Die völkischen *Ideen* Wagners kann man als verworren und wenig originell abtun; in der Begründung einer völkischen *Festkultur* war jedoch die Bedeutung Wagners ungeheuer. Ohne ihn hätte es leicht sein können, daß der Gefühlswert der germanischen Phantasmen nur den Bereich zwischen Dahns »Kampf um Rom« und Scheffels »Als die Römer frech geworden« besiedelt hätte; durch Wagner wurden sie etwas, das heilige Schauer auslöste, mochten auch, nüchtern besehen, die germanischen Götter im »Ring« nicht eben gut wegkommen. Aufschlußreich ist die Entwicklung des aus der Berliner Verlegerfamilie stammenden Historikers George L. Mosse: In *The Crisis of German Ideology* (1964) bagatellisierte er noch den Einfluß Wagners[183], während er in *The Nationalization of the Masses* (1975), das die Genese des NS-Stils aus der öffentlichen Festkultur des 19. Jahrhunderts behandelt, dem Thema breiten Raum gibt. Auch das durch aktuelle Erfahrungen verstärkte Interesse an Kultur- und Lebensreformbewegungen früherer Zeiten bietet einen neuen Zugang zu Wagners »Regenerationsschriften« und dem Wagnerianertum.[184] Man würde heute freilich nicht mehr auf die Idee kommen, daß Vegetariertum, Antivivisektionismus und Skepsis gegenüber der etablierten Medizin notwendig mit völkischen Phantasmen verschwistert seien, anders als einst Max Nordau, der in seiner Attacke gegen alles Wagnerische versicherte, man werde in neun von zehn Fällen nicht fehl gehen, wenn man »den nach Professorenblut lechzenden Frosch-Anwalt für einen Antisemiten hält«![185]

Am schlechtesten ist es mit Erklärungsmodellen bestellt, die es mit dem historischen Tiefgang der Musik selbst zu tun haben. Wenn man heute erlebt, wie ganze Generationen und »Szenen« durch bestimmte Musik geprägt werden, kann man an der sozialgeschichtlichen Dimension von Musik schwerlich zweifeln. In der Entwicklung der Musik zum »Massenmedium«, zur Darstellerin von Kollektivstimmungen, ist das Phänomen Wagner vermutlich epochal. Aber hier gerät man bislang in das Reich der Spekulation. An musikalische Stile heften sich kollektive Seelenzustände, Weltbilder, Lebensgefühle. Eine strikte Trennung zwischen der Wagnerschen Musik und der Bayreuther Ideenwelt erscheint abwegig, ob es nun darum geht, Wagner selbst oder die Wirkungsgeschichte seiner Musik zu verstehen. Das bedeutet nicht, daß die ideologisch-kulturelle Fracht von Musik über die Zeiten hinweg unbedingt die gleiche bleibt.

Um auf die historische Tragweite von Wagners Antisemitismus zurückzukommen: Da ist zunächst festzuhalten, daß viele der früher wie heute beliebten Arten, dieses Thema zu bagatellisieren, bei genauerer Analyse der Entstehungs- und Erfolgsbedingungen von Antisemitismus nicht überzeugen können. Gewiß ist »der Jude« für Wagner nur ein Motiv unter sehr vielen: Aber es ist ein bemerkenswert konstantes, ein wirkliches Leitmotiv in einer ansonsten verwirrenden Klangfülle, ein identitätsstiftendes Signal. Sicherlich ließ Wagner klar erkennen, daß der Kampf gegen das Jüdische für ihn nur etwas ganz Vorläufiges war – daß es dabei um unendlich viel mehr ging, um nichts Geringeres als um die Erlösung der Menschheit: Aber genau das war das Gefährliche dieser Judenfeindschaft und brachte die entscheidende Wende zum modernen Antisemitismus, daß die Lösung der »Judenfrage« als Schlüssel für die Lösung gesellschaftlicher Grundfragen ausgegeben wurde.[186] Gewiß, Wagner stand zu einer Reihe von Juden in einem engen und freundschaftlichen Verhältnis und machte nie einen Hehl daraus: Aber um so weniger konnte sein Antisemitismus auf Unkenntnis und blindes Vorurteil zurückgeführt werden – noch Hitler legte Wert darauf, seinen eigenen Antisemitismus gegen einen solchen Vorwurf abzusichern.[187] Wagner stand in Distanz zu dem Verbands- und Radau-Antisemitismus: Aber das war ohnehin ein Antisemitismus ohne Zukunft und ohne integrative Kraft, mochte er auch seinerzeit spektakulärer und gefährlicher wirken als der gebildete Antisemitismus. Wagners Judengegnerschaft gab sich nicht als polterndes Spießer-Ressentiment, sondern konnte heiter und beschwingt sein, war Begleitmotiv einer Welterlösung durch Liebe: Aber so schien der Antisemitismus weit über den bloßen Katzenjammer-Reflex erhoben zu werden – er wurde etwas, zu dem man öffentlich stehen und dessen man sich in guter Gesellschaft nicht zu schämen brauchte. Wagners Antisemitismus war mit disparaten Motiven verquickt; er war nicht konsequent rassistisch begründet[188], sondern sowohl mit antikapitalistischen als auch mit christlichen Vorstellungen versetzt: Aber eben dadurch konnte er auf das lange höchst zersplitterte völkische Lager integrierend wirken – der Widerspruch zwischen Christentum und Rassismus, zwischen Bürgerlichkeit und Haß auf das Kapital hätte an und für sich eine unüberbrückbare Kraft schaffen müssen.

Nicht ganz ohne Grund hatte Wagner 1869 bei der Neuherausgabe des *Judentums* das Bewußtsein, einen Bann zu brechen und etwas auszusprechen, was viele andere ähnlich empfänden, aber zu offenbaren sich genierten. »So platze ich einmal los«, schrieb er an Liszt[189], ähnlich wie der Wagnersche Siegfried singt: »So schwatz ich denn los«, als er die Sprache der Vögel nachzuahmen sucht – und sie doch nicht trifft. Es gab einen unartikulierten Antisemitismus bereits in der Revolution von 1848[190], und es gab eine private antijüdische Aversion bei nicht wenigen bedeutenden Geistern, die üblicherweise nicht mit dem Antisemitismus in Verbindung gebracht werden. Etwas offen aussprechen, kann etwas diskutierbar und überwindbar machen: Aber dieser sich in der Vieldeutigkeit der Musik auflösende Antisemitismus war argumentativ nicht zu fassen. Der Fall Wagner konnte nicht die bereinigende Wirkung haben wie etwa die Affäre Dreyfus in Frankreich.

Bei alledem geht es nicht um die Frage der »Schuld« Wagners, sondern um Wirkungszusammenhänge, die für Wagner und seine Zeitgenossen höchstens ansatzweise zu überblicken waren. In Wagners antijüdischen Ausfällen war offenbar weniger Kalkül, als manchmal angenommen wurde: Wagner glaubte sich wirklich von jüdischen Machenschaften verfolgt.[191] Den wichtigsten Mittelsmann zwischen sich und dem Nationalsozialismus, Houston Stewart Chamberlain, hat er nicht mehr gekannt; aber von dem völkisch-antisemitischen Gedankengut, das von Bayreuth aus verbreitet wurde, geht doch mehr auf Wagner selbst (und nicht auf Cosima) zurück, als manche Wagner-Verehrer angenommen haben. Die unter den Emigranten so beliebte Meinung, daß der nationalsozialistische Wagnerkult die Wagnerschen Intentionen von Grund auf verfälsche, ist schwerlich zu halten.

Wenn man freilich in Betracht zieht, was in der Rezeptionsgeschichte von Kunstwerken alles an Wechselfällen möglich ist, wird man nicht auf die Idee kommen, daß jegliche Wagner-Rezeption mit Gesetzmäßigkeit zu einem Vehikel für Faschismus werden müsse. Es versteht sich ohnehin von selbst, daß Wagner von einer Generation, die mit den »Rolling Stones« aufgewachsen ist, ganz anders gehört wird als von jenen Generationen, deren Musikalität sich an Mozart und Mendelssohn entwickelt hatte. In der Zeit des Exils war noch manches von der alten Wagner-Rezeption lebendig; heute dürfte die Wagner-Musik von vielen Hörern weder als besonders laut noch als besonders erotisch empfunden werden.

Aus dieser Untersuchung geht hervor, daß der Bayreuther Neuanfang nach 1950 auf einen breiten Strom nichtantifaschistischer Wagnerrezeption zurückgreifen konnte; Bloch war kein bloßer Einzelfall, kein bloßes Deckblatt. Die Exil-Tradition des »neuen Bayreuth« ist freilich kein Beweis für »Antifaschismus« oder für Immunität gegen Faschismus: Die Geschichte des Exils ist ein Stück deutscher Geschichte, das auch an den Schattenseiten der politischen Kultur Deutschlands reichlichen Anteil hat. Was neuerliche Wagner-Wellen zu bedeuten haben: diese vielleicht wichtigste, aber auch undurchsichtigste Frage muß am Ende offen bleiben — ein Aufsatz über die

Wirkung Wagners kann mit keinem harmonisch-festen Finale schließen. Wenn man aber typische Attitüden der Gegenwart besieht: jenes Wagnerianertum, das so tut, als sei nichts gewesen; jenes Antiwagnerianertum, das so tut, als habe Wagner Auschwitz vorhersehen müssen, und schließlich auch das von Leidenschaften ganz unberührte Geldverdienen an Wagner, dann kann man nicht ohne Respekt und Sympathie auf jene leidenschaftliche Haßliebe zurückblicken, die das Verhältnis nicht weniger Emigranten zu Wagner prägte.

1 »Die Zeit« vom 7.8.1964, S. 10; abgedruckt bei Herbert Barth (Hg.): *Der Festspielhügel. Richard Wagners Werk in Bayreuth 1876–1976.* München 1976, S. 195. Ähnlich äußerte sich H. Mayer schon 1953, damals mit einem Seitenhieb auf Adorno: H. Mayer: »Richard Wagners geistige Entwicklung«. In: Dietrich Mack (Hg.): *R. Wagner. Das Betroffensein der Nachwelt – Beiträge zur Wirkungsgeschichte.* Darmstadt 1984, S. 190. — 2 Hans-Jürgen Syberberg: *Hitler, ein Film aus Deutschland.* Reinbek 1978, S. 162. — 3 »Profil« Nr. 83, S. 73 (Sigrid Löffler: »Herrlich irrational«). — 4 Hartmut Zelinsky: *R. Wagner – ein deutsches Thema. Eine Dokumentation zur Wirkungsgeschichte R. Wagners 1876–1976.* Frankfurt/M. 1976. — 5 »Der Spiegel« vom 19.7.1982, S. 137; in ausführlicher Form schon 1981: Hartmut Zelinsky: »Die ›feuerkur‹ des R. Wagner oder die ›neue religion‹ der ›Erlösung‹ durch ›Vernichtung‹«. In: *R. Wagner – Wie antisemitisch darf ein Künstler sein?* München ²1981 (= Musik-Konzepte 5), S. 79–112. Kontroverse Beiträge dazu in: Attila Csampai u. a. (Hg.): *R. Wagner, Parsifal. Texte, Materialien, Kommentare.* Reinbek 1984. — 6 In: *Wie antisemitisch ...* S. 67 und 73. Zu der Kontroverse vgl. außer der in der vorigen Anm. genannten Literatur noch die Auseinandersetzung in der »Süddeutschen Zeitung«: 24./25.7.1982 (Zelinsky), 27.7.1982 (Joachim Kaiser), 29.7.1982 (Heinz-Josef Herbort), 14./15.8.1982 (Dieter Schnebel), 27.8.1982 (Carl Dahlhaus) u. a. Dieter Borchmeyer: »Wie antisemitisch sind Wagners Musikdramen?« In: *Programmhefte der Bayreuther Festspiele 1983 I* (»*Meistersinger*«), S. 39ff. Ders.: *Richard Wagner und der Antisemitismus.* Freiburg 1984; Philippe Hemsen: »Wagner et le nazisme« (Erwiderung auf André Neher). In: »Richard Wagner Blätter.« 1–2 (1985), S. 80–87. — 7 In: »Bunte Illustrierte« vom 19.8.1982. — 8 In: *Wie antisemitisch ...* S. 80, 97. — 9 »Der Spiegel« vom 19.7.1982, S. 137; vgl. dazu die Leserbriefe im »Spiegel« vom 2.8.1982! — 10 André Glucksmann: *Les Maitres penseurs.* Paris 1977, S. 283ff.; Günter Schiwy: *Kulturrevolution und ›Neue Philosophen‹.* Reinbek 1978, S. 35ff. — 11 »Süddeutsche Zeitung« vom 18./19.9.1982. — 12 »Der Aufbau« vom 24.12.1943. — 13 Wieland Wagner (Hg.): *R. Wagner und das neue Bayreuth.* München 1962, S. 16f. — 14 In: »Anbruch: Österreich. Zeitschr. für Musik«. Jg. 11, Wien 1929, S. 4–10; leicht veränderte Neufassung unter dem Titel »Rettung Wagners durch surrealistische Kolportage«. In: Mack (Hg.): *Wagner*, S. 93–101. — 15 Joachim Kaiser, in: Barth (Hg.): *Festspielhügel*, S. 207; Zelinsky: *Wagner*, S. 282; Berndt W. Wessling (Hg.): *Bayreuth im Dritten Reich. Richard Wagners politische Erben – Eine Dokumentation.* Weinheim 1983, S. 313 f. — 16 Wessling: *Bayreuth*, S. 314. — 17 Zu dieser Problematik: Joachim Radkau: *Die deutsche Emigration in den USA.* Düsseldorf 1971, S. 17ff. Michael Winkler: »Exilliteratur – als Teil der deutschen Literaturgeschichte betrachtet. Thesen zur Forschung«. In: *Exilforschung. Ein internat. Jahrbuch*, Bd. I, München 1983, S. 359–366. — 18 In: Mack: *Wagner*, S. 168. — 19 Thomas Mann: *Leiden und Größe der Meister.* Frankfurt/M. 1982

(= Ges. Werke. Hg.: Peter de Mendelssohn), S. 779. — **20** »Pariser Tageszeitung« Nr. 692 vom 22./23. 5. 1938; »Neuer Vorwärts« Nr. 270 vom 21. 8. 1938, Beilage. — **21** »Die Zeit« vom 9. 10. 1964, S. 23. — **22** Joseph Wulf: *Musik im Dritten Reich*. Gütersloh 1963; Fred K. Prieberg: *Musik im NS-Staat*. Frankfurt/M. 1982; Hanns-Werner Heister / Hans-Günter Klein (Hg.): *Musik und Musikpolitik im faschistischen Deutschland*. Frankfurt/M. 1984. — **23** Vgl. Adornos Rezension des 4. Bandes von Newmans »Life of Richard Wagner«. In: »Kenyon Review«. Vol. 9 (1947) S. 155–162. — **24** Vgl. Paul Egon Hübinger: *Thomas Mann, die Universität Bonn und die Zeitgeschichte*. München 1974, S. 126 ff. (Dem »Protest« lag nicht der authentische Text von Manns Vortrag, sondern nur ein Zeitungsbericht über den Vortrag in Amsterdam zugrunde.) — **25** Ebd., S. 461 f. — **26** Peter Viereck: *Conservatism Revisited. The Revolt Against Revolt, 1815–1949*. New York/London 1949; Robert Ingrim: *Amerika findet sich wieder*. München 1958, S. 83; Vierecks Lebensdaten sind im *Who's Who in America* enthalten. — **27** In: *Wie antisemitisch* ... S. 16. — **28** Vgl. die *Tagebücher Thomas Manns* (1937–39; hg. von P. de Mendelssohn, Frankfurt/M. 1980) vom 24. 10. bis zum 10. 11. 1939. — **29** In: *Wie antisemitisch* ... S. 28, 30, 32. — **30** 6. 12. 1949; Zelinsky: *Wagner*, S. 240 f. bringt auch einen Auszug aus dem Buch (E. Preetorius: *Wagner – Bild und Vision*, 1942), auf das sich Th. Manns Brief bezieht. Ähnliches enthielt bereits Manns Essay »Bruder Hitler« von 1939; »Wagnerisch, auf der Stufe der Verhunzung« sei das Phänomen Hitlers; Hitlers Wagner-Verehrung sei »gut begründet«, »wenn auch wieder ein bißchen unerlaubt«. – **31** Vgl. Erwin Koppen: »Vom Décadent zum Proto-Hitler: Wagner-Bilder Thomas Manns«. In: Peter Pütz (Hg.): *Thomas Mann und die Tradition*, S. 201–224; Klaus-Uwe Fischer: »Von Wagner zu Hitler«. In: *Wie antisemitisch* ... S. 34; Jacob Katz: *Richard Wagner – Vorbote des Antisemitismus*. Königstein/Ts. 1985, S. 204. — **32** *Briefe II*. Frankfurt/M. 1963, S. 239 (vom 18. 2. 1942 an Agnes E. Meyer). — **33** vom 14. 9. 1911 an Julius Barth, zit. n. Thomas Koebner: »Richard Wagner und der deutsche Nationalismus – ein Versuch«. In: *Jahresbericht des Präsidenten der Universität Bayreuth 1983*, S. 114. — **34** *Tagebücher*, 13. 2. 1935, zu J. E. de Sinoja: *Der Antisemitismus in der Musik*, 1933. — **35** Vgl. Mack: *Wagner*, S. 52 ff.; im Vorwort (S. 7) rechnet Mack sogar – reichlich übertreibend – Manns Artikel zu den »Aufrufen zur Feindschaft gegen Wagner«. — **36** Ebd. S. 53, 54; »Th. Mann, Polit. Schriften und Reden I«. (= *Das essayist. Werk*. Hg. H. Bürgin). Frankfurt/M. 1968, S. 59, 80. — **37** Th. Mann: *Leiden*, S. 726. — **38** Ebd., S. 721; ähnlich S. 802. — **39** Erich Heller: *Thomas Mann. Der ironische Deutsche*. Frankfurt/M. 1959, S. 179. — **40** *Briefe II*, S. 171 (25. 12. 1940 an Agnes E. Meyer). — **41** Klaus Mann: *Der Wendepunkt*. Frankfurt/M. 1952, S. 324. — **42** Hörprotokoll der SWF-Sendung »Notenschlüssel«, Sept. 1982 (Mskr. im Besitz von H. Zelinsky). — **43** Radkau: *Emigration in den USA*, S. 223 ff. — **44** Erich Kahler: *Man the Measure. A New Approach to History*. New York 1943, S. 580. — **45** Ebd., S. 587. — **46** Ebd., S. 589 f. — **47** Ebd., S. 587 f. Vgl. auch Th. Manns Würdigung Kahlers zu dessen 60. Geburtstag, wo er Kahlers Deutschland-Bild zu den »oft groteske(n) Formen« des Emigranten-Patriotismus kontrastiert: »Polit. Schriften und Reden III«. (= *Das essayist. Werk*. Hg.: H. Bürgin), Frankfurt/M. 1968, S. 291 ff. — **48** Hermann Kesten: *Deutsche Literatur im Exil*. Wien 1964, S. 343 f. — **49** Ferdinand Lion: *Romantik als deutsches Schicksal*. Stuttgart 1947, Neuausg. 1963, S. 106. — **50** Einen Überblick über die ersten, etwas verwirrten deutschen Reaktionen auf Adornos Buch brachte »Der Spiegel« vom 22. 7. 1953, S. 27 ff. unter der Schlagzeile: »Oho! Trallalei! Ohe!« — **51** »Die Zeit« vom 9. 10. 1964, S. 23. — **52** Brecht: *Arbeitsjournal*, 18. 1. 1942. Walter Benjamin übrigens fand es bemerkenswert, daß Adorno »fast ohne psychologische Vermittlung« auskomme: Ders., *Briefe*. Hg. von G. Scholem / Th. W. Adorno. Frankfurt/M. 1966, S. 741. — **53** Adorno: *Versuch über Wagner*. München 1964, S. 20, 21. — **54** Tibor Kneif: *Musiksoziologie*. Köln ²1975, S. 95. — **55** In: Mack: *Wagner*, S. 274. — **56** Max Horkheimer: »Die Juden und Europa«. In: »Zeitschr. f. Sozialforschung«. 8 (1939) H. 1–2, S. 115–137. — **57** Vgl. Adorno über Schallplatten-Bestseller der klassischen Musik, »Der Spiegel« vom 11. 11. 1968, S. 200. — **58** Johannes Jacobi in »Die Zeit« vom 14. 8. 1964, S. 9; vgl. auch Anm. 15. — **59** Ludwig Marcuse: *Mein Zwanzigstes Jahrhundert*. Frankfurt/M. 1968, S. 184. — **60** Ebd., S. 155. — **61** Ebd., S. 200 f. – **62** In: Zelinsky: *Wagner*, S. 121; in der damaligen Situation war das auch als Stellungnahme gegen die Parsifalschutzbewegung zu verstehen. Wichtig zum Verständnis der Exilposition Stefan Zweigs, gerade auch im Bereich der Musik, ist sein Briefwechsel mit Richard Strauss, mit dem er auch nach 1933 noch zusammenarbeitete. Hg.: Willi Schuh. Frankfurt/M. 1957; vgl. dazu Prieberg: *Musik im NS-Staat*, S. 205 ff. und Stefan Kohler in »Neue Zeitschr. f. Musik«. (1983) H. 1. — **63** Marcuse: *20. Jh.*, S. 202. — **64** Klaus-Uwe Fischer in: *Wie antisemitisch* ..., S. 34 ff. — **65** Harold v. Hofe (Hg.): *Briefe von und an Ludwig Marcuse*. Zürich 1975, S. 24 ff. (12. 4. 1937). — **66** »Pariser Tageszeitung« Nr. 692 vom 22./23. 5. 1938; einen etwas fragwürdigen Übereifer zeigt auch Marcuses Artikel über Cola di Rienzo, den Helden der ersten großen Wagner-Oper, im »Neuen Tagebuch« vom

24.10.1936 (Jg. 4, H. 43, S. 1021 ff.), wo er auch noch den mittelalterlichen römischen Volkstribunen zum Vorläufer und Geistesverwandten des NS-Führers macht! — **67** In: Mack: *Wagner*, S. 55, 60. — **68** In: Wessling: *Bayreuth*, S. 128 ff. — **69** Lore B. Foltin: *Franz Werfel.* Stuttgart 1972, S. 53, 57. — **70** Radkau: *Emigration in den USA*, S. 282; Brecht: *Arbeitsjournal*, 30. 9.1943. — **71** Ludwig war schon seit 1906 in der Schweiz ansässig; er schrieb aber öfters Beiträge für Exilzeitschriften und wird im allgemeinen zum Exil gerechnet. — **72** Berlin 1913; Auszug in Zelinsky: *Wagner*, S. 125 ff. — **73** E. Ludwig: *Barbares et Musiciens. Les allemands tels qu'ils sont.* Paris 1940, S. 33: »Car tous ces dieux trompeurs, ces héros perfides, ces demi-vierges aux rêves immoraux, ces ondines et ces cavaliers caractérisent la puissance mondiale allemande et le désir d'y parvenir.« — **74** Ebd., S. 31 erwähnt er Wagners Widerwillen gegen das Bismarckreich, um die reichsdeutsche Kulturlosigkeit zu unterstreichen. — **75** »Die Zone«. Paris/Wien (1933) H. 1 und 2. — **76** Hans Rothe: »Neue Seite, Lauf bei Nürnberg 1947«. Zit. n. Zelinsky: *Wagner*, S. 247. — **77** Katz: *Wagner* (s. Anm. 31), S. 207. — **78** Zu der neuerlichen Kontroverse in Israel über die Wiederzulassung Wagners vgl. *Who is Afraid of Richard Wagner. Aspects of a Controversial Personality.* Jerusalem 1984; dazu Katz: *Wagner*, S. 212 f.; »Der Spiegel« vom 26.10.1981, S. 238–240, über Tumulte nach einer ersten Wagner-Aufführung. — **79** Das Zitat stammt von Kurt Blumenfeld, einer führenden Gestalt des deutschen Zionismus, der in dem Zusammenhang – noch 1960 – darüber klagt, niemand in Israel wolle solche mit zu dem nationalen Herzl-Mythos passenden Dinge hören: K. Blumenfeld: *Im Kampf um den Zionismus. Briefe aus fünf Jahrzehnten.* Hg.: Sambursky/Ginat. Stuttgart 1976, S. 289 f. — **80** Zit. n. Zelinsky: *Wagner*, S. 77 ff. — **81** »Orient« III, Nr. 17 vom 24. 7. 1942; Neudruck Hildesheim 1982 (= *Exilliteratur.* Hg.: H.-A. Walter / W. Berthold. Bd. 14). — **82** Lieselotte Maas, »Jüdische Exilpresse«. In: »Neue deutsche Hefte«. Jg. 25 (1978) H. 2, S. 320 ff. — **83** Radkau: *Emigration in den USA*, S. 128 ff. — **84** »Der Aufbau« vom 8. 3. 1940, S. 9 (Egon Benisch). — **85** Klaus Mann: *Vergittertes Fenster.* Amsterdam 1937. — **86** St. Zweig an K. Mann, 6.12.1937. In: *Klaus Mann – Briefe und Antworten.* Hg.: M. Gregor-Dellin. II. München 1975, S. 17. — **87** Annette Kolb: *König Ludwig II. von Bayern und R. Wagner.* Amsterdam 1947, S. 5 f. — **88** Richard Lemp: *Annette Kolb. Leben und Werk einer Europäerin.* Mainz 1970, S. 29. — **89** Kolb: *Ludwig II.*, S. 60 f. Wagners Briefwechsel mit Judith Gauthier war 1936 veröffentlicht worden (Zürich/Leipzig; hg. v. W. Schuh). — **90** Ebd., S. 73. — **91** Alfred Einstein: *Die Romantik in der Musik*, Wien 1950 (urspr. Cambridge, Mass. 1947), S. 276. — **92** Ebd., S. 268, 269, 289. — **93** Willi Reich: *R. Wagner. Leben, Fühlen, Schaffen.* Olten 1948. — **94** Hans Gal: *R.Wagner – Versuch einer Würdigung.* Frankfurt/M. 1963, Ausgabe 1982. — **95** Arnold Hauser: *Sozialgeschichte der Kunst und Literatur.* München 1953, S. 861; das Werk, das rasch international Beachtung fand, ist im englischen Exil entstanden. — **96** Erich Ebermayer: *Magisches Bayreuth. Legende und Wirklichkeit.* Stuttgart 1951, S. 216 ff. Er betont die persönlichen Motive der Emigration Friedelind Wagners und nimmt ihre Bemühungen um die Ehrenrettung ihres Großvaters nicht ganz ernst, meint aber, sie habe »dazu beigetragen, das einseitige Bild von Bayreuth zu schaffen, mit dem die Amerikaner nach dem Sieg nach Deutschland kommen werden« (S. 218). — **97** Friedelind Wagner: *Nacht über Bayreuth. Die Geschichte der Enkelin R. Wagners.* Bern. o. Z. (engl.) Erstausg. 1948), S. 7 f. und 336; daß »auch Siegfried Wagner« zu ihm gestanden habe in der Zeit, wo es ihm »am schlechtesten gegangen sei«, bemerkte Hitler selber: W. Jochmann (Hg.): *A. Hitler – Monologe im Führerhauptquartier 1941–1944.* München 1982, S. 224 (24./25. 1. 1942). Erst nach der Drucklegung des Manuskriptes fand ich Gelegenheit zu einem Gespräch mit Friedelind Wagner (Luzern). Sie betonte, sie habe sich nach ihrer Emigration aus Deutschland nicht als Exulantin empfunden und keine Kontakte zu Exilgruppen gepflegt; Exilaktivitäten empfand sie als typisch für eine ältere, rückwärtsgewandte Generation. Sie habe im westlichen Ausland sehr viele Bekannte gehabt und sei schon von daher nicht auf Kontakte zu Mitemigranten angewiesen gewesen. Ab 1942 habe sie Vortragsreisen durch die USA und Kanada unternommen, auch über die Voice of America gesprochen. Sie könne sich an zahlreiche Diskussionen erinnern, aber in keiner Weise an etwaige heftige Reaktionen, die auf NS-Affinitäten Wagners verwiesen hätten. Aus ihrer Sicht gab es in den USA von damals bis heute – sehr im Unterschied zu Deutschland – einen permanenten Wagner-Boom. — **98** Hans-Albert Walter: *Deutsche Exilliteratur 1933–1950.* Bd. 4: »Exilpresse« Stuttgart 1978, S. 302, 337. — **99** Zit. n. Zelinsky: *Wagner*, S. 237. — **100** Hans Mayer: *Ein Deutscher auf Widerruf. Erinnerungen.* Frankfurt/M. 1982, S. 106, wo er auch erwähnt, Bloch habe Wagner zu den »realistischen Aufklärern« gerechnet, also jenem kulturellen Erbe, das auch für die sozialistische Kunst und Literatur vorbildlich sein sollte. — **101** George G. Windell: »Hitler, National Socialism and R. Wagner«. In: »Journal of Central European Affairs«. 22, (1962/63) S. 483 Fn. — **102** Georg Lukács: *Die Zerstörung der Vernunft.* Neuwied 1961, S. 84, 502, 622. — **103** Adorno: »Wagners Aktualität (1964)«. In: Mack: *Wagner*, S. 264. Ist eine Analogie zwischen dem Brechtschen Opus und dem Wagnerschen »Gesamtkunstwerk« überhaupt zulässig? Der Kontrast ist sehr augenfällig. Hans Jürgen Syberberg, der für sich in Anspruch nimmt, Wagners Gesamtkunstwerk wiederzubeleben, behauptet gleichwohl von sich, er schöpfe sein Werk »aus der Dualität von Brecht plus Wagner«. (Thomas Pfister in: *Der Hang zum Gesamtkunstwerk. Europäische Utopien seit 1800.* Aarau ²1983, S. 433.) — **104** Brecht: *Arbeitsjournal*, Juli 1944. — **105** Hanns Eisler: *Musik und Politik. Schriften 1924–1948.* Hg. von Günter Mayer. München 1973, S. 246, 346. — **106** Ebd., S. 407. — **107** Ebd., S. 474, 480. — **108** Ebd., S. 490. — **109** »Richard-Wagner-Tage der DDR 1983«. (Bulletin) Hg. vom Musikrat der DDR. 20. Jg., (1983) H. 3, S. 5, 14. — **110** »Das Wort«. Sept. 1938, S. 94 (Herwarth Walden = Georg Lewin); vgl. dazu H.-A. Walter: *Deutsche Exilliteratur IV*, S. 479 und 492 f. — **111** So in den Memoiren von Dimitrij Schostakowitsch: »Der Spiegel«, vom 17.9.1979, S. 241 ff. — **112** S. Eisenstein, »Wagners ›Walküre‹ in Moskau«. In: »Deutsche Blätter« 11 (1941) H. 1, S. 97 ff. — **113** »Freies Deutschland«. Jg. 2, Nr. 12, Nov. 1943 (Neudruck Leipzig 1975), S. 4. — **114** »Wagner-Tage der DDR«, S. 8, 6 f. — **115** »Neuer Vorwärts« Nr. 270 vom 21.8.1938, Beilage. — **116** Ebd., Nr. 119 vom 22.9.1935, Beilage. – **117** Ebd., Nr. 166 vom 16.8.1936, Beilage. – **118** Konrad Heiden: *Adolf Hitler.* Bd. 1. Zürich 1936, S. 342 f. — **119** Wolfgang Hallgarten, »›Fremdheitskomplex‹ und Übernationalismus«. Beiträge zur Sozialgeschichte der »deutschen Rassenideologie«. In: »Zeitschr. f. freie deutsche Forschung«. Jg. 1, Nr. 1 (Paris), Juli 1938, bes. S. 90 ff. Wagner-Anspielungen: Ders.: *Hitler, Reichswehr und Industrie.* Frankfurt/M. 1955, S. 12, 42. — **120** Joachim Radkau: »Der Historiker, die Erinnerung und das Exil. Hallgartens Odyssee und Kuczynskis Prädestination«. In: *Exilforschung.* Bd. 2, bes. S. 95 f. — **121** »Der Spiegel« vom 19.7.1982, S. 133. — **122** Richard Löwenthal glaubt, Rauschning habe dazu beigetragen, wenn das konservative Bürgertum vom Faschismus abgerückt sei; Radkau: *Emigration in den USA*, S. 229 f. u.a. Über Rauschnings Reputation in britischen Regierungskreisen vgl. Anthony Glees: *Exile Politics during the 2nd World War.* Oxford 1982. — **123** Rauschnings *Gespräche mit Hitler.* Zürich 1940, S. 215 ff. — **124** Vgl. etwa die nichtssagende Äußerung Hitlers über den »Parsifal« in: Jochmann: *Hitler, Monologe*, S. 308 (28.2. / 1.3.1942). Zelinsky erklärt die isolierte Stellung des Rauschning-Zitates daraus, »daß Hitler sonst die Bedeutung Wagners für sein Denken bewußt verschleiert und verwischt hat« (ders., »Das erschreckende ›Erwachen‹ und wie man Wagner von Hitler befreit«. In: »Neue Zeitschr. f. Musik.« Sept. 1983, S. 11), aber diese Erklärung kann nicht befriedigen: Wieso soll Hitler gerade einem Rauschning ein Geheimnis enthüllt haben, das er anderen verbarg? — **125** Rauschning: *Gespräche,* S. 248. **126** Meine vor kurzem geäußerte Vermutung (Radkau: »Die singende und die tote Jugend – Der Umgang mit Jugendmythen im deutschen und italienischen Faschismus«. In: Thomas Koebner u.a. (Hg.): *Mit uns zieht die neue Zeit.* Frankfurt/M. 1985, S. 112 f.) trifft sich mit einer neuen Enthüllung über die Entstehung der *Gespräche:* Marion Gräfin Dönhoff, in »Die Zeit« vom 16.8.1985, S. 32. — **127** Veit Valentin: *Weltgeschichte.* Köln o. Z. (urspr. Amsterdam 1939), S. 784. — **128** Deutsche Ausgaben: F. Stern: *Kulturpessimismus als politische Gefahr.* Bern 1963; G.L. Mosse: *Ein Volk, ein Reich, ein Führer.* Königstein/Ts. 1979. — **129** Deutsch: H. Kohn: *Wege und Irrwege. Vom Geist des deutschen Bürgertums.* Düsseldorf 1962. — **130** »Neue Zürcher Zeitung« vom 15.9.1961 (zu Kohns 70. Geburtstag); da heißt es, Kohns Übersiedlung nach Amerika sei für ihn auch eine Absage an die deutsche Romantik gewesen. — **131** Kritisch zu Kohn: Windell (s. Anm. 101), S. 487 f. Fn. — **132** Vgl. Paul Bekker (1920), in: Zelinsky: *Wagner*, S. 158 ff.; Susanna Großmann-Vendrey: *Bayreuth in der deutschen Presse. Dokumentenband 3,2* (1908–1944). Regensburg 1983; Theodor Heuss; *Hitlers Weg.* 1932. ND Stuttgart 1968, S. 28. — **133** Vgl. die bereits erwähnten Dokumentationen von Zelinsky, Großmann-Vendrey, Mack, Wessling und Barth; auch die verschiedenen TB-Ausgaben von Wagner-Parodien und -Karikaturen. — **134** Lagarde und Langbehn, bei Stern, *Kulturpessimismus*, die Hauptakteure bei der Ausbildung der völkischen Ideologie vor 1914, schätzten beide Wagners Musik nicht; ebensowenig Gustav Freytag und der völkische Literaturhistoriker Adolf Bartels (Zelinsky: *Wagner*, S. 28, 89 f. und 163). Auch für Oswald Spengler war Wagner ein Décadent: vgl. das Kapitel »Pergamon und Bayreuth« im *Untergang des Abendlandes!* Selbst Alfred Rosenberg (*Der Mythus des 20. Jahrhunderts.* München 163. Aufl. 1940, S. 428 ff.), der stark von Wagners Schwiegersohn H. St. Chamberlain beeinflußt war, glaubte, man müsse von Wagners Streben nach dem Gesamtkunstwerk abkommen. — **135** E. Bloch: *Zur Philosophie der Musik.* Frankfurt/M. 1974, S. 56 (urspr. 1923). — **135a** In: Mack: *Wagner*, S. 164 — **136** Winfried Schüler: *Der Bayreuther Kreis. Wagnerkult und Kulturreform im Geiste völkischer Weltanschauung.* Münster 1971, S. 72, 81, 133; Eduard Kulke: *R. Wagner, seine Anhänger und seine Gegner.* Prag/Leipzig 1884 (Auszug in Zelinsky: *Wagner*, S. 60 ff.). — **137** In: Zelinsky, S. 28. — **138** Ernst Erich Noth (*Erinnerun-*

gen eines Deutschen. Düsseldorf 1971, S. 215) nennt dieses Phänomen »unheimlich grotesk«. — **138a** Vgl. dazu W. Kaufmann: *Nietzsche.* Darmstadt 1982, S. 52 — **139** Schüler: *Bayreuther Kreis,* S. 170 ff. Ursula Eckart-Bäcker: *Frankreichs Musik zwischen Romantik und Moderne.* Regensburg 1965; »Dekadenter Wagnerismus: Studien zur europ. Literatur des Fin de Siècle«. Berlin 1973 (Beihefte zu »Arcadia« 2). — **140** Adorno: *Versuch über Wagner,* S. 98, 125. — **141** Eric J. Hobsbawm: *Die Blütezeit des Kapitals. Eine Kulturgeschichte der Jahre 1848–1875.* Frankfurt/M. 1980, S. 366 f. — **142** Th. Koebner: »Richard Wagner und der deutsche Nationalismus«, Mack: *Wagner,* S. 8; Zelinsky, S. 120 (Th. Mann / J. Bab). — **143** Th. Mann an Karl Kerenyi, 6. 12. 1938 (*Briefe II,* S. 69); Rosenberg; *Mythus des 20. Jh.,* S. 429. — **144** Martin Gregor-Dellin: *R. Wagner.* München 1983, S. 199. — **145** Willi Reich: *Arnold Schönberg oder Der konservative Revolutionär.* München 1974, S. 230 ff. — **146** Adorno: *Versuch,* S. 164 f. — **147** Walter Kaufmann: *Nietzsche.* Darmstadt 1982 (urspr. 1950), S. 46. — **148** Katz: *Wagner – Vorbote des Antisemitismus,* S. 101: Die anonyme Fassung von 1850 hatte Wagners Antisemitismus noch nicht ins allgemeine Bewußtsein gebracht; auch S. 115 ff.; die Cosima-Tagebücher enthalten viel über Angriffe, die sich Wagner durch die Veröffentlichung von 1869 zuzog. H. Zelinsky: »R. Wagners ›Kunst- und Weltanschauung‹ und ihre Kritik in zeitgenössischen Karikaturen«. In: Klaus Herding u. a. (Hg.): »*Nervöse Auffangsorgane des inneren und äußeren Lebens*« – *Karikaturen.* Gießen 1980, S. 206–233. — **149** Vgl. E. Bloch: *Zur Philosophie der Musik,* S. 218. — **150** Heuss: *Hitlers Weg,* S. 168; J. Radkau: »Die ›Weltbühne‹ als falscher Prophet?« In: Th. Koebner (Hg.): *Weimars Ende.* Frankfurt/M. 1982, S. 57 ff. — **151** Neben Ernst Bloch Alfred Einstein, Bernhard Diebold, Heinrich Simon und Walter Mehring; Großmann-Vendrey: *Bayreuth in der deutschen Presse 3,1,* S. 212 ff., 222 ff.; Zelinsky S. 190 ff.; Mack: *Wagner,* S. 102 f. — **152** H. Simon (Großmann-Vendrey S. 232) zu Wagners Antisemitismus: »wir Menschen von heute sind nicht so engherzig, großen Männern keine Schwächen zu konzedieren.« Walter Mehring (»Die Weltbühne«. Jg. 29 [1933] S. 286 f.) erweckt den Eindruck, Wagners Verhalten gegenüber den Juden sei reiner Opportunismus gewesen. — **153** Zelinsky: »Feuerkur«. In: *Wie antisemitisch …* S. 108 Fn. — **154** Windell (s. o., Anm. 101) S. 482. — **155** Vgl. Robert Gutman: *R. Wagner.* München 1970, S. 8–12. — **156** In: »Musical Quarterly«. Jg. 27 (1941) S. 244 f. Zit. n. Windell, S. 480 Fn. — **157** Windell S. 479. — **158** K. Mann – *Briefe und Antworten,* Bd. 2, S. 223 (10. 3. 1945 an Kesten). — **159** In: *Wie antisemitisch …* S. 27. — **160** »Die Zeit« vom 20. 8. 1976, S. 9. — **161** Mack in: ders.: *Wagner,* S. 6. — **162** »Deutschland-Berichte der Sopade«. Jg. 2, 1935 (ND Frankfurt 1980), S. 715 (2. 6. 1935). — **163** In: Großmann-Vendrey 3, 2, S. 241. — **164** Schüler: *Bayreuther Kreis,* S. 168. — **165** Beispiele: »Das Neue Tagebuch«. Jg. 4, H. 27, 4. 7. 1936 (»Wagner verteidigt Heine«); »Pariser Tageszeitung« vom 20. 9. 1936; »Deutsche Volkszeitung« (Prag) vom 7. 11. 1937: Dort wird ein Gedicht Wagners »Die Revolution« abgedruckt, das man »in einem längst verschollenen Buch deutscher Freiheitslieder« – dessen Titel nicht genannt wird – gefunden habe. Der Vorspann ruft dazu auf: »Machen wir es zum Kampflied der deutschen Volksfront. So ehren wir unsere Meister«. — **166** Th. Mann: *Leiden und Größe der Meister,* S. 771. — **167** »New York Times« vom 25. 4. 1937; vgl. die Literatur über Th. Manns Beziehung zu Wagner in: Harry Matter (Hg.): *Die Literatur über Thomas Mann. Eine Bibliographie 1898–1969.* Bd. 2. Berlin/Weimar 1972, S. 347 ff. – **168** In: Mack S. 64. — **169** Th. Mann: *Polit. Schriften und Reden I.* S. 91. — **170** Adorno: *Versuch,* S. 12. — **171** In: G. F. Hering (Hg.): *Meister der deutschen Kritik.* Bd. II. München 1963, S. 267 (1877). — **172** In: Mack, S. 256. — **173** Ebd., S. 252. — **174** J. Radkau: »Die Exil-Ideologie vom ›anderen Deutschland‹ und die Vansittartisten«. In: »aus politik und zeitgeschichte«. B 2/70, S. 31–48. — **175** In: *Wie antisemitisch …* S. 32. — **176** Radkau: *Emigration in den USA,* S. 117 f. — **177** Walter Laqueur: *Was niemand wissen wollte: Die Unterdrückung der Nachrichten über Hitlers ›Endlösung‹.* Frankfurt/M. 1982. — **178** Katz: *Wagner – Vorbote des Antisemitismus,* S. 195. — **179** Th. Mann: *Leiden,* S. 775. — **180** Windell S. 490 ff. — **181** In dieser Richtung bewegen sich die Darlegungen von Rauschning, Kahler, Viereck, Mosse und auch Zelinsky (vgl. ders. S. 14 ff. über das hegelianische Erbe bei Wagner). — **182** Vgl. Windell S. 482 f. — **183** Mosse: *Ein Volk,* S. 12. — **184** Schüler: *Bayreuther Kreis.* — **185** In: Zelinsky, S. 79. — **186** Reinhard Rürup: *Emanzipation und Antisemitismus.* Göttingen 1975, S. 91. — **187** Vgl. Hitler: *Mein Kampf.* München ^{263}1937, S. 58 ff. — **188** Katz: *Wagner,* S. 185 ff., 200; auch Katz kommt, unter Berufung auf Thomas Mann, zu dem Schluß, Wagner sei zu Unrecht von den Nationalsozialisten adaptiert worden (S. 204). — **189** Ebd., S. 88. — **190** Beispiele bei Rainer Wirtz: »Die Begriffsverwirrung der Bauern im Odenwald«. In: D. Puls u. a.: *Wahrnehmungsformen und Protestverhalten.* Frankfurt 1979, S. 81 ff.; Kurt Blumenfeld: *Im Kampf um den Zionismus.* Stuttgart 1976, S. 255 (unter »Freiheit« konnte Vogelfreiheit der Juden verstanden werden!). — **191** Katz, S. 117.

Lieselotte Maas

Kurfürstendamm auf den Champs-Elysées?

Der Verlust von Realität und Moral beim Versuch einer Tageszeitung im Exil

Während die politischen Parteien und Gruppierungen ihre ersten Exilzentren zumeist in der Tschechoslowakei fanden, flüchteten die von Hitlers Rassenpolitik Betroffenen von Anbeginn mehrheitlich nach Westen. Ende 1933 lebten bereits 25.000, Ende 1935 immerhin zwischen 35.000 und 40.000 deutsche Emigranten in Frankreich, davon die meisten in Paris.[1]

Überwiegend gehörten diese Flüchtlinge zum mittleren bis wohlhabenden jüdischen Bürgertum. Als Ärzte, Anwälte, kleinere oder größere Geschäftsleute in Deutschland noch vor der Bedrohung an Leib und Leben um die wirtschaftliche Existenz gebracht, suchten sie im Nachbarland nach Möglichkeiten für einen Neubeginn. Denn dazu bot Frankreich zumindest auf den ersten Blick durchaus Gelegenheit. Zwar verweigerte man Ausländern auch hier eine Arbeitserlaubnis, gewährte aber Gewerbefreiheit. Und wieder eine Praxis aufbauen zu können, auf wie schwierige Weise auch immer ins alte oder auch in ein neues Geschäft zu kommen, waren zentrale Anliegen der unpolitischen Massenemigration aus Deutschland.

Erst die Präsenz dieser Massenemigration erklärt den Plan einer deutschsprachigen Tageszeitung in Paris. Da nach seiner eigenen Einschätzung von den deutschen Emigranten in Frankreich etwa 80% Juden waren (1935, Nr. 723, S. 1) und von diesen fast alle Vertreter des Bürgertums, »zu dem neun Zehntel der deutschen Juden nun einmal gehören« (1935, Nr. 617, S. 1), wollte das »Pariser Tageblatt« dieser sozusagen schweigenden bürgerlichen Mehrheit im Exil ein journalistischer Partner sein. Und rein äußerlich gelang das Projekt. Von der ersten Ausgabe am 12. Dezember 1933 an konnte das »Pariser Tageblatt« (später die »Pariser Tageszeitung«) bis zum 18. Februar 1940 regelmäßig erscheinen. Betrachtet man freilich die Geschichte des Unternehmens genauer, entdeckt man eher Belege für ein grundsätzliches Scheitern. Das Wagnis einer Tageszeitung im Exil war kaum von wirklichen Erfolgen, vielmehr von Widersprüchen und Illusionen, ja sogar von Intrigen und Skandalen begleitet. Nirgendwo sonst geriet die deutsche Exilpresse jedenfalls in vergleichbare Zonen moralischer Fragwürdigkeit. Persönliches Fehlverhalten hat dazu gewiß nicht wenig beigetragen, aber viel lag wohl auch in der Natur der Sache. Denn für eine richtige Tageszeitung fehlten unter den spezifischen Bedingungen des Exils nahezu alle journalistischen, organisatorischen und materiellen Voraussetzungen.

Eine Tageszeitung wie jede andere zu sein, war nun aber der erklärte Wunsch des »Pariser Tageblatts«. Obwohl der schmale Umfang mit wochentags nur vier und sonntags nur sechs Seiten im Zeitungsformat diesem Anspruch von vornherein enge Grenzen setzte, wollte das »Pariser Tageblatt« expressis verbis »kein ›Emigrantenblatt‹« sein, sondern eine ganz normale Tageszeitung für die Deutschen, »die außerhalb der Kommandogewalt des Dritten Reiches leben und auf das Recht nicht verzichten wollen, das zu denken, was ihnen beliebt« (1933, Nr. 1, S. 1).

Das »Pariser Tageblatt« hatte eine kleine Exil-Vorgeschichte. Zwischen August und September 1933 erprobten die späteren »Tageblatt«-Redakteure mit Georg Bernhard an der Spitze in der Wochenschrift »die aktion« den inhaltlichen Ansatz ihrer späteren Tageszeitung und gewannen ihren Geldgeber für den neuen Entwurf. Der russische Emigrant und französische Geschäftsmann Wladimir Poliakoff verkaufte seine Wochenzeitung und finanzierte nun das Unternehmen einer Tageszeitung für die deutsche Emigration in Paris.

Dabei erinnerten Details an bürgerliche Zeitungstraditionen der Weimarer Republik. So suggerierte der Titel Nähe zum »Berliner Tageblatt« des Mosse-Verlages, zogen Name und Person des Chefredakteurs Verbindungslinien zu der im Ullstein-Verlag erschienenen »Vossischen Zeitung«, deren Redaktion Georg Bernhard bis 1930 über Jahre geleitet hatte. Das eigentliche Vorbild des »Pariser Tageblatts« war jedoch nicht eine dieser großen bürgerlichen Tageszeitungen, die viele seiner potentiellen Leser vor 1933 bevorzugt hatten, sondern unverkennbar die populäre »Berliner Volks-Zeitung«.

Auch sie hatte wie das »Pariser Tageblatt«, allerdings bei zwei Ausgaben täglich und abgesehen von diversen Beilagen, einen Umfang von vier Seiten im Zeitungsformat. In Inhalt, Themenschwerpunkten und Arrangement entsprach sie dem Typ einer insgesamt eher leichtgewichtigen Boulevardzeitung. Ihr früherer Chefredakteur Kurt Caro wurde im »Pariser Tageblatt« Georg Bernhards Stellvertreter und neben ihm die wichtigste und prägendste Persönlichkeit im Redaktionsteam der deutschsprachigen Tageszeitung in Paris.

Die Qualität seines Berliner Vorbilds erreichte das »Pariser Tageblatt« allerdings nicht. Denn während die »Berliner Volks-Zeitung« ein journalistisch professionell gemachtes, ebenso originäres wie vitales Blatt für breite Leserschichten war, fehlte ihrer Imitation im Exil jede konzeptionelle Konsequenz. Spuren eines erkennbaren Programms sind nur schwer auszumachen. Das Charakteristikum ist vielmehr die zufällige Mischung. »Kurz und quer«: diese Schlagzeile einer Rubrik hätte auch ein treffliches Motto abgeben können für das bunte Durcheinander auf allen Seiten des »Pariser Tageblatts«.

Die ersten beiden Seiten des einmal gefalteten Zeitungsblatts betrafen die aktuelle Politik. Meldungen registrierten Ereignisse in Budapest und Frankfurt am Main, Moskau und Berlin, London und Saarbrücken; Fotos zeigten Hitler und den Kaiser von Abessinien, Göring und den französischen Ministerpräsidenten, ein Flugzeugunglück in Barcelona und das »größte Schiff der Welt«; Schlagzeilen galten der Lage in Bulgarien und dem Zustand der SA, einer Rede Roosevelts und der Behandlung der Homosexuellen im Dritten Reich, dem »politischen Wiedererwachen« der Indios in Lima und dem Geburtstag des »braunen Kaisers«, Frankreichs Wehrmacht und dem »seltsamen Weihnachtsfest« im Hause eines deutschen Generals. Eine ständige Rubrik auf Seite 2 veröffentlichte mit Pressezitaten »Die Meinung der Welt«.

Seite 3 widmete sich der »Welt der Wirtschaft« und vor allem dem Leben in »Paris – Gestern und Heute«. Täglich konnte man sich hier in der Rubrik »Sport« über die Rennen in Vincennes oder die Boxkämpfe in St. Etienne und unter der Schlagzeile »Heute in Paris« über das laufende Kino- und Theaterprogramm und andere Veranstaltungen informieren. Aber auch ein »Frauenmord in der Rue de Lappe«, die Wahl der »Miss Frankreich«, der »Raub der kleinen Nicole«, die Vogelwelt des Bois, die Situation in Paris bei sieben Grad unter Null, die Gewinnzahlen der französischen Nationallotterie, Vorschläge für Pfingstausflüge und das Streckennetz der Pariser Metro waren dem »Pariser Tageblatt« wichtig. Denn nicht zum wenigsten wollte es ja »eine Pariser Zeitung« sein, »die unmittelbar aus der reizvollen Mannigfaltigkeit des französischen Lebens ihre Anregungen schöpfen wird« (1933, Nr. 1, S. 1).

Informationen über das kulturelle Leben in der französischen Hauptstadt, in erster Linie über die in Paris neu angelaufenen Filme, brachte auch die vierte und letzte Seite, die jeden Freitag mit vielen Fotos fast ausschließlich dem Thema »Film« gewidmet war. Daneben fanden sich hier der Fortsetzungsroman, die Anzeigen und allerlei Feuilletonistisches. Da wurden das Problem der vor sich hin »bröckelnden Sphinx« und die Fragen »Können Sie mit Stäbchen essen?« oder »Muß eine Frau ihre Vergangenheit beichten?« erörtert; Geschichten von Roda Roda, Anekdoten, »Humor« – etwa aus dem »Simplicus« – oder Berichte aus fremden Ländern veröffentlicht. Eher befremdlich wirkte es, wenn zwischen all dem plötzlich einmal ein Kapitel aus Wolfgang Langhoffs KZ-Buch »Die Moorsoldaten« oder einer der proletarischen Erzähler aus den kommunistischen »Neuen Deutschen Heften« auftauchte. Ähnlich exotisch rangierten zwischen Fortsetzungsromanen vom Typ »Schüsse im Quartier Latin«, »Mary Ann wartet« oder »Das Geheimnis der leeren Seite« Klaus Manns »Flucht in den Norden« oder Balder Oldens »Roman eines Nazi«.

Anspruchsvoller, aber nicht weniger gemischt gab sich die »Sonntags-Beilage« mit Erzählungen, Gedichten, Rezensionen, Musik- und Theaterkritiken, einer (bildenden) »Kunst-Chronik«, Modeberichten, dem Foto zum »Film des Sonntags«, einer Schach- und einer Rätselecke. Wie überhaupt im »Pariser Tageblatt« stand auch hier Unterschiedlichstes nebeneinander: Stefan Zweigs Aufsatz »Größe und Grenzen des Humanismus« und ein Artikel über Charlie Chaplins Ehen, Bruckner-Anekdoten und Gedichte von Keller und Storm, Überlegungen zum Musikleben in Hitlerdeutschland und zur Pariser Architektur, Berichte über den »Kampf zweier Ozeanriesen« um das »Blaue Band« und über Hanns Eislers Erfolge in den USA, Würdigungen zum 50. Geburtstag von Sinclair Lewis und zum 70. von Ferruccio Busoni, die Beschreibung neuer Handtaschen-Formen und Auszüge aus der Anthologie »Verse der Emigration«, die Darstellung der (Kriminal-)»Affaire Thérèse Humbert« und Szenen aus Ferdinand Bruckners »Die Rassen«.

Das einzige ›übergeordnete‹ Anliegen, das sich aus diesem bunten Gemisch ableiten läßt, ist das einer Empfehlung für ein Sicheinleben in gastlicher Fremde. In der ersten Ausgabe des »Pariser Tageblatts« gab Chefredakteur Georg Bernhard denn auch die Devise aus: »Der deutsche Emigrant muß wieder sein Gleichgewicht finden, das ihm gestattet, sein Leben neu zu ordnen und sich selbst in den Gemeinschaftskampf aller Gleichgesinnten der Erde einzureihen« (1933, Nr. 1, S. 1). Die Leser des »Pariser Tageblatts« sollten sich nicht als Exilierte und Ausgestoßene fühlen, nicht nur gebannt auf die Ereignisse in Deutschland starren und ungeduldig auf den Tag der Heimkehr warten, sondern sich vielmehr so gut als eben möglich in Frankreich einleben – von ihrer täglichen Zeitung mit Informationen über das Weltgeschehen und Tips für den abendlichen Kinobesuch wohlversorgt für das Heute.

Aber wenn das »Pariser Tageblatt« auch optimistisch forderte: »Lernen wir also um und feiern wir mit unseren französischen Freunden Silvester am Heiligabend« (1933, Nr. 7, S. 3), konnte es damit dennoch nicht den Sachverhalt verdrängen, daß Leser und Redakteure Gäste in Frankreich waren, Besucher auf Zeit, bestenfalls Freunde, eher aber doch Fremde, die gut daran taten, sich aneinander festzuhalten. Zwar pries man die französische Staatsform mit ihren »unerschüttert demokratischen Prinzipien« (1933, Nr. 1, S. 1) als die sozusagen ideale Verwirklichung der eigenen politischen und weltanschaulichen Ziele. »Chaque homme a deux pays: le sien et puis la France« setzte Alfred Kerr als Motto über seinen ersten Artikel im »Pariser Tageblatt« (1933, Nr. 1, S. 3). Aber das »zweite Vaterland« konnte den deutschen Emigranten dennoch eine neue Heimat nicht wirklich werden. Schon allein deshalb nicht, weil von der erhofften wirtschaftlichen Integration ernsthaft nicht die Rede sein konnte.

Wie wenig die deutschen Emigranten in Paris im Geschäftsleben der Stadt wirklich Fuß fassen konnten, belegen die Anzeigen im »Pariser Tageblatt« besonders deutlich. Denn es waren immer dieselben wenigen Ärzte, Zahnärzte oder Anwälte, die annoncierten, daß sie statt wie früher in Mannheim, Berlin oder Düsseldorf nun in Paris praktizierten, immer dieselben wenigen Maßschneider, die auf ihren neuen Betrieb in der französischen Hauptstadt aufmerksam machten. Juweliere – deutsche und »deutschsprechende« – warben mindestens so sehr für den Ankauf wie für den Verkauf von Brillanten und anderen Schmucksachen: die deutschen Emigranten lebten eben, wenn nicht von den Hilfskomitees, eher vom Verkauf ihrer Wertsachen als von eigenen neuen Geschäften; sie hatten – vielleicht – Geld, um es in Frankreich auszugeben, Gelegenheiten, welches zu verdienen, fanden sie dagegen trotz der französischen Gewerbefreiheit nur im seltenen Ausnahmefall. Die Annonce, in der der »junge Inhaber« einer »deutschen Firma« »mit dem unbedingten Willen zum Neuaufbau« und »evtl. kleiner Beteiligung« einen Geschäftspartner sucht (1934, Nr. 187, S. 6), hat im Anzeigenteil des »Pariser Tageblatts« jedenfalls Seltenheitswert. Der Regelfall sind demgegenüber Offerten von französischen Geschäftsleuten, die sich von den Flüchtlingen aus Deutschland eine neue Klientel versprachen.

Die Propaganda des »Pariser Tageblatts« für ein möglichst selbstverständliches Leben in Frankreich rieb sich mithin schon in den Randbezirken der Tageszeitung an Realitäten, die diesem Ziel durchaus entgegenwirkten, ja ihm oft genug widersprachen. Ebenso häufig sind die redaktionellen Teile vom Kontrast zwischen Wunschvorstellungen und Wirklichkeit geprägt. Die Zeitung wollte beim Aufbau einer möglichst normalen Existenz in Frankreich helfen, und dennoch blieben die Redakteure und ihre Leser zuvörderst deutsche Emigranten. Charakteristischerweise beschäftigte sich das »Pariser Tageblatt« immer wieder mit den konkreten Existenzproblemen des Exils und mit der Frage, ob anderswo nicht vielleicht doch bessere Chancen für Vertriebene gegeben seien: in Palästina etwa oder in den Ländern der beiden amerikanischen Kontinente.

Nicht minder kontrovers war das Verhältnis der Zeitung zur eigenen »jüdischen Herkunft«. Sozusagen offiziell verstand man sich weniger als Jude, sondern zuallererst als Deutscher, und lehnte es ab, die »Judenfrage« in den Mittelpunkt zu stellen. Zwar attackierte das »Pariser Tageblatt« häufig die nationalsozialistische »Rasse-Politik«, ordnete sie aber »völlig in das gleiche Kapitel« ein wie Hitlers »Kampf gegen die Kirchen und besonders gegen den Katholizismus« (1935, Nr. 586, S. 1). Konsequent und durchaus in Übereinstimmung mit den Einschätzungen des politischen Exils wurden so die sogenannten Nürnberger Gesetze, die das »Pariser Tageblatt« im Wortlaut abdruckte (1935, Nr. 643, S. 1), vor allem als ein Zeugnis für die innere Schwäche des Nazi-Regimes interpretiert, »für die besinnungslose Überhebung der braunen Machthaber« und »für die Bedrängnis der wirtschaftlichen Lage im Dritten Reich, von der die Menschen lärmend abgelenkt werden sollen« (1935, Nr. 644, S. 1). Und ebenso konsequent betonte Chefredakteur Georg Bernhard in seinen Kommentaren die Notwendigkeit, das Schicksal der Juden in Deutschland als einen Teil von Hitlers Politik zu sehen, bekämpfbar nur in Solidarität mit allen anderen Opfern des Nationalsozialismus. In seiner Sicht gab es gegen den antisemitischen Terror des Nazi-Regimes nur eine Gegenwehr: den gemeinsamen Kampf mit anderen. Nur zusammen mit allen »freiheitlichen Bewegungen, die sich gegen die Unterdrückung aufgelehnt haben«, nur wenn die Stimme der Juden »in den starken Chor der Feinde der nationalsozialistischen Kulturschänder einmündet, dürfen sie für die Zukunft hoffen« (1935, Nr. 617, S. 1).

Mit der Feier eines wachsenden jüdischen Selbstbewußtseins und der »weiteren Fortschritte« der »jüdischen Gemeinschaft« im »Schmelztiegel Palästina« (1935, Nr. 509, S. 5; Nr. 513, S. 1) setzten demgegenüber die zionistischen Korrespondentenberichte ganz andere Akzente. Und im absoluten Kontrast zu den ›Einordnungs-Thesen‹ des Chefredakteurs pries der Schriftsteller Emil Ludwig das Nationalheim Palästina sogar als die beste Möglichkeit, »unseren Stamm (zu) schützen«, und bezeichnete es als eine »Selbstverkennung der jüdischen Lebenskraft«, sich »beim Völkerbund durch einen Christen vertreten« zu lassen. Seine Devise lautete: »Juden für Juden und nicht Christen für Juden« (1936, Nr. 908, S. 1 f.).

Freilich: ob nun im Engagement für ein erklärtes Eigenverständnis als Juden oder für deren Integration in einer übergeordneten humanistisch-antifaschistischen Front – für kämpferische Positionen gleich welcher Art war das »Pariser Tageblatt« seinem Charakter und Zuschnitt nach nicht gerade geeignet. Auch entschieden antifaschistische Beiträge wie etwa die gelegentlich auf der Titelseite veröffentlichten Artikel Heinrich Manns änderten daran wenig; sie verstärkten vielmehr nur den Eindruck des Buntgemischten, zumal sich ansonsten nicht nur die lokalen, sondern auch die politischen Seiten einigermaßen reißerisch gaben. Denn das »Pariser Tageblatt« hatte eine unverkennbare Neigung zu Klatsch- und Sensationsgeschichten. So findet man auf den Titelseiten eben auch einen detaillierten Bericht über Görings Hochzeit samt der Geschenk-Liste und der Menu-Karte (1935, Nr. 485) oder die Nachricht, daß Hitlers Sonderzug einen Autobus überfahren und es 15 Tote gegeben habe (1935, Nr. 368). Eher gewöhnliche Unglücks- und Verkehrsunfälle wurden als »Die deutsche Katastrophenwelle« (1935, Nr. 618), die Röhm-Erschießungen als »Blutiger Aufstand in Deutschland« verkauft (1934, Nr. 201). Die Schlagzeile »Wilde Gerüchte in Berlin« (1935, Nr. 369) hätte über vielen Berichten des »Pariser Tageblatts« zur aktuellen Situation in Hitlerdeutschland stehen können.

Auf der Ebene eines Boulevardblattes konnte man freilich den besonderen Bedingungen jeder journalistischen Arbeit in der Zeit von Nationalsozialismus und Exil glaubwürdig kaum entsprechen. Georg Bernhard und Kurt Caro kamen als renommierte Journalisten nach Paris. Bernhard hatte in der Weimarer Republik zu den erfahrenen liberalen Kommentatoren des Zeitgeschehens gehört, Caro galt als ein ideenreicher Newcomer im Genre anspruchsvoller Volkstümlichkeit. Aber sowohl für den inzwischen 58jährigen Chefredakteur der »Vossischen Zeitung« wie für den vielversprechenden jungen Gestalter der »Berliner Volks-Zeitung« war ein selbstverständliches Zeitungsleben die unentbehrliche Voraussetzung für publizistische Erfolge. Ohne einen soliden Verlag und ein natürliches Publikum hatte ihre Arbeit in der bisherigen und gewohnten Art und Weise keine Basis und keine Plattform. Dennoch agierten die Macher des »Pariser Tageblatts« in der Illusion, der eigene Beruf und die eigene Berufspraxis seien in der Emigration fortzuführen fast wie in normalen Zeiten: eine Fehleinschätzung, die alle heimlichen Widersprüche im Erscheinungsbild und alle offenen Konflikte in der Geschichte des »Pariser Tageblatts« begründet.

Tatsächlich sorgte schon das bei einer normalen Boulevardzeitung eher natürliche bunte Gemisch der Themen und Gegenstände auf den vier Seiten des »Pariser Tageblatts« oft genug für fatale Akzente. Wenn emigrierte deutsche Journalisten Nachrichten aus dem Staat Hitlers als eine Tagessensation wie jede andere aufmachten oder Klatsch und Tratsch aus dem Privatleben von Nazi-Größen wie selbstverständliche Histörchen über die internationale Prominenz veröffentlichten, verwirkten sie damit den selbstgesetzten Anspruch, eine »scharfe geistige Waffe ... gegen die Unkultur des Dritten Reiches« zu sein, trugen sie entgegen den Behauptungen des Chefredakteurs eben nicht dazu bei, »sich die richtigen Vorstellungen von dem zu machen, was im Dritten Reich vor sich geht« (1934, Nr. 100, S. 1).

Genauso erwiesen sich die Leitartikel des Chefredakteurs in dem Maße, in dem sie die eingeübten Gesten aus der Weimarer Zeit nicht überwanden, als hilfloses Gerede. Da die neue und grundlegend veränderte Lage nicht reflektiert wurde, geriet die alte Professionalität notwendig zu bloßer Rhetorik. »Zu neuen Ufern«, rief Georg Bernhard seinen Lesern zu, hatte aber als Weg dahin nur die »ewig gut(en) und ewig jung(en)« Beförderungsmittel zu empfehlen: »Der Deutsche muß wieder den Mut finden, die alten liberalen Gedanken der Freiheit und Gerechtigkeit auf seine Fahnen zu schreiben...« (1934, Nr. 112, S. 1).

Georg Bernhard war ein typischer Journalist. Offen und neugierig gegenüber den politischen Strömungen und Kräften der Zeit, aber nicht deren Autor, sondern ihr Beobachter. Im Gegensatz zu Leopold Schwarzschild, der auf der Basis seiner eigenen politischen und wirtschaftspolitischen Konzepte versuchte, das Handeln der politisch Mächtigen zu beeinflussen, war er es gewohnt, auf dieses Handeln mit Bericht und Erläuterung zu reagieren. Es paßt in diesen Zusammenhang, daß sich die wichtigsten politischen Kommentare des »Pariser Tageblatts« oft wie trivialisierte Paraphrasen zu den intellektuellen Leitlinien des »Neuen Tage-Buchs« lesen.

Wie Schwarzschild war Bernhard »ein entschiedener Gegner des Kommunismus« ohne jede antikommunistische Hysterie (1933, Nr. 14, S. 1). Wie Schwarzschild lehnte er gleichzeitig einen ungehemmt wuchernden Kapitalismus ab, ersehnte er eine »schöpferische Synthese zwischen Ethos und Wirtschaft, zwischen Freiheit und Gebundenheit, zwischen Individuum und Gesellschaft« (1934, Nr. 112, S. 1), bewunderte er den Rooseveltschen »New Deal« als eine notwendige Bändigung der kapitalistischen Wirtschaft (1934, Nr. 25, S. 1). Wie Schwarzschilds war auch sein Demokratieverständnis nicht frei von autoritären und elitären Vorstellungen[2], argumentierte auch er bei der Frage der Verteidigung der Freiheit im Kampf gegen den Nationalsozialismus realpolitisch, war man – wie im »Neuen Tage-Buch« – auch im »Pariser Tageblatt« bereit, im Interesse eines Bündnisses der Demokratien mit Mussolini, dem italienischen Aggressor Abessinien zu überlassen. Bernhards Stellvertreter Kurt Caro leitartikelte: »Realpolitisch denken heißt, in diesem Moment erkennen, daß Hitlerdeutschland die ständige Gefahr aller bedeutet und daß in keinem Lande Fortschritt möglich ist, solange eine permanente Drohung besteht. Abessinien liegt weit, und das Dritte Reich, ach, so nah!« (1935, Nr. 628, S. 1).

Keine Frage: in seinen politischen Grundpositionen orientierte sich das bunte Boulevard-Gemisch des »Pariser Tageblatts« lange Zeit an Schwarzschilds anspruchsvollem »Neuen Tage-Buch«. Diese unausgesprochene Gemeinsamkeit endete 1936 mit einem Skandal, der in der deutschen Exilpresse ohne Beispiel ist. Sein äußerer Verlauf und seine Begleitumstände hatten durchaus kolportagehafte Züge im Sinne so mancher Geschichte auf den vier Seiten des »Pariser Tageblatts«. Seine Hintergründe und Motive erzählen freilich zugleich – auch weit über den konkreten Fall hinaus – viel von dem ganz generellen Zusammenbruch früherer Hoffnungen und damit den allgemeinen Enttäuschungen der Emigranten im vierten Jahr ihres Exils.

Am 11. Juni 1936 unterrichtete die Redaktion des »Pariser Tageblatts« ihre Leser unter der Schlagzeile »Wir klagen an!« über einen »schamlosen Verrat«. Ihr Verleger Poliakoff, so behauptete sie, habe mit den Nazis über den Verkauf der Zeitung verhandelt und erklärt, diese werde sich in Zukunft »gegenüber Hitler und dessen Bestrebungen loyaler einstellen«. Quintessenz der Mitteilung aus der Redaktion: »Dies ist daher die letzte Nummer des freien nazi-feindlichen ›Pariser Tageblatts‹. Ab morgen ... erscheint ... die ›Pariser Tageszeitung‹« (1936, Nr. 911, S. 1).

Diese Anzeige in eigener Sache war der Höhepunkt einer lange schwelenden Spannung. Denn dem unruhigen Hin und Her in den Spalten des »Pariser Tageblatts« entsprachen praktisch von Anbeginn eine konstant labile Finanzlage und ständige Querelen zwischen Verleger und Redaktion. Der orthodoxe Jude Wladimir Poliakoff schätzte sich zwar »glücklich, an seinem Lebensende ein Blatt zu haben, das gegen Hitler kämpfte«[3], aber seine auf jüdische Solidarität ausgerichteten Motive waren dennoch nicht die seiner deutschen Redakteure. Diese wiederum zeigten ihrem Verleger gegenüber jene »überhebliche Geringschätzung«, die – wie Poliakoffs Teilhaber später zu Protokoll gab – »von den ›erstklassigen‹ deutschen Juden den ›minderwertigen‹ Ostjuden entgegengebracht wurde« (S. 11). Ganz gewiß ärgerte die ehemaligen Berliner Zeitungsleute die Abhängigkeit von einem russischen Geschäftsmann. Poliakoff ließ ihnen zwar in der redaktionellen Arbeit freie Hand und nahm keinerlei Einfluß auf den Inhalt der Zeitung. Gleichwohl bemängelte der Geldgeber, daß der Chefredakteur »nur gelegentlich in der Redaktion erschien« (S. 10), und äußerte sein Verständnis für Kritik von Lesern, die »sich von der Manier des Blattes degoutiert fühlten und ein höheres Niveau verlangten« (S. 13).

Der gegenseitigen Antipathie entsprachen konträre Sachinteressen. Die Redaktion wollte das »Pariser Tageblatt« erweitern, Poliakoff hatte dagegen seine liebe Not, den Status quo zu finanzieren. Denn die Tageszeitung war keineswegs ein Geschäft. 1935 wurde zwar ein Überschuß erwirtschaftet; er reichte aber nicht aus, das Defizit des ersten Geschäftsjahres zu decken. 1936 spitzten sich die finanziellen Schwierigkeiten schließlich derart zu, daß ein Weitererscheinen des »Pariser Tageblatts« ohne zusätzliches fremdes Kapital praktisch unmöglich geworden war.

Aus dieser emotional gespannten und wirtschaftlich höchst desolaten Situation gab es, mal offen ausgesprochen, mal nur insgeheim erwogen, drei Auswege:

1. Die Fortsetzung der Zusammenarbeit zwischen Poliakoff und Bernhard mit einem weiteren Geldgeber. Nach ihm sollte sich Bernhard u. a. während einer Vortragsreise durch die USA umsehen. Für den Fall, daß seine Suche nach einem zahlungskräftigen Partner scheiterte, wollte sich Poliakoff für die Problemlösung Nr. 2 entscheiden.

2. Die Zusammenarbeit mit einem neuen Geldgeber und einer neu organisierten Redaktion. Einen potentiellen Kandidaten für diese Lösung hatte Poliakoff bereits in dem Verleger Dr. Konstantin Leites gefunden. Gebürtiger Russe wie Poliakoff, aber schon vor dem Ersten Weltkrieg nach Deutschland eingewandert und dort bis 1933 zu Hause, war Leites bereit, Geld in das Unternehmen des »Pariser Tageblatts« zu investieren, allerdings unter der Bedingung eines neuen Anfangs mit einer grundlegend neugestalteten Redaktion. An die Stelle Georg Bernhards sollte Richard Lewinsohn (Morus) treten, früher Ressortchef des Wirtschaftsteils der »Vossischen Zeitung« und nun Mitarbeiter des »Neuen Tage-Buchs«. Darüber hinaus wollte Leites selbst in der Redaktion mitarbeiten und zusammen mit Lewinsohn durchsetzen, was zuvor schon Poliakoff »und besonders sein Sohn«[4] vergeblich gefordert hatten: eine »Änderung des Tones und der Methode der Kritik« sowie journalistische Mittel, »die sich nicht nur an das Ressentiment, sondern auch an die Intelligenz der Leser wendeten« (S. 13, S. 36 f.).

3. Die Weiterführung des »Pariser Tageblatts« mit einer unveränderten Redaktion Bernhard, aber ohne den Verleger Poliakoff. Dieses im Gegensatz zu den offen diskutierten Problemlösungen 1 und 2 durchaus heimliche Projekt entsprach einer lange gehegten Hoffnung der

Redaktion: die Geschäfte und damit die Macht über das »Pariser Tageblatt« nicht fremden Geldgebern zu überlassen, sondern selbst zu übernehmen. Denn die Emigranten der »Pariser Tageblatt«-Redaktion hatten »fast seit der Gründung des Blattes« den »dringenden, aber mangels Geldmitteln aussichtslosen Wunsch«, Poliakoff, nachdem er die Zeitung »finanziell und geschäftlich in Gang gebracht hatte«, »als Verleger loszuwerden« (S. 42).

Im Spannungsfeld dieser drei Auswege siegte das konspirative Komplott. Offenbar zunehmend von der Lösungsmöglichkeit Nr. 2 bedroht, inszenierte die Redaktion Bernhard den Handstreich. Während sich der Chefredakteur mit seiner Vortragsreise durch die USA scheinbar in Distanz begab, beschuldigte seine Zeitung in Paris Poliakoff der Zusammenarbeit mit den Nazis und begründete damit die Herausgabe der von dem Kollaborateur befreiten »Pariser Tageszeitung«. Zwar suchte der unschuldige Poliakoff sich gegen die Verleumdungen zu verteidigen und das »Pariser Tageblatt« mit dem neuen Chefredakteur Lewinsohn fortzuführen. Aber eine Reihe von kriminellen Attacken nahmen ihm dazu gleichsam über Nacht jede Möglichkeit. Ein großer Teil der am Tag nach dem Coup mit einer Gegenerklärung Poliakoffs herausgebrachten Ausgabe des »Pariser Tageblatts« wurde »geraubt und vernichtet«, der angebliche »Verräter« Lewinsohn auf dem nächtlichen Heimweg von der Druckerei überfallen und derart verprügelt, daß für ihn an redaktionelle Arbeit bis auf weiteres nicht zu denken war. Zerschnittene Telefonkabel, der Diebstahl der Abonnenten-Kartei und demolierte Büros zerstörten die Funktionsfähigkeit der Redaktion, ein Streik der deutschsprachigen Setzer, die sich mit den offensichtlich schmählich verratenen Redakteuren solidarisierten, lähmte die Produktion (S. 1, S. 38). Trotz allem gelang Poliakoff noch eine zweiseitige Ausgabe seiner Zeitung, in der sich der russische Verleger erneut gegen die Machenschaften seiner Redakteure zur Wehr setzte. Aber die in einer kleinen versteckten, ausschließlich französisch besetzten Druckerei hergestellte letzte Nummer des »Pariser Tageblatts« konnte den von Poliakoff angegriffenen »Literaturgangstern« (1936, Nr. 913, S. 1) nichts mehr anhaben. Eher dokumentierte sie – schlecht redigiert und voller Fehler – dessen eigene Hilflosigkeit. Verleumdung und Attentate hatten den russischen Geschäftsmann isoliert und aktionsunfähig gemacht; das Ende des »Pariser Tageblatts« bedeutete für ihn den geschäftlichen (und für lange Zeit auch den moralischen) Ruin.

Mindestens ebenso nachdenklich wie der Skandal um das »Pariser Tageblatt« selbst stimmt freilich die Art seiner Behandlung in der Öffentlichkeit des Exils. Denn mehrheitlich war man hier nur zu gern und erschreckend schnell bereit, den Anschuldigungen gegen Poliakoff Glauben zu schenken. Die Erfinder der Intrige brauchten sich jedenfalls über Mangel an Beifall nicht zu beklagen und konnten in der Zeitung, die sie gestohlen hatten und unter anderem Namen weiterführten, so manches Lob für die eigene Aufmerksamkeit gegenüber nationalsozialistischen Umtrieben veröffentlichen. Wäre es bei der ganzen Angelegenheit nur um einen a priori verdächtigen russischfranzösischen Geschäftsmann gegangen, wären Zweifel an der Wahrheit der aufgestellten Behauptung vielleicht ganz ausgeblieben. Der Überfall auf den Mitemigranten und angesehenen Journalisten Richard Lewinsohn freilich schürte insgeheim immerhin Verdacht. Ihm ernsthaft und mit Leidenschaft nachzuspüren, zeigte aber das Lager des Exils wenig Neigung. Die spontane Idee eines Schiedsgerichts, eingebracht von Mitgliedern des »Ausschusses zur Vorbereitung einer deutschen Volksfront«, dem auch Georg Bernhard angehörte, wurde nur zu rasch wieder aufgegeben. Auch alle übrigen Institutionen und Gremien des Exils zogen es vor zu schweigen, und sogar die Exilpresse zeigte insgesamt so gut wie kein Interesse für die wirklichen Hintergründe der Vorgänge um das »Pariser Tageblatt«.

Einer jedoch bildete auch hier die charakteristische Ausnahme: Leopold Schwarzschild mit seinem »Neuen Tage-Buch«. Wie ansonsten nur einige kaum beachtete Randgruppen, etwa die deutschen Trotzkisten um »Unser Wort«, stritt er mit dem ganzen Gewicht seines Ansehens und seines Einflusses für die Aufklärung des wahren Sachverhalts. Was der Rest der Exilöffentlichkeit lieber unter den Teppich gekehrt hätte, brachte er voller Beharrlichkeit immer wieder ans Licht. Mit dem Ergebnis einer Untersuchung durch den »Verband der deutschen Journalisten im Exil«, in dem sowohl Schwarzschild wie auch Bernhard und Caro Mitglieder waren.

Die von diesem Verband eingesetzte Kommission war zwar offiziell nur beauftragt, die erbitterten Fehden zwischen dem »Neuen Tage-Buch« und der »Pariser Tageszeitung« zu überprüfen und möglichst zu schlichten. Dabei mußte sie sich aber notgedrungen auch mit deren Hintergrund auseinandersetzen. Er aber war für die Untersuchungskommission so unbequem, daß nur eine »Minderheit« (die Journalisten Berthold Jacob und Paul Dreyfus) bereit war, ihn uneingeschränkt zur Kenntnis zu nehmen; eine »Mehrheit« (die Journalisten Arkadij Maslow, Ruth Fischer und Robert Breuer) votierte dagegen allen unbestreitbaren Tatsachen zum Trotz für Image-verbessernde kosmetische Operationen und billigte den »Tageblatt«-Redakteuren zumindest zu, »in gutem Glauben« gehandelt zu haben.

Diese »Mehrheit« stand ganz offensichtlich auch für die im Exil vorherrschende Tendenz ein, Solidarität unter Emigranten höher einzuschätzen als die unerbittliche Recherche der Wahrheit. Tatsächlich ließ die »Mehrheit« im Untersuchungsausschuß des Exil-Journalisten-Verbandes durchaus in Übereinstimmung mit den meisten Exilzeitungen kaum einen Zweifel daran, daß in ihrer Sicht der »Wahrheitsfanatiker« Schwarzschild weitaus mehr dem Ansehen der Emigration geschadet hatte als die Autoren der Intrige gegen Poliakoff (S. 39 ff.). Auch nach den Verfahren vor französischen Gerichten, die Poliakoffs Unschuld eindeutig bewiesen und den russischen Verleger voll rehabilitierten, konstatierte der spätere »Aufbau«-Chefredakteur Manfred George in der »Neuen Weltbühne« nur, »daß so etwas nicht wieder passieren darf« – und meinte damit keineswegs Bernhards und Caros Komplott, sondern dessen journalistische Entlarvung durch die »Zerstörung der primitivsten Solidarität des Schweigens« (»Die neue Weltbühne«, 1937, Nr. 18, S. 569 f.).

Gerade in der Art seiner zutiefst unjournalistischen ›Bewältigung‹ dokumentiert der Skandal um das »Pariser Tageblatt« im extremen Einzelfall, wie generell und radikal der Ausnahmezustand des Exils die Bedingungen und Regeln publizistischer Arbeit veränderte. Die ›normalen‹ Journalisten Bernhard und Caro verloren in dem Maße, in dem sie eine ›normale‹ Zeitung machen wollten (nicht viel anders als zuvor in Berlin), buchstäblich den Boden unter den Füßen – bis hin zur Verstrickung in eine kriminelle Intrige. Die Zeitungen des Exils dagegen vergaßen umgekehrt, eben weil sie die realen Gegebenheiten ihrer besonderen Situation reflektierten, ihre vornehmsten Aufgaben. Das Ideal der frühestmöglichen Information über die wirklichen Vorgänge in der Welt wich politischem Kalkül, die nur der Aktualität und der Wahrheit verpflichtete Berichterstattung planendem Taktieren, der Journalist dem Politiker.

Aber im Skandal um Bernhard und Caro spiegelt sich nicht nur die heimliche Widersprüchlichkeit im Berufsbild des Exiljournalisten, sondern auch der allgemeine Umbruch in der ersten Etappe des Exils. 1936 mußten die Emigranten viele ihrer großen Hoffnungen begraben. Das nach ihrer Einschätzung bis dahin schwankende NS-Regime hatte sich, statt zu stürzen, inzwischen eindeutig konsolidiert. Der Elan, der die Emigration bisher beflügelt und nicht zuletzt die große Sammlungsbewegung des Jahres 1935 motiviert und vorangetrieben hatte, war um seinen wichtigsten Motor gebracht. Eben noch von dem Glauben bewegt, morgen in Deutschland mit dem Aufbau einer neuen Demokratie beginnen zu können, hieß es nun, sich auf ein Emigrantenleben einzustellen, dessen Dauer nicht abzusehen war. Zugleich rissen die ersten Moskauer Prozesse die scheinbar zugeschütteten Gräben zwischen Kommunisten und Nichtkommunisten wieder auf und offenbarten die ungeheuren Schwierigkeiten, tatsächlich zu einer breiten und schlagkräftigen antifaschistischen Front zu finden.

Spuren dieser Krise im kollektiven Gefühls- und Bewußtseinshaushalt der Emigranten sind in vielen kleinen und großen Exilzeitungen zu diagnostizieren. In Zurücknahmen und Irritationen etwa in der zuvor so erfrischend spontanen und gradlinigen »AIZ«, im zunehmenden Einzelgängertum des »Tage-Buch«-Schreibers oder auch in der nun plötzlich aggressiv und selbstbewußt vorgetragenen ›splendid isolation‹ des sozialdemokratischen »Neuen Vorwärts«. Nirgendwo freilich wird der ansonsten eben latente Zusammenbruch so konkret und real wie im »Pariser Tageblatt«-Skandal, in dem die durchaus existentiellen Zerreißproben des Jahres 1936 ihr sicher äußerlichstes und spektakulärstes, ganz gewiß aber auch ihr offenkundigstes Symptom fanden.

In dem Skandal und seinen Folgen steckten auch wichtige allgemeine und persönliche Ursachen dafür, daß sich die Arbeit der bis dahin in ihren liberalen Grundüberzeugungen ja durchaus verbundenen Publizisten Schwarzschild, Bernhard und Caro nach 1936 in diametral entgegengesetzte Richtungen weiterentwickelte. Ganz gewiß nicht zuletzt in Verbitterung über das Versagen im eigenen bürgerlichen Lager und vor allem über die Art seiner Verdrängung schwor der Herausgeber des »Neuen Tage-Buchs« jedem realpolitischen Taktieren ab und erklärte von nun an die Moral zum zentralen Maß und Prüfstein aller Dinge. Kein Verständnis zeigte er mehr für vermeintliches oder tatsächliches Fehlverhalten und attackierte alle, die solch ein politisches oder menschliches Fehlverhalten durch Schweigen deckten. Unerbittlich wie kaum ein anderer bewahrte und verteidigte er damit, im Gegensatz zu seinen ansonsten zunehmend taktisch und politisch denkenden und agierenden Kollegen, in der deutschen Exilpresse journalistische Positionen und zerschnitt allein dadurch weitgehend alle Bindungen zum Lager des Exils. Während sich der »Tage-Buch«-Schreiber so nach den Auseinandersetzungen um das »Pariser Tageblatt« endgültig vom Gros seiner Mitemigranten trennte und distanzierte, suchte und fand die »Pariser Tageszeitung« umgekehrt den Weg in die Gemeinschaft des Exils.

Allerdings setzten die früheren Redakteure des »Pariser Tageblatts« in der »Pariser Tageszeitung« zunächst einmal die alte journalistische Arbeit fort, scheinbar völlig unbeeindruckt von den von Poliakoff angestrengten Prozessen und nur wenig irritiert durch die – von Georg Bernhard als »dauernde Dreckspritzer« charakterisierten (1937, Nr. 266, S. 1) – Angriffe Schwarzschilds. Vordergründig war die neue »Pariser Tageszeitung« nur zu sehr das alte »Pariser Tageblatt«. Außer dem Titel und neuen Schlagzeilen für die Rubriken hatte sich – zumindest auf den ersten Blick – kaum etwas geändert. Aus der »Welt der Wirtschaft« war ein »Wirtschaftsspiegel«, aus »Paris – Gestern und Heute« »Rechts und Links der Seine« geworden, »Die Meinung der Welt« hieß nun »Am Zeitungsstand«, »Heute in Paris« hatte sich in »Pariser Programm« verwandelt. Nach wie vor gehörte am Freitag eine Seite dem Film, wurde der Fortsetzungsroman in erster Linie nach seinem Unterhaltungswert ausgesucht. Neben acht Romanen vom Typ »Bombay-Express« oder »Der Geliebte meiner Mutter« gab es 1937 nur einen mit einer antifaschistischen Thematik: Maria Leitners »Elisabeth, ein Hitlermädchen«. Anders als das »Pariser Tageblatt« hatte die »Pariser Tageszeitung« nicht nur sonntags, sondern auch noch einmal in der Woche sechs statt vier Seiten; der neu gewonnene Platz kam neben dem Feuilleton der Rubrik »Für die Frau« zugute, die – ganz im alten Stil – ihren Leserinnen Kochrezepte, Modetips und die »Maße der Venus von Hollywood« offerierte.

Die Grundsehnsucht des alten »Pariser Tageblatts«, eine gewisser-

maßen ganz normale populäre Tageszeitung für die Deutschen in
Frankreich zu sein, blieb mithin eine wichtige Tendenz der »Pariser
Tageszeitung«. Auch seinen Boulevard-Charakter gab das Blatt
zumindest bis Ende 1938 nicht grundsätzlich auf. Noch 1937 konnte
man auf Seite 1 das Foto der schönen Geliebten finden, »die auf den
Botschafter ... schoß« (1937, Nr. 412); noch 1938 sich über »Das Grab
der Kameliendame« (1938, Nr. 854, S. 4) oder »Die Kunst, den Tisch zu
decken« (1938, Nr. 765, S. 4) informieren. Um den Unterhaltungswert
zu steigern, wurde für kurze Zeit sogar die neue Rubrik »Ulk« eingeführt, die zumindest mit ihrem Titel an die gleichnamige Witzblatt-
Beilage der »Berliner Volks-Zeitung« erinnerte.

Gleichwohl verlagerten sich angesichts des Umbruchs von 1936 und
beeinflußt von neuen Konstellationen in der Redaktion, aber auch im
Zeichen sich zuspitzender politischer Entwicklungen hinter der
scheinbar unveränderten Oberfläche die Akzente. Die »Pariser Tageszeitung« öffnete sich den Problemen und Diskussionen des Exils. Was
für Schwarzschilds »Neues Tage-Buch« nur Episode blieb, wurde für
sie in zunehmend stärkerem Maße zu einem zentralen Gegenstand.

Bis zum Sommer 1935 hatte sich die einzige Tageszeitung des Exils
um dessen politische Aktivitäten wenig gekümmert. Die Kampagnen
und Aufrufe der Emigranten wurden zwar gelegentlich als knappe
Nachricht registriert, um die Diskussionen zwischen den verschiedenen Parteien und Gruppierungen aber kümmerte man sich nicht. Die
Auseinandersetzungen um die Einheitsfront etwa, zentrales Thema
der linken Exilpresse dieser Jahre, war für das »Pariser Tageblatt«
praktisch nicht existent.

Einigermaßen überraschend kam deshalb der Aufruf »Heraus aus
der Zersplitterung!«, den die Zeitung am 26. Juni 1935 auf ihrer Titelseite veröffentlichte. In diesem Aufruf zog der Schriftsteller Konrad
Heiden ein Fazit, das man auch als Kritik an der bisherigen Haltung
des »Pariser Tageblatts« deuten kann. Heiden genügte es nicht, einfach nur »gegen Hitler« zu sein; er rief zur Sammlung der verstreuten
oppositionellen Kräfte: »... der schwerste Schlag ... in dieser Stunde
(ist) Eure Einigung« (1935, Nr. 561, S. 1). Sechs Wochen später sprach
Chefredakteur Bernhard unter der Schlagzeile »Emigranten erwa-
chet!« von der Notwendigkeit, schon jetzt das »zukünftige Anrecht«
der Emigration »auf ein neues Deutschland durch irgendeine Handlung anzumelden«. Denn die »Unterdrückten und Ausgestoßenen ...
(können) morgen doch wieder die Herren in ihrem Lande sein ..., die
die zukünftige Regierung bilden« (1935, Nr. 607, S. 1).

Aber wenn auch im »Pariser Tageblatt« bis zum Sommer 1936
immer mal wieder Artikel erschienen, die sich für das »andere
Deutschland« und den Zusammenschluß aller Emigranten engagierten oder über die Arbeit des »Ausschusses zur Vorbereitung einer
deutschen Volksfront« berichteten, änderte das doch seinen Charakter
nicht. Auf seiner buntgemischten Palette blieb die deutsche Exilpolitik eine Farbe neben vielen anderen. Erst in der »Pariser Tagesei-

tung« gewann das Thema Deutschland eine neue Qualität. Neue Autoren, die immer häufiger den ersten Leitartikler Bernhard ersetzten, und insbesondere der neue Redakteur Carl Misch initiierten eine Bewegung, die zunehmend den alten Anspruch, »Politik mit dem Blick auf die Welt« zu treiben (1933, Nr. 1, S. 1), zugunsten des neuen Ziels in den Hintergrund drängte, das »Gesicht ... allein Deutschland« zuzuwenden (1938, Nr. 570, S. 1).

Auch der Chefredakteur Georg Bernhard und sein Stellvertreter Kurt Caro wurden nun nicht müde, die »Pariser Tageszeitung« als das »einzig täglich erscheinende Organ der deutschen Opposition im Ausland« zu propagieren, dessen wichtigste Aufgabe es sei, »stets und immer alles zu betonen und alles zu unterstreichen, was einigend im antifaschistischen Kampf wirkt« (1937, Nr. 412, S. 1). Dabei sollte die »Pariser Tageszeitung« die Einigungsbemühungen des deutschen Exils erklärtermaßen ebenso umfassend wie überparteilich begleiten und über die »Kundgebungen aller Bewegungen« gegen das NS-Regime informieren (1937, Nr. 483, S. 2).

Zwar wurde die »Pariser Tageszeitung« mit alledem keineswegs zum Mittelpunkt der Sammlungsbewegungen im deutschen Exil, aber strikt hielt sie sich an das, was sie nun ihr »oberstes Gesetz« nannte: »kleinliche Gegensätze zu übersehen, Trennendes nicht zu vertiefen und Polemiken zu unterlassen« (1937, Nr. 412, S. 1). Die bürgerliche Tageszeitung weigerte sich, »andere Kriterien walten zu lassen als Pro- oder Antihitlertum« (1938, Nr. 570, S. 1), und zeigte kein Verständnis für jene deutschen Oppositionellen, die »mit masochistischer Akribie« Stalins Moskauer Prozesse »diskutieren und ... analysieren«. Leute wie Leopold Schwarzschild machten sich in der Sicht Kurt Caros bloß zu »Helfershelfern« Hitlers und gefährdeten »die gemeinsame Sache der Bekämpfung des Nationalsozialismus« (1937, Nr. 412, S. 1).

Offen nach allen Seiten und alles Trennende ausklammernd gewann die »Pariser Tageszeitung« so bis zum Sommer 1939 mit ihrer Hinwendung zu den Problemen und Diskussionen im Lager des Exils zunehmend den Charakter eines Treffpunkts für dessen unterschiedliche politische Positionen. Während 1938 im »Neuen Tage-Buch« nicht nur Parteikommunisten, sondern auch alle Sympathisanten, die sich trotz der Moskauer Prozesse eine positive Einstellung zur Sowjetunion bewahrten, aus dem Mitarbeiterstab verschwanden, demonstrierte die »Pariser Tageszeitung« mit der Veröffentlichung ihrer Autorenliste Pluralität (1938, Nr. 823, S. 3). In dem Editorial standen Sozialdemokraten des rechten und des linken Flügels, Parteikommunisten und kämpferische Antibolschewisten, konservative und progressive Literaten, Sozialisten, Einzelgänger und Liberale aller Schattierungen nebeneinander – u. a. Curt Geyer und Siegfried Marck, Bruno Frei und Friedrich Wilhelm Foerster, Joseph Roth und Klaus Mann, Oskar Maria Graf, Emil Julius Gumbel, Otto Lehmann-Rußbüldt, Ludwig Marcuse und Alfred Kerr.

Unbeirrt von allen Streitigkeiten wurde das Bekenntnis zum Zusammenhalt immer wieder erneuert. Oktober 1938: »Welchen Sinn haben die Parteiungen innerhalb der deutschen Opposition? Keinen! Denn nur die Einigkeit kann dem Machtlosen Macht verschaffen. Deshalb kennt die ›Pariser Tageszeitung‹ lediglich ein Ziel: die Einigung aller – über alle Gruppen hinaus!« (1938, Nr. 823, S. 3). Mai 1939: »Weil wir aber nur den einen Feind kennen, unseren ganzen Kampf lediglich gegen den einen ausrichten, gerade deshalb gibt es zwei Dinge hier nicht: es gibt keine Kleinlichkeit und kein Gezänk... Der Zwist in den Cliquen und Sekten der Emigration (berührt) uns überhaupt nicht...« (1939, Nr. 1000, S. 1). Geradezu selbstverständlich schrieben in der »Pariser Tageszeitung« neben Joseph Roth, Hermann Kesten, Alfred Polgar und Hermann Rauschning kommunistische Autoren wie Rudolf Leonhard und Walther Victor, stammte ein Fortsetzungsroman von dem kommunistischen Schriftsteller Bodo Uhse, wurde ein Becher-Gedicht aus der Moskauer »Internationalen Literatur« nachgedruckt.

Ihr altes Image des unverbindlich Buntgescheckten wurde sie freilich mit ihrer pluralistischen Hinwendung zu den vielfältigen Meinungen im Lager des Exils erst recht nicht los. Konrad Heiden gab jedenfalls noch 1937 in Schwarzschilds »Neuem Tage-Buch« auf eigene kritische Fragen eindeutige Antworten:

> »Wollen Sie gefälligst angeben, welche politische Gesinnung die ›Pariser Tageszeitung‹ vertritt? Ist sie sozialistisch, kommunistisch, deutsch, zionistisch, demokratisch oder revolutionär? Das alles führt diese Zeitung im Schilde, sie selbst ist nichts davon. Sie ist nicht etwa von allem etwas, sie sucht auch keine mittlere Linie... Sie fühlt sich völlig wohl in ihrem subalternen Behagen an der Unentschiedenheit, ihrem geschäftstüchtigen Journalismus wie einst in Kurfürstendammzeiten... Die ›Pariser Tageszeitung‹ ist einfach ein Laden, und sonst leider nichts« (»Das Neue Tage-Buch«, Jg. 5, 1937, H. 12, S. 279).

Manches an dieser Kritik mag durch die persönlichen Querelen zwischen Schwarzschild und Bernhard mitgeprägt, mithin überspitzt sein. Richtig freilich ist wohl, daß die »Pariser Tageszeitung« nicht zuletzt in dem Zwang, täglich vier Zeitungsseiten ohne die dafür in normalen Zeiten selbstverständlichen Hilfs- und Zulieferdienste füllen zu müssen, lange einem kleinen Warenhaus mit beträchtlichen Materialproblemen glich. Die spärlich eingehenden Meldungen und Berichte konnten kaum ausgewählt werden, sondern wurden ausnahmslos zum Kauf ausgestellt.

Die sich zuspitzende politische Lage und die inhaltliche Hinwendung zu den Themen des Exils blieben dennoch nach 1937 nicht ohne Einfluß auf die äußere Erscheinung und den Gesamtzuschnitt der »Pariser Tageszeitung«. Im Laufe des Jahres 1938 verlor sie mehr und mehr ihren Boulevard-Charakter, wurde seriöser und gleichzeitig ein wenig langweiliger. Die Umfangserweiterung auf zweimal wöchentlich sechs Seiten und die Rubrik »Ulk« waren bereits 1937 wieder aufgegeben worden. Nun verdrängten auch noch nüchterne »Pariser Notizen« die reißerischen Lokalberichte. Das lange Zeit so wichtige Thema »Film« fand immer weniger Beachtung, die Rubrik »Für die Frau« verschwand ganz. Statt dessen gab es, nur zu bezeichnend für die generelle Trendwende, eine neue Sonderseite: »Geistiges Schaffen«.

Obwohl unübersehbar durch die zunehmend bedrohlichere Situation in Europa mitbestimmt, wurden diese Veränderungen doch auch wesentlich von gravierenden Umbesetzungen in der Redaktion begleitet und geprägt. Zur Jahreswende 1937/38 mußte Georg Bernhard deren Leitung aufgeben. Mit dem (wie sich später herausstellte) unberechtigten Vorwurf der Unterschlagung kündigte Fritz Wolff, 1936 Dritter im Bunde der Intrige gegen Poliakoff und seither Verleger der »Pariser Tageszeitung«, seinem bisherigen Chefredakteur und ernannte Kurt Caro und Carl Misch als Nachfolger. Aber auch Caro konnte sich nur noch ein Jahr halten. Ende 1938 gab es erneut einen Wechsel in der Chefredaktion, die nun für den ausscheidenden Kurt Caro der überzeugte Antikommunist Joseph Bornstein übernahm.

Bornstein führte konsequent zu Ende, was sich als Tendenz bereits vor seiner Chefredaktion angekündigt hatte. Unter seiner Leitung hatte die »Pariser Tageszeitung« im Prinzip nur noch zwei Funktionen. Indem sie alle politischen Meinungsverschiedenheiten ausklammerte, stellte sie erstens die Einheit der Emigration aus und verstand sich damit im festen Glauben an das andere Deutschland fast ausschließlich als Anwalt des »armen, in die Irre geführten, bedrückten, gepeinigten deutschen Volkes«: »So stehen wir als Warner inmitten der Flut, die immer höher steigt, erfüllen wir eine Aufgabe gegenüber der Menschheit wie gegenüber unserem deutschen Volk« (1939, Nr. 1000, S. 1).

Zweitens versorgte die »Pariser Tageszeitung« die deutschen Emigranten in Frankreich – wie bescheiden und reduziert auch immer – mit den Nachrichten vom Tage. Nach Kriegsausbruch auf ein Zeitungsblatt mit zwei Seiten geschrumpft, fehlte ihr schließlich jeder Raum für Kommentare, wertende oder unterhaltende Berichte, war sie kaum mehr eine Zeitung, sondern eher ein Notdienst mit den wichtigsten Informationen für nur deutschsprechende Leser in Frankreich.

Nichts offenbart diese Reduktion zur behelfsmäßigen Nachrichten-Notausgabe eindeutiger als die Unfähigkeit der »Pariser Tageszeitung«, ihre nach dem deutsch-sowjetischen Nichtangriffspakt vollzogene Absage an eine Koalition mit Kommunisten in praktischen Journalismus umzusetzen. Der »Peitschenschlag« von Stalins Bündnis mit Hitler (1939, Nr. 1085, S. 1) hatte für die »Pariser Tageszeitung« zerschlagen, was zuvor auch die Moskauer Prozesse nicht zu zerstören vermochten. Die Gemeinschaft aller Gegner Hitlers war gesprengt, der Kommunismus von nun an aus der antifaschistischen Solidarität verbannt. Doch die neue Devise »Keine Gemeinschaft mit den Verteidigern Stalins« (1939, Nr. 1085, Nr. 2) blieb für die »Pariser Tageszeitung« ohne konkrete Folgen. Zur bloßen Vermittlerin wichtigster Tagesnachrichten geschrumpft und weitgehend aller Möglichkeiten zur politischen Berichterstattung oder gar Kommentierung beraubt, konnte sie die wichtige politische Akzentverschiebung in den eigenen Spalten nicht mehr widerspiegeln.

Diese »Pariser Tageszeitung« hatte nun freilich mit dem »Pariser Tageblatt« der Jahre von 1933 bis 1936 ganz und gar nichts mehr gemein. Im Gegensatz zu ihrer Vorgängerin, die »eine Pariser Zeitung« in deutscher Sprache hatte sein wollen und es dabei immerhin zur Qualität eines in Paris erscheinenden Provinzblättchens brachte, war sie auch im eigenen Selbstverständnis eine reine Exilpublikation. In denkbar weiter Entfernung von dem Reißerischen, ja Voyeuristischen des »Pariser Tageblatts« hieß ihr Interesse ausschließlich Deutschland, galt ihre erste Sorge den Emigranten in Frankreich, war ihre einzige Perspektive der Blick dieser Emigranten in die Heimat.

Das letzte Kapitel in der Geschichte der »Pariser Tageszeitung« handelt fast nur noch – und das in immer stärkerem Ausmaße – vom bloßen Überleben. Der Glaube an einen Aufbruch zu neuen Ufern war Parolen zum Durchhalten gewichen. Nicht zuletzt für die »Pariser Tageszeitung« wurde zunehmend wichtig, einfach dazusein, allein mit ihrer Existenz die Gegenwart der deutschen Emigranten in Frankreich zu dokumentieren.

Diese zentrale Aufgabe als täglicher Zeuge für das Dasein des deutschsprachigen Exils hielt die »Pariser Tageszeitung« mehr als alles andere am Leben. Wirtschaftlicher Erfolg war es jedenfalls nach 1936 wohl noch weniger als zuvor. Die Finanzgeschichte der einzigen Tageszeitung des deutschen Exils gleicht durchaus insgesamt, aber ganz besonders nach 1936, einer ständigen Gratwanderung am Rande des Abgrunds. Der neue Verleger Fritz Wolff war im Gegensatz zu Poliakoff weitaus mehr ein Geldbeschaffer als ein autonomer Geldgeber, ein Mann, ständig auf der Suche nach potentiellen Finanzquellen und damit den für seine Zeitung erforderlichen Mitteln. Immerhin fand er dabei Unterstützung von den verschiedensten Seiten, gelang es ihm immer wieder, die »Pariser Tageszeitung« – wenn auch gelegentlich nur von einem auf den anderen Tag – über Wasser zu halten.[5] Denn wie verfeindet die Gruppen des Exils auch waren, wie kritisch in vielen Lagern der buntschillernde Paradiesvogel auch eingeschätzt wurde, fast alle wollten die »Pariser Tageszeitung« doch lieber leben als sterben lassen.

Den Beweis für die Machbarkeit einer Tageszeitung unter den besonderen Bedingungen des Exils lieferte dieser Sachverhalt natürlich nicht. In Wirklichkeit mußten das »Pariser Tageblatt« und seine Nachfolgerin vielmehr im Laufe ihrer Geschichte eine große Hoffnung nach der anderen aufgeben. Die gesellschaftlichen, journalistischen und geschäftlichen Erwartungen des Beginns wurden ausnahmslos enttäuscht. Der Traum von einer aktiven Integration in Frankreich endete mit Flucht und Internierung, aus der gewünschten internationalen Tageszeitung wurde eine Notausgabe für Emigranten, aus dem ursprünglich vermuteten vitalen Geschäftsunternehmen für einen neuen kaufkräftigen Kundenkreis in Paris ein Interessenvertreter ohne Macht und Kapital.

Das »Pariser Tageblatt« und die »Pariser Tageszeitung« endeten damit dort, wo der New Yorker »Aufbau« begann. Während der Weg der einzigen deutschsprachigen Tageszeitung des Exils vom Anspruch eines populären Weltblattes schrittweise zurückführt zu einer Publikation für den engen und begrenzten Kreis von Emigranten, entwickelt sich der »Aufbau« genau umgekehrt von einem unbedeutenden Vereinsblättchen ›mit beschränkter Haftung und eingezäunter Wirkung‹ zu einer Wochenschrift von überregionalem Rang.[6] Beide Zeitungen haben in Ausgangspunkt und Basis vieles gemein. Vor allem verstanden sich beide als Organe für eine unpolitische bürgerliche (und das heißt im Umkreis des Exils zugleich in aller Regel auch jüdische) Mitte. Ihre Geschichte freilich verläuft diametral verschieden – ein Ausdruck nicht zuletzt der großen allgemeinen Unterschiede in den beiden Etappen des Exils, aber auch für höchst konträre Grundhaltungen zu Schicksal und Existenz der Emigration und ihrer publizistischen Möglichkeiten:

– Der New Yorker »Aufbau« ließ sich auf das Experiment einer Tageszeitung nie ein. Er war – wie im übrigen viele erfolgreiche Exilperiodika – eine aus der Distanz kommentierende Wochenschrift, im Prinzip also unabhängig von den großen Nachrichtendiensten der Welt oder gar einem eigenen weltumspannenden Korrespondentennetz. Das »Pariser Tageblatt« und die »Pariser Tageszeitung« hätten dagegen genau diesen Service gebraucht, um das eigene Ziel einer Tageszeitung als aktueller Spiegel der Ereignisse in der Welt erfüllen zu können. Statt dessen war die Nachricht aus zweiter Hand der Regelfall. »Nachrichten aus deutscher Quelle« mußten oft »aus dem Französischen zurückübersetzt werden«[7], fast alle Meldungen und Berichte waren realiter Übernahmen aus der internationalen Presse, mit eintägiger Verspätung sogar dann veröffentlicht, wenn sie aus den zwangsläufig bevorzugten Pariser Tageszeitungen kamen.

Der New Yorker »Aufbau« wollte von einer Rückkehr nach Deutschland nichts mehr wissen. In den USA in ganz anderem Ausmaße als die Deutschen in Frankreich zur Integration eingeladen, fanden die deutschen Emigranten in den Vereinigten Staaten in ihrer New Yorker Zeitung den Berater, Anwalt und Propagandisten für einen Neubeginn. Zwar wollte das »Pariser Tageblatt« in seinen ersten Jahren etwas ganz Ähnliches sein, ihm fehlten aber dazu fast alle Voraussetzungen. Die Möglichkeiten für einen echten Neubeginn erwiesen sich in Frankreich nur zu schnell als Illusion, und die persönliche Bereitschaft zu einer Aufgabe der Heimat war, wenn überhaupt vorhanden, in der ersten Etappe des Exils zunächst einmal ein schmerzhafter und langwieriger Prozeß. Von wirklicher Distanz zu Deutschland konnte jedenfalls bei den bürgerlich-jüdischen Emigranten in Frankreich keine Rede sein. Wohl sprach der Chefredakteur Bornstein in einem Leitartikel zum Kriegsausbruch nicht nur von der »furchtbar(en)« »Verantwortung der deutschen Menschen ..., die Hitler zur Macht kommen ließen und ihn stützten und die aus Feigheit und Blindheit nicht alles eingesetzt haben, um seiner Herrschaft ein Ende zu setzen«, sondern auch von ihrer »unermeßlich(en)« »Schuld«: das deutsche Volk habe »seine Stunde verpaßt«; nun könne es nur noch versuchen, indem es für die Abkürzung des Krieges, für den Sturz des Regimes kämpfe, »diese Schuld zu verringern« (1939, Nr. 1091, S. 1). In genauer Entsprechung zur generell labilen Haltung der bürgerlichen Emigranten wurde jedoch schon wenige Tage später wieder das »geknechtete deutsche Volk« beklagt, dessen »übergroße Mehrheit ... nichts sehnlicher wünscht, als sich von der Gewaltherrschaft im eigenen Lande befreien zu können« (1939, Nr. 1098, S. 1).[8]

Der New Yorker »Aufbau« fand im Bekenntnis zum Judentum und zum Judesein eine neue Basis, die die eigene Zeitung und ihre Leser bei aller Vielfalt der Persönlichkeiten, Überzeugungen und Meinungen zutiefst miteinander verband. Dieses Bekenntnis verpflichtete auch journalistische Buntheit auf ein für alle und alles verbindliches Konzept, markierte die Möglichkeiten der Wochenschrift und ihre Grenzlinien. Für die bürgerlichen Emigranten in Paris gab es solch einen gemeinsamen Nenner dagegen nicht. Sie fühlten sich zuvörderst als Deutsche, nicht als Juden. Nur hatten sie nun eben die Heimat verloren, ohne sich auf eine Grundlage für eine neue Gemeinschaft verständigen zu können. Die Konsequenz war ein ständiges Hin und Her ohne jeden Boden. Allein der Anspruch, eine unabhängige Weltzeitung sein zu wollen, und die Realität des Exils begründen, da es einen übergreifenden Grundkonsens nicht gab und wohl auch nicht geben konnte, im Gegensatz zum in eine Weltanschauung eingebundenen und von ihr kontrollierten Kaufhaus des »Aufbau« bei »Pariser Tageblatt« und »Pariser Tageszeitung« einen vor jeder Entgleisungsgefahr ungeschützten Rummelplatz der Widersprüche.

Die »Pariser Tageszeitung« löste den Konflikt mit der endgültigen Rückkehr ins Lager des Exils. Diese Rückkehr gesteht freilich das Scheitern der vorausgegangenen Pläne deutlicher als vieles andere ein. Im Blick auf die ›Endspiele‹ der »Pariser Tageszeitung« wird darüber hinaus gerade im Vergleich zu den weitaus positiveren Perspektiven für Emigranten in New York ein Letztes klar. Mit dem Beginn des Krieges waren in fast ganz Europa alle Möglichkeiten für ein Leben als Emigrant und damit auch für die Entwicklung einer deutschsprachigen Exilpresse verloren. Was blieb, war der Zwang zu einem außereuropäischen Neubeginn.

1 Zahlenangaben nach: Kurt R. Grossmann: *Emigration*. Frankfurt/M. 1969, S. 151 und »Pariser Tageblatt« 1935, Nr. 723, S. 1. — 2 Als Mitglieder im »Ausschuß zur Vorbereitung einer deutschen Volksfront« skizzierten Bernhard und Schwarzschild Verfassungs-Entwürfe für ein Deutschland nach Hitler. Den streng marxistischen Gruppierungen des Exils waren beide eklatante Belege für den Verrat der offiziellen KPD an den Interessen der Arbeiterklasse, dokumentierte Bernhards »Entwurf einer Verfassung für das ›Vierte Reich‹« (nicht anders, ja vielleicht mehr noch als Schwarzschilds »Konzept einer Grundsatzregelung für das Deutschland nach Hitler«), mit welchen Reaktionären die KPD bereit war, im Volksfrontausschuß zusammenzuarbeiten. Bernhards und Schwarzschilds Entwürfe sind veröffentlicht bei Ursula Langkau-Alex: *Volksfront für Deutschland?* Frankfurt/M. 1977, S. 183 ff. — 3 Bericht der Minderheit der Untersuchungskommission in der Streitsache Bernhard/Caro einerseits, Schwarzschild andererseits für die Association des Journalistes Allemands Emigrés. [Paris, 26. 2. 1937], S. 12. Die im Folgenden in Klammern angegebenen Seitenzahlen verweisen jeweils auf diesen maschinenschriftlich vervielfältigten Bericht – die wohl ausführlichste und objektivste Darstellung des Skandals um das »Pariser Tageblatt«. — 4 Léon Poliakov, später ein bedeutender Historiker des Antisemitismus, hatte seinen Vater bereits zu dem Projekt ermuntert, »eine Tageszeitung für die neue jüdisch-deutsche Diaspora zu gründen«. Die Geschichte und vor allem die Affäre um das »Pariser Tageblatt« wurden dann für den damals 24- bis 26jährigen nach seinem eigenen Zeugnis zum »Einstieg ins aktive Leben, der seine Neigungen und seine Abneigungen bleibend prägte«. Zitate nach Léon Poliakov: *L'auberge des musiciens. Mémoires*. Paris 1981, S. 13 und 45. — 5 Zur Finanzlage und den verschiedenen Geldgebern der »Pariser Tageszeitung« nach Poliakoff vgl. die Dissertation von Walter F. Peterson: *The German Left-Liberal Press in Exile: Georg Bernhard and the Circle of Emigré Journalists Around the Pariser Tageblatt – Pariser Tageszeitung, 1933–1940*. Ph. D. diss., State University of New York at Buffalo 1982, S. 399 ff. — 6 Vgl. dazu: Lieselotte Maas: Die »Neue Weltbühne« und der »Aufbau«. Zwei Beispiele für Grenzen und Möglichkeiten journalistischer Arbeit im Exil. In: *Exilforschung. Ein internationales Jahrbuch*. München 1983, S. 245 ff. — 7 Hans Jacob: *Kind meiner Zeit*. Köln und Berlin 1962, S. 185. — 8 Alle Nachweise im Text beziehen sich auf das »Pariser Tageblatt« bzw. auf die »Pariser Tageszeitung«.

Claus-Dieter Krohn

»Nobody has a right to come into the United States«

Die amerikanischen Behörden und das Flüchtlingsproblem nach 1933

Allgemeine Tendenzen der amerikanischen Flüchtlingspolitik nach 1933

»Die Vereinigten Staaten verhalten sich außerordentlich lahm und unzulänglich bei der Erfüllung ihrer pflichtgemäßen Aufgaben«, so charakterisierte der berühmte Harvard-Jurist und spätere oberste Bundesrichter Felix Frankfurter schon im September 1933 die Reaktion seines Landes auf die erste Flüchtlingswelle aus Nazi-Deutschland.[1] Obwohl im klassischen Einwanderungsland USA eine umfangreiche Immigrationsforschung lange Tradition hat, sind die speziellen Aspekte der amerikanischen Einreisepolitik zur Zeit der nationalsozialistischen Herrschaft lange Zeit kaum detaillierter behandelt worden. Zwar hatte die amerikanische Literatur nach 1945 die restriktive Einwanderungspolitik, die seit den zwanziger Jahren mit der auch während der Nazi-Zeit nicht veränderten Quotenregelung begonnen hatte, immer wieder thematisiert. Doch erschienen diese Maßnahmen dort vielfach als berechtigte Vorkehrungen, wenn man etwa an die im 20. Jahrhundert immer weiter geschlossene ehemalige *open frontier*, an den Kriegsnationalismus seit 1917 mit wachsender Furcht vor der neuen Erscheinung des Bolschewismus oder schließlich an die Weltwirtschaftskrise nach 1929 und ihre sozialen Folgewirkungen denkt.[2]

Erst seit Ende der sechziger Jahre hat, beginnend mit Arthur D. Morses Buch *While Six Million Died*, eine revisionistische Geschichtsschreibung dieses tradierte Bild in Frage gestellt.[3] Erstaunlich hierbei ist, daß weniger neu verfügbares Material als vielmehr ein kritischeres Bewußtsein, beeinflußt nicht zuletzt durch den Vietnam-Krieg, zu einer anderen Sichtweise der internationalen Rolle der USA nach 1933 geführt hat. Insbesondere mit Blick auf den Holocaust wurde jetzt nicht mehr nur nach den Versäumnissen, sondern konkret nach der Mitverantwortung Amerikas gegenüber den Opfern des Nationalsozialismus gefragt, wobei mehr und mehr die Haltung des für die Einwanderungspolitik verantwortlichen Außenministeriums ins Zentrum der Kritik rückte. Das bisher schärfste Urteil fällte Feingold schon 1970: »Mit der Vernichtung der Juden löste Berlin nicht nur die ›jüdische Frage‹ in Deutschland, sondern ebenso das Flüchtlingsproblem des

State Department.«⁴ Nach der Vielzahl der seither erschienenen Untersuchungen scheint dieses Verdikt nicht einmal übertrieben gewesen zu sein.⁵

Allgemein wird man sagen können, daß die bisher vorliegende Literatur überwiegend auf den Akten der Roosevelt-Administration sowie denen des State Departments basiert, wohingegen die Materialien der einzelnen Konsulate und viele Nachlässe von Personen, die in Flüchtlingsfragen engagiert waren, bisher kaum oder nur wenig ausgewertet worden sind. Gerade sie sind aber von besonderem Interesse, weil sich mit ihnen im Spiegel individueller Dramatik und Tragik die Inhumanität der großen Politik nach 1933 nachzeichnen läßt. Zwar sind die Personalakten der amerikanischen Konsulate nicht zugänglich, deren Generalakten sowie Dokumente in privaten Nachlässen können jedoch das Bild der bisherigen Forschung mit einigen zusätzlichen Details anreichern und modifizieren. Aus der Sicht von diesseits des Atlantiks gilt das um so mehr, als die Emigrantenliteratur vielfach das persönliche Flüchtlingselend in Europa und die kafkaeske Verlorenheit vor den Schranken der amerikanischen Konsulate beschrieben hat; der Blick auf die andere Seite der Barriere kann womöglich einige neue Akzente setzen.

Abgesehen von einigen Liberalen bzw. New Dealern war die öffentliche Meinung Amerikas von Anfang an gegen eine gezielte Flüchtlingshilfe oder gar gegen eine Lockerung des Quotensystems eingestellt; in wiederholten Umfragen erklärten sich während der dreißiger Jahre konstant etwa 80% der Bevölkerung gegen eine Politik der offenen Türen. Ungehört blieben dringende Appelle, wie beispielsweise die der einflußreichen Journalistin Dorothy Thompson, die wegen ihrer kritischen Berichte über die Nazi-Politik gerade aus Deutschland ausgewiesen worden war und die fortan nicht müde wurde, darauf hinzuweisen, daß die Flüchtlingsfrage kein soziales Problem, sondern ein internationales Politikum ersten Ranges sei, dem sich keine zivilisierte Nation entziehen könne.⁶ Nicht nur die konservativ-nationalen Patriotenvereine, Veteranenverbände oder der Ku-Klux-Klan machten gegen die von diversen Hilfsorganisationen vorgetragenen und von einigen wenigen Vertretern im Kongreß übernommenen Flüchtlingsinitiativen mobil. Auch der Gewerkschaftsbund AFL opponierte gegen jede Lockerung der Quoten, und das nicht nur mit arbeitsmarktpolitischen Argumenten, sondern ebenso mit dem Hinweis, daß es kein Land auf der Erde gäbe, in dem nicht politische und religiöse Verfolgung herrsche.⁷ Selbst bescheidene soziale Hilfsmaßnahmen wurden von vielen dazu berufenen Gruppen abgelehnt. Als etwa nach der Kristallnacht in Deutschland Senator Robert F. Wagner, ein in Deutschland geborener Katholik, zur Rettung von 20.000 deutschen Kindern ein Gesetz einbrachte, wurde dieses Vorhaben nicht nur von konservativen Frauenvereinen, sondern ebenso von der katholischen Wohlfahrts-Konferenz mit dem Hinweis abgelehnt, daß eine besondere Notlage nicht erkennbar sei.⁸

Auch im schmalen Bereich der Non-Quota-Immigration, unter die neben Schriftstellern oder Publizisten auch Wissenschaftler fielen, welche eine akademische Tätigkeit an amerikanischen Universitäten nachweisen konnten, waren die Grenzen nur allzu schnell sichtbar. Viele Hochschulen rissen sich zwar um die vielen hochqualifizierten, von ihren Posten vertriebenen deutschen Wissenschaftler, angesichts der Akademiker-Arbeitslosigkeit in jenen Krisen-Jahren waren aber offen antisemitische Ressentiments gegen diese Immigranten sehr bald unübersehbar. Selbst die großen Stiftungen wie etwa die Rockefeller Foundation, die sich durch Finanzierung zahlreicher neuer Stellen besonders um die Aufnahme jener vertriebenen Wissenschaftler bemühten, glaubten noch 1933, warnend auf die Einstellungspraxis der Universitäten einwirken zu müssen. Besonders in den modernen Sozialwissenschaften sah man mit Unbehagen, daß viele ihrer führenden Köpfe »Juden und Sozialdemokraten oder noch schlimmer« seien. Bei den Maßnahmen des Hitler-Staates dürfe auch nicht vergessen werden, daß in der Weimarer Republik »das jüdisch-liberale Element recht einseitig bevorzugt worden war«. Ja, man hielt es zuweilen für zwingend, die Universitäten besonders auf das »sehr jüdische Erscheinungsbild« verschiedener angeworbener Wissenschaftler aufmerksam zu machen.[9]

Überdeutlich ist die kalmierend-abwiegelnde Haltung der mit Flüchtlingsfragen beschäftigten Verwaltung. Wie in jenen Berichten der Rockefeller Foundation, die über ihr europäisches Büro in Paris die Entwicklung in Deutschland sorgfältig beobachtete, bereits seit März 1933 verbreitet wurde, daß die jüdische und politische Diskriminierung in Deutschland wohl nur vorübergehend sei, so kabelten auch die amerikanischen Konsulate, daß die deutschen Verhältnisse vom Ausland vielfach übertrieben dargestellt würden. Der Hamburger Konsul räumte zwar ein, daß es gewalttätige Ausschreitungen und Totschlag gäbe, das müsse jedoch als marginale Einzelerscheinung genommen werden.[10] Obwohl Presseberichte anders lauteten, erklärte auch Außenminister Cordell Hull noch im März 1933, daß Verfolgungen und Gewalt in Deutschland als beendet anzusehen seien.[11] Die Begründung für solch beruhigende Attitüde hatte das Hamburger Konsulat auch schon mitgeliefert. Dort sah man nämlich, daß die Nationalsozialisten »mit der Zerschlagung des Kommunismus der ganzen Welt einen unschätzbaren Dienst erwiesen haben, der seine heilsame Wirkung auch auf andere Länder ausüben könnte«.[12]

Trotz aller Sympathien und großen Engagements hatte Präsident Roosevelt kaum die Mittel, um zügige Hilfsmaßnahmen durchzusetzen. Wohl lehnte er mehrfach restriktionistische Initiativen des Kongresses ab, und auch seine Frau, die besonderen Anteil am Schicksal der deutschen und später europäischen Emigranten nahm, kündigte demonstrativ die Ehrenmitgliedschaft in zahlreichen patriotischen Vereinen nach deren zunehmend zuzugsfeindlicher Haltung, doch vielfältige Rücksichten verhinderten weitergehende Schritte. Wegen des Einsatzes der jüdischen Minderheit in den USA für den New Deal wurde Roosevelts neues Wirtschaftsprogramm in der Öffentlichkeit sehr bald schon als »Jew Deal« denunziert.[13] Insbesondere war das Programm auch von vielen aus Deutschland vertriebenen kritischen Intellektuellen tatkräftig unterstützt worden, denn sie sahen in diesem gesellschafts- und wirtschaftspolitischen Aufbruch der Roosevelt-Administration ein wenig von dem Wirklichkeit werden, was sie in der krisengeschüttelten Weimarer Republik vergeblich zu erkämpfen gesucht hatten.

Ferner stand der Präsident unter dem massiven Druck der Südstaatler in der eigenen demokratischen Partei, die die verschiedenen Ausschüsse im Kongreß dominierten und ihren ablehnenden Kurs um so mehr verschärften, je flüchtlingsfreundlichere Töne aus dem Weißen Haus kamen. Ein Beispiel mag der texanische Demokrat Martin Dies sein, der den Vorsitz des 1938 eingerichteten House Committee on Un-American Activities führte, das später durch Joseph McCarthy noch berüchtigter werden sollte. Es hatte den Auftrag, die Gefahren zu untersuchen, die der amerikanischen Gesellschaft durch kommunistische und faschistische Unterwanderung drohten, doch entwickelte es sich bald zu einem wichtigen, auf dem rechten Auge blinden Sprachrohr der Anti-New Dealer und Restriktionisten. Einerseits attackierte der Ausschuß den New Deal als strategische Kriegslist der Linken, andererseits heizte er die verbreitete Hysterie gegenüber einer vermuteten Unterwanderung durch die deutschen Flüchtlinge – besonders nach 1940 -- lautstark an. Umgeben von Psychopathen, so Innen-Staatssekretär Harold Ickes,[14] erklärte Dies: »Wir dürfen den jammernden Sentimentalisten und Internationalisten keinen Raum schenken, wir müssen die Tore unseres Landes vor den Immigranten schließen und verrammeln und dann die Schlüssel weit wegwerfen.«[15]

Angesichts dieser Widerstände und eines solchen Meinungsklimas in der eigenen Partei hatte Roosevelt kaum Chancen. Seine seit 1933 erkennbare Suche nach einem mittleren Kurs in der Flüchtlingspolitik blieb letztlich ohne Erfolg.[16] Ähnliches gilt für seine außenpolitischen Initiativen. Die spektakuläre internationale Flüchtlingskonferenz von Evian 1938 mag dafür als Beispiel stehen. Von Amerika einberufen, bewegte sie nichts, weil einerseits die europäischen Länder bereits von deutschen Flüchtlingen überschwemmt waren und nicht noch mehr hereinlassen wollten und andererseits die Staaten Lateinamerikas großzügigere Aufnahmen von einer entsprechenden Politik der USA abhängig machten.[17]

Die Visa-Abteilung des State Departments nach Kriegsausbruch 1939

Während die Flüchtlingsfrage im Zeitraum 1933 bis 1938/39 vergleichsweise platonisch diskutiert wurde, weil die Einwanderungsquoten – für Deutsche und Österreicher jährlich 27.370 Personen – bis zur Annektion Österreichs und zur Kristallnacht nicht ausgenutzt worden waren, ja von 1932 bis 1938 wanderten sogar rund 5.000 Deutsche mehr aus den Vereinigten Staaten aus als ein,[18] wurde sie nach 1939 und besonders nach der Niederlage Frankreichs zu einem realen Problem. Erst jetzt läßt sich genauer abmessen, wie konkret auf den Flüchtlingsstrom reagiert wurde, der insbesondere aus der Menschenfalle des unbesetzten Teils von Frankreich in die USA drängte. Obwohl zu dieser Zeit sichtbar war, daß die politische und rassische Verfolgung in Nazi-Deutschland längst zu einer Frage von Leben und Tod geworden war, ist in den USA seit 1940 eine kontinuierliche Verschärfung der Einreisebestimmungen und -bewilligungen auszumachen.

Auf Druck Roosevelts wurde 1940 zwar ein Emergency Visitor's Visa Program geschaffen und dem nach Evian gebildeten präsidialen Advisory Committee on Political Refugees unterstellt, das für besonders gefährdete Flüchtlinge in Europa schnelle unbürokratische Hilfe bringen sollte, doch unterlagen die Einreiseformalitäten für diese Personen der gleichen Prozedur wie bei allen anderen Antragstellern. Und sowohl das State Department als auch die einzelnen Konsulate machten aus ihrer Abneigung gegen die Einmischung des präsidialen Komitees keinen Hehl und hintertrieben dessen Arbeit entsprechend.

Längst wurde nicht mehr über eine zuvor diskutierte und immerhin denkbare höhere Zulassung aufgrund der in den Jahren vorher unausgenutzten Kontingente gesprochen, sondern die verantwortlichen Instanzen, die Visa-Abteilung im State Department und die Konsulate, suchten durch unterschiedliche Verfahrenstechniken sowie individuelle Eigenmächtigkeiten die Zahl der Flüchtlinge häufig auch noch unter die gesetzliche Zulassungsgrenze zu drücken.

Bestimmt wurde diese Strategie vor allem von der allgemeinen Sicherheits-Hysterie (H. Feingold), einer Variante des Isolationismus, die unter dem von Martin Dies geprägten Schlagwort vom Trojanischen Pferd in den Flüchtlingsströmen nur ›fünfte Kolonnen‹ politischer Spionage sah.[19] Unbeachtet blieben in dieser Atmosphäre differenziertere Vorstellungen, so etwa die des 1933 aus Deutschland geflohenen Politikwissenschaftlers Karl Löwenstein, der in einem umfangreichen Memorandum für das State Department nachgewiesen hatte, wie wenig Chancen mögliche Agenten in den relativ homogenen und untereinander vielfach bekannten Flüchtlingsgruppen haben würden.[20]

Unübersehbar waren neben der Furcht vor politischer Unterwanderung aber auch antisemitische Tendenzen gerade bei den Funktionsträgern der Staatsverwaltung, wobei die Grenzen zu den Sicherheitsargumenten recht fließend erschienen. Sogar der älteste und angesehenste internationale jüdische Hilfsverein HICEM wurde als Spionage-Agentur verdächtigt.[21] Für die jüdischen Organisationen brachten solche Vermengungen erhebliche Probleme, konnte ihr Engagement zur Rettung der Glaubensgenossen von interessierter Seite damit bequem als unamerikanische Haltung ausgelegt werden.

Führende amerikanische Juden wie beispielsweise der einflußreiche Journalist Walter Lippman hätten daher auch lieber gesehen, wenn die Flüchtlinge woanders aufgenommen worden wären. Einmal mehr wurden solche Befürchtungen von der Reaktion der Visa-Abteilung auf eine Massenveranstaltung jüdischer Hilfsvereine im Madison Square Garden bestätigt: »Es ist nicht schwer – wenn erst einmal die Tatsachen bekannt sind – zu sehen, wer wirklich hinter diesen pressure groups steht. Wir dürfen nicht zulassen, daß Hitler sich ihrer ungestraft bedienen kann. Wir dürfen den von Hitler irregeleiteten Emotionalisten nicht erlauben, uns irre zu machen.«[22]

Zusätzliche Impulse hatten solche Auffassungen im State Department mit der Ernennung des Südstaatlers Breckinridge Long zum Unterstaatssekretär und zum Leiter der nach Kriegsausbruch im Januar 1940 eingerichteten Special War Problems Division bekommen, der auch die Visa-Abteilung unterstellt war. Damit zeichnete künftig eine Person für die Flüchtlingspolitik verantwortlich, über die nicht erst das Urteil der Historiographie eindeutig ausfiel, sondern die bereits während ihrer Amtsführung sogar von Kollegen in der Bürokratie als »war criminal« bezeichnet worden ist.[23]

Als amerikanischer Botschafter in Italien während der dreißiger Jahre hatte Long aus seiner Faszination am Faschismus und dessen autoritärem Staatsideal keinen Hehl gemacht. Nach zahlreichen Fehleinschätzungen über die Friedensfähigkeit Mussolinis hatte sich sein Bild gegen Ende der dreißiger Jahre zwar etwas verschoben, seine grundsätzliche Sympathie für autoritäre Ordnungsmodelle hatte sich jedoch nicht geändert. Auf der Folie eines forcierten Isolationismus amalgamierten sich bei Long »Kommunisten, extremistische Radikale (sic!), professionelle jüdische Agitatoren und Flüchtlings-Enthusiasten«[24] zu einem diffusen Feindbild.

Die Frage, wie sich so ein Mann im Widerspruch zu den humanitären Zielen des Weißen Hauses bis 1944 in der verantwortlichen Stellung für die amerikanische Einreisepolitik halten konnte,[25] läßt sich nur mit der in Flüchtlingsfragen auch sonst nur begrenzten Durchsetzungsfähigkeit Roosevelts erklären. Die Vorbereitung der isolationistischen Öffentlichkeit auf den Krieg und dann die Kriegführung selbst ließen außerdem andere und zumal heikle Politikbereiche in den Hintergrund seiner Aufmerksamkeit treten. Hinzu kam, daß Long dem Weißen Haus zahlreiche Informationen, besonders nach 1942, als der systematische Genozid an den Juden im State Department bekanntgeworden war, vorenthielt. Drittens hatte er auch zahlreiche Verbündete in der unmittelbaren Umgebung des Präsidenten, die dafür sorgten, daß Roosevelt bis 1943 das Flüchtlingsproblem vorzugsweise durch die Brille des State Departments sah. Und die jüdischen Organisationen suchten aus Furcht vor möglichen antisemitischen Rückwirkungen in der Öffentlichkeit auch keinen alternativen Druck auf die Regierung auszuüben. Viertens erpreßte Long das Weiße Haus mit verschiedenen Rücktrittsdrohungen, zumal hinter ihm nicht nur so mächtige Freunde wie Martin Dies, sondern der größte Teil der Demokraten aus den Südstaaten stand. Und schließlich erschien die Visa-Politik des State Departments weitgehend in Übereinstimmung mit der öffentlichen Meinung.

Nachdem in den Tagen des französischen Waffenstillstandes von der Administration im Alien Registration Act eine erste restriktive Hürde aufgebaut worden war, die die polizeiliche Meldung aller Fremden mit minutiösen persönlichen Details und der Abnahme von Fingerabdrücken vorsah, ging Long im Juli 1940 erst einmal demonstrativ in die Ferien und formulierte dort zusätzlich sein eigenes Abwehrprogramm, das unter dem Stichwort ›Verzögerungstaktik‹ die Einreise von Flüchtlingen unabhängig von der Quotenregelung auf ein Minimum zu reduzieren suchte, getreu seiner Devise, »daß niemand ein Recht darauf hat, in die USA einzureisen«. Um das zu erreichen, empfahl er den Konsulaten vor Ort, alle nur denkbaren Schwierigkeiten zu machen.[26] Zum anderen entwickelte man im State Department künftig immer subtilere und aufwendigere Verfahrenstechniken für die Immigranten. In einem ersten Schritt wurde im Herbst ein langwieriges Prüfverfahren institutionalisiert, nach dem die Konsulate vor definitiven Entscheidungen zunächst die Namenlisten der Antragsteller nach Washington schicken mußten, wo sie vom State Department sowie dem Department of Justice, in dessen Bereich zuvor der Immigration and Naturalization Service aus dem Arbeitsministerium übergegangen war,[27] detailliert geprüft wurden.[28]

Die verzögernde Absicht des State Departments bei diesem an sich aus Sicherheitsgründen legitimen Prüfverfahren war offenbar alsbald recht auffällig, denn nach wenigen Wochen kam es zu schweren Differenzen zwischen Long und dem Justizministerium. Obwohl letzterem die eigentliche Sicherheitsprüfung zustand und man daher dort das größte Interesse an einer eher restriktiven Politik hätte vermuten können, kamen im Gegenteil von dort massive Vorwürfe gegen die Visa-Politik des Außenministeriums, das mit der Gummi-Klausel der ›öffentlichen Sicherheit‹ widerrechtlich zu blockieren suchte und darüber hinaus den bereits im Lande befindlichen Flüchtlingen auch noch die verfassungsmäßigen Rechte der freien Rede – und das hieß auch Propaganda für ein stärkeres Engagement der USA zugunsten der noch in Frankreich und anderswo sitzenden Leidensgenossen – vorenthalten wollte.[29]

Tatsächlich schien diese Taktik Erfolg gehabt zu haben. Von etwa 1.200 Namen, die zwischen August und Dezember 1940 dem Prüfkomitee vorgelegt worden waren, hatten bis zum Jahresende nur 238 Personen ein Visum erhalten. Ähnlich sah es mit einer Liste des präsidialen Flüchtlingskomitees aus; die rund 3.300 präsentierten Non-Quota-Anträge für prominente und besonders gefährdete Flüchtlinge wurden vom State Department so dilatorisch behandelt, daß bis zum Frühjahr 1941 nur knapp ein Drittel positiv entschieden worden war und nur 402 Personen, unter ihnen Lion Feuchtwanger, Heinrich

Mann und Franz Werfel, Frankreich tatsächlich hatten verlassen können.[30] Zu sehen ist das Ganze auf dem Hintergrund, daß zu jener Zeit etwa 600.000 Personen, davon mehr als 300.000 Deutsche, auf den Wartelisten der amerikanischen Konsulate standen.[31]

Charakteristisch ist auch die Art, in der sich Long persönlich um zahlreiche Einzelschicksale kümmerte. Im Fall eines französischen Wissenschaftlers, der ein Non-Quota-Visum für eine Lehrtätigkeit in den USA erhalten sollte, reichte ein nur gerüchteweiser Verdacht, jener sei Sozialist, um ihm das Visum zu verweigern. Bei politischen Flüchtlingen hatte Long keine Bedenken, auch zweifelhaftere Quellen heranzuziehen. Als sich etwa Roosevelt auf Betreiben des von Varian Fry in Marseille vor Ort geleiteten Emergency Rescue Committee, das weitgehend auf Initiative von Flüchtlingen aus dem Umkreis der Neu Beginnen-Gruppe gegründet worden war, für zwei im Konzentrationslager Le Vernet gefangene ehemalige Kommunisten einsetzte, ließ Long bei der französischen Marionettenregierung in Vichy nach diesen beiden anfragen und empfahl nach der Auskunft, daß jene Trotzkisten seien, keine Papiere zu erteilen.[32] Und eine Einreise von Trotzkis Witwe und Enkel, für die sich die American Civil Liberties Union, selbst eine stramm antikommunistische Organisation, stark gemacht hatte, lehnte er mit der Begründung ab, daß die öffentliche Meinung eine positive Entscheidung nicht verstanden haben würde.[33]

Nach massiven Beschwerden des Justizministeriums und der verschiedenen Flüchtlingsorganisationen über Longs Obstruktionspolitik führte das State Department zum 1. Juli 1941 neue Visa-Richtlinien ein, die in einem taktischen Zug die Verantwortung für positive Einreise-Voten den jeweiligen Konsulaten übertrug und damit die Washingtoner Zentrale aus dem Feuer der wachsenden Kritik nahm. Die Sicherheitsprüfungen für die nicht bereits vor Ort Herausgefilterten blieben allerdings bestehen. Zusätzlich wurden weitere Verschärfungen dadurch erreicht, daß die Immigrationsquoten nunmehr im State Department zentralisiert wurden, was insofern restriktiv wirkte, als fortan ein Konsulat nicht mehr die Möglichkeit hatte, seine etwa in einem Monat nicht ausgeschöpften Kontingente in einem anderen Zeitabschnitt zu verwenden. Ferner wurden die bürokratischen Hürden für die individuellen Antragsteller weiter heraufgesetzt, da nicht mehr wie bisher ein, sondern künftig zwei Affidavits, Garantien amerikanischer Bürger, verlangt wurden. Die Affidavit-Geber selbst mußten sich gleichfalls einer entwürdigenden bürokratischen Prozedur unterziehen und etwa die Gründe darlegen, die sie zu solchem Engagement bewogen hatten. Außerdem mußten sie die Namen sowie detaillierte Personalverhältnisse von denen angeben, für die sie bereits eine Bürgschaft übernommen hatten.[34]

Vorgesehen hatte das State Department auch noch ein generelles Visa-Verbot für alle Antragsteller, die enge Verwandte in nationalsozialistisch beherrschten Gebieten hatten, doch wurden diese an eine

Art Sippenhaft erinnernden Maßnahmen auf Druck des Justizministeriums und des präsidialen Flüchtlingskomitees nicht realisiert.

Schließlich gab es noch die Transportprobleme über den Atlantik, die vom State Department stereotyp als ursächlicher Grund der schleppenden Einreise europäischer Flüchtlinge angegeben wurden.[35] Tatsächlich ist jedoch auch hier massiv mit verzögernder Absicht eingegriffen worden. Als die Hilfsorganisationen darauf aufmerksam machten, daß zahlreiche Schiffe im Rahmen des 1940 mit England vereinbarten Lend-Lease-Abkommens Ausrüstungsgüter nach Europa brächten und leer zurückführen, also durchaus Flüchtlinge transportieren könnten, wurde das im State Department wie auch im Marineministerium mit der Begründung abgelehnt, daß dadurch die Versicherungskosten steigen würden und außerdem »gefühlsmäßige Reaktionen der Öffentlichkeit« gegen die dann jeweils in größeren Gruppen anlandenden Flüchtlinge sprächen.[36]

Im Fall des portugiesischen Schiffes Quanza mit mehr als 80 Flüchtlingen an Bord mußte die Visa-Abteilung im September 1940 allerdings, wie sie es empfand, eine Niederlage einstecken. Die Passagiere hatten in Europa Einreise-Visen für verschiedene mittelamerikanische Länder gekauft, die bei der Ankunft dann jedoch für ungültig erklärt worden waren. Auf der Rückfahrt nach Lissabon lief die Quanza den amerikanischen Hafen Norfolk an, um zu bunkern, woraufhin sich nicht nur die Flüchtlingskomitees, sondern auch das Justizministerium für eine unkonventionelle Einreise der Passagiere in die USA einsetzten. Auf Druck Roosevelts, nicht zuletzt um eine Wiederholung der peinlichen Vorgänge um den Hapag-Dampfer St. Louis vom Frühjahr 1939 zu vermeiden[37], mußte das State Department nachgeben. Longs Empörung über diese Verletzung der geltenden Bestimmungen wuchs sich anschließend zu einer noch tieferen Verstimmung in den Beziehungen zum Justizministerium aus,[38] und fortan suchte er auch das Flüchtlingskomitee des Präsidenten bei jeder Gelegenheit direkt auszumanövrieren.

In spektakulärer Weise geschah das etwa gelegentlich der zweiten großen internationalen Flüchtlingskonferenz auf den Bermudas im Frühjahr 1943, die erst nach monatelangem Drängen Großbritanniens zustande gekommen war und genauso folgenlos blieb wie die von Evian. Das State Department hatte es verstanden, das präsidiale Flüchtlingskomitee und auch die anderen Hilfsorganisationen von den Vorbereitungen auszuschließen. Delegiert wurde dann nur eine zweitrangige Abordnung, die als Sprachrohr von Longs Inaktivität die Konferenz zu einem unverbindlichen Forum leerer Deklamationen umfunktionierte.[39]

Je länger Long seine Funktion ausübte und je mehr sich die Kritik an seiner Politik häufte, desto hartnäckiger wuchs sich bei ihm die restriktive Zulassungspraxis zur fixen Idee bürokratischer Machtbehauptung aus. Es ging dem Unterstaatssekretär nicht um Menschenleben, sondern um einen vermuteten Kampf, den es zu gewinnen galt.

Entlarvend sind in seinen Briefen und Tagebüchern die wiederholten Selbstbeweise, daß er »alle Schlachten« im »Krieg an der Immigrationsfront« gewonnen habe.[40] Zufriedenstellend schien für ihn das Problem erst nach dem japanischen Überfall auf Pearl Harbor und dem Kriegseintritt der USA gelöst worden zu sein, als Flüchtlinge immer weniger imstande waren, die Küsten der USA zu erreichen.

Schon seit Anfang 1941 hatte die liberale Presse auf den »nationalen Skandal« der Longschen Politik hingewiesen. Doch dauerte es fast drei Jahre, bis er aus dem Amt entfernt wurde und nach der Häufung der Schreckensmeldungen aus Europa die Flüchtlingspolitik Ende 1943 liberalisiert wurde. Nachdem sich auch das Finanzministerium in die katastrophalen Zustände eingeschaltet hatte, wurde die Visa-Politik dem State Department entzogen und im Januar 1944 einem Roosevelt direkt unterstellten *War Refugee Board* übertragen.

In seiner abschließenden Vernehmung vor dem außenpolitischen Ausschuß des Repräsentantenhauses mußte Long sogar von den nicht gerade immigrationsfreundlichen Abgeordneten schwere persönliche Vorwürfe hinnehmen und sich auch noch grobe Fälschungen bei der Veröffentlichung der Einwanderungszahlen nachweisen lassen. Entgegen seinen Angaben, daß seit 1933 knapp 550.000 Flüchtlinge in die USA gekommen seien, konnte ihm vorgerechnet werden, daß diese Zahlen weit übertrieben waren, unter anderem auch, weil durch die amerikanische Verzögerungstaktik seit 1940 viele Personen ihre bewilligten Visen nicht hatten ausnutzen können. Für die Jahre nach Einführung des aufwendigen Prüfverfahrens hatten die Flüchtlinge durchschnittlich nur 6% der zur Verfügung stehenden Quoten real nutzen können; die US-Einwanderungsstatistiken zeigen nach 1940 die niedrigste Einwanderung seit mehr als achtzig Jahren.[41]

Die Flüchtlingspolitik der US-Konsulate

Nicht nur die offizielle Immigrationspolitik des State Departments behinderte eine zügige und wirksame Rettung, auch die persönlichen politischen Einstellungen zahlreicher Botschafter beziehungsweise Konsulatsbeamter trugen dazu bei, daß für viele Flüchtlinge das erhoffte Visum eine Fata Morgana blieb. Soweit sich übersehen läßt, waren gerade diejenigen Konsulate, die am Wege des Hauptflüchtlingsstroms lagen, Zürich, Marseille, Lissabon oder Havanna, alles andere als immigrationsfreundlich oder wenigstens bereit zu einer unvoreingenommenen Hilfsbereitschaft. Die Haltung dort ist ebenfalls geprägt von Unverständnis über die europäischen Vorgänge, isolationistischer Fremdenfeindlichkeit, bürokratischem Leistungsehrgeiz in der Strenge gesetzlicher Auslegungen und zum Teil offenem Antisemitismus.

Mag noch verständlich sein, daß die amerikanischen Vertretungen vor Ausbruch des Krieges und dem folgenden Massenansturm die Probleme achtlos und gleichgültig behandelten, so ist auffallend, daß sie seit Sommer 1940 vielfach das schon antizipierten, was erst später als offizielle Weisung aus Washington kam. Die Botschaft in Havanna berichtete etwa im Juni 1940, daß in Cuba rund 1.400 Deutsche auf US-Visen nach der zum 1. Juli fällig werdenden neuen Quoten-Zuteilung warteten. Zugleich aber wurde auf der dumpfen Verdachtsebene davor gewarnt, daß unter den Wartenden ein sehr großer Teil sei, »der bei einer Einreise in die Vereinigten Staaten kaum Dankbarkeit (gratitude) gegenüber unserem Land empfinden wird«, und daher empfohlen, diesen Personen auf keinen Fall ein Visum zu erteilen, »worin uns die Öffentlichkeit zu Hause sicher in vollem Umfang beipflichten wird«.[42]

In einem großen Memorandum hatte der amerikanische Konsul in Marseille seine Vorstellungen niedergelegt, die augenscheinlich als Rechtfertigung gegenüber dem selbst erhobenen Vorwurf einer zu großen Milde bei der Visa-Erteilung dienten. Der Konsul betonte zwar, daß er sich nicht zu jener einflußreichen Schule zählen wolle, die die Einreise strikt für jeden verbietet, dessen Gesicht einem nicht paßt, doch seine eigenen Präferenzen liefen kaum auf etwas anderes hinaus. Mit Bezug auf die Juden wollte er wohl humanitäre Aspekte nicht ganz außer acht lassen, davon sollten im wesentlichen aber nur die Älteren in den französischen Internierungslagern profitieren. »Die Jüngeren dagegen können ruhig leiden, denn die Geschichte ihrer Rasse zeigt, daß Leiden nicht viele von ihnen tötet. Außerdem werden sich die Alten nicht mehr vermehren und stellen (so) keine Belastung für unser Land dar, vorausgesetzt, sie verfügen über hinreichende finanzielle Unterstützung.« Für die politischen Flüchtlinge empfahl er als geeignetes Restriktionsmittel unzweifelhafte Beweise von den Antragstellern dafür, daß sie den USA nicht feindlich gegenüberstehen, wobei ihm die Aussichtslosigkeit solcher Forderungen von vornherein klar war: »Im Fall der jüngeren Leute ist natürlich prima facie jedermann verdächtig. Mit den uns zur Verfügung stehenden Informationen ist es für den Flüchtling praktisch unmöglich zu beweisen, daß er den USA nicht feindlich gesonnen ist.«[43]

Ähnlich war auch die Auffassung des Konsulats im benachbarten Nizza, über das der ehemalige Simplicissimus-Redakteur Franz Schoenberner aus leidvoller persönlicher Erfahrung berichtete.[44] Nicht erstaunlich ist, daß in einem solchen Klima liberalere Beamte kaum Chancen hatten. So wurde beispielsweise der für die Visa-Abteilung in Marseille verantwortliche Vize-Konsul, Sohn eines demokratischen Senators aus Connecticut, der ein »Herz aus Gold« gehabt haben soll,[45] alsbald durch einen strammen Restriktionisten ersetzt.

Scheinbar unangreifbare Zurückweisungen für die vielen namenlosen meist jüdischen Flüchtlinge konnten mit der alten, schon in den achtziger Jahren des 19. Jahrhunderts eingeführten *Public Charge*-Klausel der Einwanderungsbestimmungen durchgesetzt werden, wonach niemand in die USA einreisen durfte, der auf öffentliche Hilfe angewiesen sein könnte. Dann halfen auch keine Affidavits mehr. Das zeigte etwa eine Entscheidung des Konsulats in Zürich, das einer jungen Frau die Einreise verweigerte, weil der in New York lebende Verlobte mit rund 3.300 Dollar – einem Einkommen, das höher als das vieler in die USA immigrierter Wissenschaftler lag – angeblich nicht in der Lage sei, noch eine zweite Person zu ernähren.[46] Der dortige Konsul scheint überhaupt ein enger Verbündeter Breckinridge Longs gewesen zu sein, der den Unterstaatssekretär zu immer noch schärferer Gangart ermunterte.[47]

Selbst größere Vermögensbestände in den Vereinigten Staaten reichten den Konsulaten in verschiedenen Fällen nicht. Dem in Rußland geborenen, seit Mitte der zwanziger Jahre in Italien lebenden und in Rom als Professor lehrenden Alexander Pekelis wurde in Marseille erklärt, daß seine in New York liegenden Bankguthaben von mehr als 25.000 Dollar nicht ausreichend seien, um davon seine Frau und drei Kleinkinder zu unterhalten.[48]

Vielfältig waren auch andere Mittel, wie etwa die im State Department beliebte Verzögerungstaktik, der entsprechend sich der Konsul in Marseille die Maxime gesetzt hatte, daß Flüchtlinge, welche ihre Visen ohne allzu großen Ärger erhielten, bald immer größere Massen nach sich ziehen würden.[49] Im Fall der New School for Social Research, die sich seit 1933 um die Rettung der exilierten Wissenschaft bemüht hatte und 1940 in Zusammenarbeit mit der Rockefeller Foundation in einem erneuten Hilfsprogramm fast 150 Wissenschaftler über Non-Quota-Einreisen retten konnte, suchte das Konsulat Marseille alsbald zu drosseln, was für viele Betroffene zur Frage von Leben und Tod werden sollte. Obwohl die New School seit 1933 einen bedeutenden Ruf als Emigrantenuniversität hatte, fragte der Konsul beim Eingang einiger Visa-Anträge erst einmal an, ob die Betroffenen auch unter die Non-Quota-Klausel fallen könnten und jene Institution überhaupt in der Lage sei, die anfallenden Gehälter zu zahlen.[50] Im State Department wurde diese Taktik sogleich aufgenommen und – den Prozeß weiter verzögernd – bei der New School angefragt, warum man dort nicht amerikanische Wissenschaftler beschäftigen wolle.[51]

Der tragische Fall des bedeutenden sozialdemokratischen Finanztheoretikers und zweimaligen Finanzministers in den Jahren der Weimarer Republik, Rudolf Hilferding, mag die Umstände illustrieren, denen sich die Flüchtlinge ausgesetzt sahen. Als besonders gefährdeter Jude und Sozialist hatte auch er unmittelbar nach der Niederlage Frankreichs einen Ruf an die New School erhalten – eine weitere Bürgschaft war von einem Bankier der Chase National Bank in New York gegeben worden –, worauf auch das US-Visum auf Druck des Präsidenten-Komitees für die politischen Flüchtlinge mit der Anweisung an das Konsulat in Marseille erteilt worden war, ihm »unabhängig von Bürostunden und Feiertagen« schnellstens jede erdenkliche Unterstützung zu gewähren.[52] Hilferding fehlte jedoch das französische Ausreisevisum, d. h., er hatte eins bekommen, das ihm aber nur drei Tage später, offenbar auf Druck der Gestapo, wieder abgenommen wurde, so daß keine Zeit blieb, die nötige Schiffspassage zu sichern. In zahlreichen ähnlichen Fällen hatte sich das US-Konsulat bei der französischen Präfektur, mit der eine recht geräuschlose Zusammenarbeit funktionierte, wie auch bei den spanischen und portugiesischen Vertretungen erfolgreich um schnelle Abwicklung der Reiseformalitäten bemüht.[53] Vergleichbare Unterlagen finden sich in den zugänglichen Konsulatsakten in der Hilferding-Sache jedoch nicht.

Unmittelbar nach der Verhaftung Hilferdings und seines Parteifreundes Rudolf Breitscheid, ehedem Vorsitzender der sozialdemokratischen Reichstagsfraktion, in Arles Anfang Februar 1941 durch französische Polizei hatten Breitscheids Frau sowie Varian Fry bei der amerikanischen Vertretung, sowohl der Botschaft in Vichy als auch beim Konsulat in Marseille, Himmel und Hölle in Bewegung gesetzt, um den Aufenthalt der beiden zu ermitteln und womöglich durch sie eine Freilassung zu erreichen. Bei mehrmaligen Versuchen, den Botschafter zu sprechen, wurde Breitscheids Frau jedesmal schon beim Pförtner abgewimmelt, ehe sie entnervt bei anderen Gesandtschaften in der Hoffnung Zuflucht suchte, dort »etwas mehr Interesse und Mitgefühl (zu) finden als bei der amerikanischen Botschaft«.[54] Trotz der von Washington avisierten Dringlichkeit scheinen die Vertretungen diese Fälle jedoch recht nachlässig behandelt zu haben, denn sie bezweifelten jetzt, ob »es zu unseren Aufgaben gehört, nach dem Verbleib deutscher politischer Gefangener zu forschen«.[55] Wenige Tage nach seiner Verhaftung ist Hilferding auf nie geklärte Umstände im Pariser Gestapo-Gefängnis La Santé ums Leben gekommen; Breitscheid kam drei Jahre später im KZ Buchenwald um.

Ähnlich verhielt sich das Konsulat bei den beiden Kommunisten Franz Dahlem und Luigi Longo, dem späteren italienischen KP-Chef, für die amerikanische Mitkämpfer aus dem spanischen Bürgerkrieg mexikanische Visen besorgt hatten und das Konsulat telegraphisch um einen eiligen Vorstoß bei den französischen Behörden baten, damit die beiden aus dem Lager Le Vernet entlassen werden könnten und einige Tage später die bereits gebuchte Passage von Casablanca aus antreten könnten. Obwohl eine US-Einreise also nicht zur Diskussion stand, lehnte das Marseiller Konsulat auch hier auf charakteristische Weise ein Engagement ab. Einmal erklärte es, daß so etwas »nicht in das Arbeitsgebiet eines amerikanischen Konsulats fällt«, zum anderen antwortete es auf das Dringlichkeitstelegramm mit einem damals mehrere Wochen dauernden normalen Brief, weil die amerikanische Lincoln Brigade nicht vorab die Kosten eines Rück-Telegramms überwiesen hatte.[56] Kurz darauf wurde Dahlem an die Gestapo ausgeliefert und in das KZ Mauthausen gebracht.

Die gleiche Engstirnigkeit zeigte das Konsulat auch im Fall der ehedem prominenten Kommunisten Erich Wollenberg und Arkadij Maslow. Nachdem es von den französischen Behörden erfahren hatte, eine solche Verbindung klappte immer zügig,[57] welchen politischen Hintergrund die beiden hatten, verfolgte es trotz dringender Appelle des Varian-Fry-Komitees die Sache nicht weiter, obwohl in den Visa-Anträgen nur nach der Zugehörigkeit zu politischen Parteien in den letzten fünf Jahren gefragt wurde und die beiden schon Ende der zwanziger bzw. Anfang der dreißiger Jahre aus der KPD ausgeschlossen worden waren und jetzt um ihr Leben wegen der Verfolgung nicht nur durch die Gestapo, sondern auch den sowjetischen Geheimdienst fürchten mußten. Nur mit Unterstützung französischer Widerstandskämpfer hatte Wollenberg dann das Glück, nach Marokko fliehen zu können, wo er unter erbärmlichen Umständen in mehr als vierjähriger Internierung und Isolierung immerhin aber das Leben retten konnte. Maslow hatte noch ein Transit-Visum für Cuba erhalten können, in Havanna ist er jedoch kurz nach seiner Ankunft tot auf der Straße aufgefunden worden.[58]

Ablehnend war die Politik der Konsulate aber nicht nur gegen Sozialisten und Kommunisten, sondern auch gegen Liberale oder Republikaner unterschiedlicher Couleur, wie etwa der Fall des Journalisten Berthold Jacob zeigt, der als radikaler Pazifist und Mitbegründer der Deutschen Liga für Menschenrechte kein US-Visum erhielt. Nachdem er vom Emergency Rescue Committee illegal von Marseille nach Lissabon gebracht worden war, wurde er dort nach mehrmonatigem vergeblichem Warten von Gestapo-Agenten verhaftet und nach Berlin gebracht, wo er 1944 umkam. Wenn Flüchtlinge überhaupt eine politische Meinung hatten, so mußte Varian Fry in Gesprächen mit dem Konsulat in Marseille erfahren, waren sie schon suspekt und unerwünscht für die USA.[59]

Die Behandlung dieser Einzelfälle vor Ort zeigt, daß in den Konsulaten kaum ein anderes moralisches Klima herrschte als in der Zentrale des State Departments in Washington. Die Reihe der genannten Beispiele dürfte trotz ihrer Zufälligkeit daher auch repräsentativ sein. Wenn dennoch Tausende von Flüchtlingen nach 1940 in die USA einreisen konnten, so ist das den Bemühungen und dem ständigen Druck der zahlreichen Flüchtlingsorganisationen sowie mutigen Einzelaktionen engagierter Bürger zu verdanken, die unter Umgehung der offiziellen Kanäle über Roosevelts Flüchtlingskomitee und durch persönlichen Einsatz viele Leben retten konnten; die Administration ist daran zum wenigsten beteiligt. Beispielhaft genannt sei die Initiative von Varian Fry in Marseille. Zwar war dieser junge Harvard-Absolvent als Vertreter des Emergency Rescue Committee dort, doch sein persönlicher Einsatz gegen alle Widerstände des amerikanischen Konsulats und der französischen Behörden sowie seine zahlreichen illegalen Aktionen rechtfertigen es, ihn aus der Arbeit der ›normalen‹ Hilfsorganisationen herauszuheben. Fast tausend Flüchtlinge, unter ihnen die profiliertesten Schriftsteller und Künstler, konnte er retten, ehe ihn das Petain-Regime nach knapp einem Jahr mit ausdrücklicher Zustimmung der amerikanischen Vertretung des Landes verwies.[60] Zu nennen wäre ferner die spektakuläre Aktion des Vize-Präsidenten des

New Yorker Kaufhaus-Konzerns Bloomingdale's, Ira Hirschman, der schon 1938 für mehr als 200 Wiener Juden Affidavits gegeben hatte und nach der gescheiterten Bermuda-Konferenz mit Autorisierung Roosevelts in einer beispiellosen persönlichen Aktion seit Ende 1943 unter weitgehender Umgehung des State Departments und des inaktiven US-Botschafters in der Türkei Tausende von rumänischen und bulgarischen Juden zu retten und ihre Einreise nach Palästina zu sichern vermochte.[61]

1 Felix Frankfurter an Alvin Johnson vom 27.9.33. Nachlaß (künftig Nl) Johnson 2/42, Yale University. — 2 Zu dieser älteren Literatur vgl. etwa Maurice R. Davie: *Refugees in America. Report of the Committee for the Study of Recent Immigration from Europe*. New York 1947, S. 15 ff.; Robert A. Divine: *American Immigration Policy, 1924–1952*. New Haven 1957; Lyman L. White: *300.000 New Americans. The Epic of a Modern Immigrant-Aid Service*. New York 1957. — 3 Arthur D. Morse: *While Six Million Died. A Chronicle of American Apathy*. New York 1968. — 4 Henry L. Feingold: *The Politics of Rescue. The Roosevelt Administration and the Holocaust, 1938–1945*. New Brunswick 1970, S. 166. — 5 Exemplarisch dazu Saul S. Friedman: *No Haven for the Oppressed. United States Policy Toward Jewish Refugees, 1938–1945*. Detroit 1973; Monty N. Penkower: *The Jews were Expendable. Free World Diplomacy and the Holocaust*. Urbana-Chicago 1983; Roger Daniels: »American Refugee Policy in Historical Perspective«. In: Jarrell C. Jackman and Carla M. Borden (Hg.): *The Muses Flee Hitler. Cultural Transfer and Adaption 1930–1945*. Washington 1983, S. 61 ff.; David S. Wyman: *The Abandonment of the Jews. America and the Holocaust, 1941–1945*. New York 1984. — 6 Dorothy Thompson: *Refugees. Anarchy or Organization?* New York 1938, S. 10. — 7 Proceedings of the 53rd Annual Convention of the AFL, 1933. Washington 1933, S. 103. — 8 Catholic Welfare Conference an Senator Rob. F. Wagner, 6.4.39, Nl Wagner 332, Georgetown University. Dort auch eine Fülle von Schriftsätzen unterschiedlicher Organisationen gegen eine Liberalisierung der Einreisepolitik. Zur sogenannten Wagner-Bill auch Morse: *While Six Million Died*, S. 262 ff. — 9 Berichte des Pariser Büros der Rockefeller Foundation an die Zentrale in New York vom 29.3.33, 29.4.33 und 22.11.33, Rockefeller Archive RG 1, 91/725 u. RG 2, 167/1217. — 10 Consul Kehl/Hamburg an State Department vom 31.3.33, National Archive/Washington (künftig NA), RG 59, 862.4016/634. — 11 Außenminister Hull an Jewish Delegation vom 26.3.33. Zit. nach Morse: *While Six Million Died*, S. 113. — 12 Consul Kehl/Hamburg an State Department (wie Anm. 10). — 13 William E. Leuchtenburg: *Franklin D. Roosevelt and the New Deal 1932–1940*. New York 1963, S. 277; s. a. Edward S. Shapiro: »The Approach of War. Congressional Isolationism and Anti-Semitism, 1939–1941«. In: »American Jewish History«. Vol. 74 (1984), S. 45 ff. — 14 Entwurf einer Ickes-Rede vom 6.1.38, Nl Ickes 157, Library of Congress. — 15 Zit. n. Morse: *While Six Million Died*, S. 145. — 16 Felix Frankfurter an Francis Biddle vom 27.4.33, Nl Frankfurter, roll 85, Library of Congress. — 17 Zur Bewertung der Rolle Roosevelts in der Flüchtlingsfrage vgl. Friedman: *No Haven for the Oppressed*, S. 226 f.; Feingold: *Politics of Rescue*, S. 298. — 18 *Refugee Immigration. Facts and Figures*. Hg. vom National Co-Ordinating Committee for Aid to Refugees and Emigrants Coming from Germany. New York 1939. — 19 Martin Dies: *The Trojan Horse in America*. New York 1940. — 20 Memorandum Karl Löwensteins vom 5.10.42, NA RG 59, 840.48/3179. Zur schnellen Identifikation und Isolierung von Nazi-Spionen unter Emigranten vgl. a. *Das Braune Netz. Wie Hitlers Agenten im Auslande arbeiten und den Krieg vorbereiten*. Paris 1935. — 21 Censorship Committee Daily Report No. 700 vom 16.12.42, NA RG 59, 840.48/3489. — 22 Aufzeichnung Robert C. Alexander/Visa Division vom 7.5.43, Nl Long 203, Library of Congress. — 23 Vertrauliches Memorandum des Treasury Department für »Secretary Morgenthau's Information Only« vom 23.12.43, Morgenthau Diaries, vol. 688-II, Roosevelt-Library, Hyde Park. Zur Charakteristik Longs in der Literatur vgl. Friedman: *No Haven for the Oppressed*, S. 114 ff.; Feingold: *Politics of Rescue*, S. 132 ff. — 24 Long Diary vom 6.2.38, Nl Long 5, Libr. of Congress. — 25 Der unmittelbare Leiter der Visa Division Avra M. Warren und sein Assistent Robert C. Alexander teilten in vollem Umfang die Anschauungen Longs. — 26 Long Memo vom 26.6.40 und 21.10.40, Nl Long 212, Libr. of Congress. Wörtlich lautete die Empfehlung an die Konsuln

»... put every obstacle in the way and resort to various administrative advices which would postpone and postpone the granting of the visas«. An die Konsuln ging im Juni 1940 dann auch ein Rundschreiben mit der Anweisung »to be stricter in their interpretation of the law«, Long an seinen Vorgänger im State Department und derzeitigen Botschafter in Havanna, George Messersmith vom 14.6.40, Nl Long 133, Libr. of Congress. — **27** Grund dafür war, daß die Immigration nicht mehr als arbeitsmarktpolitisches Problem, sondern als eins der Sicherheit angesehen wurde. — **28** Breckinridge Long an Roosevelt vom 16.9.40, Nl Long 134, Libr. of Congress. — **29** Long an Sumner Welles vom 25.11.40, ebd. 211. — **30** Long an Secr. of State, Cordell Hull, vom 6.1.41, ebd. 139. — **31** »Washington Star« vom 20.12.40. — **32** Long an Sumner Welles vom 19.2.41, Nl Long 212, Libr. of Congress. Die beiden waren M. Pfeffer und der bereits 1928 aus der KPD ausgeschlossene, zur Brandler-Thalheimer-Gruppe gehörende H. Tittel. — **33** Notiz Longs vom 4.10.40 und Gespräch mit R. Baldwin, ACLU vom 17.12.40, Nl Long 211/212, Libr. of Congress. — **34** New Visa Regulations. In: »The Department of State Bulletin«. Vol. IV, No. 105, 28.6.41; US-Embassy/Vichy an Consulate Marseille vom 25.6.41, NA RG 84, 153/32. Eidesstattliche Erklärungen der Affidavit-Geber in den Akten des Emergency Rescue Committee. — **35** Vgl. Long im Gespräch mit Rabbi Silver vom 2.6.41 und Memo des State Departments über die Arbeit des Interdepartmental Visa Control Committee vom 31.10.41, Nl Long 211/212, Libr. of Congress. — **36** Gespräch Long mit Admiral Land vom 24.3.41, ebd. 211. — **37** Zum Fall der St. Louis vgl. Morse; *While Six Million Died*, S. 281 ff. — **38** Long Memo betr. Quanza vom 16.9.40, Nl Long 211, Libr. of Congress. — **39** Friedman: *No Haven for the Oppressed*, S. 158 ff.; Penkower: *The Jews were Expendable*, S. 98 ff. — **40** Long an Botschafter Messersmith/Havanna vom 28.2.41 u. Long Diary vom 13.9.43, Nl Long Box 6 u. 138, Libr. of Congress. — **41** Rescue of the Jewish and Other People in Nazi-Occupied Territory. Hearings Before the Committee on Foreign Affairs House of Representatives. HRes 350 u. 352 vom 26.11.43; Erklärung des Abgeordneten Emanuel Celler, Congressional Record, Vol. 89, No. 200, 20.12.43, S. A 6008. Vgl. a. »Annual Report of the Attorney General of the U.S. 1943«, S. 18 f. und 1944, S. 30. — **42** Botschafter Messersmith/Havanna an Avra M. Warren/Visa Division vom 21.6.40, Nl Long 133, Libr. of Congress. — **43** Konsul Fullarton/Marseille an Secr. of State vom 11.4.41, NA RG 84, 151/35. — **44** Franz Schoenberner: *The Inside Story of an Outsider*. New York 1949, S. 161 f. — **45** Varian Fry: *Surrender on Demand*. New York 1945, S. 10. — **46** US-Konsulat Zürich an Esther Feller vom 13.12.40, Nl Rob. F. Wagner 653, Georgetown University. — **47** Konsul J. B. Stewart/Zürich an Konsulat Marseille vom 7.1.41, NA RG 84 150/32. — **48** Max Ascoli an National Refugee Service, New York vom 9.9.40, Nl Ascoli, Boston University. — **49** Konsulat Marseille an US-Konsul Berlin vom 26.2.41, ebd. — **50** Konsul Fullarton/Marseille an State Department vom 25.11.40, NA RG 84, 148/43. — **51** Alvin Johnson/Präsident der New School for Social Research an Felix Frankfurter vom 9.2.42, Nl Frankfurter, Box 70, Libr. of Congress. Zu solchen Verzögerungen auch zahlreiche Unterlagen in den Nachlässen von A. Johnson/Yale University und Hans Staudinger/Dean der Graduate Faculty der New School in der State University of New York at Albany (SUNY). — **52** State Department an Konsulat Marseille vom 5.8.40, NA RG 84, 148/43. — **53** So etwa im Fall des früheren Statistikers aus Heidelberg, Emil Julius Gumbel. — **54** Tony Breitscheid an Fritz Heine vom 17.2.41, Kopie im Nl Fry 4, Columbia University. — **55** Konsul Fullarton/Marseille an US-Botschaft/Berlin vom 14.4.41 mit Weitergabe einer Anfrage von Varian Fry vom 11.4.41, NA RG 84, 151/33. Offenbar hatten die amerikanischen Diplomaten in Europa angesichts der internationalen Prominenz Hilferdings doch ein unbehagliches Gefühl, zumal auch verschiedene Hilfsorganisationen in den USA Druck auf das State Department ausübten, nach seinem Verbleib zu fahnden. Vgl. Aufzeichnung Breck. Long vom 12.2.41, Nl Long 212, Libr. of Congress. Zum Ende Hilferdings und Breitscheids auch die Dokumente in Erich Matthias (Hg.): *Mit dem Gesicht nach Deutschland. Eine Dokumentation über die sozialdemokratische Emigration. Aus dem Nachlaß von Friedrich Stampfer ergänzt durch andere Überlieferungen*. Düsseldorf 1968, S. 479 ff. — **56** Telegramm der Lincoln Brigade/New York an Konsulat Marseille vom 19.10.41 und Brief-Antwort des Konsulats vom 20.10.41, NA RG 84, 150/32. — **57** Dazu die persönlichen Erfahrungen Varian Frys: *Surrender on Demand*, S. 222 ff. — **58** Einzelheiten der Flucht aus Frankreich in den Korrespondenzen Erich Wollenbergs mit Karl O. Paetel vom 14.1.41 ff., Nl. Paetel, SUNY und Arkadij Maslows mit Emil Julius Gumbel vom 3.1.41 ff., Nl Ruth Fischer, Harvard University/Houghton Library. — **59** Fry: *Surrender on Demand*, S. 215 f. — **60** Ebd. Vgl. a. Cynthia Jaffee McCabe: »Wanted by the Gestapo: Saved by America« - Varian Fry and the Emergency Rescue Committee. In: Jackman/Borden: *The Muses Flee Hitler*, S. 79 ff. — **61** Ira A. Hirschman: *Life Line to a Promised Land*. New York 1946; vgl. a. Penkower: *The Jews were Expendable*, S. 163 ff.

Patrik von zur Mühlen

Der »Gegen-Führer« im Exil

Die Otto-Strasser-Bewegung in Lateinamerika

Der Exilforscher ist gewohnt, politische und kulturelle Organisationen deutscher Emigranten mit einiger Selbstverständlichkeit als »antifaschistisch« zu betrachten und sie als links orientierte oder wenigstens als liberale, demokratische, pazifistische und humanistische Gruppen einzuordnen. Dabei wird leicht übersehen, daß es auch eine Emigration von Hitler-Gegnern gab, die trotz ihrer Ablehnung des NS-Regimes ideologisch in antidemokratischen, teilweise eindeutig faschistischen Mutterböden wurzelten. Dazu gehörten extrem konservative Kreise wie monarchistische Anhänger der Häuser Hohenzollern, Wittelsbach und Habsburg, Vertreter ständestaatlicher Ideen und nicht zuletzt enttäuschte Nazis, deren persönliche oder politische Erwartungen durch das Dritte Reich nicht erfüllt worden waren. Von den rechten Hitler-Gegnern, die im lateinamerikanischen Exil eine gewisse Anhängerschaft um sich scharen konnten, sind vor allem Otto Strasser und seine Organisationen »Schwarze Front« und »Frei-Deutschland-Bewegung« zu nennen.

Otto Strasser (1897–1974) hatte sich 1920 von der Sozialdemokratie getrennt und war 1925 zusammen mit seinem älteren Bruder Gregor der NSDAP beigetreten. Beide Brüder gehörten zum sogenannten linken Flügel der NS-Bewegung, der seine Anhängerschaft vor allem in Norddeutschland hatte, und vertraten eine entschieden antikapitalistische und sozialrevolutionäre, dabei aber nationalistische und antisemitische Richtung.[1] Als die NSDAP sich 1929 an den Landesregierungen von Sachsen und Preußen beteiligte, brach der lange schwelende Konflikt zwischen Hitler und Otto Strasser aus und endete mit dessen Parteiaustritt. Otto Strasser versuchte sodann, unzufriedene NSDAP-Anhänger und Nationalrevolutionäre in einer neuen Bewegung zusammenzufassen, aus der dann 1931 die »Schwarze Front« hervorging. Als lautstarker Kritiker Hitlers aufs höchste gefährdet, flüchtete Otto Strasser im Mai 1933 nach Österreich und setzte von der Tschechoslowakei und anderen Exil-Ländern aus seine Aktivitäten fort. Sein Bruder Gregor, der sich der »Schwarzen Front« nicht angeschlossen hatte und in Deutschland geblieben war, wurde im Juni 1934 anläßlich des sogenannten »Röhm-Putsches« ermordet.

Otto Strasser distanzierte sich im Ausland zwar deutlich von Hitlers Verbrechen, verleugnete aber niemals seine ideologische Nachbarschaft zum Nationalsozialismus. Autoritäre Staatsvorstellungen, ein massiver Nationalismus, eine pseudorevolutionäre Phraseologie und ein zwar gemäßigter, aber gleichwohl unübersehbarer Antisemitismus sowie schließlich ein penetranter Führerkult um seine eigene Person verrieten, welchem politischen Lager er sich zugehörig fühlte.[2] Gleichwohl betrachtete ihn das NS-Regime als einen seiner gefährlichsten Feinde. Versuchte Attentate und Entführungen, die Sprengung des von der »Schwarzen Front« betriebenen »Schwarzen Senders« bei Prag durch Gestapo-Agenten, zahlreiche Prozesse gegen Strasser-Anhänger im Reich belegen, wie empfindlich das Dritte Reich auf die konspirativen und propagandistischen Aktivitäten dieser Opposition von rechts reagierte.[3] 1938 flüchtete Otto Strasser über Straßburg in die Schweiz, emigrierte 1939 nach Frankreich und entkam 1940 dem Zugriff der Gestapo nur knapp durch Flucht über Spanien und Portugal auf die Bermudas. Weil ihm die USA die Einreise nicht erlaubten, siedelte er im April 1941 nach Kanada über, wo er bis zu seiner Rückkehr nach Deutschland im Jahre 1954 blieb.

Einer Darstellung der Strasser-Bewegung in Lateinamerika sollte ein Blick auf diesen Subkontinent in seiner Eigenschaft als Exil-Landschaft vorangehen. Die Republiken Mittel- und Südamerikas gelangten relativ spät in die Rolle von Aufnahmeländern für Emigranten aus Deutschland und Österreich. Erst 1938 beginnt die Massenemigration, in deren Verlauf über 100.000 Personen Zuflucht in Lateinamerika fanden. Den Hintergrund für dieses Datum bilden der »Anschluß« Österreichs und der sudetendeutschen Gebiete, später die Zerschlagung der Tschechoslowakei, die immer deutlicher sich abzeichnende Kriegsgefahr in Europa und die restriktive Aufnahmepraxis der Vereinigten Staaten. Lange bevor sich deutsche Flüchtlinge in Lateinamerika niederließen, hatten sich aber unter volks- und auslandsdeutschen Kreisen Ableger der NSDAP gebildet: 1929 in Paraguay, 1931 in Argentinien, Brasilien und Chile, 1932 in Guatemala, Haiti, Kolumbien, Peru und Uruguay.[4] Durch rege Propagandatätigkeit des Dritten Reiches ließen sich auslandsdeutsche Kolonien und ihre Clubs, Vereine, Kirchengemeinden und Zeitschriften rasch und willig gleichschalten, was die Feststellung erlaubt, daß Flüchtlinge aus Deutschland in ihrem späteren Exil keineswegs vor Diffamierungen und Schikanen durch ihre ortsansässigen Landsleute sicher waren. Die im allgemeinen eher deutschnational geprägte Mentalität der Auslandsdeutschen in Lateinamerika hatte aber zur Folge, daß manche Deutsche, die aus persönlichen Gründen oder wegen irgendwelcher Vereinsquerelen die Gleichschaltung oder das Auftreten von NS-Funktionären ablehnten, ansprechbar waren für die Parolen der »Schwarzen Front«, sobald die ersten Vertreter dieser Bewegung 1933 Zuflucht in Lateinamerika suchten.

Die ersten Gruppen der »Schwarzen Front« wurden 1932 in Paraguay, Brasilien und Argentinien gegründet, ein Jahr später in Chile – also in den Ländern, in denen sich auch die ersten Auslandszentren der NSDAP gebildet hatten. 1934 war die »Schwarze Front« in fast allen Ländern Lateinamerikas vertreten und wurde von einem von Strasser eigens ernannten »Kampfleiter« mit Sitz in Paraguay geführt.[5] Die geringen Kenntnisse, die wir über diese frühe Zeit der Strasser-Bewegung besitzen, stammen von dem Manne, der jahrelang dieses Amt ausübte und einer der aktivsten und treuesten Vasallen seines Meisters blieb – Bruno Fricke. 1900 in Berlin (?) geboren, wurde er 1917 noch als Soldat eingezogen und kämpfte nach dem Ersten Weltkrieg in den Freikorps im Baltikum – ein Werdegang, der wenige Jahre später mit einer gewissen Zwangsläufigkeit zum Eintritt in NSDAP und SA führte. Innerhalb der SA gehörte Fricke zum Kreis um Ernst Röhms Stellvertreter für Ostelbien, Walter Stennes, und beteiligte sich mit diesem am sogenannten »SA-Putsch«, in dem die Berliner SA wegen ideologischer Differenzen mit Hitler 1931 die dortigen Geschäftsräume der NSDAP-Gauleitung und der Parteizeitung »Der Angriff« besetzte. Bruno Fricke verließ nach diesem Bruch mit der NSDAP Deutschland in Richtung Paraguay. 1932 kehrte er für kurze Zeit nach Deutschland zurück, um noch kurz vor Hitlers Machtübernahme endgültig nach Paraguay auszuwandern.[6]

Wir wissen nur wenig über Organisation, Umfang und Aktivitäten der Strasser-Bewegung in Lateinamerika vor 1934. Als sicher gelten kann allenfalls, daß Fricke während seines kurzen Aufenthaltes in Deutschland 1932 von Strasser, dem er wohl auch früher schon ideologisch nahegestanden hatte, mit dem Aufbau eines organisatorischen Ablegers beauftragt worden war. Erst 1934 fielen Frickes Aktivitäten auch den konsularischen und diplomatischen Vertretungen des Deutschen Reiches auf. Im Oktober 1934 meldete das Konsulat in der paraguayischen Stadt Villarrica der Gesandtschaft in Asunción, daß Fricke als Organisationsleiter der »Schwarzen Front« in den lateinamerikanischen Republiken tätig sei und dabei in enger Verbindung mit Strasser in Prag stehe.[7] Auf Bitten der Gestapo ließ daraufhin das Auswärtige Amt über die Gesandtschaft in Asunción Fricke observieren und durch Agenten und Spitzel weitere Erkundigungen über ihn einziehen. So erfuhr man, daß Fricke seit 1933 wieder politisch aktiv sei und vor allem ehemalige Stennes-Leute um sich schare. Auch verbreite er Strassers Zeitschrift »Die Deutsche Revolution« und habe für sie in Paraguay etwa 50 Abonnenten geworben.[8]

Fricke versuchte, möglichst viele Hitler-Gegner unter Nationalkonservativen, Nationalbolschewisten, dissidenten oder enttäuschten Nazis sowie anderen Randgruppen innerhalb der Auslandsdeutschen und auch der inzwischen in spärlicher Zahl nach Lateinamerika einsickernden Emigranten aus Deutschland zu werben. In seine Propagandaaktionen bezog er sogar linke Gruppen mit ein, so die kleine sozialdemokratische »Reichsbanner«-Gruppe in Buenos Aires.[9] Wieweit er hier Erfolg hatte, ist nicht bekannt. Aber ein Anwachsen der Strasser-Bewegung läßt sich allein an der Tatsache feststellen, daß Fricke 1935 in Buenos Aires die nach Strassers Organisation benannte

Zeitschrift »Die Schwarze Front« herausgab. Sie erschien ab 9. November 1935 zweimonatlich und stellte nach der zehnten Nummer vom 14. März 1936 ihr Erscheinen ein.[10] Wir wissen nicht, welche Auflagenhöhe das Blatt erreichte, welche Resonanz es unter Emigranten und Auslandsdeutschen hatte und warum es so kurzlebig war. Offensichtlich diente es als Teil einer großen Propaganda-Offensive Strassers gegen das NS-Regime. In Nummer 6 der Zeitschrift (vom 18. Januar 1936) wurde mitgeteilt, daß am 6. Januar ein zweiter Kurzwellensender mit dem Namen »Pampero« auf Wellenlänge 32–32 mit Richtstrahlern seine Sendungen nach Deutschland begonnen habe. Die Leser wurden gebeten, Adressen mitzuteilen, an die über Danzig Propagandamaterial gesendet werden sollte.[11] Auch hier ist nicht bekannt, ob dieser Sender in Deutschland empfangen wurde und wie lange er in Betrieb war.

Für das Jahr 1936 kann man einen gewissen Organisationsstand der »Schwarzen Front« feststellen. Das »Orga-Rundschreiben« 2/1936 teilt mit, daß Bruno Fricke auf eigenen Wunsch als Kampfleiter in Südamerika zurückgetreten sei. Dieses Amt solle auch nicht wieder besetzt werden, vielmehr würden für jeden lateinamerikanischen Staat eigene »Landesleiter« ernannt, die sich ihrerseits einen Stab zusammenstellten. Mit dem Rundschreiben wurden folgende Landesleiter ernannt: Helmut Castel (Argentinien), Erwin Anuschek (Brasilien), Dr. Theo Fuchs (Chile), Ernst Weber (Paraguay) und Franz J. Laumann (Uruguay).[12] Die dieser Studie zugrundeliegenden Quellen geben keinerlei Einsicht in die Hintergründe dieser organisatorischen Entwicklung. Weder wissen wir, warum Fricke von seinem Amt zurücktrat, noch warum dieses nicht mehr besetzt wurde, noch verfügen wir über biographische Kenntnisse über die hier genannten Personen.

Aus den Quellen geht aber wohl hervor, daß die Strasser-Bewegung in den Jahren 1935–1939 Gegenstand massiver Angriffe des NS-Regimes war, das sich dabei meistens der NSDAP-Auslandsorganisationen in Lateinamerika bediente. So teilte die Gesandtschaft in Asunción dem Auswärtigen Amt mit, daß ein mit dem Namen Max Ritzel angegebener Spitzel in die Strasser-Bewegung in Paraguay eingeschleust worden sei und detaillierte Berichte über ihre Aktivitäten liefere. So wußte das deutsche Konsulat in Concepción del Paraguay genau darüber Bescheid, daß Bruno Fricke zu Pferde durchs nördliche Paraguay unterwegs sei, um unter deutschen Siedlern für die »Schwarze Front« zu werben. Auslands- und Volksdeutsche in Lateinamerika, deren Mitgliedschaft in der Strasser-Bewegung bekannt war, wurden auf Betreiben von NS-Organisationen oder gleichgeschalteten Vereinen aus der deutschen Kolonie ausgestoßen und geächtet, was wegen der engen geschäftlichen und sozialen Bindungen an diese oft schwerwiegende Folgen für sie hatte. So wurde ein Siedler im paraguayischen Independencia wegen des Abonnements der »Deutschen Revolution« und seiner Sympathie für Strasser aus dem deutschen Schulverein ausgeschlossen.[13]

Derartige Maßnahmen gegen Mitläufer und Mitglieder der »Schwarzen Front« waren noch harmlos im Vergleich zu Aktionen, die gegen Funktionäre wie Bruno Fricke gerichtet waren. Wie er selbst in einem späteren Rechenschaftsbericht vermerkt, wurde nach einem Einbruch die Kartei seiner Organisation gestohlen, er selbst offensichtlich aufgrund nationalsozialistischer Intrigen und Denunziationen zweimal in Argentinien verhaftet; diese Schwierigkeiten führten schließlich das Ende der Geschäftsstelle der »Schwarzen Front« wie auch das der gleichnamigen Zeitschrift herbei. Es ist überdies bekannt, daß seine am 25. Juli 1935 vollzogene Ausbürgerung aufgeschoben worden war, weil auf Anregung Heinrich Himmlers der Versuch unternommen werden sollte, Fricke zu entführen und zu Schiff nach Deutschland zu verschleppen.[14] Nach seinen eigenen Angaben kam die Arbeit der »Schwarzen Front« in Lateinamerika weitgehend zum Erliegen. Daß sie ihre unermüdlichen Aktivitäten aber nicht vollständig einstellte, belegte 1938 eine Meldung aus São Paulo, derzufolge ein durch Zufall bekanntgewordener Brief Strassers an einen ungenannten Empfänger Einblick in die Aktivitäten in Südamerika gewährte.[15]

In dem bereits zitierten Rechenschaftsbericht Bruno Frickes wird für das Jahr 1940 der »Neubeginn der Arbeit« vermerkt. Dieser Begriff umschrieb ein Ereignis, durch das die Strasser-Bewegung Zulauf und zugleich ein neues publizistisches Organ anstelle der kurzlebigen »Schwarzen Front« erhielt: die Annäherung des in Montevideo ansässigen Emigranten Erich Schoenemann und seiner Zeitschrift »Die Zeit« an Otto Strasser. Erich (Erico) Schoenemann (1889–1967) war seiner Ausbildung nach Ingenieur und hatte während des Ersten Weltkrieges im Preußischen Kriegsministerium gearbeitet. Nach dem Kriege war er als Theaterregisseur in seiner Heimatstadt Berlin tätig gewesen. Wegen der amtlich erzwungenen Entlassung jüdischer Schauspieler geriet er 1934 in Konflikt mit dem Propagandaministerium und emigrierte im Oktober desselben Jahres nach Uruguay, wo er ab 1937 als Heilpraktiker tätig war. Schoenemann war also einer der frühen Lateinamerika-Emigranten, so daß die von ihm 1935 begründete Zeitschrift »Die Zeit« zugleich eines der ältesten deutschen Exil-Blätter in Lateinamerika überhaupt war. Im Jahre 1938 hatte sie etwa 2.500 Abonnenten, die sich vorwiegend auf Uruguay und Argentinien beschränkt haben dürften.[16] 1938/39 gab Schoenemann zusätzlich noch in spanischer Sprache »La verdadera Alemania« heraus, ein Blatt, das sich vom Titel und Inhalt her an die von der »Deutschen Freiheitspartei« im Londoner Exil herausgegebene Zeitschrift »Das wahre Deutschland« anlehnte.[17]

Im Jahre 1939 scheint Schoenemann daran gedacht zu haben, im Kreise seiner Leser Anhänger für eine politische Sammlungsbewegung zu suchen. Die Situation innerhalb der Emigration hatte sich durch starke Zuwanderung im Zeitraum 1938/39 geändert und vor allem durch politische Emigranten aus den Reihen der KPD besondere Akzente erhalten. Zwar hatte »Die Zeit« auch früher schon die

Kommunisten innerhalb der kleinen Emigration attackiert, aber erst die große Exil-Welle im genannten Zeitraum scheint sie in eine gewisse Bedrängnis gebracht zu haben. Im Februar 1939 schrieb Schoenemann, daß es noch keine deutsche Sammlungsbewegung in Uruguay gebe. Als Bindeglied zwischen den Emigranten habe bislang nur »Die Zeit« gedient. Vor Jahren habe das Blatt einmal einen Versuch unternommen, seine Leser und Anhänger organisatorisch zusammenzufassen, dann aber wegen der nationalsozialistischen Repressionen gegen die Interessenten davon wieder Abstand genommen.[18] Einen ersten Ansatz hierzu scheint das »Christliche Komitee ›Das wahre Deutschland‹« gewesen zu sein, das als Herausgeber von »La verdadera Alemania« firmierte,[19] aber außerhalb dieser publizistischen Funktion nicht in Erscheinung getreten ist. Schoenemanns politische Position war auch nicht dazu angetan, eine große Anhängerschaft zu gewinnen. Er war christlich-konservativ eingestellt und ein Gegner linker Gruppierungen, die er recht undifferenziert als Kommunisten schmähte. Er vertrat etwas, was man am ehesten als Salon-Antisemitismus bezeichnen konnte. Zwar distanzierte er sich vom Rassenantisemitismus der Nazis, aber seine häufige Kritik am zu zahlreichen und zu auffälligen Auftreten der Juden in Uruguay war deutlich von Abneigung getragen und nahm mit Kriegsbeginn immer schärfere Züge an. Es versteht sich, daß er damit unter den zu beträchtlichen Teilen jüdischen Flüchtlingen keine Anhänger gewinnen konnte.

Im Jahre 1940 näherte sich Schoenemann wieder dem Gedanken an eine Organisation für seine Leser. Im Oktober verkündete er, daß »Die Zeit« auf Antrag und nach gründlicher Prüfung Ausweise für Nazigegner ausstelle, mit denen sie ihre Gegnerschaft sowohl gegen den Nationalsozialismus wie gegen den Kommunismus dokumentieren könnten.[20] Den Hintergrund dieser Aktion bildeten Schoenemanns Kontakte zur Strasser-Bewegung, zu der er trotz ideologischer Verwandtschaft bis dahin nur lose oder sporadische Beziehungen unterhalten zu haben scheint. Anfang Februar 1941 veröffentlichte »Die Zeit« einen Artikel mit der Nachricht, daß der »in der Welt als Hitlerfeind Nr. 1 bekannte Dr. Otto Strasser« die Initiative zum Zusammenschluß aller Gegner des NS-Regimes ergriffen und die Gründung der »Frei-Deutschland-Bewegung« proklamiert habe. In der gleichen Nummer wurde auch ein Aufruf dieser Bewegung abgedruckt, der die Programmatik dieser bis dahin unbekannten Organisation umschrieb. Im Kampf gegen Staatstotalität und Gewaltherrschaft sollten alle christlichen, demokratischen und freiheitlichen Kräfte vereint folgende Ziele in Deutschland verwirklichen: (1) eine demokratische Verfassung, (2) Selbstverwaltung und Föderalismus, (3) einen Bund aller europäischen Völker, (4) die Zusammenarbeit mit allen Demokratien der Welt, (5) die Rückkehr zu Gott. Der Aufruf war unterzeichnet von Otto Strasser und acht weiteren Anhängern, davon sechs aus Lateinamerika: einer von ihnen war Erich Schoenemann, der sich mit seiner

Zeitschrift nunmehr offiziell zu Strasser bekannte. In einem ergänzenden Artikel distanzierte sich ein anderer Mitunterzeichner, der uns bereits bekannte Bruno Fricke, von den übrigen Gruppierungen des deutschen Exils: mit den illegal arbeitenden Kommunisten war für ihn eine Zusammenarbeit nicht möglich; die Sozialdemokraten seien total zerstritten und hätten nur einige kluge, aber wenig beachtete Außenseiter vorzuweisen; und die Katholiken seien in eine reichsdeutsche und eine österreichische Fraktion aufgeteilt und nähmen an Einfluß ab.[21]

Aus zwei Briefen Otto Strassers an seinen Mitarbeiter und Sekretär in New York, den Österreicher Kurt Singer, geht hervor, daß er die Gründung der neuen Organisation schon im Spätsommer 1940 vorbereitet haben muß. Die Kosten für sechs Monate Arbeit hierfür betrugen 50.000 US-Dollar. In dem anderen Schreiben betonte er, wie wichtig es sei, daß Erich Schoenemann und »Die Zeit« sich für die »Frei-Deutschland-Bewegung« entschieden.[22] Offensichtlich orientierte sich Otto Strasser an der Bewegung »France Libre«, die Charles de Gaulle in London etabliert hatte. In mehreren Memoranden schlug er die Gründung eines »Nationalrates für ein Freies Deutschland« vor, der sich aus dem ehemaligen Reichskanzler und Zentrumspolitiker Heinrich Brüning, dem ehemaligen Danziger Senatspräsidenten und Ex-Nazi Hermann Rauschning, den beiden Sozialdemokraten Wilhelm Sollmann und Wilhelm (sic!, gemeint ist Karl) Höltermann sowie ihm selbst zusammensetzen sollte. Für den Vorsitz schlug Strasser in überraschender Bescheidenheit nicht sich selbst, sondern Brüning vor. Der Sitz dieses Gremiums sollte London sein. In einem weiteren Memorandum behauptete Strasser, der Zweite Weltkrieg sei kein Krieg der Nationen, sondern der Weltanschauungen, so daß die deutschen Hitler-Gegner als Verbündete der Alliierten am Kampfe teilnehmen sollten. Strasser dachte hierbei an eine »Deutsche Legion« als Bündnispartner der Briten.[23] Diese Koalitionspolitik Strassers ist insofern interessant, als er sich früher von allen Emigranten – nicht nur von Kommunisten – scharf distanziert hatte: »Wir werden niemals (...) an der Seite des Landesfeindes gegen die Tyrannei Hitlers kämpfen; denn wir sind ja keine Emigranten, d. h. geflüchtete Anhänger gestürzter Regierungen und Parteien. Wir sind Revolutionäre, die sich aufs Tiefste verbunden fühlen mit dem Schicksal des nationalen Sozialismus, der von Hitler verraten und von uns bis zur Erfüllung weitergetragen wird.«[24] Offensichtlich hatte Strasser erkannt, daß seine Bewegung mit dieser Politik die Grenzen ihrer Einflußmöglichkeiten erreicht hatte.

Angesichts des propagandistischen Aufwandes, mit dem Otto Strasser seine neue Bewegung präsentierte, stellt sich die Frage, wer ihm die Mittel dazu gegeben hat. Durch seine eigene publizistische und schriftstellerische Arbeit in Nord- und Südamerika sowie durch Geldzuweisungen, die er über seinen in den USA lebenden Bruder, Pater Bernhard Strasser, von katholischen Kreisen erhalten haben dürfte, mag er seinen eigenen Lebensunterhalt bestritten haben. »Die Zeit« hatte sich bislang durch Inserate und Abonnements selbst getragen. Aber die Kosten für sein New Yorker Büro und die Bezahlung seines Sekretärs Kurt Singer und mehrerer hauptamtlicher Funktionäre in Lateinamerika sowie die Druckkosten für Propagandamaterial lassen doch eine gewisse Unterstützung durch dritte Stellen vermuten. Die Tatsache, daß Strasser sich auf der britischen Bermuda-Insel aufgehalten und im April 1941 in Montreal, also im britischen Dominion Kanada, niedergelassen hatte, lassen Gerüchte unter deutschen Exil-Kreisen, wonach die »Frei-Deutschland-Bewegung« zeitweilig Gelder aus London empfangen habe,[25] als nicht völlig abwegig erscheinen.

Die »Frei-Deutschland-Bewegung« dehnte ihre Organisation rasch aus, wobei sie weitgehend auf die personellen und organisatorischen Reste der »Schwarzen Front« zurückgriff. Mit Ausnahme kleinerer Ableger in (West-)Kanada, Südafrika und China befanden sich alle Zweigstellen in Lateinamerika, so daß wir mit einiger Berechtigung die Gesamtorganisation als Bewegung deutscher Lateinamerika-Emigranten bezeichnen können. Als Führer der Bewegung in Lateinamerika ernannte Strasser Bruno Fricke, der bis 1936 schon ein ähnliches Amt für die »Schwarze Front« ausgeübt hatte und nun noch als 1. Vizepräsident für die »Frei-Deutschland-Bewegung« fungierte. Fricke wiederum ernannte »Landesvertreter« für die einzelnen Republiken, zunächst für Argentinien, Chile, Uruguay und Brasilien, im Juni/Juli 1941 für Kolumbien und Paraguay. In der zweiten Jahreshälfte 1941 folgten Bolivien und Venezuela und gegen Ende des Jahres Panama, Peru, Honduras und El Salvador. Im Februar 1942 wurde daher mit Sitz in San Salvador eine eigene Geschäftsstelle für Mittelamerika und für die nördlichen Republiken Südamerikas (Kolumbien, Venezuela, Ecuador und Peru) eingerichtet, während die Gruppen in Chile, Bolivien, Brasilien sowie in den La Plata-Republiken weiterhin der Geschäftsstelle Bruno Frickes in Buenos Aires unterstanden. Leiter der mittelamerikanischen Geschäftsstelle wurde ein gewisser Hans Peter Pfeifer, der zugleich das Amt des Landesleiters für die Republik El Salvador versah.[26]

Aus welchen Personenkreisen erhielt nun die »Frei-Deutschland-Bewegung« Zulauf? Zunächst naturgemäß aus den Restbeständen der »Schwarzen Front«, deren Mitglieder verpflichtet wurden, der neuen Bewegung beizutreten[27]; sodann von Emigranten nationalkonservativer oder christlicher Herkunft, denen andere Exil-Gruppen zu weit links standen, und schließlich von in Lateinamerika ansässigen Auslandsdeutschen politisch verwandter Couleur unter Einschluß ideologisch dissidenter oder persönlich enttäuschter NSDAP-Sympathisanten. Wir finden unter den Anhängern aber auch einen Sozialdemokraten wie Hugo Efferoth, der den Gründungsaufruf der »Frei-Deutschland-Bewegung« mitunterzeichnet hatte und zeitweilig als deren Landesleiter in Bolivien wirkte. Dessenungeachtet arbeitete er auch an der in La Paz erscheinenden Emigrantenzeitschrift »Rundschau vom Illimani«, deren Herausgeber Ernst Schumacher Sozialdemokrat war und sein Blatt auf einen gemäßigt linken Kurs steuerte. Efferoths Korrespondenz mit Kurt Singer aus dem Jahre 1938 zeigt, daß er schon früher in Verbindung mit der Strasser-Bewegung gestanden haben muß. Einen Widerspruch zu seiner Zugehörigkeit zur Sozialdemokratie scheint er darin nicht gesehen zu haben.[28] Über die meisten Landesleiter der »Frei-Deutschland-Bewegung« in Lateinamerika läßt sich, sofern ihre Namen überhaupt bekannt sind, anhand der hier berücksichtigten Quellen nur wenig aussagen. Vom Landesleiter in Brasilien, dem Österreicher Helmut Hütter, weiß man, daß er früher Mitarbeiter der rechtskonservativen Vaterländischen Front gewesen war und somit aus einem katholisch-konservativen Milieu stammte. Wie alle Strasser-Anhänger großdeutsch ausgerichtet, wandte er sich gegen die Bildung einer nationalösterreichischen Exil-Regierung.[29] Einer von Hütters Mitarbeitern in Rio de Janeiro war der saarländische Zentrumspolitiker Johannes Hoffmann, der 1935 nach der Rückgliederung seiner Heimat zunächst nach Frankreich und 1940 über Spanien und Portugal nach Brasilien emigriert war.[30] Schließlich scheint auch der frühere Zentrumspolitiker Hubertus Prinz zu Löwenstein Interesse für die Bewegung gezeigt zu haben. Jedenfalls hatte er einen Artikel an »Die Zeit« geschickt, weswegen ihn der im argentinischen Exil lebende Schriftsteller Paul Zech dringend vor diesem Blatt und seinem Herausgeber Schoenemann warnte: »Lassen Sie sich um des Himmels willen nicht mit der ›Zeit‹ ein. Ein unsauberer Kerl! Ich lege Ihnen hier einen Ausschnitt aus dem Argentinischen Tageblatt bei.«[31]

Mit vierzehn Landesverbänden in Lateinamerika, einer überregionalen Zeitschrift und zahllosen publizistischen und politischen Aktivitäten war die Präsenz der »Frei-Deutschland-Bewegung« unübersehbar. Andererseits wissen wir nicht, wie viele Mitglieder die Sammlungsbewegung tatsächlich hatte und welches ihre Resonanz im lateinamerikanischen Exil war. Nach Angaben Erich Schoenemanns verfügte die »Frei-Deutschland-Bewegung« allein in Uruguay über einige tausend Anhänger; im November 1941 behauptete er, daß »Die Zeit« wegen der großen Nachfrage ihre Auflage um 1.000 habe erhöhen müssen.[32] Derartige Angaben sind nicht überprüfbar und fehlen für andere Länder vollständig. Aber wenigstens in Uruguay scheint die »Frei-Deutschland-Bewegung« einen gewissen Anhang um sich geschart zu haben. Ein Rundschreiben aus dem Jahre 1942 fordert die Mitglieder der Gruppe IX auf, sich wegen organisatorischer und sozialer Belange beim Landesleiter zu melden[33], was auf die Existenz einer gewissen verbandsinternen Infrastruktur verweist. Aber wahrscheinlich war die Einschätzung zutreffend, die August Siemsen, Herausgeber der in Buenos Aires erscheinenden Zeitschrift »Das Andere Deutschland« und führender Kopf der gleichnamigen Gruppe, über die Strasser-Bewegung abgab: sie träten in Südamerika laut auf, seien aber vollkommen einflußlos.[34]

Auch verlief die innere Entwicklung der »Frei-Deutschland-Bewegung« nicht so harmonisch, wie es sich der an Subordinationsvorstellungen orientierte Otto Strasser wahrscheinlich gewünscht haben dürfte. Ein in seinen Hintergründen nicht näher bestimmbarer Streit mit dem Landesleiter von Kolumbien, Konrad Togger, führte im November 1941 zu dessen Absetzung und Ablösung durch einen gewissen Robert Alexander: Togger hatte sich offensichtlich einer in Kolumbien aktiven Emigrantenorganisation der »Antinationalsozialistischen Freiheitsbewegung« (ANFB) angeschlossen. In einem späteren Schreiben wird angedeutet, daß sein Nachfolger sich gleichfalls von der ANFB habe »einfangen« lassen.[35] Anfang 1942 brach ein Streit aus zwischen Otto Strasser und seinem langjährigen Mitarbeiter in Santiago, Dr. Theo Fuchs, der früher die »Schwarze Front« in Chile geleitet hatte. Fuchs wurde aus der »Frei-Deutschland-Bewegung« ausgeschlossen, trat aber gleichzeitig seinerseits aus und veröffentlichte eine giftige Erklärung gegen Strasser. Erich Schoenemann wurde angewiesen, diese Affäre in der »Zeit« nur am Rande zu erwähnen. Schließlich wurde zur gleichen Zeit der Landesleiter für Venezuela, Dr. Kurt Kruse, durch A. Stephan abgelöst.[36] Die Hintergründe für alle diese internen Streitigkeiten sind uns nicht bekannt. Sie gestatten aber die Vermutung, daß die Strasser-Bewegung insgesamt doch eine recht heterogene Ansammlung von Randgruppen christlicher, nationalkonservativer und völkischer Provenienz war, die den gleichen Zerfalls- und Desintegrationsprozessen ausgesetzt war wie andere Exil-Gruppen auch.

Damit gelangen wir zur Frage nach dem Verhältnis zwischen der »Frei-Deutschland-Bewegung« und anderen Emigrantenorganisationen in Lateinamerika, die sich vor allem ab 1938 in fast allen Republiken mit größerer Flüchtlingszahl gebildet hatten. Entweder handelte es sich um linke Gruppierungen, von denen die von Buenos Aires aus operierende Bewegung »Das Andere Deutschland« unter dem früheren SAP-Politiker August Siemsen oder die in Mexiko ansässige Bewegung »Freies Deutschland« mit ihren jeweiligen regionalen Ablegern zu nennen wären[37], oder um unpolitische Organisationen, bei denen es sich in der Regel um jüdische Gemeinden, Kultur- und Sozialvereinigungen handelte. Bei ihnen stieß aber die Strasser-Bewegung auf ihre Grenzen innerhalb der deutschen Emigration, die zu etwa 60 bis 70% aus Juden und im überwiegenden restlichen Teil aus (partei-)politischen Flüchtlingen bestand. Beide dürften durch die faschistoide, zumindest aber antidemokratische Gedankenwelt Strassers einerseits und durch den latenten bis manifesten Antisemitismus eines Teiles seiner Anhängerschaft (als Beispiel sei »Die Zeit« genannt) abgestoßen worden sein. Wenn die Strasser-Bewegung daher Versuche unternahm, Emigranten anderer Ausrichtung zu kontaktieren oder gar hinter sich zu scharen, so beruhten sie auf einer recht realitätsfernen Selbsteinschätzung. Die Strasser-Anhänger erhielten fast überall eine Abfuhr, wo sie an Aktionen gemeinsam mit anderen

Emigrantengruppen teilnehmen wollten. So bemühte sich Strassers Vertrauter in Ecuador, Heinrich Graf, im Jahre 1943 um die Aufnahme in die dortige Exil-Gruppe »Movimiento Alemán pro Democracia y Libertad«, zog jedoch sein Beitrittsgesuch zurück, nachdem man ihn politisch identifiziert hatte.[38]

Ähnliche Schwierigkeiten hatte es auch mit der bereits erwähnten ANFB in Kolumbien gegeben, und in fast allen deutschen Exil-Zeitschriften in Lateinamerika erschienen heftige Attacken gegen die »Frei-Deutschland-Bewegung«. Erich Schoenemann wurde im Juli 1941 von einem uruguayischen Gericht zu umgerechnet 1.000 US-Dollar verurteilt wegen Beleidigung eines Mitgliedes des KPD-nahen »Freien Deutschen Klubs«.[39] Die Zeitschrift »Das Andere Deutschland« warf Strasser seine frühere Mitgliedschaft in der NSDAP vor, durch die er auch deren Ziele vertreten habe: Antisemitismus und Rassenhaß, Führerstaat und Weltmachtstreben.[40] Und im Mai 1942 erinnerte der im mexikanischen Exil lebende österreichische Kommunist Bruno Frei Strasser daran, daß dieser sich einmal zu einer noch radikaleren Variante des Nationalsozialismus bekannt habe, und zitierte seinen Ausspruch: »Hitler ist die Gironde des Nationalsozialismus, wir sind die Bergpartei.«[41] Als die Bewegung »Das Andere Deutschland« Ende Januar 1943 in Montevideo einen antifaschistischen Kongreß mit deutschen Delegierten aus mehreren lateinamerikanischen Ländern abhielt und die »Frei-Deutschland-Bewegung« Interesse an einer Teilnahme bekundete, wurde dies als unerwünschter Anbiederungsversuch zurückgewiesen.[42] Charakteristisch für die Ablehnung, auf die die Strasser-Bewegung unter deutschen Emigranten in Lateinamerika stieß, war ein Leserbrief in den in Santiago erscheinenden »Deutschen Blättern«. Warum, so fragte ein Leser, bezeichne die Redaktion Strasser als einen im Exil lebenden deutschen Schriftsteller, wo er doch selbst ein Nazi sei, wenngleich dabei Hitler-Gegner.[43]

Otto Strasser nahm diese Attacken zunächst gelassen auf und tat sie als »kommunistischen Generalangriff« gegen seine Bewegung ab; er begrüßte sogar, daß sie die Schwachstellen seiner Organisation offengelegt hätten und dadurch langfristig sogar von Nutzen sein könnten. Vielmehr schmiedete er weiterhin ehrgeizige Pläne für die Zusammenfassung aller deutschen Hitler-Gegner im Exil. Zu einem bestimmten Stichtage sollten sich alle Auslandsdeutschen vor Vertretern einer projektierten deutschen Exil-Regierung oder deren Vertretern als »Frei-Deutsche« oder als Nazi-Deutsche zu erkennen geben, wobei letztere sofort zu internieren seien. Die »Frei-Deutschen« sollten sich gegen Aushändigung eines entsprechenden Ausweises materiell am Kampf gegen Hitler beteiligen, indem sie ihrem Gastlande 10% ihrer letzten Einkommenssteuer als Kriegs- oder Staatsanleihe zahlten.[44] Zu dieser Zeit hatte der Niedergang der »Frei-Deutschland-Bewegung« bereits begonnen. Auch in den angelsächsischen Ländern wurde sie heftig angegriffen, und im kanadischen Parlament kam es wegen ihres »Führers« zu mehreren Anfragen. Man warf ihm seine frühere NSDAP-Zugehörigkeit vor und seine trotz der Hitler-Gegnerschaft unverkennbare ideologische Nachbarschaft zum NS-Regime. Im Dezember 1942 verhängte die Regierung in Ottawa Rede- und Schreibverbot über ihn und verbannte ihn im Mai 1943 in einen kleinen Ort in Nova Scotia. Im Herbst desselben Jahres wurden diese Maßnahmen noch verschärft durch das Verbot jeglicher politischer Äußerungen auch in Privatbriefen und durch Postzensur und Überwachung seiner Kontakte.[45]

Mit den Attacken des Auslandes scheinen auch die Hilfsgelder eingestellt worden zu sein, so daß Strassers Pressearbeit weitgehend zum Erliegen kam. Erich Schoenemann wandte sich deswegen an dessen Bruder mit der Frage, ob über diesen nicht eine prominente kirchliche Persönlichkeit angesprochen werden könnte, die dann »Die Zeit« der Fürsprache und Protektion der Kirchenführung von Uruguay empfehlen könnte.[46] Ungeachtet solcher Bemühungen erschien »Die Zeit« ab 1942 nur noch sporadisch und in recht bescheidener Aufmachung bis 1943. Danach kursierten nur noch ein hektographiertes »Rundschreiben der F.D.B.« sowie eine ebenfalls hektographierte Notausgabe der »Zeit« mit einer Auflage von 1.000 Stück. Obwohl Otto Strasser durch alliierte Eingriffe als Exil-Politiker ausgeschaltet war, pflegten diese Ersatzpublikationen weiterhin den charakteristischen Personenkult um diesen »Gegen-Führer«. In der Notausgabe wurde Strasser durch eine Kurzbiographie gewürdigt; überdies verkündete Schoenemann seinen Plan, eine (d. h. seine) »Geschichte des deutschen Kampfes gegen den Nationalsozialismus in Uruguay« zu schreiben.[47]

Anfang 1943 kamen in den meisten Ländern Lateinamerikas die Aktivitäten der Strasser-Bewegung vollständig zum Erliegen. Die auf Anregung der USA in den meisten Republiken durchgeführten Maßnahmen gegen die wirkliche oder befürchtete »Fünfte Kolonne« auslandsdeutscher Nazis richteten sich auch gegen die »Frei-Deutschland-Bewegung«. In den meisten Fällen wurden die Büros der Landesleitungen so plötzlich geschlossen, daß die Mitglieder nicht einmal vom Ende der Aktivitäten unterrichtet werden konnten. Bruno Fricke wurde von der argentinischen Polizei festgenommen, zwölf Monate in Untersuchungshaft und anschließend acht Monate in einem Internierungslager bei Santa Fé festgehalten. Ähnlich erging es den »Landesleitern« von Chile, Kolumbien, Kuba und Mexiko. Fricke entkam schließlich nach Paraguay, wo er in einer Siedlung der Hutterer-Sekte untertauchte. Er scheint aus Vorsicht seine politischen Kontakte von dort aus stark reduziert zu haben.[48] Nur in Uruguay scheint Schoenemann ohne Verbindung mit Otto Strasser die Stellung gehalten zu haben, ohne allzu sehr von der Regierung behelligt zu werden. Im Dezember 1944 trat er erneut an die Öffentlichkeit mit einem Zehnpunkteplan für Nachkriegsdeutschland, der im wesentlichen folgendes Programm vorsah: Beseitigung des Nationalsozialismus, Verhinderung eines anarchistischen oder kommunistischen Chaos in

Deutschland, Abrüstung und Schaffung eines Völkerbundes, in dem Deutschland gleichberechtigt vertreten wäre; scharf wandte sich das Programm gegen eine bedingungslose Kapitulation Deutschlands und gegen seine künftige Knechtung. Als Regierung war ein breites – natürlich von Otto Strasser geführtes – Parteienbündnis unter Einschluß der Sozialdemokratie vorgesehen.[49]

Als nach Kriegsende die von den meisten lateinamerikanischen Republiken verhängten politischen und rechtlichen Beschränkungen für deutsche Staatsbürger wieder aufgehoben und somit auch wieder Möglichkeiten für politische Aktivitäten geschaffen wurden, entstand die Strasser-Bewegung nicht wieder von neuem. Der Grund lag darin, daß Otto Strasser – im November 1945 aus kanadischer Internierung entlassen – noch im selben Jahre »Schwarze Front« und »Frei-Deutschland-Bewegung« aufgelöst hatte. Ob und wie weit die Nachfolgeorganisation »Bund für Deutschlands Erneuerung« die personellen Überreste der Strasser-Bewegung in Lateinamerika für sich gewinnen konnte, ist nicht bekannt. Wohl erschien in Montevideo wieder »Die Zeit«, etwas bescheidener in der Aufmachung als vor 1942, aber doch als gedrucktes Periodikum. Die letzte Nummer vom Oktober 1946 kommentierte den Nürnberger Kriegsverbrecherprozeß und begrüßte die Urteile gegen Göring und Streicher, bezeichnete aber die Verurteilung des Admirals Dönitz als ungerecht.[50] Der Herausgeber Erich Schoenemann kehrte später nicht nach Deutschland zurück und starb 1967 in Montevideo. Strassers Paladin Bruno Fricke siedelte wie sein Meister in die Bundesrepublik über und scheint sich im Dienste desselben um die Gründung einer neuen Strasser-Bewegung bemüht zu haben. Über die wenigen anderen namentlich bekannten Mitarbeiter Strassers konnte nichts ermittelt werden. Insgesamt hatten sich Ideenwelt und Organisation der »Schwarzen Front« und der »Frei-Deutschland-Bewegung« überlebt und nach dem Ende der NS-Herrschaft auch für konservative Hitler-Gegner an Überzeugungskraft verloren. Rückblickend wird man sagen können, daß die Strasser-Bewegung vorübergehend durch Lautstärke einiges Aufsehen innerhalb deutscher Emigrantenkreise erregte, aber niemals die Funktion eines Sprachrohrs für einen zahlenmäßig nennenswerten Teil der Emigration oder gar deren Führungsrolle erlangen konnte. Politische Vergangenheit und Programmatik Strassers und seiner Anhänger waren sowohl linken als auch jüdischen Flüchtlingskreisen suspekt, so daß seine Bewegung Sekte bleiben mußte. Strassers groteske Selbsteinschätzung und seine gelegentlich größenwahnsinnig wirkenden Führungsansprüche für ein Deutschland nach Hitler lassen ihn daher als politischen Gernegroß erscheinen, dem es niemals gelang, die Grenzen seiner Vergangenheit und seines Weltbildes zu überwinden. Andererseits beleuchten die Aktivitäten seiner Anhänger in Lateinamerika das relativ breite politische Spektrum, das sowohl im innerdeutschen Widerstand als auch im Exil das NS-Regime bekämpfte.

1 Vgl. Otto-Ernst Schüddekopf: *Linke Leute von rechts. Die nationalrevolutionären Minderheiten und der Kommunismus in der Weimarer Republik.* Stuttgart 1960. – Reinhard Kühnl: *Die nationalsozialistische Linke 1925–1930.* Meisenheim 1966. – Armin Mohler: *Die konservative Revolution in Deutschland 1918–1932.* Darmstadt 1972. – Otto-Ernst Schüddekopf: *Nationalbolschewismus in Deutschland 1918–1933.* Frankfurt/M. 1972. – Vgl. die entsprechende Kurzbiographie mit weiterführenden Literaturangaben im *Biographischen Handbuch der deutschsprachigen Emigration nach 1933,* Bd. I (zitiert BHE I), München – New York – London – Paris 1980, S. 740–42. — 2 Zur Ideologie und Programmatik Strassers vgl. Wolfgang Abendroth: »Zur Widerstandstätigkeit der ›Schwarzen Front‹«. In: »Vierteljahrshefte für Zeitgeschichte« 8 (1960), S. 181–87. — 3 Eine umfassende Darstellung der »Schwarzen Front« in deutscher Sprache steht noch aus. Bislang liegen nur folgende unveröffentlichte Arbeiten vor: C. R. Owen: *Disquiet and Discontent. The Story of Dr. Otto Strasser, a Prisoner in Paradise* (Mskr. 1976); Patrick Moreau: *La Communauté de combat national-socialiste révolutionnaire et le Front noir – Actions et idéologie en Allemagne, Autriche et Tchécoslovaquie de 1930 à 1953.* (Diss. phil. hekt.) Paris 1978. — 4 Reiner Pommerin: *Das Dritte Reich und Lateinamerika. Die deutsche Politik gegenüber Süd- und Mittelamerika 1939–1942.* Düsseldorf 1977, S. 33. – Hans-Adolf Jacobsen: *Nationalsozialistische Außenpolitik 1933–1938.* Frankfurt/M. – Berlin 1968, S. 650. — 5 Bruno Fricke: »Rechenschaftsbericht der FDB für die Jahre 1943 bis 1945« (undatiert, ca. 1945). In: Institut für Zeitgeschichte (zitiert IfZ): *Nachlaß Otto Strasser,* Bd. 20. — 6 Biographische Angaben zu Fricke und Stennes im BHE I, S. 196 und 729. — 7 Schreiben des Konsulats Villarrica an die Gesandtschaft in Asunción (undatierte Abschrift, ca. Oktober 1934). In: Politisches Archiv des Auswärtigen Amts (zitiert PA AA): *Inland II A/B, Deutsche Emigrantentätigkeit im Ausland,* Bd. 6. — 8 Schreiben der Gestapo vom 14.12.34 an das Auswärtige Amt und Bericht der Gesandtschaft Asunción vom 16.2.35; ebd. — 9 »Deutsche Volksgenossen in Buenos Aires!« und »›Reichsbanner Argentinien‹ und ›Schwarze Front‹«. In: »Die Schwarze Front« Nr. 7, 1.2.36. — 10 Lieselotte Maas: *Deutsche Exilpresse in Lateinamerika.* Frankfurt/M. 1978, S. 52 f. – Lieselotte Maas: *Handbuch der deutschen Exilpresse 1933–1945,* 3 Bde. München 1976 ff., hier Bd. 2, S. 524. Ausgewertet wurden für die vorliegende Studie die im Internationalen Institut für Sozialgeschichte/Amsterdam vorhandenen Nrn. 6–10. — 11 »Achtung! Kampfleiter! Achtung!«. In: »Die Schwarze Front« Nr. 6, 18.1.36. — 12 »Orga-Rundschreiben 2/1936«. In: IfZ: *Nachlaß Otto Strasser,* Bd. 20. — 13 Schreiben der Gesandtschaft Asunción vom 16.5. und vom 21.3.35 an das AA; Schreiben des Konsulats Concepción vom 12.3.35 an die Gesandtschaft in Asunción. In: PA AA: *Inland II A/B, Deutsche Emigrantentätigkeit im Ausland,* Bd. 6. — 14 Anm. 5. – BHE I, S. 196. — 15 Schreiben des Generalkonsulats São Paulo vom 7.12.38 an das AA. In: PA AA: *Pol. IX, Politische Beziehungen Brasiliens zu Deutschland,* Bd. 4. — 16 BHE I, S. 663. – Maas: *Lateinamerika,* S. 68 ff. — 17 Beatrix Bouvier: *Die Deutsche Freiheitspartei (DFP). Ein Beitrag zur Geschichte der Opposition gegen den Nationalsozialismus,* Phil. Diss. Mskr. Frankfurt/M. 1969. — 18 »Sammlung der deutschen Antifaschisten in Uruguay?«. In: »Die Zeit«, 15.2.39. — 19 »La verdadera Alemania«. In: »Die Zeit«, 15.3.39. — 20 »Ausweise für Nazigegner«. In: »Die Zeit«, 20.10.40. — 21 »Freies Deutschland konstituiert«, »Aufruf der Frei-Deutschland-Bewegung« und Bruno Fricke: »Die deutsche Opposition – ihre Gestalt, Arbeit und Aufgabe«. In: »Die Zeit«, 1.2.41. — 22 Schreiben Otto Strassers vom 7.2. und 31.1.41 an Kurt Singer. In: IfZ: *Nachlaß Otto Strasser,* Bd. 16. — 23 »Memorandum (1) über Aufgaben und Möglichkeiten der Deutschen Opposition« (undatiert, Ende 1940?) und Memorandum Nr. 3 vom 20.6.41. In: ebd., Bd. 20. — 24 Leitartikel in der »Schwarzen Front« Nr. 10, 14.3.36. – Vgl. Maas: *Lateinamerika,* S. 53. — 25 Schreiben August Siemsens/Buenos Aires vom 16.11.41 an die Union Deutscher Sozialdemokratischer Organisationen in Großbritannien. In: Archiv der sozialen Demokratie/Bonn (zitiert AsD): *Emigration – Sopade,* Mappe 16. — 26 Schreiben Otto Strassers vom 6.7.41 an Kurt Singer; FDB-Rundschreiben Nr. 7 (November 1941) und Nr. 10 (Februar 1942). In: IfZ: *Nachlaß Otto Strasser,* Bde. 16 bzw. 20. — 27 »Mitteilung der FDB Uruguay«. In: »Die Zeit«, 15.8.41. — 28 BHE I, S. 145. – Schreiben Hugo Efferoths vom 10.5.38 an Kurt Singer. In: AsD: *Emigration – Sopade,* Mappe 35. — 29 BHE I, S. 318. — 30 Ebd., S. 309 f. — 31 Schreiben Paul Zechs vom 15.5.41 an Hubertus Prinzen zu Löwenstein und Antwort vom 3.8.41. In: Deutsche Bibliothek/Frankfurt/M.: *Sammlung Paul Zech/Briefe.* — 32 Dr. E. Schoenemann: »Offener Brief an Herrn Dr. Siemsen/Buenos Aires«; »Die Zeit – ein Fels in der Brandung«. In: »Die Zeit«, 10.3.41 bzw. 18.11.41. — 33 Rundschreiben der FDB/Uruguay vom 2.7.42. In: IfZ: *Nachlaß Otto Strasser,* Bd. 20. — 34 Anm. 25. — 35 Rundschreiben Nr. 7; Anm. 26. — Briefe Otto Strassers vom 1.2. und 22.3.42 an seinen Bruder Bernhard. In: IfZ: *Nachlaß Otto Strasser,* Bd. 8. — 36 Rundschreiben Nr. 10; Anm. 26. – Schreiben Otto Strassers vom 13.1.42 an seinen Bruder Bernhard; ebd., Bd. 16. — 37 Eine Übersicht über die zahlreichen

deutschen Emigrantenorganisationen, Vereine, Zirkel etc. kann im Rahmen dieses Aufsatzes nicht gegeben werden. Hier muß auf meine in Arbeit befindliche Studie »Deutsches Exil in Lateinamerika« verwiesen werden, deren Fertigstellung für 1987 vorgesehen ist. Als weiterführende Literatur zu dieser Thematik seien einstweilen folgende Veröffentlichungen genannt: Wolfgang Kießling: *Exil in Lateinamerika* (Kunst und Literatur im antifaschistischen Exil 1933–1945). Leipzig – Frankfurt/M. 1981. – Ders.: *Alemania Libre in Mexiko*, 2 Bde., Berlin/DDR 1974. – Paul Merker: »Über die Bewegung ›Freies Deutschland‹ in Lateinamerika«. In: *Im Kampf bewährt! Erinnerungen deutscher Genossen an den antifaschistischen Widerstand von 1933 bis 1945*. Berlin/DDR 1969, S. 465–526. – Gert Caden: »Das Komitee deutscher Antifaschisten in Habana, Kuba (1942–1947)«. In: »Beiträge zur Geschichte der deutschen Arbeiterbewegung« Jg. 5 (1963), S. 933–41. – Guillermo Israel/Wolfgang Kießling: »Deutsche Antifaschisten in Uruguay (1933–1943)«. In: ebd., 18. Jg. (1976), S. 666–82. — **38** Bobby Astor: »Feinde des Friedens«. In: »Demokratisches Deutschland« Nr. 1 (Januar 1945). — **39** »Nachrichten aus Südamerika«. In: »Das Andere Deutschland« Nr. 40, Juli 1941. — **40** Hans Jahn: »Offener Brief an Otto Strasser«. In: »Das Andere Deutschland« Nr. 45, Dezember 1941. — **41** Bruno Frei: »Ein Thronprätendent«. In: »Freies Deutschland« Nr. 7, Mai 1942. — **42** »Die antifaschistischen Deutschen in Südamerika«. In: »Das Andere Deutschland« Nr. 58, Jan. 1943. — **43** Leserbrief in den »Deutschen Blättern« Nr. 4, April 1943. — **44** Schreiben Otto Strassers vom 22.3.42 an seinen Bruder Bernhard; Memorandum vom 15.3.42. In: IfZ: *Nachlaß Otto Strasser*, Bde. 8 bzw. 20. — **45** BHE I, S. 741. — **46** Schreiben Erich Schoenemanns vom 27.3.42 an Pater Bernhard Strasser. In: IfZ: *Nachlaß Otto Strasser*, Bd. 16. — **47** »Die Zeit« (Notausgabe) Nr. 116, 8.5.44. – Maas: *Lateinamerika*, S. 70. — **48** Schreiben Bruno Frickes vom 27.3.45 an Pater Bernhard Strasser. In: IfZ: *Nachlaß Otto Strasser*, Bd. 16. – Bruno Fricke: »Rechenschaftsbericht...«; Anm. 5. — **49** »Rundschreiben der FDB« (hekt.), 7.12.44. — **50** »Die Zeit« vom 10.10.46.

Richard Albrecht

»Die ›braune Pest‹ kommt...«
Aspekte der Verfolgung Frank Arnaus im Exil 1933/34

I

Frank Arnau, der am 11. Februar 1976, einundachtzigjährig, in München starb, der 1933 aus Deutschland emigrierte und 1955 zurückkehrte[1], konnte schon 1972 eine Gesamtauflage seiner Bücher von mehr als 3,2 Millionen Exemplaren verzeichnen[2], obwohl er weder ein klassischer ›Bestseller‹-Autor war noch Literarhistorikern als beachtenswert erschien. Der Schriftsteller und politische Publizist wurde zwar als »leftist-liberal« hinsichtlich seines »political viewpoint« eingeordnet[3], ließ sich aber vor und während der Emigration mit großem Kapital und Geheimdiensten ein. Er erfuhr – sei's trotz, sei's wegen seines bürgerrechtlichen Engagements in der kapitalistisch restaurierten Bundesrepublik von Mitte der fünfziger bis Mitte der siebziger Jahre – zwar nationale und internationale Ehrungen und Würdigungen, blieb aber doch auf seine engeren Freunde verwiesen.[4] Derselbe Frank Arnau war andererseits prominenter Beiträger von Boulevardpresse und Wochenillustrierten...

Frank Arnau – man mag ihn als republikanischen Gebrauchsautor bezeichnen oder nicht – ist von »seinem« Publikum nicht vergessen worden. Das jedenfalls ergaben meine Erkundungen vor einigen Jahren: Dem Tatbestand, daß seinerzeit – 1980/81, zu Beginn der Recherchen für diesen Beitrag – das »Verzeichnis lieferbarer Bücher« (VLB) von den mehr als hundert in 65 Jahren publizierten Titeln (ohne Übersetzungen) noch neun als lieferbar registrierte, entspricht denn auch jener, daß in der örtlichen – Mannheimer – öffentlichen Bibliothek (»Dahlberg-Haus«) sechzehn Arnau-Bücher im Katalog verzeichnet waren. Von diesen waren am Stichtag, dem 24. Februar 1981, vier gerade ausgeliehen und konnten hinsichtlich der Benutzungsfrequenz nicht überprüft werden; bei den verbleibenden zwölf Titeln, die durchaus stellvertretend für Arnaus literarisch-publizistisches Werk überhaupt aufgefaßt werden können (von Sachbüchern über Enthüllungspublizistik bis zum *Handbuch der Philatelie*, 1967, von Kriminalromanen[5] bis zu den Memoiren *Gelebt – Geliebt – Gehaßt*, 1972, ergaben sich durchaus respektable Ausleihhäufigkeiten: durchschnittlich viermal pro Jahr und Buch. Die Spanne reicht von jeweils einem Entleihvorgang alle 16 Wochen – bei den Büchern *Kunst der Fälscher – Fälscher der Kunst* (1959), dem *Handbuch der Philatelie* (1967) und der Autobiographie *Gelebt – Geliebt – Gehaßt* (1972) – bis hin zu häufigen Ausleihen wie bei *Die vorletzte Instanz. Das Doppelleben des Herrn P.* (1969) mit 34 Lesern zwischen dem 27.7.1976 und dem 10.1.1981 oder

Flucht in den Sex. Vom Liebestrank zu den Hormonen (1967), das vom 2.11.1980 bis 10.1.1981 jeden Monat einen Interessenten fand.

Der im literarischen Unten der bundesdeutschen Literaturverhältnisse durchaus gegebenen Repräsentanz des Schriftstellers und Publizisten Frank Arnau auch über seinen Tod hinaus entspricht eine weitgehende Nichtbeachtung im literarischen Oben. Dafür mag der Hinweis genügen, daß sich während der letzten zehn Jahre – weiter wollte ich nicht zurückgreifen – laut »Eppelsheimer«[6] kein Literaturwissenschaftler für den Autor interessierte; daß weitverbreitete Nachschlagebände zur Gegenwartsliteratur – das *Handbuch der deutschen Gegenwartsliteratur* (1970[2]), das *Literaturlexikon im 20. Jahrhundert* (1971), *Kürschners Literaturkalender* (1978) oder Herders *Lexikon der Weltliteratur im 20. Jahrhundert* (1961) – den Schriftsteller Frank Arnau nicht einmal erwähnen; und daß auch jene leicht zugänglichen Arbeiten, die ihn nennen, nur recht vage Angaben machen, die im einzelnen auch nicht immer zutreffen müssen: Gero von Wilpert gilt der Autor als »Kriminalschriftsteller, der engagiert für eine gewissenhafte Rechtspflege und Wahrung der Menschenwürde eintritt« und der »auch Bühnen- und Sachbuchautor« ist[7], Kosch stellt ihn mit drei Worten als »Erzähler, Dramatiker, Publizist« vor[8] und bleibt damit noch hinter der letzten Auflage von *Meyers Lexikon* zurück, das Frank Arnau als »Präsidenten der deutschen Liga für Menschenrechte« und Autor »zahlreicher Dramen, Romane«, »besonders Kriminalromane (...), Novellen und Sachbücher, besonders zur Kriminalistik« nennt.[9]

Der erstaunliche Tatbestand, daß nicht einmal Hans-Albert Walter in seiner umfassenden Darstellung der Exilliteratur – bisher jedenfalls – den Autor nennt, steht denn auch keineswegs vereinzelt da: Obgleich Frank Arnau zumindest in den letzten Jahren der Weimarer Republik zu jenen nicht eben häufigen demokratisch engagierten Autoren gehörte, die, wenn auch nicht die »Marktplätze«, so doch wenigstens mehr als den bekannten »kleinen Kreis der Kenner« (Bertolt Brecht) erreichten, wird er von keinem derer erwähnt, die in einem Sammelband *Die deutsche Literatur in der Weimarer Republik* vorstellen.[10] Dies gilt auch für die breit angelegte Studie etwa von Gisela Berglund[11] oder für Matthias Wegeners frühe Arbeit über *Exil und Literatur*.[12] Demgegenüber wird der Autor in beiden Auflagen der Biobibliographie von Sternfeld/Tiedemann knapp vorgestellt[13] und auch im »Lexikalischen Teil« des von Manfred Durzak herausgegebenen Sammelbandes *Die deutsche Exilliteratur 1933–1945*[14] verzeichnet. Im DDR-Projekt *Kunst und Literatur im antifaschistischen Exil 1933–1945*[15] wird Arnau kurz erwähnt, sein Exilweg skizziert. Insofern wirken die Hinweise ad personam in anderen Zusammenhängen – etwa im DDR-*Lexikon deutschsprachiger Schriftsteller der Gegenwart*[16] oder in dem von Arnold/Schmidt herausgegebenen *Kriminalromanführer*[17] schon gediegener. Hinweise auf Frank Arnaus Arbeiten schließlich geben Medienwissenschaftler, die sich speziell mit den Genremöglichkeiten etwa des Kriminalromans beschäftigt haben oder die Publizistik in der Weimarer Republik aufarbeiteten: So verweist W. B. Lerg zutreffend darauf, daß Frank Arnau in der Weimarer Republik zu den prominenten und vielbeschäftigten Autoren des historisch neuen Mediums »Langspielfilm« gehörte[18]; und Hickethier/Lützen gilt Frank Arnau insofern als Ausnahme und nicht als Regel, als er als deutscher Krimiautor »wesentliche Neuerungen und Erweiterungen des Genres« erprobte.[19]

II

Frank Arnau hat selbst einen Teil der Widersprüche, unter und mit denen er als erfolgreicher Autor in verschiedenen Genres und Medien im Ausgang der Weimarer Republik lebte, in der Autobiographie (West) – *Gelebt – Geliebt – Gehaßt* – und im als Textsammlung angelegten Pendant (Ost) – *Tätern auf der Spur* – beschrieben. Insofern will ich bei einer Skizze der individuellen Ausgangsbedingungen fürs Exil, das Frank Arnau selbst als abenteuerliche Flucht mit publizistischem Nachspiel beschrieben hat[20], diese Seiten nicht ergänzend nachzeichnen, sondern statt dessen auf einige weniger bekannte Aspekte dieser Ausgangsbedingungen hinweisen.

Der im ersten Weimarer Krisenjahr 1929 fünfunddreißigjährige Frank Arnau hatte in dieser Zeit seiner ersten literarischen Erfolge durchaus ein (wie man damals sagte) ›bewegtes Leben‹ hinter sich, arbeitete gleichzeitig für zahlreiche Zeitungen und Zeitschriften, zunehmend als Filmautor, regte verschiedene Medienprojekte an – und war gleichzeitig als Wirtschaftsberater in den Vorzimmern der trotz Krise nach wie vor existenten ökonomischen Macht tätig, vor allem von schwerindustriellen Großunternehmen. Der 1894 in Genf geborene Autor (ursprünglich Heinrich oder Henry Schmitt)[21], der 1920 in Deutschland eingebürgert wurde, erkannte, nicht zuletzt infolge seiner Erfahrungen zwischen den Lagern und Fronten im Ersten Weltkrieg, die zunehmende Bedeutung der in die Breite gehenden Publizistik in der nationalen und internationalen Politik – zur Herstellung von Massenzustimmung für die Mächtigen. Zugleich war Arnau keineswegs auf ein bestimmtes publizistisches Genre oder ein Medium festgelegt, sondern als Publizist in vielen Feldern beschäftigt, in die er jeweils verschiedene Erfahrungen aus den anderen Tätigkeitsbereichen einbringen konnte. Seine Veröffentlichungen in der Weimarer Zeit und im Exil (aber auch die Tätigkeit im Exil selbst, die individuell natürlich durch Arnaus Sprachkenntnisse und Lernfertigkeiten begünstigt wurde) weisen eine erstaunliche inhaltliche Spannbreite auf. Im Katalog von Arnaus Schriften finden sich etwa ein *Universal Filmlexikon* (1932) oder ein Ratgeber für Automobilverkäufer. Eine Anweisung für die Wahl des richtigen Wagens (1931).[22] Ein vom Autor später als Beitrag gegen die rassistischen Thesen der Nazis dargestellter Aufsatz – »Blutreinheit als Hochwertigkeitsnachweis«[23] – ist jedenfalls keine antifaschistische Kampfschrift.

Das schließt nicht aus, daß Arnau führenden Sozialdemokraten Preußens manchen Wink gegeben haben mag und, als von rechts angefeindeter »Konjunkturliterat« sich wehrend, Göring öffentlich der Korruption überführte.[24]
Als Schriftsteller setzte sich Arnau vor allem im Genre des Kriminalromans durch – den internationalen Erfolg etwa von Edgar Wallace nutzend[25] – und veröffentlichte in fünf Jahren (1927 bis 1932) in verschiedenen Verlagen ein Dutzend Kriminalromane.[26] Arnaus Werke in dieser Gattung waren seit der Publikation des 1929 erschienenen Spionageromans aus dem Ersten Weltkrieg – *Kämpfer im Dunkel*[27] – gut verkäuflich, marktgängig. Die literarische Kritik (etwa in der »Literarischen Welt«) bescheinigte dem Unterhaltungsschriftsteller Frank Arnau, daß er dank seiner »gekonnten Technik« durchaus »das Zeug habe zu mehr als nur einem spannenden Abenteuerroman«.[28] Freilich: der »Artist der stilistischen Hochspannung« blieb dem Metier vorerst treu[29]: Sein *Kämpfer im Dunkel* erschien 1930 im 25. Tausend, der als »deutscher Wallace« bezeichnete Kriminalroman *Die große Mauer*[30] erreichte noch im Erscheinungsjahr sieben Auflagen[31], und ebenfalls 1931 wurde der Krimi *Der geschlossene Ring*[32] – ein Justizroman mit politisch-aufklärerischen Ambitionen -- unter dem Titel *Täter gesucht* verfilmt.[33] Arnaus Bücher erlebten schon bis 1932 zahlreiche Übersetzungen[34], so daß der Autor mit einer für 1970 angegebenen Auflage von 1,4 Millionen verkauften Exemplaren seiner Kriminalromane als »der meistgelesene deutschsprachige Kriminalromanautor« gelten konnte.[35]

III

Frank Arnaus erste sechs, die europäischen Jahre seiner Flucht aus dem nazifizierten Deutschland sind vor allem eine Geschichte des Kampfes gegen die dem Autor persönlich verhaßten Nazi-Führer mit allen dem Schriftsteller und Publizisten verfügbaren Mitteln. *Die braune Pest* – angelegt als »Roman einer Epoche« und vom Autor so in seinen Erinnerungen bezeichnet[36], wenngleich weder als Buch noch mit diesem Untertitel erschienen oder auffindbar[37] – stellt gewiß den Höhepunkt dieser Entwicklung dar. Die Entstehungsgeschichte des Romans, dessen Niederschrift Arnau im September 1933 abschloß, und seine Zeitungs-Veröffentlichung während des Saarkampfes 1934[38] hängen eng mit den Wirkungsbedingungen zusammen. Der Autor von *Die braune Pest* mobilisiert seine gesamte Persönlichkeit, sein Wissen und seine Erfahrung, um gegen die »braune Pest«[39] und ihre Personifikationen schreibend zu kämpfen und kämpfend zu schreiben. Insofern ist dieser auf unmittelbare Wirkung angelegte Text auch publizistisch interessant; überwindet Frank Arnau doch hier die in seiner Weimarer Zeit überwiegenden sublimen und verdeckten Schreibstrategien. Der Kampf gegen den befürchteten »Anschluß« des damals vom Völkerbund als Mandatsgebiet betreuten Saarlands bot nicht nur diesem Schriftsteller die Möglichkeit zu »eingreifendem Denken« (Brecht).[40]

Frank Arnau wurde denn auch nicht zu Unrecht später, im März 1937, auf der »Liste der wesentlichen Emigranten (der nach einer Zusammenstellung der bisher aufgrund des Reichsgesetzes vom 14.7.1933 der deutschen Staatsangehörigkeit für verlustig erklärten Personen)« im vom »Reichsführer-SS. (Dem) Chef des Sicherheitshauptamtes« herausgegebenen geheimen »Leitheft Emigrantenpresse und Schrifttum«[41] aufgeführt und unter Bezug auf *Die braune Pest* bereits auf der zweiten Ausbürgerungsliste vom 24. März 1934 expatriiert, der deutschen Staatsbürgerschaft unter Einziehung des Vermögens für verlustig erklärt und damit quasi-legal geächtet.[42]

Diese Maßnahme verdankt der Publizist Arnau gewiß auch dem Umstand, daß er die Bestechlichkeit des damaligen preußischen Ministerpräsidenten Göring enthüllt und teils offen, teils verdeckt öffentlich Anklage gegen die neuen Machthaber in Deutschland erhoben hatte. Denn der Autor war 1933/34 Mitarbeiter zahlreicher Zeitungen und Zeitschriften der Exil-Presse[43] – u. a. beim »Pariser Tageblatt«, »Neuen Tage-Buch«, »Gegen-Angriff«, auch bei der in Saarbrücken erscheinenden unabhängigen Zeitschrift »Westland«[44], die für den Status quo kämpfte – und einiger ausländischer Zeitungen und Zeitschriften. Besonders bekannt wurden die Berichte in der weitverbreiteten französischen Tageszeitung »Le Petit Parisien«, die auf Arnau zurückgehen und geheime Propagandaanweisungen des Nazi-Regimes veröffentlichten (später als Broschüre publiziert).[45] Arnaus Name stand im Herbst 1934 auf der Unterzeichnerliste bekannter Schriftsteller, die für die Beibehaltung des Status quo an der Saar votierten.[46] Über sein publizistisches Engagement gegen die Nazis hinaus soll und will er auch individuelle Anschläge auf Nazi-Einrichtungen und -Agenten geplant haben.[47] Im Spektrum der antifaschistischen Exilpublizistik beschäftigte er sich auch weiter mit »seinen« journalistischen Themen, politisierte sie aber, um so seine technisch-ökonomisch-kriminologischen Kenntnisse und Erfahrungen etwa über die rüstungswirtschaftliche Seite der Entwicklung im Dritten Reich nutzbar zu machen.[48]

Arnau könnte, auch wenn er von Alexander Abusch im Nachwort zum Faksimile-Nachdruck des *Braunbuches* nicht ausdrücklich erwähnt wird[49] – so jedenfalls Abusch 1981 auf Nachfrage[50] –, »über irgendeine illegale antifaschistische Verbindung seinerzeit einiges Material zum *Braunbuch über den Reichstagsbrand* geliefert haben« und damit zur herbeigesehnten, politisch für notwendig erachteten »Einheitsfront gegen Hitler« in Deutschland selbst beigetragen haben, die »in der vieltausendköpfigen Leserschaft des Braunbuchs (...) jenseits der parteipolitisch markierten Grenzen für eine kurze Zeitspanne Wirklichkeit werden (konnte)«.[51] Jedenfalls lautet eine Meldung der »Wiener Sonn- und Montagszeitung« vom 23. Oktober 1933 im Zusammenhang mit der Ankündigung des Romans *Die braune Pest*[52], daß

Arnau die Rache der Nazi-Führung, sei's in Form seiner Ermordung[53], sei's in Form seiner Entführung ins Dritte Reich[54], fürchten müsse.[55]

IV

Nach den erhaltengebliebenen Aktenbeständen der Verfolgerbehörden, also nationalsozialistischer Ämter, ist die Rekonstruktion der Verfolgung Arnaus, über die der Autor nur spärlich in seinen Erinnerungen berichtet, durchaus möglich.[56] Dabei muß bei Zitaten aus diesen Materialien immer berücksichtigt werden, daß es sich um Dokumente eines gegnerischen Verfolgerapparats handelt, der zwar in der Tat allerlei Hinweise zusammenträgt, polizeilich, geheimdienstlich und verwaltungsmäßig bearbeitet und bewertet, aber keine Untersuchung selbst durchführt, sondern lediglich Belastungsmaterial anhäuft, um die Reste der bürgerlichen Existenz Frank Arnaus zu vernichten; ihn also in jeder Hinsicht, materiell und ideell, schädigen will.

Das erste Dokument, das sich speziell mit Arnau beschäftigt, ist der Bericht eines diensteifrigen Polizeiwachtmeisters und Mitarbeiters des in Arnaus Wohnung (Berlin-Wilmersdorf, Tribergstraße 7) zur Untermiete wohnenden Kriminalbeamten Nussbaum (Nußbaum) vom 27. April 1933 an den Ministerialdirektor (Kurt) Deluege im preußischen Ministerium des Innern. Hier wird der Autor, der sich seit Anfang April, ausgestattet mit offiziellen Papieren als »Sonderkorrespondent des ›Völkischen Beobachter‹«[57] bereits in seinem ersten Exilland Niederlande befand, zunächst »dringend der Wirtschaftsspionage und kommunistischer Betätigung« verdächtigt. Der Bericht schließt an eine – erste – Haussuchung bei Arnau am 26. April 1933 an.

Seit Ende April 1933 wird nicht nur Arnaus politische Publizistik referiert – wenngleich nur sehr lückenhaft, aufgrund des sich im Aktenbestand spiegelnden nachrichtendienstlichen Dilettantismus beim Verfolgerapparat und seinem Personal –, sondern auch, hier freilich recht erfolgreich[58], versucht, durch mehrere Agenten in das unmittelbare persönliche Handlungsfeld des Autors einzudringen, um so über seine Pläne, Verbindungen und jeweils nächsten Schritte möglichst immer schon im voraus informiert zu sein und Gegenmaßnahmen einleiten zu können. So erscheint zum Beispiel in den Akten des Berliner Gestapo-Amtes das von der »Reichsstelle zur Förderung des deutschen Schrifttums« am 20. Dezember 1933 übersandte Dokument, das hier noch später interessieren wird: nämlich das Vorwort zum Roman *Die braune Pest*, verfaßt »Auf Palma de Mallorca«, dem damaligen Aufenthaltsort Frank Arnaus, im September 1933 – noch bevor überhaupt sicher war, ob und wo der vom Autor selbst seit Oktober angekündigte Roman veröffentlicht würde.

Die Ankündigung und das den Nazis vorliegende Vorwort ließen erkennen, daß der »Zeitroman« in Gestalt des Kriminalbeamten Nußbaum so reale wie aktuelle Entwicklungen der gegen den Autor angestrengten Verfolgung und Bedrohung dokumentieren würde. Dies setzte eine hektische Betriebsamkeit von SD (Sicherheitsdienst) und preußischer Gestapo (Geheimes Staatspolizeiamt Berlin) in Gang, die sich vor allem im Januar und Februar 1934 in manchmal täglichen Rapports »eines V.-Mannes aus der Umgebung Frank Arnaus« niederschlug. Es ging wohl darum, die Publikationen von *Die braune Pest* und weiterer, eher politisch-praktischer Tätigkeiten des Autors um jeden Preis zu verhindern. Denn aus den Akten wird auch deutlich, daß genannter Kriminalbeamter – inzwischen vom Kriminalkommissar zum Kriminalpolizeirat avanciert – um seine zumindest berufliche Existenz kämpfte.

Die Akten lassen sich teilweise wie eine Variation auf das Thema des bekannten Wettlaufs zwischen dem Hasen und Swinegel lesen: Ein V-Mann-Bericht spricht am 12.1.1934 von einer – geplanten, dann aber nicht ausgeführten – »großangelegten Aktion gegen den im Dezember (1933) in der Krolloper zusammentretenden Reichstag«, für die Arnau »in Amsterdam ein starkes Flugzeug kaufen« sollte oder wollte; er verweist auf die Gründung einer »Organisation (...), die es ermöglichen soll, gegen den Führer und gegen andere hochstehende Regierungsmänner gelegentlich deren Luftreisen überraschende Angriffe von der Luft aus vorzubereiten und durchzuführen«. Der Spitzelbericht enthält folgenden

»*Vermerk.*

Wenn ich nicht selbst persönlich Frank *Arnau* und seine wahnsinnige Phantasie- und Verbrechertätigkeit kennen würde, würde ich die vorstehende Meldung des mir mittlerweile persönlich bekannten Gewährsmannes nicht ernst nehmen. Bei Frank *Arnau* aber ist kein Ding unmöglich, und halte ich mich aus diesem Grunde zur Weitergabe der vorstehenden Meldung verpflichtet. Frank *Arnau* wird im übrigen sorgfältig auf verschiedenen Linien von mir weiter überwacht.

gez. Nußbaum.«[59]

In weiteren Januar-Berichten wird von einer Verbindung Arnaus mit Willi Münzenberg[60] gesprochen. Der auch vom Autor später in seinen Erinnerungen erwähnte Tatbestand findet Beachtung, daß eine niederländische Geschäftsbank seine »dort liegenden Gelder« ins Dritte Reich rücktransferieren wollte.[61] Schließlich interessiert besonders eine von Arnau unternommene »Fälschung« des Dienstausweises seines Widerparts, »des Kriminalpolizeirats Nußbaum (...), der im Frühjahr 1933 durch einen Zufall die Gefährlichkeit Frank *Arnaus* erkannte und seine phantastischen Straftaten aufklärte.« Und nicht ohne Stolz wird in einem Aktenvermerk etwa Mitte Januar 1934 berichtet, daß »in Zusammenarbeit mit dem Auswärtigen Amt und dem deutschen Generalkonsulat in Barcelona *Arnau* inzwischen in Spanien unmöglich gemacht werden (konnte)«. Das Hin und Her zwischen verschiedenen Dienststellen ist weniger bemerkenswert als Mitteilungen, die ab dem 10. Februar 1934 häufiger, gelegentlich mehrmals täglich vom SD-»Vertrauensmann« aus Paris, dem damaligen

Aufenthaltsort Arnaus, geschickt werden: etwa am 12. Februar 1934 über eine geplante »wichtige Besprechung« Arnaus mit Max Braun – dem damaligen Vorsitzenden der saarländischen Sozialdemokratie[62] – »wegen Veröffentlichung einer *Reihe ganz gemeiner Hetzartikel*« in der Saarbrücker Tageszeitung »Freiheit«. Am 13. Februar 1934 berichtet Arnaus damaliger »Privatsekretär«, der SD-»Vertrauensmann«, direkt dem Kriminalbeamten Nußbaum, daß er zwar keine Manuskriptkopie des Romans *Die braune Pest* übersenden könne, aber wisse, daß Arnau und Braun »eine Reihe von Veröffentlichungen durchsprechen« wollen. Der Spitzel warnt seinen Agentenführer ausdrücklich: »Gegen Sie (Nußbaum) persönlich sind große Gemeinheiten geplant.«

Am 15. Februar 1934 übersendet der Geheimagent »ein von A. gefälschtes Dokument« -- genauer die »Fälschung« einer Bescheinigung, ausgestellt von der Abt. III – Nachr.-Dienst des Berliner »Geheimen Staatspolizeiamtes« –, das mit »Kriminalpolizeioberrat« Nußbaum unterzeichnet und unterschrieben ist, ohne daß »man von der (...) Fälschung eine Spur mehr (sieht)«. – Das nun beschäftigt die Gestapo im allgemeinen und ihren leitenden Mitarbeiter Nußbaum im besonderen. Parallel gehen Berichte anderer polizeilicher Dienststellen in Berlin ein: am 16. Februar 1934 der Hinweis, daß »etwa am 1. 2. 34 in dem Zollamt Paris-Berey« ein »Schrankkoffer gesehen (wurde), der an einer Visitenkarte als Eigentum Frank *Arnaus* kenntlich gewesen sei«. Gleichentags ergeht aus Paris an Nußbaum die Warnung: »Ihnen, lieber Freund, soll der Ausweis das Genick brechen.« Sodann wird – 22. Februar 1934 – aus Paris von »finanziellen Schwierigkeiten« der »wöchentlich erscheinenden Emigrantenzeitung ›Der Gegenangriff‹« berichtet ... und wenige Tage nach der ersten Vorankündigung des Romans *Die braune Pest* in der Saarbrücker sozialdemokratischen Tageszeitung »Volksstimme« vom 21. Februar 1934 faßt der »Nachrichtendienst« in Berlin am 26. Februar 1934 in einem »Bericht« zusammen, was »hier (...) bekannt geworden (ist)«[63]:

»Über das Buch ›Die braune Pest‹ ist hier folgendes bekannt geworden:

Frank *Arnau*, der zur Zeit noch in Paris aufhältlich ist, der aber in den nächsten Tagen wieder nach Spanien zurückgehen will, hat sich vor einiger Zeit mit dem Mitarbeiter der ›Freiheit‹ in Paris getroffen, um mit diesem gemeinsam die Hetzarbeit gegen Deutschland weiterzuführen. Frank *Arnau* hat auch Dokumentenfälschungen ausgeführt, die er für seine antideutsche Propaganda benutzen will. Mit diesem Mitarbeiterstab hat auch *Arnau* über das Buch ›Die braune Pest‹ eingehend gesprochen, und so ist denn auch am 21. Februar 1934 in der ›Volksstimme‹ in Saarbrücken eine Ankündigung gebracht worden, in der es heißt, dass in Kürze der Anti-Hitler-Roman ›Die braune Pest‹ von Frank *Arnau* in Vorabdruck erscheinen wird. Es heisst u. a. in diesem Artikel, dass Frank *Arnau* mit diesem Buch zum Kampf aufruft, ›zur roten Gegenoffensive‹.

Arnau hat – wie diesseits bekannt geworden ist – das genannte Buch in Spanien geschrieben, hat dann versucht, bei englischen Verlegern das Buch unterzubringen und ist schließlich mit der besagten antideutschen Zeitung ›Die Freiheit‹ in Saarbrücken zur gemeinsamen Veröffentlichung seines hetzerischen Romans in Verbindung getreten.
(Unterschrift Dr. Tetzlaff)
Kriminal-Kommissar.«

War schon die Veröffentlichung als Fortsetzungsroman nicht zu verhindern – und bei dieser einzigen Publikation des Romans *Die braune Pest* (1934) ist es bis heute geblieben (nämlich in der Saarbrücker »Volksstimme«, 26. Jg. 1934, Nr. 55 vom 4. März 1934 bis Nr. 139 vom 19. Juni 1934, jeweils in der Beilage »Saarbrücker Zeitung«) –, so sollten doch weitere Schritte gegen den Autor unternommen werden. In einem Bericht aus Paris, der vom 22. Februar 1934 datiert ist und am 27. Februar in Berlin eingeht, wird »von vertraulicher Seite« rapportiert, daß der »unrühmlich bekannte *Frank Arnau* (...) bekanntlich von Moskau aus unterstützt« werde, sich aber infolge von »Konflikten mit der K.P. (...) näher an die II. Internationale« anschließen wolle[64]:

»Zusammenfassend muss unter Bezugnahme auf die hinreichend bekannte verbrecherische Tätigkeit des Frank *Arnau* gesagt werden, dass es sich bei ihm um einen Landesverräter handelt, der jedes Mittel unbedenklich ausnützt, um Deutschland in seinem Ansehen zu schädigen, der über die weitestgehendsten Beziehungen verfügt und der von Moskau aus bedeutend mit Geld unterstützt wird. Da aber Moskau für seine finanzielle Hilfe Gegenleistungen verlangt, den grössten Wert aber auf Originaldokumente aus Deutschland legt, so werden einfach von Frank *Arnau* solche gewünschten Dokumente gefälscht und nach Moskau geschickt. (...) Aus allen diesen Gründen muss alles getan werden, diesem verbrecherischen Treiben des Frank *Arnau* Einhalt zu tun und seine skrupellose Tätigkeit vor aller Welt zu brandmarken.«

Dieser Bericht nun wird vom Gestapo-Amt Berlin am 27. Februar 1934 ans Auswärtige Amt, dort an den für Ausbürgerungen zuständigen »Geheimrat« von Bülow-Schwante geschickt, erhält ein Aktenzeichen (Az 83-7627) und dient dann dem Ausbürgerungsvorgang.

Am 3. März wird die Abschrift der mit »e.k.« gezeichneten[65] Vorankündigung der »Volksstimme« – »›Die braune Pest‹ kommt«[66] – sowohl dem Auswärtigen Amt als auch dem Propagandaministerium mit dem Hinweis übersandt, daß das (bis dahin noch in keiner Zeile bekannte) Buch »alles bisher Geschriebene des Staatsverräters Frank *Arnau* übertrifft«. Die Ankündigung lautet:

»›*Die braune Pest*‹ kommt...

Als erste deutsche Zeitung beginnt die ›Volksstimme‹ in Kürze mit dem Vorabdruck des demnächst auch in Buchform erscheinenden, schon jetzt in der gesamten antifaschistischen Presse des In- und Auslandes viel erwähnten und diskutierten dokumentarischen Anti-Hitler-Romans ›Die braune Pest‹ von Frank *Arnau*. Wir brauchen unseren Lesern den Verfasser dieses Werkes nicht erst vorzustellen; die wütenden Angriffe der Hitlerei gegen ihn erübrigen das. Aber auch vorher war Frank *Arnau* der deutschen Arbeiterschaft kein Unbekannter; sein Industriearbeiter-Roman ›Stahl und Blut‹, sein Roman gegen die Todesstrafe ›Der geschlossene Ring‹, sein großes Werk gegen den Abtreibungsparagraphen ›Gesetz, das tötet‹, sein ungemein aufschlußreicher China-Freiheitsroman ›Die große Mauer‹ und viele andere Werke, die in Hunderten sozialdemokratischer Zeitungen erschienen, haben in den Jahren zwischen 1918 und der Hitlerei viel, sehr viel dazu beigetragen, den Kampf- und Abwehrwillen des deutschen Proletariats wachzurütteln und wachzuhalten. Sein neuer Roman ›Die braune Pest‹ geht ganz andere Wege. Er enthüllt mit dem Seziermesser der kühlen, überlegenen und doch kampfgewillten Dialektik den korruptionistischen ›Aufstieg‹ des braunen Systems bis in seine intimsten Einzelheiten; er zeigt, wie der Betrug begann; er entschleiert als Schlüsselroman die ganze innere Hohlheit der ›führenden Köpfe‹, und er deutet damit gleichzeitig klar und bewußt die Kampfmittel an, die erforderlich sind, um diesen größten Irrsinn und Volksbetrug des zwanzigsten Jahrhunderts niederzuringen und auszulöschen. Er resümiert nicht und er resigniert nicht, er ruft zum Kampf, zur roten Gegenoffensive, und er hat darum gerade bei uns, im freien Saargebiet, eine hohe und überaus wichtige Mission zu erfüllen. e.k.«[67]

Am 5. März 1934 verschickt das Auswärtige Amt an alle deutschen Botschaften – mit einem nicht erhaltengebliebenen »Zusatz für Paris« – einen dreiseitigen Bericht über Frank Arnau, der sich im wesentlichen an den zitierten Gestapo-Bericht vom 22. Februar 1933 anlehnt. Am 17. März 1934 vermerkt das »Geheime Staatspolizeiamt«, daß »auch mit Hilfe der Abt. III – Nd (Nachrichtendienst) trotz eingehender Nachforschungen (gestrichen, dafür handschriftlich: Ermittlungen) bisher nicht festgestellt werden konnte, wo das Buch ›Die braune Pest‹ erscheine«. Die Anlage enthält die zitierte Vorankündigung e.k.s (Emil Kirschmanns). Am 24. März schickt das Auswärtige Amt der »Deutschen Botschaft in Moskau« einen vom 2. März 1934 datierten Gestapo-Bericht mit Hinweisen auf »Anhaltspunkte dafür«, daß Frank Arnau sich den »Stempelabdruck des Geheimen Staatspolizeiamtes und auch die Unterschrift des Kriminal-Polizei-Rats *Nußbaum* beschafft hat«. Am 26. März 1934 teilt dieselbe Behörde dem »Herrn Reichsminister des Innern« mit, »daß der Roman ›Die braune Pest‹ in Kürze in der Schweiz als Buch erscheinen werde«. Am 25. März betont die »Abteilung III Sd« (Sicherheitsdienst), daß »die aufsehenerregenden (...) Dokumente über Instruktionen vom Propagandaministerium für das Ausland aus der Hand *Arnau's*« stammten und daß der Autor nun einen »Überfall auf Herrn (Friedrich) *Sieburg*« plane, »da vermutet wird, daß *Sieburg* tatsächlich ein Verbindungsmann und Vertrauensmann des Propagandaministeriums ist, und man bei *Sieburg* Aufzeichnungen und sonstige kompromittierende Unterlagen zu erwischen hofft.«

Wenige Tage später wird der Schriftsteller und Publizist Arnau (unter seinem Geburtsnamen *Heinrich Schmitt*) dann formell ausgebürgert. Die Akten des Auswärtigen Amtes enthalten – gleichsam als interne Begründung und mutmaßlich zur Vorlage beim damaligen preußischen Ministerpräsidenten Göring – auf einem Blatt folgende Zusammenfassung[68]:

»(Frank Arnau) gehört zu den Männern, die kein Mittel scheuen, um durch Lügenmeldungen und Greuelpropaganda zum wirtschaftlichen und moralischen Boykott Deutschlands beizutragen. Unter Zuhilfenahme des ›Braunbuches‹ arbeitet er zur Zeit an dem weit gefährlicheren Buch ›Die braune Pest‹, in dem er bewußt der unvoreingenommenen ausländischen Öffentlichkeit die widersinnigsten Lügengeschichten vorsetzt. (...) Er tritt für die Autonomie des Saargebiets ein und verunglimpft die nationalsozialistischen Vertreter im Saargebiet, insbesondere Staatsrat Spaniol in der übelsten Form (...).«

Damit ist wohl die Tätigkeit des Auswärtigen Amtes in Sachen Frank Arnau beendet – nicht aber die der Gestapo. Sie faßt am 11. April 1934 einen weiteren Bericht »von einem Vertrauensmann aus Paris« zusammen, in dem es um die für Emigranten existentiell wichtige »Paßfrage« (Brecht) geht. Weiter werden in den nächsten Monaten beim Berliner Geheimen Staatspolizeiamt in der Prinz-Albrecht-Straße einige Zeitungsartikel Frank Arnaus gesammelt und kommentiert. In den Akten findet sich auch eine undatierte Anweisung an alle »Politischen Polizeien« (Gestapa-II-2 B/885. 34 –) mit diesem Text[69]:

»Die Reichsschrifttumskammer hat sämtliche Schriften des ausgebürgerten Schriftstellers Frank Arnau in die Liste über schädliches und unerwünschtes Schrifttum aufgenommen. Ersuche, sämtliche noch vorhandenen Bestände zu beschlagnahmen und einzuziehen.«

Dieses Verbot der Bücher Frank Arnaus im Dritten Reich wird auch exekutiert: Nachdem am 26. September 1934 »bei einer Überprüfung der Buchabteilung« des Warenhauses Wertheim in Berlin je ein Exemplar von *Die große Mauer* (1930) und *Das Antlitz der Macht* (1930) »vorgefunden, beschlagnahmt und eingezogen wurden«, »ersucht« am 28. September eine Gestapa-Anweisung erneut darum, »sämtliche noch etwa vorhandenen Bestände« der »Schriften des ausgebürgerten Schriftstellers Frank Arnau zu beschlagnahmen und einzuziehen«.[70]

Gewiß könnte man meinen, daß die dokumentierten Verfolgungs- und Unterdrückungsmaßnahmen gegen den Autor des Zeitromans *Die braune Pest* und eine Veröffentlichung während des beginnenden »Saarkampfs«[71] zuviel der feindlichen Ehr' bedeuteten – stand doch das Urteil der Nationalsozialisten über die sich im »Saarkampf« engagierenden Autoren und Künstler immer schon fest und galten sie, nach einem Goebbels-Wort, als »die landesverräterischen Büttel unserer Feinde«, die »ihr eigenes Volk und ihr eigenes Blut (...) für Geld an unsere Feinde verkaufen«.[72]

Die verbissene Verfolgung des Schriftstellers Frank Arnau hatte vielleicht noch einen anderen Grund, der im Zusammenhang mit dem

Reichstagsbrand, dem Reichstagsbrandprozeß und Enthüllungen über die Täter zu suchen war. Der Kriminalkommissar Konrad Nußbaum im Berliner Polizeipräsidium, ein »alter Freikorpskämpfer und ND-Führer«, diente als Mitarbeiter des ersten Gestapochefs Rudolf Diels in der »neuen Bewegungsabteilung III, dem eigentlichen Zentrum der Gestapa-Exekutive«, wurde im Juli 1933 zum Kriminalrat befördert und spielte zu Beginn des Jahres 1934 als »Führer des Dezernates Nachrichtendienst in der von Arthur Nebe geleiteten ›Bewegungsabteilung‹ III des Gestapa«[73] eine wichtige Rolle: Sollte doch Nußbaum gegen den angeklagten KOMINTERN-Funktionär Georgi Dimitroff Belastungsmaterial zur politischen und Prozeß-Verwendung auffinden.[74] Dabei kam es wohl zu »Schwierigkeiten« Nußbaums mit dem Polizeipräsidenten Mitte Mai 1933, von denen die Reichstagsbrand-Dokumentation berichtet.[75] Die von Nußbaum geleitete Nachrichtendienstabteilung III bekam Anfang 1934 erneut Probleme und geriet »im Zusammenhang mit der Verhaftung eines Spitzels im Januar 1934 offenbar von seiten der SS beziehungsweise des SD unter Beschuß«. Schließlich wurde Nußbaum selbst »per 1. Mai 1934 als Stellvertreter des Leiters an die Kripostelle Frankfurt/M. versetzt und (kam) ab 2. Juli 1934 für ca. 2 Monate in Schutzhaft im Columbiahaus« der Gestapo in Berlin.[76] Diese Entwicklung im Verfolgerapparat selbst könnte u. a. auch mit den »Pannen« im Fall des Autors Frank Arnau und der schließlichen Veröffentlichung seines Enthüllungsromans *Die braune Pest* zusammenhängen – die Intensität, mit der sich Nußbaum auf Arnaus Spuren gesetzt hatte, spräche jedenfalls für diese Annahme.

---

1 Vgl. die knappen Angaben jeweils in: Munzinger Archiv/Internationales Biographisches Archiv, L 20/76 v. 15. Mai 1976; jetzt auch: *Biographisches Handbuch der deutschsprachigen Emigration nach 1933*. Bd. II/1. München 1983, S. 31. — 2 Nach Munzinger; das Biographische Handbuch nennt eine Höhe der Verkaufsexemplare von 2 Millionen Büchern; unvollständige Titelliste mit mehr als achtzig Büchern als Anhang in Frank Arnau: *Gelebt – Geliebt – Gehaßt. Ein Leben im 20. Jahrhundert*. München 1972; eine Werkauswahl bringt Frank Arnau: *Tätern auf der Spur. Auswahl aus dem Lebenswerk*. Berlin (DDR) 1978[4] (zuerst 1974). — 3 *Biographisches Handbuch*, S. 31. — 4 Vgl. *Frank Arnau 80 Jahre. 9. 3. 1974. Würdigungen und Gratulationen*. Bissone o. J. (1975); Original im Deutschen Literaturarchiv, Marbach/Neckar. — 5 Einige Kriminalromane Arnaus sind in den letzten Jahren bei Bastei-Lübbe als Taschenbücher wiederaufgelegt worden. — 6 Vgl. *Germanistik. Internationales Referatenorgan*, 1973 ff. — 7 Vgl. Gero von Wilpert: *Lexikon der Weltliteratur*. Stuttgart 1975, S. 20. — 8 Vgl. *Deutsches Literaturlexikon* (1968[3]), Sp. 143–44. — 9 *Meyers Enzyklopädisches Lexikon*. Bd. 2. Mannheim 1972, S. 620. — 10 Vgl. Wolfgang Rothe (Hg.): *Die deutsche Literatur in der Weimarer Republik*. Stuttgart 1974. — 11 Vgl. Gisela Berglund: *Deutsche Opposition gegen Hitler in Presse und Roman des Exils. Eine Darstellung und ein Vergleich mit der historischen Wirklichkeit*. Stockholm 1972. —

12 Vgl. Matthias Wegener: *Exil und Literatur. Deutsche Schriftsteller im Ausland 1933–1945.* Bonn – Frankfurt/M. 1968². — **13** Vgl. Wilhelm Sternfeld u. Eva Tiedemann: *Deutsche Exil-Literatur 1933–1945. Eine Bibliographie.* M.e. Vorwort von Hanns W. Eppelsheimer. Heidelberg – Darmstadt 1962, S. 8; 2. erweiterte Auflage (Heidelberg 1970), S. 26–27. — **14** Vgl. Manfred Durzak (Hg.): *Die deutsche Exilliteratur 1933–1945.* Stuttgart 1973, S. 522 (»Lexikalischer Teil«). — **15** Vgl. Silvia Schlenstedt: »Exil und antifaschistischer Kampf in Spanien«. In: Klaus Hermsdorf u. a.: *Exil in den Niederlanden und in Spanien.* Leipzig 1981, S. 196, die erwähnt, daß Arnau 1934–1936 in Spanien lebte und als »erfolgreicher Kriminalromanautor (...) drei seiner Bücher in Übersetzung in Barcelona erscheinen lassen (konnte)«; vgl. Wolfgang Kießling: *Exil in Lateinamerika.* Leipzig 1980, S. 22/23, demzufolge Arnau 1933–1939 in den Niederlanden, Spanien, der Schweiz, Großbritannien und Frankreich lebte, und der Arnaus späteren Weg ins brasilianische Exil für ganz atypisch hält; Kießling zitiert ebenda auch Arnaus *Täter auf der Spur* (Berlin (DDR) 1976², S. 92 ff.). — **16** Vgl. Günter Albrecht u. a.: *Lexikon deutschsprachiger Schriftsteller der Gegenwart.* Bd. I. Kronberg/Ts. 1974, S. 28/29 (zuerst Leipzig 1970). — **17** Vgl. Armin Arnold u. Josef Schmidt (Hg.): *Reclams Kriminalromanführer.* Stuttgart 1978, S. 58. — **18** Vgl. Wilfried B. Lerg: »Die Publizistik in der Weimarer Republik«. In: Hanno Hardt u. a. (Hg.): *Presse im Exil. Beiträge zur Kommunikationsgeschichte des deutschen Exils 1933–1945.* München etc. 1979, S. 43; Übersichten zu Arnaus Filmarbeit geben u. a.: Frank Arnau (Hg.): *Universal Filmlexikon.* Berlin – London 1932, S. 256; A. Jason (Hg.): *Handbuch der Filmwirtschaft.* 3 Bände. Berlin 1930–32; Alfred Bauer (Hg.): *Deutscher Spielfilmalmanach 1929–1950.* Berlin (West) 1950 und 1965³. — **19** Knut Hickethier u. Wolf-Dieter Lützen: »Der Kriminalroman. Entstehung und Entwicklung eines Genres in den literarischen Medien«. In: Annamarie Rucktäschel u. Hans Dieter Zimmermann (Hg.): *Trivialliteratur.* München 1976, S. 286. — **20** Vgl. Frank Arnau: *Tätern auf der Spur.* Berlin (DDR) 1978⁴, S. 77–80. — **21** Arnau hieß damals eine böhmische Stadt an der Elbe (heute CSSR), die in den Hussitenkämpfen belagert und später von Wallensteins Truppen besetzt wurde. — **22** Vgl. Frank Arnau: »Ratgeber für Automobilkäufer. Eine Anweisung für die Wahl des richtigen Wagens«. In: Maximilian Müller-Jabusch (Hg.): *Handbuch des öffentlichen Lebens.* Leipzig 1931, unpaginiert (S. 1053–55); der Autor war geschäftlich Daimler-Benz und BMW verbunden, der Herausgeber war Vertreter der Deutschen Bank. — **23** Vgl. Frank Arnau: »Blutreinheit als Hochwertigkeitsnachweis«. In: »Neue Revue«, 2 (1930/31), S. 206–208. — **24** Vgl. *Gelebt – Geliebt – Gehaßt,* S. 199–205; *Tätern auf der Spur,* S. 77. — **25** Vgl. z. B. Wolf Donner: »Literarisches Gespräch mit Edgar Wallace«. In: »Die Literarische Welt«, 6 (1930) Nr. 5, S. 1. — **26** Vgl. die (unvollständige) Bibliographie im Anhang von: *Gelebt – Geliebt – Gehaßt,* S. 390–392. — **27** Vgl. Frank Arnau: *Kämpfer im Dunkel.* Leipzig 1929. — **28** Vgl. Rezension von Hans L. Oeser. In: »Die Literarische Welt«, 5 (1929) Nr. 50, S. 26. — **29** Fritz Bieber in: »Die Literarische Welt«, 8 (1932) Nr. 31, S. 6 (Rezension von Frank Arnau, *Der Mann ohne Gegenwart.* Leipzig 1932). — **30** Frank Arnau: *Die große Mauer.* Leipzig 1930. — **31** Daten nach Donald Ray Richard *The German Bestseller in the 20th Century. A Complete Bibliography and Analysis 1915–1940* (with an introduction by Heinrich Meyer). Bern 1968. — **32** Frank Arnau: *Der geschlossene Ring.* Baden-Baden 1930. — **33** Vgl. Bauer: *Deutscher Spielfilmalmanach* (Ausgabe 1950), S. 108; Arnau (Hg.): *Universal Filmlexikon* (1932), S. 256. — **34** Vgl. Arnau (Hg.): *Universal Filmlexikon,* S. 256. — **35** Albrecht u. a.: *Lexikon deutschsprachiger Schriftsteller der Gegenwart,* S. 28; Arnold/Schmidt: *Reclams Kriminalromanführer* (1978), sprechen von »etwa 20 Krimis (...), die in ein Dutzend Sprachen übersetzt worden sind und eine Gesamtauflage von etwa einer Million erzielt haben« (S. 58). — **36** Vgl. *Gelebt – Geliebt – Gehaßt,* S. 391. — **37** Auch im Deutschen Literaturarchiv (Marbach/Neckar), das seit einigen Jahren über den Arnau-Nachlaß in dessen gesamter Umfänglichkeit verfügt, befindet sich kein Exemplar einer Buchausgabe von *Die braune Pest. Roman einer Epoche.* — **38** Vgl. zum »Saarkampf« die Dokumentensammlung von Sarah Wambaugh: *The Saar Plebiscite.* Cambridge (Mass.) 1940; zahlreiche Erinnerungen, z. B. Georg Glaser: *Geheimnis und Gewalt* (1953), S. 171–259; Gustav Regler: *Das Ohr des Malchus. Eine Lebensgeschichte.* Köln – Berlin (West) 1958, S. 299–314; Karl Retzlaw (Karl Gröhl): *Spartakus. Aufstieg und Niedergang. Erinnerungen eines Parteiarbeiters.* Frankfurt/M. 1976⁴ (zuerst 1971), S. 330–343; Herbert Wehner: *Zeugnis.* Köln 1982, S. 107–122 (zuerst 1946); vgl. auch als zeitgenössische Publizistik etwa Theodor Balk (Fjodor Dragutin): *Hier spricht die Saar. Ein Land wird interviewt.* Zürich 1934; Gustav Regler: *Im Kreuzfeuer. Ein Saar-Roman.* Paris 1934; zuletzt die Aufarbeitungen von Ursula Theisen: *Die Haltung der sozialistischen Presse des Saargebiets im Abstimmungskampf 1934/35.* Saarbrücken 1975 (unveröffentlichte Staatsexamensarbeit); Luitwin Bies: *Klassenkampf an der Saar 1919–1935. Die KPD im Saargebiet im Ringen um die soziale und nationale Befreiung des Volkes.* Frankfurt/M. 1976; Patrik von zur Mühlen: *Schlagt Hitler an der Saar! - Abstimmungskampf, Emigration und Widerstand im Saargebiet 1933-1935.* Bonn 1979. — **39** Obgleich ›braun‹ als politische Farbe der Nazis in zahlreichen Buchtiteln signalisiert wird - vgl. etwa *Braunbuch über Reichstagsbrand und Hitler-Terror* (m. e. Vorwort v. Lord Marley). Basel 1933; Cassie Michaelis u. a.: *Die braune Kultur. Ein Dokumentenspiegel.* Zürich 1934; dies.: *La haine brune / Der braune Hass / The Brown Hate.* Paris 1934; (Maximilian Scheer u. a.:) *Das braune Netz. Wie Hitlers Agenten im Auslande arbeiten und den Krieg vorbereiten.* Paris 1935 -, war *Die braune Pest* der aggressivste, gewiß bewußt vom Autor gewählte Titel. — **40** Vgl. die erste materialreiche Aufarbeitung von Peter Seibert, »›Dann werden das Blatt wir wenden...‹: Verbannte Autoren im Kampf um die Saar (1933–1935)«. In: *Exilforschung.* I (1983), S. 177–202; sowie die Textsammlung von Ralph Schock (Hg.): *Haltet die Saar, Genossen!* Berlin (West) - Bonn 1984. — **41** Abgedruckt bei Herbert E. Tutas: *NS-Propaganda und deutsches Exil 1933–39.* Worms 1973, hier S. 186–87. — **42** Veröffentlicht im »Reichsanzeiger«, Nr. 75 v. 29. März 1934, sowie im »Reichssteuerblatt«, Nr. 20 v. 3. April 1934; vgl. Carl Misch (Bearbeiter): *Gesamtverzeichnis der Ausbürgerungslisten 1933–1938. Nach dem amtlichen Abdruck im »Reichsanzeiger«.* Paris o. J. (1939), unpaginiert. — **43** Vgl. *Biographisches Handbuch der deutschsprachigen Emigration nach 1933.* Bd. II/1, S. 31. — **44** 1933–34 in Saarbrücken erschienen, im November 1934 von den Nazis über Mittelsmänner aufgekauft; vgl. *Ausstellungskatalog Exil-Literatur 1933–1945.* Frankfurt/M. 1967³, S. 56–59. — **45** *Le Vrai Visage des Maîtres du IIIe Reich / Les instructions secrètes de la propagande allemande. Texte complet des documents confidentiels* (Avant-propos Albert Jullien). Paris o. J. (1934); vgl. »Westland«, Nr. 3 u. 4/1933. - In der »dokumentarischen Darstellung« von Gerd Rühle (Hg.): *Das Dritte Reich 1933.* Berlin o. J. (1934), S. 289 wird ausdrücklich gegen diese Enthüllungen des »Petit Parisien« polemisiert. Darüber hinaus kann als sicher gelten, daß GESTAPO/SD Arnau auch mit dieser Veröffentlichung in Verbindung brachten. — **46** Vgl. »Deutsche Freiheit« (Saarbrücken) v. 22. Sept. 1934. — **47** Vgl. *Biographisches Handbuch.* Bd. II/1, S. 31. — **48** Vgl. z. B. »Der Gegen-Angriff« (Pariser Ausgabe), 1933, Nr. 22 v. 17. Dez. 1933; »The Motor« (London), July 3, 1934; »Pariser Tageblatt«, 2. Aug. 1934. — **49** Erschienen im Röderberg-Verlag, Frankfurt/M. 1973 (Nachwort v. Alexander Abusch), unpaginiert. — **50** Brief von Alexander Abusch an Hans Bär v. 15. Juli 1981 (Kopie liegt vor). — **51** Kurt Klotzbach: *Gegen den Nationalsozialismus. Widerstand und Verfolgung in Dortmund 1930–1945. Eine historisch-politische Studie.* Hannover 1969, S. 173. — **52** *Gelebt - Geliebt - Gehaßt*, S. 218. — **53** so Theodor Lessing am 30. August 1933 in Karlsbad (ČSSR); vgl. jetzt die gut recherchierte Funk-Dokumentation von Rudolf Ströbinger: »Mord in Marienbad. Vor 50 Jahren: Die SA-Aktion gegen Theodor Lessing« (Deutschlandfunk (DLF), Sendung 23. August 1983, ab 20.15 Uhr); Druckfassung in »Tribüne«, 23 (1984) H. 91, S. 122–129. — **54** Vgl. Jost Nicolaus Willi: *Der Fall Jacob-Wesemann (1935–36).* Frankfurt/M. - Bern 1982; Frank Arnau hat den »Fall« ebenfalls dokumentiert, vgl. *Menschenraub.* München 1968, S. 49–77. — **55** In diesem Licht erscheint mir denn auch die oft hysterisch, aus der Außensicht, anmutende Spitzel- und Agentenfurcht vieler politischer Emigranten nicht unberechtigt. — **56** Vgl. grundlegend Herbert E. Tutas: *Nationalsozialismus und Exil. Die Politik des Dritten Reiches gegenüber der deutschen politischen Emigration 1933–1939.* München 1975; sowie die engagierte Fall-Studie von Hans Georg Lehmann: *In Acht und Bann. Politische Emigration, NS-Ausbürgerung und Wiedergutmachung am Beispiel Willy Brandts.* München 1976; ich rekonstruiere nach den mir zugänglich gemachten Materialien verschiedener und verstreuter Aktenbestände aus: a) Auswärtiges Amt, Bonn; b) Berlin Document Center, Berlin (West); c) Bundesarchiv Koblenz. — **57** Vgl. Arnau: *Tätern auf der Spur*, S. 78–80. — **58** Die meisten Berichte kommen von einem »Vertrauensmann« des SD, der »bei Frank Arnau z. Zt. den Posten eines Privatsekretärs (bekleidet)«; das ergibt sich aus einer als »Persönlich!« bezeichneten Mitteilung des »Württembergischen Innenministeriums« an den »Herrn Reichsführer der SS München« (Heinrich Himmler) v. 11. November 1933 (Bestand Bundesarchiv Koblenz). — **59** Im Bestand Bundesarchiv Koblenz. — **60** Vgl. zur Person zusammenfassend: *Biographisches Handbuch der deutschsprachigen Emigration nach 1933.* Bd. 1, S. 514–16. — **61** Vgl. die Erwähnung bei Arnau: *Gelebt - Geliebt - Gehaßt*, S. 220. — **62** Vgl. zur Person: *Biographisches Handbuch.* Bd. I, S. 87–88. — **63** Im Bestand Bundesarchiv Koblenz. — **64** Ebd. — **65** Wahrscheinlich Emil Kirschmann; vgl. *Biographisches Handbuch.* Bd. I, S. 364–65. — **66** »Volksstimme«, Nr. 44/34 v. 21. 2. 1934; verantwortlicher Redakteur seit 1923 Max Braun, erschien bis Anfang Januar 1935; Auflagenangaben recht unterschiedlich: Koszyk/Eisfeld berichten eine Auflage (1930) von 23.000 Exemplaren (vgl. *Die Presse der deutschen Sozialdemokratie.* Bonn 1980², S. 182/3), von zur Mühlen, a.a.O., S. 40, schätzt die Auflage (1933) auf 10.000; Schock, a.a.O., S. 341, gibt eine Spannbreite von 2.500 bis 10.000 an. Bei der ›Erosion‹ des linken Lagers 1934 dürfte die ›Vosti‹-Auflage 1933/

34 gesunken sein. — **67** »Volksstimme. Organ der Sozialdemokratischen Partei für das Saargebiet«, Saarbrücken, 26. Jg. 1934/Nr. 44 v. 21.2.1934 (»Saarbrücker Stadtzeitung«, Beilage, S. 3). — **68** Undatiertes Dokument, Bestand Bundesarchiv Koblenz, Dossier Frank Arnau. — **69** Ebd. — **70** Ebd. — **71** Vgl. jetzt zum »Saarkampf« die sozialpsychologische Studie von Gerhard Paul: »*Deutsche Mutter – heim zu Dir!*« *– Warum es mißlang, Hitler an der Saar zu schlagen. Der Saarkampf 1933–1945.* Köln 1984. — **72** So Goebbels in einer Rede in Zweibrücken am 6. Mai 1934; zit. nach *Goebbels-Reden I: 1932–1939.* Hg. v. Helmut Heiber. Düsseldorf 1972, S. 146. — **73** Hofer u. a., a.a.O., Bd. II, zahlreiche Hinweise; Christoph Graf: *Politische Polizei zwischen Demokratie und Diktatur. Die Entwicklung der preußischen Politischen Polizei vom Staatsorgan der Weimarer Republik zum Geheimen Staatspolizeiamt des Dritten Reiches.* M. e. Vorw. v. Walter Hofer. Berlin (West) 1983, S. 299. — **74** Hofer u. a., a.a.O., Bd. II, S. 358; Graf: *Politische Polizei*, a.a.O., S. 299. — **75** Graf: *Politische Polizei*, a.a.O., S. 299 und 371 (Kurzbiographie Konrad Nussbaum). — **76** Graf: *Politische Polizei*, a.a.O., S. 371; weiter heißt es über den Kriminalrat und seine Entwicklung dort: »(...) Anschließend wieder in Frankfurt, 1939 Leiter der Kriminalabteilung in Brüx/Sudetengebiet, 1941 Kriminaldirektor und Leiter der deutschen Kriminalpolizei in Brünn, 1943 in Wilhelmshafen. 1944/45 angeblich wegen Widerstandes gegen die Partei oder als Geheimnisträger erschossen.«

Helmut G. Asper

Max Ophüls gegen Hitler

»Schlaf, Hitler, schlaf...« war nach dem Urteil des »Aufbau« (1940) der Titel »einer der besten Radiosendungen, die kürzlich in deutscher Sprache in das Dritte Reich gefunkt worden ist. Die Sendung, die mehr an Hitler persönlich als an das deutsche Volk gerichtet ist, erinnert den ›Führer‹ an seine Vertragsverletzungen und Mordüberfälle und hat das Bestreben, dem an Schlaflosigkeit Leidenden zum Einschlafen zu verhelfen. Da man behauptet, dass Hitler aufmerksam den französischen Rundfunksendungen in deutscher Sprache zuhört, so ist es wahrscheinlich, dass er diese Sendung tatsächlich gehört hat. Unter leiser Musikbegleitung beginnt der Ansager: ›Wir wissen, dass Sie an Schlaflosigkeit leiden, Herr Hitler. Das ist doch wirklich zu dumm. Aber Sie müssen wissen, dass eine der besten und ausprobiertesten Methoden des Einschlafens das Zählen ist. Wollen Sie mit uns ein solches System versuchen?‹

Nachdem man das Ticktack eines Metronoms hört, fährt der Ansager fort:

›Eins – zwei – drei Länder verräterisch überfallen und gemordet... vier – fünf – sechs – sieben... fahren Sie nur fort, Herr Hitler... zählen Sie Ihre Opfer in Oesterreich, 100, 200... in Spanien, Deutschland, 100.000, 200.000... Können Sie noch nicht schlafen? Dann fahren wir fort... Ihre Opfer in der Tschechoslowakei, 800.000... 900.000... und in Polen, 1.000.000, 2.000.000, 3.000.000... Opfer, Herr Hitler, alles Opfer.... Sie haben es wirklich verdient, danach zu schlafen... Sie müssen ein ganz ruhiges Gewissen haben.... Schlafen Sie wohl... träumen Sie angenehm... gute Nacht, Adolf...‹«[1]

Der Autor dieser Sendung, dank deren – so triumphierte man – »Hitler ne peut plus dormir«[2] und die den »Fuehrer to Furor«[3] trieb, war der exilierte Filmregisseur Max Ophüls (1902–1957), von dem nicht nur damals, sondern bis heute nur die Eingeweihten wissen, daß er »der Mann ist, der Hitler nicht schlafen läßt«[4]. Obwohl Ophüls selbst in seinen Erinnerungen ebenso auf sein antifaschistisches Engagement wie auf seine frühere politisch-künstlerische Tätigkeit hingewiesen hat[5], so sind beide doch nicht näher untersucht worden und führen in der Ophüls-Literatur, wenn überhaupt, lediglich ein Fußnotendasein.[6] Anhand einiger neu aufgefundener Texte soll deshalb versucht werden, Ophüls' Beitrag zum Kampf gegen den Faschismus vorzustellen und den Umfang seines politisch-publizistisch-literarischen Werks zu skizzieren, um seine Vorstellungen und seine Position zu verdeutlichen.

»Oppermann, der Sozialiste« betitelte sein Jugendfreund und Mitschüler Richard Hertzog seine Karikatur in der »Chronik der Klasse UIIa 1918/19«, die den jungen Max Oppenheimer am Rednerpult zeigt[7], und in der Tat lagen Ophüls' politische Sympathien schon früh eindeutig bei der Linken: »Ich erlebte den Kriegsausbruch, sah den Kaiser einziehen, den Kronprinz, Hindenburg und – die Franzosen. Ich erlebte die ›Wandlung‹ fast gleichzeitig, als ich das Werk von Toller kennen lernte. Damals, das war 1919, hatten wir in Saarbrücken einen revolutionären Studentenklub gegründet. Wir wollten die Intellektuellen den Arbeitern näher bringen. In diesem Sturm und Braus lasen wir Werfel und Toller, sie wurden unsere Abgötter.«[8] Aber mit der Rezitation der Wandlung »zwischen zwei Kandelabern« ließ es der junge Ophüls nicht bewenden, er war damals Mitarbeiter des Saarbrücker USPD-Organs »Die Freiheit«, und sein allem Anschein nach für diese Zeitung geschriebener Artikel »Landestrauer« ist handschriftlich erhalten: »Bittere Wehmut erfasst uns, wenn wir unseren Blick nach den Reihen der Mehrheitssozialisten richten. Ja, ihr seid würdige Nachfolger unserer großen Führer Marx, Lassalle und Bebel! Ihr habt die Kriegskredite gewissenlos gebilligt; nach dem Bekanntwerden des schamlosen Neutralitätsbruch an Belgien, nach der von der Kaiserklique offenen Erklärung imperialistischer Eroberungspolitik in Brest-Litowsk, habt ihr ohne Eurem Innern Rechenschaft abzulegen stets die Hand geboten zum Mörderwerk an blühenden Menschenleben. (...) Ihr wurdet in dem Novembersturm zum Volksbeauftragten, und ließt es geschehen, daß die verkappte Reaktion die Bringer der Freiheit, die ›unabhängigen Sozialdemokraten‹, eure Brüder, kalt stellte. Und dann habt ihr Euch mit dem Kapitalismus verbunden zum Kampfe gegen das von Hunger und Elend aufgepeitschte, arme und rechtlose Volk.«[9]

Konsequenterweise begriff der junge Schauspieler auch seine Theaterarbeit als eine politische Aufgabe, er trat »in Versammlungen der deutschen Friedensgesellschaft auf und auf deutsch-französischen Arbeiterkongressen«[10], weil ihn die »Aussöhnungsbestrebungen zwischen Deutschland und Frankreich«[11] und die Literatur, die »das Andenken an die ersten Friedenskämpfer wachhielt«[12], mehr und mehr interessierten.

Kampf für den Frieden, gegen die Unterdrückung von Minderheiten, für mehr Gerechtigkeit und Menschlichkeit könnte als Überschrift stehen über seinen Theaterinszenierungen in Breslau, wo er u. a. Friedrich Wolfs *Matrosen von Cattaro*, Peter Martin Lampels *Revolte im Erziehungshaus*, Gerhard Menzels *Bork*, Georg Fröschels *Gerechtigkeit für Holubek*, Friedrich Lichtnekers *Eros im Zuchthaus* und die *Affaire Dreyfus* von Hans J. Rehfisch/Wilhelm Herzog[13] inszenierte, heftig befehdet von den erstarkenden reaktionären und faschistischen Kräften in Breslau, die noch lange, nachdem Ophüls Breslau verlassen hatte, gegen ihn geiferten und wohl, wären sie seiner nur habhaft geworden, ihn ebenso überfallen hätten wie den Direktor des Lobe- und Thalia-Theaters Paul Barnay.[14] Wie programmatisch Ophüls gerade seine Inszenierungen politischer Zeitstücke sah, geht aus seinem Beitrag zur Umfrage über die Avantgarde in der Zeitschrift »Die Scene« hervor: »Avantgarde! – Gibt es eine? Ich bin der festen Überzeugung: ja. Wo steht sie? Bei den Jungen. (...) Ich glaube an die Zusammenfassung dieser Kräfte in der jungen Theatergeneration. Möglich, daß eine weltanschauliche Gemeinsamkeit Voraussetzung zur Sammlung ist (...) In kommenden Kulturentscheidungskämpfen werden wir ein Wort mitzureden haben. Inzwischen wollen wir trainieren. Nicht uns verlieren an literarischen und artistischen Experimenten, nicht uns ausruhen auf Traditionen oder geruhsamer Aesthetik, hart an der Gegenwart dranbleiben, von ihr die Gesetze unserer Darstellungsart aufnehmen (...)«[15] Wie eine Bekräftigung dieser Worte erscheint, daß Ophüls' erste Berliner Inszenierung mit der »Gruppe junger Schauspieler« entstand und Werner Ackermanns *Flucht nach Shanghai* galt.[16]

In die Breslauer Zeit fällt auch Ophüls' äußerst fruchtbare schriftstellerische Arbeit für den Rundfunk. Überwiegend handelt es sich um satirisch-zeitkritische Texte – Prosa, Szenen und Songs –, die ihren Platz in den von ihm kreierten satirischen Revuen fanden, für die ihm der junge Komponist Harry Ralton die Musik schrieb. Sein nach eigener Einschätzung bekanntestes Werk wurde das »Lied von den Murmeln«, das Ernst Busch damals auf Schallplatte aufnahm und dessen Refrain eine Anspielung auf Görings Wort »Eines Tages werden wir die Macht übernehmen, und dann rollen Köpfe in den Sand«[17] enthält:

> Man wirft uns gegen die Wand,
> und unsre Köpfe roll'n in den Sand.
> Das kostet nicht viel,
> ist nur ein Kinderspiel,
> ein Kinderspiel, beliebt in jedem Land.
> Und so kann's eines Tages noch passieren,
> da wird man uns wieder mal kommandieren,
> zu irgendeinem schönen Zweck
> roll'n wir wieder mitten rein in den Dreck.
> Und sie schreien Hurra und versprechen viel,
> wir packen ein und zieh'n in den Krieg.[18]

Er zog selber 1940 in den Krieg als französischer Soldat und hatte bereits vorher auf seine Art und in seinem Metier gegen die Faschisten gekämpft. An der Saarabstimmung hatte er teilgenommen und dafür seine »eigene Lösung im Gepäcknetz mitgebracht«[19]: »›Solange die Nationalsozialisten an der Macht sind – französisch. Später wieder – deutsch.‹ Ich glaube, wenn diese Politik nicht so vereinzelt geblieben wäre, dann hätte Hitler darüber zu Fall gebracht werden können. Wenn man dem nationalen Bewußtsein Deutschlands bewiesen hätte, daß der Führer das Reich verkleinert, statt es zu vergrößern, dann hätte er wohl seine erste außenpolitische Niederlage erlitten (...)«[20] Seinem 1936 im »Wort« veröffentlichten Brief an Gustav von Wangenheim zu dessen Film *Kämpfer* ist zu entnehmen, daß er daran Interesse hatte, antifaschistische Filme zu drehen: »Sie haben etwas zustande gebracht, wofür Ihnen die große Einheitsfront der Filmschaffenden, die vom Nationalsozialismus über Deutschlands Grenzen gehauen wurden, dankbar sein muß und eines Tages dankbar sein wird. Sie haben als Erster deren Ehre gerettet. Die aus Deutschland emigrierte Literatur hat schon lange Stellung genommen. Dem Film fällt es schwerer. Es gibt für ihn, mit Ausnahme der Sowjetunion, noch keinen ›Verleger‹. Der internationale Produzent geht jedem politischen Bekenntnis ängstlich aus dem Weg. Wir wollen nicht ungerecht sein, vielleicht zwingen ihn Zensur, Gefahr diplomatischer Verwicklungen, die eingegrenzten Bestimmungen für Arbeitserlaubnis dazu.«[21] Dies hört sich fast an wie eine Klage, für die eigenen antifaschistischen Projekte keinen Produzenten gefunden zu haben. In demselben Artikel umreißt Ophüls auch seine Vorstellung von Deutschland: »Er (der Film *Kämpfer*) ist auch ein Denkmal für das ehemalige unpolitische, parteilich nicht festgelegte, von der Hitlerbewegung überraschte und überrannte anständige Deutschland.«[22] Dieses doppelte Deutschlandbild – noch 1948 spricht er von dem »mir so verhaßten Dritten Reich und dem mir so ewig lieben Deutschland«[23] – bestimmt Inhalt und Tendenz seiner antifaschistischen Arbeiten. Es ist Hitler selbst, den er in seinem Lied für den französischen Rundfunk angreift, und der Held des von ihm geschriebenen Anti-Nazi-Films *The Man who killed Hitler*[24] faßt den Entschluß, Hitler zu töten: »The guilty one, the one who's guilty of all the crimes, the one who's killed Austria, who's killed religions and peoples, who kills the spirit.«[25]

Les sept crimes d'Adolf Hitler hieß auch das Propagandahörspiel, das Ophüls gemeinsam mit Max Colpet 1940 für den französischen Rundfunk schrieb.[26] In diesem etwa anderthalbstündigen Hörspiel wurden in der Art einer dokumentarischen Chronik beginnend mit dem Röhm-Putsch die Verbrechen Hitlers dargestellt, u. a. die Besetzung des Rheinlandes, der Einmarsch in Österreich, die Besetzung des Sudetenlandes und der Einmarsch in die Tschechoslowakei und der Überfall auf Polen. Die von einem Sprecher im Nachrichtenstil mitgeteilten Fakten wurden durch fiktive Szenen ergänzt, die die Auswirkungen der Verbrechen Hitlers auf die Menschen darstellten. Auch diese Szenen waren im realistischen Stil geschrieben. Es ist anzunehmen, daß Brechts *Furcht und Elend des Dritten Reiches*, am 21.5.1938 in Paris unter dem Titel *99%* uraufgeführt (und Ophüls sicherlich bekannt), diese Produktion beeinflußt hat, zumal der Titel sich auf ein anderes Werk von Brecht – *Die sieben Todsünden der Kleinbürger* – bezieht.

Das schlimmste Verbrechen der Faschisten ist für Ophüls die Zerstörung und Pervertierung aller menschlichen Werte. In seinem Film-Treatment *Saga*, das 1940 und 1942 in einem kleinen norwegischen

Fischerdorf spielt, schildert Ophüls, wie der Held seiner Geschichte, ein norwegischer Junge von 12 Jahren, von den Nazis betrogen wird und wie sie für diesen Betrug Schöpfungen deutscher Kultur – in diesem Fall Musik – mißbrauchen und korrumpieren: »Our boy stands on the big square in front of the Royal Theatre. The many German soldiers who are standing there do not look dangerous at all, and their occupation is far from dangerous: They make music, beautiful music. (...) For hours he listens, unable to tear himself away from it. Through a loudspeaker a voice makes an announcement in German which nobody understands. The friendly voice says afterwards, that all those, who did not understand, should raise their right arm. Everybody raises the right arm. (...) His face is red with shame when he finds out how they tricked him. One day there are illustrated papers from the town in the village store. (...) He sees the picture and the heading: ›Citizens of Oslo honor German soldiers with the Hitler-salute‹ (...) He has been betrayed, he and all the people in the picture, and the whole country.«[27]

Betrug, Verrat, Denunziation lehren die Nazis schon die Kinder. Ophüls schildert in *Saga* den Sohn des Nazi-Ortskommandanten als »a fresh kid with a snub nose, who has learned in the Hitler youth everything that is bad and unfair. He is not exactly a villain, he is merely the product of the victors and their new educational system«.[28] Schon vorher hatte er in seinem Lied »Kinderspiele« für den französischen Rundfunk die Kindererziehung im Dritten Reich heftig attackiert: »Die Lieblingsspiele bestehen darin, die Familie bei den Nazi-Autoritäten zu denunzieren: ein Punkt für eine Schwester, zwei Punkte für einen Bruder, drei Punkte für die Mutter, vier Punkte für den Vater.«[29]

Deshalb gehörte für Ophüls die Verteidigung der humanistischen Werte, die Erinnerung an die »ganze Moral von früher«[30] zum antifaschistischen Kampf; in Goethes *Werther* sah er einen »Teil jenes deutschen Kulturgutes, das doch auf keinen Fall verschlampt werden darf«[31]. Es war für ihn »ein bißchen Verpflichtung (...) mit dazu helfen, dass diese Dinge nicht ganz in Vergessenheit geraten«.[32] Daß sein Werther-Film in diesem Kontext gesehen werden muß, zeigt auch die Hetzkampagne, die die deutschen Faschisten sofort gegen Ophüls und den Produzenten Seymour Nebenzahl eröffneten.[33]

Gefährlicher für Ophüls war freilich die Enthüllung über seine Autorschaft des an Hitler gerichteten Schlafliedes. »Wegen dieser Rundfunksendungen stand er auf der Liste derer, die sofort verhaftet und deportiert werden sollten«,[34] erinnert sich sein Sohn Marcel Ophüls. Heinrich Schnitzler schrieb dem Emergency Rescue Committee: »His activities are beyond doubt well known to the German Secret Police, the Gestapo. Already in 1933 agents of this organisation had searched Mr. Ophuls' apartment and destroyed his furniture. After the outbreak of the war the German Radio-announcers of the French broadcasting system were constantly and violently attacked by the

German press, especially by the well-known ›Schwarze Korps‹, the organ of Heinrich Himmler, leader of the Secret Police. Max Ophuls is, of course, in immediate and grave danger and he certainly would have to fear for his life, should he fall into the hand of the Nazis.«[35] Glücklicherweise gelang, dank guter Freunde, der Hilfe von Verwandten und des ERC die Flucht in die Vereinigten Staaten. Dort setzte Ophüls, durch die Artikel in »Time«, »Aufbau« und »Variety« als Spezialist für antifaschistische Propaganda bereits bekannt, seinen Kampf fort. Er arbeitete 1942 für einige Wochen im Rundfunkbüro des Co-Ordinator of Information in New York – der Vorläuferorganisation des OWI (Office of War Information) – und »helped to build up the Underground Short-Wave System to Europe in all European languages. Wrote and produced 40–50 broadcasts«.[36] Leider scheinen diese Sendungen ebenso verloren zu sein wie das Manuskript der CBS-Serie *I was there*, in der er über seine abenteuerliche Flucht aus Frankreich berichtete.[37]

Ophüls' Bemühungen, bei antifaschistischen Filmen mitzuwirken und Anti-Nazi-Filme zu drehen, waren leider wenig Erfolg beschieden. Weder gelang es ihm, an der *Why we fight*-Serie mitzuarbeiten – lediglich eine kleine Rolle für seinen Sohn gab es in einem der Filme –, noch wurden seine Drehbücher verfilmt. Erich Pommer, in dessen Auftrag er das Drehbuch nach dem 1939 anonym erschienenen Roman *The Man who killed Hitler* schrieb, konnte keine Geldgeber für den Film finden. Der Vergleich von Drehbuch und Roman zeigt, wie engagiert Ophüls für diesen Film war und daß er ihn nicht nebenbei für den Brotverdienst schrieb. Der dramaturgische Aufbau – entgegen der planen Erzählweise des Romans läßt Ophüls die Ereignisse in einer Rückblende abrollen – und die Charakterisierung der Personen weisen deutlich Ophüls' künstlerische Handschrift auf, der sich an einer zentralen Stelle des Films selbst zitiert: Der Wiener Nervenarzt Dr. Helmut Moeller erhält die Nachricht, daß seine Frau, die Schauspielerin Lilly Hofer von den Nazis erschossen wurde. Er selbst tötet in Notwehr seinen Patienten, den geisteskranken SA-Mann Hans Fritsche, der sich für den Führer hält. Moeller tauscht seine Identität gegen die Fritsches und beschließt, Hitler zu töten, und macht, um in dessen Nähe zu kommen, eine Nazi-Karriere. Bei der Besetzung von Paris kommt er in eine Untergrund-Rundfunkstation und findet dort die Schallplatte mit dem Schlaflied für Hitler, gesprochen von seiner totgeglaubten Frau, die er bei den Résistance-Kämpfern wiederfindet und die zu seiner Komplizin wird. Es gelingt ihm, zu Hitlers Leibwache versetzt zu werden, doch schlägt sein Attentat fehl, weil er mit dem eisernen Hakenkreuz ein Führerdouble tötet. Moeller und seine Frau werden festgenommen, gefoltert und hingerichtet. Doch der Film endet mit der Vision vom Ende der Nazi-Herrschaft: »The sky over Berlin spits fire. Bombs are falling. The hallways of the Reichskanzlei are quickly emptied. More bombs are falling now. The room of the adjutant is deserted. B-o-m-b-s... Also the Ministry of Culture is deserted. The Staats-Sekretar forgot to turn off the radio: ›... You are now listening to the ›Voice of the Truth‹ – – it brings latest news from enslaved Europe. – Attempt to kill the Fuehrer fails ... two Austrian patriots fall under the Nazi axe for their heroic undertaking ... we honor the memory of Lilly Hofer and Helmuth Moeller. They died so that others may live in freedom.‹

B-o-m-b-s ... An explosive missile hits a bridge. ›The ring of death closes around Hitler. Be ready!‹
B-o-m-b-s ... A railroad crossing is blown up.
›You are no longer alone...‹
B-o-m-b-s ... A munition factory is blasted.
›... Every bomb blasts a new breach into the walls of your enslavement.‹
B-o-m-b-s ... Adolf Hitler's room is empty. The microphones are still before the desk around which, at other times, world-shaking decisions were made.
Bombs are falling quite close now. The Fuehrer's room is shaken as if by a violent earthquake ...«[38]

Die Szene ist auch deshalb bemerkenswert, weil sie ausschließlich die Bombardierung kriegswichtiger Ziele und des Nazi-Hauptquartiers zeigt, während Ophüls die Flächenbombardierung deutscher Städte und den Kampf gegen die Zivilbevölkerung ebenso wie Fritz Kortner verurteilte; er hielt fest an seiner Vorstellung von der Heimat, »fut cette Rhénanie douce et belle qui est la tendresse de l'Allemagne«[39], die er von den Nazis versklavt sah und die im Kampf befreit werden mußte.

Die Notwendigkeit dieses Befreiungskampfes stellt er auch in *Saga* deutlich heraus, wo es um das überfallene und unterjochte Norwegen geht. Der norwegische Fischerjunge sieht für einen Augenblick den König auf der Flucht, der verspricht, zurückzukehren, gegen den Feind zu kämpfen und ihn nicht zu vergessen. Im Gegensatz zu den betrügerischen und verräterischen Nazis halten beide einander die Treue, und schließlich gelingt dem Jungen zusammen mit anderen Kameraden mit Hilfe britischer Soldaten, die der König geschickt hat, die Flucht nach England, um von dort aus am Kampf gegen die Besetzung des Heimatlandes und für die Rückkehr des Königs teilzunehmen. Das Gemeinschaftsleben in dem kleinen norwegischen Fischerdorf schildert Ophüls als ein Ideal: »Sometimes this story seems to be a fairy tale. It begins in that peaceful harmony which regulates the lives of simple folks living close to nature and respecting its greatness, in righteousness and faith; fishermen are the children among peoples.«[40]

Ein Gegenbild zur faschistischen Zerstörungspolitik hatte Ophüls schon 1939/40 in seinem letzten französischen Film vor dem Zweiten Weltkrieg, *De Mayerling à Sarajewo*, in dem Erzherzog Franz Ferdinand gezeichnet, der zur Symbolfigur des fortschrittlichen Politikers wird, der »Rettung durch neue Ordnung und neuen Aufbau« will und gegen »Rückschritt, Krieg und Zerfall«[41] kämpft. Seine »Feinde sind vor allem repräsentiert im falschen Konservatismus ... seine politischen Gegner sind überall dort, wo der extreme Nationalismus herrscht ... nicht nur der slawische Chauvinismus ... sondern ebensosehr der grossdeutsche – (Richtung Schoenerer, Vorschule Hitler's) ... Hier liegt für uns der primitive und überall verständliche Grundgedanke dieses politischen Kampfes: Verhütung des Weltkrieges (nicht aus Pazifismus etwa, sondern um das Reich zu erhalten) – und, zur Erhaltung dieses Reichs und damit Europas: der Gedanke der Foederation. Die USA waren für ihn ein grosser Eindruck – und zu seinen Grund-Ideen, zu seinen Leitgedanken im Film, gehört der Plan der ›Vereinigten Staaten von Grossoesterreich‹, eine Art mitteleuropäischer Union unter der Oberhoheit Habsburgs, die auch heute und für die Zukunft noch die Waage des europäischen Gleichgewichts sein könnte. Diese Politik ist heute fast ›moderner‹ als vor 1914.«[42]

Die Parallelen im Film zur Gegenwart von 1939 sind nicht zu übersehen, die brutale Unterdrückung fremder Völker verweist auf den faschistischen Terror in der Tschechoslowakei und der intrigante und verbrecherische Machtpolitiker Montenuevo, der bewußt das Attentat provoziert, um einen Vorwand für den Krieg zu haben, auf Hitler. Als die Ereignisse den Film überholten und die französische Mobilmachung die Fertigstellung behinderte, da zahlreiche Mitarbeiter einberufen wurden, war es nur konsequent, dies einzubeziehen und das Filmfragment als Opfer des neuen Krieges vorzuführen, wie seine Hauptprotagonisten Opfer des ersten Krieges geworden waren. Ein Sprecher sollte zu Beginn sagen: »Wenn die Geschichte, die Sie jetzt sehen werden, Löcher hat, wenn die Personen nicht alles sagen und tun, was sie sagen und tun müßten, dann deshalb, weil Ereignisse wie diejenigen, die in diesem Film erzählt werden, es verhindert haben. Der Film schildert die letzten Tage des Friedens 1914, und er wurde gedreht in den letzten Tagen des Friedens 1939. Er sollte im Aufruhr Europas enden und der Aufruhr Europas hat uns nicht gestattet, unsere Aufgabe zu Ende zu bringen (...) und jedesmal wenn die Kontinuität der Erzählung abreißt, wird der Sprecher erläutern, daß der neue europäische Krieg der Grund dafür ist.«[43] Leider hat Ophüls diese kühne Idee nicht verwirklicht, statt dessen aber dem Film einen dokumentarischen Anhang beigefügt. Zu einer Montage aus Bildern von Krieg und Zerstörung sagt ein Sprecher: »Aus dem Haß der Völker wurde so nach dem Willen einiger weniger Männer der Vorwand geschaffen, der 1914 zum Ausbruch des Ersten Weltkriegs führte, der eine Welt zerstörte. Nach der deutschen Niederlage und wenigen Jahren, die auch keine Friedensjahre waren, nahm dieser Krieg in den Jahren 1939–1945 seinen Fortgang. Noch einmal kamen über die Welt die Schrecken des Todes, des blutigen Terrors und der totalen Zerstörung.«[44]

Auch Ophüls wollte nach dem Ende des Zweiten Weltkriegs am »endgültigen« Frieden mitarbeiten. Er verfolgte zahlreiche Filmprojekte, die die Versöhnung Deutschlands und Frankreichs – sein altes Thema schon nach dem Ersten Weltkrieg – fördern sollten. So war er außerordentlich daran interessiert, die Autobiographie des Antifaschisten und Exilanten Georg Glaser, *Geheimnis und Gewalt*, zu verfilmen. Man darf wohl annehmen, daß ihn an diesem Roman die individualistische Perspektive Glasers fesselte und er durch die farbige Darstellung des Erzählers Möglichkeiten der filmischen Realisierung eröffnet sah. Doch wie so zahlreiche andere Projekte zerschlug sich auch dieses, weil sich weder im »chauvinistischen Frankreich« von 1953/54 noch im Nachkriegsdeutschland der »Adenauerschen Réarmementträume«[45] Produzenten fanden, die die Risiken auf sich nehmen wollten.

Aus der Rückschau betrachtet erscheint es symptomatisch, daß Ophüls in Nachkriegsdeutschland weder seine Pläne für politische – antifaschistische – Filme noch die für seine anspruchsvollen Klassikerverfilmungen verwirklichen konnte. Man nahm hier auch die Filme nicht zur Kenntnis, die er im Exil in Frankreich, Italien und Holland gedreht hatte, und kümmerte sich erst recht nicht um sein politisch-publizistisch-literarisches Werk. Seit der »Entdeckung eines Verkannten«[46] sind fast zwanzig Jahre vergangen, doch es gibt auch den unbekannten Max Ophüls zu entdecken.

---

1 »Aufbau« Nr. 23 vom 7. 6. 1940, S. 16. — **2** Charles Ford: »Grâce à Max Ophuls Hitler ne peut plus dormir«. In: »Cinémonde« vom 24. 4. 1940. Ford ist meines Wissens der erste, der Ophüls' Autorschaft mitgeteilt hat, die Veröffentlichungen in den amerikanischen Zeitungen beziehen sich sämtlich auf seinen Artikel. — **3** »Driving the Fuehrer to Furor«. In: »Variety« vom 22. 5. 1940. — **4** Ford, a.a.O. — **5** Max Ophüls: *Spiel im Dasein. Eine Rückblende*. Stuttgart 1959. 2. Aufl. Dillingen o. J. — **6** François Truffaut hat in »Cahier du Cinéma«, Nr. 81, im ›Petit Journal du Cinéma‹ erstmals wieder auf dieses Lied hingewiesen und sich dabei auf die Veröffentlichung in »Time« v. 3. 6. 1940 (bei ihm versehentlich »Times«!) bezogen, dies hat dann Claude Beylie (*Max Ophuls*. Paris 1963, 2. Aufl. Paris 1984.) im Anhang S. 209 übernommen. — **7** Chronik der Klasse UIIa 1918/19. — **8** Max Ophüls: »Begegnungen mit Ernst Toller«. In: »Pariser Tageszeitung«, Nr. 1008 vom 28./29. 5. 1939. — **9** Max Ophüls: *Landestrauer*. Handschrift im Besitz von Marcel Ophüls. — **10** Ophüls: *Spiel*, a.a.O., S. 76. — **11** Ebd., S. 75. — **12** Ebd., S. 76. — **13** Ophüls war als Oberspielleiter am Lobe- und Thalia-Theater in Breslau unter der Direktion von Paul Barnay in den Spielzeiten 1928/29, 1929/30 und 1930/31 tätig, er verließ Breslau in der Mitte der letzten Spielzeit. — **14** »Paul Barnay überfallen«. In: »Berliner Börsen-Courier«, Nr. 119 vom 11. 3. 1933. — **15** Max Ophüls: (»Avantgarde«). In: »Die Scene«, 1930, S. 316 f. —

16 Ophüls: *Spiel,* a.a.O., S. 117 ff. Zur Gruppe junger Schauspieler: Ludwig Hoffmann (Hg.): *Theater der Kollektive.* Bd. 1. Berlin 1980, S. 19–61. — **17** Ophüls: *Spiel,* a.a.O., S. 109. Die umfangreiche Rundfunkarbeit von Ophüls in der Weimarer Zeit, die er selbst in seinen Erinnerungen kurz streift, kann hier nicht dargestellt werden und muß einer umfassenden Biographie vorbehalten bleiben. — **18** Ophüls: *Spiel,* a.a.O., S. 109 f. — **19** Ophüls: *Spiel,* a.a.O., S. 179. Neuerdings ist diese Passage auch wieder abgedruckt in Ralph Schock (Hg.): *Haltet die Saar, Genossen!.* Bonn 1984, S. 287 f. — **20** Ophüls: *Spiel,* a.a.O., S. 180. — **21** Max Ophuels: »Kämpfer«. In: »Das Wort«, H. 1 (1936), S. 96–98; hier S. 96. — **22** Ebd., S. 97. — **23** Brief von Ophüls an Wolfgang Liebeneiner vom 16. 9. 1948 im Besitz von Marcel Ophüls. — **24** »The Man who killed Hitler. A Film Treatment by Max Ophuls, based on the anonymously written novel«. Das Drehbuch wurde 1943 geschrieben, der anonym erschienene Roman gleichen Titels war 1939 publiziert worden. — **25** Ebd., S. 21 f. — **26** Max Colpet: *Sag mir wo die Jahre sind.* München 1976, S. 100. Die nachfolgenden Einzelheiten hat mir Max Colpet in einem Interview mitgeteilt. — **27** »Saga. Original Story by Max Ophuels«. S. 9 f. Das Manuskript dürfte Ende 1942/Anfang 1943 entstanden sein. — **28** Ebd., S. 15. — **29** Ford, a.a.O. — **30** Max Ophuls: »›Werther‹ n'est pas seulement une histoire d'amour«. In: »Figaro« vom 7. 12. 1938. — **31** Brief von Max Ophüls an Klaus Mann vom 29. 4. 1938. Handschriften-Sammlung der Stadtbibliothek München. — **32** Ebd. — **33** »Film-Kurier«, Nr. 220 vom 20. 9. 1938 und »LichtBildBühne« vom 25. 8. 1938. — **34** Studs Terkel: »Marcel Ophüls im Gespräch: ›Das Gras ist immer grüner auf der anderen Seite‹«. In: »Freibeuter«, H. 20 (1984), S. 1–8. S. 3. — **35** Heinrich Schnitzler: Max Oppenheimer-Ophuls. 3. 12. 1940. Beilage zum Schreiben Schnitzlers an Lotte Loeb/ERC vom 17. 12. 1940. Original in der Deutschen Bibliothek Frankfurt, Abtlg. Exil-Literatur. — **36** »Max Ophuls Resums.«, p. 18. Es handelt sich um eine kurze Biographie von Ophüls, die für die Filmproduzenten bestimmt war. Trotz großer Bemühungen ist bisher nicht gelungen, mehr über die Rundfunktätigkeit von Ophüls in den USA zu ermitteln. — **37** Bei diesen und den folgenden Angaben beziehe ich mich auf Interviews mit Marcel Ophüls. — **38** »The Man who killed Hitler«, a.a.O., S. 82 f. — **39** Ophüls: »Werther«, a.a.O. — **40** »Saga«, a.a.O., S. 1. — **41** Carl Zuckmayer: *Exposé: Franz Ferdinand von Oesterreich.* S. 2. — **42** Ebd., S. 1 f. — **43** Roger Regent: »En attendant son affectation. Max Ophuls va achever ›De Mayerling à Sarajewo‹ «. In: »Pour Vous«, Nr. 567 vom 27. 9. 1939. Übersetzt von Helmut G. Asper. — **44** Protokoll der deutschen Textfassung. Die Angabe »1939–1945« beruht darauf, daß die deutsche Synchronisation erst für die Fernsehausstrahlung 1978 im ZDF erstellt wurde. — **45** Briefe von Max Ophüls an Kurt Hirschfeld – der ihm die Verfilmung von Glasers Buch vorgeschlagen hatte – vom 3. 11. 1953 und 30. 1. 1954. — **46** Peter Ripken: *Max Ophüls. Entdeckung eines Verkannten. Retrospektive Internationale Filmfestspiele.* Berlin 1966, S. 42–48.

Beate Messerschmidt

»Von Deutschland herübergekommen«
Die Vertreibung des freiheitlichen Gildengeistes 1933.
Zur Buchgemeinschaft »Büchergilde Gutenberg«

»Schweizerischer Verlag rettete deutsche Arbeitergelder« und »Gelder an die Internationale anstatt an die Nazis«: Unter diesen spektakulär klingenden Schlagzeilen veröffentlichte 1946 eine schwedische Zeitung nähere Einzelheiten über das Entstehen der Buchgemeinschaft »Genossenschaft Büchergilde Gutenberg Zürich« im Jahre 1933. Die Zeitung sprach von »einem guten Rezept, wie man – sogar während ihrer Machtperiode – die deutschen Naziherrscher« hätte behandeln sollen. Erfolgreich hatten »einige Schweizer« versucht, »1933 etwas ins Leben« zu rufen, »das man einen Anteilsbücherverlag nennen könnte, der vollständig mit Hilfe deutscher Gelder begonnen wurde, die auf diese Weise für die Gewerkschaftsbewegung vor den Nazibanditen gerettet wurden«.[1]

Diese Informationen gab der Präsident des Verlages, Dr. Hans Oprecht[2], in Stockholm anläßlich gerade geführter Verhandlungen mit anderen Verlagen. Gleichzeitig berichtete Oprecht in dem Artikel über das System, nach dem die Buchgemeinschaft arbeitete, und nannte als dessen geistigen Vater den Deutschen Bruno Dreßler, der als Leiter des Deutschen Bildungsverbandes für Buchdrucker diese Verlagsform in Deutschland begründet habe, die dann auch im Ausland Fuß fassen konnte. Das in der Schweiz vorhandene große Bücherlager des Dreßlerschen Verlages hätte 1933, als auch das gewerkschaftliche Eigentum in Deutschland von den Nationalsozialisten beschlagnahmt wurde, den Grundstock des schweizerischen Verlages gebildet, dessen Gründung »nach dem Muster von Dreßlers Unternehmung« erfolgte. Das nationalsozialistische Deutschland, anfangs mit einem Prozeß drohend, hatte dann nach Verhandlungen 70.000 Mark für die übernommenen Bücher verlangt, die aber nicht den nationalsozialistischen Machthabern, sondern nach erfolgter finanzieller Festigung des Verlages allmählich der Internationale überwiesen wurden.[3]

Unerwähnt blieben im Artikel jedoch einige wichtige Details, die von der Gründung und dem Ausbau der »Genossenschaft Büchergilde Gutenberg Zürich« zu berichten wären. Zunächst verhielt es sich so, daß außer in Wien und Prag[4] auch in Zürich seit 1927 eine Filiale – und nicht nur ein Bücherlager – der in Deutschland 1924 gegründeten Büchergilde Gutenberg (mit Sitz in Berlin) bestand und daß diese Berliner Zentrale nach 1933 Buchbestände nach Zürich, Wien und Prag verlagert hatte. Ferner ging aus der Zürcher Zweigstelle die »Genossenschaft Büchergilde Gutenberg Zürich« hervor, nachdem die Zentrale der Buchgemeinschaft »Büchergilde Gutenberg Berlin« 1933 als Unternehmen der NSBO bzw. DAF unter gleichem Namen weitergeführt wurde. Aber, was wohl am wichtigsten war: Von den sechs Angestellten, die 1933 in Zürich auf engstem Raum (nur ein kleiner Laden mit einem Zimmer stand zur Verfügung) die Arbeit der Buchgemeinschaft bewältigten, fungierte als Geschäftsleiter der aus Deutschland exilierte Gründer und ehemalige Leiter der »Büchergilde Gutenberg Berlin«, Bruno Dreßler. Wie die Laudatio[5] zu seiner Pensionierung am 31.12.1946 hervorhob, waren es seine Qualitäten als erfahrener Fachmann und Organisator, die die Voraussetzung bildeten, ihm das Angebot der Leitung zu unterbreiten, nachdem einige Schweizer Gildenfreunde, darunter Hans Oprecht, sich darin einig waren, das von Bruno Dreßler ins Leben gerufene und vom nationalsozialistischen Deutschland vernichtete soziale Bildungswerk »unter schweizerischer Flagge weiterzuführen«.[6]

Angesichts der Bedrohung und Verfolgung im nationalsozialistischen Deutschland war dieses Angebot eine Hilfsaktion. Hans Oprecht hatte daran einen nicht unerheblichen, wenn nicht gar ausschlaggebenden Anteil. Daß Oprecht später diese Problematik ausklammerte und darauf verzichtete, seine Beteiligung zu erwähnen, im Artikel der schwedischen Zeitung wie in späteren Äußerungen über die Büchergilde und ihren Leiter, ist wohl nur aus der Problematik der Nachkriegszeit[7] erklärbar, ebenso wie die aufgetretenen persönlichen Spannungen zwischen Oprecht und Dreßler. So würdigte Oprecht im März 1947, als er sich den Mitgliedern der Buchgemeinschaft als neuer Geschäftsleiter vorstellte, kaum die tatsächliche Rolle, die Bruno Dreßler bei ihrem Aufbau gespielt hatte. Der lapidare Satz: »Im Dezember 1933 kam Bruno Dreßler legal ›auf illegalen Wegen‹ in die Schweiz und stellte sich hier der neugegründeten Genossenschaft mit seiner reichen Erfahrung zur Verfügung«[8], nivellierte sowohl die Hilfsaktion als auch die Reputation[9], die Bruno Dreßler mit der Errichtung einer so umfassenden kulturellen Institution erringen konnte, zu der sich die Büchergilde in der Schweiz während der 13 Jahre seines Wirkens in Zürich entwickelte. Nach bewährtem altem Muster[10] gelang es Dreßler, in gemeinsamer Arbeit mit alten und neuen Gildenmitarbeitern in der Schweiz das wieder zu errichten, was er in Deutschland der politischen Ereignisse wegen verlassen mußte.

Außerordentlich schnell und stetig hatte sich die Büchergilde in der Weimarer Republik entwickeln können, zurückzuführen auf den ständigen Auf- und Ausbau dieser Lesergemeinschaft. Folgten dem Gründungsaufruf 1924 5.000 Mitglieder, so verdoppelte sich die Zahl bereits vier Monate später. 1933 umfaßte die Leserorganisation 85.000 Mitglieder – davon 9.000 in Prag, 1.500 in Wien und 5.000 in Zürich. Den raschen Aufschwung, das organische Wachsen des Mitgliederkreises trotz wirtschaftlicher Existenzunsicherheit und hoher Arbeitslosenquote verdankte die Büchergilde ihrem von Jahr zu Jahr erweiterten literarischen Programm. Vornehmlich war sie in ihrer Verlagsproduktion, die neben Prosa und Lyrik auch populärwissenschaftliche Werke, Geschichtsdarstellungen und Reisebeschreibungen in ihren Katalog aufnahm, um die Herausgabe sozial engagierter Literatur bemüht. Neben deutschsprachigen Autoren wie etwa Max Barthel, Kurt Eisner, Oskar Maria Graf, Erich Knauf, Fritz Rosenfeld, Johannes Schönherr, Bruno Schönlank, Karl Schröder, Georg Schwarz, Josef Luitpold Stern, Walther Victor, Armin T. Wegner oder Arnold Zweig waren namhafte ausländische Schriftsteller vertreten, wurden die russischen Dichter (mit einer Ausnahme) zum ersten Mal ins Deutsche übertragen. Und die Büchergilde war es, die B. Traven für Deutschland entdeckte und förderte, ihn unter Vertrag nahm und ihm internationale Bedeutung verschaffte. Auch versprach die Gildenleitung, bei der Buchauswahl auf Aktualität zu achten. Eine längerfristige Planung erachte sie in dieser bewegten Zeit für unmöglich.[11] Den Sacco- und Vanzetti-Roman *Boston* von Upton Sinclair brachte die Büchergilde 1929 heraus. Und vom Nobelpreisträger für Literatur 1930, Sinclair Lewis, erschien im ersten Quartal 1931 der Roman *Babbitt*. Mitte des Jahres 1932 wurde dieser Roman von der Reichsregierung beschlagnahmt:[12] ein Beispiel dafür, daß die Gildenbewegung mit ihrem Verlagsprogramm einen Angriffspunkt für antidemokratische Tendenzen der dreißiger Jahre bildete und daß die »nationale Sammlung« sie als innenpolitischen Feind betrachtete. Dem Überfall auf die Gewerkschaftshäuser durch die SA, zwei Wochen vorher im Rundschreiben Nr. 6/1933 des Stabsleiters der Obersten Leitung der Parteiorganisation in München angekündigt, fiel die Organisation der Büchergilde Gutenberg zum Opfer.

Das monatlich erscheinende »Mitteilungsblatt für die Vertrauensleute der Büchergilde Gutenberg« teilte unter der Überschrift »Die Gleichschaltung der Büchergilde Gutenberg« mit: »Besetzung des Hauses Dreibundstraße 5. Nachdem nun durch das Aktionskomitee zum Schutze der deutschen Arbeit auch der Verband der Deutschen Buchdrucker in die deutsche Arbeitsfront [Deutsche Arbeitsfront] eingereiht wurde, besetzte am 2. Mai 1933, 10 Uhr vormittags die SA unter Führung des Beauftragten der NSBO, Parteigenossen Nagel, das Gebäude der Hauptverwaltung des Verbandes der Deutschen Buchdrucker in Berlin SW 61, Dreibundstr. 5, in dem die Büchergilde Gutenberg ihre Geschäftsräume hat. Infolgedessen wurde auch die Büchergilde Gutenberg von dieser Maßnahme betroffen.«[13] Der letzte Satz, unterstrichen von vorangegangenen Ausführungen über die Nützlichkeit der im April 1926 erfolgten Übersiedelung der Büchergilde in das Gewerkschaftshaus, verdeutlicht das Unverständnis für die von den Nationalsozialisten als »Säuberungsaktion vom Marxismus« deklarierte Maßnahme der Gleichschaltung. Dahinter verbarg sich eine immer noch vorhandene Legalitätshoffnung: »Die Hauptgeschäftsstelle« habe »in den ersten Tagen nach der politischen Umstellung keine andere Antwort gegeben (...) als daß unsere Büchergilde Gutenberg nach wie vor intakt ist. Auch heute können wir versichern, daß nach unseren Informationen, die wir von zuständiger Stelle erhielten, eine Gefahr für das Weiterbestehen der Büchergilde Gutenberg nicht besteht. Ob eine generelle Regelung für alle Buchgemeinschaften erfolgen wird, darüber läßt sich zur Zeit noch nichts sagen. Jedoch hoffen wir, daß bei einer solchen generellen Regelung die Büchergilde als gemeinnütziges Unternehmen keine wesentlichen Beschränkungen ihres Tätigkeitsgebietes zu gewärtigen hat«.[14] Trotz hinreichender Vorwarnung, wie Beschlagnahmungen und Verbote von Gildenbüchern, glaubte Bruno Dreßler – in erster Linie Gewerkschaftler[15] – wie eine überaus große Zahl von Gewerkschaftsfunktionären an ein Fortbestehen ihrer Organisationen. Die Gewähr dafür sah Dreßler im überparteilichen Charakter der Büchergilde. Ihr käme es gegenwärtig zustatten, daß sie sich von parteipolitischen Bindungen von jeher ferngehalten habe.[16]

Heute mögen diese Äußerungen von geringem politischem Weitblick zeugen. Und vielleicht ist man auch geneigt, von ihnen allzu schnell auf eine Bereitschaft zur Anpassung zu schließen, zumal das letzte von der nicht gleichgeschalteten Gilde herausgegebene und im Impressum noch Bruno Dreßler als Verleger ausweisende Heft (Mai 1933) der Verlagszeitschrift den Aufruf des ADGB zur Teilnahme an den (nationalsozialistischen) Maikundgebungen unterstützte und im Tenor gewisse Angleichungen erkennen lassen könnte. Die weiteren Ereignisse zeigen aber, daß auch hier nur die Illusion, unter den veränderten politischen Verhältnissen das Gildenwerk fortführen zu können, alle Bemühungen bestimmte.

Mit einzelnen Maßnahmen versuchte Dreßler, seinen Einfluß so lange wie möglich zu bewahren, um die Organisation seiner Büchergilde weiter lebensfähig zu halten, sie vor Repressalien zu schützen und einer zwangsweisen Gleichschaltung zuvorzukommen. Dieser Absicht ist auch der Ausbau des Buchmeister-Verlages, einst vom Bildungsverband der Deutschen Buchdrucker gegründet, Anfang des Jahres 1933 zuzuordnen. Er wurde Ende 1932 in den Börsenverein der deutschen Buchhändler aufgenommen und sollte die Einführung der Werke der Büchergilde in den Buchhandel erleichtern.[17] Am Buchmeister-Verlag GmbH war Bruno Dreßler mit Geschäftsanteilen von 4.000 RM treuhänderisch beteiligt und verfügte damit über eine 80%ige Majorität. Auf der Sitzung des Vorstandes des Bildungsverbandes der Deutschen Buchdrucker am 7.3.1933 unterbreitete Dreßler den Vorschlag, die Büchergilde Gutenberg mit dem Buchmeister-Verlag zu verbinden, um ihr eine rechtsfähige Form und damit ein Klagerecht bei geschäftlichen Vorgängen zu geben. Am Ende des Monats, am 29.3.1933, teilte er den Anschluß der Büchergilde an den Verlag mit. Sie als Unterorganisation der Buchmeister-Verlags GmbH zu führen war mehr als nur ein formaler Akt. Es war ein taktisches Vorgehen und als Selbstbehauptungsversuch kein Einzelfall. Durch geschicktes Handeln dachte Dreßler, nicht nur Verboten oder Beschlagnahmungen von Büchern entgegentreten, sondern damit die Existenz der Büchergilde überhaupt sichern zu können. In der gleichen Sitzung, am 29.3.1933, informierte er über ein Schreiben des Polizeipräsidenten in Berlin, Landeskriminalpolizeiamt (I) vom 22. März 1933: Gemäß der Verordnung des Reichspräsidenten zum »Schutz von Volk und Staat« vom 28.2.1933 sei das Gildenbuch *Erinnerungen eines Terroristen* von Boris Sawinkow, Erscheinungsjahr 1931, beschlagnahmt und eingezogen worden. Auf der Sitzung am 11.4. meldete Dreßler zwei weitere Beschlagnahmungen, gegen die Beschwerde eingelegt wurde.

Allein, diese Vorgänge blieben auch bei Dreßler nicht ohne Resonanz. Für das zweite Quartal 1933 hatte die Büchergilde fünf Neuerscheinungen angekündigt, deren Auslieferung schon frühzeitig, nämlich im März oder Mitte April, erfolgen sollte. Vornehmlich auf ein Werk hatte die Gildenleitung aufmerksam gemacht. Unter der Bestellnummer 166 wies das »Mitteilungsheft für die Vertrauensleute« vom März 1933 die Neuerscheinung der populärwissenschaftlichen Reihe *Marxismus und Geschichte* von Plechanow (mit zwei kurzen Arbeiten von Marx und Engels im Anhang) als »Festgabe des Marx-Gedenktages«[18] aus, für die die Vertrauensleute, sie besorgten die Bestellungen des jeweiligen Auswahlquartalsbuchs, besonders werben sollten. Und in einem ausführlichen Artikel[19] in der März-Ausgabe der Verlagszeitschrift wurde den Mitgliedern das Werk bereits vorgestellt. Doch offenbar unter dem Eindruck der beschlagnahmten drei Gildenbücher kam die Ausgabe erst gar nicht zustande. Eine Auslieferung erfolgte jedenfalls nicht.[20] In ihrem Mitteilungsheft vom April 1933 erhielten die Vertrauensleute diese Information unmittelbar nach dem abgedruckten Schreiben des Polizeipräsidenten vom 22. März 1933 über die erste Beschlagnahmung und der folgenden Notiz über die zwei weiteren Beschlagnahmungen. Die verhinderte Auslieferung des Buches Nr. 166 – man vermied sogar die Titelangabe – wurde mit Terminschwierigkeiten des Übersetzers bei den Erläuterungen begründet, was offensichtlich nur ein Vorwand war, die Drucklegung fallenzulassen, weil ein Verbot ohnehin zu erwarten war. Weitere Vorsichtsmaßnahmen folgten. Während am 23.4.1933 die schwarze Liste »Literatur« veröffentlicht wurde, gab das letzte von der alten Gildenleitung herausgegebene »Mitteilungsheft für die Vertrauensleute« vom Mai 1933 nur unter der Überschrift »Bücher, die nicht mehr geführt werden« eine Liste von (vorläufig) 30 Gildenbüchern[21] bekannt. Und die Vertrauensleute wurden gebeten, zweckmäßigerweise persönliche Anschriften bei der Korrespondenz zu vermeiden und nur an die »Büchergilde Gutenberg« zu adressieren.

Zu diesem Zeitpunkt war der alte Vorstand des Bildungsverbandes der Deutschen Buchdrucker bereits für aufgelöst erklärt worden. Diese Erklärung gab auf der letzten Vorstandssitzung am 9. Mai 1933 der Beauftragte der NSBO, Nagel, ab, zu der er in Begleitung fünf weiterer – ungenannter – Herren erschienen war. Gleichzeitig teilte er als kommissarischer Leiter des Bildungsverbandes mit, daß die Büchergilde auf nationalsozialistischer Grundlage weitergeführt werde, wobei eine Anzahl von Büchern aus dem Verlagsprogramm entfernt werden müßten. Vermutlich in der Zeit zwischen April/Mai 1933 verlagerte Dreßler Buchbestände in die Auslandsfilialen. Einen Büchertransfer, der eine Neuerscheinung des zweiten Quartals betraf, die auf der im »Mitteilungsheft für die Vertrauensleute« abgedruckten Liste stand, bestätigte er später selbst: »An die Büchergilde in Zürich hatte ich Anfang 1933 etwa 5.000 Exemplare *Der große Befehl* [von Johannes Schönherr] geliefert, da dieses Buch von den Nazis beschlagnahmt werden sollte.«[22]

Mit dem Rundschreiben vom 17. Mai 1933 »an alle Vertrauensleute der Büchergilde zur Kenntnisnahme« untersagte der Beauftragte der NSBO eine weitere Auslieferung der Verlagszeitschrift, weil das Geheime Staatspolizeiamt »zur Aufrechterhaltung der öffentlichen Sicherheit und Ordnung und zur Abwendung auch noch in Zukunft zu erwartender staatsgefährdender Umtriebe (...) nach Maßgabe des §14 PVG. [Polizeiverwaltungsgesetz] in Verbindung mit §1 der Verordnung des Reichspräsidenten zum Schutze von Volk und Staat vom 28. Februar 1933 die in Berlin erscheinende periodische Druckschrift ›Die Büchergilde Gutenberg‹ (Zeitschrift der Büchergilde Gutenberg, Berlin) bis auf weiteres verboten« habe und »Zuwiderhandlungen (...) nach §4 der genannten Verordnung strafbar«[23] wären. Zwei Tage vorher, am 15. Mai 1933, wurde Bruno Dreßler wegen seiner Tätigkeiten im Bildungsverband und in der Büchergilde Gutenberg sowie wegen des Verdachts staatsfeindlicher Gesinnung seiner Stellungen enthoben und fristlos entlassen.[24] Am 16. Mai 1933[25] erfolgte seine Verhaftung im Zuge der dritten und größten Verhaftungswelle, die nach der Bücherverbrennung am 10. Mai 1933 einsetzte. Glücklicherweise war Dreßlers Haftzeit kurz und nach eigenen Angaben »nicht so schlimm«[26]. Aber des öfteren hatte er nach der Entlassung wegen der Buchvermittlungen mit Verhören zu rechnen. Nach Gleichschaltung seiner Büchergilde, seiner Entlassung und schließlich nach der Haft wurde Dreßler abrupt mit dem Problem seiner individuellen Existenzunsicherheit konfrontiert und reihte sich, wie er seiner Schwester mitteilte, in die große »Genossenschaft der Stempelbrüder«[27] ein. Als die Nationalsozialisten all seine Pläne zunichte gemacht hatten – die Vorbereitungen zu einer eigenen Fachschule waren nach Dreßlers Angaben ebenso in vollem Gange, als er verhaftet wurde, wie der Ausbau des literarischen Programms der Büchergilde –, erkannte er, »daß meine Zeit ausgespielt war und auch die Idee des Bildungsverbandes parteiverwässert wurde. Wochen-, ja monatelang habe ich mit dem Gedanken gespielt, eine ähnliche Organisation neu aufzuziehen, aber mir wurde von allen Seiten abgeraten. Und das mit gutem Recht. Denn ich mußte im Herbst 1933 erkennen, daß alle Organisationen, die von den Nazis nicht gebilligt wurden, der Auflösung verfielen.« »Selbst die

Kaninchenzüchter«, fügte er hinzu, »mußten ihre Organisation nach Nazi-Gesichtspunkten leiten«. Vierundfünfzigjährig entschloß er sich, unter diesen »Verhältnissen (...) ins Ausland zu gehen. Und das war der beste Gedanke, den« er »zur Vollendung brachte«.[28] Laut Reisepaß gestattete ihm mittels Sichtvermerk vom 30. November 1933 das Polizeipräsidium Berlin die Ausreise.[29]

Dazwischen lagen einige Vorkommnisse. Wichtigstes Ereignis war die Gründung der Genossenschaft »Schweizerische Büchergilde Gutenberg« in Zürich am 19. Mai; am 22. Mai wurde sie in das schweizerische Handelsregister eingetragen. Die Genossenschaft sollte die Arbeit der bisherigen Geschäftsstelle Zürich der Büchergilde Gutenberg ohne Unterbrechung fortsetzen. Und so meldete das Impressum des Juniheftes der Zeitschrift der Büchergilde Gutenberg den neuen Verlag und bestimmte den Druckort: Zürich statt Berlin. Ihren Mitgliedern teilte die Genossenschaft mit, daß alle bisher erschienenen Bücher – und damit waren besonders die vom nationalsozialistischen Deutschland verbotenen Gildenbücher gemeint, inzwischen 36 an der Zahl – von Zürich, Wien und Prag aus noch geliefert werden könnten, einschließlich der noch von der Berliner Zentrale angekündigten Neuerscheinungen des zweiten Quartals, daß aber Auswahl und Herstellung der Neuerscheinungen des dritten Quartals von Zürich aus besorgt werden würden.

Selbstverständlich gestaltete sich die Weiterführung der Gildenarbeit längst nicht so einfach wie angenommen. Vierzehn Jahre später erst erhielten die Mitglieder eine ausführliche Schilderung der näheren Umstände und Schwierigkeiten von dem ehemaligen Gründungsmitglied der Genossenschaft Büchergilde Gutenberg, Hans Oprecht. Nach Oprechts Darstellung ging die Initiative zur Gründung vom Leiter der Filiale in der Schweiz, Josef Wieder, aus. Hans Oprecht war seit 1929 Mitglied der Buchgemeinschaft. Oprecht, Mitglied der Sozialdemokratischen Partei der Schweiz und von 1936 bis 1952 ihr Präsident, begann seine politische Laufbahn zunächst in der Gewerkschaftsbewegung: 1921 Verbandspräsident des Verbandes des Personals öffentlicher Dienste (VPOD), 1931 sein geschäftsleitender (Zentral-)Sekretär, seit 1928 Mitglied des Bundeskomitees des Schweizerischen Gewerkschaftsbundes (SGB).[30] Josef Wieder, Mitglied des Schweizerischen Typographenbundes, unterbreitete Oprecht nach der Gleichschaltung der Berliner Zentrale den Vorschlag zur Gründung einer Genossenschaft in der Schweiz bei Übernahme des gesamten Geschäfts der bisherigen Filiale in Zürich. Dieser Vorschlag wurde von Oprecht »allein schon aus der Überlegung heraus« angenommen, »damit den Nazis einen Streich spielen zu können«[31]. Die Gründung erfolgte in der Wohnung des Zürcher Arztes Dr. Charlot Straßer. Der Vorstand der Genossenschaft setzte sich aus Hans Oprecht (Präsident), Charlot Straßer und Josef Wieder (Sekretär) zusammen. Rechtsberater war Dr. Kurt Düby.[32] Die Schweizer Filiale der Büchergilde Gutenberg Berlin wurde mit den Aktiven und Passiven beschlagnahmt, der Geschäftsverkehr mit der Berliner Zentrale abgebrochen. Im November 1933 informierte die Büchergilde Gutenberg Zürich ihre Mitglieder über die Einrichtung eines neuen Postscheckkontos. Die Ende Oktober 1933 an die nationalsozialistische Büchergilde adressierte und die Unterschrift von Bruno Dreßler tragende Erklärung der Geschäftsstelle Zürich zur Auflösung ihres alten Postscheckkontos war das Ergebnis langwieriger Besprechungen mit der nationalsozialistischen Büchergilde. In der Absicht, ihre Ansprüche an die ehemalige Geschäftsstelle in Zürich nicht ohne weiteres aufzugeben, kam die neue Leitung der Büchergilde Gutenberg Berlin in Begleitung von SA-Männern nach Zürich. Mitte Oktober 1933 erfolgte ein Vergleich zwischen der nationalsozialistischen Büchergilde und ihren ehemaligen ausländischen Geschäftsstellen, der gleichzeitig einen Prozeß bzw. eine Klage gegen Bruno Dreßler auf Entschädigung in Höhe von 30.000 Mark wegen der Buchvermittlungen ins Ausland gegenstandslos werden ließ.[33] Die von Kurt Düby mit Zähigkeit ausgehandelte Vereinbarung legte vertraglich die Verpflichtungen der Büchergilde Gutenberg Zürich fest: die Zahlung von 70.000 Mark wegen der Übernahme der Geschäftsstelle. Immer wieder hinausgezögert, erfolgte sie dann, wie Bruno Dreßler sich erinnerte, »nicht zur Freude der Nazi-Gilde«: nämlich »mit eingefrorener Sperrmark«.[34] Es ist zu vermuten, daß Hans Oprecht, mit dem VPOD und der Gewerkschaft aufs engste verbunden, diese listige Lösung ersann: Das von den Nationalsozialisten beschlagnahmte Vermögen des Berufssekretariats der Internationalen Föderation des Personals öffentlicher Dienste, bis April 1933 in Berlin, dann in Paris ansässig, betrug rund 70.000 Mark, in deutschen Wertpapieren, vor allem in deutschen Städte- und Länderobligationen angelegt. Das Berufssekretariat übertrug nun seine Vermögensansprüche an die Büchergilde Gutenberg Zürich. Die nationalsozialistische Büchergilde sollte aus dieser »eingefrorenen Sperrmark« die vertraglich festgelegten Ansprüche an die Büchergilde Gutenberg Zürich geltend machen. Dem wurde schließlich stattgegeben, und die Büchergilde konnte in der Folgezeit die Zahlung der Summe an die Internationale Föderation begleichen.[35]

Anfänglich jedoch stand man quasi vor einem Nichts, hatte nur diesen »Stock von Büchern, der (...) über die Gründungsschwierigkeiten hinweg helfen konnte«.[36] Es war unerläßlich, Autoren zu gewinnen, Verbindungen mit Wien und Prag zu knüpfen, um eine eigene Produktion sichern zu können. Zwei Wochen nach seiner Haftentlassung hatte Bruno Dreßler – obwohl aller Tätigkeiten enthoben – am 29. Juni 1933 die Geschäftsführer in Wien und Prag, die nach der Gleichschaltung der Berliner Zentrale weiter amtierten, um Informationen über den Stand ihrer geschäftlichen Angelegenheiten mit der nationalsozialistischen Berliner Büchergilde gebeten.[37] Offenbar im Juli/August erfolgte die Abtrennung der Geschäftsstellen in Wien und Prag. Letztere berichtete noch von Geldüberweisungen im Juni an die nationalsozialistische Büchergilde.[38] Mit der Bildung einer Interessengemeinschaft Zürich – Wien – Prag erlangten die ehemaligen Filialen der Büchergilde Gutenberg Berlin erstmals untereinander Selbständigkeit, was möglicherweise nicht ganz im Interesse des Initiators, der Büchergilde Gutenberg Zürich, stand. Zürich und Wien gaben je ihre eigene Zeitschrift heraus, Zeitschriften, die allerdings im Inhalt mitunter nur wenig voneinander abwichen. Auch die Drucklegung der Bücher erfolgte nicht mehr einheitlich. Das Impressum der Wiener Verlagszeitschrift betonte geschickt die Unabhängigkeit: »Herausgeber, Verleger und Eigentümer: Büchergilde Gutenberg – Für die Schriftleitung verantwortlich: Franz Latal, Geschäftsführer, beide Wien VII, Zieglergasse 25.« Die in der Zürcher Zeitschrift für die Monate Juni, Juli und August 1933 abgedruckte Angabe des Verlags als »Genossenschaft Schweizerische Büchergilde Gutenberg« läßt auch hier den Willen zur Unabhängigkeit, aber mehr noch zur Souveränität erkennen. Sie wollte damit eine Abgrenzung zur nationalsozialistischen Büchergilde hervorheben. Nach der Bildung der Interessengemeinschaft wies, analog zur alten Bezeichnung der Berliner Zentrale (Büchergilde Gutenberg Berlin), das Septemberheft den Verlag nunmehr als »Genossenschaft Büchergilde Gutenberg Zürich« aus und trug damit auch seinem Progamm, »Fortsetzung des Gildenwerks im bisherigen Sinne«[39], formal Rechnung.

Um dieses Ziel zu erreichen, benötigte die Gilde aber vor allem und zuerst Autoren und Mitarbeiter. Im Juli 1933 teilte die Leitung ihren Mitgliedern mit: »Ein Teil der bisherigen Mitarbeiter und Autoren ist aus Deutschland geflüchtet und muß erst wieder ermittelt werden; ein anderer Teil dürfte sich im Kerker oder in Konzentrationslagern befinden und einzelne werden sich schon ›gleichgeschaltet‹ haben.«[40] Zwei Beispiele verdeutlichen diese Lage: Armin T. Wegner, Autor von zwei Gildenbüchern und Mitarbeiter der Verlagszeitschrift, wurde im Sommer 1933 verhaftet. Der Grund hierfür war Wegners im Frühjahr 1933 verfaßtes Protestschreiben gegen die Judenverfolgung. Wegner sandte das Schreiben Rudolf Hess mit der Bitte um persönliche Übergabe an Adolf Hitler. Nach der Verhaftung und Folterung im berüchtigten Columbia-Haus mußte er einen längeren Leidensweg durch mehrere Konzentrationslager ertragen, verstummte im späteren Exil und stellte »nach einem langen Abgrund des Schweigens«[41] erst am 22. August 1945 die abgebrochene Verbindung mit der Büchergilde wieder her. Den prägnantesten Fall aber bildete Max Barthel, neben der Mitarbeit in der Verlagszeitschrift mit fünf Büchern im Programm der freiheitlichen Gilde vertreten, der den nationalsozialistischen Einflüssen erlag. Von Juli 1933 bis Jahresende 1934 amtierte er als Lektor der nationalsozialistischen Büchergilde. Der rasche Entschluß zur Selbständigkeit der Zürcher Filiale als Antwort auf die Gefährdung menschlicher und geistiger Freiheitsrechte signalisierte ihre selbstauferlegte Verantwortung als Verlagsanstalt: für die Verbreitung von Werken deutschsprachiger Autoren und die deutsche Übersetzung fremdsprachiger Literaturen zu sorgen, die im nationalsozialistischen Deutschland verboten oder unerwünscht waren.

Im Dezember 1933 dann versicherte die Leitung, nach und nach eine Reihe der wichtigsten emigrierten Autoren in das Verlagsprogramm aufzunehmen und ihnen in der Zeitschrift ein Forum zu bieten.[42] In der Buchproduktion bildeten Wilhelm Herzogs *Kampf einer Republik* und Heinrich Manns *Ein ernstes Leben* den Anfang. In der Folgezeit erschienen 21 Werke exilierter Autoren mit teilweise sehr hohen Auflagen.[43]

Die schon frühzeitig geäußerte Absicht, Exilliteratur herauszugeben, war ein demonstrativer Akt. Wiederholt betrachtete sich die Zürcher Gilde als »Erbin der Mutterorganisation«, »die den alten Geist, die alte Tradition der Gilde weiter zu pflegen habe«.[44] Frühzeitig zeigten sich auch Sammlungsbemühungen. Der Wirkungskreis der Gilde, mit Zürich, Prag und Wien in drei Zentren des europäischen Exils vertreten, sollte die Landesgrenzen sprengen. Schon im September 1933 bat die Zürcher Zeitung die Vertrauensleute und die Mitglieder um die Angabe von Adressen möglicher Interessenten für die Mitgliedschaft in deutschsprachigen Gebieten wie der Saar, im Elsaß, in Polen, Litauen oder Rumänien, aber auch in anderssprachigen Gebieten, wo »Tausende deutscher Flüchtlinge«[45] lebten, wie in Frankreich oder Holland. In Amsterdam, einem weiteren Zentrum des europäischen Exils, gab es dann auch ein Auslieferungslager.

Die Buchgemeinschaft wollte sich auch als Exilorgan verstanden wissen. Dieser Haltung entsprach letztlich auch das Arbeitsangebot für Bruno Dreßler, obgleich es nicht so ganz uneigennützig war. Immerhin hielt der Vorstand der Buchgemeinschaft Dreßler für unentbehrlich beim Gildenauf- und -ausbau in der Schweiz. Doch mußte mit der von Anfang an und in der Folgezeit immer stärker werdenden restriktiven Politik der Schweiz gegenüber den Exilierten[46] gerechnet werden. Hier war es Hans Oprecht, der sich für Dreßler und ebenso für viele weitere Exilierte tatkräftig einsetzte. Durch geschicktes Verhalten und persönliche Verhandlungen gelang es ihm immer wieder, für Dreßler jährlich ausgeschriebene Aufenthalts- und Arbeitsbewilligungen zu erhalten und auch massive Attacken abzuwehren, wie sie 1936 der Präsident des Schweizerischen Buchhändlervereins, Fritz Hess, vortrug – wobei Hess die eigentlichen Gründe, Angst vor »Überfremdung« und Kampf des Buchhandels gegen das Buchgemeinschaftsprinzip, in seinem Gesuch selbst nannte.[47] Bekanntlich verhinderte auch die Schweizer Flüchtlingspolitik eine Etablierung jeglicher Exilorgane. Bekanntester Fall ist wohl die gescheiterte Neugründung des Bermann-Fischer-Verlages.[48]

Ein Exilverlag im eigentlichen Sinne konnte also auf Schweizer Boden nicht existieren. Und so lag wohl mehr ein Informationsmangel vor, als der Berliner »Sozialdemokrat« 1948 über die Büchergilde Gutenberg schrieb: »Nach 1933 emigrierte das Unternehmen in die Schweiz und setzte dort im Rahmen der Europäischen Verlagsgenossenschaft, Sitz Zürich, seine Tätigkeit fort«.⁴⁹ Aber welche Kriterien sind an einen Exilverlag überhaupt zu stellen? Sind dafür der Erscheinungsort, die ausschließliche oder überwiegende Mitarbeit von Exilierten, das Verlagsprogramm, die Aufgabenstellung und/oder der Bestimmungskreis entscheidend? Und kann eine Klassifizierung überhaupt erfolgen? Denn auch auf das schweizerisch lizensierte, von schweizerischen Gewerkschafts- und Konsumverbänden getragene Unternehmen der Buchgemeinschaft treffen einige dieser Kriterien zu: ihr Hervorgehen aus der Filiale; der Büchertransfer; die Übertragung der Leitung an einen Exilierten; die (allerdings kurzfristige) Übernahme einer Geschäftsstelle von einem weiteren Exilierten; die meist anonym oder unter einem Pseudonym erfolgte Mitarbeit anderer Exilierter an der Zeitschrift, als Übersetzer oder Korrektoren; die Herausgabe von Exilliteratur; die Fortsetzung des Gildenwerkes; die versuchte Ausdehnung ihres Wirkungskreises oder letztlich das eigene Verständnis, aus mehr oder weniger offenen Formulierungen ablesbar. War die Buchgemeinschaft also tatsächlich »von Deutschland herübergekommen«⁵⁰, wie 1937 ein Kurzvortrag über die Büchergilde behauptete? Oder ließen sich aus dem Ausspruch, daß die Gilde »auf Schweizer Boden (...) ihre Heimstatt«⁵¹ fand, und ähnlichen Äußerungen sowie dem Bestreben, die Tradition zu bewahren, etwa Tendenzen zur Immigration ableiten? Eine klare Begriffsbestimmung oder Abgrenzung steht auf jeden Fall vor erheblichen Schwierigkeiten, zumal selbst dieser oder jener Terminus in der Geschichte der Buchgemeinschaft in der Schweiz nicht einheitlich anwendbar wäre, bedingt durch innen- und außenpolitische Zäsuren, wie etwa die Verschärfung der Schweizer Fremdengesetzgebung, die Annexionen Österreichs und der ČSSR⁵² oder die mit Kriegsbeginn verstärkte ›geistige Landesverteidigung‹ der Schweiz. Sie markieren einzelne Phasen in der Geschichte der Büchergilde Gutenberg in Zürich, die sich schließlich mit einer Reihe von Maßnahmen als ein im Charakter rein schweizerisches Unternehmen auswies, ungeachtet der Tatsache, daß selbst in dieser Endstufe Exilliteratur verlegt wurde und Exilierte weiterhin als Mitarbeiter auftraten. Unter der Leitung von Bruno Dreßler konnte sich die Buchgemeinschaft zum »größten Verlagsunternehmen in der Schweiz«⁵³ ausweiten. Bei seiner Pensionierung Ende 1946 umfaßte sie über 100.000 deutschsprachige Schweizer Mitglieder, was prozentual auf die damalige deutschsprachige Gesamtbevölkerungszahl von 3 Millionen bezogen hieß: Jeder dreißigste von den deutschsprachigen Schweizern konnte für das Gildenwerk gewonnen werden.

---

1 Der Artikel nebst deutscher Übersetzung befindet sich im Nachlaß Bruno Dreßlers, Privatarchiv, das mir dankenswerterweise die Schwiegertochter, Frau Luise Maria Dreßler, zur Verfügung stellte (künftig als »privat« bezeichnet). Die Zitate sind der deutschen Übersetzung entnommen. Angaben zu Titel, Ort und Datum der Zeitung fehlen. Letzteres

kann aus dem Inhalt, hauptsächlich unter Berufung auf die im Artikel genannten Mitgliederzahlen der Büchergilde, mit Mitte/Ende 1946 angegeben werden. — **2** Am 5.6.1946 wurde Hans Oprecht zum Leiter des Verlages gewählt. In dieser Funktion amtierte er jedoch erst seit dem 1.10.1946. Damit gab Oprecht sein bisheriges Amt als Präsident auf. — **3** Die ›Internationale‹ bedeutet hier die ›Internationale Föderation des Personals öffentlicher Dienste‹. - Im Märzheft 1947 der Zeitschrift »Die Büchergilde« erfolgte von Oprecht eine ausführlichere und präzisere Darstellung. — **4** In Wien wurde in Vereinbarung mit der Wiener Graphischen Gesellschaft 1925 eine Zweigstelle der Buchgemeinschaft errichtet. 1927 folgte Prag in Vereinbarung mit der deutschen graphischen Bildungsvereinigung. Die Geschäftsstelle der Büchergilde Gutenberg in Berlin bildete die Zentrale für alle drei ausländischen Zweigstellen, die alle geschäftlichen und propagandistischen Maßnahmen, die Annahme von Manuskripten, die Druckvergabe und die Herstellung übernahm. Veränderungen, auch Kündigungen von Mitarbeitern, bedurften ihrer Zustimmung. — **5** Vgl. dazu: Otto Lezzi: Dank an Bruno Dreßler. In: »Die Büchergilde. Zeitschrift der Büchergilde Gutenberg Zürich«, Nr. 3, März 1947, S. 42-43. — **6** Ebd., S. 43. — **7** Im Zusammenhang mit der allgemeinen Situation der unmittelbaren Nachkriegszeit dürften hier als vornehmliche Gründe der geplante und auf erhebliche Schwierigkeiten stoßende Wiederaufbau einer genossenschaftlichen Büchergilde Gutenberg in Deutschland und die zu der Zeit projektierte Gründung einer »Europäischen Verlagsgenossenschaft« angesehen werden. Die ersten Vorarbeiten zu dieser Gründung wurden im Oktober 1946 aufgenommen, als der Weltgenossenschaftsbund in Zürich tagte. Mitte des Jahres 1947 stand der Entwurf des Statuts zur Diskussion. (Vgl. dazu: Hans Oprecht, Europäische Verlagsgenossenschaft. In: »Büchergilde. Zeitschrift der Büchergilde Gutenberg Zürich«, Nr. 5, Mai 1947, S. 82). — **8** »Die Büchergilde. Zeitschrift der Büchergilde Gutenberg Zürich«, Nr. 3, März 1947, S. 44/45. — **9** So bat der Präsident der Centrale Sanitaire Suisse, Dr. Hans v. Fischer, Bruno Dreßler um Beitritt, als die Organisation im Herbst 1947 ihren Vorstand erweitern wollte. Vgl. dazu: Brief Hans v. Fischer an Bruno Dreßler vom 17.9.1946, privat. — **10** Die Buchgemeinschaft wies gegenüber anderen Buchgemeinschaften der Weimarer Republik eine Reihe von Besonderheiten auf oder führte Novitäten ein, die eine Mitgliedschaft in dieser oder überhaupt in einer Buchgemeinschaft attraktiv erscheinen lassen konnten. Diesen probaten Methoden blieb Dreßler auch in der Schweiz treu, wie etwa dem monatlichen Erscheinen einer literarischen Verlagszeitschrift, der Erweiterung des Verlagsprogramms durch den Ausbau der Reihen, der Herausgabe von Originalwerken, dem Ausbau des Vertrauensleutesystems als besonderer Vertriebsform, der Ausschreibung literarischer und thematischer Wettbewerbe, der Bereitstellung besonders wertvoll ausgestatteter Bücher als Werbeprämien oder der Abgabe verbilligter Sommer- und Weihnachtsbücher. Die Herstellung neuer und fester Leserbeziehungen war in der Schweiz zu einem existentiellen Problem geworden, dessen Lösung zu einem nicht unerheblichen Teil vom genossenschaftlichen Prinzip erwartet wurde, nach dem die Gilde seit je arbeitete und das das allgemeine Merkmal von Buchgemeinschaften, sich durch niedrige Preise neue Leserschichten zu erschließen, qualitativ anhob, indem es erweitert wurde: die verlegerischen Überschüsse verwendete die Gilde ausschließlich für die Herabsetzung des Buchpreises, für eine bessere Ausstattung und für die Verwirklichung neuer Initiativen. — **11** Vgl. dazu: »Die Büchergilde. Zeitschrift der Büchergilde Gutenberg Berlin«, Nr. 10, Oktober 1931, S. 294. — **12** Vgl. dazu: ebd., Nr. 7, Juli 1932, S. 223. — **13** »Der Gildenfreund. Mitteilungsblatt für die Vertrauensleute der Büchergilde Gutenberg«, Mai 1933, S. 33. — **14** Ebd. S. 33/34. — **15** Gerade achtzehnjährig trat Dreßler nach Beendigung der Lehrzeit als Schriftsetzer 1897 dem Verband der Deutschen Typographischen Gesellschaft bei. Aus einer ehrenamtlichen wurde 1919 eine hauptamtliche Tätigkeit als Vorsitzender des nun umbenannten Typographenverbands: des Bildungsverbands der Deutschen Buchdrucker. — **16** Vgl. dazu: Beschlußprotokoll über die Sitzungen des Vorstandes des Bildungsverbandes der Deutschen Buchdrucker vom 3.1.-9.5.1933, privat. — **17** Vgl. dazu: handschriftliche Notiz von Bruno Dreßler, privat. - Eine Zusammenarbeit der Büchergilde mit dem Buchmeister-Verlag ist bereits Ende 1925 nachweisbar, vgl. dazu: »Die Büchergilde. Zeitschrift der Büchergilde Gutenberg Berlin«, Nr. 12, Dezember 1925, letzte Seite. — **18** »Der Gildenfreund. Mitteilungsblatt für die Vertrauensleute der Büchergilde Gutenberg«, März 1933, S. 23. — **19** Vgl. dazu: »Marxismus und Geschichte. Ein Werk von Plechanow bei der Büchergilde.« In: »Die Büchergilde. Zeitschrift der Büchergilde Gutenberg Berlin«, Nr. 3, März 1933, S. 38-39. — **20** Die Auslieferung der vier anderen Neuerscheinungen des zweiten Quartals erfolgte dann später durch die Büchergilden in Zürich, Prag und Wien. — **21** Die Liste bestand aus folgenden verbotenen Büchern: Herbert Baldus *Madame Lynch*, Otto Bauer *Rationalisierung - Fehlrationalisierung*, Rudolf Daumann *Der Streik*, Kurt Eisner *Welt werde froh*, Max Hodann *Geschlecht und Liebe*, Michael Karpow *Die fünfte*

Liebe, Erich Knauf *Empörung und Gestaltung,* Erich Knauf *Daumier,* Erich Knauf *Ça ira,* Dr. Meyenberg *Zeugung und Zeugungsregelung,* Nowikow-Priboj *Die salzige Taufe,* Fredrik Parelius *Weib im Strom,* Alexander Peregudow *Porzellanstadt,* N. Pokrowski *Russische Geschichte,* Karl Rössing *Mein Vorurteil gegen diese Zeit,* Boris Sawinkow *Erinnerungen eines Terroristen,* Johannes Schönherr *Der große Befehl,* Dr. Karl Schröder *Klasse im Kampf,* Georg Schwarz *Kohlenpott,* Upton Sinclair *So macht man Dollars,* Upton Sinclair *Boston,* B. Traven *Die weiße Rose,* B. Traven *Der Karren,* Walter Victor *General und die Frauen,* Helmut Wagner *Sport und Arbeitersport,* Armin T. Wegner *Jagd durch das tausendjährige Land,* Ellen Wilkinson *Die Kluft,* Wladimir Woytinski *Der erste Sturm,* Arnold Zweig *Der Streit um den Sergeanten Grischa,* Arnold Zweig *Junge Frau von 1914.* Später kamen hinzu: Jack London *Martin Eden,* Jack London *Die eiserne Ferse,* Jack London *Die Zwangsjacke,* Ivan Olbracht *Der vergitterte Spiegel,* Soschtschenko *Die Stiefel des Zaren* und B. Traven *Regierung.* — 22 Brief von Bruno Dreßler an Hans Oprecht vom 22.11.1949, privat. — 23 »Die Büchergilde. Zeitschrift der Büchergilde Gutenberg Zürich«, Nr. 6, Juni 1933, letzte Seite. — 24 Vgl. dazu: Brief vom Vorstand des Verbandes der Deutschen Buchdrucker an Bruno Dreßler vom 15. Mai 1933 (Abschrift) und die eidesstattliche Erklärung Ernst Rawiels vom 20. September 1953, privat. — 25 Vgl. dazu: Luise M. Dreßler: »Bruno Dreßler. Zum 100. Geburtstag des Begründers der Büchergilde Gutenberg.« In: »druck und papier« 3/79, S. 27. — 26 Brief von Bruno Dreßler an Wilhelm Kreitz vom 12.11.1949, privat. Dreßler gibt in seinem Brief vom 29.6.1933 an den Leiter der Geschäftsstelle in Wien, Franz Latal (privat), den er nach seinen eigenen Angaben zwei Wochen nach der Haftentlassung geschrieben hat, seine Haftzeit mit einem Monat an. — 27 Brief von Bruno Dreßler an Selma Günzel vom 3.10.1933, privat. — 28 Brief von Bruno Dreßler an Josef Mueck vom 21.2.1949, privat. — 29 Vgl. dazu: Brief von Bruno Dreßler an die Kantonale Verwaltung, Direktion des Innern, Zürich, vom 7.10.1935, privat. — 30 Vgl. dazu: *Unterwegs zur sozialen Demokratie. Festschrift zum 75. Geburtstag von Hans Oprecht.* Zürich 1969, hg. von Ulrich Kägi. — 31 »Die Büchergilde. Zeitschrift der Büchergilde Gutenberg Zürich«, Nr. 3, März 1947, S. 44. — 32 Kurt Düby: Rechtsanwalt, Mitglied der SPS, gab Exilierten aktive Hilfe, z. B. Verteidigung von Hans Unterleitner im Prozeß wegen seines illegalen Grenzübertritts. Er endete mit Freispruch. — 33 Vgl. dazu: Brief von Bruno Dreßler an Wilhelm Kreitz vom 12.11.1949 und Brief von Bruno Dreßler an August Albrecht vom 7.3.1949, privat. — 34 Brief von Bruno Dreßler an Erna Knauf vom 19.3.1947, privat. — 35 Die Schilderung dieser Tatsachen folgt im wesentlichen der Darstellung Hans Oprechts. — 36 »Die Büchergilde. Zeitschrift der Büchergilde Gutenberg Zürich«, Nr. 3, März 1947, S. 44. — 37 Vgl. dazu: Briefe von Bruno Dreßler an Franz Latal und Siegl vom 29.6.1933, privat. — 38 Brief von Siegl an Bruno Dreßler vom 4.7.1933, privat. — 39 »Die Büchergilde. Zeitschrift der Büchergilde Gutenberg Zürich«, Nr. 7, Juli 1933, S. 114. — 40 Ebd. — 41 Brief von Armin T. Wegner an Bruno Dreßler vom 22.8.1945, privat. S. zum Problem auch: Reinhard M. G. Nickisch: »Da verstummte ich ... Kreativitätsschwund als Folge der Emigration – das Beispiel des Expressionisten und Publizisten Armin T. Wegner.« In: »Exilforschung – Ein internationales Jahrbuch.« Bd. 2. München 1984, S. 160–172. — 42 Vgl. dazu: »Der Gildenpionier. Mitteilungsblatt für die Vertrauensleute der Büchergilde Gutenberg Zürich«. Wien – Prag, Nr. 2, Dezember 1933, S. 3. — 43 Insgesamt handelt es sich um folgende Werke: (Soweit bekannt, sind die den Geschäftsberichten 1942/43 entnommenen Auflagenziffern in Klammern hinter dem jeweiligen Werk angegeben.) **1933:** Wilhelm Herzog: *Der Kampf einer Republik* (11.000). Fritz Rosenfeld: *Der Goldfasan* (Werbeprämie – 17.665). **1934:** Heinrich Mann: *Ein ernstes Leben.* Hans Marchwitza: *Die Kumiaks* (4.357). Ernst Preczang: *Ursel macht Hochzeit.* **1935:** Wolf Harten (d. i. Jonny G. Rieger): *Feuer im Osten.* **1936:** Jonny G. Rieger: *Fahr zur Hölle, Jonny* (12.550). Lisa Tetzner: *... was am See geschah* (Produktionsübernahme –2.950). Lisa Tetzner: *Hans Urian* (Nachdruck). **1937:** Stefan Pollatschek: *John Law* (5.500). Ruth Körner: *Fieberndes Indien* (5.000). **1938:** Alfred Döblin: *Pardon wird nicht gegeben.* Arnold Höllriegel (d. i. Richard Arnold Bermann): *Zarzura, die Oase der kleinen Vögel* (1.500). Ernst Preczang: *Ursula* (Nachdruck). Peter Merin (d. i. Oto Bihaljy-Merin): *Spanien zwischen Tod und Geburt* (Produktionsübernahme – 4.163). **1940:** Ernst Preczang: *Steuermann Padde* (10.000). Jakob Wassermann: *Das Gänsemännchen.* **1943:** Anna Siemsen: *Der Weg ins Freie.* Wolfgang Sonntag: *Held des Friedens* (15.100). **1945:** Rahel Berend: *Verfemt und verfolgt.* Anna Josephine Fischer: *Hinter den sieben Bergen.* — 44 »Die Büchergilde. Zeitschrift der Büchergilde Gutenberg Zürich«, Nr. 9, September 1933, S. 146. — 45 Ebd. — 46 Hier kann auf die einschlägige Forschungsliteratur zu diesem Problem verwiesen werden, besonders: Carl Ludwig: »Die Flüchtlingspolitik der Schweiz 1933 bis zur Gegenwart.« Bericht an den Bundesrat 1957. — 47 Vgl. dazu: Abschrift des Gesuches um Aufenthaltsentzug für Bruno Dreßler, privat. — 48 Vgl. dazu: Gottfried Bermann Fischer: *Bedroht – Bewahrt. Weg eines*

Verlegers. S. Fischer Verlag, Frankfurt/M. 1967. — **49** »Der Sozialdemokrat«, Berlin, 29.7.1948. — **50** Bruno Grimm: »Ein Werk der Arbeiterschaft: Büchergilde Gutenberg«. In: »Der Gildenpionier. Mitteilungsblatt für die Vertrauensleute der Büchergilde Gutenberg, Zürich – Prag«, Nr. 8, Oktober 1937, S. 57/58. — **51** »Die Büchergilde. Zeitschrift der Büchergilde Gutenberg Zürich«, Nr. 9, September 1934, S. 135. — **52** Mit dem Verbot der Gilde in Prag und Wien endete die Interessengemeinschaft Zürich – Prag – Wien. – Der Leiter der Prager Gilde, Siegl, wurde verhaftet und starb im Gefängnis. (Vgl. dazu: Brief von Bruno Dreßler an Otto Krantz vom 14.2.1950). — **53** »Die Büchergilde. Zeitschrift der Büchergilde Gutenberg Zürich«, Nr. 3, März 1947, S. 45.

Dagmar Barnouw

Exil als Allegorie: Walter Benjamin und die Autorität des Kritikers

I

Im Juli 1982 feierte der Suhrkamp Verlag den Abschluß der Ausgabe von Walter Benjamins *Gesammelten Schriften* mit einem Kolloquium, veranstaltet in Zusammenarbeit mit der Universität Frankfurt. Dem Anlaß entsprechend setzte sich Leo Löwenthal in seiner Laudatio Benjamins[1] über die Widersprüchlichkeiten hinweg, die mit der Präsentation der nun vollständigen Sammlung der Texte in der Klassikerausgabe sichtbar wurden: Die Gestalt des Intellektuellen, die Benjamin für Löwenthal in vorbildlicher Weise darstellt, wird durch den nun erreichten Klassiker-Status modifiziert und die Definition dieser Vorbildlichkeit als intellektueller Unabhängigkeit ernsthaft befragt. Jeder Versuch, sagte Löwenthal, Benjamin auf eine synthetisierende Formel zu bringen, sei zum Scheitern verurteilt – ob es sich nun um die Festlegung auf das Messianische handle, das Jüdische, das Marxistische oder das Surrealistische. Die Gestalt Benjamins sei nur dem unmittelbar zugänglich, der das nie aufhörende Suchen sieht und den unnachgiebigen trauernden Blick dessen, der sich selbst das Exil auferlegt und damit die Integrität des Intellektuellen bewahrt hat.

Nicht von ungefähr verknüpft Löwenthal Integrität und Exil und sieht das Sich-Absetzen des Intellektuellen von seiner sozial-kulturellen Umwelt als bedeutungsvoll. Die Fiktion einer unversehrten intellektuellen Existenz ermöglicht es ihm, dem Freund ein bleibendes Denkmal zu setzen, das zugleich der bürgerlich-sentimentalen Feier des Bleibenden entrinnt. Im erhebenden Schluß der Laudatio erscheint Benjamins Gestalt als die des Intellektuellen schlechthin für immer ihrer Integrität sicher, weil durch die Distanz des selbstgewählten Exils immun geworden. Nie werde das Schicksal eines deutschen Klassikers den negativ-theologischen Denker von Widersprüchen, den Architekten der Geschichte als Trümmerhaufen ereilen. Beide Fiktionen – die der unangreifbaren Integrität des prototypischen Intellektuellen und die der unbefragten Affirmation in der Klassikerausgabe – wählt Löwenthal als Gegensatz. Aber die Aktualität Benjamins, Voraussetzung der Suhrkamp-Ausgabe, ist ein kultur-psychologisches Problem. Sie stützt sich darauf, daß in den zeitgenössischen sozial-politischen Verwirrungen seine Unantastbarkeit gelten bleibt.

Die Erfahrung des Exils, darin hat Löwenthal durchaus recht, war für Benjamin, für sein Schreiben, grundlegend. Er begriff sie als archetypisch-allegorisch. Sie nährt eine Perspektive, die die Welt aus der Entfernung in Widersprüchen sieht, die näher betrachtet vielleicht ineinander verfließen würden. Diese Perspektive verhärtet sich durch ihre Übersetzung in Theorie in den Schriften des Exils, am auffälligsten wohl in den geschichtsphilosophischen Thesen, aphoristischen Versuchen, den Vorhang der Unheilsgeschichte etwas zu heben. Benjamin hatte sich kulturell im Exil empfunden, lange bevor er geographisch exiliert war. Dieses Empfinden teilt er mit sehr vielen deutschjüdischen Intellektuellen, die ihre kulturelle Rolle in der Weimarer Republik perspektivisch erklärten, häufig in sehr individuellen Variationen marxistischer Kulturtheorie. Benjamins Abstand war größer als der der meisten seiner Zeitgenossen, seine Sichtweise führte zu eklektischeren und fragmentarischeren Erklärungen und zu dem für ihn so typischen Denken in Bildern[2], die diese Fragmentierung ständig als verstörendes oder herausforderndes Moment enthalten.

Die Situation des Intellektuellen war verschieden für den französischen und den deutschen Intellektuellen. In Paris, dem er eutopische Züge verlieh, stellte sich die Distanz des Intellektuellen in einem anderen Grad, vielleicht sogar auf andere Weise dar als in Berlin. Paris galt deshalb für Benjamin in manchem Sinne weniger als Exil denn Berlin. Und es lag weit entfernt vom Exil-Ort Los Angeles, in dem sich die Freunde Adorno und Horkheimer allein durch strikteste Abstraktion von der sozialen Erfahrung zurechtfanden.[3] Exil in Paris war für Benjamin nur eine weitere – in manchem fruchtbarere – Variation der Existenz des Intellektuellen, obwohl es dort verschärfte Überlebensnöte gab.

II

Der Blick aus der Distanz ist zentral wichtig für Benjamins Selbstverständnis als Intellektueller, als Kritiker. In ihrem Essay »Walter Benjamin: 1892–1940«, zuerst veröffentlicht in »The New Yorker« (1968), dann als Einleitung in der Essay-Sammlung *Illuminations*, hebt Hannah Arendt die ›paradoxe‹ Situation Benjamins in seinem (unserem) kulturellen Bezugssystem hervor: Seine Gelehrsamkeit war groß, aber er war kein Gelehrter; er beschäftigte sich mit der Auslegung von Texten, aber er war kein Philologe; theologische Interpretation, die die Heiligkeit des Textes voraussetzt, faszinierte ihn, aber er war kein Theologe und nicht besonders an der Bibel oder an Bibelstudien interessiert; er war ein Schriftsteller, aber sein größter Ehrgeiz war es, ein Werk zu produzieren, das ganz aus Zitaten bestand; er übersetzte Proust, aber war kein Übersetzer; er besprach Bücher und schrieb Aufsätze über lebende und tote Autoren, aber er war kein typischer Rezensent; er verfaßte ein Buch über das deutsche Barock und hinterließ eine unvollendete große Studie über das 19. Jahrhundert – Arendt wäre amüsiert gewesen, hätte sie das *Passagenwerk* noch zu Gesicht bekommen, das fast ganz aus Zitaten besteht –, aber er war weder

Literar- noch Kulturhistoriker. Er sah sich als Kritiker, wenn er seine Schriftstellerexistenz zu definieren suchte.[4] Arendt unterstreicht die Weigerung Benjamins, sich in bestehende Beziehungsgefüge kultureller und sozialer Art einzuordnen – diese Weigerung des Intellektuellen (im Sinne von Löwenthal) macht heute Benjamins Aktualität aus. Arendt weist darauf hin, daß Zionismus und Kommunismus für die jungen jüdischen Intellektuellen der Generation Benjamins die zugänglichsten Formen der Rebellion gegen die Welt der bürgerlich-saturierten Väter waren, daß Benjamin sich in vielleicht einzigartiger Weise jahrelang beide Wege offengehalten hat. Was ihn in beiden Fällen interessierte, war der negative Faktor der Kritik an bestehenden Verhältnissen, ein Ausweg aus den bürgerlichen Selbsttäuschungen und Unwahrheiten, eine Position außerhalb des literarischen und akademischen Establishments. »He was quite young when he adopted this radically critical attitude, probably without suspecting to what isolation and loneliness it would eventually lead him«[5], lautet Hannah Arendts Kommentar, die selbst stets versucht hatte, ihren eigenen Weg zu finden.[6]

Die Erfahrung von Isolation und Einsamkeit wird von Benjamin in seinen Briefen an den Freund Gershom Scholem in Jerusalem deutlich ausgesprochen, aber auch der beträchtliche Gewinn betont, der für den Kritiker aus ihr hervorgeht. Denn die Distanz erlaubt ihm, die Autonomie des Kunstwerks zu sehen, dessen Status dem eines heiligen Textes gleichzusetzen. An dieser Auffassung des Status des Kunstwerks und der Rolle des Kritikers hat sich für Benjamin im wesentlichen nie etwas geändert. Zunächst mag diese Behauptung merkwürdig erscheinen, denkt man an die marxistischen Impulse in Arbeiten wie dem 1936 in der »Zeitschrift für Sozialforschung« veröffentlichten Aufsatz »L'œuvre d'art à l'époque de sa reproduction mécanisée«[7] oder in den Essays »Der Erzähler, Betrachtungen zum Werk Nikolai Lesskows« (1936)[8], »Eduard Fuchs, der Sammler und der Historiker« (1937)[9], »Über einige Motive bei Baudelaire« (1939)[10], in dem 1934 am »Institut zum Studium des Faschismus« gehaltenen Vortrag »Der Autor als Produzent«. All diese Texte unterscheiden sich im sprachlichen Duktus, in ihrer Zugänglichkeit scheinbar so deutlich von den hermetischen, vertrackten Texten der zwanziger Jahre wie etwa »Goethes Wahlverwandtschaften« (1921/22, veröffentlicht 1924/25) oder dem *Ursprung des deutschen Trauerspiels* (1928).

Benjamin hat aber festgehalten an der Unterscheidung zwischen der Rolle der Kritik und der des Kommentars, wie sie in der Wahlverwandtschaften-Studie getroffen wird: »Die Kritik sucht den Wahrheitsgehalt eines Kunstwerks, der Kommentar seinen Sachgehalt.«[11] Benjamin unterscheidet zwischen erkenntniskritischer und urteilender Tätigkeit – im Umgang mit Kunst ist die erstere wesentlich. Die Argumentation, mit der er den relativ frühen Wahlverwandtschaften-Aufsatz einleitet, legt dies klar. Als »Grundgesetz des Schrifttums« erkennt er hier, daß der »Wahrheitsgehalt eines Werkes, je bedeutender es ist, desto unscheinbarer und inniger an seinen Sachgehalt gebunden ist«.[12] Für den Kritiker als Zeitgenossen sind Kommentar und Kritik verquickt. Für den späteren Kritiker stellt sich die Sache anders dar. Sachgehalt und Wahrheitsgehalt, in der »Frühzeit des Werkes« – also im Anfangsstadium seiner Rezeption – vereint, treten nach einer Weile auseinander: »Mehr und mehr wird für jeden späteren Kritiker die Deutung des Auffallenden und Befremdenden, des Sachgehaltes, demnach zur Vorbedingung. Man darf ihn mit dem Paläographen vor einem Pergament vergleichen, dessen verblichener Text überdeckt wird von den Zügen einer kräftigeren Schrift, die auf ihn sich bezieht. Wie der Paläograph mit dem Lesen der letzteren beginnen müßte, so der Kritiker mit dem Kommentieren. Und mit einem Schlag entspringt ihm daraus ein unschätzbares Kriterium seines Urteils: nun erst kann er die kritische Grundfrage stellen, ob der Schein des Wahrheitsgehaltes dem Sachgehalt oder das Leben des Sachgehaltes dem Wahrheitsgehalt zu verdanken ist. Denn indem sie im Werk auseinandertreten, entscheiden sie über seine Unsterblichkeit. In diesem Sinne bereitet die Geschichte der Werke ihre Kritik vor und daher vermehrt die historische Distanz deren Gewalt.«[13]

Diese Zeilen sind häufig zitiert und selten kritisch kommentiert worden. Daß sich Kritik auf das stützen muß oder sollte, was Benjamin ›Kommentieren‹ nennt, daß der geschichtliche Prozeß, in dem das Kunstwerk steht, den Kontext für die Wirkungskraft der Kritik bildet, ist leicht eingesehen und vielen Lesern selbstverständlich. Es ist aber eine andere Frage, ob die »Gewalt« der Kritik durch die historische Distanz wirklich vermehrt wird und auf welche Weise der Kritiker mit dem von ihm konstatierten Unsterblichkeitsanspruch des Werks verbunden ist. Wessen ›Wesentliches‹ oder ›Unwesentliches‹ ist es, das sich im historischen Prozeß scheidet? Wessen Wahrheit? Alle diese Einwände sind jedoch schnell verstummt vor den illuminierenden Bildern der nächsten Passage: Sieht man das »wachsende Werk« – d. h. also in seinem historischen Prozeß – als einen »flammenden Scheiterhaufen«, so steht der Kommentator davor wie der Chemiker, der Kritiker wie der Alchimist: »Wo jenem Holz und Asche allein die Gegenstände seiner Analyse bleiben, bewahrt für diesen nur die Flamme selbst ein Rätsel: das des Lebendigen. So fragt der Kritiker nach der Wahrheit, deren lebendige Flamme fortbrennt über den schweren Scheiten des Gewesenen und der leichten Asche des Erlebten.«[14]

Auf diesem Konzept der (er)lösenden, höhere Kräfte erforschenden Tätigkeit des Kritikers basiert auch Benjamins im Exil entwickelter Marxismus, der eindeutiger messianisch ist als die Variationen der Marcuse, Adorno, Horkheimer, Bloch: abzulesen am diskontinuierlichen, eschatologischen Rhythmus seiner Geschichts-Auffassung. Für Benjamin, der nur wenige und wenig beeindruckende literarische Texte im engeren Sinne schrieb, war Schreiben doch ein Primärerlebnis von einer Intensität, wie das bei anderen Kritikern selten zu finden ist – mit Ausnahme einiger Autoren der Romantik.[15] Dem Kritiker, der sich für die Explikation des Wahrheitsgehalts im Kunstwerk verantwortlich fühlte, drängte sich die Rolle des zweiten Schöpfers auf. Die Autonomie des Kunstwerks ist gleichzeitig die Grundlage seiner Autorität. Sie läßt Genre-Grenzen als willkürlich und unwesentlich erscheinen.[16] Besonders interessant waren für Benjamin deshalb solche Texte, die explizit Grenzen überschritten, Verbindungen, Fusionen herstellten. So schreibt er im einleitenden Abschnitt des Aufsatzes »Zum Bilde Prousts« (1929): »Mit Recht hat man gesagt, daß alle großen Werke der Literatur eine Gattung gründen oder sie auflösen, mit einem Worte, Sonderfälle sind. Unter ihnen ist aber dieser einer von den unfaßlichsten. Vom Aufbau angefangen, welcher Dichtung, Memoirenwerk, Kommentar in *einem* darstellt, bis zu der Syntax uferloser Sätze (dem Nil der Sprache, welcher hier befruchtend in die Breiten der Wahrheit hinübertritt) ist alles außerhalb der Norm.«[17]

An Proust, dessen Texte er seit 1925 übersetzte[18], fühlte er zutiefst Verwandtes: Prousts »philosophische Betrachtungsweise« stehe ihm sehr nahe, bekennt er Scholem im Juli 1925.[19] Proust halte in seinem Text, jenem »Werk spontanen Eingedenkens, in dem Erinnerung der Einschlag und Vergessen der Zettel ist«, Penelope gleich Erinnerung und Vergessen in der Schwebe[20] – im Prozeß des (Ineinander-)Webens, der Herstellung des Textes. Wie das von Benjamin hervorgehobene »blinde, unsinnige und besessene Glücksverlangen« Prousts ist ihm auch dessen vollkommene Hingabe an die »Einheit des Textes«[21] zugänglich. Er partizipiert an Prousts »passioniertem Kultus der Ähnlichkeit«, an seinen unersättlichen Versuchen, »das Bild, das seine Neugier, nein, sein Heimweh stillte«, einzubringen. »Zerfetzt von Heimweh lag er auf dem Bett, Heimweh nach der im Stand der Ähnlichkeit entstellten Welt, in der das wahre surrealistische Gesicht des Daseins zum Durchbruch kommt.«[22]

Das Heimweh des Exilierten und die Besessenheit von Ähnlichkeiten, in denen sich die Distanzen aufheben, ist Benjamin zutiefst vertraut, und wie für Proust in seiner Sicht gilt ihm die Sprache als Ort ihrer Konvergenz. Die »Lehre vom Ähnlichen«, kurz vor Benjamins Weggang aus Deutschland in Berlin 1933 niedergeschrieben, von ihm als »Spracharbeit«, »Sprachnotizen«[23] bezeichnet, bezieht die »magische Seite der Sprache« auf ihre semiotische: »So ist der Sinnzusammenhang, der in den Lauten des Satzes steckt, der Fundus, aus dem erst blitzartig Ähnliches mit einem Nu aus einem Klang zum Vorschein kommen kann. Da aber diese unsinnliche Ähnlichkeit in alles Lesen hineinwirkt, so eröffnet sich in dieser tiefen Schicht der Zugang zu dem merkwürdigen Doppelsinn des Wortes Lesen als seiner profanen und auch magischen Bedeutung. Der Schüler liest das Abcbuch und der Astrolog die Zukunft in den Sternen.«[24]

Im zweiten Satz treten hier die beiden Komponenten des Lesens auseinander, nämlich in das den Stand der Gestirne am Himmel und in das die Zukunft Lesen. Die mimetische Begabung sieht Benjamin während jahrtausendelanger Entwicklung in die Sprache und Schrift hineingewandert; sie habe sich in ihnen »das vollkommenste Archiv sinnlicher Ähnlichkeit« geschaffen. »Mit andern Worten: Schrift und Sprache sind es, an die die Hellsicht ihre alten Kräfte im Laufe der Geschichte abgegeben hat.«[25] Benjamin selbst bezieht diese Notizen, an denen ihm sehr viel lag, auf die frühen Ausführungen »Über Sprache überhaupt und über die Sprache des Menschen« (1916)[26], deren Grundgedanken sich durch sein gesamtes Werk ziehen und besonders deutlich auch in den späten Thesen »Über den Begriff der Geschichte« (1940) erscheinen. Festgehalten hat er an der klaren Scheidung »zwischen dem geistigen Wesen und dem sprachlichen, in dem es mitteilt«. Auf die im frühen Text besonders häufigen tautologischen Versuche, die Beziehungen zwischen Sprache, Dingen und Mitteilungen zu klären, braucht hier nicht näher eingegangen zu werden[27]; wichtig ist für unseren Zusammenhang die aus jener Grundunterscheidung folgende emphatische Abgrenzung der Sprache des Menschen von anderen Sprachen: »Das sprachliche Wesen des Menschen ist also, daß er die Dinge benennt« und: Im »Namen teilt das geistige Wesen des Menschen sich Gott mit«.[28] Hierauf zu beziehen ist die merkwürdige Feststellung aus dem Aufsatz »Die Aufgabe des Übersetzers« (1923), der den Baudelaire-Übersetzungen vorangestellt ist, daß die Kunst zwar das leibliche und geistige Wesen des Menschen voraussetze, nicht aber seine Aufmerksamkeit: »Denn kein Gedicht gilt dem Leser, kein Bild dem Beschauer, keine Symphonie der Hörerschaft.«[29] Merkwürdig ist dies, weil dieses entschiedene Absehen der Kunst vom »Aufnehmenden«, von Konvention und Konsens, in einer Einleitung zu Übersetzungen, zu Vermittlungsversuchen also, behauptet wird. Die Antwort findet sich in Benjamins Vorstellung von Sprache als Benennen, bezogen auf eine höhere Instanz, die den Wahrheitsgehalt garantiert. Und so lautet auch der Schlußsatz des kleinen Aufsatzes folgerichtig: »Denn in irgendeinem Grade enthalten alle großen Schriften, im höchsten aber die heiligen, zwischen den Zeilen ihre virtuelle Übersetzung. Die Interlinearversion des heiligen Textes ist das Urbild oder Ideal aller Übersetzung.«[30]

Wie der Kritiker und Dichter ist auch der Übersetzer Philosoph, indem er die Sprache als Medium von Benennen und Erkenntnis restituiert, der Philosoph wiederum Erkennender in derselben Sprache, in der Gott Schöpfer ist. Vater der Philosophie ist nicht Plato mit seiner Anamnesis, sondern Adam. Durch die adamitische Namen-Gebung bestätigt sich der paradiesische Sprach-Stand, der noch nichts mit Aufgaben wie der Mitteilung und Vermittlung zu tun hat, noch nicht von der Entfremdung gezeichnet ist, die in Urteilen sichtbar wird. Martin Buber gegenüber hatte der junge Benjamin in einem langen Brief vom Juli 1916 – dem Jahr des ersten Sprachaufsatzes – seine Position erklärt: Er lehne jede Sprache ab, die auf eine Vermittlung von Wort und Handeln abzielt, jede im gewohnten Sinne sozial-politische Sprache also: »Mein Begriff sachlichen und zugleich hochpolitischen Stils und Schreibens ist: hinzuführen auf das dem Wort Versagte; nur wo diese Sphäre des Wortlosen in unsagbar reiner Macht sich erschliesst, kann der magische Funken zwischen Wort und bewegender Tat überspringen, wo die Einheit dieser beiden gleich wirklichen ist. Nur die intensive Richtung der Worte in den Kern des innersten Verstummens hinein gelangt zur wahren Wirkung. Ich glaube nicht daran, daß das Wort dem Göttlichen irgendwo ferner stünde als das »wirkliche« Handeln, also ist es auch nicht anders fähig, ins Göttliche zu führen als durch sich selbst und seine eigene Reinheit. Als Mittel genommen wuchert es.«[31]

III

Diese Sprachauffassung ist nun, so scheint es, weit entfernt von den in den fast zwanzig Jahre später, im Exil, entstandenen Arbeiten, auch entfernt von der Auffassung der Rolle des Kritikers. Aber der Schein trügt. Scholem, dem allerdings daran liegt, Benjamins Marxismus in Frage zu stellen, schreibt in *Walter Benjamin – die Geschichte einer Freundschaft* über Gespräche mit Benjamin beim Treffen in Paris 1938 – nach langjähriger Trennung –, vor allem auch über dessen sprachphilosophische Ansichten, die ihm, Scholem, nun »deutlich und bedeutend« wurden. (Benjamin hatte seit Jahren brieflich darauf gedrängt, daß sich Scholem zu den Sprachnotizen von 1933 äußere.) Vor allem kam ihm die »Polarisierung« in des Freundes Sprachauffassung »zum vollen Bewußtsein«, und es überraschte ihn, »daß er noch immer vom ›Wort Gottes‹ im Unterschied vom menschlichen Wort ganz unmetaphorisch als Grund aller Sprachtheorie sprechen konnte«. Er war, so faßt Scholem zusammen, »offenbar zwischen seiner Sympathie für mystische Sprachtheorie und der ebenso stark empfundenen Notwendigkeit, sie im Zusammenhang einer marxistischen Weltbetrachtung zu bekämpfen, hin und her gerissen«.[32] Die Herausgeber von Benjamins *Gesammelten Schriften*, Tiedemann und Schweppenhäuser, bemerken hierzu, »daß es nicht Sympathie und Antipathie schlechtweg sondern sachliche Zwänge waren, die ihn (Benjamin) zu solcher Janusgesichtigkeit verhielten«.[33] Was sie sich unter »sachlichen Zwängen« vorstellen, erklären sie durch ein Brief-Zitat: In einem Brief vom 7. März 1931 schreibt Benjamin an Max Rychner über das Trauerspielbuch: »Nun war dieses Buch gewiss nicht materialistisch, wenn auch bereits dialektisch. Was ich aber zur Zeit seiner Abfassung nicht wußte, das ist mir bald nachher klarer und klarer geworden: daß von meinem sehr besonderen sprachphilosophischen Standort aus es zur Betrachtungsweise des dialektischen Materialismus eine – wenn auch noch so gespannte und problematische – Vermittlung gibt.«

Bis hierher wird der Brief von den Herausgebern zitiert, die diese Vermittlung betonen wollen; Benjamin schreibt weiter: »Zur Saturiertheit der bürgerlichen Wissenschaft aber gar keine. Cur hic? – Nicht weil ich ›Bekenner‹ der materialistischen ›Weltanschauung‹

wäre; sondern weil ich bestrebt bin, die Richtung meines Denkens auf diejenigen Gegenstände zu lenken, in denen jeweils die Wahrheit am dichtesten vorkommt. Und das sind heute nicht die ›ewigen Ideen‹, nicht die ›zeitlosen Werte‹.«[34]

Es geht um die schlechte Aufnahme des Trauerspielbuchs bei der bürgerlichen Wissenschaft. Um sich »gegen die abscheuliche Öde dieses offiziellen und inoffiziellen Betriebs abzugrenzen«, bedurfte es nicht marxistischer Gedankengänge, die er erst spät kennengelernt habe – »sondern das danke ich der metaphysischen Grundrichtung meiner Forschung«.[35] Eine Abgrenzung der »metaphysischen Grundrichtung« von den »marxistischen Gedankengängen« wird in diesem (sehr wichtigen) Brief an Rychner nicht vorgenommen. Scholem erinnert sich, er habe Benjamin auf die Gegensätze zwischen seiner magischen und seiner materialistischen Sprachauffassung hin angesprochen, und dieser habe den Widerspruch ganz unumwunden zugegeben. In der Baudelaire-Arbeit stellt sich dieser Widerspruch am deutlichsten dar; in den Thesen »Über den Begriff der Geschichte« ist die materialistische Komponente bereits von der magischen, messianischen absorbiert, alchimisch verwandelt.

Die Faszination durch den Marxismus hatte relativ früh begonnen und sich aus verschiedenen Motivationskomplexen genährt. Die erste Begegnung mit Adorno fand 1923 statt. Im folgenden Jahr lernte Benjamin auf Capri, am Trauerspielbuch arbeitend, Asja Lacis kennen, eine »bolschewistische Lettin, die am Theater spielt und Regie führt, eine Christin«.[36] In demselben Brief, der Scholem von dieser Bekanntschaft berichtet, findet sich auch die Bemerkung, daß Ernst Blochs Besprechung von Georg Lukács' *Geschichte und Klassenbewußtsein* im Märzheft des »Neuen Merkur« »bei weitem das Beste« zu sein scheint, »was er seit langem gemacht hat und das Buch selbst sehr, besonders mir sehr wichtig. Jetzt kann ich es natürlich nicht lesen.«[37] Im September 1924 schreibt Benjamin dann an Scholem über das Buch, das er immer noch nicht gelesen hat, »daß Lukács von politischen Erwägungen aus in der Erkenntnistheorie, mindestens teilweise, und vielleicht nicht ganz so weitgehend, wie ich zuerst annahm, zu Sätzen kommt, die mir sehr vertraut oder bestätigend sind (...) Im Bereich des Kommunismus scheint mir das Problem ›Theorie und Praxis‹ so zu liegen, daß bei aller, diesen beiden Bezirken zu wahrenden Disparatheit eine definitive Einsicht in die Theorie an Praxis gerade hier gebunden ist. Zum wenigsten ist es mir einsichtig, wie bei Lukács diese Behauptung einen harten philosophischen Kern hat und alles andere als bürgerlich-demagogische Phrase ist.«[38] Im Kontext von Benjamins Sprachauffassung, die Scholem bekannt war[39], heißt das: Mit Lukács' Bindung der (Heils-)Geschichte an das Proletariat[40] – denn soviel muß Benjamin aus den Bemerkungen Blochs zu dem Buch klargeworden sein – könnte vielleicht eine Überwindung der Entfremdung der Sprache gegeben sein. Es ist gerade Benjamins metaphysischer und theologischer Sprachbegriff, der ihn dazu führt, die Möglichkeiten einer marxistischen Geschichtsauffassung in einem ganz bestimmten Licht zu sehen. Der »harte philosophische Kern«, gesteht er zu, ist ihm zur Zeit nicht zugänglich, und es müsse deshalb »das Sachliche teilweise vertagt« bleiben. Damit meint er wohl jene Verbindung von Theorie und Praxis, an der ihm – wie natürlich auch Lukács – so viel liegt. Die verbindliche Haltung war für Benjamin in der Gestalt von Asja Lacis verkörpert, die er denn auch sogleich erwähnt – »eine hervorragende Kommunistin«.[41] Asja Lacis hatte für eine bestimmte Zeit tiefgehenden Einfluß auf ihn; seine Moskaureise 1926/27 war von ihr angeregt worden. Und die »verbindliche Haltung« sollte er schmerzlich erfahren, als er Asja Lacis im Herbst 1924 nach Riga nachreiste und sie, dort mit einer illegalen Theatergruppe agitierend, keine Zeit für ihn hatte.[42] Später sollte der Einfluß Brechts ähnliche kristallisierende Wirkung auf ihn haben. Denn wie am Kunstwerk selbst erlebte Benjamin an einzelnen ihm besonders wichtigen Individuen, die sich auf spezifische Weise mit Kunstwerken beschäftigen, den Schock der »profanen Erleuchtung«.[43]

Das Interesse am Marxismus kam für Benjamin zu einer Zeit, als er seine bürgerliche Existenz durch die von der Inflation verursachten oder doch verstärkten Schwierigkeiten mit seinen Eltern, den Bankrott seines Verlegers und das Scheitern seiner Habilitationspläne unterminiert sah. Zu erinnern ist hier auch an Hannah Arendts oben zitierte Bemerkungen zu Zionismus und Kommunismus als Auswegen aus der von jungen jüdischen Intellektuellen erfahrenen Verlogenheit ihrer bürgerlichen Welt. Vor allem in diesem Sinne hatte Benjamin Scholem gegenüber 1924 den Ansatz von Lukács bewertet. Im Mai 1925 schreibt er ihm von den letzten Büchern, die er gelesen habe, Thomas Manns *Zauberberg*, Valérys *Eupalinos ou l'architecte* und »eine außerordentliche Sammlung von Lukács' politischen Schriften«. Für ihn hänge alles davon ab, fährt er fort, »wie sich die verlegerischen Beziehungen gestalten. Wenn mir nichts glückt, so werde ich meine Beschäftigung mit marxistischer Politik wahrscheinlich beschleunigen und – mit der Aussicht in absehbarer Zeit mindestens vorübergehend nach Moskau zu kommen – in die Partei eintreten. Diesen Schritt werde ich über kurz oder lang wohl auf alle Fälle tun. Der Horizont meiner Arbeit ist nicht mehr der alte und ich kann ihn nicht künstlich verengen. Natürlich ist es zunächst ein ungeheuerlicher Konflikt der Kräfte (meiner individuellen), in den dies und das Studium des Hebräischen treten müssen und eine grundsätzliche Entscheidung sehe ich nicht ab, sondern muß das Experiment machen, hier oder dort zu beginnen. Die Totalität des dunkler oder heller von mir erahnten Horizonts kann ich nur in diesen beiden Erfahrungen gewinnen.«[44]

IV

Benjamin sollte weder in die Partei eintreten noch nach Israel gehen. Er blieb im Exil seiner deutsch-jüdischen bürgerlich-intellektuellen Existenz. Doch wich er auch so »diesen beiden Erfahrungen« nicht aus; sie prägten seine Auffassung von Sprache, von der Seins-Weise des literarischen Textes und den spezifischen Aufgaben und Einsichten des Kritikers. Geschichte blieb für ihn weiterhin Heilsgeschichte, und das (sprachliche) Kunstwerk spielte in ihrem Verlauf eine besondere Rolle. Ob die messianische Erwartung durch die Kunstauffassung ursprünglich gestützt wurde, ob solche Erwartung primär war, ist schwer zu entscheiden[45], vielleicht ist es auch unnötig. Wichtig scheint Benjamins Insistieren darauf, daß ein Wahrheitsgehalt des Kunstwerks autonom existiert, der vom Kritiker vermittelt werden muß, dessen Chancen, dieses Potential des Kunstwerks freizusetzen, um so besser sind, je weiter sich das Werk von seinem historischen Ursprung (und Kontext) entfernt hat. Die kulturelle Tradition, in der das Werk angesiedelt ist, trägt zur Bereicherung seines Potentials bei, das sich aber dem Kritiker schockartig enthüllt. Korrespondierend zu dieser Auffassung von Erkenntnis-Stößen zeigt sich Benjamins heilsgeschichtliches Konzept sowohl vergangenheits- als auch augenblicksbezogen: Jeden Augenblick ist die Ankunft des Messias zu erwarten, hat man sich für die Möglichkeit solcher schockartigen Erhellung bereitzuhalten.

Die Seins-Weise des Kunstwerks in der Zeit, das Phänomen seines Fortlebens, wird von Benjamin intensiv erfahren. In dem Aufsatz über die Aufgabe des Übersetzers wird die biologische und psychische Dimension des Lebens dessen historischer untergeordnet – soweit der unklare Satz so gelesen werden kann[46] –, und »daher entsteht dem Philosophen die Aufgabe, alles natürliche Leben aus dem umfassenderen der Geschichte zu verstehen. Und ist nicht wenigstens das Fortleben der Werke unvergleichlich viel leichter zu erkennen als dasjenige der Geschöpfe?«[47]

Philosoph, Übersetzer, Kritiker – sie alle sind eigentümlich verschmolzen in der ihnen gestellten Aufgabe der Wahrheitsfindung: »Wenn anders es aber eine Sprache der Wahrheit gibt, in welcher die letzten Geheimnisse, um die alles Denken sich müht, spannungslos und selbst schweigend aufbewahrt sind, so ist diese Sprache der Wahrheit – die wahre Sprache. Und eben diese, in deren Ahnung und Beschreibung die einzige Vollkommenheit liegt, welche der Philosoph sich erhoffen kann, sie ist intensiv in den Übersetzungen verborgen.«[48] Er spricht von sich selbst. Der rhythmische Wechsel von Verbergen und Enthüllen, der das Stadium des Verborgenseins als zugleich gegeben und unannehmbar voraussetzt, liegt seinem Sprach- und Geschichtsbegriff zugrunde und formt seinen Denk-Stil. Die Unterbrechung durch den Schock der profanen Erleuchtung ist ihm so wichtig, weil er mit metaphorisch vergrößerten Zeitsprüngen arbeitet, die Kulturgeschichte der unmittelbaren Vergangenheit archäologisch rekonstruiert. Immer wieder hält er ein im Graben, um findend zu bewerten.[49] Das Erkennen von Wertvollem setzt solches Einhalten voraus. Er fixiert sich nicht an eine kontinuierlich klärende Haltung, sondern erhofft die immer wieder schockartige Unterbrechung, die das Entfernte und das Nahe verschmilzt.

Diesen Zusammenhang erhellt Benjamins Besprechung von Werner Hegemanns sozial-kulturgeschichtlichem Buch *Das steinerne Berlin. Geschichte der größten Mietskasernenstadt der Welt* (Berlin 1930), die unter dem Titel »Ein Jakobiner von heute« 1930 in der »Frankfurter Zeitung« erschien.[50] In diesem kleinen Rezensions-Aufsatz zu einem für den intellektuellen Zeitgenossen wichtigen Buch, in dem der Sprachgestus wenig kompliziert ist und gewisse Grundimpulse sich deshalb deutlicher darstellen, fungiert der Kritiker gleichzeitig als Detektiv, idealistischer Philosoph und historischer Materialist. Er rühmt die imponierende Informiertheit des Sozialhistorikers Hegemann, die von ihm erreichte »unwiderlegliche Korrektur an der pragmatischen Geschichtsschreibung«; nicht erreicht aber habe er »deren Umwälzung wie der historische Materialismus sie erstrebt, wenn er in den Produktionsverhältnissen der Epoche die konkreten wechselnden Kräfte aufspürt, die das Verhalten der Machtgeber so gut wie der Massen ohne deren Wissen bestimmen. Lässigkeit und Korruption der Herrschenden, wo immer der Verfasser ihnen begegnet, stellt er fest. Aber noch der unbestechlichste kritische Geist bleibt im Pragmatischen. Das Innere der Geschichte ist dem dialektischen Blick vorbehalten«.[51] Das Buch, ein unbestreitbares »Standardwerk«, sei durch eine »schmale Spanne« getrennt von »jener letzten Vollkommenheit«, die »das Schicksal eines Buches unabhängig von dem seines Gegenstands, ja, ein Schicksal dieses Gegenstands werden läßt«.[52]

Diese problematische Ansicht von Historiographie sieht Geschichtsbeschreibung eher als Wahrheitssetzung denn als Wahrheitsfindung. Damit nähert sich Benjamin eben jener »pragmatischen Geschichtsschreibung«, die er gerade denunziert hat. »Pragmatisch« ist hier nicht in jenem weiteren Sinne zu verstehen, in dem sich jeder Historiograph mit seinen Lesern über historisches Geschehen verständigt, sondern in jenem engeren Sinn einer zweckgebundenen Voreingenommenheit. Ob solches ›pragmatische‹ Umstellen und Entstellen der Evidenz im Dienste einer herrschenden Klasse oder im Dienste der heilsgeschichtlichen Bedürfnisse des Historiographen selbst geschieht, bleibt sich prinzipiell gleich. Was dem Buch erst ›Größe‹ geben würde, wäre das Erkennen des Punktes, »da das Positive im Negativen und das Negative im Positiven zusammenfallen. Der Aufklärer denkt in Gegensätzen. Ihm Dialektik zuzumuten, ist vielleicht unbillig. Ist es aber unbillig, dem Historiker jenen Blick in das Antlitz der Dinge zuzumuten, der Schönheit noch in der tiefsten Entstellung sieht?«[53] Benjamin denkt an den Blick der profanen Illumination, die momentan alle Distanzen aufhebt. Solche Auffassung von Geschichte reflektiert aufs deutlichste die Entfernung des Kritikers von seiner sozialen Gegenwart. Trotz all der versöhnlichen, beschwichtigenden Gesten dem besprochenen Buch gegenüber, wird weder dessen spezifische Leistung für den Leser klar, noch der Standpunkt des Kritikers dem Leser intellektuell zugänglich, von dem aus die (Ab-) Wertung der Leistung sinnvoll wäre. Deutlich wird allein die Verhärtung einer kritischen Distanz, die sich nur im Moment des bedeutungsvollen Schocks lösen kann.

V

Für Benjamin war Hegemann mit seiner informierten negativen Sicht Berlins zu behaust; Baudelaire dagegen, durch den er Paris sieht, war in seiner Stadt auf der Flucht, und zwar durchaus nicht nur wegen seiner Schulden[54], sondern weil er gerade in Paris das ›So-Weitergehen‹ als die Katastrophe erfuhr: »Den Weltlauf zu unterbrechen – das war der tiefste Wille in Baudelaire (...) Aus diesem Willen entsprang seine Gewalttätigkeit, seine Ungeduld und sein Zorn; aus ihm entsprangen auch die immer erneuten Versuche, die Welt ins Herz zu stoßen, oder in Schlaf zu singen. Aus diesem Willen begleitet er den Tod bei seinen Werken mit seiner Ermunterung.«[55] Die neuen Gegenstände von Baudelaires Dichtung, die große Stadt, die Masse, werden, so heißt es weiter in diesem Abschnitt aus »Zentralpark«, »nicht als solche von ihm anvisiert. Nicht sie sind die Melodie, die er im Sinn hat. Vielmehr ist das der Satanismus, der Spleen und die abwegige Erotik«.[56]

Das Begriffspaar idéal – spleen entspricht dem von Symbol und Allegorie im *Trauerspiel*-Buch. Da ist die Rede von »der Geschichte als Leidensgeschichte der Welt; bedeutend ist sie nur in den Stationen ihres Zerfalls«. In der Allegorie liegt »die facies hippocratia der Geschichte als erstarrte Urlandschaft dem Betrachter vor Augen«, heißt es im *Ursprung des deutschen Trauerspiels*.[57] Es hat sich im Exil in Paris an dieser Sicht der Geschichte nichts geändert; eher ist die Wirkung des allegorischen Blicks noch explosiver geworden: »Das von der allegorischen Intention Betroffene wird aus den Zusammenhängen des Lebens ausgesondert: es wird zerschlagen und konserviert zugleich. Die Allegorie hält an den Trümmern fest. Sie bietet das Bild der erstarrten Unruhe. Dem (!) destruktiven Impuls Baudelaire(s) ist nirgends an der Abschaffung dessen interessiert, was ihm verfällt.«[58] Nicht die Katastrophe bedeutet die abrupte Unterbrechung des zeitlichen Kontinuums, sondern die Rettung aus der kontinuierlichen Katastrophe.[59]

An der Baudelaire-Arbeit beanstandete Adorno, es gebreche »dieser Dialektik an einem: der Vermittlung«. »Die ›Vermittlung‹, die ich vermisse, und verdeckt finde durch materialistisch-historiographische Beschwörung, ist nun aber nichts anderes als eben die Theorie, die Ihre Arbeit ausspart. Das Aussparen der Theorie affiziert die Empirie.

Es verleiht ihr einen trügend epischen Charakter auf der einen Seite und bringt auf der anderen Seite die Phänomene, als eben bloß subjektiv erfahrene um ihr eigentliches geschichtsphilosophisches Gewicht. Man kann es auch so ausdrücken: das theologische Motiv, die Dinge beim Namen zu nennen, schlägt tendenziell um in die staunende Darstellung der bloßen Faktizität. Wollte man sehr drastisch reden, so könnte man sagen, die Arbeit sei am Kreuzweg von Magie und Positivismus angesiedelt. Diese Stelle ist verhext.«[60]

Im wesentlichen hat Adorno mit dieser Beschreibung von Benjamins Verfahren recht. Daß das Energiezentrum seiner Arbeit »verhext« war, welches allerdings nicht am Kreuzweg von Magie und ›Positivismus‹ – denn das ist nur ein von Adorno schludrig gebrauchtes Bannwort – zu suchen ist, wohl aber im Zusammentreffen von Marxismus als Heilsgeschichte und magischem Staunen, mochte wohl stimmen. Nur so war es Benjamin möglich zu arbeiten; nur so gelangen ihm die »Denkbilder«, jene bestürzenden Metaphern und Gleichnisse, die die wesentliche Leistung all seiner Texte bedeuten. »Theorie« hatte Adorno im *Trauerspiel*-Buch gefunden, weil der Gegenstand, die Dialektik des literarischen Barock, dem auch hier wirksamen magischen Blick die Balance hielt. Sobald die bereits strukturierte Substanz wegfiel, nichts dergleichen der allegorischen Perspektive Widerstand bot, konnte allerdings von Vermittlung nicht mehr die Rede sein. Benjamins emotionales Verhältnis zum Marxismus hatte sich gewandelt – und das seit 1924/25. Sein Verfahren als Kritiker war davon aber intellektuell nicht wesentlich betroffen worden; hier blieb er weiterhin bei sich selbst.

In den fragmentarischen Aufzeichnungen von 1939/40 zu einem ›theoretischen‹ Resümee der Baudelaire-Arbeit, die unter dem Titel »Zentralpark« zusammengefaßt sind, heißt es zum Beispiel von der Allegorie, daß ihre »Umfunktionierung« in der Warenwirtschaft darzustellen sei: »Es war das Unternehmen von Baudelaire, an der Ware die ihr eigentümliche Aura zur Erscheinung zu bringen. Er suchte die Ware auf heroische Weise zu humanisieren. Dieser Versuch hat sein Gegenstück in dem gleichzeitigen bürgerlichen, die Ware auf sentimentale Art zu vermenschlichen: der Ware, wie dem Menschen, ein Haus zu geben. Das versprach man sich damals von den Etuis, den Überzügen und Futteralen, mit denen der bürgerliche Hausrat der Zeit überzogen wurde.«[61] Baudelaire entzieht sich mit seinem poetischen Prinzip des Schocks solchen Behausungsversuchen – »die fantasque escrime der Stadt der tableaux parisiens ist nicht mehr Heimat. Sie ist Schauplatz und Fremde.«[62] Darauf kommt es Benjamin eigentlich an. Der Begriff der Ware ist diesem Sachverhalt unvermittelt aufgesetzt – damit hat Adorno völlig recht. Im Zentrum steht Benjamins Faszination durch den staunenden poetischen Blick, der das ›Ding-an-sich‹, die paradiesische Wahrheit in der Erscheinung heraussprengt. Dinge werden mit besonderer Bedeutung beladen, die sich ihren sozialen Funktionen, auch der Waren-Funktion, entgegenstellt.

»Was an Benjamin so schwer zu verstehen war, ist, daß er, ohne ein Dichter zu sein, *dichterisch dachte* und daß die Metapher daher für ihn das größte und geheimnisvollste Geschenk der Sprache sein mußte, weil sie in der ›Übertragung‹ es möglich macht, das Unsichtbare zu versinnlichen (...) und so erfahrbar zu machen«, kommentiert Arendt.[63] In diesem Zusammenhang sieht sie zu Recht auch einen Grund für Benjamins Freundschaft mit Brecht. Dessen »plumpes Denken« feiert Benjamin 1935 in seiner Besprechung des Dreigroschenromans: »Es gibt viele Leute, die unter einem Dialektiker einen Liebhaber von Subtilitäten verstehen. Da ist es ungemein nützlich, daß Brecht auf das ›plumpe Denken‹ den Finger legt, welches die Dialektik als ihren Gegensatz produziert, in sich einschließt und nötig hat. Plumpe Gedanken gehören geradezu in den Haushalt des dialektischen Denkens, weil sie gar nichts anderes darstellen als die Anweisung der Theorie auf die Praxis. *Auf* die Praxis, nicht *an* sie: Handeln kann natürlich so fein ausfallen wie Denken. Aber ein Gedanke muß plump sein, um im Handeln zu seinem Recht zu kommen.[64] Das Problem einer Beziehung zwischen Theorie und Praxis, dem in seiner Gesellschaft exilierten bürgerlichen Intellektuellen dringlich, schien Benjamin im Marxismus gelöst, d. h. bei bestimmten Marxisten. Diese Lösung war ihm begreiflich in dem Sinne, daß eine Teilhabe an ihr wünschenswert schien. Aber er konnte sie, die Lösung, nicht konsequent artikulieren. All seinen Versuchen in dieser Richtung liegt eine tiefreichende Undeutlichkeit, eine intellektuelle, nicht emotionale Ambivalenz zugrunde, die sich auch fast allen seinen Interpreten mitgeteilt hat.[65] Ist Theorie gebend und Handeln nehmend? Die Rede von den ›plumpen‹ Gedanken und dem ›feinen‹ Handeln verwischt die hierarchische Unterscheidung wieder etwas – wie es überhaupt Benjamins Gewohnheit ist, eine Scheidung, eine Definition erstaunlich klar festzulegen und danach durch eine verbale Geste wieder abzuschwächen. Das ist nicht etwa mit (notwendiger) Diplomatie zu erklären, die vor allem in den Briefen an Adorno und Horkheimer in den schwierigen Pariser Jahren sicherlich eine Rolle spielte, sondern mit einem eigentümlichen Denkrhythmus. Deshalb sind die Texte so besonders problematisch, die sich explizit um Vermittlung bemühen – da doch solch vermittelndes Denken Benjamin weder gemäß gewesen noch geworden ist. Dies gilt etwa für den Aufsatz über das »Kunstwerk im Zeitalter seiner technischen Reproduzierbarkeit« und die Baudelaire-Arbeit in ihren verschiedenen Stadien; vor allem auch für den Vortrag über den »Autor als Produzent«. Den Aura-Zerfall durch Reproduzierbarkeit des Kunstwerks attackiert Brecht im *Arbeitsjournal* unliebenswürdig, aber zu Recht: »alles mystik, bei einer haltung gegen mystik. in solcher form wird die materialistische geschichtsauffassung adaptiert! es ist ziemlich grauenhaft.«[66]

VI

Die Benjamin eigentümliche symbiotische Verbindung von Sprachtheologie und marxistischer Heilsgeschichte, die sich, mit dem Glücksbedürfnis, im Exil in Paris verstärkte, schwächt die diskursive Dimension, die logisch zugängliche konzeptuelle Entwicklung seiner Texte. Sie stützt die im engeren Sinne literarische Dimension, die Wirkungskraft der Bilder: die momentane Erhellung einer Erfahrung. Für den Leser kann das die ermöglichte Zustimmung zum Glücksmoment der geretteten Vergangenheit bedeuten, die Chance, die eigene Erfahrung als bedeutungsvoll bestätigt zu sehen. Benjamin hat, wie vielleicht kein zweiter Kritiker im zwanzigsten Jahrhundert, sein eigenes intensives Erlebnis der Funktion des Kunstwerks in diesem Rettungsakt den sprachlichen Entscheidungen seiner Texte integriert. Benjamins Bereitwilligkeit, als Kritiker bestimmte sprachliche Risiken einzugehen, sich an seine Erfahrung sprachlich auszuliefern, setzt die Annahme voraus, daß der Leser vom Text dazu gebracht wird, gewisse Fragen nicht zu stellen. Benjamins Texte sind Balance-Akte besonderer Art, denn er spricht von der Position einer ihm immer schon scharf bewußten, schließlich aber allegorisch konsolidierten kulturellen Isolation aus. Gleichsam vom Mond zurückblickend auf die Erde, setzt er im zeitlichen Kontinuum signifikante Momente, immer bedroht von der Unterbrechung der Leere.

Es war Benjamin darum gegangen, den Wahrheitsgehalt aus der europäischen (deutschen) kulturellen Tradition herauszusprengen, die er absolut setzte; aber er fand sich von seiner Zeit daran gehindert. An Scholem, der ihn zunehmend drängte, nach Palästina zu kommen, schrieb er 1931, daß eine deutsche bolschewistische Revolution ihm anders zu schreiben möglich machen würde: Die »Differenzierung von der Bourgeoisie« sieht er für sich nur durch Annäherung an den Kommunismus als erreichbar. Also ist sein Exil in der Weimarer Gesellschaft nicht aufzuheben: der Ort seines Schreibens sei nun einmal »Berlin W.W.W.« »Die ausgebildetste Zivilisation und die ›modernste‹ Kultur gehören nicht nur zu meinem privaten Komfort, sondern sie sind zum Teil geradezu Mittel meiner Produktion.« Er gesteht Scholem das Zweideutige und Extreme dieser Situation zu, die sich im Pariser Exil fortsetzt – »ein Schiffbrüchiger, der auf einem Wrack treibt, indem er auf die Spitze des Mastbaums klettert, der schon zermürbt ist. Aber er hat die Chance, von dort zu seiner Rettung ein Signal zu geben«.[67]

Welcher Art ist diese Rettung? Benjamins Positionsbestimmung des Kritikers, der für das Potential der Sprache verantwortlich ist, erweitert zunehmend dessen theologischen Ort und füllt ihn mit den Trümmern einer kontinuierlichen Katastrophe. Fortschritt, schon immer suspekt, ist nun ein Sturm vom Paradies, der den Engel der Geschichte unaufhaltsam in eine Zukunft treibt, der er den Rücken kehrt, die immer weiterwachsenden Trümmerhaufen vor sich.[68] Nicht den Umständen ist es zuzuschreiben – zum Beispiel dem Hitler-Stalin-Pakt[69] –, daß der Kritiker seiner Aufgabe nicht mehr gewachsen war. In Benjamins Sicht konnte er es nie gewesen, würde er es nie sein. Der messianische Marxismus des immer und überall Exilierten bildet mit einer religiösen Sprach- und Geschichtsauffassung zusammen ein Paradox – dieses Denken entwirft das Paradox einer Rettung, die der Leser kaum für möglich oder wahrscheinlich halten, von deren Notwendigkeit ihn Benjamin aber in Momenten in erstaunlicher Weise überzeugen kann. Darauf beruht seine Autorität als Kritiker, und darauf sollte man sie beruhen lassen.

1 Leo Löwenthal: »The Integrity of the Intellectual: In Memory of Walter Benjamin«. In: »The Philosophical Forum«. XV/1–2 (Fall-Winter 1983–84), S. 146–157. Zitate aus Walter Benjamin: Gesammelte Schriften. Hg. Rolf Tiedemann und Hermann Schweppenhäuser. Frankfurt/M. 1972 ff. Briefzitate, wenn nicht anders angegeben, aus Walter Benjamin: Briefe. Hg. Gershom Scholem und Theodor W. Adorno. Frankfurt/M. 1966, 2 Bde. — 2 Hannah Arendt: »Walter Benjamin: 1892–1940«. In: Men in Dark Times. New York 1968, S. 153–206, S. 156 und S. 205. Siehe auch die Texte »Denkbilder«. In: G.S., IV. 1, S. 428–433 und IV. 2, S. 1007–1009. — 3 Jürgen Habermas: »Rereading Dialectic of Enlightenment«. In: »New German Critique«. 26 (Spring/Summer 1982), S. 13–30; Dagmar Barnouw: »›Beute der Pragmatisierung‹: Adorno und Amerika«. In: Wolfgang Paulsen (Hg.): Die USA und Deutschland. Bern, München 1976, S. 61–83. — 4 Arendt, a.a.O., S. 156; sie bezieht sich auf einen Brief Benjamins an Scholem vom 20. Januar 1930. In: Briefe. II, S. 505. — 5 Arendt, a.a.O., S. 188. — 6 Siehe Dagmar Barnouw: »The Secularity of Evil: Hannah Arendt and the Eichmann Controversy«. In: »Modern Judaism«, 3 (1983), 75–94. — 7 »Zeitschrift für Sozialforschung«, 5 (1936), S. 40–66. Benjamin wollte den Aufsatz gern in deutscher Fassung in der von Johannes R. Becher herausgegebenen »Internationalen Literatur« veröffentlichen und aus diesem Grunde mit Genossen diskutieren: siehe seinen Brief an Grete Steffin vom 4.3.1936. In: G.S., I.3, S. 1026. An Alfred Cohn schreibt Benjamin Ende Juni 1936, daß die Parteimitglieder unter den Pariser emigrierten Schriftstellern die Debatte der Arbeit »zu hintertreiben« suchten, und er spricht sich skeptisch über das neugegründete »Das Wort« aus. (Briefe. II, S. 715 f.). — 8 »Orient und Occident.« N.F. Heft 3 (Oktober 1936), S. 16–33. — 9 »Zeitschrift für Sozialforschung«, 6 (1937), S. 346–380. — 10 »Zeitschrift für Sozialforschung«, 8 (1939), S. 50–89. — 11 G.S., I. 1, S. 125. — 12 Ebd. — 13 Ebd., S. 125 f. — 14 Ebd., S. 126. — 15 Siehe Benjamins Dissertation »Der Begriff der Kunstkritik in der deutschen Romantik.« (1919). In: G.S. I. 1, S. 7–122; vgl. Friedrich Schle-

gels Einleitung zu den Buchbesprechungen des *Athenäum* 1798. — **16** Siehe auch die Schlußpassagen der »Erkenntniskritischen Vorrede« zum *Ursprung des deutschen Trauerspiels* (1928). In: *G.S.* I. 1, S. 203–430, S. 232 ff. — **17** »Zum Bilde Prousts.« In: *G.S.*, II. 1, S. 310–324, S. 310. — **18** Zur Geschichte der Übersetzungen s. *G.S.*, II. 3, S. 1044 ff. — **19** *Briefe.* I, S. 395. — **20** »Zum Bilde Prousts«, S. 311. — **21** Ebd., S. 312. — **22** Ebd., S. 314. — **23** Siehe *G.S.*, II. 3, S. 950 ff. — **24** *G.S.*. II. 1, S. 204–210, S. 209. — **25** Ebd. — **26** Brief an Gretel Adorno von Ende Juni/Anfang Juli 1933. In: *G.S.*. II. 3, S. 933 und 952. — **27** Man könnte diese tautologischen ›Argumente‹ als allegorische Darstellungsform seiner Sprach- ›Theorie‹ verstehen, die auf der Auffassung des Wortes als direktes bedeutungsvolles Benennen der Idee gründet und seinen ›bloßen‹ Zeichencharakter emphatisch verneint. Die frühe Arbeit mit ihren auffälligen Schwächen ist in der Tat für ein Verständnis der Sprach-Auffassung Benjamins nützlich, an der sich nichts wesentlich ändern sollte, die sich in den späteren Texten aber subtiler, d. h. allusiver, stilistisch verwirrender darstellt. — **28** *G.S.*. II. 1, S. 140–157, S. 143 f. — **29** *G.S.*. IV. 1, S. 9–21, S. 9. — **30** Ebd., S. 21. — **31** *Briefe.* I, S. 127. — **32** Gershom Scholem: *Walter Benjamin – die Geschichte einer Freundschaft.* Frankfurt/M. 1975, S. 255 ff. — **33** *G.S.*. II. 3, S. 950. — **34** *Briefe.* II, S. 523. — **35** Ebd. — **36** An Scholem vom 13. Juni 1924. In: *Briefe.* I, S. 347. — **37** Ebd., S. 350. — **38** *Briefe.* I, S. 355. — **39** Gershom Scholem: *Walter Benjamin.* A.a.O., S. 79 f. — **40** Siehe Georg Lukács: *Geschichte und Klassenbewußtsein.* IV/3: »Der Standpunkt des Proletariats.« Neuwied, Berlin 1968, S. 331–398. — **41** *Briefe.* I, S. 355. — **42** Siehe die beiden kurzen Texte in *Einbahnstraße*: »Waffen und Munition« und »Alte Landkarte« (*G.S.*, IV. 1, S. 110–117), die sich auf das Riga-Erlebnis beziehen. Werner Fuld: *Walter Benjamin. Zwischen den Stühlen*, München 1979, S. 157 ff. wehrt sich gegen solche Bewertung von Asja Lacis' Einfluß: »Es gibt eine nicht unerhebliche Anzahl von Interpreten, die hier einen radikalen Wendepunkt in Benjamins Denken sehen. Sie wollen hier zumindest sehen, da ihr Theorievermögen an solchem Modell anspringt.« Ich halte auch nichts von der Werkeinteilung in theologisch-früh, marxistisch-spät« und setze deshalb 1924 keinen »Wendepunkt« an, aber doch, wie unten noch weiter auszuführen ist, eine gewisse Konsolidierung bestimmter psychischer Reaktionen auf erhebliche sozialpsychische Schwierigkeiten. Benjamins »Theorievermögen« war nicht größer als das der meisten seiner Interpreten und geringer als das einer ganzen Anzahl von ihnen. Ob er überhaupt jemals die spezifische Art von Geduld hatte, sich durch die in hölzernem Deutsch geschriebenen, teils redundanten, teils aprioristischen Argumentationen von *Geschichte und Klassenbewußtsein* gründlich durchzuarbeiten, bleibe dahingestellt. Das heißt nicht, daß Lukács nicht ein wichtiger Theoretiker des Marxismus und Benjamin nicht in manchen seiner Texte einer der besten Essayisten in deutscher Sprache ist. Nur sollte man nicht für die oft logisch unklaren Texte Benjamins – das schließt auch seine Briefe ein – theoretische Einsichten reklamieren. Fuld behauptet, daß Benjamin Lukács auf Capri schon gelesen haben müsse, wogegen Benjamin doch mehrfach schreibt, er habe es nicht getan (s. oben die Briefzitate). Außerdem meint Fuld, daß Bloch, weil er Benjamin im Dezember 1923 oft in Berlin zusammenkam und zu der Zeit gerade an einer Rezension von *Geschichte und Klassenbewußtsein* arbeitete, dann mit Benjamin darüber gesprochen haben müsse – die Art dieser Darlegung (S. 158), von einer Annahme zur Behauptung eines Faktums (S. 159) weitergehend, läßt doch etwas an seiner Methode einer intellektuellen Biographie zweifeln. Siehe auch die sehr nützliche Studie von Bernd Witte, »Benjamin und Lukács. Historical Notes on the Relationship between their Political and Aesthetic Theories.« In: »New German Critique«. 5 (1975), S. 3–26. — **43** Siehe den 1929 in der »Literarischen Welt« veröffentlichten Aufsatz »Der Surrealismus. Die letzte Momentaufnahme der europäischen Intelligenz.« In: *G.S.* II. 1, S. 295–310. — **44** *Briefe.* I, S. 381 f. — **45** Scholem betrachtet die messianische Idee als zentral für die jüdische kulturelle Tradition, in die er Benjamin einfügen will. Siehe oben, Anm. 35. Siehe auch sein *The Messianic Idea in Judaism*. New York 1971. — **46** *G.S.*. IV. 1, S. 11: »Denn von der Geschichte, nicht von der Natur aus, geschweige von so schwankender Empfindung und Seele, ist zuletzt der Umkreis des Lebens zu bestimmen.« — **47** Ebd. — **48** Ebd., S. 16 f. — **49** Ein Text, in dem dies fast graphisch klar wird, ist *Berliner Chronik*. Hg.: Gershom Scholem. Frankfurt/M. 1970, interessantere Vorstufe der »Berliner Kindheit um Neunzehnhundert« (in: *G.S.*. IV. 1, S. 235–304). — **50** *G.S.*. IV, S. 260–265. — **51** Ebd., S. 263. — **52** Ebd., S. 264. — **53** Ebd., S. 265. — **54** »Das Paris des Second Empire bei Baudelaire.« In: *G.S.*. I. 2, S. 550. — **55** Siehe die Stelle in »Zentralpark«: »Der Begriff des Fortschritts ist in der Idee der Katastrophe zu fundieren. Daß es ›so weiter‹ geht, *ist* die Katastrophe. Sie ist nicht das jeweils Bevorstehende, sondern das jeweils Gegebene.« In: *G.S.*. I. 2, S. 683. — **56** *G.S.*. I. 2, S. 667. — **57** *G.S.*. I. 1, S. 343. — **58** *G.S.*. I. 2, S. 666. — **59** »Die Rettung hält sich an den kleinen Schritt in der kontinuierlichen Katastrophe.« *G.S.*. I. 2, S. 683. — **60** Brief vom 10. 11. 1938. In: *G.S.*. I. 3, S. 1095 und 1096. — **61** *G.S.*. I. 2,

S. 671. — **62** Ebd. — **63** Hannah Arendt: *Walter Benjamin, Bertolt Brecht.* München 1971, S. 22. — **64** *G.S..* III, S. 440–449, S. 446. — **65** Peter Gebhardt: »Über einige Voraussetzungen der Literaturkritik Benjamins«, (Peter Gebhardt u. a.: *Walter Benjamin, Zeitgenosse der Moderne* (Kronberg/Ts. 1976, S. 71–93)) schreibt einleitend: »Interpreten und Kritiker sind leicht geneigt, Benjamin entweder als Metaphysiker und Sprachphilosophen oder als historischen Materialisten festzulegen. Im Gegensatz zu vorschnellen ideologischen Vereinnahmungen des Autors hat sich in den letzten Jahren eine stärker kommentierende Benjamin-Rezeption entwickelt und durchgesetzt, die sich um die Erklärung und kritische Durchleuchtung des Sachgehalts seiner Texte bemüht, deren Widersprüche aufzudecken versucht, ohne sie ideologisch einzuebnen. Gerade der Kritiker Benjamin hat gelehrt – hierin Lessing vergleichbar – daß die Grundlage der Wahrheitssuche die geduldige und intensive Entfaltung des Sachgehalts sei« (S. 71). Gebhardts Aufsatz ist ein guter Beweis dafür, daß sich Kommentar und Kritik einem Benjamin-Text gegenüber selten glücklich verbinden, weil nämlich allzu oft der geduldige Kommentator das Faktum einer »Wahrheitssuche« von vornherein unkritisch hinnimmt und dann dem »Sachgehalt« bereits mit ideologischer Brille gegenübersteht. Dem Aufklärer Lessing ging es in einem völlig anderen Sinne um Wahrheit als dem Metaphysiker Benjamin. Das ist eine Angelegenheit des intellektuellen Temperaments und des intellektuellen zeitgenössischen Klimas, deren sich aber der Kommentator kritisch bewußt sein sollte. Gebhardts Kommentar besteht denn auch in solchen festlegenden Wertungen wie: »Die Gewalt des Benjaminschen kritischen Wortes, die so sehr gegen die laue Unverbindlichkeit der Durchschnittskritik absticht, leitet sich her von dessen Wahrheitsanspruch« (S. 78). Er identifiziert sich auf wenig nützliche Weise mit dem Gegenstand seines Kommentars. Es ist dann oft vor allem eine Sache der sprachlichen Subtilität des Interpreten/Kommentators, erhellende Distanz zu den Paraphrasierungen der Benjaminschen Denkbilder – denn das sind all seine ›Begriffe‹ – zu schaffen: siehe zum Beispiel Irving Wohlfarth: »The Politics of Prose and the Art of Awakening: Walter Benjamin's Version of a German Romantic Motif«. In: »Glyph.« 7 (1980), S. 131–148. Intellektuelle Unabhängigkeit von der von Gebhardt beschworenen ›Gewalt‹ des Benjaminschen Wortes zeigt dagegen der nützliche Aufsatz von Burkhardt Lindner: »›Natur-Geschichte‹ – Geschichtsphilosophie und Welterfahrung in Benjamins Schriften.« In: »Text und Kritik.« Heft 31/32: *Walter Benjamin* (1971), S. 41–58; wogegen Lieselotte Wiesenthal: »Die Krise der Kunst im Prozeß ihrer Verwissenschaftlichung« (ebd., S. 59–71) zwar recht klar die in vielem widersprüchliche Argumentation des Kunstwerk-Aufsatzes auseinanderlegt, aber zu einer Kritik an Benjamins höchst fragwürdigem Wissenschaftsbegriff nichts beiträgt. Ähnliches ist zur Darstellung von Benjamins Sprach-Auffassung bei Charles Rosen zu sagen: »The Ruins of Walter Benjamin« und »The Origins of Walter Benjamin.« In: »New York Review of Books.« XXIV, 17 (1977), S. 31–40 und XXIV, 18 (1977), S. 30–38. Als völlig unkritischer Kommentar, der Leser abwehrt, die Benjamin ›beim Wort (= Satz) nehmen‹ möchten, erweist sich die Monographie von Richard Wolin: *Walter Benjamin. An Aesthetic of Redemption.* New York 1982. Ernsthaft um Darlegung der problematischen Positionen des Benjaminschen Spätwerks bemüht sich Helmut Pfotenhauer: *Ästhetische Erfahrung und gesellschaftliches System.* Stuttgart 1975. Aber auch er kann sich zu oft der Versuchung nicht entziehen, auf Candidesche Weise die Texte im Sinne einer »materialistischen Literaturanalyse« plausibel zu präsentieren (siehe zum Beispiel S. 84; S. 98 ff.). Die überzeugendsten Würdigungen von Benjamins spezifischer Leistung scheinen mir von den Sozialphilosophen Hannah Arendt (siehe oben, Anm. 2 und 63) und Jürgen Habermas: »Bewußtmachende oder rettende Kritik – die Aktualität Walter Benjamins.« In: Siegfried Unseld (Hg.): *Zur Aktualität Walter Benjamins.* Frankfurt/M. 1972, S. 173–224 zu stammen, die die Frage einer ›philosophischen‹ Position Benjamins kaum ernst nehmen, sich wenig um seinen Sprach-Begriff, mehr um seine Sprache, um deren sozial-psychologische Motivation kümmern. — **66** Bertolt Brecht: *Arbeitsjournal. Erster Band 1938–1942.* Hg. Werner Hecht. Frankfurt/M. 1973, S. 16 (25. 7. 1938). Siehe auch Benjamins Tagebucheintrag über Brechts kritische Reaktion auf den Vortrag »Der Autor als Produzent.« (*G.S..* II.3, S. 1462 f.). Scholems Reaktion in *Walter Benjamin*, S. 250. Zu Brechts Reaktion siehe Rolf Tiedemann, »Historical Materialism or Political Messianism? An Interpretation of the Theses ›On the Concept of History‹«. In: »The Philosophical Forum«. XV/1–2 (Fall-Winter 1983–84), S. 71–104, S. 71. — **67** 17. 4. 1931, *Briefe*, II, S. 530 ff. — **68** »Über den Begriff der Geschichte.« In: *G.S..* I.2, S. 697 f. — **69** Siehe Gershom Scholem: »Walter Benjamin und sein Engel.« In: *Zur Aktualität Walter Benjamins.* A.a.O., S. 87–138, S. 129. Siehe auch Rolf Tiedemann: »Historical Materialism or Political Messianism?«: »Indeed, the theses are predicated on a political situation that had to seem increasingly hopeless; yet the arrival at a political alternative is demonstrably Benjamin's hidden intent in the theses.« (A.a.O., S. 87).

Erich Kleinschmidt

»Sprache, die meine Wohnung war«
Exil und Sprachidee bei Peter Weiss

Daß »ein Schiftsteller (...) mit der Sprache ein Stück Heimat mit sich trägt, und eine Amputation (Herüberwechseln zur anderen Sprache) (...) tödlich ist«,[1] kennzeichnet mit wenigen Ausnahmen die künstlerische Problematik der nach 1933 aus Deutschland emigrierten Autoren. Getrennt vom kreativen Potential täglicher Spracherfahrung, bedeutete die Existenz im fremdsprachigen Exil in aller Regel eine produktive Identitätskrise, empfand man sich doch gezwungen, »in der Emigration auf einer Geige aus Stein, auf einem Klavier ohne Saiten« zu spielen.[2] Für das Schreiben fehlte der gesellschaftliche Kommunikationsbezug, dessen Verlust schon für die erfahreneren Schriftsteller ein Problem darstellte. Erst recht galt dies für angehende Autoren, die ohnehin ihre Sprache erst finden mußten, denen es dabei jedoch an lebendigem und anregendem Austausch mangelte.

Die künstlerische Entwicklungsgenese derartiger Sprachproblematik und ihrer Überwindung durch eine ›synthetische‹, künstliche Sprache im Exil hat am intensivsten der 1916 geborene Peter Weiss thematisiert. Aus der »unabänderlichen«[3], biographischen Grundkonstellation der Emigration mit ihren Folgen für das künstlerische »Wirklichkeitsbild«[4] entsteht bei ihm die zentrale Werkchiffre von Sprachverlust und neuem Spracherwerb.

Die 1934 erzwungene »Verstoßung aus Deutschland«, die Weiss vor allem als »eine Verstoßung aus der Sprache«[5] begriff, beunruhigte den wenig über Zwanzigjährigen, der sich vorzugsweise als Maler verstand, zunächst noch kaum, bewegte er sich doch nach einem kurzen, zweijährigen Aufenthalt in London ab Herbst 1936 nach seiner Rückkehr wieder in dem »deutschen Sprachkreis« Prags, wo »die Notwendigkeit, sich eine Sprache zu erhalten, keine Frage auf Leben und Tod« war.[6] Deutsch als selbstverständlich gebrauchte Umgangssprache, aber auch als »Mittel zum Denken, Träumen, Phantasieren«[7], erschien ihm, wenn er versuchsweise »an die Tätigkeit des Schreibens ging«[8], noch nicht gefährdet. Das Medium, sich auszudrücken, stand noch in vollem Umfang zur Verfügung, da es gesellschaftlich noch eingebunden war.

Eine grundlegende Änderung dieser Situation bedeutete die durch Hitlers Besetzung des Sudetenlandes erzwungene Emigration der

Eltern nach Schweden im Januar 1939, die Weiss mitvollzog. Erst in Skandinavien wurde für den Assimilationswilligen »die Wahl der Sprache zu einem Problem, einem Konflikt«.[9] Eine literaturgesellschaftlich lebendige Kontaktwelt existierte hier nicht mehr. Das Fluchtland war Fremde, und eine Heimat ließ sich nicht ohne weiteres mehr imaginieren. Für ein deutsches Schreiben fehlte ein Anregungs- wie Wirkungsraum, der Versuch, schwedisch zu schreiben, offenbarte die Mängel adäquater Aussagegestaltung. Sprache und Ausdrucksintention deckten sich nicht, zumal die jeweiligen Darstellungsziele keineswegs schon fest umrissen waren.

Der Erwerb einer eigenen Schreibsprache bedurfte zudem auch der aneignenden Auseinandersetzung mit einer literarischen Tradition, die für Weiss entweder an die deutschen oder die im deutschen Kulturraum rezipierten weltliterarischen Texte, kaum aber an schwedische Überlieferung gebunden war. Das »Zwiegespräch mit den Büchern« und mit der in ihnen repräsentierten »Tradition der Sprache«[10] bleibt unergiebig, weil ein gleichzeitiger, lebendiger Sprachkontakt fehlt. Für ihn, den »Eingewanderte(n) aus einem fremden Lebensgebiet«[11] ist das alltagssprachliche schwedische Umfeld zunächst keine Grundlage für eine literarische Stilfindung, ein deutsches fehlt und erscheint auch grundsätzlich in der Vorstellung von Weiss negativ. Deutsch ist die Sprache der »Verfolger«[12], in ihr wurde »das Morden anbefohlen«[13]. Der Zugang zur »alten Sprache«[14] wirkt im Bewußtsein problematisch, wenn nicht gar versperrt, und doch mußte er zumindest immer wieder erinnert und neu gefunden werden, weil innere Zustände, Beobachtetes, Vorgestelltes und Verdrängtes der Darstellung bedurften.

Die Situation zwischen den Sprachen bedeutete für Weiss sowohl Verstörung als auch produktive Herausforderung, was in einem mühevollen, psychischen Verarbeitungsprozeß ausgelebt werden mußte. Die Äußerungsmöglichkeit in der fremden Sprache des Gastlandes, wie Weiss sie »im Zusammenhang mit eigenen Gefühlen und Impulsen«[15] im *Fluchtpunkt* in den Kontext einer – faktisch erst nach dem Zweiten Weltkrieg unternommenen[16] – Psychoanalyse projiziert[17], verdichtete sich für ihn zu einer konstruktivistischen Sprachauffassung. Schreiben hieß, daß nicht frei und inspiriert gestaltet werden konnte, »die Einfälle (...) nicht frei strömten«, sondern daß sie mühsam entworfen werden mußten: »kontrolliert, bearbeitet, übersetzt«.[18]

Dieses Erlebnis sprachlicher Fremdheit anstelle gewohnter Vertrautheit prägte als Folge der Emigration Weiss in seinem Verständnis von »Sprache als Identität«[19] überhaupt. Deutsch wird ihm im schwedischen Fluchtland, das als Exil aufzufassen er über den äußerlich notwendigen Zeitraum hinaus im Sinne einer traumatischen Lebensprägung verpflichtet zu sein glaubte, ein distanziertes Medium mit künstlichem Charakter. Angesichts der Vertreibung kann diese Sprache seiner Ursprungskultur literarisch entworfen nur noch eine Sprache »in einer imaginierten Welt«[20] sein. Auf deutsch zu schreiben bedeutet für den Emigranten, der »aus der Sprache verstoßen«[21] worden ist, einen Prozeß der Rückfindung[22], die Züge einer gewaltsamen Rückeroberung[23] aufwies.

Sprache im Exil im Gestaltungsmodus einer Übersetzung zu verstehen[24] stellte sich für Weiss als nicht unproblematisch heraus, da die Ansätze einer stark reflektierten Beobachtung leicht die Gefahr steter Selbstüberwachung in sich bargen, die zur Ausdruckshemmung führen konnten. Der Einbruch emotionaler Schreibhintergründe angesichts des von Weiss selbst postulierten Prinzips kreativer Sprache als einer Einheit von »Fühlen+Denken«[25] wird zur Gefahr, bedenkt man die Erfahrung von »falsche(n) Werte(n) = falsche(n) Gefühle(n)«[26] in der literarischen Projektion, denn was sind die richtigen Worte, was ist die richtige Sprache?

Auf schwedisch zu schreiben führt angesichts derartiger komplexer Schreibumstände notwendig zu unbefriedigenden Ergebnissen. Neben kleineren, im Privatdruck verlegten Prosaversuchen[27] und dem Drama (und späteren Hörspiel) *Der Turm*[28] markieren vor allem die »paar Fassungen«[29] von *Abschied von den Eltern* den Versuch des Autors Weiss, in der Sprache seines Exillandes Distanz von Deutschland zu gewinnen. Die erinnerte Vergangenheit sollte zunächst ohne sprachliche Bindung an den eigenen biographischen Weg verarbeitet werden. Das auslösende Erlebnis für ein solches Unterfangen war sein Besuch in Berlin 1947 als Zeitungskorrespondent. Der direkte Kontakt mit der alten Sprachheimat, der zunächst als Suche angelegt war,[30] versöhnte nicht, sondern er machte endgültig klar, daß eine Rückkehr in die alte Lebenswelt vor dem Exil nicht möglich war.[31] Weiss erschien der Gedanke an eine Heimkehr aus der schwedischen Emigration nach Deutschland nur noch als Weg in ein neues, »andres Exil«.[32] Ebenso wie die politische Geschichte war auch die persönliche nicht revidierbar: Das Exilschicksal wurde zur Signatur seines Lebens.

Die schwedischen Schreibunternehmungen wirken als bemühte, vielleicht sogar forcierte Identifikationen mit einem nur latent akzeptierten Land (»ich lebte eben da«[33]), die schon deshalb nicht gelangen, weil eine Assimilation bedeutet hätte, »die Identität zu wechseln«[34] und zugleich die internalisierte Stellung des Exilanten aufgeben. So wurde für Weiss das fremdsprachige Schreiben zur sekundären Äußerungsform – »es waren Übersetzungen aus tiefen, originaleren Schichten«.[35] Ein nur vermitteltes Schreiben genügte nicht zur Verarbeitung der eigenen Lebensproblematik, aber auch als künstlerische Modalität hafteten ihm Mängel an.

Mit der Sprache mußte eine imaginierte ›Heimat‹ gefunden werden, in der sich Erinnerung und Exilerfahrung vereinigen ließen. Für Weiss bestand eine Möglichkeit im Entwurf subjektiver Sprachlichkeit[36], die den Zustand des Scheiterns überwindet, wo »das Wort versagt« und deshalb auch das Denken endet[37]. Die konstruktivistische Ausdruckslösung bedeutet aber auch einen Verlust, da dem Schriftsteller »dieses freie Drauflosreden, wie es Autoren können, die fest verwurzelt sind in ihrer Sprache, (...) nicht mehr vergönnt ist«: »da klafft ein tiefer Riß.«[38] Weiss versucht dieser Situation eine schöpferische Seite abzugewinnen. Der Entwurf einer ›entwurzelten‹, entnationalisierten Sprache bewirkt ein zusätzliches Maß an Freiheit. Gängige sprachliche Assoziationen, »die zu einem bestimmten Land führten«, können vermieden werden. Die neue Sprache läßt sich »jetzt benutzen zur Schilderung allgemeiner Vorgänge«.[39] Das Trauma des Exils wird in den Anspruch einer menschheitsverbindenden Kunstübung jenseits von Abhängigkeiten und Herkunftszwängen gewendet.

Eine von Weiss selbst projizierte Kindheitserfahrung als (väterlicherseits) Nichtdeutscher und Jude, nur eine Sprache zu sprechen, die »mit keinem Landstrich verbunden« war,[40] und die damit verbundene, geistige Heimat dort, »wo der Blick ins Weite gerichtet war«,[41] erläutert die Grundlagen für die produktive Idee von einer »universalen Sprache«[42]. Mit ihr eröffnet sich die Möglichkeit eines »Fluchtpunktes« zunächst in der Kunst der »Weltbürger«, in der es »keine Grenzen, keine Nationen« gab[43], dann, nach dem Ausschreiten dieses Entfaltungsweges »im Niemandsland«[44], tritt an die Stelle der Malerei die Literatur internationalistischen Anspruchs. Der produktive Eintritt in die Welt der Texte beinhaltete für Weiss einen elementaren Aneignungsprozeß, ein »Sprechenlernen«, das zugleich ein »Denkenlernen« war. Nur im Weg einer neuen Sozialisation durch Errichtung einer eigenen Sprache ließ sich die »Kluft zwischen der Erkenntnis und der Sprachlosigkeit« überbrücken.[45]

Das literarische Werk wurde für Weiss zum Versuch, aus dem Zustand des ohnmächtigen Verstummens, aus der Unmündigkeit gegenüber der Sprache zu entkommen. Stand zunächst das Moment einer subjektiv befreienden Selbsthilfe dabei im Vordergrund, so entwickelt sich daraus zunehmend das Motiv einer politisch-ideellen Ausdruckshaltung von »Schreiben ist Handlung«[46] bis hin zur aktivistischen Bekenntnisformel: »Politik und Schreiben ist für mich eins.«[47] Die Entwicklung einer spezifischen Sprachästhetik durch Weiss reflektiert den Weg vom Zustand der Ausdrucksohnmacht, der allerdings »keine Taubheit und Blindheit«[48] einschloß, zur eingreifenden »Verantwortung des Schreibenden«[49] im Zeichen des Exils. Denn als Schriftsteller fühlte sich Weiss, auch wenn er in seiner Herkunftssprache Deutsch schrieb, »als ein Unzugehöriger, als einer, der etwas Fremdartiges anzubieten hat«.[50]

Die autosuggestive »Empfindung eines Gegensatzes«[51] zwischen ihm, dem Exilierten, und den im faschistischen Deutschland aufgewachsenen und verbliebenen Autoren führte bei Weiss zu einer kompensatorischen Sprachidee mit dem Anspruch auf Einmischung von außen: »(...) wir mischen uns mit der Sprache ein, wir drängen uns in ein Revier, das nicht uns gehört.«[52] Dieses Gefühl von Fremdheit und intellektueller Zwangsdistanzierung, die für Weiss subjektiv kaum aufzulösen war, machte er zum Appell seines Werks. Die »Zugehörigkeit zur Sprache«, aus der man exiliert wurde, gilt es neu durch Schreiben zu erwerben. Das, »was zum Fehlenden werden mußte«, bedarf der rekonstruktiven Erfüllung durch »neue Werte«,[53] durch die Realisierung in Texten.

Bei der Auflösung und Bewältigung seiner verinnerlichten Exilsituation errichtete Weiss für sich einen Bezug zur verlorenen Welt der kindlichen Erkenntnis- und Sprach-Erschließung. Sein Schreiben erinnert an den spielerischen Zustand, als redend noch »eine absolute Herrschaft über die Welt« bestand und der Autor als Kind seine versprachlichten Vorstellungen »an die ganze Welt« richtete, wobei er meinte, die ganze Welt höre ihm auch zu. Damals wären ihm »alle Nationen, Erdteile und Zeitalter (...) zu einer einzigen Gegenwärtigkeit zusammengeschmolzen«.[54] Schon damals, innerhalb dieser ursprünglichen Szene kindlicher Totalität[55] vollzog sich der Einbruch einer Außenwelt in das phantastische, imaginierte Reich der Phantasie durch eine »Forderung«, den »Ruf seines Namens«.[56]

Der spätere ›Ruf‹ im Werk resultiert aus dem Exil und seinen Bedingungen, die von Weiss zu grundsätzlichen Konfigurationen menschlicher Geschichtlichkeit stilisiert werden. Der eigene »Untergang«[57] durch die Emigration, faschistische Verfolgungen und Vernichtungen oder auch der allgemeine Krieg der Mächtigen gegen die Schwachen in dieser Welt wurden Weiss zur Herausforderung seiner Sprache, die trotz ihrer gefährdeten Qualität als etwas »Gebrechliches« und Fragwürdiges schließlich doch als »Arbeitsinstrument« zu finden war.[58] Die gefundenen Wörter wurden zu »topographischen Werkzeugen«[59], zu Mitteln der lösenden Selbstverständigung in einer zunächst stumm machenden Fremde »außerhalb einer Sprache«, was »Sterben bedeutete«.[60] Diese »Unzugehörigkeit« mußte und »konnte unter neuen Bedingungen revidiert werden«.[61]

Konkret bedeutete dies, eine Beschreibungssprache zu schaffen, die, über den »sich im Nichts verlierenden Anfang hinausgeratend«[62], das »Fremdartige und Diffuse«[63] klar ordnete. Die zerstörende Erfahrung produktiver »Leere«[64] in der Emigration ließ sich »versuchsweise« durch den literarischen Entwurf von Leben bewältigen: »Mit dem Schreiben schaffe ich mir ein zweites, eingebildetes Leben, in dem alles, was verschwommen und unbestimmt war, Deutlichkeit vorspiegelt.«[65] Was Weiss hier im *Fluchtpunkt* behauptet, ist aber nicht nur ein schreibpsychologisches Deutungsmoment, sondern auch die Umschreibung eines ästhetischen Programms. Der »Umweg über den Zerfall und die Machtlosigkeit«[66] bestimmen Schreibthemen und Schreibgestaltung, die erlittene Verletzungen, Depressionen und Verstörungen dokumentieren, zugleich aber auch den »Wunsch nach Veränderung«[67] vermitteln. In diesem Ziel mündet für Weiss seine Idee von der Sprache, die »zur Arbeit dient, und die nirgendwo mehr einen festen Wohnsitz hat«.[68]

Für den Schriftsteller ist das Fazit seiner Exilexistenz die Verpflichtung zu »soziale(m) Denken«, das von Weiss stets für gefährdet gehalten wird. Es geht um »Verantwortung« und »Rücksichtnahme«[69], die literarisch zu vermitteln sind, wenn auch die Unzulänglichkeit des Schreibens, das eben nicht mehr die »Totalität des Lebens« in einem »Gedankenbuch ohne Anfang und Ende« umzusetzen vermag,[70] Weiss stets bewußt ist. Die Schreibbewegung markiert somit immer nur ›Fluchtpunkte‹. Das Lebensgefühl, das »Gedankenmaterial«, das die Gesamtheit dessen, was Exil einschließlich der zugehörigen »Verirrungen und Wahnvorstellungen«[71] umfaßt, vermag nicht in den Begrenzungen fixierter Sprache wirklich erfaßt zu werden: »was auch immer du schreibst, es wird sich zeigen, daß es unzureichend ist.«[72] Dies meint kein Versagen als Autor, obwohl Weiss auch daran stets dachte, sondern die Äußerung zielt auf die Grenze von Sprache. Sie zu erfahren, hängt für ihn genuin mit dem Exil zusammen, ist weniger Sprachskepsis in der Tradition der Frühmoderne als Sprachbewußtsein im Horizont der geschichtlichen Erfahrungen im 20. Jahrhundert.

Daß zu ihrer Verarbeitung noch am ehesten ein faktenbezogenes »Schreiben als bloßes Reflektieren«, verstanden als »trockene Berichterstattung« und »ohne jegliche literarische Ausschmückung«,[73] angemessen sei, wurde von Weiss längere Zeit erwogen und auch praktiziert. Zunehmend und eindeutig dann mit dem Beginn der Arbeit an der *Ästhetik des Widerstands* wurde ihm klar, daß gerade auch eine solche Berichtssprache »subjektivistische Unklarheit« nicht vermeiden kann. Das Ergebnis derartiger Einsicht ist die Entscheidung für ein Schreiben, das sich stilistisch und sachlich nicht auf Beschreibung reduziert, sondern das bewußt den Vorgang der Darstellungsfindung einbezieht: »Besser: den Prozeß der ganzen Suche in seinem Ablauf zu zeigen. Nichts erfinden. Nur ausgehn von dem, was vorhanden ist.«[74] Die Suche nach der Sprache wird zum biographischen Element. Das Werk entsteht als Dokument einer Schreibbiographie.

Die Versprachlichung geschichtlicher Erfahrungen, wie sie der Autor Weiss leisten will, erscheint als Versuch der Enthüllung dessen, was individuell wie allgemeingesellschaftlich verborgen oder unterdrückt war. Das ganze Erlebnisumfeld ›Exil‹ wirkt als eine Art von Schutt, der abzutragen ist, um an die Anfänge, die Grundlagen des Mitteilbaren und Ausdruckswerten zurückzugelangen. Die Probleme mit dem eigenen Leben, die von Weiss zunächst als eine wesentliche Folge der erzwungenen Emigration angesehen werden, rücken als ein generelles Hemmnis der Sprachfindung ins Bewußtsein: »Und wenn es schwer war, an Worte und Bilder heranzukommen«, schreibt der *Fluchtpunkt*-Erzähler, »so war es nicht deshalb, weil ich nirgends hingehörte und keine Verständigungsmöglichkeiten erkennen konnte, sondern nur deshalb, weil manche Worte und Bilder so tief lagen, daß sie erst lange gesucht, abgetastet und miteinander verglichen werden mußten, ehe sie ein Material hergaben, das sich mitteilen ließ.«[75]

Allein der Durchgang aber durch die Entfremdung, durch den Sprachverlust, wie ihn das Exil zwangsläufig mit sich brachte, befähigt den Autor Weiss zur Entbindung einer neuen, einer ihm gemäßen

Sprache. Erst das Bewußtsein des Emigranten, »daß Sprache und Bild nicht mehr ausreichen«,[76] und der erfahrene Weg durch die »Katastrophe«, die »Zerstörung« und »Zerfetzung«, denen eine Aussage, »ein paar Hieroglyphen abzugewinnen« waren,[77] verhelfen zu einem Werksinn, der Exil kommunikabel macht: »(...) daß ich teilhaben konnte an einem Austausch von Gedanken, der ringsum stattfand, an kein Land gebunden.«[78] Durch Schreiben stellt sich Befreiung ein, und die ursprünglich nur negative Exilsituation wird zur Grundlage neuer Gesprächsmöglichkeit.

Zugleich wird die Zugehörigkeit des Autors Weiss zu einer als beengend empfundenen Nationalkultur unwichtig, also »der direkte Gedankenaustausch, die Verbundenheit mit Menschen eines bestimmten Gebiets.«[79] Nicht mehr die festgefügten Normen einer eingebundenen Existenz bilden das Substrat von Sprache und Ästhetik, sondern das Schreiben erfolgt im offenen Raum des noch »Formlose(n), Gestaltlose(n)«[80], das seine innere Ordnung im Prozeß der Darstellung finden muß. Entsprechend dieser freien Produktionsweise denkt sich Weiss auch die Rezeption. So wenden sich die *Ästhetik des Widerstands* und die zu ihr hinleitenden Werke »an Menschen, die überall zu finden wären«.[81] Über den Vorstellungsrahmen einer internationalistischen Kunstidee hinaus führt die Textkonzeption von Weiss, geht es doch nicht nur um die übergreifende Qualität der Werke, sondern um den Schreibprozeß, der alle Menschen in allen Ländern angeht, weil er seiner Grundlage nach die engen Grenzen regionaler, nationaler Bindungen durch die neue Freiheit des Exils überwunden hat.

Die erzwungene, produktive Lage des Emigranten wird für Weiss zur eigentlichen, zur adäquaten künstlerischen Darstellungsdisposition. Dabei geht es nicht darum, die persönliche Destruktion durch das Exil künstlerisch zu kompensieren, indem man es verklärt oder ihm ausweicht. Es ist im Gegenteil zur ästhetischen Basis von Schreiben und Verstehen zu machen, all »dies Schwere, auch Trübe, Bedrückende gehört dazu«.[82] Glättende wie entlastende oder gar verhüllende Schreibformen sind deshalb für Weiss unmöglich. Dem Exil und seiner Ästhetik entspricht Einförmigkeit, Entliterarisierung, denn »alles ist zu vermeiden, was Pointe, Fabel ist –«.[83]

Programmatisch notierte Weiss sich 1960: »Den tödlich Getroffenen beschäftigen die Formprobleme nicht mehr.«[84] Die Sprache von Exil und Verfolgung muß auf das artistische Kalkül verzichten; was zählt, ist der unverstellte Zugriff, sind doch »alle Symbole, alle aufgebauten Handlungsverläufe (...) verbraucht, sinnlos geworden, nur in der unmittelbaren Stellungnahme zu den Einzelheiten in der wogenden Zeitmasse ist eine Wahrheit zu finden«.[85] Dies erfordert aber beim Schreiben, daß der Autor sich vollkommen einbringt. Der Text muß als »Hauch einer lebendigen Stimme«[86] empfunden werden, die das Exil durchlitten und überstanden hat.

Aus dem Anspruch seiner »eigene(n) Entwicklungsfähigkeit« wie aus der Überzeugung von der »Veränderungsfähigkeit der Außenwelt«[87] resultierte für Weiss die Utopie seiner »natürliche(n) Sprache, die meine Wohnung war, die nur noch mir selbst gehörte« und die »gegenwärtig (war), wann immer ich wollte und wo immer ich mich befand«.[88] Die Befindlichkeit des Exilautors wird zur geistigen Struktur des Schreibens erklärt, wie Weiss es verstand. Die Entdeckung der Sprache als geistigem Lebensraum, auf den man sich angesichts des Verlustes der ursprünglichen gesellschaftlichen Existenzheimat angewiesen sah, trägt zwar utopische Züge, sie artikuliert aber auch Widerstandswillen und Widerstandskraft, wie sie Weiss am Ende der *Ästhetik des Widerstands* in der Löwenpranke des Herkules auf dem Pergamon-Altar chiffrierte. Sprache und das damit erschriebene Werk sollten dem Ziel genügen, diesen »einzigen Griff, diese weit ausholende und schwingende Bewegung« zu haben, »mit der sie [die Unterdrückten] den furchtbaren Druck, der auf ihnen lastete, endlich hinwegfegen könnten«.[89]

Die Erfahrung des Exils lehrte Weiss den Sprachmythos, der auf Überwindung der Stummheit angesichts von Gewalt und Macht in dieser Welt abzielte. Ein Zustand, wo »die Unterdrückten schweigen«,[90] ist zwar in der Wirklichkeit nur bedingt zu verändern, in der Literatur, wie Weiss sie erstrebte, konnte es zumindest imaginiert werden.

Im Widerstandsraum der Emigration, die nicht nur als historisch einmaliges Ereignis, als Folge deutscher Geschichte im 20. Jahrhundert zu verstehen ist, sondern die als eine Form der angemessenen intellektuellen Existenz überhaupt für den bewußten und verantwortlichen Schriftsteller zu gelten hat, wird die Sprache zum Medium menschlicher Hoffnung auf Veränderung. Ebenso wie sie dem Autor Weiss selbst dazu verhalf, seiner »habhaft zu werden«,[91] sich zurechtzufinden und zu behaupten, so soll dies insgesamt auch sein Werk für andere aufklärerisch leisten. Den »Besitzenden der Erde«[92] darf die Sprache nicht überlassen werden. Ihnen gilt es Aufklärung entgegenzusetzen, um »immer wieder die Wahrheit unter den Entstellungen aufzusuchen«.[93]

Weiss schuf sich seinen Sprachmythos geradezu autosuggestiv als Exilant. Die Emigration wurde für ihn zur Grundlage seines künstlerischen Selbstverständnisses. Das Exil als stets variierte, persönliche wie politisch-öffentliche Überlebens-Metapher, in deren Zeichen es gegen die Gewalt dieser Welt standzuhalten hieß, begründete den Anspruch auf ein Anderssein, von dem aus Kritik, Einmischung und Veränderung möglich sind: »Ja, wir wollen uns einmischen, wir wollen stören, wollen Dogmen angreifen, Starres unterhöhlen, wollen beunruhigen mit Alternativen«.[94] Die »Freiheit des Denkens unter kompakten Zwängen und Gewalteingriffen zur Sprache gebracht«[95] zu haben, empfand Weiss als die Aufgabe des Schriftstellers. Sie zu leisten, hatte für ihn als Preis das *Exil*, das nicht nur eine begrenzte Lebensepoche, sondern die Existenzform überhaupt ist.

1 A. Döblin brieflich an A. und E. Rosin 9.2.1944. In: H. Graber (Hg.): *A. Döblin. Briefe*. Freiburg i. Br. 1970, S. 300. — **2** L. Frank: »Links wo das Herz ist.« (1952) In: L. Frank: *Gesammelte Werke*. Bd. 5, Berlin 1957, S. 579. — **3** Peter Weiss: *Notizbücher 1971–1980*. Bd. 1–2, Frankfurt/M. 1981; hier Bd. 1, S. 381: »Denn alles, was wir tun, fühlen, denken, ist ja eben das Resultat einer einzigen, bestimmten, unabänderlichen Konstellation.« — **4** *Notizbücher 1971–80*, Bd. 2, S. 729. — **5** Ebd., Bd. 2, S. 725. — **6** Ebd., Bd. 2, S. 725. — **7** Ebd., Bd. 2, S. 726. — **8** Ebd., Bd. 2, S. 726. — **9** Ebd., Bd. 2, S. 726. — **10** Peter Weiss: *Fluchtpunkt*. Frankfurt/M. 1962, S. 94 (beide Belege). Zur Lektüre von Peter Weiss im Exil vgl. ausführlich die Liste ebd., S. 84–86. — **11** Ebd., S. 94. — **12** Ebd., S. 95. — **13** *Notizbücher 1960–1971*, Frankfurt/M. 1982, Bd. 1, S. 342. — **14** *Fluchtpunkt*, a.a.O. (wie Anm. 10), S. 93. — **15** Ebd., S. 79. — **16** Vgl. das Selbstzeugnis von P. Weiss im Gespräch mit Peter Roos. In: *Der Maler Peter Weiss. Bilder, Zeichnungen, Collagen, Filme*. Berlin, o. J. (1983), S. 37. — **17** *Fluchtpunkt*, a.a.O. (wie Anm. 10), S. 79. — **18** Ebd., S. 79. — **19** *Notizbücher 1960–1971*, a.a.O. (wie Anm. 13), Bd. 1, S. 320. — **20** *Notizbücher 1971–1980*, a.a.O. (wie Anm. 3), Bd. 2, S. 728. — **21** *Notizbücher 1960–1971*, a.a.O. (wie Anm. 10), Bd. 1, S. 320. — **22** *Notizbücher 1971–1980*, a.a.O. (wie Anm. 3), Bd. 2, S. 729: »(...) in einem fremden Land zurückzufinden zu der Sprache, die sich eingegraben hatte in die tiefsten Schichten meiner Erinnerungen.« — **23** *Notizbücher 1971–1980*, a.a.O., Bd. 2, S. 727. — **24** Vgl. *Notizbücher 1960–1971*, a.a.O., Bd. 1, S. 232: »Jemandem ein Gedicht übersetzen aus einer Sprache, die man kaum versteht, in eine Sprache, die einem fremd ist und die der andere kaum versteht, aber es ist die einzig mögliche Verständigung (...)«. — **25** Ebd., Bd. 1, S. 338. — **26** Ebd., Bd. 1, S. 320. — **27** *Från ö till ö*. Stockholm 1947; dt.: *Von Insel zu Insel*. Frankfurt/M. 1984; *De besegrade*. Stockholm 1948; dt.: *Die Besiegten*. Frankfurt/M. 1985; *Duellen*. Stockholm 1953; dt.: *Das Duell*. Frankfurt/M. 1972. — **28** In: *Spectaculum. Texte moderner Hörspiele*. Frankfurt/M. 1963, S. 250–268. — **29** *Notizbücher 1971–1980*, a.a.O., Bd. 2, S. 727. — **30** Vgl. auch ebd., Bd. 2, S. 688 im Zusammenhang dieses Berlin-Besuchs, »da ich (...) nach Menschen suchte, an denen es sich erproben ließ, ob die Sprache, die ich lange verdrängt, gehaßt, fast vergessen hatte, und nun langsam zurückgewinnen wollte (...)«. — **31** Vgl. das Gespräch mit Peter Roos, a.a.O., S. 41. — **32** *Notizbücher 1960–1971*, a.a.O., Bd. 1, S. 250. — **33** Gespräch mit Peter Roos, a.a.O., S. 41: »Schweden war mir auch fremd, war nicht *mein* Land (...)«. — **34** *Notizbücher 1971–1980*, a.a.O., Bd. 2, S. 724. — **35** Ebd., Bd. 2, S. 724. — **36** *Notizbücher 1960–1971*, a.a.O., Bd. 1, S. 250 im Rückblick auf die Erfahrung des Deutschland-Besuchs von 1947: »Jetzt mache ich mir die Sprache selbst –«. — **37** Ebd., Bd. 1, S. 306. Vgl. auch ebd., S. 353 die umgekehrte Einsicht: Verlust des Verstandes: »keine Sprache« — **38** Ebd., Bd. 1, S. 330 — **39** Ebd., Bd. 1, S. 353 (die beiden letzten Belege). — **40** *Fluchtpunkt*, a.a.O., S. 11. — **41** Ebd., S. 11 mit Bezug auf die Welt der Häfen, der Jahrmärkte und Zirkuszelte, aber auch der Erfahrung von Weltliteratur. — **42** *Notizbücher 1960–1971*, a.a.O., Bd. 2, S. 839 mit konkretem Bezug auf Hölderlin. — **43** *Fluchtpunkt*, a.a.O., S. 12. — **44** Ebd., S. 20. — **45** P. Weiss: *Die Ästhetik des Widerstands*. Bd. 1, Frankfurt/M. 1975, S. 37. — **46** *Notizbücher 1960–1971*, a.a.O., Bd. 2, S. 707 im Zusammenhang der Notizen zum ›Hölderlin‹-Stück. — **47** *Notizbücher 1971–1980*, a.a.O., Bd. 1, S. 56 f. — **48** *Notizbücher 1960–1971*, a.a.O., Bd. 1, S. 321. — **49** Ebd., Bd. 1, S. 352. — **50** *Notizbücher 1971–1980*, a.a.O., Bd. 2, S. 728. — **51** Ebd., Bd. 2, S. 728. — **52** Ebd., Bd. 2, S. 728. — **53** Ebd., Bd. 2, S. 729. — **54** P. Weiss: »Laokoon oder Über die Grenzen der Sprache.« In: Ders.: *Rapporte*. Frankfurt/M. 1968, S. 170–184; hier S. 172. — **55** Weiss selber spricht in diesem Zusammenhang a.a.O., S. 173 von »Vorwelt«. — **56** *Laokoon*, a.a.O., S. 172. — **57** Ebd., S. 181. — **58** *Notizbücher 1971–1980*, a.a.O., Bd. 2, S. 729. — **59** *Laokoon*, a.a.O., S. 183. — **60** Ebd., S. 182 f. — **61** Ebd., S. 185 bzw. S. 184. — **62** P. Weiss: *Der Schatten des Körpers des Kutschers*. Frankfurt/M. 1964, S. 47. — **63** *Laokoon*, a.a.O., S. 182. — **64** Ebd., S. 186. — **65** *Fluchtpunkt*, a.a.O., S. 36. — **66** *Laokoon*, a.a.O., S. 187. — **67** Ebd., S. 185. — **68** Ebd., S. 187. — **69** Peter Weiss: »Aus dem Kopenhagener Journal.« In: Ders.: *Rapporte*. Frankfurt/M. 1968, S. 51–71; hier S. 67. — **70** P. Weiss: »Aus dem Pariser Journal (1962).« In: Ders.: *Rapporte*. Frankfurt/M. 1968, S. 83–113; hier S. 87. — **71** Ebd., S. 86. — **72** *Notizbücher 1971–1980*, a.a.O., Bd. 1, S. 254. — **73** Ebd., Bd. 2, S. 554 (im Zusammenhang der *Ästhetik des Widerstands*). — **74** Ebd., Bd. 1, S. 171 f. — **75** *Fluchtpunkt*, a.a.O., S. 307. — **76** Ebd., S. 159. — **77** Ebd., S. 159. — **78** Ebd., S. 307. — **79** *Notizbücher 1971–1980*, a.a.O., Bd. 1, S. 229. — **80** Ebd., Bd. 1, S. 229. — **81** Ebd., Bd. 1, S. 229. — **82** Ebd., Bd. 2, S. 380. — **83** Ebd., Bd. 1, S. 380. Vgl. auch ebd., Bd. 2, S. 740 f. zur Kritik Enzensbergers an Weiss' Sprache: »zu einförmig, meine Sprache ist nicht abwechslungsreich genug.« — **84** *Notizbücher 1960–1971*, a.a.O., Bd. 2, S. 501. — **85** Ebd., Bd. 1, S. 43. — **86** *Notizbücher 1971–1980*, a.a.O., Bd. 1, S. 224. — **87** P. Weiss, Brief an Max Barth vom 8.8. [1965], abgedruckt von R. Gerlach in: »Frankfurter Allgemeine Zeitung« vom 26.11.1983 (Nr. 275), Samstagsbeilage »Bilder und Zeiten«, S. 2. — **88** *Fluchtpunkt*, a.a.O., S. 306. — **89** *Ästhetik* *des Widerstands.* Bd. 3, Frankfurt/M. 1981, S. 266. — **90** *Notizbücher 1971–1980,* a.a.O., Bd. 1, S. 210. — **91** Ebd., Bd. 2, S. 708. — **92** Peter Weiss: »10 Arbeitspunkte eines Autors in der geteilten Welt.« (1965). In: Ders.: *Rapporte 2.* Frankfurt/M. 1971, S. 14–23; hier S. 21. — **93** Ebd., S. 22. — **94** *Notizbücher 1971–1980,* a.a.O., Bd. 2, S. 579. — **95** Ebd., Bd. 2, S. 685 (bezogen auf die *Ästhetik des Widerstands*).

Wulf Köpke

Die Wirkung des Exils auf Sprache und Stil

Ein Vorschlag zur Forschung

Es ist ohne weiteres einleuchtend, daß das Sprachproblem für den Exilautor eine besondere Bedeutung bekommen muß. Es gibt denn auch eine erhebliche Zahl von Äußerungen der Schriftsteller zu dieser Frage. Andererseits wird in der Exilforschung das Problem eher genannt und gestreift als wirklich behandelt.[1] Alexander Stephan kommt nach einer Musterung der Forschung und der Literatur zu dem Schluß: »Läßt sich aus diesem Potpourri von Einzelfällen überhaupt ein Resümee ziehen, dann jenes, daß die formale Entwicklung der deutschen Literatur durch die Exilsituation weniger beeinflußt wurde, als anzunehmen war.«[2] Demgegenüber steht die Aussage von Lion Feuchtwanger von 1943: »Ich konnte es nicht glauben, daß das Werk Ovids, Li-Tai-Pes, Dantes, Heinrich Heines, Victor Hugos nur im *Stofflichen* beeinflußt sei von der Verbannung dieser Dichter. Mir schien, daß das *innerste Wesen* der Werke, welche diese Dichter in der Zeit ihrer Verbannung geschrieben haben, bedingt war von ihren äußeren Umständen, von ihrem Exil.« Und er betonte: »Das Exil ist kein zufälliger Nebenumstand, es ist die Quelle dieser Werke.«[3] Zwar ist die Wirkung des Exils auf die Sprache gerade bei Feuchtwanger umstritten[4]; aber immerhin ist nicht zu bestreiten, daß die Sprache mit zum »innersten Wesen« der Werke gehört. In der unbewußt-bewußten Klärung der Ideen im sprachlichen Ausdruck entsteht das literarische Werk. Warum sind die Ergebnisse der Forschung auf diesem Gebiet bisher im ganzen gesehen unbefriedigend?

Die Frage der Wirkung des Exils auf die Sprache ist natürlich nur ein Teilaspekt der immer wieder umkreisten Frage: Was hat das Exildasein in der Produktion der davon betroffenen Autoren verändert? Das ist gewiß nicht die einzige Frage grundsätzlicher Art, die zu stellen wäre. Eine zweite nicht minder wichtige, auch politisch umstrittene Frage ist die nach der Stellung der antifaschistischen Exilliteratur innerhalb der deutschen Literatur des 20. Jahrhunderts und ihrer Bedeutung für die deutsche Gesellschaft. Wenn das Exil lediglich ein äußerer Nebenumstand im Werk der verbannten Autoren bleibt, so beschränkt sich die literarische Exilforschung ebenfalls auf solche Problematik der Begleitumstände: auf Biographie, politische Anschauungen der Autoren, die Stoffwahl und die materiellen Bedingungen der Produktion, allenfalls Motive, die durch das Exil ausgelöst worden sind. Diese Forschung ist keinesfalls überflüssig, im Gegenteil: sie ist dringend notwendig. Geschichte wird immer wieder zugedeckt durch die aus den politischen bzw. ideologischen Bedürfnissen der aktuellen Gegenwart entsprungenen Konstruktionen. Es ist so oft die Rede davon, wie es damals gewesen sein muß, damit die Vergangenheit als Vorläufer und Grund der Gegenwart dienen kann und daraus einen geschichtlichen Sinn erhält, daß die Erkenntnis der Vergangenheit selbst fast unmöglich wird. Ohne auf die so unhandliche Problematik der Parteilichkeit oder Objektivität des Geschichtsforschers einzugehen – die jedoch für die Exilforschung unumgänglich ist –, darf gesagt werden, daß die sachliche Erforschung des Lebens der Autoren im Exil, der Umstände und des Inhalts ihrer Produktion und der Rezeption ihrer Werke ein mehr als legitimes Erkenntnisinteresse besitzt, ganz besonders im vorliegenden Falle des antifaschistischen Exils ab 1933, das schließlich zu einem Massenexodus deutschsprachiger Autoren, Musiker, bildender Künstler, Architekten, Journalisten, Kritiker, Akademiker vieler Disziplinen, ganz besonders in den Sozial- und Naturwissenschaften, geführt hat, der das kulturelle Leben der deutschsprachigen Länder entscheidend bestimmt hat.

Die höchst erratisch verlaufene Geschichte der ganz, teilweise oder gar nicht erfolgten Reintegration der Personen, Ideen, Methoden und Werke des Exils nach 1945[5] ist zugleich Symptom und Grund des Informationsdefizits über das Exil und unsachlicher, auf Teilansichten beruhender Anschauungen darüber, so daß gewissenhafte geschichtliche Darstellungen höchste Wichtigkeit erhalten.

Nicht nur, daß die Wirkungen des Exils im Leben der Autoren, im Stoff ihrer Werke, in der politischen Tendenz, in der Rezeption am einfachsten greifbar sind, die literarische Exilforschung hat sich mit Hilfe von Methoden entwickelt, die diese Faktoren in ihrer Wichtigkeit herausstellen, möglicherweise überbetonen. Zumal in der Bundesrepublik entwickelte sich die Erforschung der Exilliteratur in ausdrücklicher Opposition zur textimmanenten Interpretation und suchte ihre Stützen bei Wissenschaften wie der Soziologie[6]. Die Kontroversen um den angemessenen Platz der »Grundforschung« zum Exil haben vielleicht die (wichtigere?) Frage verdeckt, mit welchem Instrumentarium das Exil und die schöpferischen Werke von Exilanten angemessen zu interpretieren und zu bewerten seien. Nachdem zentrale Werke des Exils, *Doktor Faustus, Der Tod des Vergil,* Bühnenwerke von Brecht zum Beispiel, ohne viel Rücksicht auf die Exilsituation erklärt worden waren, schien es nunmehr dringlich, zunächst einmal die bisher vernachlässigten Aspekte hervorzuheben[7]. Das war ebenso verständlich wie notwendig, brachte jedoch eine neue Kontroverse hervor, wie weit Methoden der Exilforschung überhaupt Literatur als Literatur erfassen könnten[8]. Es genügt dabei nicht, schlicht zu erwidern, daß eine angemessene Interpretation von Literatur ohnehin alle Schichten einbeziehen müsse: Sprachgebung, Bilder, Motive, Themen, Gattung, Fabel, Ideen, politische Tendenz, geschichtliche Situation, gesellschaftliche Relevanz, im Werk angelegte und tatsächlich erfolgte Publikumsbeziehung. Die Frage bleibt ja bestehen, wie weit »exilspezifische« Faktoren wichtig sind, ob nur für einige oder alle Schichten der Werke. Entsprechendes kann natürlich auf dem Gebiet der bildenden Kunst und möglicherweise in der Musik gefragt werden[9].

Das Exil ist gewiß keine »Epoche« der Literaturgeschichte, ja, es stellt nicht einmal eine durch ein gleiches Literaturkonzept und einen ähnlichen Stil – geschweige denn durch Freundschaft und Zusammenarbeit – verbundene Gruppe dar. Überdies war das Exil nur eine Phase in Leben und Produktion dieser Autoren. Es ist auffällig, daß besondere Sprachmerkmale bei Autoren, die in jungem Alter von dem Zwiespalt zwischen der Muttersprache Deutsch und den Auswirkungen des Nationalsozialismus betroffen waren, weitaus deutlicher hervortreten, Paul Celan oder Peter Weiss, auch Stefan Heym. Es muß also jeweils definiert werden, in welchem Punkt seines Lebens die Wirkung des Exils auf den Autor einsetzt. Mit anderen Worten: Gibt es etwas, was, literarisch gesehen, Exilautoren gemeinsam ist, und bis zu welchem Grade kann ein Autor als durch das Exil geprägt bezeichnet werden?

Es gibt zu denken, daß die Einteilungen der deutschen Literatur, die von den Exilanten selbst versucht wurden, beispielsweise von Alfred Döblin, es ablehnen, literarisch einen Schnitt zwischen innerdeutschen und »außerdeutschen« Autoren zu machen; Döblin etwa findet eine konservative, eine humanistische und eine geistesrevolutionäre Gruppe von Autoren und nennt für jede Gruppe Beispiele in und außerhalb Deutschlands, wenn auch in unterschiedlicher Proportion[10]. Andererseits betonen die Erklärungen aus der Zeit nach 1945 die »Teilung« der deutschen Literatur und weisen auf die Fremdheit der Sprache hin – von beiden Seiten, den zurückkehrenden Emigranten und den in Deutschland verbliebenen Autoren und der jungen Generation[11]. Ganz gleich, wieviel politische Motivation und damit Einseitigkeit hinter solchen Feststellungen steckt, sie spiegeln zumindest die Perzeption der Beteiligten, die man dahingehend interpretieren müßte, daß die trennende Wirkung des Exils sich mit den Jahren verstärkte – was ja eigentlich eine Selbstverständlichkeit ist, aber bei der Suche nach »exilspezifischen« Merkmalen einbezogen werden muß.

Die Exil-Merkmale kann offenbar nur der Vergleich eingrenzen. Dabei ist nun manches zu beachten. Ein Werk ist Ausdruck einer Persönlichkeit. Es ist aber auch Ausdruck des Lebensgefühls einer Generation, es ist bezeichnend für eine literarische Epoche, und es fügt sich in die Tradition einer Gattung, sei es zustimmend, parodierend oder ablehnend. Es vertritt eine spezifische Auffassung von Literatur, ihrer gesellschaftlichen Relevanz und ihrer Beziehung zum Publikum. Es ist klar, daß die Persönlichkeit als solche nicht verändert, wohl aber auf eine Bewährungsprobe gestellt wird. Schwierigkeiten und Härten des Schicksals, ungünstige oder unerträgliche Lebens- und Produktionsbedingungen können einen Qualitäts- oder gar »Kreativitätsverlust« bewirken, genau wie andere Faktoren im Leben: etliche Autoren verlieren in bestimmten Lebensabschnitten ihre Kreativität oder wechseln die Gattung.

Es ist nicht zu erwarten, daß der »Personalstil« sich ändert, wohl aber, daß die Ausdruckskraft einer Bewährungsprobe ausgesetzt wird, daß die Qualität und Intensität deutlich leidet – das Gegenteil ist natürlich ebenso möglich, wenn man Döblins Schiller-Zitat glauben will: »Doch es ward ihm zum Heil, es riß ihn nach oben«[12], oder Feuchtwangers These: »Es ist wohl so, daß Leiden den Schwachen schwächer, aber den Starken stärker macht.«[13]

Die Bewertung solcher Qualität wird nun allerdings kompliziert durch das problematisierte Verhältnis zur Sprache. Einen aus der Umgangssprache lebenden und schöpfenden Schriftsteller traf die erzwungene Trennung besonders stark, wie es Leonhard Frank in seiner bekannten Formulierung ausgedrückt hat: »Der Kernschuß hatte den emigrierten Schriftsteller getroffen – die Arbeit am Lebenswerk war unterbrochen. Er mußte erfahren, daß er ohne den lebensvollen, stetigen Zustrom aus dem Volk seiner Sprache und ohne die unwägbare stetige Resonanz der Leser als wirkender Schriftsteller nicht mehr existent war. Er spielte in der Emigration auf einer Geige aus Stein, auf einem Klavier ohne Saiten.«[14] Das Exil bringt einerseits die Gefahr mit sich, wie Ernst Weiß 1940 in einem Brief schrieb, »daß die Sprache gewissermaßen im Eiskasten steckt. Sie kann darin bestenfalls konserviert werden«[15]; andererseits läßt die Isolierung von den Lesern, das Spielen auf der Geige aus Stein, den Kommunikationsprozeß verstummen. Die Sprache hört auf zu klingen.

Das Verhältnis zur Sprache wird damit in mehrfacher Hinsicht belastet und problematisiert. Natürlich spielt die fremdsprachliche Umgebung eine Rolle. Feuchtwanger stellt 1943 fest:

> »Da ist zunächst die bittere Erfahrung, abgespalten zu sein vom lebendigen Strom der Muttersprache. Die Sprache ändert sich von Jahr zu Jahr. In den zehn oder elf Jahren unseres Exils ist das Leben sehr schnell weitergegangen, es hat für tausend neue Erscheinungen tausend neue Worte und Klänge verlangt. Wir hören die neuen Worte für diese neuen Erscheinungen zuerst in der fremden Sprache. Immer und für alles haben wir den Klang der fremden Sprache im Ohr, ihre Zeichen dringen täglich, stündlich auf uns ein, sie knabbern an unserem eigenen Ausdrucksvermögen. Einem jeden unter uns kommt es vor, daß sich manchmal das fremde Wort, der fremde Tonfall an die oberste Stelle drängt.«[16]

Feuchtwanger erwähnt die am offensten zutage liegende Seite: die Sprache verändert sich mit den wechselnden Lebensbedingungen, ein neuer Wortschatz ist entstanden, den der Exilant nur in der fremden

Sprache kennt. Aber auch sein mitgebrachter Wortschatz wird »angeknabbert«; die Worte der fremden Sprache beherrschen die Oberfläche und drängen die Muttersprache zurück. Die Muttersprache muß sich manchmal erst mit Mühe durchsetzen. Die Abspaltung vom »lebendigen Strom« der Muttersprache bedeutet auch eine Verminderung, zumindest Veränderung des Sprachgefühls. Der Autor kann sich nicht mehr unbedingt auf sein Sprachgefühl verlassen; er muß schärfer prüfen, selbstkritischer, bewußter werden. Seine Sprache, erläutert Feuchtwanger, gewinnt an »Schärfe«, an Prägnanz, indem der Autor »beinahe automatisch« die eigene Sprache mit der fremden vergleicht und sie dadurch kontrolliert. Das ist nicht unbedingt die Überprüfung auf Übersetzbarkeit hin, die Feuchtwanger vorgeworfen wurde, es ist jedoch in jedem Fall eine Verstärkung der Eindeutigkeit, möglicherweise eine Einbuße an Klang, an Beziehungsreichtum. Wenn man darauf Walter Benjamins Satz anwendet: »In den Dichtungen erschließen (die Dichter) einen Bereich des eignen Innern, der ihrer Reflexion gemeinhin nicht zugänglich ist«[17], so wäre durch die erzwungene Zweisprachigkeit dieser Bereich zumindest bedroht, und das bedeutet, sprachlich gesehen, eine fundamentale Unsicherheit.

Ein anderes impliziertes Problem ist, daß die Entwicklung der deutschen Sprache, an der der Exilautor nicht mehr teilnimmt, in eine Richtung gehen mag, die es dem Autor schwermacht, ihr zu folgen. Es soll noch nicht einmal von dem existentiellen Dilemma die Rede sein, eine Sprache nehmen zu müssen, von einer Sprache nicht loszukommen, deren Sprecher die eigene Familie gemordet und die eigene Existenz bedroht haben. Daß das »Volk«, von dem Leonhard Frank und andere sprachen[18], sich den Nazi-Jargon angewöhnte, ihm zumindest wehrlos ausgeliefert war, daß deshalb die Sprache in Deutschland verwilderte oder die der auf Reinheit bedachten Literaten in Deutschland ungegenwärtig-steril wurde, verdoppelte die Entfremdung und ließ den Exilschriftsteller nach einer anderen Orientierung als der am »lebendigen Strom der Sprache« suchen. War es nicht vielmehr nötig, auf die alten Quellen zurückzugehen, Luthers deutsche Bibel, die Sprache der Klassik und Romantik vor allem? Die »Gegenwärtigkeit« des Autors ist jedenfalls in Frage gestellt. Seine Sprache entfernt sich von der zeitgenössischen, sucht sich vergangene Muster, und der Autor kann nicht mit Resonanz rechnen. »Der Widerhall, den wir hören, ist nicht der Widerhall des eigenen Worts.«[19] Er ist, wenn es ihn gibt, der der Übersetzung. Zuckmayer dichtete, die Übersetzung ebne das Gute ein und mache das Mittelmäßige manchmal besser. »O welche Wohltat, daß man seinen Mann / Noch im Stockholmer Urtext lesen kann.«[20] Der Autor wendet sich also an die wenigen gleichgesinnten Leser, oder er hofft auf ein zukünftiges Echo, das von der Lage der Sache und Sprache her fraglich bleibt.

Wenn also das Exil die Persönlichkeit des Autors als solche vielleicht nicht verändert, so wirkt es doch unmittelbar auf den Prozeß der sprachlichen Kreativität. Natürlich gibt es Autoren, die von Haus aus zwei- oder mehrsprachig sind oder die freiwillig in einer fremdsprachlichen Umgebung leben. Das hat Einfluß auf ihr Werk, aber nicht unbedingt einen störenden – das Gegenteil ist durchaus oft der Fall. Auch die fremde Umgebung des Exils kann inspirierende Wirkung haben, wie man es für Heinrich Mann in Frankreich feststellen kann. Als der typischere Fall allerdings, auch nach der Selbstdeutung der Autoren, erweist sich im erzwungenen Exil die Störung, die Beeinträchtigung. Starke Sprachschöpfer haben große Reserven in ihrer Erinnerung, wie es bei Döblin zu sehen ist, oder finden ein ganz persönliches und doch allgemein und sogar volkstümlich klingendes Idiom, wie Brecht. Beides speist sich aus dem »Mitgebrachten«, dem Sprachbesitz und schriftlichen Quellen. Autoren, die vorher von der aktuellen Sprache angeregt und getragen worden waren, mußten auf die Aktualität verzichten und ein allgemeineres Idiom anstreben: Ferdinand Bruckner wäre ein Beispiel, auch an Feuchtwanger ist zu denken. Der »Epochenstil« wird also einer Bewährungsprobe unterworfen, ganz gleich, ob es sich um aktualitätsbezogene »Neue Sachlichkeit« oder etwa um idealistisch überhöhten Expressionismus gehandelt hat. Anders gesagt: das Exil bedroht, was nicht tief in der individuellen Kreativität verankert ist oder – das ist das andere Extrem – was nicht zufällig einem übersetzbaren Stil und Geschmack entspricht, übersetzbar im weitesten und mehr als sprachlichen Sinne genommen. Es gibt eine zweifache Unabhängigkeit von der Anregung durch die Resonanz der Kultur und Leserschaft der Muttersprache: die eines »idioma universal«, von dem in Feuchtwangers Roman *Goya* die Rede ist, d. h. einer weithin verständlichen, interessierenden, übersetzbaren Redeweise und das persönliche Sprechen ohne unmittelbare Rücksicht auf den Empfänger. Solche Unabhängigkeit ist natürlich relativ; aber die Abhängigkeit ist nach Gattung und Stil verschieden. Die Erforschung der Exilliteratur könnte sogar einen Testfall darstellen, um diese Verhältnisse zu untersuchen. Dabei müßte das Werk vor der Emigration und in verschiedenen Phasen des Exils untersucht werden, um festzustellen, ob, wie Ernst Weiß schreibt, die Sprache lediglich konserviert wird oder reduziert oder welche neuen Anregungen sie aufnimmt: die literarischer Modelle der Vergangenheit, die der fremden Sprache der Umgebung, oder läßt sich gar eine Verstärkung der regionalen Basis feststellen, sozusagen ein Rückzug in frühe Erinnerungen? Sind Bemühungen festzustellen, eine allgemeinverständliche Sprache zu schreiben, oder hat der Autor sein Publikum aus den Augen verloren?

Der Schriftsteller steht auch sprachlich zwischen dem Drang zur Selbstbewahrung und der Nötigung zur Anpassung, zur Wirkung[21]; Anpassung, um wirtschaftlich überleben zu können, Wirkung, um sein Exil moralisch-politisch zu rechtfertigen. Er muß den von Heinrich Mann formulierten Anspruch erfüllen: »Die Emigration (...) umfaßt Denker und Charaktere. Die andern dort hinten haben Gleichgeschaltete und Schwätzer.«[22] Und er soll dies beweisen, indem es ihm, wie

Klaus Mann sagt, gelingt, »die große Tradition des deutschen Geistes und der deutschen Sprache, eine Tradition, für die es im Lande ihrer Herkunft keinen Platz mehr gab, in der Fremde lebendig zu erhalten und durch den eigenen schöpferischen Beitrag weiter zu entwikkeln.«[23] Die Anforderungen sind also weitaus höher geworden, zumal in einem Exil, das sich als das »wahre Deutschland« verstand und das falsche, das nationalsozialistische Deutschland nicht nur durch Information und Antipropaganda, sondern ganz besonders durch die höhere, die gültige Leistung entlarven wollte. Wie kann der Autor alles zugleich erreichen: gültige Literatur der höchsten Qualität und Integrität zu schaffen, die zugleich »eingreifend« ist, operativ, militant antifaschistisch, und die obendrein einen weiten Leser- oder Zuschauerkreis in möglichst vielen Ländern anspricht, das heißt: auch übersetzbar ist?

Natürlich kann der Autor die Aufgaben teilen; er kann wie Thomas Mann einerseits »die Forderung des Tages« erfüllen, politische Streitschriften, Radiosendungen usw. verfassen, andererseits an einem zeitentrückten Opus wie *Joseph und seine Brüder* weiterspinnen, wobei sich jedoch zeigte, daß auch in diese Ferne die Aktualität einbrach, zumal im letzten Band. Der Autor kann sich der Aktualität verschreiben, direkt oder indirekt, wie es Feuchtwanger tat, dem auch der historische Roman zur »Waffe« wurde[24]. Die Aktualität, wie sie gerade für viele literarische Werke der letzten Jahre vor 1933 bezeichnend war, konnte im Exil nicht mehr geboten werden. Es mußte daher, wenn nicht historische oder/und allegorische Verfremdung gewählt wurde, auch in der Zeitliteratur eine Art der Stilisierung angewendet werden, die glaubwürdig wirkt, ohne der Schärfe der Polemik oder des Bekenntnisses etwas zu nehmen. Andererseits konnte es vorkommen (doch das wirkte auf die Dauer unglaubwürdig), daß Aktualität durch den Jargon von vorgestern ausgedrückt werden sollte.

Somit schälen sich aus der Isolierung des Exils und der Nötigung zum literarischen Kampf wie zur höchsten Leistung bestimmte Tendenzen der Sprache heraus: Konservierung des Sprachbestands aus der Zeit vor dem Exil, möglicherweise verstärkter Rückgriff auf die Sprache der ›Heimat‹, besonders deutlich bei Dialekt-bestimmter Literatur wie der von Oskar Maria Graf; Verstärkung der Deutlichkeit und Eindeutigkeit und des intellektuellen Gehalts der Sprache; Orientierung an anderen Mustern als denen der Umgangssprache, etwa an Luthers Bibel, klassischer Literatur, und damit die Wahl von Archaismen; allgemeine Tendenz zur Stilisierung, auch der Umgangssprache, bis zu ausgesprochenen Manierismen, die entstehen, wo eine kleine isolierte Sprachgruppe, besonders eine solche mit hohem Sprachbewußtsein, sich gegenseitig unterhält und anregt, aber wenig andere Kontakte hat; dazu kann eine begrenzte Tendenz zur Aufnahme fremdsprachlicher Wendungen bestehen. So wie es Ansätze gibt, das Nazideutsch, das Deutsch des »Unmenschen«, die LTI zu beschreiben, vor allem im Bereich des Wortschatzes, so wäre eine Beschreibung des

»Exildeutsch« denkbar, weniger in den Misch- und Auflösungsformen des »Emigranto« der anpassungswilligen Verjagten als in den Bewahrungsversuchen der um ihr Deutsch kämpfenden Schriftsteller. Am leichtesten zu isolieren wäre der politische Wortschatz: Freiheit, Gerechtigkeit, das ›andere‹ oder ›bessere Deutschland‹, Volk, Geist, Kampf, Unmensch, Antimensch, Kultur, Lüge, Wahrheit, Denken, Menschlichkeit, Gewissen, Humanität wären Wörter, die dazu gehören. Die Frage ist zu stellen, wie weit etwa dieser Wortschatz aus den politischen Streitschriften in die Dramen, Romane, Gedichte eingedrungen ist und sie mitbestimmt hat. Auf der anderen Seite, um das andere Extrem anzuführen, wäre nach dem sprachlichen Ausdruck der Isolierung, der Entfremdung, der existentiellen Angst und Beschäftigung mit dem Tod[25] zu forschen, oder zwischen beiden Polen nach der Sprache des Kampfes, der Niederlage, der Flucht, der Verfolgung, des Sieges. Eine Sprache des Exils wäre gewiß dort zu finden, wo die Erlebnisintensität am größten ist. Sprachbereiche der Flucht und Verfolgung, der Fremdheit und Isolierung, der Prüfung und Bewährung finden eine reiche Ausgestaltung. Außer auf den Wortschatz wäre natürlich auf die Bilder zu achten und die Dynamik der Sätze zu untersuchen. Ein märchenhaft verfremdetes Stück wie *Der kaukasische Kreidekreis* handelt sowohl in der Grusche-Geschichte wie in der Azdak-Handlung von Flucht und Verfolgung, von der Isolierung der Fliehenden und von den Schwierigkeiten der Bewährung. »Der stürzende Wagen / Reißt die schwitzenden Zugtiere / Mit in den Abgrund«, singt der Sänger im ersten Bild; dagegen stemmen sich die Menschen aus dem Volk wie Grusche, um nicht in den Abgrund zu fallen. Sie wird verfolgt von »den Bluthunden, den Fallenstellern«, sie gehört zu den »Flüchtlingen«, sie muß »Unterschlupf suchen«, den Verfolgern »entlaufen«, im Gebirge muß sie über den »Abgrund«. Azdak findet einen »Flüchtling«, der rennt und läuft, er ist verfolgt, Azdak verhilft ihm zur Flucht; er klagt sich selbst an, denn er hat ihn laufenlassen, statt ihn aufzuhängen. Die Panzerreiter machen sich einen Spaß mit Azdak und tun so, als ob sie ihn aufhängten. Ohne Zweifel ist der Wortschatz des Tötens und der Flucht, ebenso wie das Adjektiv »blutig« zentral, so wie selbst nach dem Happy-End das Stück damit schließt, daß Azdak, Grusche und Simon »verschwinden«. Man braucht auch nicht auf Bücher zurückzugreifen, die dem Thema »Flucht« gewidmet sind, Anna Seghers' *Das siebte Kreuz* und *Transit* zum Beispiel, um die zentrale Bedeutung dieses sprachlichen Feldes zu erkennen, man findet es ebenso in Büchern wie *Henri Quatre*, Gustav Reglers *Die Saat*, Bruno Franks *Cervantes*, Alfred Döblins *Amazonas*. Ebenso leicht wäre die Ausgestaltung des Feldes der »Gefangenschaft«, des Gefängnisses, des Gefangenseins zu verfolgen.

Das sind erste Hinweise, die wiederum nicht besagen wollen, daß solche Komplexe etwa auf das Exil oder dieses bestimmte Exil beschränkt seien. Das Exil muß oft extreme Beurteilungen erdulden:

entweder wird seine Wirkung oder gar seine Existenz geleugnet; die Autoren sind dann »umgezogen«, haben zeitweise in Paris und New York gelebt; oder aber das Exil wird ganz für sich, ohne Zusammenhang mit der vorausgegangenen und folgenden Zeit betrachtet. Ohne Zweifel kann die Sprache nur im Zusammenhang mit der Literatur vor 1933 beurteilt werden. Welche Fortsetzung sie nach 1945 fand, woher die »Kahlschlag«-Literatur ihre Anregungen bezog und nach ihr das Werk der wirklichen Nachkriegsgeneration der Günter Grass, Martin Walser, Christa Wolf, Hans Magnus Enzensberger, ist weitgehend noch einer exakten Untersuchung bedürftig. Man sollte wohl nicht dramatische Umbrüche, wohl aber Umakzentuierungen erwarten.

Ohne Zweifel gibt es ein »Exilerlebnis«, die Erfahrung der aufgezwungenen Fremde, das Heimweh, die Angst und Isolierung; es darf jedoch nicht postuliert werden, daß dieses Erlebnis einzigartig sei. Autoren können das Gefühl haben, fremd in der eigenen Heimat zu sein, unverstanden, isoliert; sie können aus beruflichen oder familiären Gründen in einer Umgebung leben müssen, die ihren Bedürfnissen und Wünschen nicht entspricht. Sie können es vorziehen, in einem anderen Lande zu leben oder gar in einer anderen Sprache zu schreiben. Was diese Zustände durchweg vom eigentlichen Exil unterscheidet, ist die Verfolgung und Bedrohung und die erzwungene Trennung vom Heimatland, dem Raum der Muttersprache, dem Publikum. Ihm am nächsten kommt wohl die Situation eines im eigenen Lande politisch verfolgten Schriftstellers, nur daß dieser in der eigenen Sprache und gewöhnlich unter wenigstens einigen gleichgesinnten Freunden lebt. Wird dieser Autor einer »inneren Emigration«, wenn er zu veröffentlichen versucht, sich einer ironischen oder sonst doppeldeutigen »Sklavensprache« bedienen, so neigt der exilierte Autor eher zur Überdeutlichkeit, um seine Ansichten zu veröffentlichen – es sei denn, und das ist wiederum ein in Betracht zu ziehender Faktor, er muß mit einer feindlichen Zensur im Asylland rechnen.

Wenn es also Faktoren gibt, die das »Exil« als solches kennzeichnen und in Variationen bei Autoren verschiedener Zeitalter und Sprachen zu finden wären, so ist doch die Literatur eines Exils auch immer aus einer aktuellen Situation entstanden, die der Autor sich zu verändern bemüht, die also unbefriedigend ist: sei es, daß er das System oder bestimmte Erscheinungsformen des Systems mißbilligt, sei es, daß Feindschaft gegen bestimmte Personen vorliegt, sei es, daß er einen offenen politischen Kampf führt. Die Werke des Exils sind damit auch sprachlich auf ihre jeweilige aktuell-historische Situation hin zu untersuchen: die Erfahrung der Vertreibung von 1933, die der Bemühungen um eine antifaschistische Volksfront in Opposition zum Appeasement etwa um 1936, der Kampfstimmung im Zweiten Weltkrieg, besonders ab 1941, die Auseinandersetzung mit der »Dämonie« der Deutschen um 1945. Eine solche Analyse hätte das Verdienst, genauer als bisher festzustellen, wie weit die tagespolitische Bestimmtheit der Exilliteratur reicht. Etwa ist zu beobachten, daß die Exilliteratur ab 1933 einerseits tiefer autobiographisch gegründet ist, sich vom persönlich Unverbindlichen ins Existentielle verlagert, andererseits aber das lediglich Psychologische als unzureichend ansieht, sich vielmehr ständig mit gesellschaftlichen und politischen Faktoren und Prozessen auseinandersetzt, selbst in Werken, die eher nach Eskapismus schmecken, beispielsweise Carl Zuckmayers *Salvare*. Auch diese Wendung muß sprachlich faßbar sein.

Daß diese verschiedenen Komponenten: Vertiefung ins Existentielle, politische Aktualisierung, gesellschaftlich-operative Wirkung und literarische Gültigkeit alle zur Deckung gebracht werden können, ist keineswegs zu erwarten. Die Zerreißprobe des Exils kann Widersprüche im Inhalt, »Brüchigkeit« im Stil, ein Miteinander gegenläufiger Tendenzen hervorbringen. Es ist wesentlich, auch die schwachen Stellen abzuklopfen, zu sehen, wo sich die Sprache leerläuft, wo sie sich zuviel zumutet, wo sie zwischen Stilebenen hin und her rutscht, wo sie nur noch bezeichnet und nicht mehr ausdrückt. Eine kritische Bewertung setzt nun allerdings Maßstäbe voraus, Kriterien, die weder Unangemessenes verlangen noch Mißglücktes einfach aufwerten. Die nach 1945 in Deutschland veröffentlichten Exilwerke wurden beispielsweise durchweg von Kritikern beurteilt, die von einem gehobenen, »reinen«, der Klassik und dem 19. Jahrhundert, dem Ideal von Harmonie und Schönheit verpflichteten Stil ausgingen und Stille und Trost zu erfahren erwarteten. Alfred Döblins *November 1918* konnte nichts dergleichen bieten und mußte als »roh« und »kunstlos« erscheinen, wenn man Döblins spezifische Rhythmik und Gestik, seine Kontrastierung verschiedener Stilebenen nicht wahrnehmen wollte[26]. Hier ist zu fragen, wieviel von dem anti-›literarischen‹ Modernismus zurückgenommen oder aber in neue Formen überführt wurde. Döblins Modernismus lehnt sich zum Beispiel an die Umgangssprache an, um »antiliterarische« Wirkungen hervorzubringen – wie bereits ausgeführt, wird dies im Exil zunehmend schwieriger oder unmöglich, es sei denn in einem historisch fixierten Kontext wie in *November 1918*, wo der Erzähler selbst in gewisser Weise in die von ihm geschilderte Zeit sprachlich zurückgeht. Eine andere Schwierigkeit ist die Publikumsbeziehung: schon vor 1933 stießen auf Montage, Dokumentarismus, stilistischen Kontrasten und beabsichtigten Brüchen beruhende Werke auf schockierte Ablehnung; aber, wie Ludwig Marcuse von den persönlichen Beziehungen in Berlin sagte: »Man war befreundet, oder doch wenigstens verfeindet.«[27] Im Exil konnte es sein, daß der Autor lediglich zur Erfolglosigkeit verurteilt war. Brecht versuchte es mit relativ traditionellen Stücken, *Furcht und Elend des Dritten Reiches* oder *Die Gewehre der Frau Carrar*. Ein ökonomisch-politischer Zwang prägte sich auch in der Einebnung der Sprache, dem Verzicht auf vorher versuchte provozierende Kontrastwirkungen aus. Um noch einmal Döblin als Beispiel zu benutzen: Die Fetzen der Tageswirklichkeit in *Berlin Alexanderplatz*, Sprüche der Werbung,

Redewendungen, Floskeln, die ein Vorübergehender an bestimmten Orten auffängt, die sich mit Zitaten aus der Bibel und Dichtung mischen, waren ihm nicht mehr zugänglich und keinem möglichen Publikum in ihren Stilwerten verständlich.

Es bestand im Exil ein Sog zur Konventionalisierung von Stil und Struktur, der statt des literarischen Werkes eine irgendwie erzählte Story übrigzulassen drohte. Oder aber, wie etwa im Falle Thomas Manns, nimmt die Übersetzung viel von der Schicht des Humors, von der Ironie und dem Spiel mit Sprache und Erzählung weg und läßt das Werk »philosophischer« erscheinen als es ist, was zu dem Image der Deutschen gepaßt hat[28]. Studien zur Wirkung der Exilliteratur in den Asylländern werden sich mit den Fragen der Übersetzung auseinanderzusetzen haben. Doppel- oder Mehrdeutigkeit, komplexe Idiomatik, Spiel mit Zitaten und Wendungen der Umgangssprache, aus der Sprache erwachsene Bilder oder Sarkasmus, Satire, Karikatur stellen sich einer Übersetzung quer oder verlangen vom Übersetzer einen Grad von literarischem Talent und einen Aufwand an Zeit, die unter den Bedingungen des literarischen Marktes in kapitalistischen Ländern nicht zu finden sind.

Andere Werke verweigern die Anpassung und zeigen, wie der Autor sich in sich einspinnt, am radikalsten vielleicht Heinrich Mann in seinen letzten Büchern. Die erwünschte Synthese von Heimat und Fremde, die Bereicherung des Mitgebrachten durch die Kultur des Gastlandes, wie sie Ernst Bloch in seinem bekannten Vortrag »Zerstörte Sprache – zerstörte Kultur« forderte[29] und erhoffte, ist auf wenige Fälle beschränkt, bei denen dies wohl auch ohne das Exil eingetreten wäre, etwa bei Heinrich Manns neuem Frankreich-Erlebnis.[30] Das heißt nicht, daß das Exil eine lediglich negative Wirkung hatte; aber die Bedrohung der Identität des Autors – die viel tiefer ging als physische Gefahr – forderte seine Kräfte heraus. Entweder verstummte er ganz, paßte sich an, oder er behauptete sich dennoch, wobei es keine ganz reinliche Scheidung gibt. Wenn auch Querido und de Lange bis 1939 den bekannteren Autoren eine gewisse Basis boten und Oprecht in Zürich Hilfe leistete, so war doch Einschränkung und Behinderung die primäre Erfahrung, noch weit mehr in der zweiten Phase des Exils. Die Autoren konnten nur zu einer Haltung der Resignation oder des Dennoch kommen. Die repräsentative, auf die Gesellschaft bezogene, ausgeglichene und fortschrittliche Literatur, wie sie Georg Lukács forderte, hatte keine Gelegenheit zu entstehen: kein Wunder, daß die typischen Hauptfiguren der Werke Vorläufer, Einzelgänger, Außenseiter waren[31]: Auch von dieser Seite her ist die Spannung zwischen dem (nur oder allzu) Persönlichen und dem Allgemeinen zu prüfen. Diese Frage hat insofern auch eine besondere Bedeutung, als die Exilliteratur sich selbst für repräsentativ erklärte, das eigentliche Deutschland und damit auch das »richtige« Deutsch im Widerstand gegen die Verwilderung oder die Sklavensprache im Dritten Reich zu vertreten beanspruchte. Wer dieser Spannung im sprachlichen Bereich nachgehen will, wird auf Nuancen verwiesen: auf die Verstärkung oder Nichtverstärkung vorher bestehender Eigenheiten, die relative Bedeutung und Art von Eigenprägungen im Wortschatz, die Behandlung von Fremdwörtern, die Vermeidung »falscher«, d. h. auch politisch falscher Ausdrücke und Wendungen. Die Gefahr besteht, einzelne Beobachtungen allzu eilfertig zu verallgemeinern, um Unterschiede zu betonen. Denn bei der Beurteilung des Gewichts gradueller Differenzen liegt es nahe, je nach Zielrichtung der Untersuchung Kontinuität oder sogar einen »Bruch« zu konstatieren. Und natürlich ist die Phase des Exils zu beachten; die Werke um 1933 zeigen gewiß die geringsten Spuren der Exilkonflikte, die Werke um 1945 vielleicht die deutlichsten.

Die Aufgabe, im Bereich von Sprache und Stil zu prüfen, welche Folgen das erzwungene Exil gehabt habe, ist weitgehend noch ungelöst. Die Forschung kann ebenso auf einzelne gezielte Untersuchungen zurückgreifen[32] wie auf Stiluntersuchungen, die nicht dem Komplex »Exil« gegolten haben. Sie kann nicht mit schnellen Schlußfolgerungen rechnen; Geduld und Sorgfalt sind vonnöten. Das mag mithelfen zur Erklärung, warum bis jetzt über diese »Intimsphäre« der Exilliteratur noch Unsicherheit herrscht.

1 Matthias Wegner, *Exil und Literatur. Deutsche Schriftsteller im Ausland 1933–1945.* Frankfurt/M. 1968. — 2 Alexander Stephan, *Die deutsche Exilliteratur 1933–1945.* München 1979, S. 216. — 3 »Der Schriftsteller im Exil«, In: *Centum Opuscula.* Rudolstadt 1956, S. 547. — 4 Marcel Reich-Ranicki, »Lion Feuchtwanger oder Der Weltruhm des Emigranten«. In: *Die deutsche Exilliteratur 1933–1945.* Hg. v. Manfred Durzak. Stuttgart 1973, S. 443. Reich-Ranicki polemisiert gegen Hans Mayers Thesen, der einen Sprachverlust durch das Exil konstatiert hatte. — 5 Als erste Skizze einer Rezeptionsgeschichte vgl. meinen Beitrag »Die Exilliteratur und ihre Rezeption im Nachkriegsdeutschland«. In: Deutsche Studien 19 (1981), S. 302–310, sowie Stephan, S. 227–240. — 6 Vgl. besonders die verschiedenen Arbeiten von Hans-Albert Walter zu diesem Punkt. — 7 Eine Diskussion der Forschungssituation findet sich z. B. im o. a. Sammelband von Manfred Durzak. Vgl. Manfred Durzak, »Deutschsprachige Exilliteratur. Vom moralischen Zeugnis zum literarischen Dokument«. In: *Die deutsche Exilliteratur 1933–1945,* S. 9–24. — 8 Joseph Strelka, »Probleme der Erforschung der deutschsprachigen Exilliteratur seit 1933«. In: Colloquia Germanica 10 (1976/1977), S. 140–153. — 9 Hier wäre allerdings noch grundlegende Arbeit zu leisten. — 10 »Die deutsche Literatur (im Ausland seit 1933). Ein Dialog zwischen Politik und Kunst«. In: *Aufsätze zur Literatur.* Freiburg 1963, S. 187–193. — 11 Besonders scharf betont diese Trennung Hermann Kesten in »Die gevierteilte Literatur« (1952). In: *Der Geist der Unruhe.* Köln/Berlin 1959, S. 116–134. — 12 *Briefe.* Freiburg 1970, S. 178 (an Ferdinand Lion vom 4.4.1933) und S. 195 (an Lion Feuchtwanger vom 7.7.1934). — 13 »Der Schriftsteller im Exil«. In: *Centum Opuscula,* S. 552. — 14 Leonhard Frank, *Links wo das Herz ist.* München 1967, S. 252 f. — 15 »Der Schriftsteller im Exil«. In: *Centum Opuscula,* S. 549. — 16 Zitiert nach F. C. Weiskopf, »Sprache im Exil«. In: *Über Literatur und Sprache.* Gesammelte Werke. Deutsche Akademie der Künste. Bd. VIII. Berlin 1960, S. 490. — 17 Der Satz bezieht sich auf Baudelaire. Walter Benjamin: *Gesammelte Schriften.* Frankfurt/M. 1974, S. 689 (»Zentralpark«). — 18 Vgl. meinen Beitrag »Der Begriff des Volkes in der deutschen Literatur nach 1933«. In: *Jahrbuch für internationale Germanistik,* Reihe A, Bd. 5 (1979), S. 48–59. — 19 Lion Feuchtwanger, »Der Schriftsteller im Exil«, S. 550. — 20 In: Hans Mayer, »Die Literatur der deutschen Emigration« (1947). In: *Deutsche Literatur im Exil 1933–1945.* Band I. Hg. v. Heinz Ludwig Arnold. Frankfurt/M. 1974, S. 299

(Fischer Athenäum Taschenbuch). — **21** Vgl. dazu meinen Beitrag »Der Zwang zur Wirkung und die Freiheit des Schriftstellers. Deutsche Literatur im Exil nach 1933. Wirkungsgeschichtliche Perspektiven«. In: *Jahrbuch für internationale Germanistik*, Reihe A, Bd. 8,4, S. 270–278. — **22** »Aufgaben der Emigration« (1933). In: *Verteidigung der Kultur.* Hamburg 1960, S. 12. — **23** *Der Wendepunkt.* Frankfurt/M. 1963, S. 263 (Fischer-Bücherei Nr. 560/1). — **24** »Vom Sinn und Unsinn des historischen Romans« (1935). In: *Centum Opuscula*, S. 515. — **25** Werner Vordtriede, »Vorläufige Gedanken zu einer Typologie der Exilliteratur«. In: Akzente 15 (1968), S. 556–575. — **26** Robert Haerdter schrieb 1950 in *Die Gegenwart* »wehmütig erinnern wir uns dieses kühnen Romanereignisses, das einmal ›Berlin Alexanderplatz‹ hieß«. In: *Alfred Döblin im Spiegel der Kritik.* Hg. v. Ingrid Schuster und Ingrid Bode. Bern, München 1973, S. 402; entsprechend oder schärfer noch Klaus Schröter, *Alfred Döblin in Selbstzeugnissen und Bilddokumenten.* Reinbek 1978, S. 130. — **27** Ludwig Marcuse: *Mein zwanzigstes Jahrhundert.* München 1960 — **28** Vgl. meinen Beitrag »Die Exilschriftsteller und der amerikanische Buchmarkt«. In: *Deutsche Exilliteratur seit 1933.* Bd. 1: Kalifornien. Bern, München 1976, S. 93–95. — **29** *Deutsche Literatur im Exil 1933–1945. Texte und Dokumente.* Hg. v. Michael Winkler. Stuttgart 1977, S. 346–372. Er erklärte: »Da wollen wir uns an Amerika beteiligen, als wäre es – auch ein Stück Deutschland.« (S. 372) Das ging offenbar nicht. — **30** *Henri Quatre* war bereits vor 1933 konzipiert worden, verdankt aber natürlich manches der neuen Anschauung des Landes, wie dies Heinrich Mann, wenn auch idealisierend, in *Ein Zeitalter wird besichtigt* beschreibt. — **31** Georg Lukács, *Der historische Roman.* Berlin 1955. Lukács moniert das etwa an Gustav Reglers *Die Saat* oder an Bruno Franks *Cervantes*, S. 323 f.; dazu auch seine Diskussion über »Volkstümlichkeit« und Volksverbundenheit in bezug auf Heinrich Mann und Lion Feuchtwanger. — **32** Vgl. Stephan, S. 205–217 und die in den Anm. 319–323 angeführte Literatur und z. B. eine Arbeit wie Manfred Auer, *Das Exil vor der Vertreibung. Motivkontinuität und Quellenproblematik im späten Werk Alfred Döblins.* Bonn 1977.

Alexander Stephan

Ein Exilroman als Bestseller
Anna Seghers' *The Seventh Cross* in den USA.
Analyse und Dokumente

Am 24. März 1941 legte vom Kai in Marseille ein notdürftig für den Passagierverkehr hergerichteter Frachter mit dem Namen »Paul Lemerle«[1] in Richtung Martinique ab. An Bord befand sich neben anderen Exilanten die Familie Radványi – László Radványi alias Johann Lorenz Schmidt, Netty Radványi – alias Anna Seghers sowie die Kinder Peter und Ruth. Zwei Gedanken mögen Anna Seghers in diesem Augenblick durch den Kopf gegangen sein: Erleichterung darüber, daß sie aus dem Inferno von Krieg, Internierung und Verfolgung entkommen war; und die Sorge, wo und wann sie in der fremden überseeischen Welt Leser für ihre Bücher und einen Verlag für jenes Manuskript finden würde, das ihr damals am meisten am Herzen lag: *Das siebte Kreuz*.

In der Tat war die Abreise aus Europa für fast alle Exilanten mehr als ein einfacher Länderwechsel. Diesmal verließ man einen Kontinent, auf dem man sich bei allen politischen und kulturellen Unterschieden noch relativ heimisch fühlen konnte. Wer, wie Anna Seghers, aus dem südwestdeutschen Rheingebiet kam, war meist schon vor 1933 mit Frankreich und seiner Kultur vertraut gewesen. Die Ereignisse in Deutschland interessierten und bewegten auch die Menschen in den benachbarten Asylländern. Verlage und Zeitschriften der Exilanten konnten auf einen kleinen, aber nicht unbedeutenden Käuferstamm bauen, der in der Lage war, die Bücher der Vertriebenen in der Originalsprache zu lesen.

Wohl kaum einer der Exilanten vermochte sich dagegen von den USA oder von Mexiko, ganz zu schweigen von Martinique oder San Domingo, eine Vorstellung zu machen. Der Geschmack des überseeischen Publikums und die Gesetze des Buchmarkts dort waren so verschieden, daß selbst erfahrene Exilverleger wie Wieland Herzfelde und Gottfried Bermann-Fischer nur bescheidene Erfolge zu verzeichnen vermochten. Heinrich Mann, noch im französischen Exil einer der angesehensten deutschen Schriftsteller, Bertolt Brecht, Alfred Döblin und viele der weniger bekannten Exilanten sahen sich gezwungen, für die Schublade zu schreiben oder ihre Texte in Eigenverlagen zu drucken. Linksliberale Exilanten, ganz zu schweigen von Kommunisten, hatten es in den USA noch schwerer als in den bürgerlichen Demokratien Westeuropas. Fluchtmüdigkeit, eine grassierende Resignation angesichts der militärischen Erfolge der Nazis und die in den USA besonders starke Verlockung der Akkulturation ließen viele der Autoren endgültig vom Thema Deutschland Abstand nehmen. Für den Durchschnittsamerikaner besaßen die Ereignisse in Nazi-Deutschland vor dem Eintritt der USA in den Krieg kaum Bedeutung.

Dennoch erscheint der Erfolg, den *The Seventh Cross* in den USA hatte, im Rückblick nicht als überraschend. Bücher mit einer einfachen, klaren, in der Gegenwart angesiedelten Handlung fanden in den USA immer leicht Käufer. Das positive Ende der Geschichte von Georg Heisler, die sexuelle Prüderie und die Einstellung auf einen zentralen Helden taten ein übriges. Und schließlich schien dem Roman auch jene abstrakte, philosophische Diktion abzugehen, die bis heute von amerikanischen Kritikern an der deutschen Literatur gern als »teutonische« Schwerfälligkeit bemäkelt wird. »There is not a single word of theorizing in this book«, vermerkt einer der Verlagsgutachter lobend. »Since all thought is translated into obvious action (...) there is nothing foreign to an American reader in this novel (...) It has a chance to become a Book-Club selection.«[2]

Der Gutachter behielt recht: *The Seventh Cross* wurde in den USA nach Maßgabe des einheimischen Buchmarktes kein Longseller, sondern einer jener typisch amerikanischen Bestseller, die nach einem kurzen, hektischen Erfolg mit Nachdrucken, Buchclubausgaben, Bildgeschichten und Filmfassung rasch wieder vergessen werden. Um die Geschichte dieses Erfolgs, über den bislang noch so gut wie nichts bekannt war,[3] handelt es sich im folgenden.

Das Datum des Vertragsabschlusses[4] zwischen dem Bostoner Verlag Little, Brown and Company,[5] bei dem *The Seventh Cross* zuerst erschien, und Anna Seghers' in New York ansässigem Agenten Maxim Lieber[6] fiel auf den 16. Juni 1941 – den Tag, an dem Anna Seghers auf der Einwandererinsel Ellis Island in den USA ankam.[7] Fünf Monate später lieferte James A. Galston, der auch *Transit* (1944) und F. C. Weiskopfs *Himmelfahrtskommando* (*The Firing Squad*, 1945) übertrug, das Manuskript der Übersetzung ab. Am 6. April 1942 erreichten die ersten Druckfahnen den Verlag. Sofort gehen drei Exemplare mit einer Empfehlung von Erich Maria Remarque an den Book-of-the-Month Club weiter: »We have been much impressed with this novel (...) and we are interested in finding out from Remarque, the author of *All Quiet on the Western Front*, that the author is considered ›tops‹ abroad.«[8] Mitte Juni beschließt das Auswahlkomitee des Buchclubs, *The Seventh Cross* als Buch des Monats Oktober zu akzeptieren. »I just got a letter from Ed Seaver of the Book-of-the-Month Club telling me the glorious news that your novel has been selected by the Club«, schreibt F. C. Weiskopf dazu am 24. 6. 1942 nach Mexiko. »Now your way is smoothed, and your financial troubles are chased for a long time. Rejoice my people manna is pouring down (...) And no more worry about next books. And surely more than 100.000 readers. Herz was begehrst du mehr? And wasn't it a good idea to advise you to let Max handle the script quite in his way, and not to bother him?«[9] Weitere Exemplare der Übersetzung sind inzwischen trotz des Seekriegs auf dem Atlantik in England eingetroffen. Nach einer Absage durch Sir Newman Flower, der das Buch für viel zu düster für jene Tage hielt,[10] greift Hamish Hamilton zu und übernimmt den Roman für England.[11]

Am 23. September 1942 liefert dann Little, Brown *The Seventh Cross* aus.[12] Noch bevor das Buch auf dem Markt ist, beginnen verschiedene Hollywood-Studios, sich um ein Vorkaufsrecht zu bemühen.[13] Kurz darauf fragt die linksorientierte Zeitschrift »New Masses« an, ob sie eine Passage aus der Begegnung zwischen Paul Röder und dem Architekten Sauer abdrucken darf. Am 18.9. macht die Vorbereitung einer kanadischen Ausgabe eine Änderung des Vertrags mit Anna Seghers nötig. Aus Toronto meldet das jugoslawische Emigrantenblatt »Novosti« Interesse an einer Übersetzung an. Es folgen Teilabdrucke, Nachdrucke und »condensations« u. a. im »Coronet Magazine« (Chicago), durch das Braille Institute of America in Los Angeles und das Jewish Braille Institute of America, in der $ 1.00-Reihe der Garden City Publishing Company, im »Daily Worker« (Fortsetzungsabdruck vom 12.9. bis 11.11.1943) und in der Triangle-Reihe der New Home Library. Unterdessen schreibt Anna Seghers aus Mexico City: »Will you (...) send additional copies to the bookshops here, as there is quite a demand for my book (...)«.[14] Und schließlich interessieren sich auch Behörden der US-Regierung für den Seghers-Stoff: Am 30. Oktober 1942 ruft der Council for Books in Wartime, »a private organization which represented the publishing industry«,[15] bei Little, Brown an und bittet um Erlaubnis, eine Episode aus dem Roman für das Treasury Star Parade Program dramatisieren zu dürfen.[16] Zwei Jahre später gibt der Verlag das Buch für eine Armed Services Edition frei.

Ende September 1942 beteiligt sich auf dem Weg über den Book-of-the-Month Club das King Features Syndicate mit einer Comic-Strip-Fassung des *Seventh Cross* am Geschäft: Absicht von King Features sei es, so ein Brief an Little, Brown vom 30. September 1942, eine Bildfassung des jeweiligen Book-of-the-Month-Club-Buches in Form von Comic strips einer Reihe von Tageszeitungen anzubieten. Das Syndikat, das ca. 20 Millionen Leser erreiche, wolle sofort eine Reklamekampagne starten, um diese Form der Buchwerbung bei den Zeitungen des Landes bekannt zu machen. King Features würde die ›künstlerische‹ Arbeit überwachen und darauf achten, daß die Textbeigaben die ›Würde‹ des jeweiligen Buches nicht verletzten. Als erster Titel werde *The Seventh Cross* von Anna Seghers vorgeschlagen.[17]

Knapp zwei Monate später kündigt die New Yorker Tageszeitung *Daily Mirror* in einer Annonce, in der ein schwarzuniformierter SS-Soldat über einem gefesselten Häftling Wache steht, ihren Lesern den neuen Bilderstreifen an: »*Coming tomorrow. A Unique Pictorial Presentation of the Book-of-the-Month Club Best-Seller (...) The book more than 300.000 members of the Book-of-the-Month Club and many others have bought and enjoyed, brought to you by the Mirror in an exciting and unique presentation. Its thrilling action highlighted in pictures by noted artist William Sharp; its moving story in a condensed text that retains all the essentials. It's a new idea, never before attempted, to help you enjoy the best in good fiction though these busy days give you very little time for it.«[18]

Die Bilderstreifen, die seit dem 30. November über mehrere Wochen hinweg den Lesern des *Daily Mirror* und anderer Zeitungen ins Haus geliefert wurden, dürften den Geschmack des amerikanischen Publikums getroffen haben: »(...) a daily illustrated strip, 6 columns wide and slightly deeper than the average comic strip (...).«[19] Zwar wurden die jeweils drei oder vier Zeichnungen und sechzig Zeilen Text umfassenden Strips nicht auf der Comics-Seite des Blattes, sondern neben Nachrichten aus Stalingrad und Nordafrika oder dem üblichen Lokalklatsch abgedruckt; in Stil und Aufmachung entsprechen Sharps Bildstreifen jedoch durchaus den damals populären und zum Teil auch auf Nazideutschland zielenden Bildgeschichten mit Barney Baxter, Hop Hooper und Superman.

Nicht bekannt ist, ob Anna Seghers ihr Placet für die Comic-strip Fassung ihres Buches gegeben hat. Fest steht jedoch, daß Maxim Lieber im Frühjahr 1944 ein recht lukratives Angebot der David McKay Company, die Bilderreihe in deren »10c edition« nachzudrucken, nur unter der Bedingung annehmen wollte, daß die US-Armee die Abnahme von wenigstens einer Viertelmillion dieser Heftchen garantiert.[20]

Der Erfolg von *The Seventh Cross* bestätigte das Urteil von Verlagsgutachtern wie dem österreichischen Exilautor und Journalisten Franz Hoellering[21], der das Manuskript mit Worten wie »genuine work of art«, »universal actions« und »unforgettable, poetic prose« gepriesen und positiv mit Ernest Hemingways *For Whom the Bell Tolls* (»an opera full of off-key notes«)[22] und Erich Maria Remarques 1941 ebenfalls bei Little, Brown gedrucktem Exilantenroman *Flotsam* (dt. *Liebe deinen Nächsten*) verglichen hatte.[23] Nicht bestätigt hat sich dagegen eine Marktanalyse, die den Verlag Simon and Shuster dazu bewegt zu haben scheint, das Manuskript abzulehnen:[24] Entgegen der Erwartungen von Fachleuten war das amerikanische Publikum durchaus gewillt, eine weitere Fluchtgeschichte aus einem NS-Lager zu kaufen. Und auch das wiederholt bei Little, Brown von verlagsinternen Gutachtern vorgebrachte Bedenken, daß die nicht immer orthodoxe Form (»continual shift in point of view«)[25] des Buches den Durchschnittsleser abschrecken könnte, war unbegründet. Andere ›Schwachstellen‹ meinten die Lektoren dadurch eliminieren zu können, daß sie eine Reihe von Szenen kürzten oder strichen.[26] Zum Leidwesen von Anna Seghers fielen so zum Beispiel die Mehrzahl der Auftritte des Schäfers Ernst sowie die für die politische Substanz des Romans wichtige Begegnung zwischen Franz und Lotte (Kapitel 7, IV) dem Rotstift zum

Opfer.[27] Abgelehnt wurde dagegen – glücklicherweise – vom Verlag (oder von Maxim Lieber?) eine Reihe von detaillierten Änderungsvorschlägen des ansonsten durchaus kompetenten Übersetzers James A. Galston, die den Roman noch weiter auf den Geschmack des amerikanischen Publikums abgestimmt hätten: »As to the end (...) it is woefully weak (...) Why not add a brief, but exciting account of his voyage down the Rhine to the Dutch border – a sharp characterization of the captain for comic relief, a final flurry of excitement surrounding the Gestapo's final attempt to catch up with their quarry, and the glorious reaching of ultimate safety, an event which should be described in suitably glowing terms and with an exaltation that would put a sparkle in the reader's eye? (...) The few ›Sex scenes‹ in the book are treated very discreetly – too discreetly in fact. I would suggest a few additional broad touches to the scene where George is the involuntary watcher of a rustic love-making, a more intimate description of George's delight during the night he spends with the waitress (especially the ending of this scene is entirely too casual) and even a few added details of George's experience in the Frankfurt prostitute's room.«[28]

Zu überzeugen vermochte Galston die Lektoren nur dort, wo er Ungereimtheiten aufzudecken meinte, die geübte »mystery fans« hätten stören können: so tauscht der Heisler der amerikanischen Übersetzung in der Darré-Schule nicht nur seine Häftlingsjacke, sondern auch seine Häftlingshose um; und von Frau Marelli erhält er keinen gelblichen Mantel (»Why not give him a cowbell and a sandwich sign and be done with it?«[29]), sondern einen bräunlichen.[30] Und natürlich wurde, wie oft bei amerikanischen Übersetzungen, auch manches von jenem Lokalkolorit zurückgenommen, das dem US-Leser unverständlich geblieben wäre. Aus einem holländischen Schiffer wird so »an upright man«[31]; Overkamp und Fischer brauchen nicht mehr Most trinken zu gehen; und aus Fiedlers Laube wird ein »bungalow«[32].

Was Galston am Siebten Kreuz auszusetzen hat, mag eine Frage des Geschmacks sein. Wichtiger, ja zentral für die Rezeption des Romans in den USA sind jedoch zwei andere Aspekte: zum einen die Tatsache, daß in der Übersetzung einige, aber keineswegs alle Anspielungen auf die Zugehörigkeit von Heisler und seinen Freunden zur kommunistischen Partei gestrichen wurden; zum anderen die Abwesenheit von Hinweisen darauf, daß diese Streichungen das Resultat einer Diskussion waren, die in dem sicherlich nicht als »links« zu verdächtigenden Verlag Little, Brown über die politischen Überzeugungen der Autorin und ihrer Romanfiguren stattgefunden hatte. Anzunehmen ist eher, daß Passagen wie die Begegnung zwischen Franz und Lotte,[33] Worte wie »rotes«[34] Hamburg und der Wunschtraum von Franz über ein »anderes Deutschland«[35] nicht deshalb wegfielen, weil der Roman von Hinweisen auf die KP gesäubert werden sollte, sondern weil die Lektoren die Geschichte Georg Heislers von langatmigen, für den amerikanischen Leser schwerverständlichen Nebenhandlungen und, wie sie meinten, deutschen Lokalangelegenheiten befreien wollten. Anders gesagt: nicht verkappte politische Zensur, sondern eine allzu pragmatische Orientierung an den Marktverhältnissen und dem Leseverhalten lag den editorischen Eingriffen in die amerikanische Ausgabe des *Siebten Kreuzes* zugrunde. Oder wie D. A. Cameron von Little, Brown lobend anmerkte: »(...) there is not a single bit of politics in the book.«[36]

Bestätigt wird diese These durch die an anderer Stelle[37] noch genauer auszuwertende interne Korrespondenz der Metro-Goldwyn-Mayer-Filmstudios, in der sich ebenfalls kein einziger Hinweis auf den politischen Hintergrund des Romans findet – und das zu einer Zeit, als in den USA die öffentliche Meinung deutlich vom Antifaschismus zum Antikommunismus umzuschwenken beginnt. Bestätigt wird sie auch durch Aussagen von Helen Deutsch, die das Drehbuch für MGM schrieb, Pandro S. Berman, dem Produzenten des Films, Fred Zinnemann, dem Regisseur, und Herbert Rudley, der den Franz Marnet spielte:[38] keiner von ihnen vermag sich daran zu erinnern, daß er selbst oder andere an den Dreharbeiten Beteiligte Buch, Film oder Autor mit kommunistischen Ideen in Verbindung gebracht hätten.

Wenig oder gar kein Verständnis für den politischen Kontext von Heislers Flucht brachte denn auch der weit überwiegende Teil der recht umfangreichen Schar von Rezensenten auf, die seit September 1942 in den führenden amerikanischen Zeitungen und Zeitschriften das Erscheinen von *The Seventh Cross* kommentierten. Von »underground«[39] und »political prisoners«[40] ist da die Rede, von einer Organisation, »dedicated to the liberation of men like himself«[41], oder, wie im »Time Magazine«, von »George's old political party«.[42] Der »Saturday Review of Literature« spekulierte über die Menschen im Roman, daß »most of them, so we are to guess, once belonged to one of the leftist parties«[43]. Ein anderes Blatt vergleicht den Seghers-Roman mit Arthur Koestlers *Darkness at Noon*.[44] »Commonweal« tut die politische Überzeugung Heislers gar als »minor element« und als »not (...) particularly convincing«[45] ab. Ansonsten beschränken sich die einheimischen Kritiker darauf, hervorzuheben, daß Anna Seghers Gut über Böse gewinnen läßt, oder sie beschreiben – zumeist nur mit leichten Vorbehalten – die Form des Buches durch Begriffe wie »stream of consciousness«[46], »cinematographic technique«[47], »complicated structure of flashbacks, forward marches, sidesteps and encirclements«[48] oder einfach »Dos Passos-ish«.[49] [50]

Besser informiert zeigen sich mit Bezug auf den politischen Hintergrund des Romans dagegen eine Reihe von sogenannten »liberalen« Kommentatoren. Der ex-fellow traveller Malcolm Cowley zum Beispiel, der Anna Seghers 1937 auf dem Schriftstellertreffen in Madrid hatte sprechen hören, meldet in »The New Republic«, daß für sie, anders als für den ehemaligen Kommunisten Ignazio Silone, mit dessen Roman *Der Samen unterm Schnee* (1941) er *The Seventh Cross* vergleicht, Veränderungen nur durch »political revolution«[51] möglich seien. In »New Masses« leitet Samuel Sillen die Standhaftigkeit Ernst Wallaus aus dessen »long and hard experience in the Communist movement«[52] ab. Und Clement Greenberg schießt in »The Nation«, einem Blatt, für das neben Hoellering auch andere Exilanten wie Weiskopf, Thomas Mann, Alfred Kantorowicz, Hermann Kesten und Gerhart Seger schrieben, gar über das Ziel hinaus: »Anna Seghers is perhaps the most talented German novelist to appear since Thomas Mann and Hermann Broch. Her abiding theme is the Socialist revolution – more specifically, the Communist Party's efforts toward it in Germany and Central Europe (...) Her novels are ›activized‹, filled with political activity (...)« Ein politischer Roman, der sich in Kategorien wie »proletarian literature or ›socialist realism‹ «[53] pressen läßt, sei *The Seventh Cross* freilich nicht, obwohl Greenberg sich nicht scheut, Georg und Anna Seghers Stalinisten zu nennen. Denn selbst dort, wo sie Figuren schafft wie Wallau, die »without a flaw, infallible in principle and an absolute source of moral power«[54] sind, verfügt die Autorin nach Greenbergs Meinung einfach über »too much art«.[55]

Exakte Angaben über die Gesamtauflage der verschiedenen Ausgaben von *The Seventh Cross* sind nicht mehr zu ermitteln. »Publishers' Weekly«, das Branchenblatt der US-Verleger, berichtet, daß in den USA innerhalb von zwölf Tagen 319.000 Exemplare verkauft wurden.[56] Drei Wochen später stand *The Seventh Cross* hinter Franz Werfels Lourdes-Roman *The Song of Bernadette* (1942), der 432.000mal gekauft worden war, mit 339.200 Exemplaren bereits an zweiter Stelle auf der Bestsellerliste.[57] Eine Umfrage des Book-of-the-Month Clubs bei über 200 Kritikern nach den zehn besten Romanen des Jahres 1942 ergab folgende Reihenfolge: »(1) ›The Moon is Down‹, by John Steinbeck (Viking); (2) ›The Song of Bernadette‹, by Frantz (!) Werfel (Viking); (3) ›The Seventh Cross‹, by Anna Seghers (Little, Brown) (...)«[58] Stefan Heyms *Hostages* (*Der Fall Glasenapp*) erreichte auf dieser Liste nur den zehnten und letzten Platz. Im Februar 1943 geht MGM bei der Entscheidung, das Buch zu verfilmen, bereits von 421.000 verkauften Exemplaren aus[59] – eine Angabe, die dadurch bestätigt wird, daß *The Seventh Cross* im November und Dezember 1942 weitere 36.800 Käufer fand.[60]

Ebensowenig gibt es verläßliche Informationen über die finanziellen Bedingungen der einzelnen Verträge.[61] Mit einiger Sicherheit läßt sich jedoch sagen, daß die Zeiten finanzieller Sorgen für Anna Seghers und ihre Familie ab Herbst 1942 zu Ende waren.[62] Bereits am 1. September 1942 gab das United States Treasury Department unter der Lizenznummer 11111 $ 2.500 (netto nach Steuern $ 1812) von jenen Geldern für den Transfer ins Ausland frei, die auf Anna Seghers' Konto bei der Chemical Bank and Trust Co. in New York eingegangen waren. Wenige Wochen darauf bestätigt Maxim Lieber den Erhalt einer weiteren Vorauszahlung von $ 5.000. Gleichzeitig bemüht sich ein New Yorker Rechtsanwaltsbüro im Namen von Anna Seghers bei den Bundesbehörden in Washington um eine Erhöhung der auf $ 500 limitierten Devisenausfuhrgenehmigung.

Wie nötig die Familie Radványi solche Beträge damals hatte, die besonders für mexikanische Verhältnisse sicherlich nicht unerheblich gewesen sind, bestätigen mehrere Briefe und Telegramme, die im Laufe des Jahres 1942 bei Maxim Lieber und bei Little, Brown eingingen: Da bittet Anna Seghers am 30. Juli 1942 telegraphisch um $ 1.000 (»needed urgently«). Drei Wochen später kabelt sie erneut: »No money received.«[63] Und am 5. Oktober 1942 schreibt sie noch einmal ausführlich an den Verlag: »I am glad that arrangements are now made so that I can receive monthly this minimum sum, but at the same time, I must urge most strongly that you make every possible effort to have this monthly payment increased to the *maximum*. For the minimum sum does not begin to be enough to live on and to pay back the many obligations I incurred while I was getting no money whatsoever. There are many emigres around me who are allowed very much more by the month ($ 500.) and this they got only by explaining that they had lost all they had, in Europe, and that they needed this amount not only for their everyday living expenses, but to buy again all they had lost in Europe. It seems to me that my essential needs and those of my children could be put even more forcibly. How I arrived here after living through months of war, of persecution, of concentration camp; exhausted materially and physically. I have just now finished my new book and would like to send it to you as soon as possible. But before making the final corrections I realize I must have some weeks of complete rest. This I can do only if my money affairs can be arranged on a more generous scale. For this reason I beg of you to do the utmost you can in your government department to have granted to me this monthly increase by presenting to the proper persons all these arguments I have suggested. I cannot tell you how sorry I am to bother you with all these details of my business, but I am sure you understand that for me, it is of the greatest and most urgent importance.«[64]

Andere Hilfegesuche der Autorin scheinen weniger höflich ausgefallen zu sein. Jedenfalls schreibt F. C. Weiskopf am 27. September desselben Jahres aus New York, daß ihn der letzte Brief von Anna Seghers »dizzy« gemacht habe: »(...) I am fed up with a correspondence of the kind you and Egon [Erwin Kisch] and some others carry on. I am really tired of it, and I have definitely burried [!] my last illusions (...) There are taxes, of course, to be deducted. The book club pays only in December. Government directives require a very complicated and long way of application for payments abroad to aliens as you are. So you'll get the money only in smaller parts and with some delay. But it is silly, to put it mildly, to write in such a manner as you do.«[65] Einige Wochen später hatten sich die Wogen augenscheinlich schon wieder geglättet. Anfang Dezember meint Weiskopf, daß »all the emotions and thoughts provoked by our correspondence of September« »‹antiquated‹«[66] seien, und am 11.1.1943 berichtet er nicht ohne Genugtuung: »I succeeded in speeding up your matters a bit. Lieber just informed me that you are going to get regularly money from the royalties for your novel. There are new big payments in prospect. You'll be what they call here ›in the money‹. I am glad that all turns out so well.«[67]

Die Zahl der Lizenzausgaben und Nachdrucke, die Auflagenhöhe und die Aufmerksamkeit, die Presse und Zeitschriften der US-Ausgabe des Romans schenkten, hatten *The Seventh Cross* zu einem der bedeutendsten Bucherfolge der Exilliteratur gemacht. Neue und sicherlich noch weiterreichende Aufmerksamkeit zog die Geschichte von Georg Heisler auf sich, als Hollywood 1943/44 den Stoff von Pandro S. Berman und Fred Zinnemann mit Spencer Tracy in der Hauptrolle verfilmen ließ. Nicht nachzumessen ist freilich, ob oder in welchem Maße Buch und Film das Deutschlandbild der Amerikaner damals beeinflußten.[68] Hollywood zumindest scheint sich ungeachtet von Krieg und Greuelmeldungen, die aus Europa kamen, über solche Fragen noch weniger Gedanken gemacht zu haben als die Gutachter von Little, Brown und dem Book-of-the-Month Club. Besorgt darüber, daß ein Streifen mit »somber title and no pronounced love interest«[69] die Produktionskosten von 1,3 Millionen Dollar nicht einspielen könnte, entschloß man sich in der Werbeabteilung von Metro-Goldwyn-Mayer, die Erstaufführung des Films in sieben amerikanischen Großstädten durch einen »Georg Heisler man hunt«[70] vorzubereiten, bei dem ein Double für Spencer Tracy möglichst unentdeckt an einem bestimmten Tag an sieben durch Kreuze markierten Kontrollpunkten vorbeizugehen hatte. Um diese Jagd, die das »unofficial blessing«[71] des FBI besaß, so realistisch wie möglich zu machen, ließ MGM in den betreffenden Städten durch Plakate, Radioansagen und Handzettel Steckbriefe von »Heisler« verbreiten und die Bevölkerung durch Aussetzung von $500 War Bonds (Kriegsanleihen) zur Mitarbeit auffordern: »›Be alert. Prove that no suspect can escape American vigilance (...) This man calling himself George Heisler and other aliases will pass through this city (...) Description (...) age 38, height 5 ft. 11½ inches, weight 190 pounds, blue grey eyes, ruddy complexion (...) When you see him go up to him and say ›You are George Heisler. The seventh cross awaits you.‹ «[72]

Ein Happy-End, auf das damals beim Book-of-the-Month Club und bei MGM so viel Wert gelegt wurde, gab es bei dieser Menschenjagd nicht: der amerikanische »George Heisler« vermochte im Gegensatz zu seinem deutschen Vorbild weder in San Francisco noch in Boston, Washington oder einer der anderen Städte der Aufmerksamkeit seiner Mitbürger zu entgehen.[73]

1 Wolfgang Kießling: *Exil in Lateinamerika.* Leipzig: Reclam 1980, S. 213. Vgl. auch Anna Seghers, Brief v. 28. 2. 1963. In: A. S.: *Briefe an Leser.* Berlin: Aufbau 1970, S. 64 ff. — 2 Franz Hoellering, Gutachten, o. Datum, S. 2. Freundlicherweise zur Verfügung gestellt vom Verlag Little, Brown and Company in Boston. Grundlage auch für die weiteren Angaben und Zitate zur Veröffentlichung von *The Seventh Cross* ist, sofern nicht anders vermerkt, das Material im Archiv von Little, Brown. Es ist anzunehmen, daß dieses Material aufgrund äußerer Einwirkungen nicht vollständig erhalten geblieben ist. Dem Verlag Little, Brown sei an dieser Stelle für seine großzügige Unterstützung gedankt. — 3 Um hier nur einige von vielen Beispielen anzuführen: Eine Einführung, die der DDR-Verlag Neues Leben einer Ausgabe des *Siebten Kreuzes* im Jahre 1975 beigab, verlegt das Erscheinungsdatum der Erstausgabe von September 1942 auf »Ende (...) 1941« und den Erscheinungsort von Boston nach New York (Kurt u. Jeanne Stern: »Einführung.« In: A. S.: *Das siebte Kreuz.* Berlin: Verlag Neues Leben 1975, S. 9; vgl. auch Volker Christian Wehdeking: *Der Nullpunkt. Über die Konstituierung der deutschen Nachkriegsliteratur [1945–1948] in den amerikanischen Kriegsgefangenenlagern.* Stuttgart: Metzler 1971, S. VII u. 1). Ähnlich verhält er sich mit den Angaben zur Buchclubausgabe, Fortsetzungsabdrucken, Comic-strip-Fassung und dem Hollywoodfilm von 1944. — 4 Auf die Entstehungs- und Manuskriptgeschichte des *Siebten Kreuzes*, die für die Exilliteratur ebenfalls Modellcharakter besitzen, kann hier nicht eingegangen werden. Eine detaillierte Analyse dieses und anderer Aspekte des Romans (wie auch der MGM-Filmversion) wird vom Verfasser in Kürze in Form eines Buches vorgelegt. — 5 Little, Brown war in Exilantenkreisen spätestens seit der Affäre um das Preisausschreiben der American Guild for German Cultural Freedom kein unbeschriebenes Blatt mehr (»Contest for German Exiles«. In: »Publishers' Weekly« v. 16. 4. 1938, S. 1608; vgl. auch Robert E. Cazden: *German Exile Literature in America 1933–1950. A History of the Free German Press and Book Trade.* Chicago: American Library Association 1970, S. 141 f., 158). Ein Brief im Archiv der American Guild for German Cultural Freedom deutet an, daß auch Anna Seghers an diesem Wettbewerb interessiert war (Am Guild, Brief an [Anna Seghers] v. 23. 8. 1938. Freundlicherweise zur Verfügung gestellt von der Abteilung Exil-Literatur, Deutsche Bibliothek, Frankfurt/M.). Unter den Exilschriftstellern, die von Little, Brown verlegt wurden, befanden sich u. a. Fritz Hoellering und Erich Maria Remarque. — 6 Über die Person von Maxim Lieber gibt es nur wenige, dafür freilich um so spektakulärere Informationen. Fest steht zunächst, daß Lieber als »Authors' Representative« über mehrere Jahre hinweg die Interessen von Anna Seghers in Nordamerika vertreten hat. Wie der Kontakt zwischen Lieber und Anna Seghers zustande kam, ist nicht bekannt. Es wäre aber denkbar, daß F. C. Weiskopf, mit dem die Autorin noch aus Frankreich wiederholt über Publikationsmöglichkeiten für ihr Manuskript und Visa für sich und ihre Familie korrespondiert hatte (s. F. C. Weiskopf-Archiv, Akademie der Künste der Deutschen Demokratischen Republik, Berlin), als Vermittler aufgetreten war. Lieber selbst schreibt dazu in einem Brief vom 20. 7. 1984 an den Verfasser: »She was obviously recommended by one of my European clients. Weiskopf (?) Egon Kisch (?) Vladimir Pozner (?) George Alexan (?).« Zudem scheint Lieber auch für Theodor Balk tätig gewesen zu sein (Maxim Lieber, Brief an Angus Cameron [Little, Brown] vom 26. 5. 1944) und mit Wieland Herzfelde Kontakt gehabt zu haben. Jedenfalls teilt Anna Seghers Wieland Herzfelde in einem Brief am 27. 3. 1944 mit, daß sie ein Exemplar von *Der Ausflug der toten Mädchen* zur Übersetzung an Lieber geschickt habe (in Anna Seghers–Wieland Herzfelde: *Ein Briefwechsel.* Hg. v. Ursula Emmerich u. Erika Pieck. Berlin: Aufbau, ca. Ende 1985. Das Manuskript dieses Buches wurde mir freundlicherweise vom Aufbau Verlag zugänglich gemacht. In den Anmerkungen der Herausgeber des Briefwechsels wird Lieber nur als »literarischer Agent« von Anna Seghers identifiziert). Ein weiterer gemeinsamer Bekannter war Liebers Klient Otto Katz, der nach seiner Verhaftung im Mai 1940 aus den USA nach Mexiko übersiedelte (Kießling: *Exil in Lateinamerika,* S. 187 ff.). Ob Katz wirklich, wie Allen Weinstein in seinem Buch über den Hiss-Chambers-Prozeß behauptet, im Herbst 1938 in Liebers Büro nach dem NKWD-Informanten Whittaker Chambers fahndete, der kurz zuvor mit der Partei gebrochen hatte, läßt sich nicht verifizieren (Allen Weinstein: *Perjury. The Hiss-Chambers Case.* New York: Knopf 1978, S. 322–3, 626).

Fest steht dagegen, daß Weiskopf es war, der Lieber in Schutz nimmt, als es anläßlich der Publikation von *The Seventh Cross* zu Unstimmigkeiten zwischen Anna Seghers und Lieber kommt: »I only want to say a word about your complaints in re Lieber«, schreibt er am 27. September 1942 nach Mexico City. »He is not my friend only, he is yours in a much higher degree. Without him you would possibly still look for a publisher. As I have also a little share in the placing of your book, I am able to judge the immense effort Lieber put into the work for your book.« (F. C. Weiskopf, Brief an Anna Seghers vom 27. 9. 1942. Der

Brief enthält keine Jahresangabe, ist aber vom Inhalt her mit Sicherheit auf Herbst 1942 zu datieren. F. C. Weiskopf-Archiv, s. o.).

Weniger klar ist, wo das Haupttätigkeitsfeld von Maxim Lieber während jener Jahre lag. Folgt man den Memoiren von Whittaker Chambers und der Literatur zum Hiss-Chambers-Prozeß, der während der McCarthy-Ära die Gemüter in den USA bewegte, dann war Lieber nämlich zumindest während der dreißiger Jahre, als die Sowjetunion ihre Spionagetätigkeit in den USA neu und besser organisierte (Weinstein: *Perjury*, S. 196 ff.) nachrichtendienstlich für die Sowjets tätig: »›Paul‹ was the pseudonym of a secret Communist who had been turned over to the Soviet apparatus by the American Communist Party for the specific purpose of using his business to provide legal ›cover‹ for a Soviet underground apparatus to be set up in England. For various reasons, that apparatus was never set up. Instead, Paul provided legal ›cover‹ for a Soviet apparatus operating in Japan. The world knew Paul better as Maxim Lieber, an authors' agent who handled, among others, the profitable marketing problems of Erskine Caldwell, author of *Tobacco Road*, *God's Little Acre* and other best-selling fiction. Paul also handled *Tobacco Road* when it was made into a play (...)« (Whittaker Chambers: *Witness*. New York: Random House 1952, S. 44). Chambers, der Liebers Interesse für Literatur teilte, hatte u. a. Franz Werfel (*Class Reunion*, 1929; *Der Abituriententag*), Gustav Regler (*The Great Crusade*, 1940; *Das große Beispiel*) sowie Kasimir Edschmids Byron-Buch übersetzt.

Es ist hier nicht der Ort, auf Liebers mögliche oder tatsächliche Tätigkeit für den sowjetischen Spionageapparat an der Ostküste der USA einzugehen. Festzuhalten ist jedoch, daß auch neuere, seriöse Untersuchungen zur Hiss-Chambers-Affäre das KP-Mitglied Lieber und seine literarische Agentur als Zulieferer des sowjetischen Geheimdienstes beschreiben. So soll Lieber 1934/35 damit beschäftigt gewesen sein, in London eine Filiale seiner Agentur zu eröffnen, um dem kommunistischen Nachrichtenapparat eine Deckadresse zu liefern. Aus ähnlichem Anlaß gründete er in jenen Jahren auch das American Feature Writers Syndicate, über das ein Teil der Spionagetätigkeit in Japan abgewickelt werden sollte. Gelder, die ihm die KPUSA zur Deckung seiner Kosten überwies, gingen auf ein Konto bei der Chemical Bank, über die seit 1942 auch die Tantiemen für *The Seventh Cross* abgewickelt wurden (s. verschiedene Akten und Briefe in den Archiven von Little, Brown in Boston und Metro-Goldwyn-Mayer, Los Angeles). Unterlagen des FBI und Interviews, die Lieber 1975 Allen Weinstein gegeben hat, bestätigen diese Angaben: »Lieber said that he expected his willingness to aid the CP's secret apparatus in setting up dummy organizations in Japan and England would not only prove his devotion as an anti-fascist but, at the same time, extend his business operations in a significant and potentially profitable manner« (Weinstein: *Perjury*, S. 604). Unbekannt ist, ob Anna Seghers, F. C. Weiskopf, W. Herzfelde, E. E. Kisch, Hede Massing (Chambers: *Witness*, S. 266) oder andere Exilanten von Liebers Doppelleben wußten.

Sicher ist dagegen, daß weder Little, Brown noch Metro-Goldwyn-Mayer im Bilde gewesen sind. So zögert das Hollywood-Studio nicht, Lieber einen Empfehlungsbrief für den Secretary of State zu schreiben, als jener trotz der kriegsbedingten Reisebeschränkungen zum Abschluß des Vertrags zwischen MGM und Anna Seghers nach Mexiko reisen wollte: »Mr. Lieber is not an employee of our Company, but is a literary agent of long standing and good repute in New York. He is 46 years old, an American citizen and has had previous passports from the Department (...) We would greatly appreciate anything that can be done to expedite the issuance of his passport« (MGM, Brief an Secretary of State v. 24. 3. 1943; MGM-Archiv. MGM sei an dieser Stelle für die großzügige Bereitstellung von Archivmaterial gedankt). Und auch Weinstein bestätigt, daß die Agentur, die sich Lieber Anfang der dreißiger Jahre als »the country's formost agent specializing in social-realist writers who were themselves politically radical (...)« (Weinstein: *Perjury*, S. 128) aufgebaut hatte, erst im Gefolge des Hiss-Chambers-Prozesses geschlossen wurde (a.a.O., S. 129; Cazden: *German Exiles Literature in America 1933–1950*, S. 147 zählt auch Otto Katz zu Liebers Klienten). Auf Anraten der KPUSA setzte sich Lieber, der den FBI bei seinen Nachforschungen im Fall Hiss-Chambers nie unterstützt haben soll, Anfang der fünfziger Jahre zuerst nach Mexiko, dann für längere Zeit nach Polen ab. Zuvor vernichtete er seine gesamten Unterlagen, in denen sich zweifellos auch eine Fülle an Material zu Anna Seghers und anderen Exilautoren befunden hatte: »›The Party said, ›Get the hell out of here; get the hell out of here. Do you want to go to jail?‹ They were afraid that I was involved too much because of the Chambers thing. So I went to Mexico... My files were destroyed when I went to Mexico by the Party‹« (Weinstein: *Perjury*, S. 404). Es gibt Hinweise, daß die Verbindung zwischen Anna Seghers und Lieber zumindest bis in die späten vierziger Jahre bestehen blieb. Nicht bekannt ist, ob Lieber während seines Aufenthalts in Osteuropa mit Anna Seghers oder anderen seiner früheren Klienten Kontakte gehabt hat. Lieber lebt heute als fast neunzigjähriger, kranker Mann in einer kleinen Stadt im US-Bundesstaat Connecticut. Telephonisch und brieflich nach seiner Zusammenarbeit mit Anna Seghers befragt, gab er an, sich aufgrund seines hohen Alters und seines Gesundheitszustandes an Einzelheiten aus jener Zeit nicht mehr erinnern zu können (Brief an den Verfasser vom 20.7.1984). — **7** Alien Registration, Foreign Service Form. Freundlicherweise zur Verfügung gestellt vom Immigration and Naturalization Service, United States Department of Justice, Washington. — **8** Roger L. Scaife (Little, Brown), Brief an Amy Loveman (Book-of-the-Month Club) vom 11.4.1942. — **9** F.C. Weiskopf, Brief an Anna Seghers vom 24.6.1942 (s. Anm. 6). — **10** L.P. (d.i. Laurence Pollinger), [Brief an Little, Brown] vom 13.7.1942. Dieser Brief kann aus urheberrechtlichen Gründen hier nur zusammengefaßt werden. — **11** Die britische Ausgabe erschien Anfang 1943. Bei Hamish Hamilton veröffentlichten u.a. auch Hans Habe und Lion Feuchtwanger. — **12** »Publishers' Weekly« vom 26.9.1942. Nach Unterlagen bei Little, Brown könnte der Auslieferungstag aber auch schon früher gelegen haben. — **13** »Mr. Serlin ... is interested in *The Seventh Cross* a book by Anna Seghers (...), but has not taken a formal option on the drama rights (...) Viola Brothers Shore was spoken of as the dramatizer« (»Variety« vom 6.9.1942). Zehn Tage später meldete »Variety« dann: »Otto Preminger purchased *Seventh Cross* Book of the Month Club selection for October for immediate production.« Produziert worden ist der Film schließlich 1943/44 von Pandro S. Berman bei MGM. Das Drehbuch schrieb Helen Deutsch. Der von Viola Brothers Shore zusammen mit Anna Seghers hergestellte Text ist nicht mehr aufzufinden. — **14** Anna Seghers, Brief an Little, Brown vom 5.10.1942. Vgl. auch Anna Seghers, Brief an Kurt Kersten vom 24.8.1944: »Ich werde versuchen, Dir das ›Siebte Kreuz‹ im Original zu schicken, aber ich fuerchte, die recht kleine Auflage ist ganz vergriffen.« Dem Leo Baeck Institute, New York, und dem Anna-Seghers-Archiv an der Akademie der Künste der Deutschen Demokratischen Republik, Berlin, sei für die Freigabe des Briefes gedankt. — **15** Briefliche Auskunft des National Archives and Records Service, Washington, vom 7.3.1984 an den Verfasser. — **16** Zur Zusammenarbeit zwischen dem Council on Books in Wartime und den Treasury Star Parade Programmen s. »Publishers' Weekly« vom 6.2.1943, S.748f. — **17** Book-of-the-Month Club, Brief an Raymond C. Everitt (Little, Brown) v. 30.9.1942. Dieser Brief kann aus urheberrechtlichen Gründen hier nur zusammengefaßt werden. — **18** »Daily Mirror« (New York) vom 29.11.1942. — **19** »Pictorial Features Used in Book-of-the-Month Publicity Campaign.« In: »Publishers' Weekly« vom 28.11.1942, S.2191. Ziel dieser »illustrated action strips« war es, die Bücher des Book-of-the-Month Clubs noch weiter bekannt zu machen: »The first book treated in the new feature is Anna Seghers' novel, ›The Seventh Cross‹ (...) By November 12th at least 35 papers had signed up for it. They bought the feature by phone or telegram within a week after it was first presented to them« (a.a.O.). — **20** Maxim Lieber, Brief an Angus Cameron (Little, Brown) vom 26.5.1944. Kurt und Jeanne Stern haben berichtet, daß eine Comic-strips-Version des Romans auch in Lateinamerika verbreitet gewesen sei: »›Das Siebte Kreuz‹, ins Spanische übersetzt, wurde bereits in ganz Lateinamerika verschlungen. Ja sogar die Ärmsten der Armen, die Indios, die nur wenig oder gar nicht lesen konnten, verfolgten die in broschierten Groschenheften oder in der Zeitung als Comic strips nacherzählte spannende Geschichte« (K. u. J. S.: »Einführung«, S. 9). Diese Angaben ließen sich nicht verifizieren. Hinzuweisen ist jedoch darauf, daß sich in der Beschreibung von Kurt und Jeanne Stern zur Verbreitung des Romans in den USA erhebliche Fehler finden (s. Anm.3). — **21** *Current Biography*, New York: Wilson 1940, stellte den Österreicher, der sich bereits seit 1934 in den USA aufhielt und seit 1938 u.a. Filmkritiker bei »The Nation« war, dem amerikanischen Publikum folgendermaßen vor: »Dr. Hoellering is particularly concerned with the problems of democratic authors whose books can no longer be published in Nazi-occupied territory, and he urges the establishment of a foundation for the publication of uncensored works in German, French, Czech, Polish, Dutch etc. He does what he can to aid refugee authors both in the United States and abroad« (S. 393). Little, Brown druckte 1940 Hoellerings *The Defenders (Die Verteidiger)*. Vor 1933 war Hoellering, der mit Bertolt Brecht und John Heartfield die Sportzeitung »Arena« herausgab, u.a. bei der AIZ tätig gewesen (*Biographisches Handbuch der deutschsprachigen Emigration nach 1933*. Bd. 1. München: Saur 1980, S. 306). — **22** Franz Hoellering, Gutachten (für Little, Brown), o. Datum, S.1–2. — **23** Maxim Lieber (Brief an Angus Cameron vom 17.11.1941) und Cameron, der die Belange von Little, Brown in New York vertrat, stellten *The Seventh Cross* auf eine Ebene mit André Malraux' *Man's Fate* (frz. *La condition humaine*): »(...) the same burning suspense, the same deep and penetrating characterization (...) it is a healthier more normal book and does not depend for its powerful effect on the opium dreamlike atmosphere of the Malraux book« (Cameron, Gutachten vom 25.11.1941). — **24** D.A.C. (d.i. Angus Cameron), an Mr. Everitt vom 22.5.1941: »The two reports from persons in the business (Quincy Howe's and Van Duym's of Scribner's) inevitably bring up the great question mark about the book: will American readers take another book about an escape from a concentration camp (...) Simon and Shuster must have turned the book down because they could not convince themselves that this objection could be overcome (...)«. — **25** C. R. Everitt, Gutachten vom 21.11.1941. — **26** D. A. Cameron erwähnt in einer verlagsinternen Korrespondenz, daß er über 50 Seiten aus dem knapp 500seitigen Manuskript der Übersetzung gestrichen habe (D.A.C., an McIntyre vom 3.9.1942). Hoellering meint gar, »about twenty of the first forty pages ought to be cut because they introduce the reader into a general milieu instead of going directly into the story« (F.H., Gutachten, o. Datum). Ein Vergleich der amerikanischen und der deutschen Ausgabe des Romans bestätigt Camerons Schätzung in etwa. Andererseits stellt *The Seventh Cross* insofern eine Ausnahme dar, als der englische Text länger als das deutsche Original ist. »A staccato, telegram-style of expression had frequently to be avoided«, schreibt der Übersetzer Galston an Lieber, »gaps brided and obscure passages made lucid by the insertion of a few clarifying words, and occasionally sentences transposed because in their original place they were simply not in accordance with a logical flow (...) The above will also serve as an explanation (...) why the word-count of the English translation exceeds that of the original German script, although as a rule there is a certain shrinkage when German is rendered into English« (James A. Galston, Brief an Maxim Lieber v. 14.11.1941). Nicht klar wird aus der Korrespondenz, ob die Idee, dem Text ein Personenverzeichnis voranzustellen, von Anna Seghers, einem der Lektoren oder dem Übersetzer stammt: »The List of Characters«, schreibt Galston dazu am 19.4.1942 an den Verlag, »as set up, is quite faulty (...) I am attaching to your list a typewritten one in duplicate, showing my idea of what it should look like.« Der Plan, eine Karte des Rhein-Main-Gebiets in dem Buch abzudrucken, wurde augenscheinlich fallengelassen. — **27** So berichtet Anna Seghers in dem im Anhang abgedruckten Interview mit »New Masses«: »I had no idea until recently how good or bad the translation of *The Seventh Cross* was. But now my English is quite improved and it seems to me that the translation is satisfactory. Some things I would not have permitted, had I known about them in advance. But for some reason the publisher felt that it wasn't necessary to consult me« (John Stuart, Gespräch mit Anna Seghers. In: »New Masses« vom 16.2.1943, S.23). Angus Cameron bezieht sich in seinem Brief vom 18.2.1943 an Anna Seghers auf die Kürzungen und auf dieses Interview (s. Materialienanhang). — **28** James A. Galston, Brief an Maxim Lieber vom 14.11.1941. — **29** A.a.O. — **30** Anna Seghers: *Das siebte Kreuz*. Darmstadt: Luchterhand 1973, S. 200 (= Sammlung Luchterhand, 108); Anna Seghers: *The Seventh Cross*. Boston: Little, Brown and Company 1942, S. 163. Warum Galston das Zimthütchen (engl. Pigwidgeon) zu einem Blinden macht (S. 36/S. 25), der bei der Gegenüberstellung mit Heinrich Kübler im KZ folglich nicht dabeisein kann (S. 187/S. 148), ist aus der Verlagskorrespondenz nicht zu ersehen. — **31** S. 8/S. V. — **32** S. 397/S. 311. — **33** S. 416–22/S. 327. — **34** S. 9/S. 3. — **35** S. 322–3/S. 258. — **36** D. A. Cameron, Gutachten vom 25.11.1941. — **37** Siehe oben Anm. 4. — **38** Gespräche des Verfassers mit Helen Deutsch am 26.11.1983, mit Fred Zinnemann am 15.2.1984, mit Pandro S. Berman am 8.5.1984 und mit Herbert Rudley am 31.10.1983. — **39** Z. B. Louis Kronenberger: »Remembered After Darkness.« In: »The New York Times Book Review« v. 27.9.1942; Malcolm Cowley: »The Soldier and the Saint.« In: »The New Republic« 13 vom 28.9.1942, S. 385. — **40** Clifton Fadiman: »An Escape Story, a Long View, and Some Torpedo Boats.« In: »The New Yorker« vom 26.9.1942, S. 77. — **41** Rose Feld: »Courage and Devotion in a Fear-Ridden Land.« In: »New York Herald Tribune« vom 27.9.1942. — **42** »Terrible Test.« In: »Time« 13 vom 28.9.1942. — **43** Robert Pick: »The Art of Anna Seghers.« In: »Saturday Review of Literature« 39 vom 26.9.1942, S. 9. — **44** Ethel Vance, zitiert nach einer Verlagsreklame in »The Atlantic«, Oktober 1942. — **45** Olive B. White, in: »The Commonweal« 2 vom 30.10.1942. — **46** M.J.V., in: »Sociology and Social Research« 3/1943, S. 249. — **47** N.E.M., in: »The Catholic World«, Januar 1943, S. 502. — **48** Gertrude Buckman: »Two War Novels.« In: »Sewanee Review« 2/1943, S. 344. Vgl. auch Vincent Benet in »New York Herald Tribune« v. 26.9.1942. — **49** John Chamberlain, in: »Harper's Magazine«, Nr. 1109 vom Oktober 1942. — **50** Neben dem »Library Journal« (14 vom August 1942, S. 683) äußerte sich ausgerechnet die »New York Times« betont negativ über die Form des Romans. Viele der Argumente decken sich dabei ziemlich genau mit der Kritik, die den Roman Jahre später in der DDR traf: »(...) Miss Seghers, by diffusing the interest of her story in so many directions and shifting so rapidly from one character to another, somewhat in the manner of Jules Romains, has deliberately robbed her novel of pace, sustained suspense or emotional impact.« Das Buch sei nur langsam und ziemlich schwer zu lesen und wende sich an intellektuelle Leser, die gewillt sind, sich genau zu konzentrieren. Nicht zuletzt, weil Georg kein besonders sympathischer Charakter ist, falle es dem Leser schwer, emotional auf das Geschehen zu reagieren: »(...) it lacks the spark that can generate spontaneous enthusiasm (...) and it is very easy to lay it down« (Orville Prescott: »Books of the Times.« In: »New York Times« vom 23.9.1942). Bedenken wegen »constant shifting of scenes« meldete auch Josephine Stickney, eine der »reader« von Metro-Goldwyn-Mayer, an: »There is no love interest. Stream-of-consciousness technique is largely employed. It is a dramatic ›Escape‹ story, but would require considerable treatment« (Josephine Stickney: »Synopses of Book«, 8.1.1943 [MGM, Drehbucharchiv, s. Anm. 6]). Vgl. auch *Cue* vom 26.9.1942 (nach »Anna Seghers.« In: *Current Biography*, 1942, S. 750). — 51 Cowley: »The Soldier and the Saint«, S. 385. — 52 Samuel Sillen: »The Seven Who Fled.« In: »New Masses« vom 29.9.1944, S. 23. — 53 Clement Greenberg, in: »The Nation« 16 vom 17.10.1942, S. 388. — 54 A.a.O., S. 389. Als »trained fanatic for Communism« wird Wallau auch von Henry Seidel Canby, dem ›Chairman‹ des Book-of-the-Month Clubs eingestuft (in: »Book-of-the-Month Club News«, September 1942, S. 2). — 55 Greenberg, S. 388. — 56 »Publishers'« Weekly« vom 10.10.1942, S. 1582. — 57 A.a.O. v. 31.10.1942, S. 1877. Sechs weitere Bestsellerlisten, auf denen *The Seventh Cross* 1942 erschien, sind in »Book Review Digest«, 1942, S. 693 aufgeführt. — 58 »Publishers' Weekly« vom 16.1.1943. — 59 Robert Rubin, Brief an MGM v. 23.2.1943 (s. Anm. 6). — 60 »Publishers' Weekly« vom 2.1.1943, S. 36: »Little Brown has just made an eighth printing of Anna Segher's [!] ›The Seventh Cross‹, making a total of 376,000 in print, including the Book-of-the-Month Club's copies.« Vgl. dagegen Alfred Klein: »Auskünfte über ein Romanschicksal.« In: »Weltbühne« 46 vom 11.11.1980, S. 1463, der – ohne Quellenangabe – für die Buchclubausgabe von 350.000 Exemplaren spricht, und J. Holm, der »kurz nach Erscheinen« 450.000 gedruckte Bücher meldet (in: »Berliner Zeitung« vom 14.8.1946). Egon Erwin Kisch sprach 1946 in einem Interview von einer Gesamtauflage von 600.000 (Wilhelm Tietze: »Egon Erwin Kisch erzählt.« Zitiert nach »Aufbau« 9/1946, S. 977). Schriftliche Anfragen des Verfassers zu den Verkaufsziffern blieben bei folgenden Verlagen unbeantwortet: McClelland Steward (Toronto, New York), Hamish Hamilton (London), Garden City Publishing Company (New York), Book-of-the-Month Club (Camp Hill). — 61 Little, Brown verkaufte die Hardcoverausgabe für $ 2.50. Nach der internen Verlagskorrespondenz war Anna Seghers wohl nach folgendem Schlüssel am Erlös beteiligt: »Royalties 10 per cent to 3.000 copies, 12½ per cent to 10.000 and then 15 per cent« (D.A.C. [d.i. Angus Cameron], an Mr. Everitt vom 12.6.1941). Der Verlagsvertrag war im Archiv von Little, Brown nicht mehr aufzufinden und im jüngst eröffneten, aber noch nicht voll funktionsfähigen Anna-Seghers-Archiv der Akademie der Künste der Deutschen Demokratischen Republik in Berlin-Ost noch nicht zugänglich. Von den Tantiemen mußte Anna Seghers freilich nicht nur den Übersetzer ($ 500 für die ersten 10.000 Exemplare, danach 2,5 cent pro Exemplar, a.a.O.), sondern auch ihren Agenten Maxim Lieber bezahlen. Weitere 27,4% behielt das U.S. Treasury Department ein, weil Anna Seghers in den USA als Non-Resident Alien registriert war. Und schließlich oblag Anna Seghers' Konto während der Kriegsjahre recht engen Bestimmungen des Alien Property Custodian für den Export von Devisen. Dennoch dürfte die Mitteilung von Walter Janka (Gespräch mit dem Verfasser am 8.11.1984), daß Anna Seghers an Buch- und Filmrechten ungefähr $ 200.000 verdient hat, nicht völlig unrealistisch sein. — 62 Steffie Spira-Ruschin hat berichtet, daß sich »Anna in Mexiko, nach dem großen literarischen und materiellen Erfolg ihres Romans ›Das siebte Kreuz‹, ein Haus mieten konnte (...)« (S.S.-R.: »Eine Freundschaft.« In: »Neue Deutsche Literatur« 10/1983, S. 33). Für andere Exilanten oder für die Vorhaben des Verlags El Libro Libre soll sie dagegen nichts oder nur wenig übrig gehabt haben (mündliche Mitteilung durch Walter Janka v. 8.11.1984). — 63 Anna Seghers, Telegramme an Little, Brown vom 30.7. u. 25.8. (1942). — 64 Anna Seghers, Brief an Little, Brown vom 5.10.1942. — 65 F.C. Weiskopf, Brief an Anna Seghers vom 27.9. [1942] (s. Anm. 6). — 66 F.C. Weiskopf, Brief an Anna Seghers vom 5.12.1942 (s. Anm. 6). — 67 F.C. Weiskopf, Brief an Anna Seghers vom 11.1.1943 (s. Anm. 6). — 68 Zwar sprach Angus Cameron in seinem Brief an Anna Seghers vom 18.2.1943 die Hoffnung aus, »that The Seventh Cross has played a real part in the political education of the American people in this anti-fascist war« – eine Diskussion über das Deutschlandbild des Romans blieb in den Rezensionen aus. Das war Ende 1942, als 74% der Amerikaner in der deutschen Regierung und nur 6% im deutschen Volk ihren Hauptfeind sahen (*The Gallup Poll. Public Opinion 1935–1971*. Bd. 1. New York: Random House 1972, S. 356), nicht verwunderlich. Zwei Jahre später – immer noch schätzte ein Viertel aller Amerikaner die Zahl der in Konzentrationslagern Ermordeten auf weniger als 100.000, während 24% auf die Frage, ob sie an die Morde in den KZs überhaupt glauben, gar mit »no« oder »no opinion« antworteten (a.a.O., S. 472) – entwickelte sich dann vor dem Hintergrund der Thesen von Lord Vansittart, Henry Morgenthau und Emil Ludwig eine lebhaftere Kontroverse um die Filmfassung von *The Seventh Cross*, in der es vor allem um die Frage eines ›weichen‹ oder ›harten‹ Friedens mit Deutschland ging. — **69** »Man Hunt.« In: »Life« vom 16.10.1944, S. 113. — **70** A.a.O. — **71** MGM, Teletype Message from New York Office, 11.8.1944 (s. Anm. 6). — **72** MGM, Teletype Message from New York Office, 14.8.1944 (s. Anm. 6). — **73** »Man Hunt«, S. 113.

Anhang

Anna Seghers
Ein Interview von John Stuart mit der berühmten Autorin von *The Seventh Cross*. Die Erlebnisse und das Glaubensbekenntnis einer antifaschistischen Kämpferin. »Heislers und Wallaus gibt es überall.«
(Übersetzt von Alexander Stephan)

Mexico City

Ich war mit Anna Seghers bekannt, noch bevor ich sie in ihrem Heim besuchte, denn nur wer völlig empfindungslos ist, könnte sich nach der Lektüre von *The Seventh Cross* ihrer Persönlichkeit verschließen. Auch wußte ich schon früher, daß sie zu den talentiertesten antifaschistischen Romanschriftstellern Europas gehörte und daß sie den Kleist-Preis für ihr Buch *Aufstand der Fischer von St. Barbara* erhalten hatte, das Erwin Piscator in Moskau verfilmte. Ihre Lebensgeschichte ist die Geschichte aller mutigen Schriftsteller, die aus dem Gefängnisland der Nazis vertrieben wurden. Es war mein Glück, daß sie sich von einer ernsten Krankheit weit genug erholt hatte, um mich zu empfangen.

Wir waren am frühen Morgen verabredet, und ich kam wohl ein paar Minuten vor der Zeit. Sie entschuldigte sich ausgiebig dafür, daß sie mich warten ließ: »Was soll man mit einer Familie machen, die gern spät ausgeht? Ich fürchte, wir haben uns alle verschlafen.« Dann war die Reihe an mir, mich dafür zu entschuldigen, daß ich ihre Arbeit mit Fragen unterbreche, die ihr sicherlich schon hundertmal gestellt worden waren.

Ich erzählte ihr, daß keines der antifaschistischen Bücher, die ich gelesen hatte, mich derart tief bewegt hatte wie *The Seventh Cross*. Georg Heisler, der als einziger von sieben Flüchtlingen den Kreuzen im Konzentrationslager Westhofen zu entkommen vermochte, war für mich so etwas wie eine Figur von heroischen Dimensionen. Die gesamte Maschinerie der Mörder stand gegen ihn, aber er war, während ich die gnadenlose Menschenjagd verfolgte, wie ein unerschöpflicher Dynamo, der sich immer wieder an dem Vorbild eines anderen Flüchtlings, Wallau, auflud. Als er schließlich die Grenze überquerte, war das ein Triumph des Untergrunds über die prahlerische Allmacht des Hakenkreuzes, der Triumph einer Handvoll mutiger Leute, die die Sehnsucht nach Freiheit zusammengebracht hatte.

So wie ich es verstehe, ist Anna Seghers' Reaktion auf meine Emotionen gegenüber Heisler der Schlüssel für ihre Einschätzung von allen antifaschistischen Kämpfern in The Seventh Cross.

»Heisler, wie ich ihn sehe«, sagte sie, »wie ich ihn zu entwerfen versucht habe, war ein durchschnittlicher Mensch. Das gleiche gilt für Wallau – obwohl Wallau wohl ein wenig reifer und erfahrener im Kampf gegen den Feind war. Beide Männer stehen für hunderte, die dasselbe durchgemacht haben. Ich kann durchaus verstehen, daß Amerikaner sich vorstellen, diese Männer besäßen außergewöhnliche Willenskraft. Doch sie haben keine Erfahrung mit direkter Verfolgung durch die Nazis. Meine Figuren, Frauen wie Männer, kommen aus einem bestimmten Milieu. Und sollte das, was mit Deutschland geschehen ist, je auch in Amerika passieren, dann würde man rasch beobachten, wie Tausende und Abertausende eine Stärke und Ausdauer finden würden, die sie nie in sich vermutet hätten. Heislers und Wallaus gibt es überall.«

Ich glaube, daß sich in solchen Worten der unnachgiebige Glaube des Künstlers an die gewöhnlichen Menschen in dieser Welt bestätigt. Ich habe die anderen Romane von Anna Seghers nicht gelesen. Mit Ausnahme von The Seventh Cross und Aufstand der Fischer von St. Barbara sind ihre Bücher nicht ins Englische übersetzt worden. Aber wenn man sie über Heisler und Wallau sprechen hört, ist es leicht, sich das Anliegen ihrer Werke vorzustellen.

The Seventh Cross selbst ist das Ergebnis einer bitteren Wanderung durch das europäische Exil. Anna Seghers ist erst 43 Jahre alt. Dennoch ist sie nahezu völlig ergraut, und wenn sie etwas älter aussieht als sie wirklich ist, dann ist wohl auch das den Nazi-Kosmetikern anzurechnen. Im Jahre 1933 mußte sie mit ihrem Mann und zwei Kindern, Peter und Ruth, nach Paris fliehen. Ihr Mann, Ladislaus Radvanyi, ist ein ungarischer Soziologe, dem sie in Heidelberg begegnete, als beide dort studierten. Sie selbst befaßte sich mit Kunstgeschichte und schrieb ihre Dissertation 1924 über Juden und Judentum in den Werken von Rembrandt.

Im Paris der Jahre 1933–39 schlug sich die Familie mit Mühe und Not durch. Bevor sie mit The Seventh Cross begann, schrieb Anna Seghers in jener Zeit drei Romane. Ein Roman berichtet über deutsche Bauern am Vorabend der Machtübernahme durch die Nazis – Der Kopflohn; ein anderer dreht sich um den Februaraufstand von 1934 in Österreich, Der Weg durch den Februar. Und der letzte der drei Romane, den sie, wie sie mir erzählte, am meisten von allen ihren Arbeiten mag, handelt von deutschen Bergarbeitern – Die Rettung.

The Seventh Cross war 1939 kurz vor Kriegsausbruch abgeschlossen. Anna Seghers' Mann war durch die Großmut der »antifaschistischen« Regierung Daladier in das berüchtigte Lager Le Vernet im Süden von Frankreich geraten. Sie blieb mit beiden Kindern zurück.

»Es war eine überaus schwierige Zeit für mich. Die Wochen vergingen, und ich hörte kein Wort von meinem Mann. Niemand wußte, ob er tot war oder lebte. Dennoch habe ich die letzte Überarbeitung von *The Seventh Cross* fortgesetzt. Wenn ich Deutsche traf, die gerade den Nazis entkommen waren, machte ich ausführliche Notizen. Natürlich kam ein Gutteil des Materials für das Buch auch aus meinen eigenen Erfahrungen. Und als das Buch fertig war, fand ich, daß ich gute Arbeit geleistet hatte. Es gab drei Exemplare des Manuskripts. Eins behielt ich. Ein anderes war in die Staaten geschickt worden. Ein drittes wurde von einem französischen Freund mitgenommen, der spurlos in der Maginot-Linie verschwand.

Mein eigenes Exemplar des Buches mußte ich zerstören, als die Nazis sich Paris näherten. Sie können sich vorstellen, was passiert wäre, wenn sie es gefunden hätten. Da war ich also der Verfasser eines Romans und wußte nicht, ob noch eine einzige Seite von ihm existierte. Erst auf Ellis Island habe ich dann erfahren, daß das Manuskript in sicheren Händen in den Vereinigten Staaten war und bald veröffentlicht werden sollte.

Als der Blitzkrieg Paris traf, nahm ich beide Kinder und verließ zusammen mit Tausenden von Evakuierten die Stadt. Die Straßen waren unpassierbar. Wir wurden bombardiert und mit Maschinengewehren beschossen. Die Kinder waren verängstigt. Ich sah Dinge, die ich hoffentlich nie wieder sehen werde. Was am schlimmsten war, waren die Horden von Kindern, die ihre Mütter verloren hatten. Mütter, Großeltern fragten immer wieder, ob irgend jemand ihre Marie oder ihren Paul gesehen habe. An die Bäume waren Zettel geheftet, auf denen darum gebeten wurde, daß, wenn Soundso gefunden würde, die Finder doch bitte die Kinder zu irgendeinem meilenweit entfernten Ort senden, an dem die Eltern warteten.

Ich kam auf den verstopften Straßen nicht vorwärts. Wir verbrachten Nächte auf Bauernhöfen in der Hoffnung, daß die Straßen wieder frei würden. Wir trafen Nazisoldaten – junge Fanatiker. Was bei ihnen wie ein Funke von Menschlichkeit aussah, war nichts als ein Pazifizierungsprogramm. Es tut mir leid, sagen zu müssen, daß viele einfache Franzosen sich davon beeindrucken ließen.

Ich entschloß mich, mit den Kindern nach Paris zurückzukehren. Auf den Straßen war kein Fortkommen, aber wenigstens würden wir in Paris Freunde finden können, auch wenn die Nazis die Stadt bereits besetzt hatten. Jede Nacht wechselten wir unser Hotel – blieben dauernd in Bewegung. Die Kinder, die nicht verdächtig waren, suchten nach Freunden. Unser Gefühl der Verlorenheit verschwand, als wir merkten, daß viele gute Freunde ebenfalls zurückgeblieben waren.

Und dann brachten uns unsere französischen Bekannten über die Demarkationslinie, die damals das besetzte vom unbesetzten Frankreich trennte. Von nun an sah alles leichter aus. Wir fuhren nach Vernet, wo wir einen schrecklichen Winter lang in der Stadt blieben und darauf warteten, daß mein Mann aus dem Konzentrationslager entlassen würde.«

Aber auch im unbesetzten Teil Frankreichs konnte Anna Seghers nicht mehr ohne große Gefahren bleiben. Ihr Name stand auf der Ausbürgerungsliste der Nazis, und die Behörden Petains hätten sie ausliefern können. Doch die League of American Writers und das Publishers Committee erwirkten die Freilassung ihres Mannes, besorgten Visen und Geld, und die gesamte Familie fuhr zunächst nach Marseille und von dort aus über den Atlantik.

»Auch das war eine interessante Reise. Vielleicht werde ich eines Tages darüber schreiben. Wir landeten auf Martinique, wo wir das französische Kolonialverhalten beobachten konnten. Ich glaube, jemand, der mit uns auf demselben Schiff war, schrieb einen Bericht für »New Masses« über die Behandlung der Flüchtlinge durch die Beamten in Martinique. (Hell Hole in Martinique, von Martin Ruppel, 26. Aug. 1941.) Von Martinique fuhren wir nach Santo Domingo, dann nach New York und schließlich nach Mexico City.«

Ich fragte sie, was sie vom Leben und von den Arbeitsmöglichkeiten in Mexiko halte und ob sie vorhabe, über das Land zu schreiben.

»Mexiko«, antwortete sie, »ist ideal für Künstler. Die Atmosphäre ist anregend. Aber ich glaube nicht, daß ich je darüber schreiben werde. Ich weiß so wenig über das Land – besonders die speziellen Probleme eines Landes, das dabei ist, seine nationale Identität zu entwickeln. Europa, das Europa, das ich kenne, besaß seinen Nationalcharakter bereits vor hundert Jahren. Aber hier in Mexiko beginnen die Dinge eben erst zu wachsen. Alles ist so jung, und ich habe noch nicht alles völlig verarbeitet.«

Es war unvermeidbar, daß ich sie über ihr nächstes Buch fragen würde, das, wie mir ein Freund mitgeteilt hatte, bereits fertig war.

»Ich wünschte, ich könnte Ihnen sagen, wovon mein neuer Roman handelt, aber was ich auch sagen würde, es klänge banal – ebenso banal wie eine Beschreibung des Themas von *The Seventh Cross*. Es ist nichts besonders ungewöhnlich daran, wenn Männer aus einem Konzentrationslager entkommen, nicht wahr? Ebenso wenig werde ich Ihnen erzählen, wenn ich mein neues Buch eine Liebesgeschichte nenne – über Flüchtlinge, die nach einem neuen Leben suchen. Die eigentliche Geschichte liegt in der Entwicklung der Figuren, darin, wie die Figuren außergewöhnlichen Problemen begegnen. Diese Menschen erleben auf ihrer Flucht vor den Nazis eine Umwandlung vieler Werte. Leben und Tod werden oft genug völlig bedeutungslos. Wenn sie über einen Flüchtling sprechen, den sie eine Zeitlang nicht gesehen haben, benutzen sie die Vergangenheitsform, so als ob er tot sei, obwohl er noch sehr lebendig sein mag. ›War er nicht eine wunderbare Person? Er machte immer dies und das.‹

Dann wieder dreht sich im Leben der Figuren in meinem Buch alles um ein Stück Papier – das Visum –, ohne das das Leben keinen Halt besitzt. Und es ist die Geschichte davon, was Menschen tun, um jenes Stück Papier zu erhalten, das ihnen eine Art von Sicherheit garantiert. Das ist mehr oder weniger die Skizze einer Inhaltsangabe des Romans. Ich fürchte, sie sagt sehr wenig aus.«

Wir redeten auch ein wenig über Fragen des Schreibens, die Probleme mancher Autoren, das nötige Sitzfleisch zu entwickeln, und ihre eigene Arbeitsmethode.

»Ich verbringe meine Morgenstunden im Haus eines Freundes, wo ich nicht unterbrochen werde. Die Worte kommen mir leicht, obwohl ich an manchen Tagen mehr zu schreiben vermag als an anderen. Bevor ich mich an das Schreiben eines Romans setze, ist das Ganze sehr deutlich in meinem Kopf. Und wenn ich schreibe, bin ich nicht zufrieden, bis ich eine Situation mit gleichsam mathematischer Präzision entwickelt habe. Alles muß so zusammenpassen, wie ich es mir ursprünglich vorgestellt hatte. Details müssen genau so aussehen wie ich es will, so daß die letzte Fassung völlig zufriedenstellend ist. Ich kann Ihnen nicht sagen, was für ein erhebendes Gefühl es ist, wenn ich ein Buch fertiggestellt habe. Es ist ein Gefühl, das ich ungeheuer genieße.

Ich habe bemerkt, daß einige Rezensenten, wenn sie auf Strukturfragen zu sprechen kommen, in der Art, wie ich mit den kurzen Szenen in *The Seventh Cross* umgehe, einen Einfluß von John Dos Passos sahen. Ich bin mit dem Werk von Dos Passos vertraut, aber die Struktur meines Buches ist ziemlich anders. Wenn ich ein Modell benutzt habe, dann den Roman *Die Verlobten* von dem alten italienischen Autor Manzoni. Was ich in jeder der kurzen Passagen zu tun versuchte, war, mich mit einem besonderen Problem auseinanderzusetzen, dem sich eine der Personen gegenübersah und dadurch zugleich die Person zu entwickeln und die Handlung einen Schritt weiterzutreiben.«

Sie erzählte mir, daß sie vor kurzem Viola Brothers Shore geholfen habe, das Drehbuch für *The Seventh Cross* anzufertigen, das Otto Preminger verfilmen wird. Das gab ihr die Möglichkeit, ihr Englisch zu verbessern, Fehler zu vermeiden, wie sie sich in die Übersetzung von *The Seventh Cross* aus dem Deutschen geschlichen hatten, und einige unnötige Auslassungen aus dem Originalmanuskript zu revidieren.

»Bis vor kurzem hatte ich keine Ahnung, wie gut oder schlecht die Übersetzung von *The Seventh Cross* ist. Aber jetzt ist mein Englisch besser geworden und mir scheint die Übersetzung zufriedenstellend zu sein. Zu einigen Dingen hätte ich mein Einverständnis nicht gegeben, wenn ich sie im voraus gekannt hätte. Aber aus irgendeinem Grund war der Verlag der Meinung, daß es nicht nötig sei, mit mir Rücksprache zu halten. Ich denke, daß die Dinge bei meinem nächsten Buch etwas anders laufen werden.«

Über 400.000 Exemplare von *The Seventh Cross* sind in diesem Land verbreitet worden. Natürlich freut sich Anna Seghers sehr über den Erfolg des Buches, das von einigen Verlagen als »unverkaufbar« abgelehnt worden war. Für Amerikaner ist das Buch ein Triumph der Größe des antifaschistischen Geistes. Nur wenige Leute werden je die letzten Sätze des Romans vergessen. »Wir fühlten alle, wie tief und furchtbar die äußeren Mächte in den Menschen hineingreifen können, bis in sein Innerstes, aber wir fühlten auch, daß es im Innersten etwas gab, was unangreifbar war und unverletzbar.« Ich finde, diese Zeilen beschreiben noch am besten sowohl Anna Seghers wie auch die Kolonie der deutschen antifaschistischen Flüchtlinge, die jetzt in Mexiko leben. Nahezu ohne Mittel veröffentlichen sie eine ausgezeichnete Monatsschrift, *Freies Deutschland*. Ihr neues Buch über den Naziterror hat offizielle Unterstützung durch die Regierung und persönliche Anerkennung bei Präsident Avila Camacho gefunden. Die Wallaus und Heislers sind überall.

John Stuart

In: »New Masses«, Bd. 46, 16. Februar 1943, S. 22–23.

THE Seventh Cross

Based on the Book-of-the-Month

BY ANNA SEGHERS
ILLUSTRATIONS BY WILLIAM SHARP

THE FIRST THREE STRIPS, in this story of seven prisoners who tried to escape from a Nazi concentration camp, appeared last Sunday. One man has been captured. Continue the story:

SUNDAY MIRROR DECEMBER 18 1942

"'CRAWL!' HE HAD BEEN WARNED."

"A WHISTLE SHRILLED NEARBY."

MEISSNER climbed farther down to join the other guards. For a moment George was saved by the fact that he was much nearer than they could expect. The men finally moved away and again George became almost calm. Coolly he thought: "Wallau and Fuellgrabe and myself, we'll get away. We three are the best of them. Beutler they've got. Belloni may get away, too. Addinger is too old. Pelzer is too soft." He turned his back and saw that it was already day.

About twenty yards away was a kind of defile through which one might crawl on one's belly. George clamped his teeth onto the shrubs, releasing first one hand, then the other. The twigs snapping back into place swished softly. A bird darted up. If only he were not so cold!

When George stuck his head out of the rushes the fog hung so high that it revealed a clump of trees ahead. How long had he been crawling? His clothing had merged with the slimy soil, as if he were dragging the entire swamp along with him. A whistle was answered by one so startling near that George dug his teeth into the soil. "Crawl!" had been Wallau's advice. Wallau had been in the War and in the Ruhr and in the fighting in Central Germany—why, the

"THE GUARD RESUMED HIS BEAT"

"THE MAN WAS OBVIOUSLY BLIND."

man had been wherever anything was happening. "See that you keep on crawling, George! Never think you've been discovered. Many are captured just because they think they've been found, and they do something foolish."

George peered between the faded shrubs at the guard. Leaning against a brick wall, the man was so easily within reach that it was torture to hide instead of jumping at his throat. The guard resumed his beat and George slid across the wall to a field that sloped to the highway.

An old man with two pails slung across his shoulders was coming through the field. In Westhofen he was called Pigwidgeon. So doubled up with age was he that his shaggy cape-like cloak almost dragged along the ground. One did not need the stick with which Pigwidgeon tapped at every step to see that he was blind. When his stick hit a flat boulder in his path, Pigwidgeon gave a little grunt of satisfaction, dropped his pails to the ground, and sat down on the stone. His cape slipped from his shoulders, his head nodded forward, and he was asleep.

George stared at the blind man. The cloak! Get it!

* * *

"GEORGE SNATCHED THE CAPE."

NOISELESSLY approaching the sleeping blindman, George took the cape and put it over his shoulders. Hunched over, head down, he stumbled across the field, prepared for a hail of shots. He faltered. At his feet lay a little green ribbon. George stared at it for a moment, then picked it up. Suddenly, so suddenly that she must have sprung up from the ground, he saw a little girl standing in front of him. He gave her pigtail a little tug and handed her the ribbon. The girl ran off to an old woman, her grandmother, who had also suddenly appeared on the path. George

"HE VANISHED FROM HER PATH AND MEMORY."

followed, struck up a conversation, and trudged along with the old woman and the child.

They reached the highway and went a little distance along it without meeting anyone. Suddenly a motorcycle came rushing up behind them; the woman and child flattened themselves against the wall, topped by broken glass, that bordered the road. "Oh my, oh my!" wailed the old woman, trudging on. George had disappeared not only from her path but from her memory. He had scaled the wall in one leap and now lay panting on the other side of it.

"THE THUMB NEEDED BANDAGING."

The cape had slipped off. The broken glass had made his hands bleed; there was a deep gash under his left thumb.

George saw a schoolhouse ahead and he stumbled toward it. There was a shed alongside the main building. He crawled inside. Along the walls were hung any number of tools, baskets and articles of clothing. From the lining of a jacket he tore some rags and bandaged his injured hand. Then he picked out a coat and a pair of work pants and put them on over his own tatters.

A babble of voices outside brought the chilling realization that he could not

"PICK UP THE MACHINE PART..."

get out without being seen. He was looking around dully when a thought struck him. Where it came from George had no idea—perhaps from Wallau in the Ruhr, or a coolie in Shanghai, or some soldier in Vienna who had escaped from danger by carrying something on his shoulder that distracted attention from himself. Not knowing who this invisible adviser was, George still understood his counsel: *Pick up the machine part near the stairs. You'll have to get out some way. You may not succeed but there's nothing else you can do. Your situation is desperate, but so was mine...*

• • •

Georg Bollenbeck

Vom Exil zur Diaspora
Zu Oskar Maria Grafs Roman *Die Flucht ins Mittelmäßige*

I   Erzählerprofil und Exilsituation

Ob es »der Exilliteratur an bedeutenden Büchern« fehlt[1], kann bezweifelt werden. Fest steht jedenfalls, daß in der Forschung ein wichtiger Roman, der die Situation der in New York verbliebenen Exilierten behandelt, kaum Beachtung findet. Gemeint ist *Die Flucht ins Mittelmäßige* (1959) von Oskar Maria Graf (1894–1967), einem Autor, den man nicht mehr als vergessen bezeichnen kann, der aber trotz der Neuausgaben und Verfilmungen[2] einer Neubewertung bedarf. Unterschätzt wird dessen Erzählprosa immer noch. Im ungleichwertigen Gesamtwerk O. M. Grafs ragen Erzählungen und Romane (u. a. *Bolwieser*, 1937; *Unruhe um einen Friedfertigen*, 1947) heraus, mit denen sich die Überwindung der vertrauten Dichotomie »artifizielle Literatur einer melancholischen Elite« und »niedere Literatur der Unterschichten« ankündigt. So banal dies klingen mag: O. M. Graf zählt nicht zu den Betroffenen der oft zitierten Krise des Erzählens, weil er etwas zu erzählen hat. Nur wenn er das vertraute Provinzmilieu verläßt, droht die Erzählkohärenz seiner Romane episodenhaft auszuwuchern. Herkunft und Lebensweg schaffen bei Graf einen Erfahrungsfonds, über den die meisten bürgerlichen Schriftsteller nicht verfügen. Ihn lassen die Worte nicht im Stich, weil er seinen Gegenstand, die konfliktreiche Provinzwirklichkeit, aus der Nähe kennt und distanziert gestaltet. Die These von der ›Krise‹ oder gar vom ›Ende des Romans‹ und der damit verbundene Eindruck, daß das Erzählerische problematisch geworden sei, kann sich auf die Auflösung der traditionellen Romanform berufen: Zeit, Raum und Kausalität dienen nicht mehr als Ordnungsprinzipien. Essayistische Reflexionen, ironische Gesten und Überlagerung von Zeit- und Erzählebenen zerschlagen den illusionären Charakter des Dargestellten. Demgegenüber wirkt der Erzähler O. M. Graf altmodisch. Denn seine Erzählungen präsentieren eine epische Guckkastenbühne und bieten dem Aufnehmenden kontemplative Geborgenheit. In Grafs Prosa lassen sich noch Elemente einer oralen Erzähltradition ausmachen, allerdings ist sein literarisches Ausdruckssystem komplexer als einfache mündliche Erzählung. Charakteristisch für Grafs stoffreiche Erzählprosa sind kurze Sätze, Dialoge, die asyndetische Aufzählung von Verben, die Verwendung von Metaphern und Vergleichen, anthropomorphisie-

rende Natur- und Landschaftsschilderung, dialektgefärbte Personenrede.
Das hier angedeutete Erzählerprofil bleibt über Jahrzehnte stabil. Leseerfahrungen des lesebegeisterten Autors verändern es nicht entscheidend. Von daher erklärt sich die überraschende Konstanz seiner Erzählprosa. Grafs Figuren, Stoffe und Motive sind dem Leser bald vertraut. Meist erzählt er von kleinen Leuten, Bauern und Handwerkern, gelegentlich auch von mittleren Beamten (Bolwieser, Sittinger). Als Orte der Handlung dienen meist Dörfer und Kleinstädte in der überschaubaren und vertrauten bayrischen Provinz. Die enge Beziehung zwischen erlebter und literarisch gestalteter Wirklichkeit ändert sich auch nicht im Exil. Grafs Erfahrungsfonds – der Autor spricht von »aufgestapelter Erinnerung«, die ländlich-handwerkliche Herkunft und das Leben in der politisierten Großstadt-Bohème – speist seine literarische Produktion. Hingegen sind die Erfahrungen nach 1933 für das Erzählwerk von geringer Bedeutung. Bis auf den fragmentarischen Bericht *Reise in die Sowjetunion 1934* (1974) und die letzte Erzählsequenz in *Das Leben meiner Mutter* (1940)[3] bleibt das Exil als Stoff- und Themenreservoir für größere Texte ungenutzt. Dies mag im ersten Augenblick bei einem »autofiktiven« Autor überraschen. Schreibschwierigkeiten können als Erklärung nicht bemüht werden. Ganz im Gegenteil, die ersten zehn oder zwölf Jahre des Exils sind die produktivsten des Erzählers. Jetzt braucht er seine »aufgestapelten Erinnerungen« auf und gestaltet aus ihnen Romane, die das Aufkommen des Faschismus, parteilich aber tendenzlos, aus verschiedenen Perspektiven behandeln. So schildert der *Abgrund* die Familiengeschichte einer sozialdemokratischen Familie, der Hocheggers, als Zeitgeschichte, umspannt in einem breiten Panorama, das wegen der Kritik an Sozialdemokraten und Kommunisten deren Kritik erregt, die Niederlagen der deutschen und österreichischen Arbeiterbewegung. Mit dem Postinspektor Anton Sittinger versucht der Autor »einmal einen Spießbürger ganz nackt zu schildern«[4], eine Gestalt, die nur an ihren Vorteil denkt und gerade deswegen scheitert. Die Bedeutung des gleichnamigen Romans gründet in der homogenen Verbindung von Kleinbürgertum und Faschismus, von Privatem und Öffentlichem. Auch der jüdische Schuster Kraus, Hauptfigur des Romans *Unruhe um einen Friedfertigen*, möchte sich der Politik entziehen und für sich leben. Besonders verhaßt ist ihm das »A-bopa«. Damit meint er Staat, Ämter, Polizei etc. Es tritt immer dann auf, wenn der ruhige Alltagsrhythmus durch Ereignisse »von außen« wie Krieg, Revolution, aufkommender Faschismus gestört wird. Das »A-bopa« holt den jüdischen Schuster schließlich in Gestalt der todprügelnden SA ein. – Das Exil bedeutet die fruchtbarste Phase für den Schriftsteller Graf. Die enge Verbindung von Alltag und Politik hat der Autor 1933 miterlebt, und der Erzähler weiß diese in den angesprochenen Romanen während des Exils zu gestalten, weil er der vorgegebenen Wirklichkeit »Aufkommen des Faschismus und Niederlage der Arbeiterbewegung«

mit ihrer literarischen Darstellung einen Sinn abzugewinnen vermag: Graf ist von der Niederlage des Faschismus und den kommenden gesellschaftlichen Veränderungen ebenso überzeugt wie von der Funktion literarischer Texte im antifaschistischen Kampf.

Graf besitzt ein geselliges Naturell und ist ein kämpferischer Exilant. Für ihn steht fest, daß jeder zugrunde gehen muß, wenn er »die Isolierung als einzigen Ausweg wählt«[5]. Er schafft sich in Wien (1933–34), Brünn (1934–38) und New York (1938–67) einen neuen vertrauten Lebenszusammenhang, der im Vergleich zu anderen Exilanten relativ stabil bleibt. Dazu zählen vertraute Bücher und Bilder, gesellige Runden mit Bier und Brezeln. Das Festhalten am Vertrauten reicht bis zur Weigerung, in den USA Englisch zu lernen[6]. Während des Exils zählt Graf zu den prominenten Autoren. Im Sommer 1933 berichtet Johannes R. Becher aus Wien, man solle um Graf »als zentrale Figur«, die »ziemliches Ansehen genieße«, die Autoren sammeln.[7] Im Exil, besonders nach dem weltweit beachteten Aufruf »Verbrennt mich« (12.5.1933), wächst das Ansehen des Autors. Er wird zum I. Unionskongreß der Sowjetschriftsteller eingeladen (18.8.–1.9.1934 Moskau), arbeitet bei den »Neuen Deutschen Blättern« als Redakteur, nimmt 1938 als Delegierter der deutschen Gruppe am Kongreß des PEN-Clubs in Prag teil und wird im Oktober 1939 zum Präsidenten der »German-American-Writers-Association« (GAWA) gewählt. Genug Stoff, so könnte man meinen, für einen weiteren autobiographischen oder autofiktiven Roman mit Exilthematik. Aber erst in den letzten Lebensjahren plant der Autor, nachdem *Gelächter von außen* (1966) als chronologische Fortführung von *Wir sind Gefangene* (1927) fertiggestellt ist, einen Band, der Exil und Nachkriegsjahre behandeln soll.[8] Das Aussparen des Erfahrungsbereichs Exil muß, wie bereits angesprochen, bei einem autofiktiven Autor wie Graf überraschen. Offensichtlich erscheint ihm die erzählerische Darstellung dieser Zeit wenig sinnvoll. Dies klingt vage und bedarf weiterer Begründung. Bis etwa 1943 ist Graf voller Optimismus, trotz wachsender Enttäuschung über die Intrigen der Exilanten. Er glaubt an den baldigen Zusammenbruch des Nazi-Regimes und den folgenden sinnvollen sozialistischen Neuaufbau Europas. Er rechnet mit einem kurzfristigen Exil, auch wenn er seine Prognosen immer wieder verlängern muß, und mit langfristigen grundlegenden Veränderungen in Europa. Am 20.10.1935 schreibt er an den befreundeten Kurt Rosenwald: »Die Emigration wird sicher noch lange dauern – ich rechne mindestens noch 2–3 Jahre – ...«[9], und mehrere Monate später versichert er: »Und daß wir siegen, davon bin ich trotz alledem überzeugt. Ich bin beileibe kein Wunschträumer, aber ich hänge zu sehr mit denen zusammen, die daheim arbeiten, um nicht felsenfest davon überzeugt zu sein, daß unsere Stunde heranreift«[10]. Auf dem Höhepunkt der militärischen Erfolge Nazi-Deutschlands ist er »bei allem Schauerlichen nicht so pessimistisch wie viele«[11] und behauptet »in Bezug auf den Zusammenbruch der Hitlerei bin ich, trotz der Hartnäckigkeit der Nazis, ebenfalls der Meinung, daß es nicht mehr allzulange dauert«[12]. Und während faschistische Verbände wenige Kilometer vor Moskau stehen, heißt es über die Sowjetunion: »Ich mache mir keine Illusionen im Falle eines Krieges der Nazis mit der SU, ich fürchtete, was anfänglich dort eingetroffen ist, aber ich habe niemals gezweifelt daran, daß die Russen zum Schluß den entscheidenden Sieg über den Faschismus davontragen werden. Denn dort kämpft ein Volk, das um einer Idee willen Leben und Habe opfert, während bei allen anderen Staaten nur die Furcht vor dem Zusammenbrechen eines unbrauchbar gewordenen Systems im Kampfe steht.«[13] Es erscheint paradox: solange die Nazis ihre Macht ausdehnen, bekämpft sie O. M. Graf – überzeugt von ihrer Niederlage und auf einen sinnvollen sozialistischen Neubeginn in Europa hoffend. Mit ihren Niederlagen werden seine Zukunftserwartungen pessimistischer, nehmen die literaturpolitischen Aktivitäten ab, erfährt der Schriftsteller zunehmende Isolation – besonders nach 1945 mit der Abreise zahlreicher Kollegen in die SBZ bzw. DDR.

1938 konstatiert Alfred Döblin in seiner Schrift *Die deutsche Literatur im Ausland seit 1933*, O. M. Graf sei »literarisch stark im Aufstieg begriffen«[14]. Zwanzig Jahre später gilt der Autor in Westdeutschland als literarisches Fossil, das man wegen seiner antifaschistischen Vergangenheit zu achten hat, dessen Werke aber von der herrschenden Literaturkritik als überholt abgetan oder gar ignoriert werden; in der DDR erreichen seine Bücher hohe Auflagen, doch gerät er hier, weder zu den bürgerlich-humanistischen noch zu den dezidiert sozialistischen Realisten zählend, zwischen die beiden Hauptgruppen eines antifaschistisch-demokratischen Literaturkonzepts. In den kommenden Jahren passen sich, wie Graf immer wieder beklagte, viele Exilanten an, werden »Katholiken oder Psychoanalytiker«[15] oder verlassen die USA. Der ›kalte Krieg‹ verstärkt Isolationsgefühle, denn Graf gilt als Kommunist. Antikommunistische Landsleute beschimpfen ihn auf offener Straße, die amerikanische Staatsbürgerschaft wird ihm verweigert. Eine Übersiedlung nach Deutschland erwägt er zunächst nicht, und ein Besuch der alten Heimat ist nicht möglich, da der Autor als Staatenloser befürchten muß, keine Rückreisegenehmigung in die USA zu erhalten.

II Isolation und beklagte schriftstellerische Mittelmäßigkeit

Mit der angedeuteten Isolation ändern sich die Schreibmöglichkeiten grundlegend. Graf selbst bezeichnet dies als Übergang vom Exil zur »Diaspora«. Der Ausgangspunkt ist für ihn »die verlorene Schlacht der deutschen Emigration«[16], die Schwächung des antifaschistischen Kampfes durch Gruppenbildung und Intrige. Damit wird für ihn auch das Schreiben problematisch, kommt die Befürchtung auf, daß man als Autor nutzlos sei. Zugespitzt formuliert: während Graf im Exil als kämpferischer Antifaschist seine Wirklichkeit in Verbindung mit dem historischen Prozeß als veränderbar miterlebt, erscheint ihm in der

»Diaspora« die eigene Wirklichkeit starr, abseits von der großen Welt, die nur noch kommentierend beobachtet wird: »Der Diasporit war gewissermaßen schon längst vergangenheitslos, er stand auch nicht in der Zeit und Umwelt der allgemeinen Gegenwart, er fühlte beständig, daß er sich in einem Zustand des Provisorischen befand, und gerade deswegen sein unruhiges Darüberhinausdenken, sein grenzenloses Hineinplanen in eine fiktive private oder allgemeine Menschenzukunft.«[17]

Im New York der späten vierziger und der fünfziger Jahre fühlt sich O. M. Graf als »Gespenst im Abseits«. Am 4.3.1954 schreibt er an den Journalisten K. O. Paetel: »Über den Stammtisch ist nur das zu sagen: Du nimmst eben auch diesen ›Gespensterreigen‹ zu ernst und bedenkst nie, daß auch *wir beide* Gespenster geworden sind. Was soll man Gespenstern übelnehmen, wenn sie sich lustig machen und da herumkramen, wo sie stehen geblieben sind? Ich bin für solche Lustigkeiten (...) Der Kernpunkt ist der in Deinem (und war wohl auch in meinem Brief), daß erst nach der Beendigung des Krieges unsere Emigration anfing. Genau das habe ich in dem Roman, den ich seit ca. einem Jahr schreibe, endlich zu präzisieren versucht, freilich neben vielem anderen. Es hat mich geradezu frappiert, Auslassungen über dieses Emigrations-Phänomen von Dir bestätigt zu finden, die irgendein Held in meinem Roman ebenso darlegt.«[18] Dieser Roman soll zunächst »Das große Geschwätz« heißen und wird nach mehreren Überarbeitungen 1959 in einem kleinen Verlag, dem Nest Verlag, erscheinen. Schon der geplante Titel deutet auf die folgenlosen Diskussionszirkel der zurückgebliebenen Exilanten in New York. Doch dies ist ein Thema »neben vielem anderen«. Ihm geht es auch um eine Auseinandersetzung mit der Psychologie des erzählenden Schriftstellers[19] und um die Vereinzelung der Exilanten als Paradigma menschlicher Entfremdung. So läßt der Erzähler den Möbelhändler und Erfolgschriftsteller Neuberger, eine Art Gegenspieler und geheimen Verwandten der Hauptfigur Martin Ling, sagen: »Nicht entwurzelt und zerstreut sind wir, fremd, fremd ist einer dem anderen, fremd! Angst und Furcht und Unsicherheit machen uns verlogen, weil sie natürlich keiner zeigt. Mißtrauisch umlauern wir uns gegenseitig.«[20] In *Die Flucht ins Mittelmäßige* nutzt O. M. Graf den Erfahrungsbereich »Diaspora« für eine literarische Darstellung, deren thematische Vielfalt die Etikettierung »Emigrantenroman« nicht erlaubt. Das Buch läßt sich zudem auch als kaum verschlüsseltes autobiographisches Dokument des alternden Autors lesen. Die Hauptfigur Hermann Ling, ihr Gegenspieler Jack Neuberger leben in einem subkulturellen Milieu und wollen als Autoren doch darüber hinaus wirken. Um sie herum gruppiert der Erzähler eine Gruppe deutschsprachiger Exilanten. Sie alle erfahren ihre Wirklichkeit als stagnierend. Während seines ersten Deutschlandbesuches 1958, kurz vor der Erstausgabe, sagt Graf in einem Interview über sein Romanpersonal: »Es gibt keine Weiterentwicklung für diese Leute. Sie begeben sich in ein Vakuum. Sie leben in der Diaspora, auch wenn sie sich für die wildesten Amerikaner halten und sich so geben. Natürlich ist mein Schicksal nicht davon zu trennen. Man muß sich mit der Mittelmäßigkeit abfinden. Das gilt auch für mich. Ich habe mir nie eingebildet, ein Genie zu sein. Folglich habe ich auch meinen Frieden mit der Mittelmäßigkeit gemacht.«[21]

Im Roman treffen sich die deutschsprachigen »Diasporiten« bei einem wohlhabenden jüdischen Ehepaar, den Kumians: »Und die Menschen, die sich da zusammengefunden hatten, waren ehemalige europäische Emigranten, die nach dem Krieg nicht mehr in ihre ursprüngliche Heimat zurückgekehrt waren, jüdische und christliche, Menschen von oben und unten, politische und sogenannte Wirtschaftsemigranten. Sie waren der übriggebliebene Rest gewaltsam Entwurzelter, obgleich die meisten das stets hartnäckig bestritten. Sie wollten nichts mehr von drüben wissen, lebten ihren amerikanischen Tag und blieben dennoch unverkennbar von ihrer Herkunft und Vergangenheit stigmatisiert. Noch immer dachten sie über Amerika europäisch, doch wenn einer eine Besuchsreise nach ›drüben‹ machte, beurteilte er auf einmal Europa wie ein ausgewachsener Amerikaner. Und da lebten und verlebten sie nun schon Jahre inmitten einer anderen Bevölkerung. Sie glaubten mit zu verschmelzen, und blieben doch isoliert: eine Schicht für sich mit ihrem ureigenen Lebensstil, ihren eigenen Affären und Verbindlichkeiten, ihren Ansichten und eingewurzelten früheren Gewohnheiten.«[22] Im Kumian-Kreis herrscht ein lockerer intellektueller Ton. Die Diskussionen über die möglichen Fehler des Exils, über deutsche Kultur und amerikanische Politik erweisen sich als die folgenlosen Debatten eines isolierten Zirkels. In diesem Kreis besitzt Ling, der sich als Korrektor bei einer deutschsprachigen Zeitung ärmlich durchschlägt, wegen seiner offenen und unverblümten Art und seines Erzähltalents einen besonderen Status. Als die wohlhabenden Mitglieder des Kreises für den armen Mart, so nennt man ihn, Geld sammeln und als Preis für eine zu schreibende Geschichte aussetzen, da wird aus dem Stegreiferzähler Ling ein Schriftsteller, dessen Erfolg Stone, ein wendiger Literaturagent, sichert. Der Roman erzählt aber nicht die Aufstiegsgeschichte vom verkannten Erzähler zum Erfolgsautor. Es geht ihm auch um die Problematik schriftstellerischer Routine mit Erfolgsabsicht und ohne Wirkungsethos. Daher die beinahe leitmotivische Wiederkehr der »Mittelmäßigkeit«[23], ein Thema, das den Autor als »Dutzendschreiberei« seit den ersten Erfolgen in den zwanziger Jahren beschäftigt. Ling mißtraut seinem Erfolg. Dessen Attribute – Motorboot, Reitpferd, Luxusappartement – können seine Selbstkritik nicht betäuben. Am Ende verbrennt er, enttäuscht von den Diasporiten und vom Literaturbetrieb, seine Manuskripte und kehrt nach Deutschland zurück, »in eine neue Diaspora«[24].

III Erstarrte Wirklichkeit und fehlende epische Kohärenz

Die zentrale Romanfigur und der Handlungsverlauf vermögen den Stoffkomplex mit den verschiedenen Themen nicht zu integrieren, weil O. M. Graf mit seinem eher konventionellen literarischen Ausdruckssystem die handlungsreiche Erzählung nicht zu tragen vermag und die »Diaspora« nur darstellen kann, indem er ihre Handlungsarmut durch zusätzliche Sequenzen belebt: die Rückblicke auf Lings Jugend, seine Flirts und die Liaison mit dem Bärbele, die Skandälchen anderer »Diasporiten« sollen dem Roman eine Spannung verleihen, die eine handlungsarme Diaspora nicht herzugeben verspricht. Damit verfehlt der Roman erzählerische Kohärenz, ohne daß diese bewußt mit avantgardistischen Mitteln zersetzt wird. Er erhält so eine eher additive Struktur mit einzelnen, bisweilen trivial anmutenden Erzählsequenzen.

Jenes Nebeneinander von anspruchsvoller Diskussion der intellektuellen Exilanten bzw. »Diasporiten« und handlungsreichen wie publikumswirksamen Sequenzen läßt sich häufiger bei der erzählerischen Darstellung des Exils beobachten. Es sei hier nur an Klaus Manns *Der Vulkan* und Heinrich Manns Alterswerk *Der Atem* erinnert. Zweifellos wirkt die allgemeine Tendenz, »mit Ingredienzen der Trivialliteratur«[25] das dargestellte Exil erzählerisch aufzulockern. Sie wird bei O. M. Graf aber durch den Widerspruch zwischen dem konventionellen literarischen Ausdruckssystem und dem ungewohnten Stoffkomplex verstärkt. Der vertraute Erzählstil bewährt sich in zahlreichen, häufig autobiographischen Rückerinnerungen[26] und in den eingeschobenen Geschichten. Die häufig thematisierte »Krise des Erzählens«[27] dient nicht nur der Charakterisierung des Autorenpaares Ling/Neuberger, sie drückt auch unmittelbar die Schwierigkeiten des Autors und auktorialen Erzählers aus: »Eine Geschichte zu erfinden, das war für Ling gewiß keine Angelegenheit. Er wußte aus Erfahrung, wie lebendig und packend er *mündlich* erzählen konnte. Indessen bei diesem Weitergeben von Geschehnissen spielte das Improvisatorische und Schauspielerische die entscheidende Rolle. Die Suggestivkraft des Erzählenden ging über auf die Zuhörenden. Es kam nicht nur auf die augenblickliche Stimmung und Umgebung, es kam dabei viel, viel mehr auf das unwägbar Atmosphärische an, auf die körperliche Erscheinung des Erzählers, auf seine Stimme, auf die zufällige Nuancierung der Worte, auf die kleinen geschwinden Momente eines unterstreichenden Augenzwinkerns, eines listigen Lächelns (...) Das alles aber fiel beim Niederschreiben einer Begebenheit – mochte sie nun auch noch so eingängig und lapidar sein – weg. Die hörbaren, die sicht- und fühlbaren Erleichterungen gab es bei diesem Abstraktionsprozeß für den Erzählenden nicht mehr. Ein stummes Surrogat aus Tinte und Druckerschwärze, ein bildlicher Notbehelf aus nebeneinandergesetzten Worten, Punkten und sonstigen Bedeutungszeichen trat an ihre Stelle, und es war ohne weitschweifige Erklärungen kaum möglich, im

Leser die gewünschte Stimmung und gleiche Atmosphäre zu erzeugen«[28]. O. M. Graf, der für die Wirkung seiner Prosa die Reaktion der Zuhörenden schätzt, muß für *Die Flucht ins Mittelmäßige* aus naheliegenden Gründen auf seine vertrauten Kritiker verzichten: »Mein Roman quält mich ungeheuer. Ich schrieb ihn nunmehr bereits das fünfte Mal um, und Du wirst begreifen, *was* das bedeutet, wenn ich Dir sage, was für ein Pedant ich bin. Ich schreibe nämlich dann beständig das ganze Manuskript, also ca. 455 Seiten um und wieder neu. Nun bin ich glücklich bei der sechsten (Fassung) und hoffe denn doch, daß ich nunmehr keine Zweifel mehr bekomme, denn sonst weiß ich wirklich nicht mehr, ob ich nicht einfach alles liegen lasse. Natürlich hat dieses ewige Herum und Hinum, wie man in Bayern sagt, seine schrecklichen Gründe: Mir fehlt diesmal die Resonanz eines Hörerkreises. Ich pflege nämlich stets ein Buch, das ich schrieb, einem Freundeskreis von Anfang bis zu Ende in jeweiligen Abständen von einer Woche vorzulesen. Das kann ich diesmal nicht, weil all diese Freunde in dem neuen Roman Figuren sind, und diese Figuren sind nicht immer schmeichelhaft beschrieben.«[29]

Die additive Struktur läßt sich allerdings nur vordergründig aus der Diskrepanz zwischen dem eher konventionellen literarischen Ausdruckssystem und dem ungewohnten Stoff oder gar der fehlenden Zuhörer-Kritik erklären. Das Abseits der ›Diaspora‹, jene Vakuum-Situation der Zurückgebliebenen, jenes folgenlose Kommentieren der Ereignisse im handlungsgehemmten Zirkel äußert sich formal in der fehlenden Kohärenz. Kein sinnvoller Handlungsablauf vermag die einzelnen Sequenzen aufzunehmen. Beim entstehenden Roman reiht dessen additive Komposition Episode an Episode. Insofern besitzt die poetische Textstruktur selbst Zeichencharakter. Sie verweist auf die Schwierigkeiten des Autors, der vorgegebenen handlungsarmen und isolierten Wirklichkeit als Erzähler in der Fiktion ein sinnhaftes episches Kontinuum abzugewinnen. Die Mitglieder des Kumian-Kreises warten auf nichts mehr[30], leben »schon längst vergangenheitslos«, ohne Zukunftserwartungen[31]. Sie sind sich selbst und der Welt abhanden gekommen. Bei einem der Treffen im Kumian-Kreis sagt ein Teilnehmer zu Ling: »Es stimmt schon, Mart, was du immer sagst – seit Hitler und unserer Emigration ist in jedem von uns alles in voller Auflösung«[32]. Während in den meisten anderen Romanen des Autors, entsprechend dem engeren Bedingungszusammenhang, Politik innerhalb des Handlungsablaufs wirksam werden kann, wird sie jetzt als Ereignis der Welt draußen im Kumian-Kreis kommentiert[33]. Die verkörperte Ausnahme bildet eine Nebenfigur, der Kommunist Lohrer. Er dringt ähnlich wie die politischen Nachrichten bisweilen in den Kreis ein und verschwindet plötzlich wieder. Er lebt in New York und erscheint als Antagonist der »Diasporiten«. Von Lohrer und seiner Braut heißt es: »Ling sah in die arglosen Gesichter dieser heiteren Menschen und beneidete sie. Sie arbeiteten, versuchten, ihre Existenz zu verbessern, glaubten an ihre schönere private Zukunft und an eine große, allgemeine (...) Sie tranken, suchten später das Café Geiger auf, und im Laufe ihres Zusammenseins erfuhr Ling, daß Lohrer nur wegen seiner bevorstehenden Hochzeit das letzte Mal nicht bei den Kumians gewesen war. ›Und jetzt? Jetzt geh ich alsdann auch nimmer hin. Die schwatzen ja bloß‹, schloß er«[34].

Zu berücksichtigen bleibt, daß es sich um einen autofiktiven Roman handelt, daß Stoffe und Themen, Figuren und Handlungen vom Erfahrungsfond des Autors nicht abgelöst sind, sondern immer auf ihn bezogen bleiben. So sind einzelne Momente des Romans als personenzentrierte Projektionen (z. B. Lings Erfolg, die Gestalt Neubergers), andere (Schilderung Yorkvilles, »Altersgeilheit« Lings, Geselligkeit u.v.m.) als autobiographisch verbürgt auszumachen[35]. Natürlich läßt sich keine starre Grenze zwischen Autofiktivem und Autobiographischem ziehen. In beiden Fällen bleibt der Autor als rekonstruierender und interpretierender Subjekt und Objekt zugleich: Sein Leben prägt ihn, und er stellt es dar. Diese Subjekt-Objekt-Beziehung in der Erinnerung bedingt ein Herauswachsen der Form aus dem Leben. Was der Autor als quälerische »Hundearbeit« bezeichnet[36], ist die Niederschrift alltäglicher Erfahrungen: Das resignierende Gefühl, er werde als »mittelmäßiger Schreiber« bald vergessen werden[37], nehme an einem »Gespensterreigen« teil und sei als »staatenloser Emigrant« nur noch »Zuschauer«[38], läßt einen »Fatalismus«[39] entstehen, der Wirklichkeit, auch in der Fiktion, nicht mehr als sinn- und prozeßhafte aufzufassen weiß.

Im Urteil der zeitgenössischen Kritik herrscht eine nachsichtige Zurückhaltung vor[40]. Beim Publikum findet der Roman keinen Anklang. In den ersten vier Jahren werden nur 600 Exemplare verkauft. Das Urteil des Autors ist zwiespältig. Während der Niederschrift erscheint ihm der Roman »zu nihilistisch«[41]. In einem Brief an Alfred Andersch erklärt er sein Werk für »gänzlich mißlungen«[42]. Später, in einem weiteren Brief an Andersch, heißt es: »Nun eben habe ich meinen Roman zum zweiten Mal gelesen und wage doch Ihnen gegenüber zu gestehen, daß es ein guter, ein wichtiger, und wahrscheinlich einer der wenigen Romane ist, die über Mentalität und Wesen von Emigranten gültig berichten. Ich fand auch beim zweiten Lesen auf einmal das starke Atmosphärische so getroffen, daß sich ein ernsthafter Leser dem nicht entziehen kann«[43].

---

1 A. Stephan: *Die deutsche Exilliteratur 1933–45. Eine Einführung.* München 1979, S. 164. — 2 Ab 1975 bringt der Süddeutsche Verlag eine Werkausgabe in Einzelwerken heraus. Ab 1981 erscheint eine Werkausgabe in Einzelwerken bei der Büchergilde Gutenberg. dtv publiziert zeitverzögert die Ausgaben des Süddeutschen Verlages. Verfilmt wurden bisher *Bolwieser* (1977) von R. W. Fassbinder, *Der harte Handel* (1978) von U. Edel und L. Ahlsen und *Anton Sittinger* (1979) von H. Prigge und R. Wollfhardt. — 3 In dieser Sequenz wird von der Reise in die SU berichtet. — 4 Brief an Kurt Rosenwald vom 5.11.1937 zit. nach Gerhard Bauer und Helmut F. Pfanner (Hg.): *Oskar Maria Graf in seinen Briefen.* München 1984, S. 116. — 5 Brief an Bruno Frank vom 27.2.1942. Zit. nach G. Bauer und H. F. Pfanner (Hg.): *O. M. Graf in seinen Briefen*, a.a.O., S. 161. — 6 Zu den Aussichten, deutschsprachige Bücher zu veröffentlichen, schreibt O. M. Graf: »(...) aber es

bestehen kaum noch Aussichten, daß solche Bücher, die rein deutsche Verhältnisse und Schicksale darstellen, Verleger finden, besonders hier in Amerika. Ich habe mir auch nie Illusionen darüber gemacht und bin darüber keineswegs bedrückt und auch nicht beirrt. Ich schreibe eben weiter und glaube daran, daß das, was ich schreibe, Wert und Zweck hat«. Brief vom 15.6.1942 an Gustav und Else Fischer. Diese Passage ist nicht in der Briefausgabe zitiert. Der Brief befindet sich wie die meisten erhaltenen Briefe von und an O. M. Graf in der Bayrischen Staatsbibliothek. — **7** Zit. nach: *Zur Tradition der sozialistischen Literatur. Eine Auswahl in Dokumenten*. Berlin und Weimar 1967, S. 572 f. — **8** Vgl. das kenntnisreiche Nachwort von Hans-Albert Walter zu Oskar Maria Graf: *Reise in die Sowjetunion 1934*. Darmstadt und Neuwied 1974, S. 230. — **9** *Oskar Maria Graf in seinen Briefen*, a.a.O., S. 95. Zunächst ist die Einschätzung des Exils als kurzfristiges bei vielen Vertriebenen anzutreffen. Vgl. Jan Hans: »Historische Skizze zum Exilroman.« In: Manfred Brauneck (Hg.): *Der deutsche Roman im 20. Jh.* Bd. 1. Bamberg 1976, S. 241. — **10** Brief an Kurt Rosenwald vom 23.2.1937. Zit. nach G. Bauer und H. F. Pfanner (Hg.): *O. M. Graf in seinen Briefen*, a.a.O., S. 109. — **11** Brief an Wieland Herzfelde ca. Mitte Juli 1940. Zit. ebd., S. 152. — **12** Brief an Gustav und Else Fischer vom 15.6.1942. Zit. ebd., S. 167. — **13** Brief an Otto und Lil Karsch vom 18.1.1942. Zit. ebd., S. 160. — **14** Alfred Döblin: *Die deutsche Literatur im Ausland seit 1933*. Paris 1938, S. 58. — **15** Am 21.11.1950 schreibt er an Else und Gustav Fischer: »Aber bezeichnend ist hier (der ich ein immer pessimistischerer, skeptischerer Zuschauer werde) dies: daß frühere Kommunisten und weiß Gott was für radikale Sozialisten etc. auf einmal zum Katholizismus zurückkehren oder in ihn übersiedeln, wie ihr schon feststellen könnt. All diese Menschen werden entweder Katholiken oder Psychoanalytiker«. Zit. nach G. Bauer und H. F. Pfanner (Hg.): *O. M. Graf in seinen Briefen*, a.a.O., S. 231. — **16** Brief an Kurt Kersen vom 14.9.1944. Zit. nach G. Bauer und F. H. Pfanner (Hg.): *O. M. Graf in seinen Briefen*, a.a.O., S. 180. — **17** *Die Flucht ins Mittelmäßige*. München 1976, S. 416. — **18** Brief an Karl Otto Paetel vom 4.3.1954. Zit. nach G. Bauer und H. F. Pfanner (Hg.): *O. M. Graf in seinen Briefen*, a.a.O., S. 250. — **19** Vgl. Brief an Robert Warnecke vom 6.1.1954. Zit. nach G. Bauer und H. F. Pfanner (Hg.): *O. M. Graf in seinen Briefen*, a.a.O., S. 245. — **20** *Die Flucht ins Mittelmäßige*, a.a.O., S. 347. Im Roman werden immer wieder die Gemeinsamkeiten zwischen Linz und Neuberger hervorgehoben (vgl. S. 346, 374, 435, 545, 563). — **21** Zit. nach *Die Flucht ins Mittelmäßige*, a.a.O., S. 582. — **22** Ebd., S. 9. — **23** Ebd., vgl. u. a. S. 44, 72, 135, 186, 400. — **24** Ebd., S. 568. — **25** A. Stephan: *Die deutsche Exilliteratur*, a.a.O., S. 172. — **26** *Die Flucht ins Mittelmäßige*, a.a.O., vgl. S. 16 ff., 97 ff., 123 ff., 175 ff., 271 ff., 382 ff., 481 ff. — **27** Ebd., u. a. S. 41, 69, 187, 195, 207, 214, 282, 399 f., 546. — **28** Ebd., S. 156. — **29** Brief an Robert Warnecke vom 5.11.1957. Zit. nach G. Bauer und H. F. Pfanner (Hg.): *O. M. Graf in seinen Briefen*, a.a.O., S. 277 f. In einem Brief an Konrad Kirchmeier vom 7.11.1955 sucht der Autor einen kritischen Leser: »Sehr interessiert mich natürlich, was Du nach dem abermaligen Lesen meines Romans zu sagen hast, denn Du bist für mich ein unvoreingenommener Leser und einen solchen brauche ich dafür. Bitte aber, wenn Du also das Manuskript noch mal gelesen hast, geniere Dich nicht, sei rücksichtslos mit Deinen Einwänden und Deiner Meinung etc. Sonst hat das alles keinen Wert. Vor allem will ich wissen: 1.) ob der Roman rein als Lektüre spannend und unterhaltend, d. h. abwechselnd ist und ob die Figuren lebendig sind. 2.) was das für Anglizismen sind (...) 3.) will ich wissen, ob Du den Roman für wirklich aufschlußreich, und in allem so packend hältst, daß man sagen kann, er ist neu und gut«. Der Brief ist nicht in der Briefausgabe abgedruckt. Er befindet sich in der Bayerischen Staatsbibliothek. — **30** *Die Flucht ins Mittelmäßige*, a.a.O., S. 155. — **31** Ebd., S. 416. — **32** Ebd., S. 58 f. — **33** Dies gilt besonders für die Ereignisse der amerikanischen Innenpolitik, vgl. u. a. *Die Flucht ins Mittelmäßige*, a.a.O., S. 75. — **34** Ebd., S. 453. — **35** Zur Unterscheidung »autofiktiv« – »autobiographisch« vgl. Helmut Kreuzer: *Die Boheme. Analyse und Dokumentation der intellektuellen Subkultur vom 19. Jahrhundert bis zur Gegenwart*. Stuttgart 1971, S. 85. — **36** Brief an Else und Gustav Fischer vom 3.5.1959. Zit. nach G. Bauer und H. F. Pfanner (Hg.): *O. M. Graf in seinen Briefen*, a.a.O., S. 287. — **37** Brief an Cläre Jung vom 12.5.1956. Zit. ebd., S. 265. — **38** Brief an Gustav und Else Fischer vom 16.12.1954. Zit. ebd., S. 255. — **39** Brief an Gustav und Else Fischer vom 26.8.1956. Zit. ebd., S. 269. — **40** Vgl. dazu Sheila Johnson: *Oskar Maria Graf: The Critical Reception of his Prose Fiction*. Bonn 1979, S. 403–459. — **41** Brief an Josef Felder vom 28.12.1955. Zit. nach G. Bauer und H. F. Pfanner (Hg.): *O. M. Graf in seinen Briefen*, a.a.O., S. 264. — **42** Brief an Alfred Andersch vom 27.9.1965. In diesem Brief klagt Graf darüber, daß nur 600 Exemplare seines Romans verkauft wurden. Dieser Brief ist nicht in der Briefausgabe abgedruckt. Er befindet sich in der Bayerischen Staatsbibliothek. — **43** Brief an Alfred Andersch vom 27.12.1966. Zit. nach G. Bauer und H. F. Pfanner (Hg.): *O. M. Graf in seinen Briefen*, a.a.O., S. 347.

Siegfried Mews

Von der Ohnmacht der Intellektuellen: Christopher Hamptons *Tales from Hollywood*

Ohne Christopher Hamptons Stück *Tales from Hollywood*[1], das von den deutschsprachigen Exilschriftstellern in Kalifornien handelt, eine übergroße Bedeutung beizumessen, besteht Anlaß für die Vermutung, daß sich mit ihm eine neue Phase der Beschäftigung mit der Exilliteratur abzuzeichnen begonnen hat. Denn während etwa bis zu Beginn der achtziger Jahre das Studium der Exilliteratur weitgehend – wenn auch keineswegs ausschließlich – den Fachwissenschaftlern vorbehalten blieb, scheint seit dem Erscheinen der *Tales from Hollywood* die Exilliteratur in der literarischen Öffentlichkeit besonders der angelsächsischen Länder stärker Beachtung zu finden. Daß Hamptons Drama über den Uraufführungsort Los Angeles hinaus Verbreitung fand, zeigt allein schon, daß es sich dabei nicht lediglich um ein Theaterereignis von lokal begrenztem Interesse handelt.

Angesichts der Tatsache, daß die Versuche der emigrierten und exilierten Schriftsteller, sich mit ihren Stücken – darunter auch solchen, die die Exilsituation thematisieren – auf den Bühnen ihrer jeweiligen Gastländer durchzusetzen, fast durchweg zum Scheitern verurteilt waren, mußte man dem Vorhaben Hamptons mit Skepsis entgegensehen. Sicher, es gab Ausnahmen wie Franz Werfels Stück *Jacobowsky and the Colonel*, das in der Bearbeitung von N. S. Behrman 1944–1945 erfolgreich am Broadway lief – aber solche Ausnahmen bestätigten eher die Regel des Mißerfolgs. Unter den gewandelten Bedingungen der achtziger Jahre konnte der Nachkriegsdramatiker Hampton (Jahrgang 1946) allerdings unvorbelastet durch die Erfahrung des Scheiterns der meisten Exilschriftsteller an seinen Stoff herangehen, und zumindest das finanzielle Risiko, mit seinem Stück über das Exil durchzufallen, war durch einen Auftrag des Mark Taper Forum Theaters in Los Angeles begrenzt. Immerhin hätte Hampton die Möglichkeit gehabt, einen anderen lokalen Stoff zu wählen; er entschied sich jedoch für die Exilthematik[2], wobei die Bemühung um moralische Wiedergutmachung, die als Prämisse und Legitimation zumindest der deutschen Exilforschung gelten darf, für ihn kein Beweggrund war.

Vielmehr befand sich Hampton in der Situation des Erben, der auf die Werke der deutschen Exilautoren wie etwa Bertolt Brecht, Heinrich und Thomas Mann, Alfred Döblin, Lion Feuchtwanger, Leonhard

Frank, Hermann Kesten, Erika und Klaus Mann, Alfred Polgar, Carl Zuckmayer und anderer zurückgreifen konnte (S. 7–8), die zum Teil erst nach 1945 publiziert und aufgeführt wurden. Und er hatte die Möglichkeit, eine Reihe von Schriften der Sekundärliteratur, die sich mit der deutschen Exilliteratur in Kalifornien beschäftigen, auszuwerten. Die von ihm vorgenommene Aufarbeitung dieses wichtigen Kapitels der deutschen Literaturgeschichte im zwanzigsten Jahrhundert erhält eben dadurch fast einen dokumentarischen Charakter, daß im Stück eine Fülle historischer Personen und Ereignisse vorkommen oder erwähnt werden, wie etwa die folgende stichwortartige Aufzählung erhärtet: Heinrich Manns gefährliche Flucht über die Pyrenäen; die Rolle des European Film Fund in Hollywood; die Anschuldigung, daß Thomas Mann seinen Bruder Heinrich nicht genügend unterstützt habe; Bertolt Brechts Bemühungen, trotz seiner Abscheu vor Hollywood dort seine Filmmanuskripte günstig unterzubringen; sein Erscheinen vor dem Un-American Activities Committee des Repräsentantenhauses und seine Abreise nach Europa; die Versuche der Exilierten, die Zukunft Nachkriegsdeutschlands mitzubestimmen; Heinrich Manns Tod im Jahre 1950. Angesichts des Umfangs seines Materials war Hampton zur Konzentration auf einige Ereignisse und zur Auswahl einer begrenzten Zahl von Hauptfiguren gezwungen, um der Gefahr eines überlangen und unspielbaren Dramas zu entgehen. So treten trotz des relativ umfangreichen Personenverzeichnisses nur Heinrich Mann und seine von der Literaturwissenschaft stiefmütterlich behandelte Frau Nelly, Thomas Mann und Bertolt Brecht stärker in den Vordergrund.

Die umfangreiche Primär- und Sekundärliteratur über das Exil hat Hamptons Interesse an diesem Thema sicherlich bestärkt; seine Motive sind in der Biographie angelegt. Er studierte von 1964 bis 1968 Deutsch und Französisch am New College in Oxford (mit dem Studienabschluß eines »›First Class‹ degree«) und war 1967 einige Wochen lang als Dramaturgieassistent am Hamburger Schauspielhaus tätig.[3] Das Literaturstudium beeinflußte sein frühes Stück *Total Eclipse* (1968), das das stürmische Verhältnis zwischen dem jungen Arthur Rimbaud und dem älteren Paul Verlaine zum Gegenstand hat. Die Darstellung dieses Verhältnisses erschöpft sich nicht im rein Persönlichen; vielmehr wird die Funktion der Kunst in den kontrastierenden Auffassungen Rimbauds, der den kreativen Aspekt als »godlike activity« betrachtete und nach Einsicht in die Wirkungslosigkeit seiner Dichtung zu schreiben aufhörte, und Verlaines, für den das Handwerkliche im Vordergrund stand – »merely a craft to be plied« –, thematisiert.[4]

Auch in *Tales from Hollywood* geht es um die Funktion der Kunst. Die Entstehung des Stücks verweist auf eine intensive Beschäftigung Hamptons mit dem Werk Ödön von Horváths seit Mitte der siebziger Jahre.[5] Horváth ist der Autor aus dem deutschsprachigen Raum, mit dem sich Hampton bisher am stärksten auseinandergesetzt hat.

Der Titel *Tales from Hollywood* verrät Hamptons Rückgriff auf *Geschichten aus dem Wiener Wald*, der weitgehende Konsequenzen für die Struktur des Stücks und die Perspektive hat, aus der sowohl Hollywood als auch die Exilanten gesehen werden. In einem coup de théâtre läßt Hampton nämlich den am 1. Juni 1938 in Paris verunglückten Horváth weiterleben und in Hollywood auftreten. Sein Auftritt als neutraler Vermittler stellt die stärkste Beeinträchtigung des dokumentarischen Charakters des Dramas dar; Hampton hielt eine solche Figur für notwendig, um die untereinander zerstrittenen Exilanten in einen dramaturgischen Zusammenhang zu bringen. In einem Interview anläßlich der Londoner Aufführung formulierte Hampton: »I had to find a way of bringing them together in one play and a narrative device to move easily between the various camps.«[6] Der Einfall Hamptons, Horváth als Vermittler zwischen den verschiedenen Gruppierungen und als Erzähler oder »Conférencier« auftreten zu lassen, veranlaßte den »Spiegel«, das Stück als »flapsig zusammengeklitterte Revue von Exil-Histörchen und Anekdoten« abzuwerten.[7]

Nun trifft es zweifellos zu, daß das Drama auch als chronique scandaleuse des kalifornischen Exils gelesen werden kann. Das Material für eine solche Skandalgeschichte findet sich sowohl in den schriftlichen Quellen wie in dem von Hampton benutzten Oral History Program der University of California in Los Angeles, zu dem Marta Feuchtwanger einen substantiellen Beitrag lieferte (S. 8). Ganz abgesehen davon, daß materielle Überlebensfragen für viele der Exilschriftsteller absoluten Vorrang besaßen und ihre geringe Bedeutung in der amerikanischen Öffentlichkeit sie zwang, den Problemen ihrer privaten Existenz mehr Aufmerksamkeit zu widmen, ist die »Spiegel«-Kritik eine zu weit gehende Vereinfachung. Denn über seine Vermittler- und Erzählerrolle hinaus dient Horváth dem Autor sowohl als Identifikations- wie als Demonstrationsfigur.

Zum einen ist Horváth das Hauptmedium, mittels dessen Hampton seine auf eigenen Erfahrungen beruhende Kritik an der Filmindustrie Hollywoods vorträgt. Diese Kritik folgt ganz der europäischen Sichtweise und unterscheidet sich daher nicht prinzipiell von der der Exilanten.[8] Zum anderen exemplifiziert Horváth in seiner Reaktion auf das zunächst fremdartige Phänomen Hollywood eine bestimmte Variante der im Exil möglichen Haltungen, die es dem Zuschauer erlaubt, im Vergleich zwischen Horváth einerseits und Heinrich und Thomas Mann sowie Bertolt Brecht andererseits nach dem politisch angemessenen Verhalten der exilierten Schriftsteller zu fragen. Letztlich ist es die Mittelpunktfigur Horváth, die den Maßstab setzt, an dem alle anderen Figuren gemessen werden müssen; im Kontext des Stücks, das von 1938 bis etwa 1950 spielt, markieren das Überleben Horváths in Paris in der ersten Szene und sein Tod durch Ertrinken im Swimming-pool eines Hollywoodproduzenten in der letzten Szene die Dauer des Exils.

Das Exil beginnt vielversprechend und stellt sich für Horváth zunächst als die Möglichkeit einer fruchtbaren Synthese zwischen europäischer Kultur und amerikanischer Filmkunst dar. Der Kontrast zwischen den Repräsentanten der Alten und der Neuen Welt wird freilich schon in einer kurzen Begegnungsszene voller origineller Komik zwischen dem seinen Urschrei ausstoßenden, an einem Seil hängenden Tarzan-Darsteller Johnny Weissmuller und dem elegant gekleideten, beim Klang des Vorspiels zu *Lohengrin* lesenden Thomas Mann evident. Der auf rudimentäre sprachliche Äußerungen gedrillte Schauspieler führt sich bei dem konsternierten Meister des Worts und komplexen Satzbaus mit dem bemerkenswerten Satz ein: »Me Johnny Weissmuller, you Thomas Mann« (S. 15).

Ein Austausch findet nicht statt; in der vom Profitstreben beherrschten Filmindustrie, die zu ständigen Konzessionen an den von ihr mitgeprägten Publikumsgeschmack und damit zur Produktion niveauloser Filme gezwungen ist, steht schriftstellerische Individualität nicht sonderlich hoch im Kurs. So hatten es Exilautoren wie Heinrich Mann und Alfred Döblin naturgemäß schwer, über die anfänglich durch das Emergency Rescue Committee und den European Film Fund vermittelten Jahresverträge hinaus in den Filmstudios Fuß zu fassen. In *Tales from Hollywood* vollzieht Horváth quasi stellvertretend die negativen Erfahrungen der Exilanten mit der Filmindustrie nach, deren Vertreter Hampton in karikierender Übertreibung darstellt. Bereits der Name des Filmproduzenten Charles Money, zu dem Horváth anfangs Kontakt hat, unterstreicht die satirische Intention des Autors. Ständig auf der Suche nach heißen Themen, die einen Kassenerfolg garantieren, ohne die damals geltenden Tabus wie etwa Homosexualität zu verletzen, bleibt Money vulgär und ein völliger Ignorant auf literarischem Gebiet. Zwar ist der zweite Hollywoodproduzent, Arthur Nicely, mit dem Horváth kurz vor seinem Tode eine geschäftliche Unterredung führt, ein kunstverständiger Mann mit höflichen Umgangsformen, aber an der Vorliebe Hollywoods für erfolgversprechende seichte Filme und der Ablehnung ernster Thematik hat sich im Grunde nichts geändert. Denn der Produzent macht Horváth das Angebot, er solle das Drehbuch für eine Fortsetzung des Films *Bedtime for Bonzo* schreiben, in dem der jetzige Präsident der Vereinigten Staaten eine Hauptrolle spielt. Als Horváth aber in satirischer Laune ein Happy-End vorschlägt, bei dem der Held die Schimpansin im Film heiraten soll, zieht der Produzent das Angebot zurück.

Obwohl sich die vorgetragene Kritik Hamptons an Hollywood in wesentlichen Punkten mit der der Exilschriftsteller berührt, bleibt er nicht bei deren vorwiegend negativer Sicht, sondern differenziert zwischen der Filmindustrie und dem Medium Film. Es treten in seinem Stück zwar keine in der Filmindustrie erfolgreichen Exilanten auf, wie etwa der namhafte Regisseur, Produzent und Drehbuchautor Billy Wilder[9], aber die unbegrenzten Möglichkeiten des neuen Mediums Film, einer demokratischen Kunstform, werden von der amerikanisch-jüdischen Drehbuchautorin Helen Schwartz proklamiert:

»Probably the first art form since Elizabethan theatre to appeal to every age group and every class. And you can take it out to audiences anywhere in the world« (S. 38). Helen Schwartz ist sich jedoch bewußt, daß sich dieses Medium in den Händen von Opportunisten, Ja-Sagern und Gaunern befindet, so daß der Film als qualitativ hochstehende Massenkunstform eine noch zu verwirklichende Forderung bleibt. Die Vertreterin progressiver Ideen eines nicht vom kommerziellen Denken beherrschten Films und einzige positiv gezeichnete Figur aus der Filmbranche wird wegen ihres antinazistischen Engagements und daraus resultierender Mitgliedschaft in der kommunistischen Partei während der Ära McCarthys auf die schwarze Liste der Filmindustrie gesetzt und verliert ihre Stellung.

In der ernsten Nebenhandlung um das Schicksal der fiktiven jüdischen Drehbuchautorin, mit der Horváth liiert ist, verbinden sich Hollywood-Kritik und die Suche nach der adäquaten politischen Haltung. Helen Schwartz' von Idealismus inspirierte Kompromißlosigkeit und ihre Weigerung, Kollegen zu denunzieren, zwingen Horváth zur Konfrontation mit seiner eigenen Vergangenheit und zu dem Bekenntnis, daß er sich 1934 durch den Eintritt in den Reichsverband Deutscher Schriftsteller unter dem Siegel politischer und ideologischer Zuverlässigkeit kompromittiert habe. Gerade die Erfahrung seiner eigenen Anfälligkeit für politischen Opportunismus unter dem Druck äußerer Verhältnisse hat Horváth in der Überzeugung bestärkt, daß der Schriftsteller Außenseiter sein müsse, um seiner Aufgabe, die Wahrheit zu sagen, gerecht zu werden. In seinem gebrochenen Englisch bemerkt er dazu: »I think a writer must be always outside. You tell better the truth from standing looking in the window than from sitting at the table« (S. 68). Seine selbstgewählte Außenseiterrolle hat Horváths Blick für das Groteske und Bizarre geschärft[10], so daß die satirische Sicht Hollywoods dominiert, selbst wenn es sich um so ernste Themen wie die Kommunistenverfolgungen des Senators McCarthy handelt: »Opportunists crawled out of the woodwork! Buffoonish subcommittees proliferated! Idealists went to the wall! Nixon was invented! (*Quieter*) And my taste for the bizarre and ridiculous was gratified to the full« (S. 85). Mit der Gleichsetzung von Berlin zu Anfang der dreißiger Jahre und Hollywood um 1950 macht Horváth darauf aufmerksam, daß souveränes Außenseitertum nicht unbedingt vor politischen Fehlurteilen schützt. Unter Berufung auf Thomas Manns *Tod in Venedig* heißt es über Berlin: »It was a little like this, I could not leave the plague-infested city. But it was not beauty and innocence which kept me... enthralled, it was the grotesque, the triumph of stupidity, the ugliness« (S. 92).

Als Ungar fühlt sich Horváth nicht dem deutschen Exil zugehörig. Dies ist Voraussetzung für seine vornehmlich distanziert-kritische Haltung, die er in der um 1938 spielenden Szene seiner ersten Begegnung mit dem Nobelpreisträger Thomas Mann einnimmt. Seine ironische Bemerkung, daß er eine Einladung zum Parnaß erhalten habe, deutet die zwischen den beiden Schriftstellern herrschenden Gegensätze in Lebensstil und Kunstauffassung an. Thomas Mann war sich seiner repräsentativen Rolle im amerikanischen Exil durchaus bewußt; sein von Heinrich Mann überlieferter selbstbewußter Ausspruch – »Wo ich bin, ist die deutsche Kultur«[11] – beweist das zur Genüge. Hampton akzeptiert diese allgemein anerkannte Rolle Thomas Manns; er macht aber auf das menschliche Defizit des berühmten Schriftstellers aufmerksam, wenn er Thomas Mann ohne Spur von Selbstironie von der schweren Bürde des Ruhms sprechen und ihn Chamberlain, den rückgratlosen Premierminister des »perfiden Albion«, anklagen läßt, ihn in die unhaltbare Lage gebracht zu haben, als Anwalt des Krieges auftreten zu müssen. Hampton bezieht sich hier ohne Zweifel auf Thomas Manns Essay *Dieser Friede* (1938), der vehemente Anschuldigungen gegen die »englischen Staatsmänner« enthält, die das »tapfere kleine Land (der Tschechoslowakei), das dem deutschen Faschismus auf dem Marsch zur europäischen Hegemonie im Wege war«, an Hitler »verraten, verkauft« und es ihm geopfert hätten.[12] Hampton unterstellt nun, daß Thomas Mann seine Kritik an Chamberlain lediglich aus persönlichen Gründen vorgetragen habe. Obwohl Thomas Mann im Stück von der Verantwortung des Schriftstellers in gefährdeten Zeiten redet, erscheint seine Frage, ob die Intellektuellen genug getan hätten, um vor der von den Nazis ausgehenden Kriegsgefahr zu warnen, lediglich als Lippenbekenntnis und Pflichtübung. In *Dieser Friede* dagegen wird das Verantwortungsbewußtsein der Schriftsteller der Verantwortungslosigkeit der englischen Politiker gegenübergestellt; dort heißt es: »Es ist unsere Schuld – möge es uns auch zur Ehre gereichen –, daß wir nicht ›Politiker‹ genug waren, den Betrug (der englischen Regierung gegenüber den Feinden Hitlers) zu durchschauen.«[13] Thomas Mann sei eigentlich mehr an den »unergründlichen Gesetzen der Kunst« als an Tagesfragen interessiert, unterstellt Hampton, denn unmittelbar nach dem kurzen Gespräch über die politische Situation wendet sich der Nobelpreisträger seinem wenig aktuellen Roman *Lotte in Weimar* zu und beginnt aus dem Werk vorzulesen – woraufhin Horváth prompt einschläft. Diese Darstellung wird ebenfalls nicht durch die Quellen abgesichert; wie man bei Thomas Mann nachlesen kann, legte er den unvollendeten Roman *Lotte in Weimar* beiseite, um an dem Essay *Dieser Friede* arbeiten zu können.[14] Man kann Thomas Mann in dieser Phase des 1938 beginnenden amerikanischen Exils nicht den Vorwurf des fehlenden politischen Engagements und der Nichtbeachtung von Tagesfragen zugunsten einer zeitlosen Kunst machen. Hampton macht es sich zu leicht, wenn er die Spannungen, die sich durch die Forderung der Öffentlichkeitsarbeit einerseits und den Wunsch nach privater Schriftstellertätigkeit mit freier Themenwahl andererseits ergeben, herunterspielt.

Durch die heftige Reaktion der Verehrer Thomas Manns bei der Premiere in Los Angeles verstört, hat Hampton in einem Interview versucht, seine Einwände gegen Thomas Mann zu präzisieren. Die Bemerkung, daß er *Die Entstehung des Doktor Faustus* für »one of the most sublimely pompous books ever written«[15] halte, bietet einen Hinweis auf den Grund seines Unbehagens an Thomas Mann. Er nimmt Anstoß an dem etwas steif-pedantischen, auf Würde, Repräsentation, Selbstdarstellung bedachten und des gelegentlichen Opportunismus verdächtigen Schriftsteller. Die Möglichkeit, ein ausgewogeneres Bild zu bieten – etwa durch die Einbeziehung von Fragen der literarischen Qualität –, nimmt Hampton nicht wahr.[16] Ein differenzierteres Bild muß ja nicht gleich zu einer Vertuschung der Schwächen Thomas Manns führen; so schreibt zum Beispiel ein Rezensent in der »Saturday-Review«: »Thomas Mann was not just one of the greatest writers of our time; he was also one of its luckiest, most honored, best rewarded – and stuffiest (...) Stiff and even rigid in public, deftly ironic about his importance without ever forgetting it, he had the impressive total dignity vainly sought by such problem cases as Kafka, Joyce, Proust, Woolf.«[17]

Ein vergleichbarer Problemfall ist der nicht zum Establishment gehörende Horváth, der Besucher berüchtigter Lokale und Freund von Randexistenzen, der weder in seinem Lebensstil noch in seiner literarischen Praxis Gemeinsamkeiten mit Thomas Mann aufweist und sich schließlich aus dubiosen Gründen in Los Angeles heimisch zu fühlen beginnt: »I (...) loved what was strange and half-finished (...) gullibility, cheap religious mementoes, plastic, superstitions, pornography with spelling mistakes (...) In short, after two years in Los Angeles, I knew I was home« (S. 54). Da sich Hampton weitgehend mit der Perspektive Horváths identifiziert, wird Thomas Mann, der inzwischen die amerikanische Staatsbürgerschaft erworben hat und voll vom amerikanischen Publikum akzeptiert worden ist, bei seinem letzten Auftritt in einer grotesken Situation vorgeführt, die auch einem Volksstück Horváths entstammen könnte. Der berühmte Schriftsteller sitzt auf der Rednertribüne einer Wahlveranstaltung für Roosevelt, eingezwängt zwischen einem Zauberer und einer Bauchrednerin; seine Ansprache »was marginally less well received than either« (S. 84). Ist diese die Würde des Schriftstellers beeinträchtigende und ihn bis an die Grenze der Lächerlichkeit führende Szene der Preis, den Hamptons Figur für ihre Anpassung und ihren Erfolg in Amerika zahlen muß?

Wie bekannt ist, hatte Heinrich Mann im Gegensatz zu seinem jüngeren Bruder keinen Erfolg in den Vereinigten Staaten und fühlte sich zutiefst unglücklich in Hollywood. Auf diesen Aspekt seines Leidens an Hollywood und Amerika konzentriert sich Hampton, wobei die würdevolle Gelassenheit, mit der die Figur Heinrich Mann Schicksalsschläge persönlicher und beruflicher Art hinnimmt, die Sympathie des Zuschauers erwecken soll. Horváths Verhältnis zu Heinrich Mann enthält nichts mehr von der distanzierten Haltung, die er Thomas Mann gegenüber an den Tag legt. Am Anfang bekennt er, daß der ältere Mann schon immer »something of a hero« für ihn gewesen sei (S. 27) – was bei dem der Heldenverehrung abgeneigten Horváth viel heißen will. Während in den Szenen, in denen Thomas Mann im Mittelpunkt steht, eine Tendenz zum Grotesken und Lächerlichen festzustellen ist, erreichen manche der Szenen mit Heinrich Mann eine beinahe tragische Dimension. Das schließt humorvolle Auftritte nicht völlig aus; dafür bietet die von Hampton aus Salka Viertels Memoiren übernommene Feier zu Heinrichs siebzigstem Geburtstag im Jahre 1941 ein Beispiel (1. Akt, 6. Szene).[18]

Heinrich Manns Mißerfolg in Hollywood und Amerika wird von Hampton zumindest teilweise darauf zurückgeführt, daß er als in der europäischen Kultur verwurzelt nicht bereit war, irgendwelche literarischen Zugeständnisse zu machen. Selbst als er sich nach der Nichtverlängerung seines Jahresvertrags mit dem Warner Brothers Filmstudio in materiell äußerst ungesicherter Lage befand, behauptete Heinrich Mann seine Unabhängigkeit als Schriftsteller durch Ablehnung von Änderungswünschen seines amerikanischen Verlegers – mit dem Resultat, daß seine Arbeit nicht veröffentlicht wurde (S. 45).[19] Hampton tendiert bei Heinrich Mann im allgemeinen dazu, seinen Vorlagen zu folgen, so daß sich keine größeren Diskrepanzen zwischen den Quellen und der Bühnenfigur feststellen lassen, wobei allerdings auch nach Hamptons Kritik an seinen Quellen zu fragen wäre. Wenn die Quellen den Eindruck eines unproduktiven Heinrich Mann erwecken, so tut Hampton nichts, um diesen Eindruck zu modifizieren, da eben die literarische Produktion für ihn nicht im Vordergrund des Interesses steht. Thomas Mann jedenfalls schrieb über die Arbeitsgewohnheiten seines Bruders während des kalifornischen Exils: »Am Morgen, (...), wenn er seinen starken Kaffee gehabt, früh sieben Uhr wohl bis Mittag, schreibt er, produziert unbeirrbar in alter Kühnheit und Selbstgewißheit, getragen von jenem Glauben an die Sendung der Literatur (...)«[20] So zieht Hampton die Selbstinterpretation Heinrich Manns für die Aussagen der Bühnenfigur heran, um die Schwere des Abschieds von Europa zu verdeutlichen: »Überaus leidvoll war dieser Abschied«[21] – ein Satz aus der in Kalifornien entstandenen Autobiographie *Ein Zeitalter wird besichtigt*, der von Hampton mit den lakonischen Worten »Hard to bear« (S. 30) wiedergegeben wird.

Den »ominösen«[22] Empfang im Hafen von New York, wo er am 13. 10. 1940 mit einem griechischen Dampfer eintraf, beschreibt die Figur Heinrich Mann dann gegenüber Horváth wie folgt: »the *New York Times* welcomed the arrival of the famous German author, Golo Mann. Then they said he was accompanied by his Uncle Heinrich (...) I wouldn't mind so much, except Golo's never written a book in his life« (S. 29). Hampton ist hier einer zählebigen Legende aufgesessen, die dem Vorurteil vom antiintellektuellen, antiliterarischen, antimusischen Amerika Vorschub leistet. Die »New York Times« vom 14. 10. 1940 berichtete vielmehr: »Franz Werfel, Heinrich Mann und fünfzehn weitere Autoren und Journalisten (...) kamen gestern aus

Lissabon (...) an (...) Heinrich Mann, der in Begleitung seines Neffen Gottfried (sic) Mann reiste, wurde am Pier von Dr. Thomas Mann abgeholt (...).«[23] Es ist daher nicht stichhaltig, aus dieser Meldung zu schließen, daß Heinrich Manns literarische Zukunft bereits bei Betreten der USA unter einem bösen Omen gestanden hätte – obwohl nicht übersehen werden darf, daß die »New York Times« ihren Lesern Heinrich Mann als Bruder des weitaus bekannteren Thomas Mann vorstellte.

Heinrich Manns Feststellung im Stück, daß er in Hollywood immer als der Autor des *Blauen Engel* eingeführt werde und daß seine gesamte Reputation in Amerika auf den Beinen von Marlene Dietrich ruhe (S. 28, 29), trifft im wesentlichen zu.[24] Aber Hamptons Textmanipulation erweckt den Eindruck, als ob man nur in Amerika den weltberühmten Film dem Roman *Professor Unrat* vorgezogen habe. Tatsächlich hatte Heinrich Mann seine Rezeption während der letzten Jahre der Weimarer Republik gemeint, als er über den *Blauen Engel* schrieb: »Das Land mußte ich verlassen (...). Kein Zweifel, ich war verhaßt, populär machte mich gerade der Haß. Viel Nachfrage fand ein Hampelmann: mein Kopf und die Beine einer Schauspielerin. Ein Filmstoff von mir hatte alle drei, das Talent der Frau und ihre zwei reizenden Gliedmaßen berühmt gemacht.«[25] Auf indirekte Weise zollt auch Hampton dem *Blauen Engel* seinen Tribut, da er das letzte Lebensjahrzehnt Heinrich Manns in einer Atmosphäre stattfinden läßt, die stark an den Film erinnert. Zugrunde liegen die folgenden biographischen Ereignisse: Heinrich Mann hatte in Berlin die um siebenundzwanzig Jahre jüngere Bardame Nelly Kröger kennengelernt, die ihm 1933 ins Exil nach Südfrankreich nachfolgte und die er dort 1939 vor seiner Flucht und Ankunft in Amerika geheiratet hatte. Während Salka Viertel Nelly Mann als »voluptuous, blond, blue-eyed Teutonic beauty with red lips and sparkling teeth« beschrieb[26], war Brechts Kommentar wesentlich kühler: »nelly, erst 45jährig, vulgär und von einer groben hübschheit, arbeitete in einer wäscherei, trinkt.«[27] Nelly Mann führte ein unorthodoxes Leben; sie konsumierte viel Alkohol und fuhr dann im betrunkenen Zustand Auto, wobei sie Verkehrsunfälle verursachte. Heinrich Mann hielt trotz allem zu ihr – die Parallele zum Professor Unrat im *Blauen Engel* drängt sich auf – und war tief entmutigt, als sich Nelly in einem ihrer durch Existenznöte verursachten Schwermutsanfälle am 17. 12. 1944 das Leben nahm.

Die besonders von der Familie Thomas Manns als skandalös empfundenen Vorgänge – einschließlich des von Golo Mann berichteten Erscheinens Nellys vor ihren Gästen ohne jede Bekleidung (S. 53)[28] – werden in *Tales from Hollywood* auf die Bühne gebracht. Es geht aber dabei nicht um einen billigen Publikumskitzel; vielmehr verfolgt Hampton eine zweifache Absicht. Zum einen macht er den Versuch, Nelly Mann dadurch zu rehabilitieren, daß die moralische Verurteilung ihres Verhaltens durch Thomas Mann und seine Familie durch die verständnisvoll-vorurteilslose Haltung Horváths aufgehoben wird. Dabei macht sich Hampton die in Joachim Seyppels Brief-Roman

Abschied von Europa, seiner Hauptquelle für diese Figur, aufgestellte These zu eigen, daß Nelly Kröger jüdischer Herkunft sei[29], wodurch sie den Status eines potentiellen Opfers der nazistischen Judenverfolgungen erhielt. Die jüdische Abkunft versucht Nelly im Stück durch antisemitische Äußerungen zu kaschieren. Zum andern benutzt Hampton die Episoden um Heinrich Mann und seine Frau zur weiteren Bloßstellung Thomas Manns. Da Nellys Verhalten zu Spannungen zwischen Heinrich und dem auf bürgerliche Respektabilität bedachten Thomas geführt hatte, wurde der Tod Nellys von letzterem als Erleichterung empfunden. Golo Mann schrieb über das getrübte Verhältnis der Brüder: »Alles wurde besser, unvergleichlich besser, nachdem Nelly Manns letzter Selbstmordversuch ihr geglückt war – man muß leider sagen, zum Glück.«[30] Solchen »humanistisch verbrämten Sadismus«[31] der Familie Thomas Manns – die Formulierung stammt aus Seyppels Roman – will der Dramatiker anprangern. Daher werden im Stück Brechts Anschuldigungen aus dem *Arbeitsjournal* wiederholt, die Golo Mann in der »Zeit«[32] zu widerlegen versuchte, etwa: »h[einrich] m[ann] hat nicht das geld, einen arzt zu rufen, und sein herz ist verbraucht. sein bruder, mit einem haus, das er sich baute, 4–5 autos, läßt ihn buchstäblich hungern.«[33]

Das menschliche Versagen Thomas Manns wird durch sein politisches und ideologisches Defizit als Schriftsteller und Publizist ergänzt. So jedenfalls sieht es Hamptons Brecht, der den Entwicklungsprozeß Thomas Manns vom »ästhetisch-aristokratischen Individualismus (...) zu einem geistig-individualistisch gestimmten Sozialismus«[34], wie ein Bewunderer des Nobelpreisträgers diese Entwicklung umschrieb, als politische Ignoranz und politischen Opportunismus mit einem versteckten Hinweis auf die *Betrachtungen eines Unpolitischen* wie folgt diskreditiert: »Heinrich saw the way things were going before the last war (dem Ersten Weltkrieg), he understood about Fascism, while Hitler was still slapping paint on beer halls. Thomas thought that war was just what Dr. Nietzsche ordered, he supported it, he thought democracy was some new-fangled French fad that wouldn't last ten minutes in Germany« (S. 59–60).

Horváth glaubt, daß 1929 der falsche Bruder den Nobelpreis erhalten habe, und er empfindet Ärger und Scham darüber, daß er dem distinguierten Heinrich Mann auf der Toilette eines Filmstudios in Hollywood wiederbegegnet (S. 30). Horváth artikuliert hier eine in der Sekundärliteratur verbreitete Auffassung über das amerikanische Exil Heinrich Manns, die sich bei Nigel Hamilton in der folgenden Formulierung findet: »That America should have passed up this champion of European democracy, perhaps the most lucid and perceptive of all Hitler's opponents among European intellectuals, was undoubtedly a tragedy.«[35] Die Schuld an der Wirkungs- und Bedeutungslosigkeit Heinrich Manns in Hollywood wird einseitig der »ihn umgebenden Kulturlosigkeit«[36] zugewiesen; eher am Rande wird beachtet, daß der Kontinentaleuropäer Heinrich Mann dem anglo-amerikanischen Kulturraum lange Zeit indifferent gegenübergestanden hatte und, wie Hamilton meint, zu alt war, nach seiner Ankunft in den Vereinigten Staaten »to respond to the youthful demands of the New World«.[37] Dies mindert natürlich die persönliche Tragödie und die menschliche Größe Heinrich Manns nicht im geringsten. In seiner abschließenden Gegenüberstellung der beiden Brüder hebt Horváth noch einmal den Aspekt des Leidens von Heinrich Mann hervor, indem er in einem erlebten und in einem vorgestellten Bild den heruntergekommenen, über seine sterbende Frau verzweifelten Heinrich Mann mit dem angepaßten, arrivierten und akzeptierten Thomas Mann kontrastiert (S. 84). Das emotional aufgeladene Bild von Heinrich Mann sichert dieser Bühnenfigur gewiß die Sympathien der Zuschauer; ganz offensichtlich schätzt Hampton Heinrich Manns menschliche Anständigkeit und moralische Integrität trotz fehlender öffentlicher Ausstrahlung weitaus höher als die kompromißverdächtige publizistische Tätigkeit Thomas Manns.

Während Horváth Thomas Mann gegenüber eine kritisch-distanzierte und gegenüber Heinrich Mann eine an Bewunderung grenzende Haltung einnimmt, setzt er sich mit der dritten im Stück auftretenden prominenten Exilfigur, Brecht, in direkter Konfrontation auseinander. Die Kontroverse zwischen Horváth und Brecht betrifft besonders die Themen Dramentheorie und Politik. Ein eingehender Diskurs der beiden Dramatikerfiguren in der Art von Brechts *Messingkauf* hätte offensichtlich den Rahmen des Stücks gesprengt, daher beschränkt sich Horváth auf eher spielerische Bemerkungen, die einzelnen Aspekte der Brechtschen Theorie und Praxis in Frage stellen. Er mokiert sich über die von Brecht angestrebte Verwandlung der »zustimmende(n), einfühlende(n) Haltung des Zuschauers in eine kritische Haltung« durch den Verfremdungseffekt[38]: »Brecht always liked people to be aware that they were in a theatre. I said to him more than once, but Brecht, what makes you think they're anywhere else?« (S. 40). Des weiteren parodiert Hampton einige technische Effekte der Brechtbühne, wenn in einer Szene bei Brechts Auftritt das vom Stückeschreiber geforderte harte, weiße Licht eingeschaltet wird (S. 56) oder Brecht mit Transparenten hantiert, die auf die von Brechtaufführungen bekannte Halbgardine mit Titelprojektionen anspielen.

Der Kern der Auseinandersetzung zwischen Horváth und Brecht betrifft die Funktion des Theaters. Brecht bekundet unermüdlich seine Abneigung gegen die kapitalistischen Vermarktungsmethoden Hollywoods, »the funeral parlour of the spirit« (S. 80), und adaptiert eine der Marxschen »Thesen über Feuerbach«, um die Veränderungsfunktion seines Theaters zu demonstrieren: »(...) in the theatre it's not enough just to interpret the world any more: you have to change it« (S. 80).[39] Diesem aktivistischen Programm stellt Horváth, der die Stellung des Schriftstellers als die eines Außenseiters ohne politische oder ideologische Bindung definiert hatte, seine eigene Auffassung entgegen. In seinen Stücken, so lassen sich seine Argumente zusammenfassen, stehe nicht die abstrakte Menschheit oder Gesellschaft im Mittelpunkt, sondern das Individuum mit seinen Freuden und Leiden. Folglich schreibe er über: »(...) ordinary people, how bizarre they are (...) about life, as it regrettable is (...) about the poor, the ignorant, about victims of society, women especially« (S. 38). Die Ansichten der Bühnenfigur entsprechen denen des historischen Horváth, der in einem Interview 1932 erklärte, daß der Vorwurf, er »sei zu derb, zu ekelhaft, zu unheimlich, zu zynisch«, nicht zuträfe, da er doch »kein anderes Bestreben habe, als die Welt so zu schildern, wie sie halt leider ist«.[40] Seinem realistischen Stilprinzip fehlt daher die Brechtsche Komponente des Zukunftsentwurfs, die die Bühnenfigur Horváth mit dem Argument ablehnt, daß die Zuschauer nicht ins Theater gingen, um »blueprints« einer künftigen Gesellschaft vorgesetzt zu bekommen (S. 80) und Instruktionen für das richtige Verhalten zur Schaffung einer besseren Welt zu empfangen, nachdem sie schon tagsüber am Arbeitsplatz ständig instruiert worden seien. Vielmehr: »They want to be told what they are« (S. 80).[41] Festzuhalten bleibt, daß der Autor Hampton wie seine Figur Horváth nicht der Meinung ist, daß »Theater die Welt verändert, es sei denn auf indirekte, fast undefinierbare Art und Weise. Das heißt, Ideen werden in Bewegung gesetzt, die möglicherweise einsickern und eine Änderung verursachen«.[42]

Brechts Bestreben, die Welt zu verändern, äußere sich in einer rein abstrakten Liebe zur Menschheit, ignoriere jedoch das Individuum, behauptet Horváth, und Brechts Reaktion auf den Fall Carola Neher soll dafür den Beweis liefern. Die Schauspielerin war wegen angeblich trotzkistischer Umtriebe in der Sowjetunion verhaftet und umgebracht worden. Als er nach ihrem Schicksal gefragt wird, gibt Brecht die wegen ihrer Verallgemeinerung auf alle Opfer des Stalinismus anwendbare, provozierend wirkende Antwort: »The innocent, you know (...) I think they deserve everything they get« (S. 50). Nun ist ein ähnlicher Ausspruch Brechts über die Moskauer Schauprozesse aus dem Jahre 1935 überliefert[43], aber trotz seines problematischen Verhältnisses zu Stalin und zum Stalinismus[44] trifft es nicht zu, daß er Carola Nehers Verschwinden in der Sowjetunion ignorierte.[45] Diese Textmanipulation Hamptons resultiert aus einer allzu vereinfachten Wiedergabe eines komplexen Sachverhalts; der Stückeschreiber, dessen Theorien Hampton ablehnt, wird auch menschlich diskreditiert. In der Düsseldorfer Aufführung wurde die Stelle über Carola Neher kurzerhand vom Regisseur, dem Brecht-Schüler Peter Palitzsch, gestrichen.[46]

Nur auf einem Gebiet ist eine Annäherung der Standpunkte Horváths und Brechts zu bemerken; beide sind sich in ihrer Ablehnung Hollywoods einig. Hampton bietet im Stück eine nicht sehr gelungene Umschreibung von Brechts Gedicht »Hollywood«, dessen elegischer Ton in der Tat dem in den Horváthschen Volksstücken vorherrschenden vergleichbar ist: »Jeden Morgen, mein Brot zu verdienen / Gehe ich auf den Markt, wo Lügen gekauft werden. / Hoffnungsvoll / Reihe ich mich ein zwischen die Verkäufer.«[47] Das Gedicht deutet an, daß Brecht trotz widriger Umstände nicht geneigt war zu resignieren. Sein Aktivismus äußerte sich ebenfalls auf politischem Gebiet – innerhalb der den meisten Exilanten gezogenen Grenzen. Als im Juli 1943 das Moskauer Nationalkomitee Freies Deutschland seinen Aufruf an die deutschen Soldaten und Arbeiter veröffentlichte, ergriff Brecht die Initiative, die deutschen Exilanten in Amerika zu einer ähnlichen Erklärung über die Abschüttelung des faschistischen Jochs zu veranlassen. Am 1.8.1943 fand ein Treffen deutscher Schriftsteller in Berthold und Salka Viertels Haus statt, an dem Thomas Mann, Heinrich Mann, Brecht und andere teilnahmen. Nach über vier Stunden teils hitziger Debatte einigten sich die Beteiligten über den Wortlaut des Aufrufs, der einen Appell an das deutsche Volk enthielt, »seine Bedrücker zu bedingungsloser Kapitulation zu zwingen und eine starke Demokratie in Deutschland zu erkämpfen«[48], und unterzeichneten ihn. Aber bereits am nächsten Tag zog Thomas Mann seine Unterschrift zurück. Er tat das wahrscheinlich aus Furcht, daß man ihn mit einer vermeintlich von Kommunisten gesteuerten Aktion in Verbindung bringen könne; weiterhin schien ihm ein Satz in dem Aufruf bedenklich, in dem scharf zwischen dem Hitlerregime einerseits und dem deutschen Volk andererseits unterschieden wurde. Mit diesem Satz wurde die Kollektivschuldthese, die als Grundlage der Nachkriegspolitik der Alliierten gegenüber Deutschland dienen konnte, angegriffen – ein Schritt, von dem Thomas Mann im nachhinein annahm, daß er die Rechte der Alliierten beeinträchtigen könne.[49] Brecht äußerte seine maßlose Empörung über die »jämmerlichkeit« des Hauptvertreters der bürgerlichen »›kulturträger‹« – ohne Thomas Manns Unterschrift war der Aufruf zur Resonanzlosigkeit in der Öffentlichkeit verurteilt – in seinem *Arbeitsjournal* und verstieg sich zu dem Satz: »für einen augenblick erwog sogar ich, wie das ›deutsche volk‹ sich rechtfertigen koennte, daß es nicht nur die untaten des hitlerregimes, sondern auch die romane des herrn mann geduldet hat, die letzteren ohne 20–30 ss-divisionen über sich.«[50] Das Treffen der exilierten Schriftsteller sowie auch Brechts bittere Reaktion über den vermeintlichen Verrat Thomas Manns werden von Hampton übernommen (2. Akt, 16.–17. Szene). Während jedoch der gescheiterte Versuch, die Nachkriegszukunft Deutschlands mitzubestimmen, den Exilanten von einem Forscher als »nationales Verdienst«[51] angerechnet wird, lenkt Hampton das Schwergewicht auf die der Diskussion um den Aufruf inhärente Ironie und auf die Vergeblichkeit des Bemühens, im Exil Weltpolitik betreiben zu wollen. Nelly Manns respektloser Heiterkeitsausbruch angesichts des quantitativ dürftigen Resultats nach vierstündiger Diskussion der Schriftsteller zerstört jede Assoziation nationaler Großtaten (S. 76). Wichtiger ist, daß Horváth dem auf der Unterscheidung von Hitlerregime und deutschem Volk beharrenden Brecht nicht zu Unrecht zu bedenken gibt, daß Deutsche »in pretty considerable numbers« Hitler gewählt hätten (S. 78). Mit dieser

Äußerung wird ein neuralgischer Punkt erreicht, der an die noch nicht abgeschlossene Diskussion um die Vergangenheitsbewältigung rührt. Ein britischer Rezensent meinte, daß die von Brecht intendierte Deklaration dazu beigetragen habe, den Mythos von den Nazis und den anderen Deutschen zu schaffen, von dem die beiden Hälften Deutschlands immer noch zehrten.[52] Schließlich weigert sich Horváth, den Aufruf zu unterschreiben, da er keinen Sinn darin sieht und die ganze Angelegenheit als »meaningless and self-important« betrachtet (S. 80). Seine Weigerung steht für eine Absage nicht nur an den politischen Aktivismus Brechtscher Prägung, sondern an weltanschaulich oder ideologisch motivierte Aktionen und Positionen schlechthin.

In der Situation des Exils in Hollywood war die Außenseiterrolle für viele Schriftsteller praktisch vorprogrammiert. Nur Thomas Mann gelingt es, ihr zu entkommen, aber nicht, insistiert Hampton, ohne einen Verlust an menschlicher Substanz. Heinrich Mann dagegen erscheint als unschuldiges Opfer, das aber an menschlicher Würde und moralischer Integrität alle anderen Figuren überragt. Brechts Aktionismus in der politischen Sphäre ist zum Scheitern verurteilt; auf dem Theater, meint Brechts von Horváth und Handke beeinflußter Nachfahre Hampton, hat er nur Scheinlösungen anzubieten, die einer zunehmend komplexen Wirklichkeit und komplexen Formen des Bewußtseins nicht mehr gerecht werden. Horváth schließlich, der Außenseiter par excellence, läßt die Exilanten Revue passieren und führt ihre Reaktionen auf die Herausforderung Hollywoods einer potentiell großen Zuschauerzahl vor. Wie sein Autor Hampton verkündet er keine Thesen; vielmehr schildert er die Welt so, wie sie aus seiner Sicht »halt leider ist« – einschließlich der Skandalgeschichten. Ob man nun der durch Horváth und seinen Autor determinierten Perspektive, von der aus die Welt der Schriftsteller in ihrem Exil in Hollywood betrachtet wird, zustimmt oder nicht, diese Welt wieder verlebendigt und ein Kapitel deutscher Literaturgeschichte des zwanzigsten Jahrhunderts vergegenwärtigt zu haben ist das Verdienst Christopher Hamptons.

---

1 Christopher Hampton: *Geschichten aus Hollywood*. In Los Angeles (1982), Düsseldorf (1983) und London (1983) aufgeführt und von Alissa und Martin Walser ins Deutsche übersetzt. In: »Theater heute« (Mai 1983), S. 31–45. — 2 Christopher Hampton: *Tales from Hollywood*. London 1983, S. 7. Nach dieser Ausgabe wird im folgenden mit Seitenzahlangabe im Text zitiert. — 3 Vgl. Bryan F. Tyson: »Christopher Hampton«. In: *Dictionary of Literary Biography*. Bd. 13: *British Dramatists since World War II*. Teil I. Detroit, Michigan 1982, S. 226–234. — 4 Tyson, a.a.O., S. 229. — 5 Im Januar 1977 wurden *Tales from the Vienna Woods*, Hamptons englische Version von Horváths Volksstück *Geschichten aus dem Wiener Wald*, in London uraufgeführt; mit Maximilian Schell schrieb Hampton das Drehbuch zum Film *Geschichten aus dem Wiener Wald* (1979), und ein Jahr vorher hatte die Londoner Premiere von Hamptons Übersetzung von Horváths *Don Juan kommt aus dem*

Krieg stattgefunden. — **6** Michael Radcliffe: »Sunset Waltz of the Emigrés«. In: »Sunday Times« vom 21.8.1983. — **7** »Horváth im Hollywood-Exil«. In: »Der Spiegel« vom 28.3.1983, S.192. — **8** Vgl. dazu Erna M. Moore: »Exil in Hollywood: Leben und Haltung deutscher Exilautoren nach ihren autobiographischen Berichten«. In: John M. Spalek und Joseph Strelka (Hg.): *Die deutsche Exilliteratur seit 1933*. Bd. I: *Kalifornien*. Teil I. Bern 1976, S. 21–39. — **9** Vgl. Joseph Kraus: »Billy Wilder«. In: *Die deutsche Exilliteratur seit 1933*. A.a.O., S. 820–826. — **10** Hampton bezeichnet Horváths Vorliebe für das Bizarre und Groteske als konstituierendes Element seiner Weltsicht. Vgl. Ratcliffe, a.a.O. — **11** Heinrich Mann: »Mein Bruder«. In: »Neue Rundschau«. Sonderheft zu Thomas Manns 70. Geburtstag (6. Juni 1945), S. 3. — **12** Thomas Mann: »Dieser Friede«. In: *Gesammelte Werke*. Frankfurt/M. 1960, Bd. 12, S. 830. — **13** Thomas Mann, a.a.O., S. 839. — **14** Thomas Mann: »Foreword«. In: *Order of the Day. Political Essays and Speeches of Two Decades*. New York 1942, S. XIV. — **15** Ratcliffe, a.a.O. — **16** Hampton behauptet allerdings: »I still think Thomas is a wonderful writer, probably in the end better than Heinrich.« Ratcliffe, a.a.O. — **17** Alfred Kazin: »The Double Life of Thomas Mann.« Rezension von Richard Winston. *Thomas Mann: The Making of an Artist, 1875–1911*. In: »Saturday Review« (Dezember 1981), S. 70. — **18** Salka Viertel: *The Kindness of Strangers*. New York 1969, Vgl. 250–251. Vgl. auch Alfred Döblins Bericht in seinem Brief vom 24.7.1941 an Hermann Kesten; Abdruck bei Ulrich Weisstein: »Heinrich Mann.« In: *Die deutsche Exilliteratur seit 1933*. A.a.O., S. 451. — **19** Es handelt sich um Heinrich Manns *Kriegstagebuch*, das von Thomas Manns Verleger Knopf unter der Bedingung von Änderungen, die Heinrich Mann ablehnte, zur Publikation angenommen worden war. Nelly Mann berichtet von dem Vorfall in einem Brief vom 25.9.1941 an ihre Freundin Salomea Rottenberg. Vgl. Nigel Hamilton, a.a.O., S. 321. — **20** Thomas Mann: »Bericht über meinen Bruder«, a.a.O., Bd. 11, S. 479. — **21** Heinrich Mann: *Ein Zeitalter wird besichtigt*. Reinbek bei Hamburg 1976, S. 312. — **22** Nigel Hamilton, a.a.O., S. 314. — **23** Der deutsche Text wird zitiert nach Michael Winkler (Hg.): *Deutsche Literatur im Exil 1933–1945. Texte und Dokumente*. Stuttgart 1977, S. 131–133. Bereits Ulrich Weisstein, a.a.O., S. 444 und 467, Anm. 12, hat auf den richtigen Text in der »New York Times« vom 14.10.1940 hingewiesen – anscheinend ohne großen Erfolg. Vgl. z. B. Jürgen Haupt: *Heinrich Mann*. Stuttgart 1980, S. 170. — **24** Nigel Hamilton, a.a.O., S. 321. — **25** Heinrich Mann, a.a.O., S. 239. — **26** Salka Viertel, a.a.O., S. 249. — **27** Bertolt Brecht: *Arbeitsjournal*. Frankfurt/M. 1973, S. 643 (11.11.1943). — **28** Golo Mann: »Die Brüder Mann und Bertolt Brecht«. In: »Die Zeit« (nordam. Ausg.) vom 2.3.1973, S. 9–10. — **29** Joachim Seyppel: *Abschied von Europa. Die Geschichte von Heinrich und Nelly Mann dargestellt durch Peter Aschenback und Georgiewa Mühlenhaupt*. 3. Aufl. Berlin 1979, S. 352–357. — **30** Golo Mann, a.a.O. — **31** Joachim Seyppel, a.a.O., S. 315. — **32** Golo Mann, a.a.O. — **33** Bertolt Brecht: *Arbeitsjournal*, a.a.O., S. 643 (11.11.1943). Vgl. auch Bd. 1, S. 325 (3.12.1941). Im Stück lautet die entsprechende Stelle: »(Thomas Mann) basks up there in the Palisades like some old lizard, wallowing in money, with his secretary and his servants and his five cars and his brother's down here, sweating and broke, with an insane wife and not even enough to get his shoes repaired« (S. 59). — **34** Joachim Maass: »Thomas Mann. Geschichte einer Liebe im Geiste«. In: »Neue Rundschau«, a.a.O., S. 111. — **35** Nigel Hamilton, a.a.O., S. 321. — **36** Jürgen Haupt, a.a.O., S. 173. — **37** Nigel Hamilton, a.a.O., S. 321. — **38** Bertolt Brecht: »Neue Technik der Schauspielkunst«. In: *Gesammelte Werke*, a.a.O., Bd. 15, S. 378. — **39** Karl Marx: »Die deutsche Ideologie (1845/46). A. Thesen über Feuerbach, ad Feuerbach«. In: Siegfried Landshut (Hg.): *Die Frühschriften*. Stuttgart 1953, S. 341: »Die Philosophen haben die Welt nur verschieden *interpretiert*; es kömmt darauf an, sie zu *verändern*.« — **40** »Ödön von Horváth in einem Interview am 6.4.1932«. In: Traugott Krischke (Hg.): *Materialien zu Ödön von Horváths »Geschichten aus dem Wiener Wald«*. Frankfurt/M. 1972, S. 7. — **41** Peter Handke: »Persönliches Postskriptum«. In: Traugott Krischke (Hg.): *Materialien zu Ödön von Horváth*. Frankfurt/M. 1970, S. 179–180. Diese dezidierte Zurückweisung des Brechtschen Weltveränderungstheaters durch die Bühnenfigur Horváth geht auf Peter Handkes 1968 verfaßte vehemente Attacke auf den »Trivialautor« Brecht zurück, die unter dem provokatorischen Titel »Horváth ist besser als Brecht« erschien. Laut Handke sind Brechts »Denkmodelle (...) allzu vereinfacht und widerspruchslos«; Horváth dagegen registriere »die Sprünge und Widersprüche des Bewußtseins« viel genauer. Obwohl Handke seine überspitzte Polemik nur wenig später modifizierte, sprach er Brecht weiterhin eine über das Theater hinausreichende Wirkung seiner Stücke ab. Siehe: »Peter Handke noch einmal über Brecht – und über das Straßentheater der Studenten«. In: »Theater heute« (April 1968), S. 7. — **42** Gerd Jäger: »Die Impotenz der Intellektuellen. Ein Gespräch mit Christopher Hampton.« In: »Theater heute« (Mai 1983), S. 28. — **43** Sidney Hook: »A Recollection of Berthold (sic) Brecht.« In: »New Leader« vom 10.10.1960, S. 23. — **44** Vgl. David Pike: »Brecht and Stalin's Russia:

The Victim as Apologist (1931–1945).« In: *Beyond Brecht. Brecht Yearbook.* 11 (1982), S. 177–182. — **45** Vgl. Brechts Brief an Lion Feuchtwanger vom Mai 1937. In: Günter Glaeser (Hg.): Bertolt Brecht. *Briefe.* Frankfurt/M. 1981, S. 326. — **46** Gerhard Stadelmeier: »Horváth in Hollywood. Das Stück.« In: »Theater heute« (Mai 1983), S. 26. — **47** Bertolt Brecht: *Gesammelte Werke,* a.a.O., Bd. 10, S. 848. In *Tales from Hollywood* lautet die entsprechende Stelle: »When you take your place in the line with all the other whores and pimps and pushers, there's one thing you feel more than anything else, and it's what really makes me ill, and what it is is hope« (S. 58). — **48** Bertolt Brecht: *Arbeitsjournal,* a.a.O., S. 597 (1.8.1943). — **49** Vgl. James K. Lyon: *Bertolt Brecht in America.* Princeton 1980, S. 263–270. — **50** Bertolt Brecht: *Arbeitsjournal,* a.a.O., S. 599 (2.8.1943). — **51** Herbert Lehnert: »Bert Brecht und Thomas Mann im Streit über Deutschland.« In: *Deutsche Exilliteratur seit 1933,* a.a.O., S. 64. — **52** Michael Radcliffe, a.a.O.

Klaus Müller-Salget

Zum Beispiel: Heinz Liepmann

*Sie sind ein Schriftsteller, nicht wahr?
Das heißt: ein Moralist!*[1]

I

Heinz Liepmann ist der Exilforschung lange Zeit nur als ›Fall Liepmann‹ ein Begriff gewesen. Man wußte von ihm, daß er 1934 in den Niederlanden das Opfer eines Justizskandals geworden war und daß den Anlaß sein Roman *Das Vaterland* gegeben hatte. Was in diesem Buch stand und was Liepmann sonst noch geschrieben hat, wußte man schon sehr viel weniger; lexikalische Angaben über ihn wimmelten von Fehlern, dies freilich nicht ohne Verschulden des Autors selbst, der dazu neigte, gewisse Perioden seines Lebens in Dunkel zu hüllen oder aber zu verklären.

1972, sechs Jahre nach Liepmanns Tod, lieferte Gisela Berglund eine erste Analyse seines zweiten Exilromans *... wird mit dem Tode bestraft*[2], und Ernst Loewy hat 1979 einen Auszug aus diesem Werk in seine Anthologie übernommen.[3] Im gleichen Jahr publizierte der Konkret-Verlag eine Neuausgabe von *Das Vaterland* mit einem Vorwort von Heinrich Böll; zwei Jahre später wurde diese Ausgabe vom Fischer Taschenbuch Verlag übernommen[4], und noch einmal zwei Jahre später erschien auch die erste und bislang einzige ausführliche Untersuchung zu diesem Roman und zu seinem Umfeld, Richard Albrechts Aufsatz »Machtübergabe, Machtübernahme und Machtausübung im Spiegel des ersten antifaschistischen Exilromans 1933 – Heinz Liepmanns ›Tatsachenroman‹ ›Das Vaterland‹«.[5]

Obgleich die beiden Romane bei ihrem ersten Erscheinen großes Aufsehen erregt haben und in alle wichtigen Sprachen übersetzt worden sind[6] und obwohl ihr Autor sich schon vor 1933 als Romancier einen Namen gemacht hatte, ist dann auf Jahre hinaus wenig von ihm zu hören gewesen. Brecht-Kenner mögen den Grund geahnt haben, nachdem 1962 in der Werkausgabe der Text »(Beurteilung eines Buches)« gedruckt worden war: der Bericht über ein Zusammentreffen Brechts mit Liepmann, der ihm seine Drogenabhängigkeit gebeichtet und ihn bezüglich der Glaubwürdigkeit seines Schreibens um Rat gefragt hatte.[7]

Auf der Suche nach den Hintergründen dieser Exilexistenz gerät man freilich nicht in eine private Skandalstory, sondern auf die Spuren eines in vieler Hinsicht exemplarischen Lebenslaufs, exemplarisch im Sinne eines für Liepmanns Generation, insbesondere für die jüdische Intelligenz dieser Generation kennzeichnenden Schicksals.

II

Geboren wurde Max Heinz Liepmann am 25. August 1905 in Osnabrück. Sein Vater, der (unselbständige) Kaufmann Salomon Liepmann, 1878 in Hamburg geboren, stammte aus einer dort alteingesessenen jüdischen Schiffshandwerkerfamilie, übersiedelte auch bald nach Heinzens Geburt mit der Familie wieder nach Hamburg. Hermine, die Mutter, war 1871 in Mönchengladbach geboren als Tochter des Kaufmanns Abraham Holländer, der sich fünf Jahre zuvor in der Schlacht bei Königgrätz als Füsilier ausgezeichnet hatte und mit dem Militärehrenzeichen zweiter Klasse dekoriert worden war.[8] Seinen Sohn, Hermines um zwei Jahre jüngeren Bruder, nannte er Siegmund[9], und Salomon Liepmann hat diesen germanischen Heldennamen für den innerfamiliären Gebrauch übernommen.[10] Die hier deutlich werdende, damals ja weitverbreitete deutschnationale Assimilationswilligkeit bewies Salomon/Siegmund Liepmann noch einmal 1914, als er sich freiwillig meldete. Am 27. April 1917 ist er an den Folgen eines Bauchschusses vor Arras gestorben. Dieser Tod leitete die Zerstörung der Familie ein und hat dazu geführt, daß der Erste Weltkrieg für Heinz Liepmann ein traumatisch besetztes Beraubungserlebnis auch ganz persönlicher Art geblieben ist. Der behütete Junge und erfolgreiche Oberrealschüler erlebte jetzt ein Unglück nach dem anderen. Im Februar 1918 starb auch die Mutter, sei es an gebrochenem Herzen, sei es an Unterernährung, sei es an einem schon länger währenden Magenleiden, wahrscheinlich an allem zusammen. Die Geschwister wurden getrennt; Else kam nach Osnabrück, Heinz zu einem wohl gutwilligen, pädagogisch aber gänzlich unbegabten Onkel nach Bielefeld, vor dessen Unverstand er schließlich 1921 ausriß, und zwar so weit wie möglich: erst nach Lindau, wo er mit wenig Erfolg in einer Gärtnerei arbeitete, dann mit einem Klaviertransporter nach Amerika. Der freilich geriet in einen Sturm, und das wilde Getön der losgerissenen Instrumente soll dem jungen Liepmann die Seefahrerei gründlich verleidet haben.

Jedenfalls kehrte er 1922 nach Deutschland zurück, nicht nach Hamburg (wo man ihn wohl wieder unter Vormundschaft gestellt hätte), sondern nach Frankfurt/M., wo er begann, mit allerlei Gelegenheitsarbeiten, aber auch schon mit Beiträgen für die »Frankfurter Zeitung« seinen Lebensunterhalt zu verdienen. Die Erlebnisse der Jahre 1917 bis 1922 haben Liepmann entscheidend geprägt, und auf sie sind fast sämtliche Grundmotive seiner späteren Werke zurückzuführen.

Sein Haß auf den Krieg, der ihn noch 1966 eine Lanze für das bedrohte Recht auf Kriegsdienstverweigerung brechen ließ, geht zurück auf den Verlust des Vaters an eine zermalmende Militärmaschinerie. Ins Bild gesetzt findet sich das in Liepmanns erster zwischen

Buchdeckeln erschienenen Veröffentlichung, der Erzählung *Die Parade*, die Hermann Kesten 1929 in die Anthologie *24 neue deutsche Erzähler* aufgenommen hat.[11] Da wohnen der sechzehnjährige Martin und seine Mutter einer Truppenparade bei, ohne in der maschinenmäßig vorbeistampfenden Menge feldgrauer Automaten den Vater ausmachen zu können. Sehr wohl gelingt das dem kleinen Hund der Familie, der sich kläffend ins Gewühl und auf seinen Herrn stürzt, als Störfaktor aber von einem Unteroffizier aufs Bajonett gespießt wird – der nach getaner Tat ebenso gesichtslos im feldgrauen Einerlei verschwindet wie der Vater; »Martin hat ihn nicht mehr geliebt«, lautet der Schlußsatz.[12]

Gleichzeitig mit dem Verlust des Vaters wurde dem Elfjährigen auch schon die Sinnlosigkeit solchen Opfers vor Augen geführt, insbesondere sofern deutsche Juden sich von ihrem vaterländischen Engagement eine Aufnahme in die Gemeinschaft erhofft hatten. 1930 berichtete Liepmann in der »Weltbühne« vom Tod des Vaters und von den Prügeln, die er selbst von seiten patriotischer ›Heimatfrontler‹ bezogen hatte.[13] Pointierter heißt es zwei Jahre später in dem Beitrag »Judentum und Marxismus«: »Mir ist ein Fall bekannt, da ein Jude als Freiwilliger, ohne Zwang, ins Feld zog und dort vorm Feind fiel, ein Kind zurückließ, das wegen seines jüdischen Aussehens eben an jenem Tage, als es die Nachricht vom Tode seines Vaters erhielt, von einer Horde begeisterter Antisemiten, die vorgezogen hatten, den Krieg in der Heimat zu verbringen, geschmäht wurde. Ein fassungsloses Gefühl für ein Kind.«[14] Aus solchen Zurück- und Ausstoßungserlebnissen leitet Liepmann in diesem Aufsatz allgemein die revolutionären Neigungen junger Juden her – eine für ihn bezeichnende individualistische Betrachtungsweise, die die Möglichkeiten kollektiver Erfahrung außer acht läßt. – Er selbst jedenfalls wurde auf die beschriebene drastische Weise von der Vergeblichkeit jüdischer Selbstaufgabe überzeugt, ohne freilich die Konsequenz des Zionismus zu ziehen. Zwar hat er sein Judentum nie zu verheimlichen versucht (was ihm wegen seines prononciert ›jüdischen‹ Aussehens auch gar nicht möglich gewesen wäre[15]), aber zum Thema seines Schreibens hat er es nur in Zeiten der Gefährdung und der Verfolgung gemacht: in den letzten Jahren der Weimarer Republik, während der NS-Herrschaft und dann wieder um 1960, als die Mixtur von krampfhaftem Philosemitismus und neuem Antisemitismus ihn zu beunruhigen begann.

Der frühe Verlust der Eltern und der Zwang zu früher Selbständigkeit haben, neben der Kriegsgegnerschaft und der Bewußtwerdung des Judentums, noch eine dritte wesentliche Komponente von Persönlichkeit und Werk entstehen lassen: das Grundgefühl, um Kindheit und Jugend betrogen worden zu sein. Vor allem in den drei Romanen der Vor-Hitler-Zeit, deren erster den bezeichnenden Titel *Nächte eines alten Kindes* trägt, kommt dieses existentielle Defizit immer wieder zur Sprache. Das Gefühl, zu früh hinausgestoßen worden zu sein, hatte naturgemäß regressive Tendenzen zur Folge; Flucht in den Traum, Flucht ins Selbstmitleid bis hin zum Selbstmord, Flucht in die Arme erlösender Frauengestalten, Schuldgefühle auch gegenüber der toten Mutter sind leitmotivisch wiederkehrende Signale dieses Zusammenhangs.

Offenkundig hat der junge Liepmann sich sozusagen als kriegsbeschädigt empfunden, als persönlich beschädigt durch überpersönliches Geschehen, weshalb er auch immer wieder versucht hat, Überpersönliches vom Persönlichen her zu gestalten, ohne freilich stets die angestrebte Transparenz zu erreichen. Beschädigung und Desillusionierung sind durchaus vergleichbar den teilweise umstürzenden Erfahrungen älterer Schriftstellerkollegen, die den Krieg selbst als Soldaten mitgemacht hatten und sich, wie etwa Arnold Zweig, vom Chauvinisten zum Pazifisten wandelten. Der spezifische Unterschied besteht in Liepmanns Empfinden, um einen wesentlichen Entwicklungsabschnitt betrogen worden zu sein, einem Empfinden, das er in den Romanen der Weimarer Zeit für seine Generation zu verallgemeinern versucht hat.

III

Liepmanns Jahre in Frankfurt und dann wieder Hamburg sind bislang noch unzureichend belegt. Einigermaßen gesichert scheint, daß er Vorlesungen an der Frankfurter Universität hörte (Medizin, Psychologie, Philosophie), daß er beim Feuilleton der »Frankfurter Zeitung« volontierte, in den Jahren 1924/25 bei den Städtischen Bühnen Regie- und Dramaturgieassistent war und dann als Hilfsdramaturg an die Hamburger Kammerspiele ging.[16] Hauptsächlich dürfte er sich als Journalist durchgebracht haben. Bezüglich seiner belletristischen Arbeiten geistern aufgrund eigener Angaben für Kürschners Literatur-Kalender immer noch Werktitel durch die Lexika, die teilweise nur geplant waren, teilweise über den Status des Bühnenmanuskripts nicht hinausgekommen sind.

Bei den im Kürschner 1928 bzw. 1932 angeführten Romanen *Das zwiefache Leben des Adrian Moog* und *... nur Verbrecher sind gute Menschen* dürfte es sich um Arbeitstitel für *Nächte eines alten Kindes* und *Die Hilflosen* handeln. Ob es die dort ebenfalls verzeichneten Dramen *Der Tod des Kaisers Wang-ho* (1926) und *Die Kammer ist schuld daran* (1927) wirklich gegeben hat, weiß ich nicht. In den *Nächten* spielen »das chinesische Stück« und die vergebliche Hoffnung auf seine Annahme durch eine Bühne eine wichtige Rolle[17], und die zugrundeliegende Story hat Liepmann 1927 in der Kulturbeilage des »Münchener Merkurs« erzählt.[18] – Von *Der Diener ohne Gott*, einer unbedeutenden Farce aus dem Jahre 1926, bewahrt die Landesbibliothek Karlsruhe ein Bühnen-Typoskript auf.[19] Verschollen sind dagegen der *Columbus* von 1927, das einzige Stück, dessen Aufführung bezeugt ist[20], und *Drei Apfelbäume*; mit der fingierten Autorangabe

Jens C. Nielsen soll dieses Drama noch im Mai 1933 vom Deutschen Künstlertheater in Berlin uraufgeführt worden sein.[21] So bleiben die drei Romane, die Liepmanns Ruf begründeten und in denen er nach und nach seine Erfahrungen vom allzu Autobiographischen abzulösen und in eine gewisse Objektivität zu heben suchte: *Nächte eines alten Kindes* (Wien 1929), *Die Hilflosen* (Frankfurt/M. 1930) und *Der Frieden brach aus* (Wien 1930).[22]

Ein untauglicher Versuch zur Objektivierung und Verallgemeinerung steht am Anfang der *Nächte*, wo Liepmann das traumatische Erlebnis vom Tod der Mutter (exakt datiert auf den 25. 2. 1918) mit einem Mordprozeß und mit der Novemberrevolution zu verflechten sucht; diese Verbindungen bleiben ganz äußerlich. Im Fortgang des Textes treten solche Forciertheiten dann ebenso zurück wie die anfänglich versuchte Polyperspektivik. Monoperspektive des Erzählens und Konzentration auf die individuelle Entwicklung des Protagonisten Martin werden herrschend.

In drei Teilen erzählt das Buch von drei scheiternden Versuchen der Selbstverwirklichung: in der verordneten kleinbürgerlichen Kaufmannsexistenz; im ruhelosen Umherstreunen mit dem Höhepunkt der Amerikafahrt, die aber in völlige Desillusionierung führt; im Dichten schließlich, das innere Ruhe erwirken soll, auch Anerkennung erntet, den Autor aber nicht ernähren kann, so daß er endlich, im düsteren Ambiente von Inflation, Hunger und Arbeitslosigkeit, seinem Leben ein Ende setzt. Getreu der leitmotivisch beschworenen Sehnsucht nach Heimat und Mutter wird der Selbstmord als seliges Eintauchen ins All stilisiert.

Dichter wolle er werden, schreibt zu Beginn des dritten Teils Martin an seinen Onkel, weil er beim Schreiben so ruhig werde, »wie wenn ich zu meiner Mutter rede«, und weil er in diesem Beruf »vielleicht endlich Heimat« finden werde.[23] Der autotherapeutische Zweck ist deutlich, und eben diesem Zweck diente offensichtlich das Buch selbst seinem Autor. Es vereinigt eine ganze Reihe von Merkmalen in sich, die man von Anfängerwerken her kennt: das autobiographische Muster, den lyrischen Grundton, die Integration eigener Frühwerke als angeblicher Hervorbringungen des Protagonisten[24], Pathos (hier unterstrichen durch pathetische Gedankenstriche und Ausrufezeichen sowie durch Sperrdruck), Kitsch[25] und Larmoyanz (vor allem im unzureichend motivierten Ende). Mit nur wenig Böswilligkeit könnte man einen Erzählerkommentar aus diesem Roman zu seinem Motto erheben: »Er sah einfach nichts anderes als sich selbst, und auch sich nur fern, verloren und unwirklich.«[26] Gleichwohl signalisiert ja schon ein solcher Satz zumindest den Willen zur Distanzierung, und dem Dreiundzwanzigjährigen sind in seinem ersten Roman auch durchaus überzeugende und bewegende Partien gelungen, so vor allem einige Szenen von der stürmischen und lebensgefährlichen Überfahrt nach Amerika. Interessant ist auch – neben einem eher schülerhaften Gebrauch des inneren Monologs – das Fluktuieren zwischen Realität und Traum, das für die eskapistische Existenz von Liepmanns Protagonisten ebenso bezeichnend blieb wie für seine Erzählweise.

Gegenüber den gesellschaftlichen Zuständen, soweit sie in den Blick geraten, herrscht ein passiver Fatalismus vor. Immer wieder ist von der Hilflosigkeit Martins die Rede, und in einem Abschnitt über die Generation der Kriegskinder versucht der Erzähler eine Verallgemeinerung: »Ihr habt diese entsetzliche Hilflosigkeit in Euer Blut eingeimpft bekommen«.[27] Hier geht es wieder um den Raub von Kindheit und Jugend, der eine Reifung zur Meisterung des Lebens nicht zuläßt, der altern, aber nicht erwachsen werden läßt.

Der nächste Roman, programmatisch *Die Hilflosen* genannt, versucht über die Generationsproblematik hinaus eine pantragische Weltsicht zu etablieren, die ihr Leitmotiv Dostojewski verdanken dürfte: »Jeder ist für alle schuldig« oder, wie es bei Liepmann heißt: »Jeder Mensch ist an allem Unglück schuld.«[28] So sinniert im I. Teil des Romans der russische Gutsherr Szegedin, und so argumentiert im II. Teil sein natürlicher Sohn, Fjodor bzw. Fritz Semjowsky, gegenüber dem Berliner Untersuchungsrichter Dr. Heinemann. Das Geheimnis dieser natürlichen Abkunft wird Fritz erst am Ende enthüllt und besiegelt seinen Entschluß, sich dem Leben zu entziehen, um die Schuld des Daseins zu sühnen. Der ursprüngliche Titel hieß ja *... nur Verbrecher sind gute Menschen*, und dem Richter gegenüber präzisiert Fritz Semjowsky diese Aussage: »Weil nur Verbrecher büßen dürfen, was sie andere leiden machen«.[29] Daß jedermann schon durch sein bloßes Dasein andere leiden mache, ist ein Grundgedanke des Buches. Szegedin, der aus Hilflosigkeit und Schwäche ein sadistischer Tyrann geworden ist, kommt schließlich zu der ›Erkenntnis‹, es gebe nur ein bestimmtes, und zwar recht geringes Quantum Glück in der Welt, und jeder, der Glück haben wolle, müsse es jemand anderem fortnehmen.[30]

Die Verstrickungen von Hilflosigkeit und Gewalt, von Liebe und Laster, von Demut und Zerstörungswut werden nicht nur am Beispiel der Vergewaltigung von Fjodors Mutter vorgeführt (welchem Vorfall er seine Zeugung verdankt), sondern in fast allen menschlichen Beziehungen, am grellsten in den forcierten Doppeltotschlags-Szenen zwischen Fjodor und Szegedin[31], aber auch in Seitenbildern wie dem Verhältnis der Berliner Zimmerwirtin Frank zu ihrem labilen Mann[32] usw. Wie Szegedin mit seiner raubtierhaften Wildheit »die Ungerechtigkeit der Welt (...) versuchen« wollte[33], d. h. insgeheim auf eine höhere Instanz hoffte, die ihn in die Schranken weisen würde, so verzehrt Fritz sich nach Güte, nach allverzeihendem Erbarmen; irrtümlich glaubt er solche Güte bei seinem Hamburger Brotherrn gefunden zu haben, ist dann aber fast erleichtert, daß auch jener Schuld auf sich geladen hat.[34]

Als erlösende Frauengestalt tritt die Krankenschwester Irma in Fritzens Leben. In seiner Liebe zu ihr fühlt er sich gereinigt und fähig zur Güte, aber schon die betonte Traumhaftigkeit dieser Liebesbeziehung gibt einen Hinweis auf die Unmöglichkeit ihrer Realisierung im Alltag. Mit der bitteren Einsicht: »alles bringt allem Unglück«[35] kehrt Fritz nach Berlin zurück, um seinem Leben ein Ende zu machen, was freilich mißlingt. Am Schluß, nach der Aufklärung über seine Herkunft (die Schuld ja schon in den allerersten Anfang seines bloßen Daseins setzt), zieht er die Konsequenz aus seiner Maxime, nur Verbrecher könnten gute Menschen werden: Er überfällt einen Passanten und wartet dann, bis die Polizei kommt.

Eine andere Konsequenz führt Liepmann an Dr. Heinemann vor, dem Untersuchungsrichter, der all dieses Gerede zunächst als unsinnig abzutun oder mit ›väterlichem Verständnis‹ zu relativieren sucht (»das ist erschütternd wahr, aber da ist doch nichts zu machen! Das sind jugendliche Gedanken, die vergehen«[36]). Die zweite Begegnung aber verwirrt ihn so nachhaltig, daß er in völliger Tatenlosigkeit versinkt, in Haus und Amt alles laufen läßt und schließlich vorzeitig in Pension geht. Daß auch ein solches Verhalten keinen Ausweg darstellt, deutet der Erzähler ironisch an mit dem Satz: »die Frau des Richters begann darunter zu leiden«.[37]

Das Thema der Hilflosigkeit der Menschen voreinander und vor sich selbst aufgrund einer Urschuld des bloßen Daseins ist im ganzen recht überzeugend durchgeführt, wenn auch auf grelle, kolportagehafte Effekte nicht verzichtet wird. Die Sprache aber ist viel härter und lakonischer als in den eher lyrischen, zuweilen zerfließenden *Nächten*. Hatte Liepmann dort die ›große Hilflosigkeit‹ aus dem autobiographischen Muster hergeleitet, so versuchte er es hier mit einem pantragischen Ansatz, der freilich quer stand zu seinem fortbestehenden Bedürfnis, die eigene Erfahrung als die einer bestimmten Generation zu gestalten. Gerade die Allgemeinheit des Pantragismus läßt solche Spezifizierung nicht zu. Entsprechende Versuche überzeugen nicht: »Wenn ich auf der Straße gehe, nehme ich jemand anderem die Sonne weg: ich mache Schatten, ohne daß ich es will. Und daran geht eine Generation zugrunde«[38] oder: »Welcher Ursache wegen leide ich für eine ganze Generation von hilflosen Menschen?«[39] Gerade weil ›Hilflosigkeit‹ auch schon die vorhergehende Generation prägt (Szegedin, die Mutter, die Bauern), stößt der Roman hier ins Leere, ebenso mit der Herleitung jener Allschuld-Gedanken aus dem Faktum der im Krieg verlorenen Jugend[40]; denn auch diese Gedanken hegt ja bereits der zaristische Gutsherr Szegedin.

Einen neuen, noch ehrgeizigeren Anlauf, Persönliches und Zeitgeschichtlich-Allgemeines erzählerisch zu vereinigen, unternahm Liepmann mit seinem dritten Roman, *Der Frieden brach aus*. Dieser »Inflationsroman«[41] wollte ebenso »Spiegelbild einer Generation«[42] sein wie Erich Kästners ein Jahr später veröffentlichter Roman *Fabian*, der auf dem Hintergrund der Weltwirtschaftskrise spielt. Beide Werke kennzeichnet eine ganze Reihe gemeinsamer Merkmale, die einen ausführlichen Vergleich lohnen würden: die Verwandtschaft von Autor und Protagonist, das Außenseiterbewußtsein, das Trauma des Ersten Weltkriegs, das satirisch-grelle Kaleidoskop einer aus den Fugen geratenen Zeit, die starke Mutterbeziehung des ›Helden‹, seine vergebliche Hoffnung auf Erfüllung und Wegweisung in der Liebe, sein Tod (Selbstmord) am Ende. Der von Kästner ursprünglich vorgesehene Untertitel »Der Gang vor die Hunde«[43] wäre auch dem Liepmannschen Werk angemessen.

Auch Liepmann ist wie Kästner mit dem Vorwurf der Perspektivenlosigkeit, der Larmoyanz, der ›linken Melancholie‹[44] konfrontiert worden, am schärfsten in der Moskauer »Internationalen Literatur« durch einen M. Helfand, der, unter der Überschrift »Giftstoff ›Remarquismus‹«, alle Vorwürfe der marxistischen Literaturkritik an die Adresse der ›Neuen Sachlichkeit‹ gegen Remarques *Im Westen nichts Neues* und Liepmanns *Der Frieden brach aus* aufbot.[45] Mit Recht wies er auf die Dämonisierung der Inflation hin, die als elementare Katastrophe erscheint und nicht etwa als »gesetzmäßiges Resultat der Widersprüche der ›normalen‹ kapitalistischen Gesellschaftsordnung«.[46] In der Tat kümmert Liepmann sich wenig um die ökonomischen Mechanismen (von denen er wohl auch zuwenig verstand), hat es vielmehr auf den »Zustand der deutschen Psyche«[47] abgesehen und schildert in atemloser Folge das atemlose Sichabstrampeln der Börsenjobber, Schieber und Schein-Millionäre, die immer wieder von noch raffinierteren Spekulanten ausgetrickst werden, die skurrilen Überlebenstechniken der älteren Generation, die Flucht in den Drogenkonsum und in den Tod. Am Schluß steht das gleichwohl hilflose Überlegenheitsgelächter des Chauffeurs und Räsoneurs, dem Liepmann seinen eigenen Namen geborgt hat: »Während der Wagen entglitt, kroch das Lachen in alle dunklen Fenster, in die grauen Höfe, die hellen Studierzimmer und es schwebte lange über den ächzenden Betten, in denen schwitzende Menschen Kinder zeugten.«[48]

Überzeugender als in den vorangehenden Romanen vermag Liepmann hier die Beschädigung zweier Generationen durch überpersonale Geschehnisse vorzuführen: der Älteren schon durch den Krieg, der Jüngeren durch die alle überkommenen Werte zerstörende, an ihre Stelle Schein, Betrug, Abenteurertum setzende Inflationszeit. In einer Besprechung der englischen Ausgabe konstatierte Graham Greene 1932: »It is the merit of Herr Liepmann's novel that it does not deal with a particular case but tries to represent the bad joke of inflation as a whole; its defect is that the author shares the hysteria of his subject.«[49]

Sieht man, anders als Greene, den Roman im Zusammenhang mit seinen beiden Vorgängern, so werden doch auch die Fortschritte in bezug auf die epische Distanz des Erzählers sichtbar. Gerade daß er sich nicht auf ein Einzelschicksal fixiert, ist ein solcher Fortschritt. Zwar steht auch Erich im Zentrum der Personenkonstellation, aber die Geschichte anderer gewinnt ein viel größeres Eigengewicht, als die Fixierung auf Martin bzw. Fritz Semjowsky es gestattete. Im Vergleich mit Kästners *Fabian* mag man es als Manko empfinden, daß Erich kein Intellektueller ist, sondern ein mitstrampelnder spekulierender Bankbeamter, also nicht über genügend Distanz verfügt, um das Geschehen zureichend zu kommentieren. Dafür schlägt der Erzähler selbst einen bei Liepmann neuen sarkastischen Ton an, der auch den ›Helden‹ nicht verschont. Auffällig sind hier die Kapitelüberschriften (ein Mittel, dessen Liepmann sich nur dies eine Mal bedient hat): Börsenmanöver werden ironisch als »Gottesdienst« oder »Der heilige Krieg« überhöht[50]; der Protagonist wird bespöttelt (»Der Held in bester Gesellschaft«; »Erich geht es schlecht; er macht sich also Gedanken«[51]), und auch der fiktionale Charakter des Ganzen wird unterstrichen (»Hertha wird endlich lohnende Romanfigur«; »Ein Kapitel, für das der Autor keine Überschrift weiß«; »Finale mit Nutzanwendung«[52]). Der Titel des Romans ist ebenfalls bitter ironisch gemeint; im gleichnamigen 25. Kapitel stirbt Maria Myschkin, die einzige Lichtgestalt des Buches, bei der Erich Ruhe und Glück zu finden gehofft hatte: Frieden gibt es erst im Tode. Erich spielt sogar mit dem Gedanken, Marias Eltern zu verklagen, weil sie das Kind trotz vorhersehbarer Lebensschwäche zur Welt haben kommen lassen[53]: Das Gute sollte besser gar nicht erst aufkommen, da es ja doch dem Untergang geweiht ist.

Hier wie an anderen Stellen schlägt die Distanz um in hilflose Anklage und Larmoyanz. Gleichwohl hat Liepmanns Erzählweise gegenüber den *Hilflosen* noch einmal schärfere Konturen gewonnen, und der Roman gibt ein fesselndes Bild der Inflationszeit, wenn auch wohl nicht jene »schmerzhaft zehrende Wahrheit«, die Hans Alfred Wyß ihm damals bescheinigte[54]; dafür fehlte dem jungen Autor doch noch der rechte Durchblick. Allerdings beschränkte er sich auch nicht auf die Darstellung der Reflexe des unbefragt als Katastrophe hingenommenen Geschehens im Leben der einzelnen und der Familien, sondern er glaubte aus dem Befund der Entwurzelung und des Wertzerfalls eine Prognose ableiten zu können:

> »Was wird, wenn die Inflation vorüber sein wird? Die Menschen werden sich nicht gewöhnen wollen, wieder ein alltägliches Leben voll Gleichmäßigkeit zu führen.«
> Liepmann: »Also wird man sich mit Politik beschäftigen müssen –«
> Erich: »Nicht so große Worte: Nur mit der Spekulation auf die Abenteuerlust!«
> »Dann kann ein Krieg kommen.«
> »– ein Bürgerkrieg.«[55]

Im gleichen Jahr wie dieser Roman erschien in der »Weltbühne« Liepmanns Artikel »Pogromangst«, in dem er angesichts des anwachsenden Rechtsradikalismus die Juden zur Gegenwehr aufforderte, zur Beendigung sophistischer Debatten, zur Abwendung aber auch von der (zionistischen) »Reorganisation (des) jüdischen Separatismus«. Bei den Reichstagswahlen im September sollten die Juden diejenigen

Parteien wählen, »die ein entscheidendes Gegengewicht gegen die Rechtsradikalen bieten«.[56] Bekanntlich haben jene Wahlen einen erdrutschartigen Sieg der Nationalsozialisten gebracht, alle Befürchtungen Liepmanns also vollauf bestätigt. Sein Bekenntnis zum Judentum in dieser bedrohlichen Entscheidungssituation darf als Auftakt zu seinem Wirken nach der nationalsozialistischen Machtübernahme gelten.

Neben seiner Tätigkeit als Romanautor hat Liepmann sich in der Weimarer Zeit einen Namen als scharfzüngiger Theater- und Literaturkritiker gemacht, als ein manchmal recht vorlauter junger Mann (der z. B. keine Bedenken trug, den Philosophen Hegel aus »uraltem preußischen Adel« stammen zu lassen[57]). Ruth Liepman erinnert sich, ihren späteren Mann schon in dieser ersten Hamburger Zeit gekannt zu haben, und zwar »vom Wegsehen«; er sei »ein unbeschreiblicher Snob« gewesen.

Wer die resignativ-fatalistischen Romane kennt, wird schon vermuten, daß es sich hier um ein Kompensationsphänomen handelt. In der Tat neigte Liepmann dazu, seine in mancher Hinsicht als defizitär empfundene Existenz nach außen hin und literarisch zu überhöhen, aufzutrumpfen, wo er glaubte, Schwächen verbergen zu müssen. Nach einer recht frühen Nierenkolik und deren Behandlung mit Morphium hatte er sich auch schon daran gewöhnt, seine Probleme mit Hilfe von Rauschgift zu verdrängen. Während der Hamburger Jahre half ihm eine tiefgehende Liebesbeziehung, sein Leben in der Balance zu halten. In den Kammerspielen hatte er die fast vier Jahre jüngere Schauspielerin Mira Rosowsky kennengelernt, Tochter weißrussischer Exilanten, die später über England in die USA emigriert und dort unter dem Namen Mira Rostova eine angesehene Schauspiellehrerin (vor allem der unentbehrliche ›coach‹ von Montgomery Clift[58]) geworden ist. – Liepmann hätte Mira gern geheiratet, was deren Vater der Jugend und der ungewissen Aussichten des Bewerbers halber verhinderte. Alle drei Romane sind Mira gewidmet, und unverkennbar tragen die erlösenden Frauengestalten, die Krankenschwester Irma (ein Anagramm von Mira) und die Weißrussin Maria Myschkin, ihre Züge.

Am Vorabend der nationalsozialistischen Machtübernahme hatte der siebenundzwanzigjährige Heinz Liepmann zwar schon einen recht beachtlichen Ruf, stand aber immer noch ratlos vor den eigenen Problemen und vor denen der Zeit. Alle seine Romane endeten mit der Abwendung von einem als chaotisch empfundenen Leben. Es ist ihm dann in mancher Hinsicht ganz ähnlich ergangen wie dem ein Jahr jüngeren Klaus Mann, der den frühen Ruhm und die vorlaute Repräsentanz für eine ganze Generation ja in einem sehr viel größeren Maßstab ausgelebt hatte als Heinz Liepmann. Für beide schufen die Auslieferung Deutschlands an die Nazis und der Zwang zur Emigration klar erkennbare Fronten, Feinde, Aufgaben, und beide haben diese Konkretion ihrer Existenz als Chance be- und ergriffen.

IV

Liepmann ist nicht gleich emigriert, sondern hat zunächst offenbar versucht, sich an den Aktivitäten des Hamburger Widerstands zu beteiligen. Als der Judenboykott des 1. April 1933 auch den Hamburger Journalisten Justin Steinfeld[59] traf – er wurde am Abend des 31. März aus dem Altonaer Stadttheater gewiesen –, reagierte Liepmann mit einem Protestbrief, den, wie er vermutet und beabsichtigt hatte, die gleichgeschaltete Presse alsbald mit schäumenden Kommentaren veröffentlichte.[60] Angeblich handelte es sich hier um eine mit Widerständlern abgesprochene Aktion, und angeblich hat derartiges auch zur Stärkung der Bewegung beigetragen.[61] Liepmann jedenfalls mußte untertauchen, und seine Bücher standen auf der ersten offiziellen schwarzen Liste.[62] Bezüglich seiner Verhaftung und seines Aufenthalts im Hamburger Konzentrationslager Wittmoor habe ich exakte Daten nicht ermitteln können, und Liepmanns eigene Angaben divergieren hier sehr stark, sind zum Teil offenkundig falsch.[63] Wenn man mehrere Aufsätze aus seinem ersten Exiljahr nebeneinanderhält[64], so ergibt sich als wahrscheinlicher Ablauf folgendes: Ende Mai/Anfang Juni fiel Liepmann der SA in die Hände und wurde ins KZ Wittmoor gebracht; Ende Juni glückte ihm die Flucht. Er gelangte nach Paris und schrieb dort den »Tatsachenroman« *Das Vaterland*, dessen Vorwort auf den 10. September 1933 datiert ist; ein Vorabdruck dieses Vorworts erschien bereits am 2. September in der Amsterdamer »Freien Presse«[65], das Buch selbst gegen Ende des Jahres bei Van Kampen & Zoon in Amsterdam. Unklar bleibt, ob Liepmann im Juli und Anfang September nochmals inkognito in Deutschland gewesen ist[66] und ob er gar am 21. September der Eröffnung des Leipziger Reichstagsbrandprozesses beigewohnt hat.[67] Denn andererseits hat er immer behauptet, ihm sei in Wittmoor »eine Niere zerschlagen« worden[68] und man habe ihn deshalb in Paris zweimal operieren müssen.[69] Die Zweifelhaftigkeit der Angaben hat ihre Ursache darin, daß Liepmann nach den Mißhandlungen in Wittmoor offenbar verstärkt seine Zuflucht zu Drogen genommen hat und dazu neigte, diesen Zusammenhang zu verabsolutieren.[70] Zur Labilität seines psychischen Befindens dürfte der Umstand beigetragen haben, daß Mira Rosowsky ihm nicht ins Exil folgte. Welche Gründe sie bewogen, vorläufig in Deutschland zu bleiben und im Rahmen des Jüdischen Kulturbundes weiterzuarbeiten[71], weiß ich nicht; Liepmann aber hat diesen Entschluß offenbar als Verrat aufgefaßt. Kaum anders ist die Wiederaufnahme dreier Figuren aus dem Roman *Die Hilflosen* in *Das Vaterland* zu deuten: der Zimmerwirtin Frank, des Russen Fritz Semjowsky und der ehemaligen Lichtgestalt Irma, die nun als häßliche alte Hure auftritt und sich zum Entsetzen der beiden anderen als Nazispitzel entpuppt.[72] Gerade die Funktionslosigkeit dieser Szene spricht für die Stärke des dahinterstehenden Affekts.[73]

Als exponierter Nazigegner, als einer der ersten, die aus eigener

Anschauung vom Terror und vom Widerstand im Dritten Reich berichteten, befand Liepmann sich in einer besonders prekären Situation, da die Gegenseite natürlich alles daransetzte, seine Glaubwürdigkeit zu untergraben und ihn mundtot zu machen.[74]
Offenkundig wurde das im eingangs erwähnten ›Fall‹ Liepmann, als der Autor unter der Bezichtigung, das Oberhaupt eines mit Holland befreundeten Staates vorsätzlich beleidigt zu haben, am 12. Februar 1934 in Amsterdam verhaftet und am 22. Februar zu einem Monat Gefängnis verurteilt wurde.[75] In Gang gebracht hatte dieses Verfahren ein mit den Nazis sympathisierender, vielleicht von ihnen vorgeschobener holländischer Reserveoffizier, und der Staatsanwalt befleißigte sich eines seltsam rabiaten Vorgehens, das angesichts des angeblichen Anlasses kaum verständlich war. Dieser angebliche Anlaß nämlich bestand aus zwei Dialogsätzen, mit denen der Kommunist Karl Baumann die Stilisierung Hindenburgs als des alten treuen Recken bestreitet: »Sondern Hindenburg ist der Mann, der, als die Nationalsozialisten bereits zwei Millionen Stimmen verloren hatten, Hitler am 30. Januar 1933 zum Kanzler machte, weil der Untersuchungsausschuß des Reichstages festgestellt hatte, daß Hindenburgs Gut, Neudeck, im Rahmen der Osthilfe Gelder bekommen habe. Da wurde Hitler Reichskanzler, und der Untersuchungsausschuß verschwand.«[76]
Natürlich war der Anklagepunkt vorgeschoben, um das Buch im ganzen verschwinden zu lassen und um generell Exilautoren und -verleger einzuschüchtern.[77] Liepmann wurde obendrein in dem Glauben gelassen, man werde ihn nach Verbüßung der Haft nach Deutschland abschieben.[78] Sollte diese Drohung ernst gemeint gewesen sein, so wurde sie jedenfalls angesichts des internationalen Aufsehens und der breiten Solidarität deutscher wie ausländischer Intellektueller nicht wahrgemacht. Man schob Liepmann nach Belgien ab, von wo er nach Paris zurückkehrte. Van Kampen & Zoon brachte das beschlagnahmte Buch nach Streichung der besagten Sätze neu heraus[79]; eine Reihe von Übersetzungen folgte. Liepmann hatte schon in der Haft und im Protest gegen sie einen neuen ›Tatsachenroman‹ zu schreiben begonnen, der den Akzent von der Verfolgung auf den Widerstand verlagerte: *... wird mit dem Tode bestraft*. Das als Geschichte des amerikanischen Kapitalismus in Einzelporträts konzipierte Buch *Das Leben der Millionäre* wurde offenbar nach der Freilassung eingeschoben und erschien bereits 1934 im Pariser Verlag *Die Zone*[80]; wahrscheinlich handelt es sich um eine Auftragsarbeit. Im Vorwort heißt es, kein Mensch brauche heute noch Romane: »Ein Schriftsteller in unserer Zeit hat Existenzberechtigung, wenn er Pamphlete schreibt.«[81] Ganz in diesem Sinne hatte das Vorwort zum *Vaterland* mit der Feststellung begonnen, dieser ›Tatsachenroman‹ solle »kein Roman, sondern ein Pamphlet sein«[82], und konsequenterweise verzichtete Liepmann bei *... wird mit dem Tode bestraft* auf Untertitel oder Gattungsbezeichnung. Das bedeutet eine klare Abwendung von Stil und Wirkungsabsicht der drei Romane aus der Vor-Hitler-Zeit. Die

beiden Deutschlandbücher des Exils sind als Kampfschriften konzipiert, wollen anklagen und aufklären, auch emotional aufrütteln, sind in erster Linie also kaum mit ästhetischen Maßstäben zu messen, haben ihren Wert vielmehr in der Vermittlung von Informationen und in der (moralischen) Aktivierung des Lesers, müssen sich freilich daraufhin befragen lassen, ob ihren Wirkungsabsichten die angemessenen Mittel zugeordnet sind.

Dem *Vaterland* merkt man die Hast seiner Entstehung an. Da gibt es am Anfang noch einen Ich-Erzähler, der alsbald von einer allwissenden Instanz verdrängt wird; es gibt einen nicht integrierten satirischen Einschub bezüglich einer Sitzung des Schutzverbandes Deutscher Schriftsteller[83], und es gibt die recht gezwungene Einführung des Schriftstellers Martin, dem am Schluß die Flucht aus Wittmoor gelingt. Im übrigen aber ist die sehr glücklich gewählte Grundkonstellation durchgehalten: Die Besatzung des am zweiten Weihnachtstag des Jahres 1932 ausgelaufenen Fischdampfers »Kulm« kehrt am 28. März 1933 in ein völlig verändertes Hamburg zurück, und die einzelnen Mitglieder der elfköpfigen Besatzung machen ihre je spezifischen Erfahrungen, wobei das Interesse des Erzählers sich alsbald auf vier Männer konzentriert: den deutschnationalen, immer noch kaisertreuen Kapitän Schirmer, den abtrünnigen Sozialdemokraten Hans Petersen, den Kommunisten Karl Baumann und den jüdischen Koch Arthur Jacobsohn. Offenbar haben wir es hier mit der Schwundstufe des ursprünglichen Plans zu tun, denn das politische Spektrum der Besatzung enthält auch noch einen katholischen Zentrumsmann und einen Nazi, die ebenso wie die meisten anderen recht schnell von der Bildfläche verschwinden. Nur dem sozialdemokratischen Jonny Sude wird gegen Ende noch einmal Beachtung geschenkt, wenn er mit Karl Baumann so etwas wie eine Volksfront en miniature gründet[84] – ein zum damaligen Zeitpunkt sehr progressiver Aspekt des Romans.

Hans Petersen, der I. Offizier, der sofort von den Sozialdemokraten zu den Nazis umschwenkt und auch noch seinen alten Vater unflätig beschimpft, ist ein bißchen zu widerlich geraten, um glaubhaft zu sein. Sehr realistisch erscheint dagegen der Kapitän, der miterlebt, wie SA-Leute eine Frau prügeln, und einfach nicht glauben kann, daß solches mit Wissen und Willen höherer Chargen geschieht. Seinen naiv obrigkeitsgläubigen Gang von Instanz zu Instanz büßt er schließlich mit so schweren Prügeln im SA-Keller, daß im Krankenhaus an seiner Genesung gezweifelt wird.

Beherrscht Schirmer die erste Hälfte des Romans, so gilt die zweite hauptsächlich der an Arthur Jacobsohn, seinen Verwandten und Freunden exemplifizierten Judenverfolgung. Liepmann hat das Buch »Den in Hitler-Deutschland ermordeten Juden« gewidmet[85], und dies mit der Begründung, sie seien gar keine Gegner des Regimes, sondern gänzlich schuldlose Opfer, denn »Jude-Sein ist nicht Gesinnung, sondern Schicksal«.[86] Dieser auch in den Artikeln »Pogromangst« und »Judentum und Marxismus« bereits hervorgehobene Aspekt hat eine gewisse Verkürzung der Darstellung zur Folge: Kein Jude tritt auf, der sich seines Judentums bewußt gewesen wäre *vor* der Verfolgung, und alle männlichen Juden haben entweder selbst als Frontsoldaten am Ersten Weltkrieg teilgenommen oder dort ihre Söhne geopfert. Abgesehen von dieser plakativen Vereinfachung gelingen Liepmann eindringliche Szenen. Da ist z. B. Arthurs alte Freundin Margit, deren Mann eines Nachts nach Hause kommt und mitteilt, »er sei jetzt Nationalsozialist, und ich solle die Konsequenzen daraus ziehen, und das Kind (...) behalte er«.[87] Sie geht, und trotz Arthurs unbeholfen bemühter Liebe überlebt sie den Sturz aus der Beletage in die Armut nicht lange.

Sehr eindrucksvoll sind auch die Bilder vom Judenboykott des 1. April, vom hilflosen Schmerz und vom verzweifelten Selbstmord der Gedemütigten, von der flehentlichen Anpassung eines Schuljungen, von der Solidarität allerdings auch eines Trupps Arbeitsloser, die sich als Boykottbrecher betätigen. Arthur Jacobsohn wird schließlich eher versehentlich verhaftet, dann in gerade der Kaserne schwer drangsaliert, die seinerzeit die Ausgangsstation für seinen Fronteinsatz gewesen ist – ein versteckter Hinweis auf die Verfehltheit jener nationalpatriotischen Assimilation –, und schließlich nach Wittmoor gebracht, von wo es für ihn kein Entrinnen geben wird.

Die Darstellung der Judenverfolgungen im Text bestätigt nicht die Behauptung des Vorworts, der Antisemitismus sei ohne Wurzel in der Bevölkerung, lediglich von oben verordnet.[88] Dieser Illusion leistete Liepmann auch mit dem Aufsatz »Die kommenden Pogrome in Deutschland« Vorschub, der zudem die irrige Meinung vertrat, den Naziführern sei der Antisemitismus keine Sache der Überzeugung, sondern nur der Taktik.[89] Der Romancier Liepmann hat da klarer gesehen als der Journalist.

Der Kommunist Karl Baumann und sein Genosse Otto geben Gelegenheit, den deutschen Widerstand ins Bild zu rücken, wobei eine Reihe von Themen angeschlagen wird, die, ebenso wie Otto oder der Drucker Bertelsmann, im zweiten Roman wiederkehren: die Organisation in Fünfergruppen, die Einzelheiten konspirativer Technik, der Verkauf von Schallplatten, die nach wenigen Takten Opernmusik eine Aufklärung über die ›wahren Umstände‹ beim Reichstagsbrand bringen[90], usw.

Das Buch endet im KZ Wittmoor, auf das der leitmotivisch wiederholte Reim: »Lieber Gott, mach mich stumm, daß ich nicht nach Wittmoor kumm« beharrlich hinlenkte.[91] Die Bilder dieser Schlußkapitel sind wieder sehr eindringlich gesehen und dürften die Nazis viel eher gestört haben als jener Passus über den alten Hindenburg.[92] Wenig integriert wirkt die abschließende Flucht des Schriftstellers Martin, die ein Hoffnungssignal setzen soll, wegen der mangelnden Vertrautheit des Lesers mit der Figur aber eher kalt läßt und allzu genau mit der Eingangsszene korrespondiert, in der die »Kulm«-Leute einen Halbtoten aus der Elbe fischten. Hatte jener, ein grauenhaft zugerichteter Sekretär der Liga für Menschenrechte, angesichts der deutschen Flagge lieber ertrinken wollen (und sich schließlich tatsächlich umgebracht), so trifft Martin auf ein amerikanisches Schiff und kann sein unwirtliches Vaterland verlassen.

Im ganzen wird man das Buch trotz seiner Mängel zu den gelungeneren Werken der Exilliteratur zählen dürfen, sowohl wegen des frühen Zeitpunkts seines Erscheinens als auch wegen der Fülle von Informationen als auch wegen seiner moralischen Entschiedenheit. Ästhetisch vermag es nicht immer zu befriedigen. Gerade die Absicht, möglichst viele Informationen zu transportieren, hat oft unglaubwürdige Dialoge zur Folge. Da geben die Figuren Schnellkurse in Mittelstandstheorie oder in Planwirtschaft oder in Militärgeschichte[93]; manchmal erzählt der eine dem anderen Dinge, die der längst wissen muß, die aber auch der Leser erfahren soll.[94] Die Sprache dieser Dialoge ist zuweilen allzu papieren[95], und umgekehrt gibt es allzu pathetische Passagen.[96] Solche Schwächen dürften die heutige Wirkung allerdings stärker beeinträchtigen als die auf die Zeitgenossen, die viel eher nach der Wahrheit der zum Teil erstmals mitgeteilten schrecklichen Einzelheiten gefragt haben dürften als nach der Glaubwürdigkeit der ästhetischen Vermittlung.[97] Für die Wahrheit seiner Darstellung aber verbürgte Liepmann sich im Vorwort »mit meiner Ehre, meiner Existenz und meinem Leben«.[98]

Eine ideologische Schwäche dieses wie des folgenden Romans liegt in Liepmanns Politik-Begriff. Auch hier denkt er ganz individualistisch-moralistisch: Nazi wird man aus persönlichen Gründen, und aus persönlicher Betroffenheit schwenkt man gegebenenfalls um. So heißt es vom Maschinisten Fretwurst, er sei »Nazi geworden, weil seine geschiedene Frau, eine Jüdin, nicht zu ihm zurückkehren wollte«.[99] Umgekehrt zieht ein SA-Mann für immer seine Uniform aus, nachdem er die Leichen eines jüdischen Selbstmörderpaares hat hängen sehen.[100] Ebenso wendet sich (in ... *wird mit dem Tode bestraft*) die Schauspielerin B. vom Nazismus ab und tritt sogar der illegalen KP bei, nachdem, nicht ohne ihr Zutun, ihr Schauspielerkollege Herbert ins KZ gesperrt worden und dort dem Wahnsinn verfallen ist.[101] Was die KP selbst betrifft, mit der der Autor offenkundig sympathisiert, so versucht er ihre Bestrebungen über das ›nur‹ Politische hinauszuheben. Da heißt es in einem inneren Monolog Karl Baumanns: »Nicht mehr war dies eine Partei. Es war eine Sekte, eine Blutsgemeinschaft, eine gläubige Gemeinde von Brüdern, ein Kreuzritterorden«[102], und im zweiten Roman appelliert der KP-Funktionär Otto an den zaudernden Ich-Erzähler: »Du *mußt* handeln, moralisch handeln. *Du brauchst, weiß Gott, kein Kommunist zu sein, um mit uns zu stehen – du brauchst noch nicht einmal ein Schriftsteller zu sein – es genügt, wenn du ein anständiger Mensch bist. Du hast gegen die Unmoral, die Barbarei, die mörderische Dummheit zu kämpfen.«*[103] Dieser Rekurs auf Moral, Anstand und Gewissen entspricht Liepmanns Denkweise, schwerlich aber der eines KP-Funktionärs. Bei Liepmann wirkt noch jener eingeschränkte Politikbegriff nach, der etwa Thomas Manns *Bekenntnissen eines Unpolitischen* zugrunde gelegen hatte. Die Stoßkraft seiner beiden Deutschland-Romane liegt daher nicht so sehr in der politischen Argumentation, sondern im Ausmaß der persönlichen Betroffenheit des Autors und in seiner Fähigkeit, diese Betroffenheit zu übertragen.[104]

Der Titel des Buches ... *wird mit dem Tode bestraft* bezieht sich auf das Reichsgesetz vom 24. April 1934, das jeden Versuch zur politischen Gruppenbildung mit schwerster Strafe bedrohte (und zugleich den terroristischen ›Volksgerichtshof‹ ins Leben rief). Es setzt ein in der Nacht des Reichstagsbrandes und endet im Juni 1933, spielt also zu einer Zeit, da die Nazis ihre Gegner noch ohne die besagte gesetzliche Absicherung ermordeten.

Der Tag nach dem Reichstagsbrand bringt – wie in der Realität – die Zerschlagung der oppositionellen Parteien, deren Führer es versäumt haben, das Untertauchen in die erzwungene Illegalität hinreichend vorzubereiten; er bringt aber auch die »Geburt eines heroischen Organismus«[105], des deutschen Widerstandes nämlich, speziell des Widerstandes in Hamburg, dessen KP-Führung auch ohne Weisung aus Berlin die Umstellung auf die illegale Arbeit vornimmt und daher anfangs noch gewisse Erfolge erzielen kann.

Erzählt wird das Ganze aus der Perspektive eines Journalisten, den Liepmann allzu deutlich nach dem eigenen Bilde gezeichnet hat.[106] Die Entscheidung für diesen Ich-Erzähler muß sehr unglücklich genannt werden. Um nämlich möglichst viele Informationen vermitteln zu können, muß Liepmann sein Alter ego nicht nur zum Verbindungsmann zwischen den verschiedenen Widerstandsgruppen stilisieren, sondern ihn überhaupt fast ständig unterwegs sein und ständig wichtige Leute treffen lassen. Einmal fährt der Erzähler nur deshalb nach Berlin, damit er in der »Mitropa-Zeitung« eine illegale Tarnschrift finden und uns über derartiges Schrifttum informieren kann.[107] – Neben diese Gezwungenheiten tritt das unwahrscheinliche Faktum, daß alle wichtigen Leute verhaftet werden, nur der Erzähler nicht.[108] Er geht wie ein Old Shatterhand durch den Dschungel des Hitler-Reichs, ein Eindruck, der durch einige kolportagehaft zugespitzte Szenen noch verstärkt wird.[109] Und drittens wirkt dieser Erzähler zuweilen unangenehm selbstgefällig[110], wenn er z. B. von seinem vorgeschobenen ›nur‹ journalistischen Ehrgeiz spricht und fortfährt: »Bis heute weiß die deutsche Regierung nicht, ob ich Journalist war oder einer der Architekten des illegalen Aufbaus (...)«.[111] Auch die pathetischen Stilmittel des Erstlingsromans werden zum Schaden des Buches wiederaufgenommen: Kursivdruckhervorhebungen, pathetische Gedankenpunkte und -striche, pathetische Absatzregie. – Freilich muß man hier wie bei vielen Exilwerken bedenken, daß Pathos auch ›Leiden‹ heißt, daß diese ›übertriebenen‹ Stilmittel *auch* aus der besonders ausgesetzten Situation der Exilanten zu erklären sind, daß eine kritische Bewertung ohne Berücksichtigung der Entstehungsbedingungen zu simpel wäre. Wenn man der Datierung am Schluß des Vorworts von ... *wird mit dem Tode bestraft* Glauben schenken kann (»Geschrieben vom 23. Februar 1934 bis 10. Juli 1935«[112]), hat Liepmann am ersten Tag nach seiner Verurteilung in Amsterdam, im Gefängnis also, mit der Arbeit begonnen, d. h. im Bewußtsein, zu Unrecht bestraft worden zu sein, und in der Furcht, einen Monat später an die Nazis ausgeliefert zu werden. Von daher werden sowohl die Wahl des Ich-Erzählers als auch die zuweilen auftrumpfende Pathetik verständlich.

Das Verdienst des Buches liegt in dem für die damalige Zeit noch ganz ungewöhnlich offenen Eingeständnis, daß die oppositionellen Parteien 1933 versagt haben, und in der Darstellung eines ebenfalls ungewöhnlich breiten Spektrums des innerdeutschen Widerstandes. Otto, der Held des Buches, dessen heroischer Tod am Ende steht, ist KP-Funktionär, der Redakteur Wunderlich aber und der Schauspieler Herbert gehören der sozialdemokratischen Gruppe der Jungsozialisten an; darüber hinaus ist von den Leuten der SAP und sogar von monarchistischen Gruppen die Rede.[113] Gesellschaftlich reicht das Spektrum vom ehemaligen Berliner Universitätsprofessor und Diamat-Theoretiker Heinz Nickel bis zum St.-Pauli-Verbrecher und Kokainhändler Fürst, dessen antinazistisches Bekenntnis wieder bezeichnend ist für Liepmanns moralistische Sicht der Dinge. Fürst, der seinen Rauschgifthandel ohnehin vornehmlich zur Zersetzung der Oberschicht benutzt, teilt die Menschen in Schläger und Geschlagene ein; von den Nazis sagt er: »Sie *gehören* zur Klasse der *Schläger*, und sie *geben vor*, zur Klasse der *Geschlagenen* zu gehören.«[114] Dieses Betruges halber kämpft er gegen die neuen Herren, tritt zum Schein in die SA ein und verschafft den Widerständlern wertvolle Informationen, bevor er beim Kopieren von Unterlagen ertappt und auf grausame Weise zu Tode gebracht wird.

Dieser Infiltrationstechnik wird auch abgesehen von Fürst breiter Raum gewidmet, und ihre Erfolge erscheinen in allzu optimistischem Licht.[115] Andere Aktionen wie das Hissen der roten Fahne auf einem Kirchturm am Vorabend des 1. Mai, die konspirative Maifeier in einem verdunkelten Kino, die Verbreitung illegaler Zeitungen mit Hilfe ständig wechselnder hocheleganter Leihwagen, die Nasführung des berüchtigten Spürhundes Meier geben dem Ganzen einen leicht romantischen Anstrich. In einem Rundfunkbeitrag zu diesem Roman hat Hans-Albert Walter mit Recht darauf hingewiesen, daß die spektakulären Einzelaktionen und die Behauptung, inzwischen sei eine »unangreifbare todbereite Organisation von zehntausend fest verbundenen Menschen« entstanden[116], in eigenartigem Kontrast stehen zur alsbaldigen Aushebung der geheimen Leitungen sowohl der Kommunisten als auch der Jungsozialisten und zur Verhaftung und Ermordung fast aller Widerständler.[117] Diese »Kluft zwischen Oberflächenoptimismus und pessimistischer Tiefenschicht« sei das eigentlich Interessante an dem Buch und offenbare das Dilemma des exilierten

Schriftstellers, der einerseits die Tatsachen vermitteln, andererseits dem Ausland das Bild eines starken ›anderen‹ Deutschlands vor Augen stellen wolle. Dieser zweifellos richtige Rekurs auf die Wirkungsabsicht bedarf noch der Differenzierung, insofern diese Absicht noch einmal in sich selbst gespalten ist: Zum einen wollte Liepmann, wie schon im *Vaterland*, die internationale Öffentlichkeit mit den Verbrechen der Nazis konfrontieren, das Ausland zum Eingreifen oder wenigstens zur Ächtung des Regimes aufrufen; zum anderen wollte er einer Kollektivverurteilung vorbeugen und die Leistungen des innerdeutschen Widerstandes herausstreichen. Der ersteren Absicht ist die pessimistische Grundtendenz zuzuordnen, die auf den letzten Seiten des Buches in apokalyptischen Bildern aus Deutschland und anklagenden Fragen gipfelt: »Menschen, warum schreit ihr denn nicht! (...) Wo ist denn der Stellvertreter Christi auf Erden?«[118] Schon zu Anfang hieß es mit Bezug auf den Reichstagsbrand: »Ein Jahr später wußte die ganze Welt die entsetzliche Wahrheit, und kein Mensch auf der Erde verbarg Abscheu und Trauer. Aber zwei Jahre später gaben Staatsmänner, Menschen von Würde und Geist, aus demokratisch regierten Ländern kommend, dem Sieger vom 27. Februar die Hand.«[119] In die Schilderung der Auseinandersetzung Ottos mit dem Ich-Erzähler schaltet dieser seine spätere Erfahrung ein, daß »*das Ausland alles wußte und trotzdem mit dieser Regierung verhandelte*«[120], und ganz am Schluß, nach jenen Fragen, berichtet er: »Aus einem deutschen Konzentrationslager kam nach elf Monaten ein Freund in die Emigration. Nach acht Tagen in der Freiheit erschoß er sich: er hatte nicht gewußt – hinterließ er –, daß die Welt so gleichgültig ist, daß Minister: Menschen von Ehre – Menschen –, daß sie den blutigen Kreaturen die Hand gegeben haben.«[121]

Der anderen Tendenz entsprechen jene allzu optimistischen Urteile über den innerdeutschen Widerstand, der in Wahrheit im Herbst des Jahres 1933 schon weitgehend zerschlagen war. Das Buch endet nicht mit der anklägerischen Anekdote und auch nicht mit der trostlosen Trauer von Ottos Frau Paula, die ihn in ihrer schrecklichen Angst um sein Leben unwillentlich ans Messer geliefert hat, sondern mit dem Satz: »Die Organisation aber stand fest.«[122] Eine Vermittlung der beiden Tendenzen (denkbar wäre ein Aufruf zur Zusammenarbeit ausländischer Organisationen mit denen des Exils und denen des innerdeutschen Widerstandes, die zwar existierten, allein aber zu schwach waren) wird nicht versucht.

1939 hat Liepmann noch einmal, in einem Aufsatz für den »American Mercury« mit dem Titel »Underground Germany«, über den deutschen Widerstand berichtet, auch diesmal ganz offensichtlich mit der Absicht, die Existenz dieser Vertreter eines ›anderen‹ Deutschland nicht in Vergessenheit geraten zu lassen, aber doch mit einer sehr viel realistischeren Einschätzung der Situation von 1933/34. Die Aktionen, an denen er teilweise selbst beteiligt war und die er in ... *wird mit dem Tode bestraft* geschildert hatte, stufte er nun als »romantic« ein und gestand zu: »From the very beginning, Nazi spies joined these illegal groups as members«.[123]

Die allzu optimistische Einschätzung des innerdeutschen Widerstandes ist bekanntlich ein allgemeines Kennzeichen der Exilliteratur bis etwa 1936. Liepmanns Verdienst mag man darum gerade in der Widersprüchlichkeit seines zweiten Deutschland-Romans sehen, der bei allem Voluntarismus eben auch die niederschmetternde Gewalt des Verbrecherregimes zur Anschauung brachte. Spürbar bewirkt haben seine drängenden Fragen freilich nichts, ebensowenig wie seine mehrmaligen Vortragsreisen in die USA und nach Kanada[124], und als er 1937 *Poison in the Air* herausbrachte, seine Warnung vor der deutschen Aufrüstung mit Kampfgas sowie bakteriellen und chemischen Waffen[125], mußte er sich von den Kritikern mangelnde Kenntnisse und Panikmache vorhalten lassen.[126] In Deutschland glaubte ein linientreuer Rezensent den Unwert dieser »Hetz- und Schmähschrift« zur Genüge durch des Autors Sympathie für die Sowjetunion und durch seine »lächerliche Behauptung« erwiesen, Deutschland hege Angriffsabsichten gegenüber diesem Land.[127]

Es mag sein, daß die Harthörigkeit des Auslands gegenüber allen Beschwörungen und Warnungen mit zu Liepmanns Verstummen beigetragen hat. Allerdings hatte er sich von Anfang an sehr viel weniger Illusionen gemacht als viele seiner Leidensgefährten. Das belegt seine vierteilige Artikelserie »Internationale Probleme der deutschen Emigration«, die im April 1934 in der Saarbrücker Exilzeitung »Deutsche Freiheit« erschienen ist.[128] Weder huldigte er der Hoffnung auf eine baldige Heimkehr noch war er der Meinung, man dürfe den Aufnahmeländern mit moralischen Ansprüchen kommen. Sowohl die nicht absehbare Länge des Exils als auch der Umstand, daß die Asylländer selbst in politischen und wirtschaftlichen Krisen steckten, führten ihn zu der Schlußfolgerung, man müsse sich eine neue Existenz aufbauen und dabei in vielen Fällen auch einen Berufswechsel in Kauf nehmen, insbesondere die Umstellung von Kopf- auf Handarbeit. Im ganzen müsse Carlyles Wort gelten, »daß die Härte eines Charakters und der Wert eines Menschen davon abhängen, wie oft er von vorn anzufangen in der Lage sei«.[129] Liepmann selbst hatte ja schon in den frühen zwanziger Jahren auf solche Weise sich bewähren müssen; das Exil war keine ganz neue Erfahrung für ihn, und er ist seinen Maximen dann auch gefolgt, hat sich in England und vor allem in den USA auf das Schreiben in englischer Sprache umgestellt[130] und nebenher seinen Lebensunterhalt mit allerlei Gelegenheitsarbeiten zu sichern gesucht.[131]

Andererseits verstärkte sich in jenen Jahren seine Drogenabhängigkeit und führte ihn in die tiefsten Tiefen intellektueller und moralischer Verzweiflung. Klaus Mann hat ein solches, ihm selbst nicht fremdes Schicksal in seinem »Roman unter Emigranten« *Der Vulkan* zu gestalten gesucht: in der Figur des Schriftstellers Martin Korella, den die Sucht schließlich tötet, wie der Autor es an seinem Freund

Wolfgang Hellmert hatte erleben müssen. Der Versuch, für Korellas Tod letztlich die Naziherrschaft verantwortlich zu machen[132], vermag im Roman nicht recht zu überzeugen, und mit Recht erwog Thomas Mann in einem Brief an den Sohn, ob »diese Piqueure, Sodomiter und Engelseher« nicht »auch ohne Hitler ihren leichten, frommen, verderbten Untergang gefunden« hätten.[133]

Bei Heinz Liepmann scheinen mir die Dinge doch anders zu liegen. Er war, wie seine drei Romane aus der Vor-Hitler-Zeit zeigen, auf dem Weg zu einer achtbaren literarischen Existenz, hat dann das Exil mutig als Bewährungschance ergriffen und sich energisch eingesetzt, politisch, persönlich, literarisch, ist in der zweiten Hälfte der dreißiger Jahre aber dem Druck der Entwurzelung und der Isolation offenbar nicht mehr gewachsen gewesen. Enge Freunde scheint er damals nicht gehabt zu haben, die für ihn entscheidend wichtige Beziehung zu Mira Rosowsky war zerbrochen, das Naziregime stabilisierte sich und wurde von aller Welt hofiert. Hier wird man schon sagen dürfen, daß hauptsächlich die Exilsituation es war, die diesen Mann beinahe zerstört hätte.

Sein Weggang aus Frankreich, erst nach England, dann in die USA, hat höchstwahrscheinlich auch damit zu tun, daß er auf Grund seiner Sucht in Konflikt mit den jeweiligen Behörden geriet. In England, wo er unter anderem als Berichterstatter für das »Pariser Tageblatt« tätig war[134], wurde er im September 1935 »wegen gesetzwidrigen Besitzes von Rauschmitteln zu einer Geldstrafe (...) verurteilt«.[135] In Amerika hat er nach Auskunft von Ruth Liepman mehrfach im Gefängnis gesessen. Er fing sich dann wieder in den frühen vierziger Jahren, vielleicht ermutigt durch die Aussicht auf eine baldige Entscheidung und auf eine nun doch wieder mögliche Rückkehr. 1943 wurde er Mitarbeiter des Magazins »Time«, als dessen Korrespondent er 1947 nach Hamburg heimkehrte. Erst in den vierziger Jahren – und nicht schon 1933, wie überall zu lesen steht – hat er auch die amerikanisierende Abänderung seines Nachnamens vorgenommen, die er dann beibehielt.[136]

V

In Hamburg bewährte sich wieder einmal Liepmans Fähigkeit, von neuem anzufangen; anders als vielen Mitexilanten glückte ihm die Reintegration. Zwar hat auch er Neuauflagen früherer Werke – einschließlich des Exils – nicht erlebt, aber als Korrespondent zahlreicher in- und ausländischer Zeitungen schuf er sich einen geachteten Ruf, den er als Mitarbeiter der damals noch liberalen »Welt« seit 1958 befestigte und vertiefte. Er hatte aber auch Glück, denn 1947 traf er in Hamburg eine Frau, die ihn 1949 heiratete und ihm persönlich wie beruflich mehr als nur eine Stütze gewesen ist: die 1909 geborene Dr. jur. Ruth Lilienstein, die 1934 ins niederländische Exil gegangen war und dort während der deutschen Besetzung dank ihrer Schweizer Beziehungen und dank eines ungewöhnlichen Mutes zahlreichen bedrohten Juden das Leben gerettet hat.[137] Sie vermittelte Liepman die Korrespondententätigkeit für niederländische Zeitungen und redigierte seine Artikel für den Druck; auch der Grundstein für ihre heute noch in Zürich betriebene Literaturagentur wurde schon in Hamburg gelegt. Vor allem aber gelang es ihr mit Hilfe zweier Schweizer Ärzte, ihren Mann Ende der fünfziger Jahre endgültig von seiner Sucht zu befreien.[138]

Diesem Problem ist auch seine bedeutendste ›belletristische‹ Veröffentlichung nach dem Kriege gewidmet, der Roman *Case History*, der 1950 in New York erschien, als sein Autor sich schon einmal der Sucht entronnen wähnte, und den er dann, nach dem endlichen Gelingen, gründlich überarbeitet auch in einer deutschen Fassung vorgelegt hat: *Der Ausweg. Die Bekenntnisse des Martin M.*[139] Das Buch hat damals einiges Aufsehen erregt und findet immer noch zahlreiche Leser. Beeindruckt waren die Kritiker von der rückhaltlosen Aufrichtigkeit der Darstellung, von der suggestiven Gestaltung der Rausch- und der Entzugszustände und vom beherrschenden Thema der (Lebens-) Angst, das den Fall über seine bloß individuelle Bedeutung hinaushob. Mit Recht hieß es ja im Klappentext der amerikanischen Ausgabe, das Buch behandle »one of the growing problems in our society«.

Obwohl der Protagonist die alles auslösende Verwundung im Spanischen Bürgerkrieg erleidet und obwohl er – gegen Ende der Erzählung – angeblich deshalb so hart bestraft wird, weil der Richter mit Franco sympathisiert, spielen die politischen Ereignisse der Jahre 1938–1940 erstaunlicherweise fast gar keine Rolle. Wohl aber übt das Buch scharfe Kritik an den ganz unzureichenden Maßnahmen in bezug auf Süchtige, die schlichtweg kriminalisiert werden und denen man die »Endstation der Verantwortlichkeit«[140] zudiktiert: das Gefängnis. *Die Endstation der Verantwortlichkeit* hat Liepman auch ein Hörspiel genannt, das dem Schicksal Süchtiger in den psychiatrischen Kliniken gewidmet war.[141]

Einige Jahre später hat er versucht, dieses Thema ins Humoristische zu wenden, in dem Schelmenroman *Karlchen oder Die Tücken der Tugend*, der 1964 bei Rowohlt herausgekommen ist. Das alte Motiv vom Schwachsinn der Normalität und der höheren Einsicht angeblich Schwachköpfiger wandelt Liepman ab in den Abenteuern seines Helden Karl Kunde, dessen ›Krankheit‹ darin besteht, nicht lügen zu können. Manche Kritiker fühlten sich an Kästners *Fabian* erinnert[142], nicht eben zum Vorteil des anekdotisch-journalistisch gemischten Buches, dem Hans Gerd Rötzer damals mit Recht allzu plakative Personengestaltung und allzu viele papierene Dispute nachsagte.[143] Auf dem Hintergrund von Liepmans Lebensgeschichte begreift man freilich die Bedeutung dieses Romans als eines Aktes endgültiger Befreiung. Der von den Kritikern beklagte Mangel an satirischer Schärfe erklärt sich aus dem Bedürfnis, einmal im Leben so etwas wie ein ›heiteres Darüberstehen‹ demonstrieren zu können.

Die wesentlichen Leistungen Liepmans in der Nachkriegszeit liegen sicherlich auf journalistischem Gebiet.[144] Wachsam, scharfsinnig und betroffen registrierte er Verdrängungs- und Restaurationstendenzen, das Fortbestehen anti-intellektueller Ressentiments, die durchaus mangelhafte Aufklärung der Jugend über die Vergangenheit, die projüdische Beflissenheit unter wohlmeinender Beibehaltung antijüdischer Klischees. 1961 faßte er vier in der »Welt« erschienene Essays und einen Aufsatz für das New Yorker »Menorah Journal« zusammen zu der auch heute noch – oder wieder – sehr lesenswerten Broschüre *Ein deutscher Jude denkt über Deutschland nach*.[145]

Die provokative Frage »Sollen wir unser eigenes Nest beschmutzen?« beantwortete er mit einer Polemik gegen den Versuch, »mit dem Parfüm unserer Wirtschaftswunder-Arroganz« den übriggebliebenen Dreck des Dritten Reiches überdecken zu wollen: »Ein Volk kann nur dann seinen Kindern eine gute Zukunft bieten, wenn es die Wahrheit über sich selbst kennt.«[146] Auf keinen Fall dürfe man es noch einmal versäumen, den Anfängen zu wehren. Gegen die Neigung, sich in einer verklärten Vergangenheit und einer saturierten Gegenwart gemütlich einzurichten, stellte er sein Plädoyer für »die Querulanten, die ewig Unzufriedenen, die Unruhestifter«, denn: »Man kann die Zukunft nur gewinnen, wenn man der Gegenwart gegenüber kritisch ist«.[147] Schon im Februar 1959 stellte er die Frage. »Müssen wir wieder emigrieren?«[148] Vor allem irritierte ihn die zunehmende Unduldsamkeit gegenüber abweichenden Meinungen: »wenn man das Land, in dem man geboren ist und in dem man lebt, genügend liebt, um es verbessern zu wollen, indem man unabhängig bleibt und Kritik übt, dann werden wir im Osten Reaktionäre oder Faschisten genannt, und bei uns im Westen Vaterlandsverräter oder Kommunisten«.[149]

Er selbst ist dann in der Tat noch einmal ausgewandert, nach Zürich, wo er als Korrespondent für die »Welt«, das »Algemeen Handelsblad« und den Norddeutschen Rundfunk tätig war. In seiner autobiographischen Notiz für das Zentrum deutschsprachiger Autoren im Ausland hat er die Übersiedlung vom 1. Januar 1962 lakonisch seine »zweite Emigration« genannt.[150] Ruth Liepman berichtet, daß in erster Linie nicht die Verhältnisse in der Bundesrepublik, sondern persönliche Gründe maßgebend gewesen seien, hauptsächlich der Wunsch, noch einmal etwas Neues anzufangen. Liepman hat sich in Zürich sehr wohl gefühlt[151], ohne sich den kritischen Blick auch auf seine neue Wahlheimat verstellen zu lassen.[152] Hinsichtlich seines ›Vaterlandes‹ blieb er mißtrauisch und wachsam. Den Frankfurter Auschwitz-Prozessen hat er zeitweise beigewohnt und dann lange gebraucht, um der eigenen Fassungslosigkeit Herr zu werden.[153] 1966, kurz vor seinem plötzlichen Tod, kam eine Streitschrift heraus, für die er jahrelang recherchiert und Heinrich Hannover sowie Günter Amendt als Mitarbeiter gewonnen hatte: *Kriegsdienstverweigerung oder Gilt noch das Grundgesetz?*[154] In einem Wechsel von Darstellung und Dokumentation wurde belegt, wie eine rühmliche Errungenschaft des Grundgesetzes, das Grundrecht auf Kriegsdienstverweigerung, gerade von denjenigen konterkariert, ausgehöhlt und gegen die Antragsteller gewendet wurde, die es von Amts wegen hätten schützen müssen. Das Buch, das sich, wieder einmal, nicht als politisches, sondern als moralisches Pamphlet verstand, deckte erstmals im großen Maßstab die Mißstände der Anerkennungsverfahren auf und erreichte bis 1970 sechs Auflagen.

Am 6. Juni 1966 ist Heinz Liepman während eines Erholungsurlaubes in Agarone (Tessin) gestorben.

VI

Heinz Liepmann ist ein beachtlicher und achtenswerter, kein großer Schriftsteller gewesen. Ob seine Begabung ihn in glücklicheren Zeitläuften höher hinaufgeführt hätte, muß unentschieden bleiben. Der Erste Weltkrieg und dann das Dritte Reich sind für ihn zu tiefgreifenden, als schicksalhaft empfundenen Beraubungserlebnissen geworden, die literarisch zu bewältigen ihm nur unvollkommen gelungen ist. Der Karrierebruch nach 1933 blieb nur scheinbar und nur vorläufig aus. In Wahrheit wurde die in der Abfolge der frühen Romane angebahnte Entwicklung abgebrochen zugunsten einer direkteren, ›journalistischeren‹ Schreibweise, die zwar den Durchbruch von teilweise larmoyantem Fatalismus zur Aktivität bedeutete, aber doch beeinträchtigt blieb von handwerklichen Unausgereiftheiten, von der Neigung zu Pathos und Kolportage. Die historischen und politischen Ereignisse haben die Entwicklung dieses Mannes gleich zweimal schwer beschädigt, ihn weder als Jugendlichen noch als jungen Schriftsteller in Ruhe reifen lassen. Um so bemerkenswerter scheint mir, daß er nach dem Kriege die Energie zu einer dritten Karriere aufgebracht hat. Die treibende Kraft seines Schreibens waren, je länger, je mehr, persönliche Betroffenheit und moralisches Verantwortungsgefühl, ein Moralismus, der genuin politischen Fragestellungen nicht immer gewachsen war, der sich aber niederschlug in Zeugnissen aufgeklärter und aufklärerischer Tapferkeit, die nicht nur Hochachtung verdienen, sondern in vielen Fällen auch fast zwanzig Jahre nach dem Tode des Autors ihre Aktualität noch nicht verloren haben.

---

1 Heinz Liepmann: *... wird mit dem Tode bestraft*. Zürich 1935, S. 55. — 2 Gisela Berglund: *Deutsche Opposition gegen Hitler in Presse und Roman des Exils. Eine Darstellung und ein Vergleich mit der historischen Wirklichkeit*. Stockholm 1972, S. 186–193. — 3 Heinz Liepmann: »[Hamburg in der Nacht des Reichstagsbrandes]«. In: *Exil. Literarische und politische Texte aus dem deutschen Exil 1933–1945*. Hg. v. Ernst Loewy. Stuttgart 1979, S. 132–142. — 4 Heinz Liepman: *Das Vaterland. Ein Tatsachenroman aus Deutschland*. Vorwort Heinrich Böll. Frankfurt/M. 1981. – Zur Schreibung des Namens Liepman(n) s. u. — 5 In: »literatur für leser« 6, 1983, S. 224–233. Erweitert und mit leicht verändertem

Titel auch in: Wolfgang Michalka (Hg.): *Die nationalsozialistische Machtergreifung.* Paderborn, München, Wien, Zürich 1984, S. 331-343. Hiernach zitiert. — **6** Die englischen Titel lauteten: *Murder - Made in Germany* (London, New York 1934) bzw. *Fires Underground* (London, Philadelphia 1936). — **7** Bertolt Brecht: *Gesammelte Werke.* Frankfurt/M. 1967, Bd. 18, S. 239f. Bei dem »Buch über Konzentrationslager« handelt es sich entgegen der Meinung des Herausgebers nicht um ... *wird mit dem Tode bestraft,* sondern um *Das Vaterland.* — **8** Eine Abschrift des Besitz-Zeugnisses vom 20.9.1866 hat mir freundlicherweise die Schwester des Autors, Frau Else Wolff (Pacific Palisades), zur Verfügung gestellt. Ihr und Ruth Liepmann (Zürich) bin ich zu großem Dank verpflichtet. Ohne ihre Hilfe hätte dieser Aufsatz nicht geschrieben werden können. — **9** Nach der Heiratsurkunde von Salomon und Hermine Liepmann (Standesamt Mönchengladbach, 4.11.1902, Nr. 499). — **10** Briefe von Else Wolff vom 2.2. und vom 3.9.1984. — **11** Zitiert nach dem Reprint der 2. Aufl., Leipzig und Weimar 1983, S. 375-380. Eine kürzere Version gab Liepmann in seinem Roman *Der Frieden brach aus.* Wien 1930, S. 201 ff. — **12** A. a. O., S. 380. ›Martin‹ heißen Liepmanns Identifikationsfiguren immer wieder (*Nächte eines alten Kindes, Das Vaterland, Der Ausweg*). Vielleicht hat Jack Londons autobiographisch gefärbter Roman *Martin Eden* als Vorbild gedient (vgl. die Erwähnung in: Heinz Liepmann: *Die Hilflosen.* Frankfurt/M. 1930, S. 254). — **13** Heinz Liepmann: »Pogromangst«. In: »Die Weltbühne.« 26 (1930), Nr. 33 vom 12.8., S. 248f. — **14** Heinz Liepmann: »Judentum und Marxismus«. In: *Der Jud ist schuld...?* Basel, Berlin, Leipzig, Wien 1932, S. 318-323; S. 321. (Ein Teil dieses Buches, auch Liepmanns Beitrag, wurde 1933 - mit identischer Seitenzählung - im Prager Amboss-Verlag nochmals veröffentlicht: Heinrich Mann, Arthur Holitscher, Lion Feuchtwanger, Coudenhove-Kalergi, Max Brod u. a.: *Gegen die Phrase vom jüdischen Schädling*). — **15** Heinz Liepman: *Ein deutscher Jude denkt über Deutschland nach.* München 1961 (Vom Gestern zum Morgen, Bd. 5), S. 5. — **16** Insofern konvergieren Liepmanns Angaben mit Erinnerungen Else Wolffs. Andere Belege haben sich nicht finden lassen. Sogar die Tätigkeit bei den Kammerspielen läßt sich nach Auskunft des dortigen Theaterarchivs weder in den Bühnenjahrbüchern noch in den Programmheften verifizieren. In einer Selbstanzeige des Dramas *Columbus* sprach Liepmann schon 1930 von seiner Dramaturgentätigkeit unter Erich Ziegel als von etwas Vergangenem (In: »Die deutsche Bühne.« Berlin, Bd. 23 [1930], S. 317). — **17** Heinz Liepmann: *Nächte eines alten Kindes.* Wien 1929, S. 203, 211, 214ff. — **18** Heinz Liepmann: »Der Tod des Kaisers Wang-ho. Nach einer alten Legende«. In: »Die Propyläen« 24 (1927), S. 127. — **19** Signatur: 52/B 198. — **20** Rezensionen der Uraufführung im Hamburger Schauspielhaus am 23.2.1932: Hans Friedrich Blunck in: »Die Literatur« 34 (1931/32), S. 398 f.; o. Verf. in: »Kölnische Zeitung« Ref. in: *Das deutsche Drama in Geschichte und Gegenwart.* 4 (1932), S. 216 f. — **21** So zuletzt noch in: *International Biographical Dictionary of Central European Emigrés 1933-1945.* Vol. II, Part. 2. München, New York, London, Paris 1983, S. 729. — **22** Für *Die Hilflosen* bekam Liepmann 1930 den Sonderpreis des New Yorker Harper-Verlags für junge ausländische Autoren. Die Übersetzung *(Wanderes in the Mist)* erschien 1931 in New York und London. Übersetzungen der beiden anderen Romane: *Les nuits d'un vieil enfant.* Paris 1930, *Nights of an old Child.* Philadelphia 1937, *Escape to Life.* London 1938 bzw. *Peace broke out.* New York 1932. — **23** *Nächte,* S. 191 und 192. — **24** (Anm. 17). — **25** Vgl. die ›Heimat‹-Apotheose, *Nächte,* S. 193 f. — **26** Ebd., S. 80 f. — **27** *Nächte,* S. 79; vgl. ebd., S. 66, 68, 70 u. ö. sowie den Auszugsabdruck in: »Der Freihafen. Blätter der Hamburger Kammerspiele.« 11 (1928), H. 7, S. 10-12, mit dem Titel »Die große Hilflosigkeit«. — **28** *Die Hilflosen,* S. 112. — **29** Ebd., S. 251. — **30** Ebd., S. 107. — **31** Ebd., S. 141f., 146, 151-154. — **32** Ebd., S. 211: »Ich bin schuldig an ihm; er ist schuldig an mir; aber beide sind wir unschuldig, mein Gott!« und: »Wir werden schuldig und wissen nicht, warum. Wir alle! Warum?!« (Im Original Sperrdruck). — **33** Ebd., S. 106. — **34** Ebd., S. 256-259. — **35** Ebd., S. 245. — **36** Ebd., S. 99. — **37** Ebd., S. 256. — **38** Ebd., S. 168. — **39** Ebd., S. 287. — **40** Ebd., S. 170. — **41** Vgl. die Rezension von Alfred Kantorowicz: »Ein Inflationsroman«. In: »Vossische Zeitung« vom 8.2.1931, Lit. Umschau, Nr. 6. — **42** So der Titel von Hilde Spiels Essay über Erich Kästners *Fabian.* In: »FAZ« vom 24.6.1980, S. 23. — **43** Vgl. Erich Kästner: *Gesammelte Werke.* Zürich 1959, Bd. II, S. 7. — **44** Vgl. Walter Benjamin: »Linke Melancholie« (1931). In: Ders.: *Gesammelte Schriften.* Bd. 3. Frankfurt/M. 1972, S. 279 ff. — **45** M. Helfand: »Giftstoff ›Remarquismus‹«. In: »Internationale Literatur.« Moskau/Berlin (1932), H. 1, S. 132-135. — **46** Ebd., S. 133. — **47** Ebd. — **48** *Der Frieden brach aus,* S. 331. — **49** Graham Greene: »Inflation«. In: »Spectator.« London. Bd. 148, (1932), S. 807. — **50** *Der Frieden brach aus,* S. 54 und 153. — **51** Ebd., S. 43 und 160. — **52** Ebd., S. 209, 276 und 324. — **53** Ebd., S. 322 f. — **54** Hans Alfred Wyß: »Querschnitt durch die deutsche Nachkriegsliteratur I«. In: »Schweizer Monatshefte.« Zürich. 11. Jg., H. 9, Dezember 1931, S. 444-452; S. 450. Sehr abwertend urteilten dagegen Kantorowicz (Anm. 41), Fritz Rostosky (in: »Die Neue Literatur.« 32, H. 1, Januar 1931, S. 35) und Hans Sochaczewer (»Bücher, die den Frieden schildern«. In: »Die Literatur.« 33 (1930/31), S. 190–192; S. 191 f.). — **55** *Der Frieden brach aus*, S. 316. — **56** (Anm. 13). — **57** »Judentum und Marxismus«, (Anm. 14), S. 310. — **58** Vgl. Robert LaGuardia: *Monty. A Biography of Montgomery Clift.* New York 1978 (s. Register). — **59** Zu ihm vgl. Manfred Durzak (Hg.): *Die deutsche Exilliteratur 1933–1945.* Stuttgart 1973, S. 579. — **60** O. Verf.: »Jüdische Unverschämtheit. Herr Liepmann provoziert das Deutschtum«. In: »Altonaer Nachrichten.« 81, Nr. 85 vom 8. 4. 1933, S. 4. Unvollständig wiedergegeben in *Das Vaterland*, S. 87. — **61** Vgl. Heinz Liepmann: »Komoedie in Altona«. In: »Das Blaue Heft.« 13, Paris 1933/34, Nr. 3, S. 79 f. sowie die Darstellung in ... *wird mit dem Tode bestraft*, S. 126 f. — **62** Vgl. Dietrich Aigner: *Die Indizierung »schädlichen und unerwünschten Schrifttums« im Dritten Reich.* Frankfurt/M. 1971, Sp. 1019–1021. – Ausgebürgert wurde Liepmann nicht damals schon, sondern am 8. Juni 1935. Auf der drei Tage später im »Deutschen Reichsanzeiger« veröffentlichten (4.) Liste standen auch (u. a.): Bertolt Brecht, Hermann Budzislawski, Nahum Goldmann, Werner Hegemann, Rudolf Hilferding, Kurt Hiller, Max Hodann, Erika Mann, Walter Mehring, Kreszentia Mühsam, Erich Ollenhauer, Franz Pfemfert, Justin Steinfeld (!), Paul Westheim und Friedrich Wolf (Akte Liepmann, Anm. 63). — **63** Das gilt z. B. für die Angaben in: »American Magazine.« New York im Januar 1939, S. 15. – In der Ausbürgerungsakte Liepmann, die das Auswärtige Amt heute nach aufbewahrt und in die ich dankenswerterweise nach Einblick nehmen können (Inland II A/B – 128/2), findet sich ein zwei Seiten langes Dossier ohne Autor- und Zeitangabe (aus dem Jahre 1934) mit der Behauptung: »Amtlich ist hierzu festgestellt, daß Liepmann nie in einem deutschen Konzentrationslager gewesen ist.« Nun enthält zum einen dieses Dossier selbst Fehler, und zum anderen ist durchaus möglich, daß über die Vorgänge im Lager Wittmoor entweder Aufzeichnungen fehlten oder aber bezüglich seiner ja nur kurzfristigen Existenz weithin Unkenntnis herrschte. Auf das letztere deutet ein von fremder Hand dem Namen Wittmoor hinzugefügtes Fragezeichen im Brief des Deutschen Generalkonsulats für Kanada ans Auswärtige Amt vom 19. November 1934, in dem von Liepmanns Vortragstätigkeit in Montreal die Rede ist. – Zum Lager Wittmoor vgl. Henning Timpke: »Das KL Fuhlsbüttel«. In: *Studien zur Geschichte der Konzentrationslager.* Stuttgart 1973 (Schriftenreihe der Vierteljahrshefte für Zeitgeschichte, Nr. 21), S. 11 ff.; S. 12–14. – Unterlagen der Lagerverwaltung und der Staatspolizei sind nach Auskunft des Hamburger Staatsarchivs nicht erhalten geblieben (Brief vom 25. 5. 1984). — **64** »Komoedie in Altona« (Anm. 61); »Leipziger Toten-Messe«. In: »Das Blaue Heft.« 13, Paris 1933/34, Nr. 5, S. 138 f.; »Ein Alltag im Konzentrationslager«. In: »Die Neue Weltbühne.« 2, Nr. 38 vom 21. 9. 1933, S. 1179–1182 (auch in: »Aktion«, 1, Porto Alegre 1933, Nr. 12 vom 31. 10. 1933, S. 1); »›Geheim‹-Akt Brandenburg«. In: »Die Neue Weltbühne.« 3, Nr. 13 vom 29. 3. 1934, S. 393–396. — **65** Heinz Liepmann: »Ein Deutscher in Deutschland.« In: »Freie Presse.« 1933, Nr. 8, S. 4. Ein Vorabdruck aus dem Roman erschien ebd. in Nr. 17 vom 14. 11. 1933, S. 8, unter dem ursprünglich vorgesehenen Titel »Tod – Made in Germany...«. — **66** So *Das Vaterland*, S. 14. — **67** »Leipziger Toten-Messe« (Anm. 64). — **68** »Ein Alltag im Konzentrationslager« (Anm. 64), S. 1182 bzw. S. 1. Vgl. *Das Vaterland*, S. 212. — **69** »›Geheim‹-Akt Brandenburg« (Anm. 64), S. 393. — **70** Im Verfahren vor einem britischen Gericht, das ihn im September 1935 wegen Besitzes von Rauschgift zu einer Geldstrafe verurteilte, hat er seine Drogenabhängigkeit ebenfalls auf die Behandlung im KZ zurückgeführt (nach einem nicht zur Veröffentlichung bestimmten Bericht des Deutschen Nachrichtenbüros vom 13. 9. 1935 in der Akte Liepmann – Anm. 63). — **71** Information von Ruth Liepman. Vgl. auch Herbert Freeden: *Jüdisches Theater in Nazideutschland.* Tübingen 1964 (Schriftenreihe Wissenschaftlicher Abhandlungen des Leo Baeck Instituts 12), S. 20. — **72** *Das Vaterland*, S. 133 und S. 140. Das erwähnte Dossier in Liepmanns Ausbürgerungsakte (Anm. 63) nennt als letzte Hamburger Adresse »Sierichstraße 84 b/Rosowski«. — **73** In den USA hat sich später ein freundschaftliches Verhältnis entwickelt. — **74** In einer Anmerkung zu ... *wird mit dem Tode bestraft* (S. 231 f.) behauptet Liepmann, eigens zu diesem Zweck habe man das ehemalige BPRS-Mitglied Franz Glienke auf ihn angesetzt. — **75** Vgl. die ausführlichen Darstellungen bei Hans-Albert Walter, *Deutsche Exilliteratur 1933–1950.* Bd. 2: *Asylpraxis und Lebensbedingungen in Europa.* Darmstadt und Neuwied 1972 (Sammlung Luchterhand 77), S. 88–90 und bei Richard Albrecht (Anm. 5). — **76** *Das Vaterland*, S. 189. — **77** Zum partiellen Erfolg dieser Taktik vgl. Hans-Albert Walter (Anm. 75), S. 90 f. — **78** Vgl. »›Geheim‹-Akt Brandenburg« (Anm. 64), S. 394, und »Der Mond hat Angst«. In: »Neue Deutsche Blätter.« 1, H. 8 vom 1. 5. 1934, S. 515 f. — **79** Vgl. o. Verf., »Heinz Liepmann wird nicht ausgeliefert«. In: »Deutsche Freiheit.« Saarbrücken, 2, Nr. 60 vom 13. 3. 1934, S. 8. — **80** Das einzige Exemplar, das mir erreichbar war, besitzt die Universitätsbibliothek der Wirtschaftsuniversität Wien. Nach der Aufstellung von Horst Halfmann (»Bibliographien und Verlage der deutschsprachigen Exil-Literatur 1933 bis

1945«. In: *Beiträge zur Geschichte des Buchwesens*. Bd. IV. Leipzig 1969, S. 189–294) ist dieses Buch der einzige Exil-Titel des Verlags gewesen (S. 271). — **81** *Das Leben der Millionäre*, S. 8. — **82** *Das Vaterland*, S. 13. — **83** Ebd., S. 101–103. — **84** Ebd., S. 191. — **85** Ebd., S. 18. — **86** Ebd., S. 14. — **87** Ebd., S. 65. — **88** Ebd., S. 15. — **89** In: »Das Blaue Heft.« 13, 1933/34, Nr. 7, S. 218–220. — **90** Zu diesem Detail vgl. auch »Leipziger Toten-Messe« (Anm. 64), S. 139, und »Underground Germany«. In: »American Mercury.« 46, New York 1939, S. 441–446; S. 443. — Wie die meisten Emigranten ging Liepmann davon aus, daß die Nazis den Brand selbst gelegt hätten. – Der »ständige Begleiter und Freund Hitlers, der englische Journalist Delmar«, der angeblich schon einige Minuten vor Entdeckung des Brandes ein Telegramm über Tat und Täter an seine Zeitung geschickt hatte (*Das Vaterland*, S. 127; vgl. »›Geheim‹-Akt Brandenburg« (Anm. 64), S. 395 f.), war übrigens niemand anders als Sefton Delmer. Die ihn betreffende – von Liepmann der Münzenberg-Presse entnommene – Behauptung nahm Delmer zum Anlaß, Autor und Verleger von *Murder – Made in Germany* in London wegen Verleumdung zu verklagen, und erlangte nach eigenen Angaben »Schadenersatz, Einziehung des Buches, Widerruf der Beschuldigung und volle Ehrenerklärung«. (Sefton Delmer: *Die Deutschen und ich*. Hamburg 1962, S. 202, Anm. 1). — **91** *Das Vaterland*, S. 56, 83, 110. Auch in bezug auf andere KZs ist diese Kindergebet-Travestie ja geläufig gewesen. — **92** Das Auswärtige Amt ließ sich eigens aus Montreal *Murder – Made in Germany* schicken und reichte es ans Innenministerium weiter (Akte Liepmann – Anm. 63). — **93** *Das Vaterland*, S. 54 f., 117 f. und S. 60. — **94** Ebd., S. 66 und 77. — **95** Z. B. ebd., S. 113. — **96** Vgl. z. B. ebd., S. 20 oder S. 108 f. — **97** Vgl. Franz Leschnitzer: »Heinz Liepmann: ›Vaterland‹. Ein Tatsachen-Roman aus Hitler-Deutschland«. In: »Deutsche Volks-Zeitung.« 1, Nr. 22, Saarbrücken vom 12. 7. 1934. – Nathan Asch freilich urteilte: »›Murder – Made in Germany‹ is badly written and has no unity«. In: »The New Republic.« 78, S. 276, New York, vom 18. 4. 1934. — **98** *Das Vaterland*, S. 13. — **99** Ebd., S. 30. — **100** Ebd., S. 122. — **101** *... wird mit dem Tode bestraft*, S. 189. — **102** *Das Vaterland*, S. 76. Vgl. *... wird mit dem Tode bestraft*, S. 66, wo es von dem KP-Funktionär Otto heißt, er habe »eine Überzeugung, eine Religion, und eine tiefe Ethik«. — **103** *... wird mit dem Tode bestraft*, S. 113; vgl. ebd., S. 62. — **104** Der Klappentext zu *... wird mit dem Tode bestraft* produziere sogar folgende Verstiegenheit: »Mit aktueller Politik hat dieses Buch viel weniger zu tun als mit den großen Heldengeschichten einer antiken Welt voll Marter und Schönheit.« — **105** *... wird mit dem Tode bestraft*, S. 26. — **106** Vgl. ebd., S. 30 (KZ-Aufenthalt; die bisherigen drei Romane), S. 126 f. (der Protest gegen das Vorgehen des Altonaer Stadttheaters) usw. — **107** Ebd., S. 193–195. — **108** Daß auch er später ins KZ gekommen ist, wird nur erwähnt, liegt jenseits der erzählten Zeit, wird im übrigen relativiert durch die offenkundige Tatsache des Überlebens. — **109** Vgl. z. B. a. a. O., S. 88–90 oder S. 151–156. — **110** Das bemängelte auch Arthur Koestler in seiner ansonsten sehr positiven Besprechung in: »Das Neue Tage-Buch«. 3, Nr. 49 vom 7. 12. 1935, S. 1168 f. — **111** A. a. O., S. 30. — **112** Ebd., S. 9. — **113** Vgl. S. 37, 78, 133 und 233. Zum Realitätsgehalt: Berglund (Anm. 2). — **114** A. a. O., S. 50. — **115** Vgl. ebd., S. 166–168. — **116** *... wird mit dem Tode bestraft*, S. 64. — **117** Hans-Albert Walter: »Heinz Liepmanns Reportageroman ›... wird mit dem Tode bestraft‹« (Sendung am 4. 12. 1983 in SFB I). Ich danke Herrn Walter für die Überlassung des Sendetyposkripts und für die Erlaubnis daraus zu zitieren. — **118** *... wird mit dem Tode bestraft*, S. 246 f. — **119** Ebd., S. 28. — **120** Ebd., S. 113. — **121** Ebd., S. 247. — **122** Ebd. — **123** A. a. O. (Anm. 90), S. 442. — **124** Vgl., außer den Berichten des Deutschen Generalkonsulats in Montreal über dortige Auftritte Liepmanns im November 1934 und im Januar 1936, z. B. seinen Artikel »Mit Chaplin im Chaplin-Film«. In: »Pariser Tageblatt.« Nr. 829 und 831, 20. und 22. 3. 1936, jeweils S. 4. — **125** In Großbritannien erschien das Buch unter dem Titel *Death from the Skies*. Entsprechende Hinweise finden sich schon in *Das Vaterland*, S. 160–163, und in *... wird mit dem Tode bestraft*, S. 213. — **126** C. H. F. in: »Nature.« 140, S. 176, London vom 31. 7. 1937; o. Verf.: »The Coming War«. In: »Current History.« New York, Oktober 1937, S. 8 f. — **127** O. Verf.: »Death from the Skies.« In: *Gasschutz und Luftschutz* 8, Berlin 1938, S. 84 f.; S. 85. — **128** »Deutsche Freiheit.« 2, Nr. 86–89. — **129** Ebd., Nr. 87. — **130** Nach den Angaben auf dem Schutzumschlag von *Case History* (New York 1950) veröffentlichte Liepmann Kurzgeschichten und Artikel in »The American«, »Harpers«, »Readers Digest« und »Saturday Evening Post.« – Einige später ins Deutsche übertragene Kurzgeschichten (*Das 6. Fenster im 11. Stock*. Berlin 1948) haben der Nachbemerkung zufolge in den Jahren 1943–1946 in »Esquire«, »American Magazine« und anderen Zeitschriften gestanden (a. a. O., S. 46). – Liepmanns Jahre in Amerika bedürfen noch genauerer Erforschung. — **131** In seinem Text für die *Autobiographien* des Zentrums deutschsprachiger Autoren im Ausland innerhalb des Internationalen PEN-Clubs (London 1970, S. 80) schrieb er: »Arbeitete in den USA in Hotels, Restaurants, Hühnerfarmen, bis genügend englisch gelernt.« — **132** Klaus

Mann: *Der Vulkan. Roman unter Emigranten.* Reinbek bei Hamburg 1981, S. 318. —
133 Thomas Mann: *Briefe 1937–1947.* Frankfurt/M. 1963, S. 106. — **134** Vgl. die redaktionelle Vorbemerkung zu Liepmanns Artikel »Das schmerzliche Lächeln. Gespräch mit Sir Herbert Samuel«. In: »Pariser Tageblatt.« 3, Nr. 522 vom 18.5.1935, S. 1. — **135** (Anm. 70). Vgl. auch Albrecht (Anm. 5), S. 340. — **136** Die ›Korrektur‹ »Liepman« nicht nur auf dem Titel, sondern auch im Text der Neuausgabe von *Das Vaterland* (S. 87) ist also irrig. — **137** Vgl. Gabriele Kreis: *Frauen im Exil. Dichtung und Wirklichkeit.* Düsseldorf 1984, S. 68 f. und S. 76–81. — **138** Vgl. den »Schuldschein« am Ende von *Der Ausweg.* Hamburg 1961, S. 311. — **139** (Anm. 138). Den erweiterten Untertitel (*Die Bekenntnisse des Morphinisten Martin M.*) gibt es erst seit den Taschenbuchausgaben: Rowohlt-Taschenbuch 834 (Reinbek bei Hamburg 1966) und Ullstein-Taschenbuch 3540 (Frankfurt/M., Berlin, Wien 1978). — **140** *Der Ausweg,* S. 262. — **141** Ausgestrahlt am 20.9.1959 vom WDR. Ein früheres Hörspiel Liepmans mit dem Titel *Die Früchte des Kaktus,* eine Israel-Reise behandelnd, ist am 12.6.1957 im NDR gesendet worden. — Diese Informationen verdanke ich dem Deutschen Rundfunkarchiv in Frankfurt/M. — **142** Annemarie Weber in: »Sonntagsblatt« vom 15.12.1964; J. P. W. in: »Die Tat« vom 18.12.1964. — **143** Hans Gerd Rötzer: »Die Tücken der Tugend«. In: »Rheinischer Merkur« vom 11.12.1964. Vgl. auch Christa Rotzoll, »Überanstrengung«. In: »Süddeutsche Zeitung« vom 31.10.1964. – Diese Kritiken wie auch eine ganze Reihe von Artikeln Liepmans sind mir freundlicherweise vom Archiv der »Welt« zur Verfügung gestellt worden. — **144** Ich übergehe Gelegenheitsarbeiten wie die Übersetzung von John Gunthers *Eisenhower*-Biographie (Zürich 1952), das aus einer Illustrierten-Serie erwachsene Buch *Rasputin. Heiliger oder Teufel* (Berlin-Schöneberg 1959) sowie die Sammlung *Verbrechen im Zwielicht. Berühmte Kriminalfälle aus den letzten Jahrzehnten* (Berlin-Schöneberg 1959). — **145** (Anm. 15). — **146** Ebd., S. 35 und 36. — **147** »Wir lassen alles, wie es ist.« In: »Die Welt« vom 4.2.1961. — **148** Am 21.2.1959 in der »Welt«; »Ein deutscher Jude...«, S. 37–40. — **149** A. a. O., S. 39 f. — **150** (Anm. 131). — **151** Vgl. Heinz Liepman: »Zürich«. In: Rainer Hagen (Hg.): *Beschreibung einer Stadt. Nach der Sendereihe des Norddeutschen Rundfunks.* Hamburg 1963, S. 85–103. — **152** Vgl. seinen Artikel »Die anonyme Zensur« in: »Die Welt« vom 12.10.1963. — **153** Vgl. »Begegnung mit Herrn Korn«. In: »Die Welt« vom 6.3.1965. Mir liegt ein unveröffentlichtes Typoskript aus dem Jahre 1964 vor, das teilweise dieselben Fakten enthält wie der genannte Artikel, aber auch die später weggelassene Frage aufwirft, wer denn wohl die teilweise recht aufwendige Verteidigung der Angeklagten finanziert hat. — **154** Reinbek bei Hamburg 1966.

Heike Klapdor-Kops

»Und was die Verfasserin betrifft, laßt uns weitersehen«
Die Rekonstruktion der schriftstellerischen Laufbahn
Anna Gmeyners

Für Fritz H. Landshoff

Im Juni 1933 wird in der »B.Z. am Mittag« die »Gleichschaltung der Bühnenvorstände« und damit der nun staatlich verfaßte nationalsozialistische Zugriff auf die deutschen Theater bekanntgegeben. In derselben Ausgabe[1] erscheint ein Artikel über eine Bühnenautorin, deren Stücke auf deutschen Bühnen schon nicht mehr präsent sind. Zuletzt hatte man während der Spielzeit 1932/33 in Berlin ihr Schauspiel *Automatenbüfett* gesehen; ein halbes Jahr später war das Volksstück vom Spielplan verschwunden, waren die Autorin und viele der Schauspieler vom Schiffbauerdamm-Theater schon über die Grenzen.

Trotzdem wird im IX. Teil einer Serie mit dem Titel »Die Frau formt ihr Leben« Anna Gmeyner als eine »Chronistin der Zeit« vorgestellt. Die österreichische Autorin – ihre Staatsangehörigkeit wird später ein Freund seit den Pariser Jahren, der Regisseur Paul V. Falkenberg als einen Grund dafür anführen, daß dieser Artikel noch im Juni 1933 gedruckt wurde – hat mit hoher Wahrscheinlichkeit das Porträt selbst verfaßt. Dafür sprechen der Stil und die Intimität der Schilderung.

Anna Gmeyner, 1902 in Wien in eine nicht orthodoxe jüdische Rechtsanwaltsfamilie geboren, wuchs in literarisch und intellektuell ambitionierten Kreisen auf; man ist unter anderem mit Prof. Freud bekannt.

> »Von Kindheit auf ist sie entschlossen, berühmt zu werden. Sooft sie am Wiener Burgtheater vorüberkommt, fragt sie, wie es möglich sei, dort ein Stück unterzubringen. Mit sieben beginnt sie bereits einer alten Tante ihre Memoiren zu diktieren. (...) Als der Krieg ausbricht, schreibt sie zehnjährig ihr erstes Stück. Es ist sehr patriotisch und furchtbar traurig. (...) Zwei Jahre später schreibt sie ein gereimtes Stück ›Ideal und Wirklichkeit‹ (...) Mit fünfzehn Jahren schreibt sie, unter dem Einfluß der Don-Carlos-Lektüre, ein großes Drama ›Der Tyrann‹.«[2]

Die Boheme im Musilschen und Mahlerschen Wien nach der Jahrhundertwende stiftet 1924 die junge und von den Eltern abgelehnte Ehe der Anwaltstochter und Studentin Anna Gmeyner mit dem Biologen Berthold Paul Wiesner. Ein Jahr später wird die einzige Tochter Anna Gmeyners, Eva, geboren:

> »Er hat nichts, sie hat nichts, und sie heiraten ohne Geld. (...) Sie bekommt ein Kind, wird krank, ist gezwungen, um jeden Preis Geld zu verdienen. Sie zieht nach Berlin, das nach wenigen Monaten ihre wirkliche Heimat wird. Sie unterrichtet an einer Schule, schreibt Artikel, hält Kurse bei Arbeiterkindern. (...) Die Folge der Überarbeitung dieses Winters ist eine schwere Krankheit. Sie muß ihre Stelle aufgeben und folgt ihrem Mann nach Schottland, wohin er an die Universität Edinburgh berufen ist.«[3]

Das politische Bewußtsein der kritischen jungen Frau ist von den frühen russischen Revolutionstheorien, von Kropotkin, von Vera Figners *Night over Russia* geprägt. Auch in Schottland will die selbständige Frau ihre journalistischen und literarischen Ambitionen aufrechterhalten: Sie verfolgt die großen schottischen Bergarbeiterstreiks 1926. Sie begleitet die Bergleute in die Stollen und besucht die Familien in den Bergarbeiterstädten. Unmittelbar erfährt sie die Armut und die Arbeitsbedingungen der Bergleute. Diese Eindrücke prägen ihr erstes Stück, das Bergarbeiterschauspiel *Heer ohne Helden*. Ein Grubenunglück, das der Grubenbesitzer der Geschäfte wegen bewußt in Kauf genommen hat, führt die Bergarbeiter und ihre Familien am Ende zu Solidarität und Auflehnung.[4] Den Hinweis auf Vorbilder in Émile Zolas *Germinal* oder Gerhart Hauptmanns *Die Weber* werden manche Aufführungskritiken später in herabsetzender Weise geben. Doch die Autorin hat eine »... dramatisierte Reportage«[5] im Sinn und repräsentiert damit »... keine jener phantasie- und problemlosen Photographien, denen Sachlichkeit nicht selbstverständliche Voraussetzung, sondern Bekenntnis zu einer Gattung ist«.[6] Im *Heer ohne Helden* präsentiert die Autorin ein Heer von Helden. Sie führt mit durchaus sozialrevolutionärem Pathos insbesondere im Sprechchor des letzten, des 8. Bildes die beispielhafte Auflehnung der Arbeiter vor. Diesem revolutionären Zeitstück fehlen sozial engagierte Weinerlichkeit oder Epigonalität. Allerdings ist es der Gefahr ausgesetzt, daß seine Parteilichkeit und sein Klassenstandpunkt in agitatorischer Weise überzeichnet werden. Die Berliner Inszenierung sollte so verfahren, die karge Zeichnung verbergen:

> »Handfeste Tendenz überdröhnt die künstlerische Gestaltung, aber wo sie im geschriebenen Stück zart, fein und edel für sich steht, ist sie im gespielten Drama laut und hineinkonstruiert.«[7]

Auf den Vorwurf vieler Pressestimmen, die Dramatikerin habe der politischen Tendenz den Vorrang gegeben, reagierte Anna Gmeyner schlicht:

> »Hier (im schottischen Grubengebiet/d. Verf.) habe ich alle Arbeitsstätten gesehen, habe mir den Kopf an den Stollen zerstoßen, um das Material zu meinem *Heer ohne Helden* zu sammeln. Daß es ein Tendenzstück wurde, liegt mehr an den Verhältnissen als an mir. Wenn es tendenziös genannt werden kann, immer von neuem verschleierte Wahrheiten aufzudecken, bekenne ich mich voll zum Tendenzstück.«[8]

»Am Grubentor« versammelt Anna Gmeyner im 1. Bild Frauen. Zunehmend bang und besorgt klingen ihre Stimmen, denn es heißt, die Männer seien im Stollen verunglückt. Neben den Arbeitsbedingungen und den Wohnverhältnissen zeigt das Stück die Reaktionen der Frauen und Männer, ihre Angst, Verzweiflung und die Wut, ihre Resignation und die mühsame Suche nach Lösungen. Die männlichen Figuren, wie Fred »unter Tage«[9] dürfen Angst haben, ohne denunziert zu werden. In bevorzugter Weise sprechen die Frauen, wie Frau Duncan, Frau Lee, Ann und Maggie[10], aus, welche Wirkungen die Verhältnisse auf die Bergleute ausüben. Eine vor allem, Maggie Lee, deren Verlobter zu den Verschütteten gehört, tritt fordernd und vorantreibend an die Spitze der bangenden Frauen und in die vordere Reihe der sich empörenden Bergleute. Eine Vorgängerin von Brechts Johanna der Schlachthöfe, ist sie die tatsächliche und die dramaturgisch notwendige Heldin im *Heer ohne Helden*. Unter anderem erfährt sie dabei die Grenze zwischen gesellschaftlich wirksamer Kraft und weiblicher Identität: »(Maggie) Ich möcht' ein Mann sein, Herrgott.«[11]

Netzartig werden die individuellen Reaktionen zu einer – politischen – Einsicht zusammengezogen. Am Grab von vier tödlich Verunglückten erklingt im Sprechchor das »Lied der Bergarbeiter«[12]:

> Wir graben uns're Gräber,
> wir schaufeln selbst uns ein,
> wir müssen Totengräber
> und Leich' in einem sein.
>
> Nur lustig eingegraben,
> geh' fort, wem's nicht gefällt,
> sind and're da in Scharen,
> es geht um's Geld, um's Geld.
>
> Verkrümmt, verdreckt, zertreten,
> was kommt ihr nicht herein?
> Der Pfarrer wird schon beten,
> wenn uns're Kinder schrein.
>
> Die Zeit muß sich erfüllen,
> die Toten wachen auf,
> doch nicht in weißen Hüllen,
> schwarz kommen sie herauf.
>
> Und fahren aus den Gruben,
> hohläugig und zerfetzt,
> den Herrn in ihren Stuben
> vergeht das Lachen jetzt.
>
> Da wird nichts abgestrichen,
> die Leben, die ihr stahlt,
> die werden bar beglichen,
> einmal wird voll bezahlt!

Die Uraufführung des Bergarbeiterschauspiels 1929 in Dresden scheint das Interesse an der unbekannten Autorin geweckt zu haben. Man sucht Anni Wiesner, man sucht, wie es in einem Zeitungsartikel heißt, den »Bruckner No. 2«[13]. Erwin Piscator zieht das Drama unter 40 Stücken in die engere Wahl für die erste Spielzeit eines neuen Piscator-Theaters, das er im Herrenhauser Vortrag vom 29. März 1929 ankündigt.[14] Doch nicht Piscator, sondern der »unbekannte Regisseur« Slatan Dudow[15] inszeniert das *Heer ohne Helden* in Berlin.

Die als Uraufführung annoncierte Inszenierung erfährt schon im Vorfeld große Beachtung, da sich mit ihr die ›Interessengemeinschaft für Arbeiterkultur‹, ifa, der Öffentlichkeit vorstellt.[16] In einer Sonntagsmatinée am Berliner Wallner-Theater am 26. 1. 1930 spielt unter der Regie von Slatan Dudow die »Elite des Nachwuchses«[17]: Friedrich Gnas, Maria Leiko, Renée Strobrawa, Ernst Busch, Ilse Trauschold, Fritz Genschow und Ingeborg Franke.[18] Es ist jene Piscatorsche ›Gruppe junger Schauspieler‹, die ein Jahr zuvor für die aufsehenerregende Aufführung von Peter Martin Lampels *Revolte im Erziehungshaus* am Theater am Schiffbauerdamm gesorgt hatte.

Offenbar eignet sich das Schauspiel der Gmeyner für die Intentionen eines klassenkämpferischen Arbeitertheaters: »In diesem Drama ist nichts konstruiert, die proletarische Wirklichkeit ist wuchtig und ideologisch klar. (...) Anna Gmeyner, kein Literat, sondern revolutionärer Arbeiterschriftsteller, gibt in ihrem Erstlingswerk eine Probe ihres großen Talents. Wir empfehlen jedem Arbeiter den Besuch der Aufführung.«[19] Dies kündigt die Rote Fahne an und ergänzt am folgenden Tag: »Die Gruppe arbeitet nicht losgelöst vom Autor, sondern in enger Verbundenheit mit ihm und mit der ifa, der Führerin des Proletariats an der Kulturfront.«[20] Für die ›Interessengemeinschaft für Arbeiterkultur‹ spricht K. A. Wittfogel[21] in einer programmatischen Rede und erläutert die Intentionen des Arbeitertheaters. Der Redner stellt die Gründung des Theaters der Arbeiter als Konsequenz gescheiterter theaterrevolutionärer Bemühungen Piscators vor. Dieser ins Bürgerliche entgleiste Pionier für revolutionäre Arbeiterkunst sei zum »Gefangenen seiner eigenen Parkettgäste« und zum Büttel seiner technischen Perfektion geworden.[22] Auch Bernard Shaws Schicksal, der als Sozialist »zum Narren der Bourgeoisie« geworden sei, habe den Weg zu einer kargen Bühne, zu Mitteln des Einfachen und Improvisierten und zu dramatischen Texten mit klarer politischer Aussage gewiesen. Das Theater der Arbeiter müsse ein »... Theater für Arbeiter sein und umherschweifend, in Stadt und Land dies Stück in Sälen spielen«.[23] Dem kämpferischen Geist eines Arbeitertheaters gibt Wittfogel mit martialischen Worten Ausdruck. Mit einem spartanischen Feldlager vergleicht er die neue Bühne, mit Kleinkaliber müsse nach Piscators Scheitern der Kampf weitergeführt werden. »Die ifa tritt mit der Erstaufführung von *Heer ohne Helden* als revolutionärer Kunstfaktor in die Theateröffentlichkeit. Sie sagt den schwarzen Mächten der

Vergangenheit den Kampf an, sie nimmt den Kampf auf gegen die reaktionäre, bürgerliche und angeblich neutrale Kunst.«[24]

Das Spektrum der Pressestimmen verdeutlicht die politische Brisanz der Theaterinitiative und der Inszenierung. »Immer neue Formen des Zeittheaters (begegnen uns/d. Verf.), wobei die unerquicklichsten und unergiebigsten auf das Konto ›Politisches Theater‹ kommen. Sozialistische Bühnenkunst ist uns schon des öfteren serviert worden, und gerade jetzt hört man von der Gründung eines ns Thespiskarrens.«[25] So steckt ein Kritiker vage die Grenzen parteipolitisch gebundenen Theaters ab, innerhalb derer sich die Position der »Roten Fahne« ebenso von selbst versteht wie jene, die von einem »(...) roten Hetzstück (spricht), das um seiner Verlogenheit willen verboten werden sollte«.[26] Aus gleichem Munde kommt die Empörung über »bolschewistische Agitation«: »Dies ist also der neueste von der Sowjetrepublik herübergeholte deutsch-kommunistische ›Proletkult‹. Wir müssen ihm entschlossen ins Auge blicken. Er wird getragen von einer weitgesponnenen Organisation.«[27] Ein Hauch von Antisemitismus umweht darüber hinaus einen ›Druckfehler‹, durch den ein erstmals öffentlich auftretender Regisseur »... Natan Dudow« vorgestellt wird.[28] Daß das *Heer ohne Helden* »... mit der Absicht geschrieben (sei) und aufgeführt, in einem ›Theater der Arbeiter‹ für die Weltrevolution zu hetzen und den Kommunismus zu verbreiten«[29], stellt der Kritiker Hans Knudsen in der Zeitschrift »Die schöne Literatur« fest. Die Spannung, die tatsächlich im zeitgenössischen und politisch engagierten Theater herrscht, wird zugleich als Spannung zwischen dem dramatischen Text und seiner Inszenierung begriffen. Beispielhaft belegen dies andere Kritiken zur Aufführung. Agitationstheater habe man mit einem Stück gemacht, »... (das) gar keine Ausgeburt wilder Tendenzdeklamation (sei)«, stellt der Kritiker fest. Vielmehr sei es »eine ernsthafte, stille, ehrlich empfundene Milieustudie, (...) alles weniger mit rechnerischen Mitteln als mit der stimmungsstarken Darstellung kleiner Szenen. Nicht sehr originell, aber sicherlich begabt und eigentlich gar keine geeignete Partitur für parteipolitische Kundgebungen.«[30] Solche Ohren hatten bei der Aufführung eine »glaubwürdige Sprache«[31] vernommen, hatten eine »volksstückhafte Alltagssprache«[32] gehört. Ihering hatte ein »schmuckloses, fast phrasenfreies Schauspiel, anständig, ehrlich (...) ohne besonderen Akzent (...), aber niemals schlecht, niemals peinlich«[33] gesehen. Monty Jacobs sah sich »zur Ehre der Dichterin« genötigt zu sagen, »daß die billige Agitation in ihrem Werk unorganisch aufgeklebt wirkt. Anna Gmeyner hat Dichtertakt und Bühnensinn«.[34] Insbesondere die revolutionäre Geste des Schlußchores galt hierfür als sinnfälliges Beispiel: »Die stumme Gewalt der Verzweiflung wirkte besser und revolutionärer als Anklage, als der rote Rachechor, der gut gesprochen, sehr wirksam, aber allzu unverhüllt Gedanken preisgab.«[35]

Auch Lotte Eisner fand diese dramaturgische Entscheidung wenig überzeugend: »Anna Gmeyner setzt stark ein. Mit dem Ausbruch der

Katastrophe (...) Mit endlosem Warten. (Das sind) Szenen, die von einer sehr begabten gestaltet sind. Diese Konzentriertheit der Anfangsbilder hält sie nicht durch. Das Einzelgeschick, der Einzelmoment fesselt sie so sehr, hält sie fest. Zu abrupt biegt sie um zum Geschick aller am Schluß.«[36]

In der Tat prägt der Duktus des Agitprop das 8. und letzte Bild des Bergarbeiterschauspiels. Politische Eindeutigkeit, moralische Fraglosigkeit und kämpferisches Gebaren zeichnen hier heldische Figuren und beispielhaftes Handeln aus. Die vorangegangenen sieben Bilder sprechen vorsichtiger, differenzierter. Die Schrift, die ein verschütteter Bergmann in seiner Todesstunde auf eine Brandtür schreibt, bleibt bewußt ungedeutet: Ob man den Kampf aufgeben oder weiterführen soll, das müssen die Überlebenden entscheiden. Im 8. Bild wird diese Schrift ohne Frage als Aufruf zum Kampf zitiert. Dieses letzte Bild kann für die Aufführung bearbeitet und nachträglich in seinem kämpferischen Gestus verstärkt worden sein. Der Durchschlag des Originaltyposkripts bricht am Ende des 7. Bildes ab. Das 8. Bild existiert, weil die »Rote Fahne« für ihre Leser vor der Berliner Aufführung das revolutionäre Schlußbild abdruckte. Der Chor des Bildes, das Bergarbeiterlied, sollte in der Literatur dank der Dokumentation und Rezeption von Arbeiterliteratur in der DDR in Erinnerung bleiben.

Anna Gmeyner hatte sich inzwischen von ihrem Mann getrennt. Sie lebte und arbeitete wieder in Berlin. Als Dramaturgin bei Piscator und in enger Zusammenarbeit mit Herbert Rappaport, der als Drehbuchautor und Komponist von Georg Wilhelm Pabst verpflichtet war, gewann die Dramatikerin immer größere Bühnenerfahrung. Interessant mag der Hinweis sein, daß Pabst 1931 einen Spielfilm über ein Grubenunglück im deutsch-französischen Grenzgebiet machte: Dem Pazifismus und der Völkerverständigung vor dem Hintergrund des Ersten Weltkriegs verbunden, bietet der Film ein Bergarbeiterszenario, das in Teilen durch Anna Gmeyners *Heer ohne Helden* vorweggenommen scheint. Das Drehbuch zum Film, der im November 1931 in Berlin unter dem Titel *Kameradschaft* uraufgeführt wurde, hatte Herbert Rappaport geschrieben.[37]

Wie Rappaport vertonte auch Hanns Eisler Liedtexte der Gmeyner. Es waren wie die von Kästner, Mehring oder Tucholsky großstadtgebundene Texte. Es waren kesse und zugleich traurige Balladen, deren kritische Aussage sich salopp gab. Sie hießen »Der Spießer«, »Kientopp« oder »Der Lenz im Gartenhaus«:

> Die Wand ist dünn, die Singer näht Maschine,
> Der Syndikus macht seine Fenster auf,
> Das Radio spielt: ›Je cherche après Titine‹
> Und überm Dache klimmt der Lenz herauf.
>
> (...)

So ist das Leben. Und der Lenz ist 'ne Reklame.
Und Kitsch zieht immer. Und von wegen Blut!
Die Singer halt ich nicht für eine Dame.
Ich weiß, daß sie es auch im Winter tut.

Die Wand ist dünn. Man hat nicht viel Vergnügen.
Man denkt sich was. Noch gibt's kein drittes Reich.
Und hat man wen, so geht man ihn betrügen.
Und hat man keinen – na, mir ist es gleich.

(...)
Sehr trocken schmeckt das Brot des ewigen Musses.
Und warum steuert keiner bei statt aus?
Jedoch das Radio des Syndikusses
Bemerkt dazu: Am Schönsten
              aber am Schönsten
              Ja, am Schönsten
              Ist es zu Haus.[38]

»Mammi Ruth«, »Jessie. Ballade« oder »Arbeitslied« sind Texte in einer Sammlung überschrieben, in deren lyrischem Rhythmus die Gospelsongs der schwarzen Baumwollpflücker in Amerikas Südstaaten anklingen. Die Verse nehmen die Sprache der Schwarzen auf. Sie drücken den Haß auf die Unterdrückung und auf die ›weiße Zivilisation‹ aus. Ein schwerer gleichmäßiger Takt und ein lapidarer Tonfall klingen ineinander, hier im »Lied einer schwarzen Frau«:

Auf der Straße nach Dixie
Wo ich abends vorüber muß,
hängt ein Neger in einem Baume
wie eine reife Kokosnuss.

Auf der Straße nach Dixie
schwingt er, wie ein Affe hin und her.
Ich möcht' zum weißen Herrgott beten
aber ich kann es nicht mehr.

Auf der Straße nach Dixie,
damit man ihn gut sehen kann
tanzt im Baum ein nackter, abgezehrter Schatten.
Letzten Sonntag war er noch mein Mann.[39]

Entstand das Bergarbeiter-Schauspiel aus den Erfahrungen, die Anna Gmeyner im schottischen Bergarbeitergebiet gemacht hatte, so griff die Autorin nun bei einem neuen Stück auf ihre Eindrücke zurück, die sie bei der Fabrikarbeit gewonnen hatte. Es wurde »ein Fabrikstück, das das laufende Band in seiner Wirkung auf den Menschen zum Thema hat und zu welchem sie die Studien in Siemensstadt macht«.[40] In dem nur als Fragment erhaltenen Zeitstück *Zehn am Fließband* erfindet der jüdische Arbeiter Markowski eine Maschine, die die Arbeitskraft von ungezählten Arbeitern ersetzt. In der Zeit großer Arbeitslosigkeit und hoher Inflation reagieren die Kollegen hellhörig und bangen um ihre Arbeitsplätze. Der Ingenieur der Fabrik entwickelt die Maschine weiter – dies im Einverständnis mit dem Direktor, der dem technischen Fortschritt aufgeschlossen ist, und gegen die Einwände von konservativen Aufsichtsräten.

Unmittelbar also stellt *Zehn am Fließband* die ökonomische Krise am Ende der zwanziger Jahre dar und ist in der Darstellungsweise zugleich ein Lehrstück in kapitalistischer Ökonomie: Krisen sind nur durch Effektivierung und Optimierung zu überwinden. Wie dies im Arbeitsprozeß durchzusetzen ist, muß erprobt werden: Der Direktor will Musik in die Fabrikhalle übertragen und zugleich unmerklich die Bandgeschwindigkeit erhöhen lassen. Die Arbeiter erkennen die Intentionen solcher Modernisierungen und lehnen sie einhellig ab. Doch die Dramatikerin situiert gerade hier einen weiteren Konflikt: Die Arbeiter am Fließband sind arm, Väter von vielen Kindern, sie sind kriegsversehrt; am Band arbeiten alleinstehende Mädchen. Diese Menschen sind stumm, ergeben, oder sie begehren auf; sie sind Nazis, Kommunisten, Juden. Die ›Zehn am Fließband‹ stellen sich als sozialer Querschnitt dar, der die verschiedenen Reaktionen auf die Modernisierung sichtbar macht: Angst um den Arbeitsplatz läßt den einen schweigen; gleichgültig gibt sich der andere, weil ihm ein Mädchen wichtiger ist; der Klassenbewußte wehrt sich. Diese sozialkritische Partitur gewinnt durch einen zusätzlichen Umstand an Spannung: Der Arbeiter Markowski, der die neue Produktionstechnik entwickelt hat, ist Jude. »Der Jud hat eine Rationalisierungsmaschine erfunden und 4 Millionen sind arbeitslos«, das halten ihm der Nazi Gebhard und der KPD-Angehörige Müller vor. Doch der Nazi denunziert auch den Kollegen Müller, weil dieser Flugblätter in die Werkhalle geschmuggelt hat. Der Arbeiter Markowski wird irre an den Folgen seiner Erfindung. Die Autorin entfaltet das Spektrum einer politisch heterogenen Arbeiterschaft in geradezu provozierender Weise, wenn sie alle sozialen und politischen Kategorien der Zuordnung durch andere zersplittert.

Das Stück, über das Anna Gmeyner am 30. März 1931 mit dem Gustav-Kiepenheuer-Verlag einen Vertrag abgeschlossen hatte, wurde durch die »Kolonne Links« aufgeführt. Die von Arbeitslosen 1928 in Berlin gegründete Theatergruppe war 1929 zur offiziellen Agitprop-Truppe der Internationalen Arbeiterhilfe ernannt worden. Sie war 1931 für ihre erfolgreiche Arbeit mit einer Tournee durch die Sowjetunion ausgezeichnet worden.

»Als die Truppe 1931 zurückkehrte, bestand in Deutschland ein allgemeines Aufführungsverbot für Agitprop-Truppen. Infolgedessen beschloß man, in die Sowjetunion zurückzukehren. (...) Die Truppe sollte die kulturelle Betreuung der in der Sowjetunion lebenden ausländischen Arbeiter übernehmen, von denen die Hälfte Deutsche waren.«[41]

Die Arbeit der Truppe scheiterte nach einem fehlgeschlagenen Versuch:

> »Das sich 1932 auf einer Tournee nach Magnitogorsk mit dem in russischer Sprache gegebenen Stück von Anna Gmeiner (!) ›Zehn am Fließband‹ (...) vorstellende Ensemble konnte in keiner Weise den Anforderungen genügen und wurde schon nach wenigen Monaten wieder aufgelöst.«[42]

Recherchen haben bisher keinen Hinweis auf weitere Aufführungen von *Zehn am Fließband* ergeben. Auch ist unbekannt, wer das Stück in die russische Sprache übersetzt hat, denn sowohl der Originaltext[43] als auch das Textbuch der Aufführung fehlen.

1931 also war Anna Gmeyner als sozialistische Autorin ein Begriff. So mußte das Stück, das die linke, politisch engagierte Dramatikerin nun vorstellte, die Theateröffentlichkeit einigermaßen überraschen: Anna Gmeyner hatte ein Volksstück geschrieben. Das politische Zeitstück und das sozialkritische Volksstück waren mit Peter Martin Lampel oder Friedrich Wolf und mit Ödön von Horváth oder Marieluise Fleißer zur geichen Zeit auf deutschen Bühnen präsent. Anna Gmeyner debütierte nunmehr in der sozialkritisch-satirischen Form. Im Porträt vom Juni 1933 erläutert sie die Arbeit an *Automatenbüfett*: Sie habe sich von ernster Arbeit erholen wollen.

Allerdings sollte dieses Volksstück mehr als Unterhaltung bieten. Die Autorin hatte sich einem spezifischen Genre verpflichtet. Tatsächlich wurde 1932 bei der Verleihung des Kleist-Preises an Else Lasker-Schüler Anna Gmeyner mit dem *Automatenbüfett* »ehrenvoll erwähnt«.[44] 1931 hatte Horváth den Kleist-Preis erhalten. Unter der Leitung von Erich Ziegel hatte Hans Stiebner in den Kammerspielen am Hamburger Thalia-Theater diesen respektablen Beitrag zur Psychologie und Soziologie deutschen Vereinslebens inszeniert.[45] Die Kritik der Uraufführung und der Kommentar zur Kleist-Preis-Erwähnung erkannten Anna Gmeyner dramatisches Talent zu.[46] Sie sprachen von einer begabten Autorin, doch das Drama selbst überzeugte sie weniger. »Zuweilen beispielhaft«, »stellenweise beklemmend«, erschien der Kritik das Stück doch mehr als »Stückwerk«, als »skizzenhafte Anlage« von Bildern, denen ein »greifbare(r) Kern, eine wirkliche Substanz« fehle.[47] Doch schien für diesen Eindruck nicht zuletzt die Inszenierung verantwortlich zu sein, denn auf die Hamburger Uraufführung sollte in Berlin eine Aufführung folgen, die alles andere als ein »herzlich bangloses« Stück[48] zu sehen gab: Moriz Seeler und das ›Theater der Schauspieler‹ präsentierten im Dezember 1932 das *Automatenbüfett*. Das ›Theater der Schauspieler‹, sonst aktiv im Theater am Schiffbauerdamm, arbeitete in diesem Fall an anderer Stelle. Der Theatermann Leo Reuss hatte das Deutsche Künstlertheater in der Nürnberger Straße (nach 1933 das Kleine Haus des Staatstheaters) gepachtet. Die Kritik sprach von der besten Aufführung, die das ›Theater der Schauspieler‹ je gegeben habe[49], hob die kreative, intensive Arbeit des Regisseurs, des Bühnenbildners Traugott Müller, der eine Dreh- und Etagenbühne gebaut hatte, und der Schauspieler hervor: Hilde Körber, Agnes Straub, Willy Trenk-Trebitsch, Heinrich Heiliger und Friedrich Gnas, der schon im *Heer ohne Helden* gespielt hatte. Die Berliner Premiere schien die Kleist-Preis-Erwähnung zu rechtfertigen: »Indem der Preisrichter der Kleiststiftung, der Hamburger Bühnenleiter Erich Ziegel, ein Blatt seines Kranzes der Autorin dieses Spiels überreichte, hat er den Ruf seiner Klugheit bestätigt. Denn nicht Erfüllung, sondern die Hoffnung soll der Kleistpreis krönen.«[50]

Ein Automatenbüfett dient als Vereinslokal eines Anglervereins, in dem kleinbürgerliche Honoratioren mit ihren Entscheidungen Weltgeschichte zu machen und Staatsgeschäfte zu tätigen wähnen. Eva, die der Vorsitzende des Vereins und Gastwirt Adam – in einem Vorspiel – noch rechtzeitig aus einem Fischteich zog, in dem sie ihr Leben beenden wollte, wird zum Anziehungspunkt und Elixier der braven Bürger. Adams Pläne scheitern und in einem Nachspiel rettet diesmal Eva den Enttäuschten aus dem Teich.

Sehr zum Vorteil hatte wohl die Berliner Inszenierung den Akzent von der unschuldigen Sinnlichkeit mit Namen Eva auf die Wirtsfrau Adam verlagert. Die gealterte und geizige Frau Adam, geschäftstüchtig genug, um zu erkennen, wie sehr eine Eva als Bedienung das Geschäft hebt, erliegt den verlogenen Komplimenten eines drittklassigen Hochstaplers. Er kennt da nichts, wirft offen Blicke auf die junge Bedienung und läßt sich noch vor der Eheschließung mit der Wirtsfrau, die ihren Mann dafür ohne Zögern zum Teufel jagt, notarisch das Vermögen überschreiben: eine an die Valerie in Horváths *Geschichten aus dem Wienerwald* erinnernde »Alternde, deren erotischer Hunger von einem Schmarotzer getäuscht wird«.[51] Ein wunderbares Namen- und Wortspiel zugleich ergibt sich, wenn Frau Adam Evas Spiel zu kennen meint: »Aus dem ganzen Körper macht sie einen Haken, an dem sie die Männer herangelt.«[52] Ist Frau Adam bis in die Sprache hinein die Frau des Vorsitzenden eines Anglervereins, so findet in der gleichen sprachlichen Wendung die Ideologie vom weiblichen Geschlechtscharakter Ausdruck. Destruktiv wirkt die scheinbar spezifische weibliche Macht, die allerdings selten ohne die Definition von ihrem Gegenteil erscheint: Wahrheit, Liebe und Humanität gelten dort als von den Frauen bewahrte Tugenden. In der Mischung dieser beiden Definitionen entsteht auf literaturhistorisch vertraute Weise bei Anna Gmeyner Eva – wie die Maggie Lee eine Figur traditioneller literarischer Projektion.

Das Volksstück enthält immer auch Reflexionen auf die Sprache:

>(Adam) Und Sie werden wieder lernen, wie schön das Leben ist für einen Menschen, der seinen Platz ausfüllt.
>(Eva) Na, so wunderschön?
>(Adam) Und Sie werden die Berge sehen, und den Himmel, und die Sterne.
>(Eva) Nachts.

(Adam) Ja gewiss, nachts.
(Eva) Ich wollte Sie nicht beleidigen. Aber man kann sie doch wirklich bei Tag nicht sehen, Herr Leopold. Warum sprechen alle Leute, wenn sie einen trösten wollen, immer so von allgemeinen Sachen, die nichts kosten. Ich möchte auch einmal was haben vom Leben. (Pause.) Wissen Sie, es war wirklich nicht schön bisher.[53]

Anna Gmeyner versucht sich in der Gesellschaftskritik als Sprachkritik. Sie teilt hier eine Sprachpraxis mit Autoren, an die sich auch zeitgenössische Betrachter erinnert fanden. In den Kritiken zu *Automatenbüfett* wurde betont, man habe eine »Begabung, die in der Richtung der Fleißer, des Horváth liegt (und verzichtet sogar auf Dialektschwindeleien)«.[54] Von einer »Zufallsschülerin Horváths«[55] gar war die Rede, von einer Ebenbürtigen, die allerdings ohne Horváths Zynismus, ohne seinen »bösen Blick«[56] auskäme:

»Hohn und Galle bleiben auf der Bühne in der Negation unfruchtbar. Das Mitleid aber, das ein gütiger Blick noch für Adams Despotin aufbringt, wird produktiv.«

Daß Eva die Härte der Liebe bei einem egozentrischen und modernen Großstadtmenschen, einem Dichter mit Namen Boxer, kennengelernt habe, klingt nach Neuer Sachlichkeit, ebenso die Wahl des Schauplatzes. Ironisch huldigt sein zentrales Objekt der modernistischen Avantgarde. Der dramaturgische Effekt dieses »Falken«[57] schien Alfred Kerr überzeugend zu sein: »Dieses Stück ist jedenfalls nicht zu verwechseln: denn es kommt ein Automatenbüfett hierin vor. Vergißt nach Jahr und Tag einer die Begebnisse, den Inhalt, so weiß er doch: sie spielten im Automatenbüfett. Das hilft auf die Sprünge. Sehr für Dramendichter zu empfehlen.«[58] Zeitgenössisch schon traf Kerrs Voraussage zu: Man spielte in Kritiken und Kommentaren zu gern mit dem für die Bühne neu gewonnenen Möbel.[59] Wenige Kritiker hatten darauf hingewiesen, daß dem Volksstück ein anderes Schauspiel vorausgegangen war. Allzu gerne schien man einen Erstling in Augenschein nehmen zu wollen. Dies mochte nicht zuletzt darauf beruhen, daß der Autor eine Frau war. Ob Lob oder Kritik, immer fand die Tatsache, daß eine Frau als Autor zeichnete, besondere Erwähnung, obwohl Dramatikerinnen die Bühnen der Weimarer Theater erobert hatten. Am Ende des Jahres 1932 konnte man auf erfolgreiche Aufführungen zurückblicken:

»Else Lasker-Schüler, Marielouise Fleißer, Ilse Langner, Hilde B. Winrich, Anna Gmeyner – von fünf Frauen sind in den letzten Jahren Stücke aufgeführt worden, viele mit wirklichem Erfolg. Keine von ihnen schreibt das, was man früher Frauenzimmerdramatik nannte. Birchpfeiffereien verfassen heute die Männer.«[60]

Es schien sich dabei tatsächlich um ein Phänomen der Emanzipation zu handeln: »Als die Frau schon lyrisches und episches Neuland gefunden hatte, gab es in Deutschland noch immer keine Dramatikerinnen«, so beschrieb Hans Kafka im Januar 1933 in einem großen Artikel über »Dramatikerinnen. Frauen erobern die Bühne«[61] den Beginn einer Veränderung an der Jahrhundertwende. Doch als sich eine republikanische Gesellschaft in den zwanziger und dreißiger Jahren mit kritischer und avantgardistischer Kunst schmückte, sprach sie keineswegs selbstverständlich von der künstlerischen Geltung weiblicher Autoren. Der Hinweis auf weibliche Autorschaft blieb ein Mittel der Denunziation. Er gestattete es, vor den literarischen Entwürfen der Frauen auszuweichen. So traf auch Anna Gmeyner der unausgewiesene Topos vom ›Weiblichen‹ nur stellvertretend. Das *Automatenbüfett* gab der Kritik Anlaß, positiv auf das dramatische Vermögen einer Frau hinzuweisen. Schon anläßlich von *Heer ohne Helden* lehnte sich die wohlmeinende Kritik am selben Topos an: »Das Stück konnte nur eine jener Frauen schreiben, für die man den Herrenschnitt in Frisur und Kostüm hätte erfinden müssen, wenn ihn die Mode nicht geschaffen hätte! (...) Anna Gmeyners Schauspiel hat auch für primitive menschliche Dinge, die bei ihren klassenkämpferischen Genossen in Russland als bürgerlich verpönt wären, Raum: Liebe und Eifersucht. Frau ist Frau.«[62]

> »Der Autor ist natürlich eine Autorin. Anna Gmeyner. Das schwache Geschlecht versteht sich auf das Brauen starker Getränke, siehe Marieluise Fleissers ›Pioniere in Ingolstadt‹.«[63]
> »(Dem) derben, aber redlichen Theatergriff, der hier ebenso unverzagt wie weiblich waltet, ist es lediglich gegeben, das Wesen der Dinge anzudeuten.«[64]

Das *Automatenbüfett* sollte in der Spielzeit 1932/33 am Deutschen Künstlertheater gegeben werden. Tatsächlich wurde die Aufführung noch im März 1933 im ›Völkischen Beobachter‹ angezeigt.[65] Doch »als wir das Stück ›Automatenbüfett‹ von Anna Gmeyner – auch eine, die weg mußte – spielten, wurden schon Leute verhaftet«.[66] Das berichtete der Schauspieler Willy Trenk-Trebitsch, der mit der Dramatikerin gearbeitet hatte und mit ihr befreundet gewesen war. Die Wege der Freunde trennten sich nun endgültig, die Routen der Emigration sollten sich nicht mehr treffen.[67] Das *Automatenbüfett* erregte den rechten Zorn. Dem Theater wurde mit Boykott gedroht. Obwohl von der nationalsozialistischen Sendung überzeugt, war Alfred Mühr dennoch so theaterbesessen, daß er Leo Reuss vor einem Rollkommando warnte. Man alarmierte die Polizei.[68]

Leopold Lindtberg hatte die Proben verfolgt. Gemeinsam mit dem Freund Leo Reuss plante er eine Inszenierung des Stücks in Zürich. Die politischen Ereignisse wirkten nun in der Tat als Zäsur: Aus einer normalen Inszenierung wurde ›Exiltheater‹. In Deutschland verboten, inszenierte Leopold Lindtberg Anna Gmeyners Stück unter dem Titel *Im Trüben fischen* am Schauspielhaus Zürich u. a. mit Therese Giehse (Premiere am 12. September 1933).[69] Anna Gmeyner hatte die Inszenierungsarbeit in Berlin nicht mehr verfolgt, denn gemeinsam mit den Freunden Herbert Rappaport und Paul V. Falkenberg arbeitete sie

1933 schon in Frankreich. Sie war als Drehbuchautorin für *Don Quixote* engagiert, einen Film, den Georg Wilhelm Pabst in Nizza und Paris mit dem russischen Sänger Chaljapin drehte. In Nizza wurden die Filmleute von der Machtergreifung der Nationalsozialisten in Deutschland überrascht. Anna Gmeyner blieb in Paris und sollte das fast stereotype Emigrantenschicksal logierender, paßloser, arbeitsloser, mittelloser, eben »ungebetener Gäste« teilen. Theaterleute hatten es im Exil schwer. Kleine Chancen boten die Schweizer oder die tschechischen Bühnen. In Österreich, der ČSSR und der Schweiz blühte die Kleinkunst. In Londoner oder Prager Emigrantenclubs bildeten sich kleine Theatergruppen. Es schien wenig aussichtsreich, vom Theater leben zu können. Die Dramatikerin Anna Gmeyner begann, Novellen zu schreiben, denn solche Literatur ließ sich leichter anbieten. Das »Pariser Tageblatt«[70] brachte 1934 in fünfzehn Fortsetzungen die Erzählung *Mary Ann wartet*. Anna Gmeyner gab die Rechte für eine Verfilmung an den Freund Paul V. Falkenberg. Man sorgte füreinander.

Der Anker, der die Titelzeile zierte, führte die Leser allerdings in die Irre: Zwar beginnt eine Liebesgeschichte damit, daß die Treue, die der Seemann Frank seinem Mädchen unbeirrbar hält, bei den anderen Seeleuten auf Skepsis stößt. Doch das Schiff läuft den Heimathafen an, und hier in Schottland spielt die eigentliche Geschichte. Die Autorin nutzt bei der Zeichnung karger, schwerer, unabhängiger, von der Landschaft geprägter Menschen noch einmal die Eindrücke, die sie in den zwanziger Jahren in Schottland gewonnen hatte. Die tragische Liebesgeschichte, in der ein Verbrechen die Größe der Betroffenen zeigt, hat in Teilen den atmosphärischen Gehalt der schwermütig grauen und melancholischen Filme mit dem jungen Jean Gabin. Wie im *Heer ohne Helden* Maggie auf Jess wartet, der ins Gefängnis geht, so wartet Mary Ann am Ende der Erzählung darauf, daß Frank wieder frei sein wird.

In den Pariser Emigrantenkreisen lernte Anna Gmeyner den russischen Religionsphilosophen Jascha Morduch kennen. Er besaß die englische Staatsangehörigkeit. Die Heirat verschaffte ihr zugleich das Aufenthaltsrecht in Großbritannien. Die offenbar sehr glückliche Ehe sollte erst mit dem Tod Morduchs 1950 enden. 1935 übersiedelte das Ehepaar für immer nach England. In Paris hatten Paul V. Falkenberg und seine Frau, die Photographin Alice Hirsch, zu den engen Freunden gehört. Falkenberg ging in die Vereinigten Staaten. In London stand Anna Gmeyner in engem Kontakt mit den Emigrantenzirkeln. Freundschaft verband sie mit Fritz Kortner und mit der Schauspielerin Sybille Binder. Anna Gmeyner arbeitete beim Film. Auch Berthold Viertel war von Paris nach London gegangen, denn die Gaumont-British Ltd. hatte ihm ein Engagement angeboten. Für *The Passing Through the Third Floor* (1936), mit Conradt Veidt, war Anna Gmeyner als Co-Autorin engagiert. Auch bei Viertels Verfilmung von Ernst Tollers *Pastor Hall* (1939), unmittelbar nachdem das Stück in New York erschienen war, wirkte Anna Gmeyner mit. Die Boulting Brs. hatten neben Viertel Anna Gmeyner engagiert.[71]

Anna Gmeyner hatte bereits in den zwanziger Jahren begonnen, Prosa zu schreiben. Was sich nun im Exil in der Erzählung *Mary Ann wartet* andeutete, sollte als Roman große Form erreichen. 1938, anläßlich der Gründung der ›Free German League of Culture‹ in London, las Anna Gmeyner erstmals aus ihrem Roman vor: »Der ›Freie Deutsche Kulturbund‹ in England hat sich der Öffentlichkeit mit einem Abend vorgestellt. Wickham Steed und Prof. Meusel hielten Ansprachen, Viertel und Kerr lasen Gedichte, Anna Reiner las aus einem Roman ›Manja‹.«[72] Unter dem Pseudonym Anna Reiner erschien 1938 bei Querido/Amsterdam *Manja. Ein Roman um fünf Kinder*. Schon 1939 wurde er in englischer Sprache bei Knopf, New York (unter dem Titel *Five Destinies*), und im gleichen Jahr bei Secker & Warburg, London (unter dem Titel *The Wall*)[73], aufgelegt.

Die Autorin hatte sich eine schwierige Aufgabe gestellt. Fünf Jahre nach der Machtergreifung der Nationalsozialisten konnte man nur schwer den Glauben daran aufrechterhalten, der Faschismus in Deutschland sei ein flüchtiges politisches Phänomen. Sollte die politische Realität im faschistischen Deutschland und unter den Ausgewanderten nicht vollends in Resignation münden, mußte entschieden zur Aufklärung der Geschichte beigetragen werden, die von der Weimarer Verfassung in ein autoritäres Regime geführt hatte. Historisch-politische Lehre als Selbstaufklärung prägt ebenso wie die engagierte Aufklärung der zeitgenössischen (und womöglich der zukünftigen) Leser den zeitbezogenen Deutschlandroman. Unter den literarischen Genres sollte insbesondere im Deutschlandroman das eingelöst werden, was antifaschistische Literatur sein konnte.[74] Anna Gmeyner wollte den »Werdegang Deutschlands im Spiegelbild (von) fünf Familien«, so die Verlagsankündigung von Querido, zwischen 1920 und 1934 erfassen. Die großbürgerliche jüdische Familie eines national gesonnenen Kommerzienrates, die bürgerliche und gebildete Familie eines dem Humanismus verpflichteten Arztes, die kleinbürgerliche und sozial absinkende Familie eines stellungslosen Vertreters, der zum SS-Schergen aufsteigen wird, die Arbeiterfamilie eines Kommunisten, der ins KZ verschleppt wird und dessen Frau als Wäscherin die Familie durchbringt, endlich die arme ostjüdische Familie, bei der die hilflose Mutter ihre Kinder sich selbst und dem Pogrom überlassen muß – diese Linien in der erzählerischen Konzeption zeugen von der Absicht, den Figuren politische und soziale Repräsentanz zu verleihen. Innerhalb der Familien differenzieren sich die Merkmale ihrer gesellschaftlichen Zuordnung: Die Familien stehen vor dem Hintergrund ihrer spezifischen Geschichte. Die Gleichzeitigkeit überlebter Traditionen und wenig erfahrener neuer Orientierungen heben die Familien in der Darstellung von einer etikettierenden Typisierung ab. Der alte Uhrmacher zum Beispiel, orthodoxer Jude und Vater des Kommerzienrates Hartung, konfrontiert den Sohn mit der verleugneten Geschichte des

Judentums; in derselben Familie sind reiches Judentum und deutscher verarmter Adel in Haß und Anziehung fatal aneinandergekettet, gleichermaßen angewidert vom proletarischen Dunst des Nationalsozialismus und sich dessen aufkommender Macht bewußt. In der Arbeiterfamilie schließt sich die Tochter einem jungen Nazi an, der später die Familie warnen wird, ohne deswegen zum Helden zu avancieren. Das Vertrauen zwischen Vater und Tochter ist davon nicht berührt. Die Gestalt des einfachen Galanteriewarenhändlers Meirowitz, der die schöne Ostjüdin Lea verehrt, ist anrührend und beispielhaft dafür, wie es Anna Gmeyner-Reiner gelingt, die politische Bedeutung wenig spektakulärer Erlebnisse deutlich werden zu lassen. Die Episoden mit der Familie Meisner zeigen, wie hilflos der Kleinbürger die Sozialdemokratie, die Juden, die Kapitalisten, die Kommunisten haßt.[75] Ein brutaler und machtversessener Täter geht aus diesem Milieu, aus dieser Mentalität hervor; als die ›Bewegung‹ gesiegt hat, trumpft Meisner auf. Die Kinder dieser Familien, vier Jungen und das Mädchen Manja, sind Freunde. Diese Konstruktion,»wie die Kinder den Eltern gleichen und doch ein Neues, ein Nächstes mit sich auf die Welt bringen«,[76] reflektiert auf bemerkenswerte Weise das Verhältnis von Entsprechung und Abweichung. Die Freundschaft der Kinder wird von dem getragen, was über die soziale und familiäre Prägung hinausreicht und als der Schatz ihrer Kinderexistenz erscheint: Traum, Spiel, Liebe, Gerechtigkeit. Die Geschichte macht Harry Hartung, Franz Meisner, Karl Müller und Heini Heidemann notwendig früh erwachsen, allein das Mädchen verkörpert ein unschuldiges und traumhaftes Glücksvermögen, eines, das keiner Prägung und keiner Erfahrung geschuldet ist und von den Lebensbedingungen nicht erschüttert wird. Manja, die Tochter der armen Ostjüdin Lea, ist das Wertvolle im Leben der Jungen. Manja begeht am Ende Selbstmord, weil sie die Vergewaltigung, den mächtigen Angriff eines rohen jungen Nazis nicht verkraften kann. Damit zerbricht auch für die Jungen, zerbricht im Jahr 1934 jede Illusion von einem menschenwürdigen Leben. Keiner der Jungen wird im faschistischen Deutschland ohne weiteres mehr leben können.

Scheint mit der traumhaften Manja und den Jungen geradezu eine Philosophie der Kindheit im Roman entfaltet zu werden, so stellt Anna Gmeyner-Reiner zugleich den Prozeß politischer Erkenntnis eines Intellektuellen vor, der von der humanen Verpflichtung und moralischen Empörung zur Einsicht gelangt, mit den Verfolgten, mit den Arbeitern und Kommunisten gegen den Faschismus kämpfen zu müssen. Diese beispielhafte Erkenntnis macht den Arzt Heidemann zur anderen Hauptfigur des Buches. Vor allem dialogische Passagen, Tagebucheintragungen[77], innere Monologe, Gespräche des Vates mit dem Sohn[78] und der Frau, Gespräche zwischen ihm und fast allen anderen Gestalten strukturieren den Prozeß der Erkenntnis als kommunikativen Prozeß. Wie schwer die ungewohnte Verständigung zwischen dem Intellektuellen und dem kommunistischen Arbeiter fällt, obwohl beide begriffen haben, wie notwendig sie ist, kann Anna Gmeyner-Reiner in eine treffende sprachliche Form fassen: Der Dialog zwischen den beiden Männern am Krankenbett Müllers ist fiktiv. Er findet in ihren Köpfen statt.[79]

Auf die Frage, wer für den Faschismus in Deutschland die Verantwortung trage, gibt Anna Gmeyner-Reiner eine unerwartete und vorsichtige Antwort. Die antifaschistische Schriftstellerin ist einer Erklärung, die in einer ökonomischen und politischen Gesellschaftstheorie wurzelt, ausgewichen. *Manja* wagt den Versuch, einer ökonomischen und historisch-politischen Definition eine psychologische und moralische Kategorie anzufügen. Die psychologische Argumentation in der Konzeption der Figuren verfälscht in keinem Fall deren historische und gesellschaftliche Bestimmtheit. Auf diese Weise entstehen literarische Gestalten mit einigem individuellen Gewicht, die nur-typisierten Vertretern sozialer Klassen überlegen sind, die damit jedoch die Frage nach der Verantwortung nicht einfach beantworten lassen. Die Entwicklung des Romans bzw. seiner Figuren, insbesondere der Kinder, expliziert die Frage als solche. Der Begriff der Verantwortung wird zudem immer wieder von dem der Schuld als einer Kategorie der Moral ersetzt. Radikal begegnen alle Figuren dem Problem der Schuld. Nur Manja ist ohne alle Schuld, sie ist der emphatische Begriff des Humanen.

Es überrascht nicht, daß der Roman *Manja* zum Gegenstand einer literaturprogrammatischen Kontroverse um die antifaschistische Literatur werden konnte. Sie fand unter marxistischen Literaturkritikern statt. Ingeborg Franke (d. i. Inge von Wangenheim), die Anna Gmeyner-Reiner von der gemeinsamen Theaterarbeit her gut kannte, warf der Autorin den mangelnden Klassenstandpunkt vor. Sie wollte, ungeachtet der Volksfrontmaximen, Literatur allein in den dogmatisch engen Grenzen des Sozialistischen Realismus gelten lassen. Fortschrittliche kämpferische Literatur hätte Arbeiterliteratur und sozialistische Literatur zu sein. Ingeborg Franke war davon überzeugt, daß es wichtig sei, die Geschichte der Weimarer Republik und das Aufkommen des Nationalsozialismus darzustellen. Die Rezensentin stellte jedoch die »Komposition« des Romans in Frage.[80] Daß die Autorin vier Jahre Freundschaft unter den Kindern übersprungen hatte, schien der Rezensentin aus einem Grund einleuchtend, der die Autorin als Täterin entlarvte, die etwas zu kaschieren hatte: »(Es führt) dieser Sprung nicht zufällig über eine Zeit (...), die Anna Reiner vermutlich nicht schildern wollte, über die Jahre 1928–32, das heißt über eine Periode der stetig anwachsenden politischen Aktivität. (...) (Die Autorin) streicht alle Perioden, in denen die aktive Rolle der antifaschistischen Kräfte zu gestalten wäre. Interessanterweise tritt dieser, die Rolle des Kleinbürgers in gefährlicher Weise begünstigenden Gewichtsverschiebung eine ähnlich angreifbare Akzentverschiebung bei der Auswahl der einzelnen Milieus zur Seite: die fehlerhafte politische Konzeption der Autorin führt zwar zu einer geschickt vorgetäuschten, jedoch zu keiner wirklichen Komposition!«[81]

Realität und Erkenntnis sind nicht interpretierbar, sondern allenfalls zu verleugnen. Ingeborg Franke schien es angreifbar, daß die vorgeblich repräsentative Auswahl der Familien den Eindruck von der Schwäche der Arbeiterklasse schaffe und daß mit zwei jüdischen unter fünf Familien der jüdische Bevölkerungsanteil überrepräsentiert sei. Vom latenten Antisemitismus abgesehen, mutet der Glaube naiv an, Politik werde im Roman gemacht. Obwohl Ingeborg Franke die Schwierigkeit des Themas hervorgehoben und eingestanden hatte, wie eindringlich »einfach und dichterisch«[82] Anna Gmeyner-Reiner die Szenen im proletarischen Milieu gestaltet habe, forderte diese Kritik einen marxistischen Literaturkritiker heraus, der mit der allein politischen und instrumentellen Definition von Literatur alle Kunst vernichtet fand. Andor Gabor antwortete engagiert und ausführlich in »Internationale Literatur/Deutsche Blätter«[83], bezeichnenderweise in unmittelbarer Nachbarschaft zum Briefwechsel zwischen Anna Seghers und Georg Lukács. Gabor verteidigte *Manja* als ein »außerordentlich reiches und interessantes Buch einer sehr begabten antifaschistischen Schriftstellerin«.[84] Vom »Pathos der Kritik«[85] getragen befreite Gabors Argumentation das literarische Kunstwerk und den Schriftsteller vom Zwang der Widerspiegelung und des Optimismus. »Kann eine Kunst real und realistisch sein – fragt eine angeblich nüchterne, in Wirklichkeit aber seelisch vertrocknete Kritik –, die ein Kind als eine Fee darstellt? Feen gibt es überhaupt nicht. Doch, es gibt sie.«[86] Denn so wirklich wie das zauberhafte Lächeln auf einem Kindergesicht, so wirklich seien Menschen, wenn sie »ein wirkliches Leben leben (und nicht ausgeklügelte und nach Maß zugeschnittene Ideenträger sind)«.[87] »Mögen die ästhetischen Ansichten sein wie sie wollen, die Augen eines in der Literatur auftretenden Industriearbeiters müssen ständig im Feuer des Klassenkampfes lodern, der Unternehmer muß ständig im Saft seines verfaulenden Kapitalismus bruzzeln. Sie tun es aber nicht ständig.«[88] Da *Manja* »kein Roman der Arbeiterbewegung« sei und Anna Gmeyner-Reiner kein Romancier der Arbeiterbewegung, träfen die Vorwürfe Ingeborg Frankes nicht. Vom Volksfrontschriftsteller dürfe nicht gefordert werden, daß er zum Marxisten-Leninisten werde. »Das ist auch für die politische Zugehörigkeit zur Volksfront keine Bedingung, noch weniger die Voraussetzung der antifaschistischen Literaturproduktion.«[89] Mit dem Hinweis darauf, daß »der Leser (...) gar nicht so dumm und so leicht irritierbar (sei), wie die eingleisige Kritik manchmal zu glauben beliebt«[90], zitierte Gabor Gorki, Dante, Balzac und Tolstoi als Zeugen für seinen Literaturbegriff: »Der antifaschistische Schriftsteller ist nur dazu verpflichtet, tatsächlich antifaschistisch zu sein.«[91]

Ingeborg Franke hatte in ihrer Rezension eines allerdings ausdrücklich begrüßt: die Tatsache, daß sich mit Anna Gmeyner-Reiner eine Frau schreibend in der Emigration halten wolle. »Der Kreis der deutschen Schriftstellerinnen in der Emigration ist – auch hier regiert die viel strengere Auswahl, die der Kapitalismus Frauen gegenüber praktiziert – ein kleiner Kreis.«[92] Ingeborg Franke fand ihn durch Anna Gmeyner-Reiner erweitert. Schon vor ihr hatte Berthold Viertel die Autorschaft und die Konstruktion des Romans hervorgehoben: den Beginn »mit dem fünfteiligen Bericht, wie diese Kinder empfangen wurden. Die Nächte der Liebe, des Hasses, des Abenteuers, der Gewohnheit und der Vergewaltigung werden beschrieben, denen die fünf (Kinder) ihr früh verdunkeltes Leben verdanken. Ein bizarrer Einfall das; der Einfall einer Frau. (...) Die Hochzeitsstunde selbst, der Geschlechtsakt in seinem individuellen Verlauf spiegeln den gesellschaftlichen Zustand: Ausbeutung der Frau, wie sie zur Struktur des ganzen gehört«.[93]

In der Tat erscheinen die Frauen in Anna Gmeyners Roman als die Opfer der Opfer, als Opfer einer gesellschaftlichen Entwicklung, die ihnen keinen kleinen oder bitteren Triumph im Haß oder in der Gewalt mehr läßt. Die Autorin stellt Manjas Vergewaltigung der Gewalt an die Seite, die der politische Häftling im KZ erleidet. Auf treffend unterschiedliche Weise wird die Gewaltherrschaft für die Geschlechter konkret.

Viertel erwähnt die Kraft, mit der die emigrierten Schriftsteller gegen eine verblassende Erinnerung anzukämpfen hatten. Beispielhaft schien sich für ihn Anna Gmeyner-Reiner gegen das Vergessen aufzulehnen: durch die erzählten Bilder zum Beispiel einer Nacht in einer Gebärklinik und der Machtergreifung in den Seitenstraßen in den frühen Morgenstunden. Wie durch Konzentration bei geschlossenen Augen fixiere die Autorin Erinnerungen. Heini Heidemann und seine Mutter begegnen in der Nacht einem Bettler auf einer Brücke, und der Junge, erzürnt über die Ungerechtigkeit, will dem Obdachlosen sein Zuhause anbieten. In ihrem Selbstporträt von 1933 hatte Anna Gmeyner diese Geschichte als ein einschneidendes Kindheitserlebnis geschildert. Das ernste Gespräch zwischen Vater und Sohn, das im Roman dieser Begegnung folgt, entfaltet den Erkenntnisgehalt der Episode.[94]

Die Emigration selbst sollte Gegenstand eines zweiten Romans werden. Anna Gmeyner-Reiner hatte lange genug das Leben der Exilierten in Paris geteilt, um, wie vor ihr Lion Feuchtwanger im letzten Teil der *Wartesaal*-Trilogie, in *Exil*, ein Bild davon geben zu können. Die Kaffeehäuser in Prag, Wien, in Paris waren zu Schutzräumen geworden, in denen man die Heimatlosigkeit vergessen und die Illusion einer kosmopolitischen Existenz hegen konnte, zu Grauzonen in der Fremde, für die die intellektuellen Bewohner sich eigene Regeln geschaffen hatten: staatenlos das Paßmerkmal, grandios die Sprache, phantastisch die Geschichte. Mit dem Topos des Cafés war die komplexe Struktur des Exils gemeint: seine politischen, privaten, psychischen, materiellen, geistigen Wirrnisse. All dies klang also mit dem Titel an, den Anna Gmeyner-Reiner ihrem Roman gab: *Café du Dôme*.

»You were Nadia Schuhmacher«, dieser Satz am Beginn des Romans annonciert, daß die Autorin bewußt stellvertretend erzählen wird. Wie Lion Feuchtwanger oder Klaus Mann im *Vulkan* will Anna Gmeyner-Reiner Figuren vorstellen, die die politischen Kontroversen beispielhaft bezeichnen, in denen die Emigration verstrickt ist, ebenso die zutiefst unsicheren Lebensumstände und die Irritation individueller Lebensentwürfe durch die Exilierung. Die junge Emigrantin Nadia Schuhmacher lebt in Paris und verdient ihr Geld als Lehrerin, sie schreibt Maschine und übersetzt. Auf allen erdenklichen Wegen versucht sie, ihren Mann, den Bergbauingenieur und Kommunisten Peter Schuhmacher, aus dem KZ Dachau freizubekommen. Auch die kommunistische Partei im Exil will Schuhmacher befreien. Der Genosse Martin Schmidt, mittelloser Emigrant und dogmatisch ernster Parteigänger, weiß um diese Pläne und nimmt Kontakt zu Nadia Schuhmacher auf. Charakteristisch für ihn ist, daß er Irene, eine elegante, scharfzüngige, mondäne ehemalige Grubenagitatorin und spätere Spanienkämpferin, zunächst nicht für ehrbar hält. Schmidt verdächtigt diese Frau, eine Freundin der Schuhmachers, bevor er erkennt, daß sie vertrauenswürdig ist. Schuhmacher kommt unter merkwürdigen Umständen frei und trifft in Paris ein – allerdings als ein insgeheim gebrochener Mann. Nadia spürt eine große Zuneigung für den plötzlich ängstlichen und abhängigen Mann.[95] Schuhmacher erscheint seinen Genossen mehr und mehr als zwielichtig. Naziagenten scheinen bei seiner Entlassung aus dem KZ die Hand im Spiel gehabt zu haben. Ein Genosse wird entführt und in der Schweiz ermordet. Im Viereck dieser Figuren demonstriert der Roman die politischen Strategien des Exils und deren – auch persönliche – Bedingungen, denn ein politisches Motiv verbindet sie alle, die emigrierten armen und reichen ehemaligen Schauspieler, Lehrer, Kaufleute. Am Tisch der Familie Schlesinger quält der exaltierte Theaterproduzent Gabriel die Gäste mit großen Worten. Eine Grabrede wird zu einer der eindringlichsten Darstellungen von dem Elend des Alltags im Exil.[96] Die Figur Nadia Schuhmacher ist das formale Bindeglied zwischen den Personen und die zentrale Gestalt. Sie ist Teil aller Konstellationen, die damit ihre Entwicklung bestimmen. Entwicklung in den Koordinaten einer Liebesgeschichte meint die Veränderung der Charaktere und die Veränderung der Wünsche. Der noch immer tatkräftige, jetzt aber lärmende und kalte Peter Schuhmacher wird der Frau fremd, sie spürt die tiefe Liebesfähigkeit des ernsten Martin Schmidt. Nadia, zu Beginn eine Gmeynersche »woman waiting« – so nennt Resi Schlesinger die Skulptur von den Händen Nadias[97] –, entschließt sich am Ende für keinen der Männer. Die schwangere Frau wird das Kind allein haben, es gibt kein ›happy end‹. Zum sentimentalen Element gesellt sich ein kriminalistisches: man verfolgt die sich mehrenden Indizien dafür, daß Schuhmacher ein deutscher Agent ist. Doch hatte die Autorin damit nicht auch ein Vorurteil der Linken aufgegriffen? Tatsächlich läßt eine ›romantic novel‹ eine ernsthafte Interpretation zu. Der triviale Roman des Exils, in dem die Emigration letztlich als beliebige Kulisse fungiert, scheint hier gleichwertig in der Lage zu sein, ein sachliches und historisches Bild des deutschen antifaschistischen Exils zu geben. Dieses Verhältnis wäre an anderen Fällen der Exilliteratur zu prüfen.

Jan Lustig hatte das Buch im New Yorker »Aufbau« sehr begrüßt. Wieder schien es einem Rezensenten ein »Frauenbuch« zu sein[98], wieder wurde die Einheit von Politik und Privatheit gesehen, die ein Leben zur Folge hat »wie ›eine Kerze, die an beiden Enden brennt‹«.[99] Die Spanienkämpferin Irene hatte auf einer Postkarte geschrieben: »Here life really is a candle burning at both ends.«[100] Anna Gmeyner-Reiner definierte Vitalität mit den Worten Rosa Luxemburgs – mit einem Satz, den die Autorin schon ihrem Essay aus den zwanziger Jahren über die Theoretikerin vorangestellt hatte.[101] *Café du Dôme* erschien nur in einer englischen Übersetzung[102], die Trevor und Phyllis Blewitt nach dem deutschen Manuskript besorgt hatten. Hamilton/London legte den Roman 1941 auf, Knopf/New York im gleichen Jahr unter dem Titel *The Coward Heart*. Alle späteren Bücher verfaßte Anna Gmeyner-Reiner in englischer Sprache.

Das Pseudonym ›Reiner‹ schien Anna Gmeyner 1938 die Gefährdung zu mindern, der die Familie nach der Annektion Österreichs ausgesetzt gewesen war. Die Familie floh nach Schweden und nach England. Eine Schwester war Dozentin am Wiener Konservatorium gewesen und hatte die plötzliche Feindschaft ehemaliger Freunde erleben müssen, die nun eine ›Jüdin‹ mieden. Bei Kriegsausbruch nahm sie sich in England das Leben. Anna Gmeyner-Morduch und Jascha Morduch siedelten 1940 von London aufs Land nach Berkshire über. Immer mehr zog sich die Schriftstellerin aus den Emigrantenkreisen und aus ihrer literarischen Arbeit zurück, um den Religionsphilosophen in seinem Lebenswerk zu unterstützen. Eine Veränderung von großer Bedeutung für das Werk Anna Gmeyners vollzog sich, eine Veränderung, die im zweiten Exilroman schon Gestalt angenommen hatte: Eine seiner zentralen Figuren ist der Exilrusse und politische Philosoph Glebov, Emigrant des Jahres 1906 und ehemals Professor an einer deutschen Universität. In Paris schreibt er an seinem Hauptwerk »On Personal Socialism«. Für ihn, den »old rationalist«, der »religious friends« hat[103], arbeitet Nadia Schuhmacher. Glebov verkörpert den Gegenpol zum konkreten und politischen Begriff von Befreiung und Zukunft. Glebov argumentiert mit dem Endzeitalter, mit der Totalitarismus-Theorie, mit der Apokalypse. Menschliche Zukunft liegt für ihn jenseits politischer Systeme. Glebov provoziert natürlich solche ›diesseitigen‹ Kämpfer wie Irene oder Peter Schuhmacher[104]. Schon in *Manja* war man zu astrologischer Interpretation aufgerufen, fanden sich die Kinder doch unter dem symbolhaften Sternbild der Kassiopeia. Hier wohnt der Leser einer spiritistischen Sitzung bei[105]; in *Café du Dôme* will ein junger Schweizer, ein Erzengel, ein Traumtänzer, Meister Eckhart zitierend und geblendet von mystischen Erscheinungen, eine junge Dänin aus der Gosse retten. Der Träumer stirbt verzückt. Nadia Schuhmacher begegnet diesen Geschehnissen verhalten, nicht gläubig, doch auch nicht skeptisch. Sie wird bei Glebov und bei dem jungen Schweizer von der Überzeugtheit und von der Kraft ergriffen, die gläubigen Menschen eignet. Der Roman dokumentiert ein profundes religionsphilosophisches Wissen, er verrät außerdem, daß die Autorin metaphysischen und theologischen Reflexionen zuneigt. Der Roman des Jahres 1941 verkündet nicht; seltsam unentschieden, keine der Positionen denunzierend und offensichtlich von der Ausstrahlung eines seiner Position sicheren Menschen – Glebov wie Martin Schmidt – zu beeindrucken, bleibt Nadia Schuhmacher zurück. Darin hat sich die Schöpferin dieser Gestalt weit von ihren früheren Positionen entfernt.

Das Werk Morduchs nahm keine endgültige wissenschaftliche Form an. Zusammen hatten er und Anna Gmeyner Theaterstücke verfaßt, die nicht veröffentlicht wurden.[106] Nach dem Tod Morduchs 1950 begann Anna Gmeyner wieder zu schreiben. Ab 1960 erschienen unter dem Namen Anna Morduch historische Biographien[107], Erzählungen mit religiöser Thematik[108] und Lyrik[109]. Eine zugleich poetische, psychologische und esoterische Studie ist das Buch über den Gral.[110] Unveröffentlicht blieben ein Essay über Thomas von Aquin (»The Ox and the Falcon«) und eine Erzählung über Jakob Böhme (»The Cobbler of Görlitz«).

Radikal sollte Anna Morduch das rationale und historisch-politische Verständnis der Anna Gmeyner von Gesellschaft und individueller Existenz überwinden, um die geistigen Koordinaten von Anthroposophie und orientalischer Mystik als wahr anzuerkennen. Die fundamentale geistige Neuorientierung muß aus dem Kontext des Exils verstanden werden: Emigration bedeutete für jeden unausweichlich materielle Unsicherheit, unruhiges Arbeiten an wechselnden Plätzen, psychische und physische Belastungen ertragen zu müssen. Die flexible, starke, die unbeirrbare und zugleich leidenschaftliche Natur war gefordert. Anna Gmeyner verlor durch die Emigration die Bühne, die Freunde, die Arbeitskontakte. Ohne ein ästhetisches Motiv warf sich die Dramatikerin auf die erzählerischen Gattungen, um in einem Maße zu reüssieren, das vom Anlaß der literarischen ›Entwicklung‹: vom Faschismus in Deutschland, vom Exil, vom Druck der Verhältnisse, nicht zu trennen war. In dieser Situation traf die Schriftstellerin einen Menschen, der unbeirrbar, von widrigen Umständen nicht zu treffen, an seiner Arbeit festhielt. Jascha Morduch hat sein Werk nie vollendet, doch er hat nie davon gelassen. Anna Gmeyners poetisches Vermögen hatte sich unter den kulturpolitischen Bedingungen der Republik entfalten können. Das avancierte Weimarer Theater und die produktive Nähe von Kunst und Politik begünstigten es, das dramatische Talent einer Bühnenautorin unter praktischen Beweis zu stellen. Die emigrierte Dramatikerin allerdings mußte auf die literarische und praktische Arbeit am Drama verzichten. Wollte Anna Gmeyner ihre schriftstellerische Arbeit überhaupt aufrecht erhalten, so mußte sie sich tatsächlich dem erzählenden Schreiben zuwenden. Ihre Prosa trägt in den erzählerischen Konstruktionen, in den intensiven dialogischen Passagen und in der bildlichen Kraft situativer Textpassagen die Handschrift einer Dramatikerin. Geradezu im Gegensatz zu Morduchs allerdings nie abgeschlossener kontinuierlicher Werkarbeit stehen Anna Gmeyners schriftstellerische Arbeiten in verschiedenen Gattungen (Drama, Liedtexte, Essay, Roman, Erzählung), die in keinem Fall Reife zeigen. Der Wechsel zwischen den Gattungen drückt keine notwendige literarische Entwicklung aus; im Wechsel der Gattungen erscheint die historische Situation. Die literarische Produktivität als solche will gerettet sein. So gehören Anna Gmeyners Werke zur Exilliteratur, weil sie ihre extreme Zeitabhängigkeit nicht verleugnen können und wollen.

Vor dem Hintergrund der Emigration ist Ruhe kostbar. Kontinuität und Kraft eines wenig irritierbaren Menschen können auf die Dauer nicht vom Gegenstand, mit dem er sich auseinandersetzt, getrennt begriffen werden. Souveränität und Religion mögen Anna Gmeyner zunehmend als eines erschienen sein. Die Attraktion einer auf religiösen Gesetzen beruhenden Deutung reicht jedoch über den persönlichen Einfluß des Mannes hinaus. Zukunftsentwürfe scheitern in den Wirrnissen eines Emigrantenlebens ebenso täglich, wie politische und historische Analysen permanent erschüttert werden. Eine ahistorische, überindividuelle und spirituelle Interpretation der Bedingungen von Geschichte und Existenz ist wie auch der Freitod eine Reaktion darauf.

Epilog

Anna Gmeyner ist nicht mehr nach Österreich oder Deutschland zurückgekehrt. Eine kranke alte Dame lebt heute in York an der schottischen Grenze. Die Nachricht von der Veröffentlichung ihres Romans *Manja* 1984 erreichte sie als etwas Unwirkliches, etwas aus einem fernen Leben. Die Ehre für die Entdeckung der alten Dame gebührt zu einem Teil der AJR-Information/London. Im September 1984 konnte Egon Larsen dort schreiben: »Vanished Writer-In-Exile Found in Scotland«. Die Mannheimer Verlegerin Lisette Buchholz hatte in der AJR-Information eine Suchanzeige aufgegeben. Eine Leserin erinnerte sich an die Erzählungen einer englischen Autorin und benachrichtigte Eva Ibbotson, tatsächlich die Tochter Anna Gmeyners. Am Beginn der Recherche standen der Fund des Romans *Manja*, den Lisette Buchholz wieder, und das hieß, in Deutschland zum ersten Mal, auflegen wollte, und ein Hinweis von Fritz H. Landshoff, der seine ehemalige Autorin aus den Augen verloren hatte. »Und was die Verfasserin betrifft, laßt uns weitersehen«: Alfred Kerrs Aufforderung in seiner Kritik des *Automatenbüfetts* bedeutete nun die Rekonstruktion einer literarischen Biographie. Bei selbstverständlich langwierigen und erstaunlich abenteuerlichen Nachforschungen ging es zeitweilig um einen geheimnisvollen Koffer, wurde Staub aufgewirbelt, der ungestört auf einem Nachlaß gelegen hatte, war ein alter Freund Anna Gmeyners plötzlich Erinnerungen an die ›Odyssee‹ des gemeinsamen Exils preisgegeben.

Ich möchte mich für die geduldigen Auskünfte, für die großzügige Unterstützung und für das engagierte Interesse bedanken bei: Lisette Buchholz, Mannheim; Alfred Dreifuss, Berlin (DDR); Paul V. Falkenberg, New York; Christine Gruber, Theatersammlung der österreichischen Nationalbibliothek Wien; Walter Huder, Akademie der Künste Berlin West; Eva Ibbotson, Newcastle upon Tyne (Großbritannien); Helmut Kindler, Zürich; Eckhard Schulz, Dramatikerunion Berlin West; Werner Sudendorf und Oskar von Törne, Stiftung Deutsche Kinemathek Berlin.

1 »B.Z. am Mittag«, Berlin vom 7. Juni 1933. — 2 Ebd. — 3 Ebd. — 4 1. Bild: Am Grubentor; 2. Bild: Unter Tag; 3. Bild: (Das Hemd); 4. Bild: Im Rauch; 5. Bild: Der Grubenladen; 6. Bild: Frau Duncans Haus; 7. Bild: Ein schmaler Weg; 8. Bild: Auf einem Bergarbeiterfriedhof. Die Bilder 1–7 liegen als Durchschlag eines Typskripts (53 S.) vor. Das fehlende 8. Bild ist in Auszügen abgedruckt in der Vorankündigung der Berliner Aufführung vom 26.1.1930 am Wallner-Theater in der Zeitung »Berlin am Morgen« vom 23.1.1930. Dieser Artikel liegt innerhalb einer Sammlung von Presseausschnitten zur Aufführung. Sie gehört zur Sammlung Rappaport im Schriftgutarchiv der Stiftung Deutsche Kinemathek Berlin. — 5 »Neue Berliner 12 Uhr Zeitung« vom 27.1.1930, Stefan Fingal. — 6 »Danziger Volksstimme« vom 30.1.1930, H.E. — 7 »Neue Berliner 12 Uhr Zeitung«, a.a.O.; vgl. auch: »8 Uhr Blatt«, Berlin vom 27.1.1930, K.P. — 8 Nach: Die moderne Dramatikerin. Sieben Kurzbiographien. In: Funkstunde vom 14.2.1930, S.195. — 9 *Heer ohne Helden*, a.a.O., 2. Bild. — 10 Ebd., S.8. — 11 Ebd., S.4. — 12 Als Original-Typoskript mit zwei Durchschlägen in der Sammlung Rappaport im Schriftgutarchiv der Stiftung Deutsche Kinemathek Berlin; vertont von Hanns Eisler; als Schallplatte auf HOMOCORD und auf ›Gloria Carl Lindström‹ erschienen (ca. 1930), gesungen von Ernst Busch. Über die Lizenzabrechnung liegt in der Sammlung Rappaport eine Korrespondenz mit AMMRE-GmbH Berlin vom 7.11.1931 vor. Die Schallplattenaufnahmen werden erwähnt in: *Diskographie der deutschen proletarischen Schallplatten aus der Zeit vor 1933*. Veröffentlichung der Akademie der Künste der DDR, Sektion Musik – Arbeiterliedarchiv. Bearbeitet von Elfriede Berger und Inge Lammel, Leipzig 1980. Abgedruckt ist das »Lied der Bergarbeiter« u.a. in: H. Willmann: *Geschichte der Arbeiter-Illustrierten-Zeitung 1921–1938*. Berlin (DDR) 1975; in: *Rote Signale. Gedichte und Lieder*. Auswahl und Einleitung von Lilly Korpus (d.i. Lilly Becher), Berlin 1931. Einen Hinweis hierauf gibt: Brigitte Melzwig: *Deutsche Sozialistische Literatur 1918–45. Bibliographie der Buchveröffentlichungen*. Berlin und Weimar 1975. — 13 Dies erwähnt der Autor des Porträts in der »B. Z. am Mittag«, a.a.O. — 14 Erwin Piscator: *Das politische Theater* (1929). Neubearbeitet von Felix Gasbarra. Mit einem Vorwort von Wolfgang Drews, Reinbek bei Hamburg 1963, S.233. — 15 »Vossische Zeitung« vom 27.1.1930, Monty Jacobs. — 16 Zahlreiche Vorankündigungen weisen auf ein »... interessantes Stück« (»Berlin am Morgen« vom 23.1.1930), auf ein »... Arbeiterdrama von packender Realistik« (»Rote Fahne«, Berlin vom 26.1.1930) hin. Ankündigungen darüber hinaus in der »Welt am Abend«, Berlin vom 22.1.1930; im »Berliner Börsen-Courier« vom

23.1.1930; in der »Roten Fahne« wiederholt am 23., 24., 25. und 26.1.1930. — **17** »Vossische Zeitung«, a.a.O. — **18** Der ›Theaterzettel‹ vermerkt: Wallner-Theater. Theater der Arbeiter: »Heer ohne Helden«. Bergarbeiterschauspiel in 8 Bildern von Anna Gmeyner. - Regie: Slatan Dudow. Bühnenbild: Wolfgang Böttcher. Lied von Hanns Eisler.

mit:	
John Lee	– Friedrich Gnas
Frau Lee	– Maria Leiko
Maggie	– Renée Strobrawa
Fred	– Reinhold Nietschmann
Jackie	– Walter Morgenthal
Bob Duncan, Kohlenarbeiter	– Ernst Busch
Frau Duncan, seine Mutter	– Lotte Lieven
Der alte Mac	– Jakob Schöps
Ann, seine Tochter	– Ilse Trauschold
Manager Atkinson	– Otto Walchis
Pastor Brody	– Bernd Bausch
Jack Gilchrist	– Olaf Barutzki
Frau Gilchrist	– Sascha Caron
Joe Brown	– Hans Eick
Frau Murray	– Grete Kaiser
Frau O'Brien	– Maria Marnoff
Jess Jerry, Kohlenarbeiter	– Fritz Genschow
Frau Jerry	– Henny Talmer
Smith, Bergarbeiter	– Erhard Stettner
Frau Smith	– Edith Haasler
Erste Frau	– Martha John
Zweite Frau	– Pippa Siegrit
Dritte Frau	– Dora Thalmer
Vierte Frau	– Ingeborg Franke
Ein junger Arbeiter	– Heinrich Gottlieb
Erster Arbeiter	– Arno Kläber
Zweiter Arbeiter	– Walter Grün
Polizeileutnant	– Hans Eick

Veranstaltet durch die Interessengemeinschaft für Arbeiterkultur (Dieser Theaterzettel befindet sich in der Sammlung Rappaport, a.a.O.) — **19** »Rote Fahne«, Berlin, vom 24.1.1930. — **20** »Rote Fahne«, Berlin, vom 25.1.1930. — **21** Der Feuilletonredakteur der »Roten Fahne«, Karl August Wittfogel, hatte selbst als sozialistischer Dramatiker debütiert, Piscator realisierte die Stücke. Im gleichen Jahr 1930 leitet Wittfogel die berühmt gewordene Podiumsdiskussion anläßlich der Aufführung von Brechts »Maßnahme«. — **22** Nach. Monty Jacobs, »Vossische Zeitung« vom 27.1.1930. — **23** Nach: »8 Uhr Blatt«, Berlin vom 27.1.1930. — **24** Theaterzettel, nach: »Berliner Morgenpost« vom 27.1.1930. — **25** Ebd. — **26** »Allensteiner Zeitung« vom 5.2.1930. — **27** »Berliner Lokalanzeiger« vom 27.1.1930, F. S-s. — **28** »Neue preussische Kreuz-Zeitung«, Berlin vom 28.1.1930, J. — **29** »Die schöne Literatur«, Leipzig, 31. Jg., 1930, Heft 3, S. 152. — **30** »Neue Badische Landeszeitung«, Mannheim vom 29.1.1930, Bab. Ebenso: »Hannoversches Tageblatt« vom 30.1.1930. — **31** »B.Z. am Mittag« vom 27.1.1930, Mllgr. — **32** »Berliner Volkszeitung« vom 27.1.1930, Lutz Weltmann. — **33** »Berliner Börsencourier« vom 27.1.1930. — **34** »Vossische Zeitung« vom 27.1.1930. — **35** »Neue Berliner 12 Uhr Zeitung« vom 27.1.1930, Stefan Fingal. — **36** »Film-Kurier« vom 27.1.1930. — **37** Vgl. die Bilder 40., 44., 46. und 57. des Drehbuchs mit dem 1. Bild von *Heer ohne Helden*: Frauen vor dem Grubentor. Vgl. das 64. Bild mit der Szene: Bob und Fred im Stollen. Vgl. das 16. Bild mit der Konstellation in Anna Gmeyners Schauspiel: Es besteht ein Konflikt zwischen der Sicherheit für die Bergarbeiter und dem Profitinteresse des Grubenbesitzers/Direktors. Das Drehbuch zum Film *Kameradschaft* befindet sich im Nachlaß Rappaport, a.a.O. — **38** Die Liedtexte liegen im Nachlaß Rappaport als Original-Typoskripte, z. T. mit mehreren Durchschlägen. Die Noten fehlen. Sie sind mit hoher Wahrscheinlichkeit in Leningrad. Von dort kehrte Herbert Rappaport nicht mehr aus der Emigration zurück. Er ist Ende 1983 gestorben. — **39** Ebd. — **40** »B.Z.«-Artikel vom Juni 1933, a.a.O. — **41** F. Trapp, Gustav von Wangenheims Einakter *Helden im Keller* und *Agenten*. In: U. Naumann (Hg.): *Sammlung. Jahrbuch 1 für antifaschistische Literatur und Kunst.* Frankfurt/M. 1978, S. 39. — **42** K. Jarmatz, S. Barck, P. Diezel u. a. (Hg.): *Kunst und Literatur im antifaschistischen Exil 1933-45.* Band 1: *Exil in der UdSSR.* Frankfurt/M. 1981, S. 282. — **43** Fragment des Original-Typoskripts (II. Akt) in der Sammlung Rappaport, a.a.O. — **44** *Automatenbüfett. Ein Spiel in drei Akten mit einem Vorspiel und einem Nachspiel.* Berlin 1932. — **45** Mit Maria Loja, Ernst Leudesdorff, Willy Maertens, Anneliese Born. Uraufführung am 25.10.1932. Hinweise in: Erich August Greven (Hg.): *110 Jahre Thalia-Theater Hamburg 1843-1953. Eine kleine Chronik.* Hamburg 1953, S. 7. — **46** »Hamburger Fremdenblatt«

vom 26.10.1932, E.A.G. — **47** Zwei Stücke unter Kleistpreis-Ehrung, von Friedrich H. Prehm. In: »Der Vorspruch«, Nr. 6, Nov./Dez. 1932, »Blätter der Volksbühne Groß-Hamburg«, S. 88–89. — **48** Ebd. — **49** Anonym/H. Ih., Premierenvorbericht vom 29.12.1932. Nach: Theatersammlung Richter im Archiv der Akademie der Künste, Berlin. — **50** Monty Jacobs, Berlin, vom 29.12.1932; nach: Theatersammlung Richter, a.a.O. — **51** Anonym/ P.W., 29.12.1932; nach: Theatersammlung Richter, a.a.O. — **52** *Automatenbüfett*, S. 33, a.a.O. — **53** Ebd., S. 7. — **54** Anonym/P.M.; nach: Theatersammlung Richter, a.a.O. — **55** Ebd. — **56** Monty Jacobs; nach: Theatersammlung Richter, a.a.O. — **57** A. Kerr am 29.12.1932; nach: Theatersammlung Richter, a.a.O. — **58** Ebd. — **59** Der Dramaturg Alfred Dreifuss arbeitete im Wortspiel bei einem Gutachten über das Stück, das er für die »Junge Volksbühne« schrieb. Briefliche Mitteilung von Alfred Dreifuss an die Autorin. — **60** Anonym, 29.12.1932; nach Theatersammlung Richter, a.a.O. — **61** In: »Die Dame«, 60. Jg., Heft 8, Januar 1933. Gehören Anna Gmeyner, Marieluise Fleißer, Ilse Langner, Elisabeth Hauptmann, Else Lasker-Schüler und Christa Winsloe schon zu den bekannten Dramatikerinnen, so erwähnt Kafka darüber hinaus Friedel Joachim, Esther Grenen, Rosie Meller, Elisabeth von Castonier und Eleonora Kalkowska. Vgl. hierzu auch: *Die moderne Dramatikerin. Sieben Kurzbiographien*, a.a.O. Vgl. in gattungshistorischer Hinsicht: Heike Klapdor-Kops: »Dramatikerinnen auf deutschen Bühnen. Notwendige Fortsetzung einer im Jahr 1933 unterbrochenen Reflexion.« In: »TheaterZeitSchrift« 9/1984, Berlin, S. 57–77. — **62** »Berliner Volkszeitung« vom 27.1.1930, Lutz Weltmann. — **63** »Berliner Morgenpost« vom 27.1.1930, B.P. — **64** »Die Welt am Montag« vom 27.1.1930, -al. — **65** Ausgabe vom 24.3.1933. — **66** Willy Trenk-Trebitsch: »Fritz Kortner, Max Reinhardt und ich« (Vortrag). In: *Theater im Exil 1933–45. Schriftenreihe der Akademie der Künste Berlin*. Bd. 12, S. 251. Diese Äußerung Trenk-Trebitschs ist eine der wenigen Stellen im Kontext der Exilforschung, an der Anna Gmeyner erwähnt wird. Der Hinweis war bisher kein Anlaß zur Recherche. Mit Ausnahme von Sternfeld-Tiedemann 1962[1] und 1970[2] fehlt Anna Gmeyner in den einschlägigen länder- und gattungsspezifischen Darstellungen und in den Bibliographien. — **67** Trenk-Trebitsch sollte von Berlin nach Wien, 1938 nach Prag, 1939 nach Paris und von dort über Trinidad in die Vereinigten Staaten einwandern. Trenk-Trebitsch war in Wien in Kurt Robitscheks wieder eingerichtetem ›Kabarett der Komiker‹ aufgetreten. In Amerika arbeitete der Schauspieler beim Film. Willy Trenk-Trebitsch ist Ende 1983 gestorben. Der Nachlaß befindet sich im Archiv der Akademie der Künste Berlin. — **68** Diese Hinweise zur Berliner Aufführung konnte der Verleger Helmut Kindler der Autorin geben. Helmut Kindler war Regieassistent bei dieser Inszenierung. Wolf Keienburg: (Hg.): *Texte zu einem Lebenslauf. Bilder für eine Verlagschronik*. Helmut Kindler zum 70. Geburtstag. Zürich 1982. — **69** Im Bühnenbild von Hermann Sieg spielten neben der Giehse (Frau Adam) Erwin Kaiser, Josef Zechell, Hermann Wlach und Leni Marenbach. Der künstlerische Nachlaß Lindtbergs, der mit Piscator zusammengearbeitet hatte und der während der Exilzeit Brechts »Mutter Courage« am Zürcher Schauspielhaus uraufgeführt hatte, wird 1985 der Akademie der Künste Berlin übergeben. — **70** »Pariser Tageblatt« von 1934, Nr. 30–45. — **71** »Thunder Rock« (1942); nie beendet. Briefe von Anna Gmeyner an Berthold Viertel liegen im Viertel-Nachlaß im Deutschen Literaturarchiv Marbach/N. — **72** Aus: »Freie Kunst und Kultur«, Nr. 6, 1938, S. 8. Im Zusammenhang mit der Gründung des Freien Deutschen Kulturbundes wird Anna Gmeyner zitiert bei: L. Hoffmann u.a. (Hg.): *Kunst und Literatur im antifaschistischen Exil 1933–45*. Bd. 5: *Exil in der CSSR, in Großbritannien, Skandinavien und in Palästina*. Frankfurt/M. 1981, S. 200. — **73** Die erste Nachkriegsausgabe besorgte 1961 kein deutscher, sondern ein schwedischer Verlag: Rabén & Sjögren, Stockholm. Eine deutsche Ausgabe liegt seit 1984 vor durch persona-Verlag, Mannheim (*Manja. Ein Roman um fünf Kinder*. Mit einem Vorwort von Heike Klapdor-Kops). Im folgenden wird nach der Ausgabe Amsterdam 1938 zitiert. Nach der Veröffentlichung in der Exilzeit erschien beim Querido-verlages erschien »Manja« auch in einer holländischen Übersetzung. — **74** Vgl. die Exilromane von L. Feuchtwanger, E. E. Noth, G. Glaeser, W. Schönstedt, I. Keun und A. Zweig. — **75** *Manja*, ebd., S. 109–111. — **76** Berthold Viertel: »Roman um fünf Kinder« (Rezension). In: »Die Neue Weltbühne« (1936), Heft 13, S. 1357. — **77** *Manja*, a.a.O., S. 215–218. — **78** Ebd., S. 320 ff. — **79** Sigrid Schneider hat im Kontext der Frage nach der Auseinandersetzungen mit der Weimarer Republik im Exilroman Anna Gmeyners »Manja« gelesen. Allerdings hat sich die Autorin mit den Hinweisen von Fritz H. Landshoff, der selbst die Spur von Anna Gmeyner verloren hatte, aber immer wieder auf sie hinwies, zufriedengegeben, so daß ihre Angaben zu Anna Gmeiner (!) unzureichend sind. Sigrid Schneider hat im Zusammenhang mit der Definition antifaschistischer Literatur die Figur Heidemann hervorgehoben (vgl. insbes. S. 30–32 und das Schlußkapitel): S. Schneider: *Das Ende Weimars im Exilroman. Literarische Strategien zur Vermittlung von Faschismustheorien*. Mü. – NY

– London – Paris 1980; vgl. auch: dies.: »Fiktionale Antworten. Frühe Auseinandersetzungen mit dem Ende Weimars im Exilroman.« In: Thomas Koebner (Hg.): *Weimars Ende.* Frankfurt/M. 1982. — **80** In: »Das Wort« (1938/12), S. 136–140, S. 137. — **81** Ebd., S. 138. — **82** Ebd., S. 140. — **83** 9. Jg. 1939, Heft 5, S. 121–132. — **84** Ebd., S. 121. — **85** Ebd., S. 122. — **86** Ebd., S. 126. — **87** Ebd., S. 126. — **88** Ebd., S. 128. — **89** Ebd., S. 130. — **90** Ebd., S. 131. — **91** Ebd., S. 130. — **92** Rezension I. Franke, a.a.O., S. 136. — **93** Rezension B. Viertel, a.a.O., S. 1356. — **94** Porträt in der »B. Z. am Mittag« vom 7. Juni 1933, vgl. Anm. 1. — **95** London (Hamilton) 1941. — **96** *Café du Dôme,* a.a.O., S. 300–301. Andere Exilszenen finden sich in den Kapiteln: Cafard, Cacahuetes, Shall we join the ladies? — **97** *Café du Dôme,* a.a.O., S. 77. — **98** »Nur eine Frau ist imstande, auf eine Frage zu antworten, die Tausende (!) heute die Kehle zusammenpresst: ›Wozu leben wir noch, nachdem uns alles zerstört ist?‹ Sie antwortet – und es ist unendlich schwer, das Selbstverständliche verständlich, das Einfache einfach erscheinen zu lassen – sie antwortet: ›Um zu leben‹.« Jan Lustig in: »Aufbau«. New York vom 12. 10. 1941, S. 12. — **99** Ebd. — **100** *Café du Dôme,* a.a.O., S. 99. — **101** Essay, o. T., 8 S. Original-Typoskript-Durchschlag, Slg. Rappaport, a.a.O., S. 2. — **102** Paul V. Falkenberg sprach der Autorin gegenüber von einer »mäßigen« Übersetzung. Im unveröffentlichten autobiographischen Fragment »House of Two Doors« weist Anna Gmeyner darauf hin, daß ihre Exilromane in mehrere Sprachen übersetzt worden seien. — **103** *Café du Dôme,* a.a.O., S. 258. Paul V. Falkenberg bestätigte die autobiographische Prägung der Figur Glebov. — **104** *Café du Dôme,* a.a.O. Gespräch im Kapitel »Birthday Party«. — **105** Ebd., S. 119. — **106** »The Wingbreaker and the Wingmaker«, »The Blue Flame«, »Mr. Darkfoot and the Star«, privat. — **107** *The Death and Life of Julian.* London 1960. — **108** *A Jar Laden With Water.* London 1961; *No Screen for the Dying.* London 1964. — **109** »Way Through the Wood«. 1970, Privatdruck. — **110** *The Sovereign Adventure. The Grail of Mankind.* Cambridge. o. J.

Thomas Lange
Emigration nach China: Wie aus Klara Blum Dshu Bailan wurde

Jeder Emigrant hat sein unverwechselbares Schicksal, doch wenige sind so ungewöhnlich wie das der rumäniendeutschen Schriftstellerin Klara Blum. Man kann zunächst fragen, ob sie – im strengen Wortsinn der Exilforschung – eigentlich als Emigrantin bezeichnet werden kann: in die Sowjetunion kam sie 1934 aus Österreich, ohne direkt politisch verfolgt zu sein, zum Zweck einer Studienreise; als sie die Sowjetunion 1945 wieder verließ, nahm sie nach dem Ende der Exilzeit freiwillig eine zweite, viel radikalere Emigration auf sich: aus dem abendländischen in den asiatischen Kulturkreis, nach China. Diese Fremde aber war für sie gerade das Gegenteil von Exil, nämlich eine lang gesuchte Heimat, die auch ihr politisches und staatsbürgerliches Zuhause wurde.

Über Leben und Werk von Klara Blum ist wenig bekannt. Sie wird in der Exilforschung nur am Rande erwähnt. Dafür gibt es Gründe: ihre Werke sind nur in der Sowjetunion, in der DDR und in einer kleinen maoistischen Zeitschrift in Österreich erschienen. Der bundesdeutschen Exilforschung ist ihre überwiegend parteifromme Lyrik aus der Moskauer Zeit eher unangenehm aufgefallen; in der DDR gibt es nur bis 1961 Äußerungen über sie, denn danach wollte sie, als konsequente Maoistin, von sich aus mit der »revisionistischen« DDR nichts mehr zu tun haben. In der Konsequenz der Literaturwissenschaft war ihr Werk nach 1945 nicht mehr als »Exilliteratur« anzusprechen (so verzeichnet die Bio-Bibliographie von Sternfeld/Tiedemann ihre in China entstandenen erzählerischen Arbeiten gar nicht). Erst 1981 und 1982 machte Horst Helge Fassel wieder auf sie aufmerksam, allerdings unter dem eingeschränkten Gesichtspunkt einer nach Moskau emigrierten rumäniendeutschen Autorin.

Die zeitliche Einschränkung der literarischen Emigration auf die Jahre 1933–1945 und ihre gleichzeitige Isolierung von der übrigen deutschsprachigen Literatur ist aus vielen Gründen fragwürdig.

Das Exil von Intellektuellen im 20. Jahrhundert bedeutet nicht nur ein Ausweichen vor politischer Verfolgung oder Lebensbedrohung: stärkere Beachtung sollte auch finden, was bei den Autoren, die bewußt eine neue geistige Identität suchten, geschah. Die Neuorientierung wurde sicher durch die gesellschaftlichen und politischen Katastrophen um 1933 herausgefordert, war 1945 aber nicht automatisch beendet. Am Lebensexperiment der Klara Blum, ihrem »Amoklauf nach Recht und Freude«[1], ist dies exemplarisch und ins Außerordentliche gesteigert nachzuvollziehen.

Die folgende Kurzdarstellung von Leben und Werk Klara Blums geht auf ihr Leben in China ausführlicher ein als auf das in der Sowjetunion. Dies liegt daran, daß über sie bis 1945 sehr wenig Material vorliegt, während es der biographische Zufall mit sich brachte, daß ich ein ganzes Jahr (1983/84) am letzten Wirkungsort von Klara Blum, in Kanton, intensiv ihren Spuren nachgehen konnte. Dies wäre ohne die freundliche Hilfsbereitschaft meiner chinesischen Deutschlehrerkollegen – allesamt ehemalige Schüler Klara Blums – nicht möglich gewesen. An erster Stelle habe ich dafür Prof. Zhang Penggao von der Zhongshan-Universität in Kanton zu danken: ohne seine Informationen und seine Kooperation hätte dieser Aufsatz nicht geschrieben werden können.[2]

Klara Blum wurde am 27.11.1904 im rumänischen Czernowitz (dem Geburtsort auch von Paul Celan) als Tochter eines jüdischen Bankiers und Grundbesitzers und seiner 27 Jahre jüngeren Frau geboren. Da die Mutter sich im Streit von ihrem autoritären Mann trennte (oder, nach anderer Quelle, weil der Vater der Tochter eine Heirat aufzwingen wollte), kam Klara Blum als Neunzehnjährige nach Wien.[3] Sie studierte dort Individualpsychologie und begann bald, in linksgerichteten Zeitschriften (»Arbeiter-Zeitung«, Wien; »Vorwärts«, Czernowitz) zu publizieren, wobei feministische, zionistische und sozialistische Standpunkte unkonventionell vermengt werden.[3a] 1934 gewann sie bei einem literarischen Preisausschreiben mit ihrer »Ballade vom Gehorsam« eine zweimonatige Studienreise durch die Sowjetunion, in deren Verlauf sie in Moskau blieb. Das Verbot der sozialistischen Zeitschriften in Österreich, aber auch begeistertes Einverständnis mit dem revolutionären Staat können als Beweggründe angenommen werden. Wie andere Ausländer arbeitete sie als Übersetzerin und Sprachlehrerin.[4] Außerdem erschienen in den Zeitschriften »Internationale Literatur« und »Das Wort« Gedichte und Rezensionen von ihr, ebenso auch 1939–1944 mehrere Gedichtsammlungen.[5] Nach 1941 war sie in der Propagandaarbeit der Roten Armee beschäftigt.[6]

Ihre Werke weisen sie als total konforme Anhängerin von Partei- und Stalin-Kult, ihre Rezensionen als Vertreterin der Lukács-Linie strengster Observanz aus. Immer wieder wird der Gegensatz von alter und neuer Gesellschaft, Kapitalismus und Sozialismus durchgespielt, wobei die Prophetie einer optimistischen Zukunftslösung über jede realistische Gegenwartserfassung siegt.[7] Vicki Baums Roman *Liebe und Tod in Bali* wird wegen eines »versöhnlerischen« Vorworts heruntergeputzt, Anna Seghers' Roman *Die Rettung* wird »grundlose Traurigkeit«, fehlende Perspektive, ein Zuviel an psychologischen Einzelheiten, ein Zuwenig an Vorbildcharakter vorgeworfen.[8] Ihr fortdauerndes feministisches Interesse ist danach zu bemerken, daß sie vor allem weibliche Autoren rezensiert. Sie verfährt dabei denen gegenüber, die die Emanzipation der Frau thematisieren (wenn auch auf so unterschiedliche Weise wie Fannina W. Halle und Irmgard Keun) mit weniger ideologischer Strenge, ihr Interesse gilt dabei mehr dem Inhalt als der politischen Bewertung.[9] Gleichwohl: die bedingungslose Anpassung, wie lebensnotwendig sie in den Jahren der stalinistischen Säuberungen auch war, entsprach mit der Selbstaufgabe für eine Idee durchaus dem Temperament von Klara Blum, ihrer Suche nach einem Kollektiv, in dem die Individualität aufgehen konnte.

Allerdings gibt es Zeugnisse dafür, daß Klara Blum in gewisser Hinsicht doch nicht völlig konform war: 1939 wurde sie wegen »Disziplinlosigkeit und Hysterie« aus der Deutschen Sektion des sowjetischen Schriftstellerverbandes ausgeschlossen, dem sie ein Jahr zuvor beigetreten war. Der Berichterstatter vor der Deutschen Sektion, Johannes R. Becher, fügte allerdings hinzu, sie bleibe »bis auf weiteres in den Reihen des Sowjetischen Schriftstellerverbandes und arbeitet weiter als Schriftstellerin für die ›Internationale Literatur‹, wir wollen Klara Blum auch in Zukunft nach Möglichkeit unterstützen, und faktisch haben wir sie in der Vergangenheit auch in jeder Beziehung unterstützt.«[10] Die zugrundeliegenden Ereignisse sind unbekannt. Vielleicht war es – und dies wäre nicht unwahrscheinlich im Moskau jener Jahre – laut geäußerte Verfolgungsangst. Es existieren nämlich zwei Gedichte, in denen sie die Intrigen eines »Schädling(s)«, eines »heimlichen Trotzkisten«, beklagte, durch die sie von allen Arbeitsmöglichkeiten ausgeschlossen wurde, was aber durch seine Entlarvung dann wieder rückgängig gemacht wurde.[11] Daß sie als Person nicht einfach war, geht aus Berichten von Zeitgenossen und aus ihrer halbautobiographischen Darstellung der »Hanna Bilke« in dem Roman *Der Hirte und die Weberin* (1951) hervor.[12] Man bekommt einen Eindruck davon, was mit dem Vorwurf der »Hysterie« gemeint gewesen sein könnte: beharrlich eigensinnig spöttelt sie über Parteigenossen, die ihr vergeblich nachstellen; sie reagiert überempfindlich und spitz, wenn Funktionäre – Männer – von ihr Unterordnung verlangen, und sie ist hochsensibel, sobald sie die geringste antisemitische Tendenz spürt.[13] Vielleicht hingen die 1939 gegen sie erhobenen Vorwürfe auch mit Äußerungen zusammen, die sie in bezug auf den Hitler-Stalin-Pakt, das vorübergehende politische Bündnis mit dem Antisemiten Hitler, gemacht hatte. Jüdische Motive gibt es vielfältig in ihren Gedichten, wenn auch stets mit Hymnen an die Sowjetunion verknüpft: 1938 hatte sie etwa in höchsten Tönen die Einrichtung eines jüdischen Kolchos in der ukrainischen Sowjetrepublik gefeiert.[14]

Etwas anderes wurde aber für ihr Leben in jenen Jahren immer bestimmender: die Zuwendung zu China. Seit 1939 übersetzte sie chinesische Lyrik aus dem Englischen, schrieb selbst Gedichte über chinesische Themen. In der wahrlich nicht erfreulichen Moskauer Atmosphäre Ende der dreißiger Jahre, als kommunistische Emigranten scharenweise verhaftet, ins Lager gebracht, erschossen wurden, als andere altgediente Kommunisten im Ausland sich von der Partei enttäuscht lossagten, da fand Klara Blum ein neues unerwartetes Lebensthema, ein neues Kollektiv und Fluchtziel: China. – Man kann es prosaischer sagen: sie verliebte sich in einen Chinesen, der sich zur Ausbildung bei der Komintern in Moskau aufhielt; sie heirateten (nach Aussage des Romans freilich ohne amtliches Zeugnis)[15], doch schon drei Monate danach wurden sie getrennt: ein Telefonanruf war das letzte Lebenszeugnis ihres Mannes.

Ihr Geliebter und Mann Dshu Zhang yang (oder Yang Ying)[16] war vor 1930 kaufmännischer Angestellter in Shanghai und stammte wahrscheinlich aus der Familie eines wohlhabenden chinesischen Händlers. Dshu sprach Englisch und organisierte zusammen mit Yüan Mushi eine Theatertruppe (Chen You), die russische und französische Stücke aufführte. Er war Mitbegründer des chinesischen Schauspielerverbandes (April 1930). Vermutlich gehörte er also zu jenen Chinesen aus dem Bürgertum, die eine Befreiung Chinas von ausländischer Vormacht und einheimischer Tradition nach dem Vorbild westlicher Ideen erstrebten. Er reiste später nach Frankreich und Deutschland, blieb zwei Jahre dort, um auf ein Visum zu warten, und verdiente sein Geld als Szenenarrangeur im Zirkus. In Moskau war er Regieassistent an einem kleinen Theater und lernte etwa 1938 Klara Blum kennen. Schon im gleichen Jahr »verschwand« er: wahrscheinlich wurde er 1939/40 als Trotzkist oder Konterrevolutionär liquidiert. Klara Blum weigerte sich, an seinen Tod zu glauben. Schon 1940 sprach sie in einem Gedicht davon, nach China zu gehen.[17] Ihrem Roman zufolge hat sie sich von Moskau aus vergeblich bemüht, im Parteiauftrag nach China geschickt zu werden. Sofort nach Kriegsende brach sie zu einer abenteuerlichen zweijährigen Odyssee über den Balkan und Frankreich nach Shanghai auf. Sie suchte ihren Mann in Shanghai und Peking und glaubte, selbst als sie in China schon eigene Aufgaben gefunden hatte, bis zu ihrem Tod 1971, daß er konspirativ und illegal irgendwo lebe und für die Partei arbeite. Ihre Liebe, die eine »fixe Idee« zu nennen ich mich scheue (obwohl sie bei manchen ihrer chinesischen Studenten und Kollegen wohl für eine solche galt), war aber mehr als Zuneigung zu einem Mann, der, anders als die Genossen in der Emigration (»Mich haben schon mehrere Männer sitzengelassen, die meisten sogar noch vorher, weil es ihnen nicht schnell genug ging.«[18]), zärtlich, taktvoll und zurückhaltend war und ihrer Vorstellung einer gleichberechtigten Liebesbeziehung entsprach, die sie auch in Gedichten jener Zeit geschildert hatte.[19] Diese Liebe galt nicht nur einer Person, sondern – und dies um so mehr, je länger die Trennung dauerte – dem Volk, seiner Kultur und seiner Rasse, der sie sich als Jüdin verwandt fühlte. Es zeugt von Idealisierung, aber auch von nicht geringer Verzweiflung und Einsamkeit, wenn sie 1938 in Moskau an Chinesen und Juden kulturelle Gemeinsamkeiten entdeckte: Witz, Selbstironie, Lust am Denken – und Unterdrückung durch andere Völker. »Ich liebte nie mein Volk so echt wie heut, / Da ich die andern Völker lieben lernte.«[20] Identifikation mit unterdrückten Minderheiten war und blieb – verstärkt durch die persönliche Bindung – ein weiteres Lebensthema. Sie übersetzt afrikanische Lyrik. Aber dieses neue und das fortdauernde alte Interesse für feministische Themen werden von einem von Anfang an heroisierten Chinabild überlagert.[21]

Ihr Weg in China war mühselig: am Anfang standen Hungerjahre. Sie war unbekannt, ohne Anstellung und Vermögen, ohne Protektion und wurde gerade auch von den Kommunisten als Ausländerin mißtrauisch betrachtet. Später als Hochschullehrerin und ausländische Expertin war sie materiell zwar gesichert, nach chinesischen Maßstäben privilegiert, aber es war ein armes, von politischen Kampagnen gegen Intellektuelle geschütteltes China, das im Begriff war, die alte, von ihr bewunderte Kultur über Bord zu werfen: 1957 die Kampagne gegen Rechtsabweichler (»Laßt Hundert Blumen blühen!«: um sie zu zertreten); 1958–61: der »Große Sprung nach vorn« mit den »bitteren Jahren« der Millionen Hungertoten, begleitet von der »Großen Erziehungsrevolution«; seit 1966 dann die »Große Proletarische Kulturrevolution«, in der bis 1970 aller Lehrbetrieb an Universitäten durch politische Diskussionen ersetzt wurde. Doch Klara Blum hatte ihre Aufgabe gefunden.

Die Stationen ihres Wegs: 1947–48 lebt sie in Shanghai, wahrscheinlich in der jüdischen Emigrantenkolonie, unterrichtet deutsche Sprache und Literatur an der – damals noch unter ausländischer Leitung stehenden -- Tongji-Universität und nimmt Verbindung zu Studenten auf, die für die Kommunisten arbeiten. Von Januar bis August 1949 sucht sie – arbeitslos und hungernd – in Peking nach ihrem Mann und erlebt den Einmarsch der Soldaten Mao Tse-tungs. Anschließend ist sie wieder in Shanghai, beendet ihren Roman *Der Hirte und die Weberin*, der 1951 in der DDR erscheint (den Kontakt zum Verlag hatte Friedrich Wolf vermittelt). Von März bis September 1951 ist sie Bibliothekarin am Fremdsprachinstitut in Shanghai, anschließend bis September 1952 Professor für deutsche Sprache und Literatur an der Fudan-Universität in Shanghai. 1952 nimmt sie den chinesischen Namen »Dshu (nach ihrem Mann) Bailan« an und bewirbt sich um die chinesische Staatsbürgerschaft, die sie 1954 erhält. 1952–57 ist sie als Professor an der Deutschen Abteilung der Universität Nanjing tätig, verträgt sich aber mit dem dortigen DDR-Experten nicht und versucht 1956 – vergeblich –, einen Posten an der Universität Peking (»Beida«) zu erlangen, die als erste Hochschule des Landes gilt. 1957 wird sie dann Professor für deutsche Sprache und Literatur an der Sunyatsen-(Zhongshan)-Universität in Kanton (Guangzhou). Seit 1963 ist sie Mitglied des chinesischen Schriftstellerverbandes. Ihre Gedichte und Artikel erscheinen in chinesischen Zeitungen. 1959 kommt in der DDR die Novellensammlung »Das Lied von Hongkong« heraus, und sie reist zu ihrem – einzigen – Auslandsbesuch in die DDR. Am 3. Mai 1971 stirbt sie an Leberzirrhose.

Es ist einigermaßen schwer, sich anhand dieser dürftigen Aufzählung ein Bild von ihrem Leben in China und von der Bedeutung ihrer

Entscheidung für China zu machen. Bewunderung für das China der alten Kultur und politische Identifikation mit dem neuen, kommunistischen China, das sich von den alten Unterdrückern befreit, gehen Hand in Hand. Sie wollte anderen etwas von sich geben und zugleich von anderen als Glied einer politischen Bewegung akzeptiert sein. Als Frau, die in ihrem ersten Roman ein denkbar ungünstiges Bild von sich entwarf – häßlich, kratzbürstig, unverträglich –, die an ihrer Existenz als Jüdin und Frau litt, setzte sie die Liebe zu einem Mann, der verschwunden blieb, gleich mit der zu einer Kultur, die im Untergang begriffen war, und zu einem Staat, der nur als Ziel existierte. Doch die Wirklichkeit machte ihr nicht zu schaffen. »Illusion? -- Ich werde sie zur Wirklichkeit machen«, sagte sie in ihrem Roman und ließ sich unwidersprochen entgegenhalten: »Sie sind monogam aus Größenwahn. Sie wollen etwas Ausgefallenes – oder gar nichts.« Ihre Außenseiterstellung kehrte sie um zur Solidarität mit den Ausgestoßenen: »Jahrhundertelang dem farbigen Menschen geschuldete Liebe und Achtung, jahrhundertelang dem farbigen Menschen verweigerte Liebe und Achtung, sie strömten in Hannas Herz mit sausender, dehnender, sprengender Inspiration: nachzuholen, was Jahrhunderte versäumt hatten. Und so erweckte in ihr die Form dieser Augen, die Tönung dieser Haut, der Rhythmus dieser Sprachen ein Gefühl der Rührung, das scheinbar sinnlos war und doch einen tiefen Sinn hatte: Es rührte an die Aufgabe ihres Lebens.«[22]

Sie sah das Elend der Bevölkerung in China vor 1949 und bewunderte gleichzeitig die Zivilisation der alten Riten, der Etikette, der Selbstbeherrschung. Die lebendige Tradition der alten Volksmärchen und Überlieferungen einer Verhaltenskultur, die auch den Trennungsschmerz noch in klassische Formen faßte, rührte die Frauenrechtlerin an. Der Roman »Hirte und Weberin« – der einzige in deutscher Sprache, der die Umbruchszeit in China 1947–50 schildert – variiert in Titel und Thema die Geschichte des zu Sternbildern gewordenen Liebespaares, das sich nur einmal im Jahr sehen darf. In Klara Blums moderner Fassung ist es die Parteidisziplin, die politische Aufgabe, die die bewußte Entsagung vom eigenen Glück fordert. So kommen die alten Unterwerfungsriten, die sie in Gedichten der dreißiger Jahre als Herrschaftsmittel der alten Gesellschaft verspottet hatte, doch im nachhinein wieder zur Geltung, und sie kann ihrer selbst durchlebten Glücksversagung eine ambivalente aus Altem und Modernem entliehene Rechtfertigung geben.[23] Die Sehnsucht nach Selbstaufgabe im Kollektiv siegte über die »Disziplinlosigkeit«; aus Klara Blum wurde die vorbildliche Lehrerin Dshu Bailan.

Ihre Lebensarbeit in China war die Vermittlung der eigenen, europäischen Kultur und Literatur, und darin war sie entsagungsvoll fleißig, wie ihre Schüler heute noch bestätigen: nicht nur im Studium, auch privat gab sie ihnen jede Hilfe. Sie trug bei zur Entstehung einer chinesischen Germanistik, half bei der Übersetzung von Goethe-Dramen, von Hesses *Unterm Rad* und Fontanes *Effi Briest*, vor allem aber erarbeitete sie die Grundlage des heute noch benutzten, für den chinesischen Deutsch-Studenten unentbehrlichen Deutsch-Chinesischen Wörterbuchs aus Kanton. Gegenüber den wenigen nach 1949 in China verbliebenen Ausländern hegte man aus zweifachem Grunde Mißtrauen: sie gehörten meist zu den Völkern, die China früher schamlos ausgebeutet hatten, und sie vertraten eine nicht-chinesische, also barbarische Kultur, deren Kenntnis gleichwohl zur Behauptung in der gegenwärtigen Welt nötig erscheint. Die Chinesen lösen diesen Zwiespalt bis heute, indem sie diesen Ausländern eine materiell privilegierte Position geben und sie gleichzeitig vom chinesischen Leben isolieren. Klara Blum fand sich so in der »Aufgabe ihres Lebens« zugleich bestätigt und zurückgewiesen.

Ihre chinesischen Schüler rühmen Klara Blum nach, daß sie so einfach lebte wie eine alte chinesische Frau. Sie paßte sich an – nur das Essen vertrug sie nicht: »Alles an mir gehört China, nur nicht mein Magen«, sagte sie; ihr Leibgericht waren Bratkartoffeln. Sie lebte als einzige Deutsche in Kanton und war beliebt, doch sie war auch einsam, mißtrauisch und zweifelnd. Besonders in den Jahren der Kulturrevolution vermutete sie überall Intrigen gegen sich. Freilich war in dieser Zeit Mißtrauen eine Begleiterscheinung der politischen Situation, und die Chinesen zogen sich wohl auch etwas von ihr zurück. Politisch galt sie als fortschrittlich, dokumentierte dies mit Gedichten in der »Renmin Ribao« (»Volkszeitung«) und auch mit der Novellensammlung *Das Lied von Hongkong* (1959).[24] Der Widerstand des Volkes, der Kampf gegen die imperialistischen Aggressoren, gegen Chinesen, die dem Ausland verfallen sind, und gegen heimliche Saboteure, all das wird lehrbuchhaft propagiert. Dies entsprach vollkommen der optimistischen »Räumt-auf-mit-dem-Alten«-Literatur, wie sie auch in den chinesischen Reportagen des ersten DDR-Botschafters in Peking, F. C. Weiskopf, vertreten wurde.[25] Sie fand in der DDR politische Zustimmung, während die literarische Kritik »Schematismus« anmerkte.

Noch ein Jahr nach dem offiziellen Bruch Chinas mit der Sowjetunion, 1961, wird das Schlußkapitel eines neuen Romans von ihr in der »Neuen Deutschen Literatur«[25a] gedruckt, aber weder in der DDR noch in Peking vollständig herausgebracht: Ost-Berlin verlangte »Verbesserungen«, der Pekinger Verlag für fremdsprachige Literatur meinte, sie verträte den Klassenstandpunkt nicht konsequent genug. Diese doppelte Kritik und der Text selbst machen die ausweglose Situation deutlich, in die Klara Blum geraten war. Zwar war sie den diversen Forderungen nach »Sinisierung« weit entgegengekommen, aber nicht weit genug, um für die Zensur überzeugend zu sein. Gemessen an ihrem ersten Roman ist dieser Text das Ergebnis eines »sacrificium intellectus«: wurde in der DDR schon am »Lied von Hongkong« bemängelt, daß Europäer nur als Karikaturen auftauchen, hatte auch Lion Feuchtwanger schon an ihrem ersten Roman das »Leitartikelhafte« mancher Darstellungen zurückhaltend kritisiert, so brach in dem neuen Text wieder die politische Phrasenhaftigkeit durch, der sie 1951 abgeschworen hatte.[26] Wie einst in den Jubelgedichten auf Stalin hatte die Parteiräson die Reflexion ersetzt. Obwohl sie ihr eigenes Erleben, die durch die Politik unterdrückte Liebe, immer wieder als Motiv einsetzt, verliert sie nun die beobachtende Distanz zu den Menschen, indem sie nur Chinesen agieren läßt und die Perspektive des Ausländers in der Auseinandersetzung mit der fremden Kultur unterschlägt. Der übermächtige Konformitätszwang des maoistischen China zerstört ihre neugewonnene Identität als Schriftstellerin. Noch einmal paßt sie sich an: ihre letzte Arbeit galt dem von Mao Tse-tung zum »vorbildlichen ausländischen Freund«, zum engelgleichen selbstlosen Helfer stilisierten kanadischen Arzt Dr. Bethune.[27] Sie geht sogar so weit, handschriftlich in einem Exemplar ihres ersten Romans politisch positive Einschätzungen von Tschiang Kai-schek und dem neuen Staat Israel zu korrigieren.

Auf welche Weise man als Ausländer im China der Kulturrevolution nur überleben konnte, übersteigt wohl unsere Vorstellungen des Zumutbaren. Im Land der öffentlichen Selbstkritik war »innere Emigration« wohl kaum möglich. Heute, wo die Kulturrevolution durch die Partei eine völlig entgegengesetzte, negative Beurteilung erfährt, sagen Chinesen von Klara Blum – und das enthält höchstes Lob –, daß sie nicht eigennützig und korrupt war wie andere politische Opportunisten. Ideologisch engagierte sie sich weiterhin (und warf dabei elf Jahre politischer Zustimmung zur Sowjetunion über Bord): 1967 kritisierte sie einen Dekan der Sunyatsen-Universität, weil er sie gehindert habe, in ihren Schriften den Revisionismus (der Sowjetunion und der DDR) anzugreifen.[28] Klara Blum hielt an dem China ihrer Vorstellung fest: während der bürgerkriegsähnlichen Spaltung der »Roten Garden« demonstrierte sie provokativ für die Einheit Chinas, indem sie mit den Abzeichen der verfeindeten Parteien an beiden Armen über die Hauptstraße von Kanton schritt. Bei allem Respekt nahmen die Chinesen sie nun politisch nicht mehr ernst. Die Furcht vor Intrigen schlug über ihr zusammen, sie konnte sich nicht arrangieren. Sie blieb einsam mit ihrer Gewißheit, im Kampf gegen Feinde zu stehen, und noch auf dem Sterbebett, so heißt es, murmelte sie: »Tod den Faschisten«. 24 Jahre vor ihrem Tod – und vor dem Erlebnis China – hat sie, in Form einer Ballade, selbstkritisch festgehalten, was Erfüllung und Versagung ihres Lebens bestimmte:

> Geboren auf Europas Hintertreppen,
> Geneigt zu Pathos und Verstiegenheit,
> Bereit, des Denkens schwerste Last zu schleppen,
> Und unter dieser Last noch sprungbereit,
> Wuchs ich heran als Kind des Pulverfasses,
> Vom Zündstoff voll der Liebe und des Hasses.
> Die Judengasse ist mein Ahnenschloß,

Mein Vaterland ein bunter Völkertroß,
Der rastlos wilde Eigensinn mein Erbe.

Und doch – nicht lauter Grausen war mein Leben,
In meinem Leben blinkt ein Splitter Glück.
Und durch die finstre Jagd der Jahre schweben
Zwölf Wochen – Ewigkeit und Augenblick.
Ein Sohn der Ferne reichte mir die Hände,
Schuf mir das Bild der schönsten Zeitenwende.
Ans Ziel kam endlich Körper, Herz und Hirn –
Zwölf Wochen – Mund an Mund und Stirn an Stirn –
Sah ich im Splitter Glück die Zukunft weben.

Mir blieb sein Bild und, farbenreich entzündet,
Zugleich das Bild der völkerbunten Welt,
Und jede Zeile läuft, daß sie ihn findet,
Vertraut, daß sie ein Stückchen Nacht erhellt.
Mein Schicksal herrscht mich an: »Halt endlich stille!«
– Laß sehn, was stärker ist: Zwang oder Wille?
Dein blindes Toben, meine Menschenkraft?
Prall ab an meiner harten Nonnenschaft
Der Armut, Keuschheit und des Ungehorsams.

Mit wunden, dennoch federnd raschen Sohlen
Jag ich durch Dunst und Lärm, durch Sturm und Dreck,
Nichts hab ich noch und will mir alles holen.
Beschwingten Sprunges – komm ich nicht vom Fleck.
Schon ist die halbe Lebenszeit vergangen,
Und immer heißt es: jetzt wird angefangen.
Es pocht das Herz mit zitternder Gewalt –
Brich oder bleibe ganz! Ich mach nicht halt
Im großen Amoklauf nach Recht und Freude.[29]

---

1 Klara Blum: Grimmiger Lebensbericht (1947). In: Dies.: *Der weite Weg. Gedichte.* Berlin 1960, S. 34. — 2 Die biographischen Angaben beruhen auf Informationen von Prof. Zhang und werden ergänzt durch autobiographische Bemerkungen in Klara Blums Werken, die natürlich, ihrem fiktionalen Charakter entsprechend, nicht als gesicherte Fakten zu betrachten sind. In den meisten bibliographischen Nachschlagewerken sind die Angaben zu Klara Blum lückenhaft. Selbst in der bisher ausführlichsten und genauesten Arbeit, im *Dictionary of Central European Emigrés 1933–1945*, Vol. II, Part 1, A–K, München – New York – Paris 1983 fehlt das Todesdatum. – Für hilfreiches Entgegenkommen habe ich Herrn Dr. H. Kieser von der Deutschen Bibliothek, Frankfurt/M. zu danken. — 3 Horst

Helge Fassel: »Mythos und Pamphlet. Die Distanz zur Wirklichkeit in der Exilliteratur.« In: J. H. Koch (Hg.): »Exil«, 2/1982, S. 48–59; hier: S. 56. — **3a** »Arbeiterinnenbewegung in Palästina.« In: »Arbeiter-Zeitung«, Wien, 16. 3. 1931; »Herrendämmerung«, a.a.O., 15. 1. 1933. — **4** Andere sich übrigens widersprechende Vermutungen, sie habe in Deutschland illegal gearbeitet bzw. sei im Zusammenhang mit den Februarereignissen 1934 in Wien geflohen, sind nicht belegt. Vgl. K. Kudlinska: »Die Exilsituation in der UdSSR.« In: M. Durzak (Hg.): *Die deutsche Exilliteratur.* Stuttgart 1978, S. 162; P. M. Lützeler: »Die Exilsituation in Österreich.« Bei Durzak, a.a.O., S. 58. - Vgl. weiter H.-A. Walter: *Deutsche Exilliteratur 1933–50.* Bd. 7: *Exilpresse.* Darmstadt 1974, S. 194. – A. Stephan: *Die deutsche Exilliteratur. 1933–45.* München 1979, S. 69, 71. — **5** *Die Antwort.* Moskau 1939; *Erst recht.* Kiew 1939; *Wir entscheiden alles.* Moskau 1941; *Donauballaden.* Moskau 1942; *Schlachtfeld und Erdball.* Moskau 1944. — **6** Simone Barck: *Johannes R. Bechers Publizistik in der Sowjetunion 1935–1945.* Berlin 1976, S. 131. — **7** Fassel, a.a.O., S. 57 f. — **8** Walter, a.a.O., S. 349; Stephan, a.a.O., S. 103. – Zu Vicki Baum in: »Das Wort.« H. 6 (1938), S. 143–145; zu A. Seghers in: »Das Wort«, H. 3 (1938), S. 137–140. — **9** Vgl. Klara Blums Rezensionen zu Fannina W. Halle: »Frauen des Ostens.« In: »Das Wort.« H. 5 (1938), S. 138–141; zu I. Keun in: »Internationale Literatur.« H. 6 (1939), S. 118–120. — **10** Barck, a.a.O., S. 248. - Vgl. David Pike: *Deutsche Schriftsteller im sowjetischen Exil 1933–45.* Frankfurt/M. 1981, S. 205. — **11** Pike, a.a.O., S. 343–346. — **12** Klara Blum: *Der Hirte und die Weberin. Ein Roman aus dem heutigen China.* Rudolstadt 1951. Vgl. Ruth von Mayenburg: *Blaues Blut und rote Fahnen.* Wien – München – Zürich 1969, S. 126. Ähnlich Hedda Zinner-Erpenbeck in einem Brief vom 16. 9. 1985 an den Verf.: »eine Hysterikerin«. — **13** Blum: *Hirte*, a.a.O., S. 77, 92. — **14** Vgl. Klara Blum: »Weingarten im jüdischen Kolchos« und »Auf jüdischer Erde«. In: »Das Wort.« H. 10 (1938), S. 74–75 und H. 11 (1938), S. 69–72. — **15** Blum: *Hirte*, S. 169. — **16** Die präzisesten Angaben stammen aus einem Brief des gegenwärtigen stellvertretenden Vorsitzenden des chinesischen Schriftstellerverbandes, Xia Yan, der Dshu in Moskau kannte, an meinen Kollegen Liang Ding Xiang. Letzterer, ebenfalls ein Schüler Klara Blums, hat nach diesen Angaben und seinen Erinnerungen einen Aufsatz zum 10. Todestag Klara Blums 1981 verfaßt: »Von der Donau zum Perlfluß.« In: »Blumenstadt.« Nr. 5 (1982). Er war so freundlich, mir seinen Aufsatz aus dem Chinesischen zu übersetzen. — **17** Brief nach China. In: Klara Blum: *Der weite Weg*, a.a.O., S. 22 f. — **18** Blum: *Hirte*, S. 126. — **19** Vgl. Klara Blum: »Rusudanas Lied.« In: »Internationale Literatur.« H. 4 (1939), S. 24; wörtlicher Anklang in Blum: *Hirte*, S. 96. — **20** Das nationale Lied. In: Blum: *Der weite Weg*, a.a.O., S. 11–13. — **21** Vgl. Klara Blum: »Der Tod einer Negerin.« In: *Greifenalmanach auf das Jahr 1959.* Rudolstadt 1958, S. 273–275; dies.: »Kameraden im Dienst der Völkerfreundschaft.« Ebd., S. 25 f. – vgl. »Hieroglyphen an der Kerkerwand.« In: »Internationale Literatur.« H. 9 (1939), S. 119 f. – »Das heldenhafte China.« In: »Deutsche Zeitung.« (Moskau), 9. 1. 1939, Nr. 7 (3099), S. 3. — **22** Blum: *Hirte*, S. 96, 127, 189 f. — **23** Klara Blum: »Die Ahnenfeier der Familie Li.« In: »Internationale Literatur.« H. 9 (1939), S. 116–117; wieder abgedruckt in *Greifenalmanach auf das Jahr 1960.* Rudolstadt 1959, S. 91 f. - Klara Blum: »Meister und Narr.« In: *Greifenalmanach auf das Jahr 1959.* Rudolstadt 1958, S. 191–193. Vgl. in Blum: *Hirte*, S. 57 f., 171. — **24** Rudolstadt 1959. - Vgl. ihre Reportage: »Die Zukunft in der Gegenwart. Ein Bericht vom ›Großen Sprung nach vorn‹ in Südchina.« In: »Neue Deutsche Literatur.« H. 4 (1959), S. 53–64. - Von ihren Mao-Übersetzungen existiert eine hektographierte Ausgabe, Kanton 1968, mit einer Kritik an dem bundesdeutschen Mao-Übersetzer Schickel. — **25** F. C. Weiskopfs Reportagen erschienen unter dem Titel: *Die Reise nach Kanton* 1953. — **25a** Klara Blum: »Der Kuli mit den bunten Schatten.« In: »Neue Deutsche Literatur.« H. 10 (1961), S. 57–73. — **26** Lion Feuchtwanger: »Der Hirte und die Weberin.« In: *Greifenalmanach auf das Jahr 1958.* Rudolstadt 1957, S. 187–189. - Dora Wentscher zum »Lied von Hongkong« in »Neue Deutsche Literatur.« H. 11 (1960), S. 152–153. - Mira Lask: »Vom alten zum neuen China.« (Über »Lied von Hongkong«). In: »Der Sonntag.« Nr. 5 (1960), Berlin-Ost. - Klara Blum: *Hirte*, S. 75, 97. — **27** Klara Blum: »Ein Vorbild des Internationalismus und der Selbstlosigkeit – Die Lebensgeschichte Dr. Norman Bethunes.« In: »Rote Fahne.« (Österreich), Nov. 1969. — **28** John and Elsie Collier: *China's Socialist Revolution.* New York and London 1973, S. 143. — **29** Blum: »Grimmiger Lebensbericht.« (Paris 1947). In: *Der weite Weg*, a.a.O., S. 33 f.

Alfons Söllner

Deutsch-jüdische Identitätsprobleme
Drei Lebensgeschichten intellektueller Emigranten

Nicht erst seit Goethes »Dichtung und Wahrheit« wissen wir, daß das Erzählen einer Lebensgeschichte ein bevorzugtes Medium ist, um Kontinuität und damit Selbstbewußtsein zu schaffen. Dies gilt für die persönliche Identität eines Menschen ebenso wie für die kollektive von Gruppen und Völkern. Dilthey erhob die Autobiographie zum Modell der Geschichtsschreibung überhaupt. Angesichts der politischen Katastrophen dieses Jahrhunderts sind wir mißtrauischer geworden gegenüber dem Ideal der Persönlichkeit. Doch immer noch läßt sich sagen, daß eine Vielzahl erzählenswerter Lebensgeschichten auch ein Indikator dafür ist, wie es mit der politischen Identität eines Volkes im Großen bestellt ist.

Sieht man sich unter Voraussetzung dieses Kriteriums in der biographischen bzw. autobiographischen Sparte des Buchmarktes um, so lassen sich interessante Fragen zur politischen Kultur der Deutschen seit Hitler stellen. Ist es richtig beobachtet, daß die Mehrzahl der heute ins Memoirenalter Eingetretenen, sofern sie dem kollektiven Entwicklungspfad gefolgt sind, keine so ganz geradlinige Geschichte erzählen können und daher schweigen – und daß umgekehrt diejenigen, die, oft unfreiwillig, diesem Entwicklungspfad den Rücken gekehrt haben, unbefangen erzählen können, weil sie nichts zu verschweigen haben? Sicher ist jedenfalls, daß eine unverhältnismäßig große Anzahl der Lebensgeschichten – Biographien und Autobiographien –, die in der letzten Zeit gedruckt werden, entweder über weite Strecken außerhalb Deutschlands spielen oder überhaupt draußen enden – und dies, obschon sie in Deutschland begannen.

Nach den Memoiren von Herbert Wehner, Willy Brandt und Hans Mayer, die in die erste Kategorie fallen[1], sind nun wieder drei Bücher erschienen, in denen die Emigrationserfahrung im Zentrum steht – diese drei Lebensläufe führen nicht nach Deutschland zurück, es sind zudem eher intellektuelle als politische Lebensläufe. Der in New York lehrende Politikwissenschaftler und Internationalist John Herz hat eine Autobiographie veröffentlicht, die den weitergehenden Anspruch erhebt, die Entstehung eines ganzen Weltbildes nachzuzeichnen.[2] Der in Berkeley lehrende Soziologe Reinhard Bendix, in Deutschland vor allem als Max-Weber-Interpret bekannt, hat ein liebevolles Porträt seines Vaters vorgelegt, das auch die Anfangsgründe seiner eigenen Lebensgeschichte beleuchtet.[3] Schließlich hat Rainer Erd, eine Generation jünger als die beiden, ein Buch über den deutsch-amerikanischen Politologen Franz L. Neumann herausgebracht, das Aufmerksamkeit deswegen verdient, weil es ausschließlich aus Gesprächen mit älteren und jüngeren Zeitgenossen zusammenmontiert ist.[4]

Bevor ich auf die Gemeinsamkeiten der in diesen drei Büchern geschilderten Lebensgeschichten zu sprechen komme, möchte ich auf einige Unterschiede verweisen, die den Historiker interessieren werden. Sie hängen mit der Methode der Darstellung zusammen, damit, wie erzählt wird. John Herz kommt, trotz des gegenteiligen Anspruchs[5], der traditionellen Autobiographie am nächsten und doch sprengt er ihren Rahmen auf – sie weitet sich zu einer politischen Theorie der Nachkriegsgeschichte, je mehr sich das Weltbild des Autors verfestigt. Reinhard Bendix erzählt zwar eine intime Geschichte, die zwischen Vater und Sohn, doch vermag er sie zu objektivieren, weil er sich an soziologische Kategorien hält: an die des Generationenkonflikts und die des »marginal man«. Dieser Begriff ist die amerikanische Version jenes gesteigerten Identitätsproblems, das Georg Simmel als das ›Fremdsein‹ analysiert hat. Die Juden sind nach der Auffassung von Bendix die marginale Gruppe par excellence, was er dadurch bestätigt sieht, daß die für seinen Vater ausschlaggebenden Widersprüche der deutsch-jüdischen Existenz auch bei ihm selber noch fortwirken – trotz des grundverschiedenen Ausgangs des Assimilationsprozesses, dem sie sich beide unterzogen.[6] Rainer Erds *Gespräche über Franz Neumann* schließlich gehören in die Sparte der »oral history«, wie man es heute auch bei uns nennt – vielleicht hätte man sich in der Einleitung ein wenig mehr Aufschluß über diese Forschungsmethode gewünscht[7], doch wird durch das Verfahren der Gesprächsmontage auch so deutlich, daß sich der Historiker aus widersprüchlichen Informationen sein Urteil zu bilden hat. In keinem der drei Fälle also haben wir »harte«, d. h. methodisch strikt abgesicherte Geschichtsschreibung vor uns, doch was den Fachmann vielleicht verärgert, wird den naiven Leser freuen: so eindringlich lesen sich selten wissenschaftliche Werke – eine der Paradoxien unserer arbeitsteiligen Kultur!

Damit komme ich zu den Gemeinsamkeiten und gleichzeitig zu dem, worin meiner Ansicht nach der wichtige Ertrag dieser Bücher liegt. Es ist ein sozialgeschichtlicher und er führt uns auf ein Feld, das aus begreiflichen Gründen lange tabuiert blieb. Die ganze Tragik der Geschichte der Juden in Deutschland wird nämlich erst wirklich offensichtlich, wenn man ihr Schicksal vor dem Hintergrund ihrer hohen Identifikation mit der deutschen Kultur sieht. Dabei sind Ausdrücke wie »Schicksal« und »tragisch« mit Vorsicht zu gebrauchen, könnten sie doch davon ablenken, daß diese Geschichte alles andere als naturwüchsig verlief. Auf dem Gegenteil ist zu insistieren: ab einem bestimmten Zeitpunkt wurde sie nicht nur Gegenstand gezielter Propaganda, sondern auch planmäßiger Organisation, die mit Politik zu tun hatte – mit einer Politik, die, wie Hannah Arendt meinte, ihre vernichtende Schärfe nicht zuletzt daraus bezog, daß sie die moderne Idee des Staatsbürgertums in ihr vollkommenes Gegenteil umdrehen mußte.[8] Was es zu begreifen gilt, ist, wie sich die Vorbereitung des Holocaust, ganz zu schweigen von seiner Durchführung, im hellen Licht des aufgeklärten Europa vollziehen konnte, also unter Bedingungen, die mit einer antiken Tragödie nichts zu tun haben.

Es ist zunächst die Darstellung von Reinhard Bendix, die uns einen anschaulichen Einblick in die Lage des Judentums vermittelt, einmal weil die Lebenszeit seines Vaters Ludwig Bendix – er wurde 1877 geboren – weit genug zurückreicht, sodann aber weil gezeigt wird, wieso sich bei Teilen der Juden das Gefühl verbreiten konnte, daß sie ihrer jahrhundertealten Marginalität entkommen seien.[9] Es gab vor Hitler tatsächlich so etwas wie eine deutsch-jüdische Identität, die positiv war – und allein vor diesem Hintergrund werden die Illusionen vieler Juden in den dreißiger Jahren verständlich, aber auch der Schock, als die Illusionen mit unüberbotener Brutalität zerstört wurden. Die Frage, die hier zur Debatte steht, ist die Assimilation des Judentums. Der Begriff bedeutete gegen Ende des 19. Jahrhunderts nicht mehr dasselbe, was er zu Anfang gemeint hatte. Zumindest für eine bestimmte Schicht, das bürgerliche Judentum, ging es nicht mehr um den Übertritt zur christlichen Religion, vielmehr war das Assimilationsstreben Teil der allgemeinen Säkularisierungstendenz geworden. An die Stelle der religiösen Identität, christlich oder jüdisch, trat die »zivile Religion«, wie Rousseau es bereits genannt hatte: die Identifikation mit der Nation. Wie weit dieser Prozeß bei Teilen des deutschen Judentums ging, sei an einer Formulierung belegt, deren ganze Tragweite man erst ermißt, wenn man zur Kenntnis nimmt, daß es sich um Sätze handelt, die Ludwig Bendix 1938 in Palästina schrieb, nachdem er zwei Jahre in Hitlers Konzentrationslagern verbracht hatte und mit seiner Familie gerade noch entkommen war:

> »Wir lebten (...) (in Deutschland) durchaus nicht als Fremde, die Einheimische werden wollten, sondern als Einheimische, die es nicht verstanden und es sich verbaten, als Fremde angesehen und behandelt zu werden. Wir fühlten uns keineswegs als assimilierte *Juden*, sondern als Deutsche, wie die anderen Deutschen, und wir hatten unser Judentum *abgeschrieben* (...)«[10]

Würde man dieses Bekenntnis heute einem jungen Deutschen vorlegen, ohne Autor und Umstände zu nennen, würde er nicht mit Unverständnis reagieren – oder sogar, wenn er politisch aufgeweckt ist, eine fatale deutsch-nationalistische Einstellung argwöhnen? Alles andere war tatsächlich prägend für das Milieu im Hause von Ludwig Bendix, der 1907 in Berlin eine Anwaltskanzlei aufmachte, sich in den kommenden Jahren als Kritiker der reaktionären Richterschaft einen Namen machte, 1919 für die Sozialdemokratie, aber gegen das Rätesystem Partei ergriff und dessen beruflicher Höhepunkt erreicht war, als er 1927 zum Arbeitsrichter ernannt wurde. Weniger bekannt als Hugo Sinzheimer, gehörte er dennoch zu den Pionieren des Weimarer Arbeitsrechts, dieses wichtigen und kurzfristig auch erfolgreichen Versuchs, unter kapitalistischen Bedingungen demokratische Arbeiterrechte durchzusetzen. Doch nicht auf dieses institutionelle Resultat kommt es uns hier an, sondern auf seinen sozialgeschichtlichen Grund: die kulturelle Synthese aus deutschem Humanismus und säkularisiertem Judentum, die in der Weimarer Epoche für eine kurze Zeit erreicht schien. Nach Auffassung von Reinhard Bendix ist der Wahrheits- und Gerechtigkeitsfanatismus seines Vaters – so charakterisiert ihn der Sohn nicht ohne Härte[11] – ein bestimmtes Resultat dieser Kultursynthese. Und in der Tat erweist sie sich heute als einer der wenigen Pfeiler, auf denen ein demokratisches Traditionsbewußtsein aufbauen kann.

Das Profil eines individualistischen Rechtsreformers, wie Ludwig Bendix es war, auf diesen Punkt zuzuspitzen, mag angehen, doch läßt sich von hier aus auf eine ganze Kultur schließen? Man möchte die Frage verneinen – wäre es nicht ein ganz ähnliches Milieu gewesen, in dem Franz Neumann, 1900 geboren und damit 23 Jahre jünger als der Vater Bendix, seine ausschlaggebenden Lehrjahre verbrachte. Über den Familienhintergrund Franz Neumanns wissen wir ebenso wenig wie über sein Verhältnis zum Judentum – die Nazis haben die möglichen Informanten der oral history zu reduzieren gewußt! –, doch daß die Konstellation ungefähr dieselbe gewesen sein muß, läßt sich aus den Schriften entnehmen, die der junge Advokat mit demselben Eifer, derselben Rechtsgläubigkeit zu publizieren begann, als er 1927, zusammen mit dem ebenfalls jüdischen Ernst Fraenkel und ebenfalls in Berlin, zu arbeiten begann.[12] Die Differenzen sind nicht zu unterschlagen: Neumann ersetzte in seiner Rechtsbegründung, darin Ludwig Bendix ebenso überrundend wie den bekannteren Staatsrechtler Hermann Heller, den kultursoziologischen Relativismus durch ein klassentheoretisches Konzept. Wichtiger war, daß diese intellektuelle Nuance Bestandteil einer direkten Beratertätigkeit in der Gewerkschaftsbewegung und später der SPD wurde, woraus sich insgesamt ein stärker technisch geprägtes Rechtsverständnis ergab, während Ludwig Bendix als Publizist ›freischwebend‹ geblieben war. Unmittelbare Folge: während dieser sein Vertrauen in die faktische Geltung des Rechtsglaubens, wie Max Weber es genannt hätte, noch nach zwei Jahren Konzentrationslager nicht aufgeben wollte – erschütternd die Episode, daß er in den zwei Wochen, die die Nazis ihm zur Ausreise ließen, an einem Rechtssatz gegen seine Quäler in Dachau arbeitete –, mußte sich sein jüngerer Kollege der Verhaftung gleich nach dem 1. Mai 1933 durch eine Nacht-und-Nebel-Flucht entziehen.[13] Die Nazis legten, mit richtigem organisationspolitischem Instinkt, die Axt zuerst an die Pfeiler der organisierten Arbeiterbewegung, bevor sie zur Planierung des kulturellen Umfeldes gingen, in dem sich Opposition zunächst ja auch noch regte.

Diese Feststellung darf aber nicht vergessen machen, wie frühzeitig und vor allem gegen wen die Nazis jenes Instrument einzusetzen wußten, das sie – in Vorwegnahme der späteren Sprachungeheuer zur Verdeckung des Verbrechens – »Gesetz zur Wiederherstellung des Berufsbeamtentums« nannten. Nur in Parenthese sei vor dem Zynismus gewarnt, der darin läge, rassistische, politische und sonstige kulturelle Verfolgungsgründe gegeneinander auszuspielen: daß sie zusammengehören, definiert das Unrechts-Regime. Dennoch war es zunächst dieses antisemitische Gesetz, an dem die juristische Karriere des jungen Rechtsreferendars zerschellte, der damals noch Hans Herz hieß. Er wurde 1908 in einer Düsseldorfer Richterfamilie geboren, zu einer Zeit, als Ludwig Bendix seinen Anwaltsberuf gerade aufgenommen und Franz Neumann im schlesischen Kattowitz die Schulbank zu drücken begonnen hatte.

An den Erinnerungen, die John Herz seinem Elternhaus, seinem Freundeskreis und seinen Studienjahren in Freiburg, Berlin und Köln widmet, läßt sich – deutlicher als bei den beiden anderen jüdischen Juristen – der im engeren Sinn bildungsbürgerliche Charakter des sozialen Milieus greifen, das das assimilierte Judentum sich geschaffen hatte.[14] Da fehlt kein Topos der deutschen Bildungstradition, die wir aus den Romanen von Thomas Mann so gut kennen: das humanistische Kulturideal und seine Zentrierung in der romantischsten der Künste, in der Musik; die Goethesche Versöhnung von Ich und Welt, die, wie im Falle von Hans Herz, schon bald durch Spengler relativiert werden sollte; schließlich die Weimarer Moderne, die in die heile Welt des behütet Erzogenen hereinbrach, aber erst später als das erkannt wurde, was sie war: als Ankündigung kommenden Unheils.

Terror als das Gegenteil von Bliss – ein Begriffspaar, das der Amerikaner unübersetzt stehenläßt, stehenlassen kann, weil auch so die schockhafte Beendigung der kurzen Kulturgeborgenheit deutlich wird, in der das jüdische Bürgertum in der Weimarer Epoche zu leben hatte – nicht ohne Glanz und nicht ohne selbstverschuldete Illusion. Hans Herz aber entschied sich gegen die Kunstidylle und für den Brotberuf, studierte Jurisprudenz und promovierte kurz vor Hitlers Machtergreifung bei Hans Kelsen, neben Hugo Sinzheimer und Hermann Heller die dritte Größe der sozialdemokratischen Staatsrechtswissenschaft, die dem assimilierten Judentum entstammte.

Damit möchte ich den sozialgeschichtlichen Teil meiner vergleichenden Betrachtung abschließen und mich dem zweiten Aspekt zuwenden, unter dem die drei Biographien von Interesse sind. Es ist dies die intellektuelle und politische Seite an den deutsch-jüdischen Identitätsproblemen, Problemen, die mit dem Exil erst richtig aufbrachen und deren Bürde lange Zeit nur von den Opfern der Vertreibung erfahren wurde, nicht aber von den Tätern und ihren Sympathisanten.

Dieser Satz läßt sich nicht ohne bittere Ironie sagen; denn was diese jüdischen Deutschen in die Um- und Irrwege des Exils führte, war in Wahrheit die geradlinige Fortsetzung jener demokratischen Kultur, die aus der Assimilation des Judentums hervorgegangen war. Das darin steckende Potential wird erst sichtbar, wenn man es vergleicht mit dem beinahe kollektiven Versagen der »arischen« Rechtskultur. Hier liegt in der Tat die große Provokation, die die Lebensgeschichten dieser drei jüdischen Juristen als solche darstellen. Wenn es eine Akademikergruppe gab, die dem Hitlerregime ihre Dienste – zwar nicht kollektiv, aber mit Erfolg – angetragen hat und dies, was noch schlimmer ist, nach dem Krieg zu verschleiern wußte, dann waren es die Juristen. Schließlich gab es auch nach Hitler noch einmal ein Gesetz zur Wiederherstellung des Berufsbeamtentums, wahrscheinlich die schwerste Hypothek der jungen westdeutschen Demokratie. Die Juristen unter den intellektuellen Hitler-Flüchtlingen – nur von diesen ist hier die Rede – waren doppelt und dreifach marginalisiert: nicht nur als Juden und als politische Exilanten, sondern auch als Vertreter einer Profession, deren Kompetenzen außerhalb des kontinentaleuropäischen Rechtssystems praktisch wie theoretisch nutzlos geworden war. Wie der Faktor der Generation dieses Problem noch einmal verstärkte, läßt sich an der Lebenskurve von Ludwig Bendix demonstrieren: er war für einen Neubeginn zu alt und zudem zu sehr auf die deutsche Kultur fixiert. Weder in seinen zehn Jahren in Palästina noch später in Kalifornien war es ihm vergönnt, die Früchte seiner Arbeit gewürdigt zu sehen. Das Gefühl des Gescheitertseins wurde nicht dadurch gemindert, daß er die Amerikanisierung und den beruflichen Aufstieg seines Sohnes aus nächster Nähe miterlebte – im Gegenteil, es wiederholte sich jener Generationskonflikt, den der sich vom Judentum emanzipierende Jurist zu Anfang des Jahrhunderts mit seinem orthodoxen Vater ausgetragen hatte.[15]

Der Enkel Reinhard Bendix aber versteht es, aus soziologischer Reflexionsdistanz das Augenmerk auf den Kern dieser persönlichen Tragik zu richten. In dem individuellen Konflikt zwischen Vater und Sohn, zwischen dem deutschen Rechtsreformer und dem amerikanischen Collegeteacher der Soziologie kam nicht weniger zum Austrag als eine fundamentale kulturelle Differenz, die das Exil allererst bewirkt hatte und die doch gleichzeitig die Verlängerung der deutsch-jüdischen Identitätsprobleme darstellte:

> »In der Tat war für meinen Vater die Suche nach Gerechtigkeit sein zentrales Anliegen. Durch seine Identifizierung mit dem Leiden mag der Sinn des »Auserwähltseins« für ihn noch eine gewisse religiöse Bedeutung gehabt haben. (...) Schließlich bewirkte die juristische Laufbahn meines Vaters bei ihm eine kämpferische Haltung, während ich im Zuge meiner akademischen Laufbahn einen kontemplativeren Ansatz entwickelte. Vor allem identifizierte sich mein Vater stark mit der

deutschen Kultur und besonders mit der deutschen Idee des Rechtsstaates. (...) Vielleicht zeigt dieser Unterschied zwischen der betont affirmativen Haltung meines Vaters und meiner eigenen Nüchternheit, auf wie schwankendem Boden dieser deutsch-jüdische Kult der Klassiker in Wirklichkeit stand. Wenn mein Fall irgend etwas beweist, so dies, daß es nicht leicht war, die Ehrfurcht vor den deutschen Klassikern an die nächste Generation weiterzugeben.«[16]

Widersprüche diesen Ausmaßes, gleichgültig, ob und wie sie aufgehoben wurden, haben die Geschichte der intellektuellen Emigration geprägt. Konzipiert man deren Verlaufskurve nach dem Modell der Ideenwanderung und gleichzeitig nach dem Modell der Ideenveränderung – was geraten ist, weil mit einer wechselseitigen Beeinflussung der Kulturen zu rechnen ist –, so erweist sich gerade der hier zur Debatte stehende Ausschnitt als höchst signifikant: der Übergang von der deutschen Rechts- und Staatswissenschaft zur amerikanischen political und social science steht für eine der dramatischsten Veränderungen der internationalen Ideen- und Wissenschaftsgeschichte. Die Auswirkungen davon waren in Westdeutschland nach dem Kriege besonders drastisch zu spüren. Diesen Vorgang indes nur als Amerikanisierung der deutschen Sozialwissenschaft zu bezeichnen wäre zu einseitig – unterschlagen wäre damit, wie sehr deutsche Emigranten, mittlerweile US-Bürger geworden, zumindest in der Anfangsphase seine Übermittler waren. Es handelte sich, um es salopp zu formulieren, um einen Import, in dem der Export noch zu spüren war, also um einen Re-Import. Für die Voraussetzungen dieses komplexen Prozesses, der hier nur genannt und nicht analysiert werden kann, sind die beiden anderen Personen wichtige Anschauungsbeispiele. Daß ihre deutsch-jüdisch-amerikanischen Identitätsprobleme eine glücklichere Lösung fanden als die von Ludwig Bendix, kann über den Preis nicht hinwegtäuschen, den auch sie zu bezahlen hatten.

Dies ist, kurz zusammengerafft, der Fall Franz Neumanns: Drei Jahre in England waren ihm Lehre genug, um die Unbrauchbarkeit seiner Qualifikation im andersartigen case law zu erfahren. So absolvierte er an der London School of Economics ein zweites Studium, das der political science, wurde durch Harold Laski an Horkheimers Institute of Social Research in New York empfohlen und schrieb hier sein epochemachendes Werk über den Nationalsozialismus, den *Behemoth*.[17] Dieses wiederum wies ihn als Deutschland-Experten aus, derer die amerikanische Regierung verstärkt bedurfte, als sie 1941 der Anti-Hitler-Koalition beitrat. Seit dem Kriegseintritt Amerikas wirkte er, als »enemy alien« formell einem Amerikaner unterstellt, in der Forschungsabteilung des amerikanischen Geheimdienstes OSS, kooperierte mit einer Vielzahl anderer Emigranten, darunter auch John Herz und Herbert Marcuse, deren Aufgabe es war, informatorische und theoretische Grundlagen für die Besatzungspolitik der Amerikaner und die Rekonstruktion der deutschen Demokratie zu legen.[18] 1947 schied er, wie die meisten Emigranten tief enttäuscht über die Wende der amerikanischen Politik zum Kalten Krieg, aus dem Staatsdienst aus, wurde Professor an der Columbia University und lehrte mit beachtlichem Erfolg politische Ideengeschichte und vergleichende Regierungslehre. Regelmäßige Aufenthalte in Berlin führten zu einem gewissen Einfluß auf die Konzeption der neuen Politikwissenschaft, wobei er sich zur deutschen Entwicklung anfangs sehr pessimistisch, später aber, kurz vor seinem Tod im Jahre 1954, weniger skeptisch äußerte.[19]

Wieso, fragt man sich angesichts dieser Karriere, soll diese Lebensgeschichte in Resignation geendet sein, wie Rainer Erd in seinen *Gesprächen über Franz Neumann* einige seiner Diskutanten argumentieren läßt?[20] Es genügt wohl nicht zu vermuten, daß Neumann die Festigung des Adenauer-Staates als das zweite und endgültige Scheitern der deutschen Arbeiterbewegung empfinden mußte, in der er in Weimar groß geworden war. Eine befriedigendere Antwort könnte man vielleicht aus der Darstellung von Reinhard Bendix gewinnen, die mit der These endet, daß die Marginalität eines deutsch-jüdischen Intellektuellen in Amerika auch dann nicht aufgehoben sei, wenn er sich so erfolgreich in der neuen Kultur etabliert hat, wie er selber dies vorlebt.[21]

Offensichtlich läßt sich mit einer Geschichte, wie sie jüdische Emigranten auf dem Rücken tragen, tatsächlich nur so leben, daß man dem Übermaß an Rollenkomplexität immer von neuem die Stirn bietet: als Jude weder gläubig noch Zionist, als Intellektueller qua Profession auf Sozialdistanz gestellt, als Bürger nicht mehr Deutscher und doch auch kein ganzer Amerikaner – das scheint überkomplex, auch wenn die intellektuelle Produktivität solcher Existenz offensichtlich ist.

Bleibt der Fall von John Herz. Von allen drei Lebenslinien, um die es hier geht, scheint die seine von der größten persönlichen Konsequenz durchwaltet. Rührt dies nur von der Ordnungsliebe, die sich der Autobiograph selbstironisch immer wieder attestiert – oder ist die humorvolle Brechung eines politisch allerdings kompromißlosen Liberalismus jener Rest an Goetheschem Weltbild, den sich auch ein politischer Emigrant mit so wechselvoller Geschichte noch bewahren kann? Wer die Lektüre des Buches mit Harmonieerwartungen begonnen hat, wird sich gegen Ende immer mehr enttäuscht sehen. Sicherlich war die Berufsentscheidung, die John Herz auf den Rat seines Doktorvaters hin traf, in der Perspektive fast ideal. Er ging 1935 an das Genfer Institut für Internationale Studien und sattelte dort vom Juristenfach zum Studium der internationalen Politik um, dem er sein Leben lang treu bleiben sollte. Er ging als Theoretiker einen Weg, der durch die weltpolitische Entwicklung gleichsam vorgezeichnet war. Tatsächlich war später die Aufwertung dieser Fachdisziplin in Amerika und auch anderswo ein Haupttrend der political science. Emigranten spielten dabei eine überragende Rolle, um – neben John Herz – nur auf Hans Morgenthau, Karl Deutsch und Henry Kissinger zu verweisen. Schon bevor er während des Krieges im amerikanischen Staatsdienst arbeitete, fand er, gerade dreißigjährig, Eingang in das renommierte Institute for Advanced Study in Princeton.[22] Daß er in den fünfziger und sechziger Jahren eher im Schatten von Hans Morgenthau stand, tat seiner universitären Karriere keinen Abbruch. Er lehrt mit beachtlichem Erfolg seit 30 Jahren an der New York City University und hat seine Wirkung auch auf Deutschland nicht verfehlt. Professor Herz ist heute qua Fach, aber ebenso qua Person – seine Selbstbetitelung als Universalist kann unmöglich negativ gemeint sein[23] – ein intellektueller Weltbürger, dessen Urteil etwas zählt. Hat sich deswegen sein Weltbild, um dessen Begründung es ihm geht, zu jener milden Alterssynthese von Ich und Welt gerundet, in der Dichtung und Wahrheit im ruhigen Blick nach innen ununterscheidbar werden? Das Gegenteil ist der Fall – und dies in einer Schroffheit, die ihn unversehens unter die »zornigen alten Männer« einreiht.[24] Das Bild, das John Herz von der internationalen Entwicklung und der des Ost-West-Konflikts seit den sechziger Jahren zeichnet, ist von so erschütternder Dringlichkeit, daß ihm die Probleme des eigenen Altwerdens aus dem Blick geraten. Man könnte seine Prognose apokalyptisch nennen, wäre sie nicht durch Informationen und Theorie wohl fundiert, was aber ihre radikale Düsterkeit nur noch verstärkt:

> »Jeder mag sich da aus dem Jargon der Kernstrategietheoretiker sein Szenario des Untergangs herauspicken. Bei mir ist der größte Alpdruck augenblicklich der vom Computer ausgelöste, auf Irrtum über einen vermuteten, aber tatsächlich gar nicht stattfindenden ›Erstschlag‹ des Gegners beruhende Nuklearschlag, den die ›vermirvten‹ und überaus zielsicheren Raketen, sei es im Westen, sei es im Osten, provozieren können. (...) Und als neuestens entdeckte Gefahr gibt es die eines durch die Explosionen von vielen Megatonnen herbeigeführten ›nuklearen Winters‹, der nicht nur die Menschen und ihre Zivilisation, sondern auch alles andere Lebendige vernichten würde – bis vielleicht auf die Bakterien, von wo aus es dann wieder von vorne anfangen könnte auf dem Wege der Evolution.«[25]

Als Zeitgenossen der internationalen Friedensbewegung machen wir die paradoxe Erfahrung, daß auch die eindringlichsten Schreckensvisionen verblassen angesichts einer zur Routine gewordenen Politik, die sachlich-harmlos-progressiv darauf hinarbeitet, daß alle Voraussetzungen geschaffen werden für das, was John Herz den Omnizid nennt. Selten habe ich ein überzeugenderes Plädoyer gegen die neokonservative Verkennung der Lage gelesen als in diesem Buch, das dies gar nicht primär beabsichtigt. Diese politische Theorie für den

Frieden ist so aufrüttelnd, weil sie als Fazit einer ganzen Lebensgeschichte erscheint, als Resümee eines Mannes, der sich zeitlebens – mit einem mißverständlichen Ausdruck, wie er heute meint – als liberalen Realisten empfunden hat. Ein Liberaler – so lautet seine Botschaft – muß heute ein Radikaler sein!

1 Willy Brandt: *Links und frei. Mein Weg 1930–1950*, Hamburg 1982; Herbert Wehner: *Zeugnis*. Hg. Gerhard Jahn. Köln 1982; Hans Mayer: *Ein Deutscher auf Widerruf*. Band I, Frankfurt/M. 1982, Band II, Frankfurt/M. 1984. — 2 John H. Herz: *Vom Überleben. Wie ein Weltbild entstand*. Düsseldorf 1984. — 3 Reinhard Bendix: *Von Berlin nach Berkeley. Deutsch-jüdische Identitäten*. Frankfurt/M. 1985. — 4 Rainer Erd (Hg.): *Reform und Resignation. Gespräche über Franz L. Neumann*. Frankfurt/M. 1985. — 5 Herz, S. 9/10. — 6 Bendix, bes. S. 20–39. — 7 Vgl. z. B. Lutz Niethammer (Hg.): *Lebenserfahrung und kollektives Gedächtnis. Die Praxis der »Oral History«*. Frankfurt/M. 1980. — 8 Hannah Arendt: *Elemente und Ursprünge totalitärer Herrschaft*. Frankfurt/M. 1955, S. 724 ff. — 9 Bendix, S. 43 ff., 114 ff. — 10 Bendix, S. 146/7. — 11 Bendix, S. 78/9. — 12 Erd, S. 29 ff. — 13 Erd, S. 55 ff. — 14 Herz, S. 16 ff. — 15 Bendix, S. 397 ff. — 16 Bendix, S. 456/7. — 17 Erd, S. 62 ff. — 18 Erd, S. 151 ff. — 19 Erd, S. 193 ff. — 20 Erd, S. 212 ff. — 21 Bendix, S. 464/5 — 22 Herz, S. 106 ff., 117 ff. — 23 Herz, S. 157/8 — 24 Vgl. Axel Eggebrecht (Hg.): *Die zornigen alten Männer*. Reinbek 1982. — 25 Herz, S. 269/70.

Friedrich Kröhnke
Surrealismus und deutsches Exil
Eine mexikanische Episode

I

Einige surrealistische Künstler, aus Europa vor dem Vormarsch Hitlers geflohen, hatte es nach Mexiko verschlagen: Leonora Carrington, Benjamin Péret, Alice Rohan, Pérets Frau Remedios Varo und andere.[1] Unter ihnen stellte Wolfgang Paalen, ein gebürtiger Wiener und bis heute in Deutschland fast unbekannter Surrealist »der vordersten Linie«, Verbindungen zu deutschen Exilierten her.

Doch verstand sich der Surrealismus niemals als eine nationale oder in Nationalitätsgruppen dividierbare Erscheinung, es gab keine mexikanische und auch keine deutsche oder österreichische Spielart in Mexiko. Die in New York von André Breton herausgegebene Zeitschrift »VVV« veröffentlichte in ihren Nummern 2/3 und 4 1943/44 surrealistische Beiträge aus aller Welt. Pérets Texte, aus Mexiko eingesandt, standen dort neben denen Aimé Césaires aus Martinique oder denen George Heineins aus Kairo. Wenn hier von Surrealismus und deutschem Exil die Rede ist, so geht es um den fruchtbaren, 1941 beginnenden Kontakt zwischen Benjamin Péret und Leonora Carrington und dem Ehepaar Gustav Regler und Marielouise Regler, der Tochter Heinrich Vogelers.

Die Geschichte des Surrealismus hat also mit dem antifaschistischen Exil zu tun und zwar nicht nur mit dem französischen (Breton, Duchamp u. a. entkamen nach New York), sondern auch mit dem deutsch-österreichischen. Einzelheiten sind bislang kaum wahrgenommen worden, was teilweise mit Berührungsangst gegenüber jener merkwürdigen künstlerisch-politischen Bewegung zusammenhängen mag, die, so Klaus Mann, »auf eine höchst gewagte und etwas verwirrende Art in ihrem Stil und ihrer Gesinnung einen konsequenten, aggressiven Marxismus mit einem extremen Romantizismus zu vereinigen« suchte.[2] Gerade diese eigentümliche Radikalität des Surrealismus legte wohl nahe, daß er von Kreisen des künstlerischen Exils als eine Antwort auf die sie bedrängenden Fragen, als eine Konsequenz ihrer künstlerischen und politischen Erfahrungen begriffen wurde.

Nicht wenige der deutschen Exilanten haben spätestens nach dem Pakt zwischen Hitler-Deutschland und der UdSSR 1939 feststellen müssen, daß sie, zwischen alle Stühle gestellt und nirgendwo recht genehm, ihren Kampf gegen den Faschismus mit einer tiefgreifenden Kritik der traditionellen Parteien, speziell der Sozialdemokratie und der mit der UdSSR verbundenen kommunistischen Parteien zu verknüpfen hatten.[3] Da waren Worte wie die André Bretons (vor Yale-Studenten 1942) geeignet, den politisch Verfolgten und Verunsicherten neue Perspektiven zu eröffnen: »Keinen Augenblick lang, glauben Sie es mir, verliere ich aus dem Bewußtsein, daß es Hitler gibt (...); daß es Mussolini (...), daß es den Mikado gibt (...). Doch wie gut auch immer diese drei Köpfe der Hydra in die naive Bilderwelt passen, die die Propaganda entwirft, wir dürfen uns nicht in ihren Bann ziehen lassen, so daß wir am Ende glauben, wenn wir sie nur abschlügen, hätten wir das Übel selbst und wirklich beendigt. (...) Was ist, frage ich, diese schmale ›Vernunft‹, die man uns lehrt, wenn sie von einer Generation zur anderen der Vernunftlosigkeit der Kriege weichen muß?«[4]

Der Surrealismus um Breton war jederzeit eine politisch außerordentlich engagierte Bewegung: anti-bürgerlich, anti-nationalistisch, anti-militaristisch, anti-faschistisch, zugleich stets anti-stalinistisch. Die Surrealisten veranstalteten Kundgebungen zugunsten Trotzkis, des bedeutendsten Stalin-Gegners. Breton ergriff sogar auf Meetings der französischen Trotzkisten das Wort.[5] In ihren vielfältigen Aktionen und in Texten wie dem Manifest »Als die Surrealisten noch recht hatten« von 1935 zeigte sich die – damals noch im wesentlichen auf Paris beschränkte – Künstlergruppe als radikaler als der organisierte Kommunismus: etwa in der Abwehr der Verherrlichung von Führerpersönlichkeiten wie der Stalins oder in dem Nein zu der Propagierung der bürgerlichen Familie, wie sie in der Sowjetunion der dreißiger Jahre zu beobachten war. Die Konvergenz zwischen Trotzkis Linker Opposition (später: Vierte Internationale) und dem Surrealismus führte 1938 zu dem von Breton und Trotzki gemeinsam in Mexiko verfaßten Manifest »Für eine unabhängige revolutionäre Kunst«, das eine gegen den Kapitalismus und die neue Bürokratie in der Sowjetunion gleichermaßen agierende oder zumindest von beiden unabhängige internationale Künstler-Föderation vorschlug. Dieses Manifest löste in Frankreich und den Vereinigten Staaten Diskussionen und Aktivitäten aus.[6] Blieb es unter den deutschen Oppositionellen, die in alle Winde zerstreut waren und ihre Erfahrungen mit allen möglichen gesellschaftlichen Kräften und Weltanschauungen gemacht hatten, ganz ohne Wirkung?

Gustav Regler und seine Frau Mieke lernen in Coyoacan, der südlichen, universitär geprägten Vorstadt Mexico Citys, bald nach dem Bruch Reglers mit der KPD und mit dem Beginn der daraus resultierenden Kampagnen gegen ihn, neue Freunde kennen: »die Gruppe der surrealistischen Maler und Dichter, die sich von Paris und London nach Mexiko zurückgezogen hatten: Wolfgang Paalen, Alice Rohan, Onslow-Ford, Leonora Carrington, Benjamin Péret, mit ihnen, in einer Distanz, die sich mit dem gemeinsamen Leiden der Isolation verminderte, der russische Revolutionär und Romancier Victor Serge, ein Überlebender der Moskauer Prozesse«.[7] Man kann den Namen des spanischen Ex-POUM-Aktivisten Julian Gorkin hinzufügen, der mit Serge und »Gustavo Regler« 1942 eine Dokumentation über die Machenschaften der GPU in Mexiko herausgab. Benjamin Péret war ein Surrealist der ersten Stunde und trug alle Entwicklungen, Verlautbarungen und »happenings« dieser Gruppe in der Zwischenkriegszeit mit. Zeitweilig Mitglied der KPF, gehörte er später zur Linken Opposition und zu den Trotzkisten. Wolfgang Paalen, 1907 in Wien geboren, schon vor der ›Machtergreifung‹ 1933 nach Paris gekommen und allmählich Surrealist geworden, fand in André Breton einen Erläuterer seiner Bilder. Mit Bretons Hilfe organisierte Paalen 1940 in Mexico City eine internationale Ausstellung des Surrealismus. Von den Engländern Gordon Onslow-Ford und Leonora Carrington war Carrington über Max Ernst zum Pariser Surrealismus gestoßen. Der Politiker, Essayist und Romanschriftsteller Victor Serge, ein Mann, der in seinem Denken Bolschewismus und Anarchismus zu vereinbaren suchte, stand schon länger in Verbindung mit den Surrealisten; er war mit Breton zusammen über Martinique nach Amerika gekommen.

Verfolgung und Exil zum Trotz erhielt die surrealistische Bewegung Anfang der vierziger Jahre einen neuen Energieschub. Breton hielt 1942 eine bereits erwähnte zukunftszugewandte Rede vor Yale-Studenten und schrieb die »Prolegomena zu einem Dritten Manifest des Surrealismus oder nicht«, in denen er Begriffe wie den des Widerstands mit neuem, non-konformistischem Inhalt füllte. Es gibt, sagte er, »neue Geheimbünde, die sich in vielen verbotenen Zusammenkünften in der Dämmerung der Hafenstädte zu formieren suchen; es gibt meinen Freund Aimé Césaire, unwiderstehlich und schwarz, der mit allen abgedroschenen Versen, Eluardschen und anderen, gebrochen hat und der auf Martinique die Gedichte schreibt, die wir heute brauchen. (...) Diese Köpfe erheben sich jetzt irgendwo in der Welt – seht euch nur um«.[8] Paalens Zeitschrift »DYN« (1942–45 in Mexiko redigiert, in New York verlegt) gehörte zu diesen neuen Ansätzen, auch wenn sie sich ausdrücklich von »allen -ismen« distanzierte. (Mit Breton ›brach‹ Paalen 1942.)[9]

Die Geschichte Mexikos, die Landschaft, die Eigenheiten des Landes haben die Surrealisten außerordentlich inspiriert.[10] »Wenigstens gibt es noch *ein* Land auf der Welt«, ruft Breton in seiner »Erinnerung an Mexiko«[11] aus, »in dem der Wind der Befreiung nicht abgeflaut ist. (...) Eines der bedeutendsten Phantasmen Mexikos ist aus einer riesigen Kandelaberkaktee gemacht, hinter der sich, mit feurigem Blick und einem Gewehr in der Hand, ein Mann erhebt«. Und Octavio Paz behauptet 1954 von dem im Surrealismus so bedeutsamen Traumbild der Frau: Es »ist Xociquetzal, die mit dem Rock aus Maisblättern und Feuer (...)«.[12] Auch Wolfgang Paalen hat, wie Gustav Regler in seiner Monographie über ihn (1946) hervorhebt, in der Begegnung mit Mexiko eine neue Welt von Bildern gefunden. In der Schaffensphase, die für ihn mit dem Eintreffen in Mexiko (1939) beginnt, vollendet er seinen »Totemic Style« und gelangt zu dem, was Regler einen »Cosmic Style« nennt.[13] Paalens Bilder in dieser Zeit heißen »Kosmogonien«, »Unbegrenzter Raum« o. ä. Eine Weite des Blicks, eben ins »Kosmische«, tut sich auf, wie sie auch der Pariser Surrealismus nicht gekannt hat und die – bis in die Flora und Fauna, die in Paalens Bildern und den Gedichten seiner Freunde zum Leben erweckt wird – von mexikanischer Umwelt geprägt ist. »Da gibt es«, schreibt Regler, »nicht länger Leben und Tod eines individuellen Wesens, (...) sondern nur den Kreislauf des ewigen Kommens und Gehens (...). Das ist das Leitmotiv eines Werkes, das fortschreitend wächst wie die Spiralwindungen in der Muschel, die das Symbol des aztekischen Windgottes ist.«[14]

Zudem gewann Mexiko für manchen surrealistischen Künstler, ob sie dort selber lebten oder nicht, als Schauplatz des letzten Exils und des Todes von Trotzki an Bedeutung. Trotzki hatte in Coyoacan mit Breton zusammen ein Manifest verfaßt, das unter dem Namen Bretons und Diego Riveras erschien, eines in ganz Mexiko bekannten revolutionären Malers (dessen Wandbilder noch heute öffentliche Stätten des Landes schmücken). Daß Gustav Regler bei seiner Ankunft in Mexiko mit den Bildern, die den Mord an Trotzki dokumentierten, konfrontiert wurde, erschreckte ihn und zeigte ihm zugleich, wie das Land »vom Chaos des Jahrhunderts berührt« war.[15]

II

Es ist bedauerlich, daß über »die zarte, in ihrer Gebrechlichkeit und Sanftheit fast märchenhaft anmutende Mieke Regler, die im August 1945 im fernen Mexiko einen schweren Tod starb« (Alfred Kantorowicz[16]), bislang noch nichts geschrieben worden ist.[17] Marielouise Vogeler wurde am 23.12.1901 als älteste Tochter Heinrich Vogelers in Worpswede geboren. Bis zum Umzug der Mutter mit den drei fast erwachsenen Töchtern in das sogenannte Haus im Schluh – die beiden Schwestern leben heute noch dort –, gehörte »Mieke« zum Barkenhoff, mithin zu der buntscheckig-utopischen Kommune, die Heinrich Vogeler auf dem Hof begründet hatte. Von 1917 bis 1922 durchlief sie in Bremen eine Goldschmiedelehre, besuchte 1921–22 zusätzlich die Kunstgewerbeschule und betrieb dort Naturstudien an Pflanzen, lernte Graphik und ornamentales Entwerfen. Nach der Trennung ihrer Eltern wohnte Mieke meist bei ihrer Mutter in Worpswede: mit Goldschmiedearbeiten versuchte sie, zum Unterhalt der Familie beizutragen. Freilich zwang sie der allgemeine Mangel, vorübergehend als Goldschmied in Schwerin und als Weberin im süddeutschen Singen zu arbeiten. Seit 1929 lebte sie mit dem sich in dieser Zeit zum Kommunismus bekennenden Schriftsteller Gustav Regler (ob sie auf dem Barkenhoff Mitglied der KPD war, ist umstritten[18]) in einer festen Verbindung, die die beiden erst 1940 ›legalisierten‹. Sie waren viel auf

Reisen, hielten sich meist in Paris oder Berlin auf. Hier kooperierte Mieke in der Künstlergruppe mit ihrem Vater.

Mieke folgte 1933 ihrem Mann nach Paris ins Exil; sie lebten in Hotels, später in einer eigenen Wohnung im Vorort Montrouge. Mieke arbeitete dort am eigenen Webstuhl. Zu ihren Bekannten zählten Anna Seghers und Egon Erwin Kisch. 1934 nahmen beide am Moskauer Schriftstellerkongreß teil. Eine Reise zusammen mit Heinrich Vogeler führte Marielouise 1936 in die deutsche Wolgarepublik der UdSSR. 1936/37 nahm Gustav Regler als Kommissar einer der Internationalen Brigaden am spanischen Bürgerkrieg teil, wurde dort schwer verletzt; Mieke besuchte ihn im Madrider Lazarett und reiste nach seiner Genesung mit ihm nach Frankreich zurück. In den USA warben sie für die spanische Republik. Bei Kriegsausbruch wurde Gustav Regler wie viele andere deutsche Exilanten von der französischen Regierung interniert. Die Bemühungen Mieke Vogelers, des Ehepaars Roosevelt und Ernest Hemingways – die Beziehung zu ihnen ging auf den Spanienkrieg zurück – bewirkten seine Freilassung aus dem Lager und die Ausreise der Reglers über Saint-Nazaire und New York nach Mexiko. In New York schlossen beide formal die Ehe. Mieke starb am 21. September 1945 in Coyoacan vierundvierzigjährig an Krebs.

Ihr ganzes Leben lang hatte Mieke Vogeler-Regler gemalt und gezeichnet – immer im Hintergrund der bekannten und bekannt gemachten Kunst. Auch war sie während der Weimarer Jahre und der Zeit der Diktatur nicht in die Reihe der politisch Aktiven getreten.[19] In ihrer Jugend hatte sie die »Kommune Barkenhoff« ihres Vaters erlebt: die vielfältigen, anarchistischen, räte-sozialistischen, jugendbewegten und ›grünen‹ Konzepte, die man dort diskutierte und zu leben versuchte, auch das einer Kunst, die sich auf die Seite der Arbeiter stellen und gleichwohl nicht – in der Art des späteren Shdanovschen ›Sozialistischen Realismus‹ – von einem selbstherrlichen Apparat in Dienst nehmen lassen wollte. Und sie hatte an dem Beispiel ihres Vaters erfahren müssen, welcher (ästhetische und persönliche) Preis dafür gezahlt werden mußte, sich unterzuordnen, um die Sicherheit im Schoß der Partei nicht zu missen. Daß sie die Freundschaft mit den Surrealisten, die ihr in Mexiko zuteil wurde, als ein Geborgensein in einer neuen »Familie« empfand, nimmt vor diesem Hintergrund nicht wunder. Offenbar hoffte sie, in diesem Kreis die radikale und visionäre, zugleich un-orthodoxe Perspektive wiederzufinden, die ihr aus der Worpsweder Zeit vertraut war.[20]

Doch ist ihren Versuchen, von »kunstgewerblicher« Ornamentik und Landschaftsstudien zu einer bizarr-surrealistischen Sichtweise zu gelangen, bisher wenig Aufmerksamkeit geschenkt worden. Ihr Nachlaß lagert – wohl fast vollständig – ungeordnet in Kisten im Worpsweder ›Haus im Schluh‹ ihrer Schwestern Bettina und Martha. Neben vielen Variationen über landschaftliche Motive wie Pflanzen, Käfer, Federn, Blumen finden sich hier auch Zeichnungen, die den direkten oder indirekten Einfluß etwa von Salvador Dali zeigen und die die

Exotik der mexikanischen Eindrücke aufgreifen.[21] Immer wieder nimmt die Muschel einen zentralen Platz in diesen Bildern ein, jene »Muschel, die das Symbol des aztekischen Windgottes ist«[22] und die Gustav Regler als »kosmisches« Motiv auf den Bildern Wolfgang Paalens erwähnt. Zeichnungen Mieke Vogelers enthält Gustav Reglers Lyrikband *The Bottomless Pit / Der Brunnen des Abgrunds*: ein märchenhaft anmutendes Schneckenhaus zwischen den Wurzeln im Erdreich; das mit Sternen übersäte Einhorn in der Retorte (später auch als Vignette in der Ausgabe der Marielouise-Gedichte Reglers); offensichtlich in engem Zusammenhang mit Reglers Erzählung *Der schwarze Stern* ein geometrisch strukturierter Schwan über einem kreisförmigen dunklen Stern, in den wiederum mit griechischen Buchstaben bezeichnete und durch Geraden verbundene Punkte eingetragen sind; exotisches Gewächs neben einer götzenartigen Figur vor dem Hintergrund zweier Galgen (zu dem Gedicht »Der Partisan«).

> »Sie malte«, erinnert sich Regler[23], die »wehenden Wälder der Algen, die Spiralen der Muscheln, diese ins Unendliche verlaufenden Treppenhäuser, in die das Meer sich suchend verirrte; sie malte Grasstücke, als wenn sie sich der Zeit erinnerte, da sie eine Heuschrecke gewesen und sich in den Wiesen des Chapultec-Parks auf gepanzerten und gezahnten Füßchen ergangen hätte; sie malte alle Reinkarnationen, die sich ihr an den Küsten von Vera Cruz und Zihuatanejo aufdrängten...«.

III

Regler sagte von Victor Serge, daß er ihm »alle verlorenen Freunde zu ersetzen schien«.[24] Sein politisches und literarisches Itinerar, die von ihm angehäuften Erfahrungen, verlangten nach einer neuen Orientierung, nachdem er nicht mehr »auf Linie« der KPD war; 1939 trat er, so scheint es, aus der Partei aus und lebte offenbar seitdem in einer beträchtlichen Verstörung. Es ist schwer, sich zwischen der höchst subjektiven und apologetischen Sichtweise Reglers selber (in seiner Autobiographie) und den gehässigen Polemiken seiner ehemaligen Parteifreunde (bis heute) an die Wahrheit heranzutasten. Schon Augenzeuge der Münchner Räterepublik, war Regler – ursprünglich linksbürgerlich eingestellt – doch ziemlich spät, in der Krise von 1929, zu den Kommunisten gestoßen, ziemlich zur gleichen Zeit, in die sein literarischer Durchbruch mit dem Gefängnisroman *Wasser, Brot und blaue Bohnen* fiel. Die Phase, in der er die Skepsis der Genossen – »Parisfahrer? Bücherschreiber? Blumenmaler?«[25], so läßt er sie in seinen Erinnerungen die Nase rümpfen – durch aktive Teilnahme am Parteileben, durch die Niederschrift linientreuer Romane (*Im Kreuzfeuer, Das große Beispiel*), durch Mitarbeit am Braunbuch Willi Münzenbergs, sogar durch militärisches Engagement im Spanienkrieg in führender Position zu widerlegen suchte, war zugleich ein Zeitabschnitt, in dem er – in Deutschland, Frankreich und Spanien, vor allem in der UdSSR – Erfahrungen sammelte, die den Bruch mit dem Stalinismus vorbereiteten: Dazu gehören die Beobachtungen, die er in Moskau und auf einer Reise durch die Wolgagebiete macht, etwa die Verfolgung von Jugendlichen und Homosexuellen, bei der er Zeuge wird, die Verdikte Maxim Gorkis, die er zu hören bekommt, die Widersprüche, in die sich sein in die Sowjetunion emigrierter Schwiegervater Heinrich Vogeler verstrickt, die Rolle Ulbrichts und anderer Stalinisten im spanischen Bürgerkrieg, schließlich der Hitler-Stalin-Pakt und die Kampagnen seiner einstigen Kampfgefährten gegen ihn, die vor oder nach ihm Mexiko erreichten.[26]

Beim Pariser Schriftstellerkongreß »für die Verteidigung der Kultur gegen Krieg und Faschismus« 1935[27] verheimlichte Regler im Unterschied zu manch anderem Teilnehmer nicht, daß er das kommunistische Parteibuch besaß. Seinem eigenen Bericht zufolge bewirkte sein spontanes und zündendes Auftreten, daß »sich die Menge im Saal erhob« und die »Internationale« anstimmte.[28] »Du hast alles verpfuscht«, soll ihm noch während des Gesangs Johannes R. Becher vorgeworfen haben, »du hast uns demaskiert. Jetzt ist es kein neutraler Kongreß mehr.« Begründet wurde dieser Anwurf, dem sich später Reglers Parteizelle anschloß, damit, daß »wir eine Volksfront haben«.

Eigentümlich ist nun in diesem Zusammenhang, daß dies nicht der einzige Zwischenfall auf dem Kongreß war, und daß den anderen die Pariser Surrealisten provoziert haben.[29] In der Debatte um den damals in der UdSSR internierten Victor Serge und den Versuch der Kongreßleitung, dieses Thema vom Tisch zu bekommen, warfen die Surrealisten Grundsatzfragen auf, die in dem Text »Als die Surrealisten noch recht hatten« veröffentlicht wurden.[30] Die Attacken galten dem »totalen, traurigen Konformismus« in der UdSSR, der Verehrung von Vaterland und Familie und dem Kult um die sowjetischen Führer: »Diesem Regime, diesem Führer können wir lediglich in aller Form unser Mißtrauen aussprechen.«[31] Der Konflikt Reglers mit den Kongreßorganisatoren berührte sich mit dem Streit zwischen Surrealisten und Stalinisten: Unabhängigkeitsgeist und revolutionäre Geste standen gegen »Verbürgerlichung« und Zusammenarbeit mit bürgerlichen Kreisen.

IV

Das von Regler 1943 in Mexiko auf englisch und deutsch[32] veröffentlichte Poem *The Bottomless Pit / Der Brunnen des Abgrunds* besteht aus sieben lyrischen Texten, von denen einer, »Utopia«, Teil eines Zyklus »Gang zu den Müttern«, besonders aufschlußreich ist. Er zeigt trotz einiger Schwächen, welche Bereicherung der Surrealismus für die Exil-Literatur bedeutet hätte, wenn man den beschrittenen Weg weiter gegangen wäre. Der wie viele Texte Reglers aus dieser Schaffensperiode zwischen Prosa und einer Lyrik in freien Rhythmen alternierende Text kann nur schwer referiert werden, eben weil er die von den Surrealisten bewußt eingesetzte Methode übernimmt, in die Metaphorik Widerhaken einzubauen, so daß eine endgültige ›Dechiffrierung‹ fast unmöglich wird. Thema jedenfalls sind die Schicksale der Exilanten, in aller Herren Länder verstreut und jeder Unsicherheit und Willkür ausgesetzt:

> Weg ohne Ende, Weg der Freiheit,
> wo fand er uns in all den Schluchten?
> (...) wo fand er uns? geschlagne Tiere,
> gekrümmt um unser Leid (...)
>
> Wanderer, Krieger,
> warum ist eure Fahne stets auf Halbmast?
> Der Trauerflor krampft wie ein Vogel sich
> um euer Banner –

Hier wird der Fluß der Verse durch einen Prosa-Einschub unterbrochen, in dem eines der vielen namenlosen Opfer von Krieg, Reaktion und Totalitarismus ›vorgestellt‹ wird:

> (Ein polnischer Freiwilliger begann seinen endlosen Weg im Jahr 1939. Was für ein Stolpern von Millionen von blinden Bettlern, geklammert um einen einzigen Strick! (...) Er fand seine Seelenruhe erst wieder an der Front, wo der Tod die Verdächte verjagte und kein Polizist mehr zu sehen war...)

Vier solcher in Klammern gesetzter Präsentationen von Opfern, sowohl des Faschismus als auch anderer Polizei- und Armee-Gewalten, einschließlich der des Stalinismus, sind in das Gedicht eingestreut: des polnischen Freiwilligen, der von der deutschen wie der sowjetischen Seite abwechselnd Gewalt erlitt; des rebellischen Matrosen auf dem Panzerschiff »Potemkin«, der später von seinen eigenen Kameraden exekutiert wurde, »weil er gegen das Erschießen von hungrigen Kindern wegen Diebstahls von Weizen protestiert hatte«; des Kämpfers der Internationalen Brigaden, der Madrid verteidigen half und »in Ketten in der Sahara« starb; des deutschen Flüchtlings aus Dachau, der auf französischer Seite gegen Hitler kämpfte und bei der Kapitulation der französischen Armee verraten wurde: »Er bekam fünf Kugeln in den Mund, sodaß er nichts mehr sagen konnte. Die sechste ging ins links Auge und löschte die Kerze seiner Trauer für immer.«

Ein »Krieger«, der mit dieser Armee aus Opfern konfrontiert wird, die ihm auf ihrer Leidensfahrt durch Krieg und Exil als die Besatzung eines Geisterschiffs erscheint, verarbeitet als Einzelner deren unterschiedliche Erfahrungen:

> Er weiß, wieviele die die Freiheit suchten
> die Haft vergaßen, die sie vor dem Sieg erlitten.

Die Gitter sanken nicht vor ihren Augen.
Der Terror, der sie schlug, war nun der ihre,
sie hatten ihn gekocht, gehütet,
in jener Sudelküche, die Partei man nennt.

Die desillusionierte Abwendung von den Ideologien einschließlich des stalinistischen Marxismus-Verschnitts und der für diese Ideologien »geschlossenen Kampfreihen« ist in das Bild von Kampfliedern gefaßt, die der Wind verzerrt an das Ohr des »Kriegers« trägt:

Geht nicht so schnell, enfants de la patrie,
Totenkopfschmetterling kreist ums Haus
Vampire kriechen durch den Garten Frankreichs,
der Weingeist eurer Berge geht in Bombertanks.

Neben der »Wacht am Rhein« (»Gib auf die Wacht, du Wacht am Rhein! Schein ist das Vaterland...«) und der italienischen Faschistenhymne »Giovinezza« wird auch die Internationale verhöhnt: »Schlaft wohl, Verdammte dieser Erde!« Immer knapper, als ein Stakkato kürzester Sätze, wird die Gegenwartsgeschichte als Inferno gezeichnet:

Ein Fenster öffnet sich in den Wolken. Egalité ist unter das Fenster geschrieben. – Ein Gefängnis taucht auf neben einem Triumphbogen. Es trägt die Inschrift: Proletarier aller Länder mißtraut euch! – Verbot anzukleben, sagt der elektrische Stuhl im Hof des Gefängnis. – Verbot zu pissen, ermahnt der Triumphbogen. – Denken streng verboten, sagt der Genosse Diktator.

Die Nähe dieses Gedichts zu Sprache und politischer Tendenz der Surrealisten nach ihrem Bruch mit der KPF ist evident.[33] Deren Optimismus und Glaube an eine von ihnen mitgetragene neue ›anti-autoritäre‹ Welle der Revolution, wie sie in Bretons Yale-Rede oder in seinem zusammen mit Trotzki verfaßten Manifest formuliert sind, erhalten in der »riesigen Figur einer Frau« Gestalt, die dem »Krieger« begegnet: »Sie schaut nach links und achtet weder auf den Soldaten noch auf die Wüste.« Regler kündet denn auch an, daß die »Nacht der Niederlagen« »der Hafen / zu neuer Abfahrt« sei. Freilich bleibt er mit solchen Wendungen in Sprachkraft und Symbolik hinter den surrealistischen Alt-Meistern wie Breton oder Péret zurück. Das gilt für breite Teile des Poems und des Bändchens *The Bottomless Pit* überhaupt.

Gustav Reglers Prosatext »Der schwarze Stern«, seiner Frau Marielouise gewidmet und ebenfalls Teil von *The Bottomless Pit*, liest sich wie ein programmatisches Konzentrat seines Denkens in dieser Phase und wohl auch des Denkens derer, denen er damals nahestand; in ihrer »kosmischen« Tragweite von den Paalens inspiriert, versucht diese Prosa in der Tat, der Haltung und Diktion der französischen Surrealisten nachzueifern, wenn es auch mitunter bei einem unbeholfenen Imitieren bleibt:

> Es gibt Meere, die im Sturm sich wiegen. Es schwirrt der perlmutterne Flügel der Libellen. Der Fluch der Schwere ist aufgehoben. Fahrstühle, die tag für tag ihre Leute zur Arbeit brachten, stoßen plötzlich durch die Dächer und fliegen weg und treiben für Stunden über den Flüssen und niemand erhebt Klage, wenn die Ausflügler zurückkehren. Tanks wakkeln in Ballhäuser hinein, die grüßen die blumigen Mädchen und öffnen ihnen ihre Türen und beweisen mit Eifer, daß kein Mordinstrument mehr in ihnen ist und daß keiner der Tänzer weggeschleppt werden wird, um zu sterben, weil alte Generäle es so verfügt haben.

Unmittelbar vor Reglers Konzeption dieser Texte hatte Breton seine »Prolegomena zu einem Dritten Manifest des Surrealismus oder nicht« veröffentlicht, wo es in dem »Kleinen prophetischen Zwischenspiel« zum Beispiel heißt:

> Gleich werden Seiltänzer kommen in paillettenbesetzten Korsagen von unbekannter Farbe, der einzigen bis heute, die Sonnen- und Mondstrahlen zugleich aufsaugt. Sie wird Freiheit heißen, diese Farbe, und der Himmel wird mit all seinen blauen und schwarzen Oriflammen knattern, denn ein Wind wird sich erhoben haben, zum erstenmal ganz und gar günstig, und die da sind, begreifen, daß sie soeben unter Segel gingen und daß alle vorgeblichen früheren Reisen nur Trug waren. Und man wird den Irrsinn und das gräßliche Gemetzel unserer Zeit mit dem Blick des Erbarmens und des Abscheus betrachten (...)[34]

Der Unterschied wird deutlich. Bei Regler gesellt sich zur Metaphorik stets die »subscriptio«, fast immer ist sie leicht aufzuschlüsseln. Ausgangspunkt ist die – auch im *Ohr des Malchus* (S. 487) erwähnte – Entdeckung eines »verborgenen Sterns« in der Konstellation des Schwans; von diesem Himmelskörper weiß Reglers Text, daß seine Bewohner ganz anders leben und allen Anlaß haben, die Erdenbürger zu bemitleiden: »Was für eine enge Welt ist die Kugel da unten, und wann immer man schaut, schillert sie von Krieg und toten Augen!« Regler verleiht, in der Tradition der utopischen Literatur, keineswegs der surrealistischen, diesem »Schwarzen Stern«, der unserer Erde als Gegen-Bild zugeordnet ist, eine Natur, die »all ihrer Gesetze« lacht. Ein vergleichbarer surrealistischer Text wie Raymond Queneaus »Rêve« verweigert sich einer so ›rationalen‹ Scheidung von Bild und Gemeintem:

> Und da sind die Ränder der Meteore und die Augenhöhlen der Kometen, die in der Herrlichkeit einer Eiche zerrinnen, welche älter ist als der Mond. Sternschnuppen verstreuen sich über alle Nationen. Die Frauen ernten davon, um ihr Klavier zu schmücken, die Männer strecken ihren Hut aus, die Kinder

schreien, und die Hunde pissen gegen die mit Gehirn befleckten Mauern.³⁵

Andererseits muß man bedenken, daß besonders konsequente Surrealisten, nämlich Breton und Reglers Freund Péret 1945 betont haben, daß »Surrealismus« in ihren Augen nicht auf eine äußerliche Technik reduziert werden dürfe, die »écriture automatique«, wie sie etwa dem eben zitierten »Traum« Queneaus zugrundeliegt. Sie wenden sich sogar »gegen den inflationären, mißbräuchlichen Umgang mit dieser Ausdrucksmethode«³⁶, wenn zugleich auf den anti-bourgeoisen Geist der Bewegung verzichtet werde. Doch einen solchen Verzicht kann man Gustav Reglers »surrealistischen« Versuchen kaum zum Vorwurf machen (die DDR-Forschung hat dies freilich versucht). Punktuell gelingt es Regler, sich von seiner neu-sachlichen und »proletarisch-revolutionären« literarischen Vergangenheit ganz freizumachen; dann ist die Nähe zu Texten wie den Manifesten Bretons besonders augenfällig:

> Menschen gehen mitten in den Straßen auf ihren Köpfen und schweben vergnügt um die Laternen herum und steigen zu den höheren Stockwerken wie in Brunnen hinab. Niemand gibt auch nur vor zu wissen, wie man sich wirklich zu einem Bettler oder zu einem Krokodil zu benehmen hat, noch behauptet jemand, daß Geld einen ewigen Wert hat und daß die würgende Schlinge der Moral nicht geöffnet und weggeworfen werden könnte.

V

Gustav Regler äußert in seiner Autobiographie die Ansicht, daß die Krankheit seiner Frau, an der sie schließlich 1945 starb, durch die Reibungen zwischen dem Ehepaar Regler und den nach Mexiko emigrierten Stalinisten, durch die »Vergiftung« infolge dieses Gezänks entstanden sei.³⁷ Den Reglers wurden etwa die Anwürfe ihres einstigen Freunds Egon Erwin Kisch bekannt, sie wären in den Dienst der Reaktion getreten: »An diesem Tag – dessen bin ich sicher – begann ihre Krankheit.« Marielouise Vogeler-Regler starb laut der in Worpswede bewahrten Sterbeurkunde vom 21. 9. 1945 an Krebs – »Metastasen der Leber«. Sie erlebte mithin noch das Ende der Kampfhandlungen des Weltkriegs, »for which she had waited during twelve rich years of voluntary exile«, wie es in dem kleinen Gedenkblatt heißt, das ihre Freunde herausgaben. Doch zu den letzten weltpolitischen Meldungen, die ihr Bewußtsein noch erreichten, gehörte denn auch die Nachricht vom Abwurf der Atombombe auf zwei japanische Städte. Vor ihrem Tod richteten Freunde in ihrer Wohnung eine Ausstellung mit letzten Bildern der Künstlerin ein; es kam sogar noch zu einem kleinen musikalischen Gartenfest, an dem fast vierzig Freunde teilnahmen, das sie um drei Tage überlebte. Zu den Zeugen ihrer letzten Stunden gehörten Alice Paalen und Victor Serge, an dessen radikalsozialistischer Zeitschrift »Analisis« Gustav Regler mittlerweile mitwirkte[38].

Der Freundeskreis veröffentlichte, wahrscheinlich noch im selben Jahr, einen vierseitigen Privatdruck, schlicht »Marielouise Vogeler-Regler 1901–1945« betitelt, der neben einem Porträtfoto Miekes und einer ihrer Zeichnungen ein Gedicht Gustav Reglers, in traditionellem Versmaß und gereimt, und zwei halbseitige Prosaminiaturen enthält, eine auf englisch und eine auf französisch. Während Reglers Gedicht »Die Himmelsleiter«, wie im Untertitel vermerkt, eine »Kindheitserinnerung von Mieke« evoziert, stehen im Zentrum der Prosatexte Vorstellungen vom Tod als der Auflösung der bisherigen Existenz des Einzelwesens zugunsten einer höheren, freieren Form von Leben. »Nicht länger Leben und Tod eines individuellen Wesens«, heißt es ja in Reglers Paalen-Monographie, »sondern nur (der) Kreislauf des ewigen Kommens und Gehens«. Mieke sei nun, liest man in dem einen der beiden Gedenktexte, der von Alice Paalen stammt, »aux dunes et aux moors ou ètaient ses premieres racines. Elle me parlait avec le vent« usw. »She is now«, so sagt es der andere Text, vielleicht von Gustav Regler verfaßt, »in every calyx of the flowers of the earth from the foothills of the Caucasus in whose springs she bathed[39], to the snow of Ixtaccihuatl (...) She is in the rustling of the birches that spread their green scent and their eternal hope over the Aprils of her beloved and unhappy country.«

1946 veröffentlichte Regler bei Graficos Mexicanos das Bändchen *Marielouise*, das einen Zyklus von zehn Gedichten in freien Rhythmen enthält: Trauer Arbeit und Reflexion über den Tod der Gefährtin. Datierungen zeigen an, daß sie großenteils wenige Wochen, alle aber im ersten Jahr nach Miekes Tod entstanden sind. Zwei Zitate aus dem Beitrag Alice Paalens zu der Gedenkbroschüre sind zwei Gedichten des Zyklus als Motto vorangestellt. Gleichwohl fällt der Ton dieser Lyrik wesentlich anders aus als der, den Alice Paalen angeschlagen hat: jener ist visionär, dieser elegisch. In immer neuen Anläufen geht Gustav Regler gegen die Mutlosigkeit und den Zweifel an, in die der Tod seiner geliebten Frau ihn hat stürzen lassen; zunächst aber spricht er diese Verzweiflung aus:

> Ufer, zu dem die Stimme nicht dringt,
> Tiefe, die das schwerste Herz nicht mehr auszupeilen vermag,
> (...) Warum ist kein Echo in der Stille?

Weit entfernt sind diese Gedichte von der »écriture automatique«, dem Stil und den Inhalten, auch den »Gags« der Surrealisten. Aber je mehr sie gegen Ende des Zyklus den Glauben an eine neue Dimension beschwören, die sich jenen eröffne, die unser Leben nicht mehr teilen, häufen sich auch die Vokabeln, die auf die, durch die Rezeption Paalens gewonnene, »kosmische« Weltsicht verweisen: »Vulkan«, »Phönix«, die »Nebel der Andromeda«, »Lavastrom«, »die neue / nahe Welt, /

Anruf der Möwen, / Salz der Muscheln und Seesterne, (...) die tanzenden Schleier des Lebens, / zu denen du zurückgekehrt bist«. Und weiter:

> Wir zählen nicht mehr die kleinen Jahre der Geburt,
> unsre Lichter sind angesteckt am Leuchtturm der Capella,
> das Horn der Plejaden schüttet seine weiße Flut
> über unsern grenzenlosen Abend;
> in der Brandung der Milchstraße treiben wir,
> baden im Gischt um seine Millionen Inseln.

Im achten und neunten Gedicht des Bändchens spricht Regler eigentümlich schwärmerisch vom Verhältnis der Menschen »in Bali« zum Tod eines der ihren:

> Sie sagen, in Bali sei Freude,
> weil einer wegging
> in eine bessere Welt.
> (...) Nur die in Bali sind stark.
> Noch bin ich schwach,
> aber die Steuer sind schon gerichtet
> nach dem südlichen Archipel...

Diese Gelegenheitslyrik aus ernstem Anlaß läßt Klaus Manns Frage, beim Moskauer Schriftstellerkongreß 1934 gestellt, als hinfällig und vorwitzig erscheinen: »Ist das Bewußtsein für Vergänglichkeit und Einsamkeit nur die dekadente Stimmung spätbürgerlicher Generationen?«[40]

VI

Bleibt noch zu bemerken, daß derart unabhängig-undogmatische Gruppen des künstlerischen Exils, die sich in das traditionelle Schema von faschistischen versus »demokratischen Kräften« nicht leicht einfügen, in der Forschung kaum oder mißbilligend, in der DDR sogar fälschend dargestellt werden.

Für Wolfgang Kießling (*Exil in Lateinamerika*, Leipzig 1980, in Westdeutschland auch als Röderberg-Taschenbuch, Frankfurt/M. 1981) ist Regler in Mexiko »zum Hasser geworden«, nämlich zum »Erzfeind der Sowjetunion«[41]. Das künstlerische Wollen und Wirken von Exilanten wie der Vogeler-Tochter oder Wolfgang Paalens wird ignoriert, von Gustav Regler behauptet, er habe in einer »trotzkistischen Zeitschrift« ehemalige Genossen in der Absicht angeschwärzt, sie zu schädigen. (Bei der »trotzkistischen« Zeitschrift handelt es sich um Victor Serges politisch völlig unabhängige »Analisis«.) Auf dieser Linie werden verfälschend und willkürlich einzelne Sätze aus Reglers Autobiographie präsentiert, ihr Autor unter anderem als »Heuchler« bezeichnet – all das Jahrzehnte nach der Stalin-Ära! »Gegen den faschistischen Feind«, behauptet Kießling über Regler, »schwieg er sich aus.«[42] Diese Behauptung ist durch den Hinweis auf Exilwerke Reglers wie *Der Brunnen des Abgrunds* zu widerlegen.[43]

Allgemein herrschen im deutschen Sprachraum vom Surrealismus sehr oberflächliche Vorstellungen – erst 1960 wurde in der Bundesrepublik erstmals ein Buch von André Breton veröffentlicht! – und über seine Berührungen mit der Exilliteratur erst recht. In Klaus Manns *Wendepunkt* und im *Vulkan* werden Surrealisten erwähnt (Klaus Manns Freund Crevel und der fiktive Marcel Poiret), aber auch ein wenig schief charakterisiert: »Es war ein Kult des Häßlichen, Schokkierenden und Grauenhaften, den die Gruppe trieb.«[44] Diese Aussage bezieht sich noch auf Paris. Der Kontakt zwischen Surrelisten und deutschen Flüchtlingen in Marseille, im karibischen Raum, in New York und anderswo, ist bislang unbekannt geblieben. »Einzig das Wort Freiheit vermag mich noch zu begeistern«, hat André Breton 1924 geschrieben. 1942 wiederholte er die Sentenz – im Exil. Gustav Regler und seine Freunde haben in Mexiko versucht, neugewonnene Freiheit auszudrücken: als Befreiung von Generallinien der Partei, von vordergründig »realistischem« Denken und »realistischer Kunst«. Das surrealistische Vorbild war ihnen dabei hilfreich, wenn auch nicht alles gelang, mancher Versuch ins Kitschige oder Triviale abstürzte. Reglers Autobiografie *Das Ohr des Malchus*, sein vielleicht bedeutendstes Werk, ist ohne diese Bemühungen nicht zu denken.

---

1 Zu einzelnen dieser Künstler vgl. Raquel Tibol: *Frida Kahlo*. Frankfurt/M. 1980, S. 62 f. — **2** Klaus Mann: *Der Vulkan. Roman unter Emigranten*. Zit. nach der Ausgabe der Büchergilde, Frankfurt/M. 1978, S. 27. — **3** Vgl. z. B. Friedrich Kröhnke: *Propaganda für Klaus Mann*. Frankfurt/M. 1981 und die Aufsätze im ersten Band des *Jahrbuchs Exilforschung*. — **4** André Breton: *Das Weite suchen. Reden und Essays*. Frankfurt/M. 1981, S. 51 f., 55. — **5** Vgl. Arturo Schwarz: *André Breton, Leone Trotsky*. Roma 1974. — **6** Aufschlußreich ist dazu die Lektüre der Nummern der New Yorker »Partisan Review« v. a. des Jahrgangs 1939. — **7** Gustav Regler: *Das Ohr des Malchus. Ein Lebensbericht*. Köln u. Berlin 1958, S. 487. — **8** André Breton: *Die Manifeste des Surrealismus*. Reinbek 1977, S. 117. — **9** Vgl. dazu Gustav Regler: *Wolfgang Paalen*. New York 1946, sowie Wolfgang Paalen: »Farewell au Surrealisme«. In: »DYN« 1, Mexiko 1942. Paalen würdigt den Surrealismus auch weiterhin als sehr bedeutsam und steht ihm nahe. — **10** Noch heute wirkt der Surrealismus indirekt in und von Mexiko aus, vgl. etwa die Essay-Bände Octavio Paz'. — **11** Breton: *Das Weite suchen*. S. 21–27, hier S. 21. — **12** Octavio Paz: *Essays 2*. Frankfurt/M. 1984, S. 276. — **13** *Wolfgang Paalen*, S. 9. — **14** Ebd., S. 54. — **15** Gustav Regler: *Verwunschenes Land Mexiko*. München 1954, S. 11. — **16** Zit. nach David Erlay: *Vogeler. Ein Maler und seine Zeit*. Fischerhude 1981, S. 253. — **17** Es gibt nur eine bislang unveröffentlichte Erzählung des Verf., *Mieke*, und etliche Passagen in Reglers Autobiografie *Das Ohr des Malchus* sowie ein vierseitiges Faltblatt, das Mieke Reglers Freunde nach deren Tod in Mexiko herausgaben und von dem noch die Rede sein wird (s. u.). — **18** In Worpswede lebt noch ihre Schwester Bettina Müller-Vogeler, und ich beziehe mich auf mehrere Gespräche mit ihr, in denen sie sich an »Mieke« erinnerte. — **19** Vgl. Anm. 18. — **20** Es gibt übrigens

Zusammenhänge zwischen jenen Worpsweder Kunst-und-Kommune-Experimenten und der Coyoacaner »Scene«; man denke an den Besuch Diego Riveras in Worpswede: vgl. Heinrich W. Petzet: *Von Worpswede nach Moskau – Heinrich Vogeler.* Köln 1972, S. 151–154. — **21** Vergleichbar sind diese Bilder auch mit manchen André Massons aus seiner Zeit in Martinique, die M. Regler damals kaum kennen konnte. — **22** *Wolfgang Paalen,* S. 54. — **23** Das Ohr des Malchus, S. 490. — **24** Ebd., S. 487. — **25** Ebd., S. 165. — **26** Vgl. *Das Ohr des Malchus,* IV. Buch passim sowie die Flugschrift »Regler über Regler«, Mexico City 1946. Zu den Kampagnen gegen Reglers *Malchus,* S. 486, sowie (in ganz anderem Tenor) Wolfgang Kießling: *Exil in Lateinamerika.* Leipzig 1980. — **27** Vgl. dazu z. B. Alfred Kantorowicz: *Politik und Literatur im Exil.* München 1983. — **28** *Das Ohr des Malchus,* S. 314–317; dort auch die folgenden Zit. Dagegen (wenig überzeugend): K.-W. Strödter: »Gustav Regler, Ein verlorener Sohn wirklich heimgekehrt?« In: Joachim H. Koch (Hg.): *Exil 1* (1982). — **29** Vgl. dazu Friedrich Kröhnke: »René Crevel. Jahrestag eines vergessenen Selbstmords«. In: »L'80. Zeitschrift für Literatur und Politik«, Nr. 14 (1981), sowie Konni Kleymann: »Eine Ohrfeige tut not. Wo bleibt ein Breton?« In: »Wanderbühne. Zeitschrift für Literatur und Politik«, Nr. 4 (1982). — **30** *Die Manifeste des Surrealismus,* S. 101–112. Paul Eluard verlas die Positionen der Surrealisten, weil Breton das Wort verweigert wurde. Vgl. auch Klaus Mann: *Der Wendepunkt. Ein Lebensbericht.* Frankfurt/M. 1976, S. 387–389. — **31** Ebd., S. 112. — **32** Die Zweisprachigkeit der Veröffentlichungen Reglers in diesen Jahren sind Ausdruck der Misere des Exilanten, der kaum noch deutschsprachiges Publikum findet, aber auch der Neuorientierung; Freunde Reglers, die mit der KP nichts zu tun hatten, lebten in den USA, und in New York war auch das neue »Zentrum« des Surrealismus. — **33** Nicht so die Anklänge an die Frühromantik, die Alfred Diwersy (*Gustav Regler – Bilder und Dokumente.* Saarbrücken 1983, S. 77) in diesen Gedichten sieht. Diwersys Buch enthält etliche Bilddokumente und eine Bibliographie zu unserem Thema. — **34** *Die Manifeste des Surrealismus,* S. 118. — **35** Raymond Queneau: »Rêve/Traum«. In: Una Pfau (Hg.): *Surrealistisches Lesebuch.* München 1981, S. 20 f. — **36** *Ode an Charles Fourier.* S. 15 f. Vgl. auch O. Paz' *Essays zum Surrealismus.* — **37** *Das Ohr des Malchus,* S. 494. — **38** Vgl. Alexander Stephan: *Die deutsche Exilliteratur 1933–1945. Eine Einführung.* München 1979, S. 83. — **39** Wohl eine Anspielung auf die Reisen, die »Mieke« mit ihrem Mann und mit Heinrich Vogeler durch die UdSSR führten. Vgl. *Das Ohr des Malchus,* S. 340–344. — **40** Klaus Mann: »Notizen in Moskau«. Zit. nach: Ders.: *Jugend und Radikalismus.* München 1981, S. 25. — **41** Kießling, S. 198. — **42** Ebd., S. 199. — **43** Weiteren Aufschluß über den Kontext von Reglers Werk dieser Jahre dürfte eine noch unveröffentlichte Arbeit von Fritz Pohle bringen, die ein Gesamtpanorama des Exils in Mexiko bietet (Hinweis durch Hans-Albert Walter). — **44** Klaus Mann: *Der Vulkan,* S. 28.

Hans Keilson

»Sie werden von niemandem erwartet«
Eine Untersuchung über verwaiste jüdische Kinder und deren
›sequentielle Traumatisierung‹

Einleitung

»Leid, das Erwachsene einander im Bereich mitmenschlicher Beziehungen und gesellschaftlicher Verhältnisse auf zuweilen grausame Weise zufügen, ruft bei dem, der sich mit menschlichen Verhaltensweisen beschäftigt, das Verlangen hervor, leiderzeugende Umstände zu verändern und ihre Ursachen zu beseitigen. Neben den Regungen des Entsetzens und der Trauer über die Unvollkommenheit der menschlichen Natur, die auch sein Teil ist, und gesellschaftlicher Ordnungen, an denen er Anteil hat, wird ihn nie das Bewußtsein verlassen, daß es zugleich auch gilt, bis zu einem gewissen Grad Unvollkommenheit zu ertragen.

Leid jedoch, Kindern angetan, ist schlechthin unerträglich. Dies trifft in hohem Maße für diejenigen zu, die sich mit Kindern als Kriegsopfer beschäftigen.

In den Publikationen, die unmittelbar nach dem Zweiten Weltkrieg über dieses Thema erschienen (Minkowski, 1946; Heuyer, 1946; Hicklin, 1946; De Leeuw-Albers, 1947; Keilson, 1949; Freud und Dann, 1951; u. a.), drückte sich bereits das Gefühl aus, daß mit Kindern – und im besonderen mit der Gruppe der jüdischen Kinder in verschiedenen europäischen Ländern – Unerträgliches geschehen sei. Dies verstärkte sich in den folgenden Jahren vor allem in den Niederlanden bei allen Personen und Instanzen – Sozialarbeitern, Pädagogen, Kinderpsychiatern, Vormundschaftsgerichten –, die in ihrer täglichen Arbeit direkt auf das gegenwärtige Los und das zukünftige Schicksal dieser Kinder bezogen waren. Sehr bald erwies es sich, daß viele der bisher in der Arbeit mit Kindern und Jugendlichen gewonnenen Einsichten und viele der bisher gültigen Maßstäbe nicht mehr ausreichten, um das breite Spektrum der sich hier manifestierenden Verhaltens- und Entwicklungsstörungen in seinem kumulativ-traumatischen Zusammenhang zu erfassen. In der kinderpsychiatrischen Praxis hatte man diese Bilder in diesem Ausmaß und in dieser Intensität bisher noch nicht erlebt.«

Dieses Zitat ist der Einleitung zu der follow-up-Untersuchung des Verfassers über die jüdischen Kriegswaisen in den Niederlanden entnommen. In dieser Arbeit wurde versucht, in psychologisch-psychiatrischen und psycho-sozialen Begriffen die Schäden und das Leid der Kinder und Jugendlichen zu beschreiben, die während der deutschen Okkupation der Niederlande in den Jahren 1940 bis 1945 dem antijüdischen Terror ausgesetzt waren und diesen als Vollwaisen überlebten, sei es in den Verstecken, sei es in den Konzentrations- und Vernichtungslagern. Da es sich zudem um eine follow-up-Untersuchung handelte, wurde der Versuch unternommen, die Entwicklung dieser Kinder in den Jahren nach dem Krieg bis zu ihrer gesetzlichen Volljährigkeit zu verfolgen und ihr späteres Los als Erwachsene unter dem Aspekt des Erlittenen aufs neue zu betrachten.

Die Darstellung der Lebensläufe und der Schicksale von Kindern und Jugendlichen in grausamen Zeitläuften liefert gewissermaßen einen Beitrag zur Geschichtsschreibung: Darstellung und Deutung dessen, was war, und zwar aus der Sicht des Arztes und in den begrifflichen Prägungen, die dem Arsenal des Psychiaters – nicht des Historikers – entstammen. Mich interessierte von Anfang an das Konzept einer systematisierten Trauma-Untersuchung im follow-up und die Frage, was die Psychoanalyse bei der Formalisierung und Operationalisierung eines Materials leisten kann, das in großen Zügen bereits formal alle Zeichen der Katastrophe trägt, deren massiv-kumulativer Charakter in ihm zum Ausdruck kommt.

Daß trotz subjektiver und objektiver Einwände und Beschränkungen, die hier nicht näher erörtert werden können, diese Arbeit unternommen wurde, erklärt sich aus zwei Motiven. Das erste praktische Bedürfnis entstand aus der Konfrontation mit Kindern von ehemals verfolgten Kindern und Jugendlichen, der sog. »zweiten Generation«, in der psychiatrischen Praxis. Zu Recht wurde die Vermutung geäußert, daß die Probleme dieser Kinder unter dem Aspekt der Erlebnisse und Persönlichkeitsveränderungen ihrer Eltern betrachtet werden müssen. Es erwies sich als notwendig, den Entwicklungsgang der Eltern unter dem Streß der Verfolgung erneut einer kritischen Betrachtung zu unterziehen.

Ich hatte von 1945 bis 1970 als Konsulent und Leiter der sozialpsychiatrischen Abteilung der jüdischen Kriegswaisenorganisation in den Niederlanden »Le Esrath Hajeled« (Zur Hilfe des Kindes) eine große Anzahl von Kriegswaisen untersucht, behandelt, die Fürsorgerinnen und Erzieher der verschiedenen jüdischen Heime, in denen die Kinder lebten, begleitet und Pflegeeltern beraten. Außerdem hatte ich, selbst untergetaucht, als Mitglied der illegalen Organisation »Vrije groepen Amsterdam« unter angenommenen Namen Kinder und Erwachsene in ihren Verstecken aufgesucht und beraten. Auf methodologische Probleme, die sich hieraus ergeben, kann in diesem Rahmen nicht näher eingegangen werden.

Das zweite Motiv entsprang meinem persönlichen Bedürfnis, mir Rechenschaft über 25 Jahre ärztlicher Tätigkeit in den Niederlanden zu geben, anknüpfend an die Erfahrungen der Jahre 1934/1936, in denen ich in Deutschland als Arzt und Sportlehrer an den Schulen und

Waisenhäusern der jüdischen Gemeinde Berlin, der Theodor Herzl-Schule und dem Landschulheim Caputh tätig gewesen war.

Bei dieser Untersuchung, die ich als wissenschaftlicher Mitarbeiter der kinderpsychiatrischen Universitätsklinik Amsterdam im Jahre 1967 begann und im Jahre 1978 abschloß, genoß ich die Unterstützung des Research-Psychologen und Psychoanalytikers Hermann R. Sarphatie.

Historisches

Nach Beendigung des Zweiten Weltkrieges befand sich in den Niederlanden eine Gruppe von 2041 jüdischen Kriegswaisen, geboren in den Jahren 1925 bis 1944, die Vormundschaften erhalten mußten. Die meisten Kinder hatten die Verfolgung in den Niederlanden, untergetaucht in einer oder mehreren improvisierten Kriegspflegefamilien überlebt. Eine kleine Anzahl von Kindern – ungefähr 10% der Gesamtpopulation – kam aus den Konzentrations- und Vernichtungslagern zurück, wohin sie zusammen mit ihren Eltern deportiert worden waren.

Diese Kinder aller Altersstufen, verschiedener religiöser und sozialer Schattierungen hatten beinahe ohne Ausnahme zusammen mit ihren Eltern alle Ängste der mit dem Tragen des gelben »Judensterns« beginnenden und sich allmählich verschärfenden Pogrom-Maßnahmen der deutschen Besatzungsbehörden miterlebt, kulminierend in Razzien und Deportationen – das plötzliche Verschwinden von Angehörigen, Bekannten, Freunden, Spielkameraden, Schülern und Lehrern: d. h. nicht nur die Isolierung von der nicht-jüdischen Gemeinschaft, in deren Mitte sie seit Menschengedenken einträchtig und in vollem Genuß aller Bürgerrechte lebten, sondern auch die panische Auflösung ihrer eigenen vertrauten Gemeinschaft. Viele Kinder waren von ihren aufgejagten Eltern nicht-jüdischen Bekannten, Nachbarn, Freunden oder völlig unbekannten Rettern anvertraut, zuweilen auch in Wohnungen zurückgelassen oder als Findelkinder ausgesetzt worden. Eine beträchtliche Anzahl wurde von holländischen Widerstandsgruppen aus der Kinderkrippe gegenüber der berüchtigten Deportationssammelstelle »Hollandsche Schouwburg« in Amsterdam oder aus Krankenhäusern gerettet. Einige Adoleszenten hatten auf eigene Faust durchzukommen versucht.

Die Not der Stunde machte damals das Prinzip der Sicherheit zu dem einzig maßgebenden Kriterium eines Verstecks. Jeder, der das Risiko tragen wollte, kam in Betracht. Daraus ergaben sich viele labile, unbeständige Kombinationen, die jede bereits in sozial-ökonomischer, kultureller oder religiöser Hinsicht bestehende Diskongruenz zwischen Pflegekind und Pflegefamilie noch verstärkte. Wegen der sich hieraus entwickelnden Konfliktsituationen, aber auch aus Sicherheitsgründen mußten viele Kinder öfter ihr Versteck wechseln. In unserer Population häuft sich mit dem höheren Alter der Kinder auch die Zahl der Verstecke, die im einzelnen später nicht mehr geklärt werden konnte – 5, 7, 10, 12 bis 50 Verstecke. Aber bereits bei den Allerjüngsten, die kurz nach ihrer Geburt oder in den ersten Lebensmonaten von ihrer Mutter getrennt wurden, blieb vieles im dunkeln.

Nachkriegsperiode

Das Ende des Krieges bedeutete für die meisten Kinder noch nicht das Ende der traumatischen Ereignisse. Eine neue schwierige Phase brach an, in der die Folgen der Verfolgung, von denen im vorliegenden Falle die Zuweisung der Vormundschaft ja nur ein Aspekt ist, in vollem Umfang zutage traten: die Konfrontation des Kindes mit seiner eigenen Lebensgeschichte, mit dem Los der Eltern in der Wirklichkeit, in der Erinnerung des Abschiedes von ihnen oder in der Phantasie, worüber noch viel zu sagen wäre. Oder man denke an den wiederholten Übergang von einem Pflegemilieu ins andere, das Verständnis dieses Milieus wiederum für die spezifische Nachkriegsproblematik des Waisenkindes, an die adäquate Hilfe, die ihm geboten wird, und schließlich an die unterbrochene Schul- und Berufsausbildung, ein Faktor, der nicht unterschätzt werden darf.

Zur Klärung aller rechtlichen, psychologischen und pädagogischen Fragen hatte die damalige niederländische Regierung eine Kommission eingesetzt, deren Aufgabe zunächst war, »alle Minderjährigen, über welche im Zusammenhang mit den Kriegsumständen die elterliche Macht oder Vormundschaft während eines Zeitraumes von mindestens 3 Monaten de facto nicht ausgeübt wurde, sowie diejenigen Minderjährigen, deren Identität nicht gesichert ist« (Königlicher Beschluß vom 13. August 1945 betr. Einsetzung einer Kommission für Kriegswaisen), zu ermitteln, zu erfassen und zu identifizieren. Diese Kommission errichtete ein Büro mit einem großen Team. Dieses sammelte alle Unterlagen, derer es habhaft werden konnte und in denen die Lebensgeschichte eines jeden Kindes seit seiner Geburt mit seinen Schicksalen vor und während der Verfolgung festgehalten war. Auf Grund dieser – lückenhaften – Unterlagen unterbreitete die Kommission den hierfür zuständigen Gerichten Vorschläge bezüglich der Vormundschaft und des zukünftigen Pflegemilieus.

Die eigens von den Sozialarbeitern des erwähnten Büros angelegten Akten bilden zusammen mit den Akten der ad hoc gegründeten jüdischen Waisenorganisation Le Esrath Hajeled die Grundlagen der vorliegenden Untersuchung.

Allgemeine Problematik

Die Problematik der vorliegenden Untersuchung erweist sich in formaler Hinsicht an dem bereits erwähnten lückenhaften Material und am Beispiel der anamnestischen Erhebungen bezüglich der frühkindlichen Entwicklung. Die meisten Kinder hatten nicht nur ihre Eltern und Geschwister verloren, das Kind war oft einziger Überlebender einer einst großen Familie. Dazu kommen die Umstände, unter denen nach dem Kriege die Dossiers der Kinder angelegt wurden, die persönlichen und sachlichen Verstrickungen aller Mitarbeiter, die fehlende Distanz zu einem Geschehen, dessen Einzigartigkeit und Neuartigkeit allen Beteiligten auch zu schaffen machte. Alle Personen und Instanzen, die sich in ihrer täglichen Arbeit direkt auf das gegenwärtige Los und das zukünftige Schicksal der Kinder bezogen, gelangten bald zu der Erkenntnis, daß die Tragweite der Maßnahmen, die sie beschließen mußten, wegen der Beispiellosigkeit der zu behandelnden Fälle zunächst nicht abzuschätzen war.

Neben den verstörten, unterernährten, organisch geschädigten Kindern, die mit aktiven tuberkulösen Prozessen oder zerebralen Restschäden nach überstandenen Infektionskrankheiten (Fleckfieber, Typhus, Morbus Weil), zum Teil invalide, aus den Vernichtungslagern zurückgekommen waren, stand die größere Anzahl der aus den Verstecken wieder aufgetauchten. Sie hatten eine andere, aber darum nicht minder virulente Reihe aufeinanderfolgender traumatisierender Situationen überstanden. Der Eindruck verstärkte sich, daß im allgemeinen der seelische Entwicklungsrückstand mit allen damit verbundenen pathogenetischen Konsequenzen den körperlichen an Bedeutsamkeit übertraf.

Aber auch in anderer Hinsicht unterscheidet sich die vorliegende Untersuchung von Untersuchungen, die Kindern gelten, die durch Krankheit, Naturkatastrophen oder Verkehrsunfälle ihre Eltern verloren haben. Die verwaisten jüdischen Kinder und Jugendlichen, Angehörige einer Minorität, sind die Überlebenden eines Verfolgungsgeschehens, das auch ihre eigene planmäßige Ausrottung zum Ziel hatte. Ihr Überleben war die nicht vorhergesehene Ausnahme. Dies bedeutet, daß ihre Waisenschaft nicht nur als Verlust ihrer Eltern definiert werden muß. Es galt, die individuelle Biographie des jüdischen Waisenkindes auch vor dem Hintergrund der Biographie seiner Bezugsgruppe zu schreiben. Da das Schicksal, dem auch die jüdische Gemeinschaft in den Niederlanden anheimfiel, eine Katastrophe genannt werden muß, waren wir uns bewußt, daß die vorliegende Untersuchung Zeichen dieser Katastrophe in der Lückenhaftigkeit und Unvollständigkeit der zur Verfügung stehenden Daten aufweisen wird. Obwohl äußerste Zurückhaltung und Vorsicht geboten war, hofften wir – sei es auch in beschränktem Rahmen – unsere Einsicht in die Bedingungen der Entwicklung von Kindern in und nach Katastrophen vertiefen zu können. Auf die Vielfalt der sich hieraus ergebenden methodologischen Probleme kann in diesem Rahmen nicht näher eingegangen werden. Bei der quantifizierend-statistischen Untersuchung wurden die Stellen, die in den Dossiers »im dunkeln« blieben, durch die Variable »Dunkelziffer« definiert. Diese Variable erwies sich als bedeutsam bei der Erfassung des massiv-kumulativen Verfolgungsgeschehens.

Vormundschaft

Die Rettung der untergetauchten jüdischen Kinder ist zum allergrößten Teil der niederländischen Widerstandsbewegung zu verdanken. Sie ist der Ausdruck einer psycho-sozialen Dynamik, die durch den Überfall und die Besetzung des Landes ausgelöst wurde. Nach dem Kriege trat diese Dynamik in neuer Gestalt auf als Anteilnahme der breiten Öffentlichkeit an dem sogenannten »Streit um das jüdische Waisenkind«.

Für die Zuweisung der Vormundschaft bestanden zwei Möglichkeiten:

1) Fortsetzung des Aufenthalts des Kindes im nicht-kongenialen Kriegspflegemilieu mit allen dieser Situation innewohnenden Spannungen gruppendynamischer und individuell-psychologischer Art (Taufe, Loyalitäts- und Identitätskonflikte u.a.m.);

2) Rückkehr des Kindes in das kongeniale, seinerseits traumatisierte jüdische Milieu; dies erforderte erneute Trennung des Kindes (von der Kriegspflegefamilie) mit allen entsprechenden Konsequenzen. Auch auf diese Weise war eine ungestörte Entwicklung keineswegs gesichert.

Die gruppendynamischen Aspekte traten bereits bei der Zusammenstellung der erwähnten, von der Regierung eingesetzten Kommission zutage. Diese bestand zu einem Drittel aus Juden, darunter einigen mit stark assimilatorischen Neigungen. Sehr bald verstrickte sich die Kommission, in der Meinung, ihre Aufgabe sachgerechter lösen zu können, in eine Diskussion über die Verbindlichkeit jüdischer Symbole und Riten, um auf diese Weise die Identität eines jeden jüdischen Waisenkindes besser zu ermitteln (Beschneidung, jüdisch-religiöse Einstellung der Eltern wie Hochzeit, Begehen der Festtage usw.). Hiermit vergrößerte die Kommission gegen ihren Willen das Problem, das zu lösen sie eingesetzt war. Die Fülle der Identitätskonflikte, die bei der Nachuntersuchung bei allen Altersgruppen gefunden wurden, weist auf die gruppendynamischen Aspekte der Gesamtproblematik.

Problemstellung und Zielsetzung

Die wissenschaftliche Zielsetzung der Untersuchung wurde aus folgenden einfachen Fragen prä-wissenschaftlicher Natur, der Neugierde und der Anteilnahme entsprungen, entwickelt:

1) Was waren es für Kinder, die als Waisen die Verfolgung überlebt haben, und was ist ihnen widerfahren?

2) Was hat die niederländische und speziell die dezimierte jüdische Gemeinschaft für sie getan oder tun können?

3) Was ist aus ihnen geworden?

Es galt, eine möglichst systematische Analyse des massiv-kumulativen Traumatisierungsgeschehens vorzunehmen, anhand einer repräsentativen Gruppe von 204 Fällen (10% der Gesamtpopulation), und die Effekte der Traumatisierung ungefähr 25 Jahre nach Beendigung des Krieges bei den nunmehr Erwachsenen in den Niederlanden (151 Fälle) und in Israel (53 Fälle) zu untersuchen. Die Entwicklung der Kinder wurde in den Jahren bis zu ihrer gesetzlichen Volljährigkeit verfolgt und ihr späteres Los als Erwachsene unter dem Aspekt des Erlittenen aufs neue betrachtet. Die Annahme war, daß die extreme Belastungssituation aus einer steten Folge massiver, einander verstärkender (Khan) traumatischer Situationen auch nach dem Kriege weiterbestand, also nach Beendigung der Verfolgung selbst. Die Verfolgung enthält das Moment der »generellen Bedrohlichkeit der Situation« (von Baeyer u. a.) und eine Reihe schwerster Belastungsmomente, die bei der Beschreibung der verschiedenen Altersgruppen näher definiert wurden. Die Waisenschaft beginnt offiziell mit den Präliminarien der Vormundschaftszuweisung, in diesem Falle an eine jüdische oder nicht-jüdische Privat- oder Rechtsperson. Dies gibt der gesamten Nachkriegsperiode ihr besonderes Gepräge. Mit einer Vormundschaftszuweisung vollzieht sich für jedes Kind, ungeachtet der Modalität seiner Waisenschaft, eine tiefgreifende Umgestaltung seiner inneren und äußeren Erfahrungswelt.

Dabei wurden zwei Hypothesen überprüft.

Hypothese I betrifft die altersspezifische Traumatisierung. Es wurde untersucht, ob es nachweisbare Zusammenhänge gibt zwischen einigermaßen gleichartigen Belastungssituationen in altersmäßig voneinander abgegrenzten Gruppen und überdauernden Persönlichkeitsveränderungen.

Hypothese II betrifft die Intensität der Traumatisierung. Es wurde untersucht, ob zwischen dem Ernst der Traumatisierung während der Kindheit und Jugend und dem Schweregrad der bei der späteren Nachuntersuchung gefundenen Persönlichkeitsstörung bei Erwachsenen ein Zusammenhang ermittelt werden kann.

Ich bediente mich zweier voneinander unabhängiger Methoden. Im *deskriptiv-klinischen* Teil wurden psychiatrische Diagnosen und psycho-soziale Defizienzerscheinungen (nach Weijel) beschrieben und sowohl innerhalb der Altersgruppen als auch bei verschiedenen Altersgruppen untereinander verglichen. Im *quantifizierend-statistischen* Teil wurden Meßinstrumente geschaffen, die statistischen Zusammenhänge zwischen Variablen untersucht und Hypothesen geprüft.

Traumatische Sequenzen

Zur Formalisierung und Operationalisierung des Materials wurde eine Analyse der gesamten extremen Belastungssituation vorgenommen. Ihr Ad-hoc-Charakter wurde als eine Verknüpfung von Verfolgung und Waisenschaft definiert. Hierbei erwies sich die Einführung des Begriffs »traumatische Sequenz« für die Einteilung und Abgrenzung der verschiedenen Phasen der Traumatisierung als fruchtbar, und zwar sowohl für die Darstellung und Einschätzung der klinischen Fakten als auch für die quantifizierend-statistische Bearbeitung.

Ich unterscheide folgende drei traumatische Sequenzen:

Erste traumatische Sequenz: die feindliche Besetzung der Niederlande mit beginnendem Terror gegen die jüdische Minderheit;

zweite traumatische Sequenz: direkte Verfolgung, Versteck in improvisierten Kriegspflegefamilien, Aufenthalt in Konzentrations- und Vernichtungslagern;

dritte traumatische Sequenz: Nachkriegsperiode.

Ein wichtiges Ereignis zu Beginn der zweiten traumatischen Sequenz, der Phase der direkten Verfolgung, das alle Kinder unserer Population betroffen hat, ist die Trennung von Mutter und Kind. Bedeutsam erscheint ferner die unterschiedliche Erfassung der Traumatisierungsvorgänge bei Erwachsenen und Kindern. Im Unterschied zu den Arbeiten über erwachsene Verfolgte (Bastiaans 1957; Eitinger 1961, 1962; von Baeyer, Häfner und Kisker 1964; Matussek 1965), in denen das Verfolgungsgeschehen als Einbruch in die gereifte Persönlichkeit verstanden wurde, wird die extreme Belastungssituation hier als integraler Bestandteil der Entwicklung des Kindes und Jugendlichen betrachtet.

Basic Needs

Es galt nunmehr ein Kriterium zu finden, das, von dem Faktor der Lebensbedrohung abgesehen, das Maß der extremen Belastung einigermaßen der Altersstufe entsprechend wiedergab. Hier bot sich der für die frühesten Entwicklungsstufen in die Kinderpsychiatrie eingeführte Begriff der *basic needs* an, um die traumatische Modalität für jede Altersstufe aus den für eine normale Entwicklung notwendigen Voraussetzungen zu formulieren. Hiermit wurde der Entwicklungsgang des Kindes nicht nur triebpsychologisch, sondern auch in seiner zeitlichen Abhängigkeit von der sozialen Umwelt definiert. Die Verletzbarkeit einer Entwicklungsphase wird auf die Versagung eines zu diesem Zeitpunkt fundamental notwendigen entwicklungsmäßigen Bedürfnisses bezogen. Dies sind zuerst die versorgende Mutter, Spielzeug, Bewegungsraum, das häusliche Milieu mit seinen Bezugspersonen, der Umgang mit anderen Kindern – der Übergang zu anderen Bedürfnissen ist fließend wie etwa: zum Kindergarten, zur Schule, Bildungsstoff, außerfamiliären Leitfiguren, Zugehörigkeit zu einer Gruppe –, kurzum alle einer Entwicklungsphase zugehörigen und sie fördernden sozio-kulturellen Ausstattungsattribute. Dies bedeutet, daß bei der Erfassung altersspezifischer Traumatisierungen nicht nur an verschiedene Altersstufen verschiedene spezifische Maßstäbe angelegt werden müssen, sondern daß auch ein und dieselbe traumatische Situation der jeweiligen Altersstufe gemäß interpretiert werden muß. Die Trennung von Mutter und Kind z. B. hat für die gesonderten Altersgruppen unterschiedliche traumatische Stellenwerte. Dasselbe gilt für die mehrfachen Wechsel des Pflegemilieus, die Unterbrechung des Schulbesuchs oder der Berufsausbildung oder die um Jahre verzögerte Einschulung.

Erwägungen

Die Lebensgeschichte eines Kindes zu beschreiben, das unter den Wechselfällen der Verfolgung sich an oft unbekannten Orten aufhält, unter angenommenen Namen, mal hier, mal dort versteckt, in Zeiten einer feindlichen Besetzung des Landes, das zudem ein Waisenkind ist, zuweilen einziger Überlebender einer einst großen Familie, die, man zögert, es niederzuschreiben, keine anamnestischen Daten mehr beisteuern kann? Diese und andere Zweifel überkamen mich bei der Konzeptualisierung der vorliegenden Untersuchung. Dennoch, trotz seiner Lückenhaftigkeit enthält das Basismaterial genug Informationen, die den Versuch rechtfertigen, es zu bearbeiten – wenn auch mit gewissen Einschränkungen. So erwies es sich als ratsam, von dem Vorhaben einer detaillierten Erfassung der jeweiligen traumatischen Ereignisse innerhalb der gesamten extremen Belastungssituation in ihrer Verknüpfung von Traumageschehen, Traumaerlebnis und Traumaverarbeitung Abstand zu nehmen und gewissen Faktoren, die bei der psychoanalytischen Bearbeitung eines Falles nicht übersehen werden dürfen, hier weniger Aufmerksamkeit zu widmen.

Angeregt durch das Studium der einschlägigen Literatur (Minkowski, 1948; Bastiaans, 1957; Strauss, 1957; Kolle, 1958; Bensheim, 1960; Trautmann, 1961; Levinger, 1962; Paul und Herberg 1963; von Baeyer, Häfner und Kisker, 1964; u.a.m.) und gestützt auf eigene klinische Erfahrungen festigte sich die Erwartung, daß man bei dem breiten Spektrum der äußeren Belastung wohl schwerlich zu endgültigen Aussagen, sondern nur zum Aufweis von Schwer- und Orientierungspunkten für die Zuordnung von bestimmten Belastungssituationen zu bestimmten Altersstufen gelangen könne. Und daß wahrscheinlich die nach der Verfolgung getroffenen Maßregeln zur sozialen Rehabilitation, die günstigen oder ungünstigen Milieubedingungen, die Auswirkung der Verfolgungsreaktionen entscheidend mitbestimmen! Dies bedeutet, daß bei einer Untersuchung von Kindern und Jugendlichen, bei denen die extreme Belastungssituation als ein integraler Bestandteil ihrer Entwicklung betrachtet wird, die Nachkriegssituation einen besonderen Stellenwert erhält.

Da es unmöglich ist, erlittenes Leid in Zahlenwerten auszudrücken, habe ich mich schließlich damit begnügt, die externen Faktoren der extremen Belastungssituation als Kriterien zu wählen und die psychische Realität nicht zu messen. Katalogisiert wurde demnach nur, was dem Kinde zugestoßen war, nicht die Weise seiner intrapsychischen Bearbeitung.

Demographisches Intermezzo

Da mich ferner die Frage interessierte, inwiefern es möglich ist, zu einer einigermaßen stichhaltigen Aussage über das Verhältnis zwischen dem sozialen Status der Eltern und den Überlebenschancen der Kinder zu gelangen, wurde der Versuch unternommen, die Gliederung unserer Population nach Geburtsjahrgängen mit den statistischen Angaben über die jüdische Bevölkerung in den Niederlanden vor der Verfolgung zu vergleichen, um auf diese Weise zu einer Aussage bezüglich des prozentualen Anteils der überlebenden Waisen der jeweiligen Jahrgänge zu gelangen. Hierbei stieß ich auf schier unüberwindliche Schwierigkeiten, die hier nur kurz gestreift werden können.

Es gibt keine statistisch gesicherte Untersuchung über den Berufsaufbau der jüdischen Bevölkerung in den Niederlanden unmittelbar vor dem Zweiten Weltkrieg. Die letzte demographische Erhebung fand im Jahr 1930 statt. Die für das Jahr 1940 vorgesehene fiel aus (Boekman, 1930). Überdies fehlt bei den Zahlen aus der Volkszählung von 1930 derjenige jüdische Bevölkerungsteil, der sich nicht mehr zur »jüdischen Religionsgemeinschaft« zählte. Durch die starke Konzentration der jüdischen Bevölkerung in den großen Städten und das Fehlen der Landbevölkerung ist das Bild verzeichnet. Die von mir angewendete Skala der Berufsstrategie der gesamten niederländischen Bevölkerung wurde erst nach dem Zweiten Weltkrieg von van Heek entwickelt. Diese Skala, auf die sich meine Wertung der in den Dossiers gefundenen Angaben stützt, wägt die genossene Schul- und Berufsausbildung und den Grad der Verantwortung ab, die in der Berufsausübung der betroffenen Person zum Ausdruck kommt. In den von mir gebrauchten Dossiers fehlte in 337 Fällen (18,17% der Gesamtpopulation) die Berufsangabe der ermordeten Eltern. Fishman zufolge überlebten von ungefähr 140.000 niederländischen Juden 25.000 bis 29.000 (d. i. ungefähr 15%) die Verfolgung, unter ihnen 3.500 Kinder; 1417 Kinder wurden mit ihren Eltern oder dem überlebenden Elternteil wieder vereint.

Ich stützte mich auf die Erhebungen von 1930, auf Publikationen des statistischen Amtes der Stadt Amsterdam (Heertje, 1933), auf die von der deutschen Besatzungsbehörde angefertigten »Registraturlisten«, die wie bekannt »rassische« und nicht »kirchliche« Kriterien anlegten (Veffer, 1941), und auf eigene Recherchen im »Centraal Bureau voor de Statistiek« in Den Haag.

Um zu Aussagen über die Überlebenschancen der Kinder aus verschiedenen sozialen Milieus zu gelangen, nahm ich an, daß bei der niederländischen Gesamtbevölkerung eine Korrelation zwischen Ausbildungsniveau und der Höhe des Einkommens besteht. Außerdem darf als bekannt vorausgesetzt werden, daß in Amsterdam ein an Zahl starkes jüdisches Proletariat »im Handel tätig« war: Straßenhändler, Aufkäufer und Tausende von kleinen Selbständigen. Ihr Einkommen lag unter dem damals geltenden Minimum (Kruyt, 1939) von 800 Gulden und wurde nicht in den damaligen Einkommenssteuerlisten geführt. Die Fürsorgelisten der Stadt Amsterdam und der jüdischen Gemeinde in Amsterdam belegen diese Tatsache. Es ist ein durch Karl Marx säkularisiertes antisemitisches Vorurteil, daß es nur jüdische »Kapitalisten« gäbe, aber nicht die jüdisch-proletarischen Massen in Ost und West.

Sozialer Status und Überlebenschancen

Wenn man die gesamte niederländische Bevölkerung in drei Einkommensgruppen verteilt (I – hoch; II – mittel; III – niedrig; Statistiek der inkomens en vermogens in Nederland 1939–40. Centraal Bureau voor de Statistiek, 's Gravenhage 1941), so ergeben die statistischen Erhebungen die folgende prozentuale Verteilung:

I	II	III
0,49%	11,74%	87,77%

Wenn man unter Berücksichtigung der oben angeführten Restriktionen die soziale Schichtung unseres Materials in drei Gruppen (hoch, mittel, niedrig) nach Abzug der oben erwähnten 337 Kinder ohne Angabe zusammenfaßt, so erhalten wir für die Gesamtzahl der 1517 Kinder folgende Verteilung:

I	II	III		
386	409	662	insges.:	1517
25,5%	30,9%	43,6%		100%

Innerhalb der repräsentativen Gruppe von 204 Kindern der untersuchten Population sind die Prozentsätze folgendermaßen verteilt:

I	II	III		
40	63	101	insges.:	204
19,6%	30,9	49,5%		100%

Unter den angegebenen Vorbehalten ergibt sich die Schlußfolgerung, daß die Kinder aus der höchsten Einkommensgruppe in der Gesamtpopulation der Kriegswaisen viel stärker vertreten sind, als es ihrem Anteil an der Gesamtbevölkerung entspricht. Die dabei sichtbar werdenden Verschiebungen der Prozentsätze sind so evident, daß selbst eventuelle Abweichungen oder Fehleinschätzungen die Schlußfolgerung nicht verändern können. Welche Erklärungen bieten sich an? Die nächstliegende könnte in der besseren ökonomischen Situation der Gruppe I gefunden werden, die eine Finanzierung der Rettung (Versteck) ermöglichte. Dieser Umstand ist sicher nicht völlig von der Hand zu weisen. Ob er jedoch im gesamten Rettungskomplex die Rolle gespielt hat, die man ihm zuweilen anekdotisch zuweisen wollte, erscheint fraglich. Der ebenfalls relativ hohe Prozentsatz in der mittleren Gruppe spricht gegen eine Überbewertung des Geldfaktors. Dagegen scheint der Faktor der Ghettoisierung ausschlaggebend, der freiwilligen Anhäufung des jüdischen Proletariats in bestimmten Wohnbezirken bereits vor der feindlichen Besetzung, was die Chance eines Kontakts mit der nicht-jüdischen Bevölkerung in Amsterdam verminderte und schließlich die Einbuße an sozialer Flexibilität überhaupt zur Folge hatte. Diese Situation wurde durch die einsetzenden Terrormaßnahmen mit der völligen Absperrung der »jüdischen Bezirke« von ihrer Umgebung noch verschärft. Die bereits erwähnte Urbanisierung der jüdischen Bevölkerung leistete solchen Maßnahmen überdies einen gewissen Vorschub.

Fallstudien

Im Folgenden sollen einige Fallstudien in geraffter Form referiert werden. Ihre Auswahl entspringt keinem streng wissenschaftlichen Darstellungskriterium. Verteilt über einige Jahrgänge sollen am biographischen Ablauf einige Grundthemen der zu bearbeitenden Problematik herausgestellt und im follow-up das Konzept der »sequentiellen Traumatisierung« durchleuchtet werden.

1) Ein Junge aus einem orthodox jüdischen Mittelstandsmilieu wird in einem Krankenhaus, wohin sich seine Mutter mit zwei anderen Kindern begeben hatte, geboren. Der Vater war ein halbes Jahr vorher deportiert worden. Etwa drei Wochen nach seiner Geburt wurde der Säugling aus dem Krankenhaus geschmuggelt; kurz darauf wurde die Mutter mit ihren beiden anderen Kindern deportiert.

Über die einige Monate dauernden Irrfahrten des Säuglings findet man im Dossier nur lückenhafte Angaben; er wurde von Hand zu Hand weitergegeben, bis er im Alter von 4 bis 5 Monaten bei seiner endgültigen Kriegspflegefamilie aus katholischem Handwerkermilieu im Westen des Landes ankam. Das Kind traf dort dem Dossier zufolge in einem deplorablen Ernährungszustand ein, noch mit 6 Monaten wog es nur 7 Pfund. Seine Kondition blieb auch in der Folgezeit schlecht, seine Entwicklung lange Zeit retardiert, ein nervöses, schreckhaftes Kind; verschiedene Krankenhausaufnahmen; Enuresis nocturna verschwand erst im Alter von 18 Jahren; auch tagsüber bei ängstlichen Spannungen häufiges Urinieren. Allmähliches Hineinwachsen in sein Kriegspflegemilieu, das viel für ihn tat und sehr an ihm hing.

Nach dem Krieg ist das Kind Mittelpunkt eines Streitfalles zwischen überlebenden Familienmitgliedern und der Kriegspflegefamilie hinsichtlich der Vormundschaftszuweisung. Der Junge entwickelt ein angstneurotisches Bild. Die kongeniale Familie ist als zukünftiges Erziehungsmilieu wenig geeignet. Schließlich wird die jüdische Kriegswaisenorganisation mit der Vormundschaft betraut. Sie läßt den Jungen in seinem Kriegspflegemilieu, das durch die Sozialarbeiterin der Organisation intensiv begleitet wird. Referent behandelt den Jungen psychotherapeutisch. Die noch bestehenden Kontakte zwischen dem Jungen und seiner eigenen Familie verlaufen enttäuschend. Trotz einer gewissen allgemeinen Beruhigung bleiben die neurotischen Reaktionen des Kindes weiterhin bestehen. Die jüdische Organisation beschließt, es bei seinen Kriegspflegeeltern zu lassen. Die schulische Ausbildung des Jungen verläuft mittelmäßig. Das kulturelle Gefälle zwischen ihm und seiner Umgebung ist groß.

Im Alter von 14 Jahren werden Ehekonflikte in der Pflegefamilie manifest, die seit langem bestanden und vom Kind wie von den Erwachsenen verschwiegen wurden. Es folgt eine Ehescheidung; der Junge wechselt in ein anderes Pflegemilieu zu entfernten Verwandten von akademischem Niveau. Soziale Betreuung wird in vermindertem Maße fortgesetzt; der Junge bricht die Psychotherapie ab.

Einschulung auf eine höhere Schule, danach Universität. Ab und zu besucht er noch die getrennt lebenden Kriegspflegeeltern. Anscheinend leidet er mehr an deren Scheidung als an seiner Trennung von ihnen. Volljährig geworden erhebt er schwere Vorwürfe gegen die Waisenorganisation, die seine Situation »besser hätte durchschauen müssen«. Erneute kurze Psychotherapie. Distanziert sich völlig von der jüdischen Gruppe.

Vollendet erst mit 28 Jahren sein Studium. Zwischendurch besucht er dreimal Israel, »um Ausschau zu halten«.

Bei der Nachuntersuchung 1973: ein junger Mann, verheiratet mit jüdischer Frau, am Anfang einer Berufskarriere in gehobener Position, schwere Identitäts- und Loyalitätskonflikte mit paranoiden Zügen, persönlich verunsichert, isoliert, charakterneurotische Entwicklung.

2) Ein 1939 geborenes Mädchen aus ungeschultem liberal jüdischem Arbeitermilieu wird im Alter von drei Jahren von ihrer Mutter getrennt. Es bleibt unklar, ob das Kind aus einem Konzentrationslager geschmuggelt oder von seinen Eltern einer Widerstandsorganisation übergeben wurde. Mehrere unbekannte Verstecke; es gelangt schließlich verwahrlost und kränklich zu einer kinderlosen, etwas älteren orthodox-protestantischen Kleinlandwirtsfamilie, wo es sich etwas erholt.

Nach dem Krieg kommt sie zu ihrer Großmutter, die die Verfolgung im Versteck überlebte. Besuch der Volksschule. Geht mit ihrer Großmutter für zwei Jahre nach Übersee. Die jüdische Waisenorganisation erhält die Vormundschaft. Sie wird in der Vorpubertät aggressiv, schwer erziehbar, Aufnahme in ein jüdisches Kinderheim. Dort explosiv, impulsiv, aggressiv, fanatisch, unangepaßt, viele Unfälle, cerebralorganisch gestört. Intensive Betreuung. Aufnahme in ein Heim für schwererziehbare Mädchen. Arbeitet als Verkäuferin. Emigriert mit 20 Jahren nach Israel, wechselnde Berufe. Nach Rückkehr aus Israel stetigere Tätigkeit, verheiratet mit jüdischem Mann, Kinder.

Bei der Nachuntersuchung 1972: charakterneurotische Entwicklung auf cerebral-organischer Basis mit paranoid-aggressiven und asthenischen Reaktionsformen (in Israel Heimweh); abdominale Operationen.

3) Ein bei Kriegsende etwa achtjähriger Junge aus liberal-jüdischem, kaufmännischem Milieu (»kleiner Selbständiger«) mit verhältnismäßig leichter zweiter traumatischer Sequenz – nur 1 Versteck, dort verwöhnt durch ältere Kinder, wenig pädagogische Leitung, bleibt wegen seines Phänotypus immer im Zimmer – scheitert nach dem Kriege in der ersten jüdischen Pflegefamilie, besucht christliche Volksschule, durchläuft danach zwei jüdische Heime. Geht im Alter von 14 Jahren mit einer Gruppe nach Israel, scheitert auch dort, kehrt nach Holland zurück, durchläuft mehrere jüdische und nicht-jüdische offene und geschlossene Heime. Scheitert auf einer technischen Schule und in vielen Berufen; hat als Zwanzigjähriger bereits 12 verschiedene Aufenthaltsorte gehabt. Intensive soziale Betreuung; hin und wieder psychiatrische Kontakte. Vormund seit 1950 ist die jüdische Waisenorganisation. Sexuell enthemmt, delinquent acting out.

Bei der Nachuntersuchung: nach vielen Schwankungen Berufsziel erreicht, kleiner Selbständiger, zeitweilig invalide.

Angstneurotische Entwicklung mit depressiv-paranoiden Reaktionsformen und Loyalitätskonflikten. Verheiratet mit nicht-jüdischer Frau, Kinder, an denen er abgöttisch hängt.

(4) Ein 1933 geborenes Mädchen aus orthodox-jüdischem, gutsituiertem Milieu, Eltern geschieden, kommt etwa 12½jährig aus zwei Vernichtungslagern zurück, wegen Tbc Krankenhausaufnahme. Danach zwei jüdische Pflegefamilien, in denen sie scheitert. Nicht-jüdische Organisation erhält die Vormundschaft. Schwererziehbar, Entwicklungsrückstand, rankünös, schlechter Kontakt mit Altersgenossen, vereinsamt, unsicher, Mittelschulausbildung abgebrochen. Sekretärin-Ausbildung abgebrochen, Psychotherapie scheitert.

Bei der Nachuntersuchung: Berufsziel nicht erreicht, viele Wechsel der Arbeitsplätze, konfliktuös, invalide erklärt, unverheiratet. Bricht auch später Psychotherapie ab.

Erschöpfungszustände, chronische Müdigkeit, asthenische chronisch-reaktive Depressie bei charakterneurotischer Entwicklung mit profunden paranoiden Zügen.

5) Ein sechzehnjähriges Mädchen aus liberal-jüdischem Arbeitermilieu wird zusammen mit ihren Eltern und Geschwistern deportiert. Sie überlebt 11 KZ- und Vernichtungslager und kehrt als einzige Überlebende ihrer Familie zurück. Sie berichtet von ihrer Ankunft auf dem Amsterdamer Hauptbahnhof: Sie ging durch die Sperre. Irgendein Funktionär saß an einem Tisch, eine kleine Kartothek vor sich. Sie nannte ihren Namen. Er blätterte und zog ihre Karte heraus. »Sie wer-

den von niemandem erwartet«, sagte er. Sie bekam einen kleinen Geldbetrag und konnte gehen. Bei entfernten Verwandten wurde sie schlecht aufgefangen, mußte sofort wieder arbeiten. Zwanghafter Impuls, stundenlang im Toreingang des Hauses, in dem früher die Eltern gewohnt haben, zu stehen und Ausschau zu halten, begriff nicht, auf wen sie wohl wartet. Verbittert, enttäuscht, vereinsamt. Heiratet mit 20 Jahren einen ex-deportierten jüdischen Mann. War auch in der Ehe in verschiedenen Berufen an wechselnden Arbeitsplätzen tätig.

Diagnose: chronisch-reaktive Depression bei sthenischer, pyknischer Frau mit partieller Integration, vier gynäkologische Operationen. Konnte ihren beiden Kindern nichts aus ihrem Leben erzählen.

Mit diesem Fall, der das überwältigende Gefühl extremer Verlassenheit dokumentiert, will ich die Kasuistik beschließen.

Die tabellarische Darstellung

Bevor ich mich einer Besprechung der Untersuchungsresultate zuwende, will ich kurz auf die tabellarische Darstellung der repräsentativen Gruppe eingehen. Diese Erwägungen sind mehr methodologischer und prinzipieller Art und werden durch die Anlage und das Konzept der vorliegenden follow-up-Untersuchung bestimmt. Soweit ich sehe, ist dieses Vorgehen in der psychiatrischen Literatur bisher noch nicht praktiziert worden. Ich hatte mich schon zu Beginn der Untersuchung dazu entschieden, das Gesamtmaterial offen darzulegen, um ähnliche Untersuchungen anzuregen. Wie bereits erwähnt, standen uns für unsere Untersuchung zuvor angelegte Dossiers zur Verfügung, die als Ausgangspunkt und Unterlage für die wissenschaftliche Unternehmung dienten. Diese Prozedur wurde später durch von Baeyer in seiner Arbeit »Endomorphe Psychosen bei Verfolgten« übernommen.

Zur Extraktion der bestehenden Dossiers wurde ein Fragebogen entwickelt. Diesem wurden die Kategorien entnommen, nach welchen das gesamte Material in einer Übersichtstabelle geordnet dargestellt werden konnte, um die follow-up-Untersuchung auch optisch zu verdeutlichen und eventuelle Diskrepanzen der Entwicklungsverläufe innerhalb der Altersgruppen und im Vergleich der Altersgruppen untereinander besser zu übersehen. Die Reihenfolge der Problembereiche entspricht ungefähr dem zeitlichen Verlauf der zu untersuchenden Entwicklungsgänge. Die 204 Fälle unserer Population wurden in folgende Spalten eingeteilt:

  Sp. 1: Jahrgang
      Name (Code)
      Geschlecht
  Sp. 2: Elternhaus
  Sp. 3: Alter der Trennung von der Mutter
  Sp. 4: Art der Trennung

Sp. 5: Anzahl der Untertauchadressen
Sp. 6: Letzte Untertauchpflegeeltern
Sp. 7: Konzentrationslager
Sp. 8: Besonderheiten der Untertauchperiode
Sp. 9: Vormundschaft; Streitfall
Sp. 10: Alter bei Rückkehr ins jüdische Milieu
Sp. 11: Ausbildung: a) Schule, b) Beruf
Sp. 12: Besonderheiten der Nachkriegsperiode
Sp. 13: Alter bei Alija nach Israel
Sp. 14: Alter bei Rückkehr aus Israel
Sp. 15: Nachuntersuchung

Zu Spalte 15: Der Fragebogen faßt die wichtigsten Problembereiche stichwortartig zusammen:

a) Persönlicher Status (Eheschließung, Partnerwahl, geschieden, unverheiratet, Kontakt, Abwehrformen)
b) Sozialer Status (Berufsentwicklung und -niveau, Berufsrolle, Erfüllung, Invalidität, Verhalten, Abwehrformen)
c) Verhältnis zum 3. Milieu (Hobbys, Mitglied von Klubs usw.)
d) Verhältnis zum kongenialen Milieu (aktiv bezogen, distanziert, konfliktuös)
e) Leib-seelische Verfassung, Verarbeitung des Verfolgungsgeschehens (Identitäts- und Loyalitätsprobleme, Trauerverarbeitung, Erkrankungen)

Den Schluß des Fragebogens bildet die Diagnose, die – soweit möglich – mehrdimensional gestellt wurde. Bei den diagnostischen Formulierungen habe ich mich an zwei Vorbildern orientiert: dem diagnostischen Schema der kinderpsychiatrischen Universitätsklinik Amsterdam (Prof. Dr. E.C.M. Frijling-Schreuder und Prof. Dr. D. J. de Levita) und an der durch von Baeyer, Häfner und Kisker in ihrer grundlegenden Untersuchung *Psychiatrie der Verfolgten* entwickelten Diagnosentabelle.

Diagnostische Erwägungen

Die psychiatrische Diagnostik ist nicht nur eine Frage der Terminologie. Sie ist abhängig von dem kritischen Selbstverständnis der Psychiatrie in den verschiedensten Phasen ihrer Geschichte. Die terminologischen und diagnostischen Schwierigkeiten liegen in der Verfolgtenproblematik selbst. Bereits von Baeyer u. a. (1964) wiesen darauf hin, daß es angesichts der Neu- und Einzigartigkeit der bei der psychiatrischen Erforschung des Verfolgungsgeschehens in Erscheinung tretenden Phänomene niemanden wundernehmen dürfe, wenn die bisher geläufige Nomenklatur – entstanden in »anderen Zeiten« – versage oder sich als unzureichend erweise. Angesichts der Vielfalt seelisch-sozialer Fehlhaltungen als Endresultat traumatisierter Entwicklungsvorgänge, wie sie bei verfolgten Kindern und Jugendlichen in der Vermengung von depressiven, angsthaften, phobischen Elementen und in ihren oft von vegetativen Symptomen begleiteten Verhaltensmustern auftreten und bereits mehrere Male (Venzlaff 1958, 1960; Bensheim 1960; Levinger 1962; Strauss 1961; Bensheim und von Baeyer 1961 u. a.) beschrieben wurden, habe ich mich dazu entschlossen, die Kriterien Kontakt, Angst und Depression zu Schwerpunkten meines Ordnungsschemas zu wählen. Daß dieser Einteilung etwas Künstliches anhaftet, ist mir bewußt; zumal man in einem Querschnitt bei fast allen Fällen Kontaktprobleme neben der Angst- und Trauerproblematik antrifft.

Auch habe ich, um dem Charakter der follow-up-Untersuchung gerecht zu werden und der Zahl der Fälle, von einer eher statisch angerichteten Diagnostik bewußt abgesehen, es statt dessen vorgezogen, soweit es möglich ist, von Entwicklungen zu sprechen. Gemeint sind in erster Hinsicht die neurotischen Entwicklungen, von denen es mehrere Spielarten gibt. Unter dem Begriff »neurotische Entwicklungen« werden demnach alle Fehlentwicklungen zusammengefaßt, die sich klinisch als a) charakterneurotische Entwicklungen, b) angstneurotische Entwicklungen, c) chronisch-reaktive Depressionen verschiedenen Schweregrades ausweisen.

Psycho-soziale Defizienz

Die Erfahrungen von zwei Weltkriegen mit ihren eingreifenden Veränderungen im Leben des einzelnen und der Völkergemeinschaften haben, wie *Leighton* (1967) feststellte, die sozio-kulturellen Faktoren mehr in den Mittelpunkt der psychiatrischen Forschung gerückt. Die enge Beziehung zwischen Psychiatrie, hier: Kinderpsychiatrie und Sozialpsychiatrie soll auch durch die Erweiterung der diagnostischen Kategorien berücksichtigt werden. Die Formulierung »man made disaster« drückt bereits den soziodynamischen Faktor der Verfolgung aus. Es handelt sich hier also nicht um die Erfassung von Krankheitserscheinungen im herkömmlichen klinisch-psychiatrischen Sinne. Vielmehr geht es darum, bestimmte Aspekte defizienten menschlichen Verhaltens in Ausbildung, Arbeit und Liebesleben, Ängste, Isolierungstendenzen und Einsamkeit u. a. vor dem Hintergrund bio-sozio-kultureller Faktoren zu erhellen.

Weijel (1971) hat seinen Untersuchungen über die »Wohlstandsnot« die von ihm geprägte Formel der »psycho-sozialen Defizienz« zugrunde gelegt. Er formulierte die Hypothese, daß analog zu den körperlichen Vorgängen (z. B. beim Auftreten von Rachitis) bei psychosozialen Dysfunktionen bestimmte psycho-soziale Fehlentwicklungen des Individuums eine Rolle spielen. Wie bereits erwähnt, habe ich durch die Einführung des Begriffes »basic needs« versucht, die altersspezifischen Defizienzvorgänge in unserer traumatisierten Population zu erfassen.

Untersuchungsergebnisse

Im *deskriptiv-klinischen* Teil bestätigte die Frequenzzählung der Diagnosen, die bei der Nachuntersuchung gestellt wurden, eine Bestätigung der Hypothese der altersspezifischen Traumatisierung. Die quantifizierend-statistische Untersuchung unterstützte auf befriedigende Weise Hypothese I:

Diagnosen (Nachuntersuchung)

	1. 0–18 M (30)	2. 18 M–4 J (41)	3. 4–6 J (24)	4. 6–11 J (42)	5. 11–14 J (26)	6. 14–18 J (41)
charakterneurotische Entwicklung	9 30%	15 36,6%	5 20,8%	12 28,6%	5 19,2%	7 17,1%
angstneurotische Entwicklung	4 13,3%	11 26,8%	6 25%	5 11,9%	10 38,5%	8 19,5%
chronisch-reaktive Depression	2 6,7%	5 12,2%	2 8,3%	8 19%	3 11,5%	13 31,7%
psychotische Episoden	2 6,7%	1 2,4%	1 4,2%	1 2,4%	1 3,8%	2 4,9%
Psychosomatose	–	3 7,3%	2 8,3%	3 7,1%	–	5 12,2%
organisch-cerebrale Beschädigung	3 10%	3 7,3%	1 4,2%	1 2,4%	1 3,8%	–
psychopathiforme Entwicklung	1 3,3%	–	1 4,2%	2 4,8%	–	–
restriktive Persönlichkeitsentwicklung	4 13,3%	2 4,9%	2 8,3%	6 14,3%	3 11,5%	2 4,9%
schwachbegabt	1 3,3%	–	–	–	1 3,8%	–
normale Entwicklung	4 13,3%	1 2,4%	4 16,7%	4 9,5%	2 7,7%	4 9,8%

Bei den jüngeren Altersgruppen überwiegen die charakterneurotischen Entwicklungen: tiefere Kontaktstörungen, persönliche und soziale Verunsicherung und psychopathiforme Verhaltensmuster. Bei der Adoleszentengruppe stehen die chronisch-reaktiven Depressionen im Vordergrund. Diese diagnostische Kategorie wird nicht allein unter dem Aspekt der depressiven Stimmungsqualität als Ausdruck der Trauer um einen erlittenen Verlust begriffen, vielmehr in ihrer Abwehrfunktion, Abwehr gegen die mit Angst beladenen Phantasien, Erinnerungen und möglichen Wiederholungen traumatischer Ereignisse in der Wirklichkeit. Diese Befunde stimmen mit denen von Baeyer, Häfner und Kisker und auch mit denen von Lempp überein, der aufgrund von Aktenuntersuchungen zu dem gleichen Ergebnis kam.

Neu in meiner Untersuchung ist der hohe Anteil der angstneurotischen Entwicklungen in der fünften, der Präadoleszentengruppe.

Obwohl die Angst zu den Kern-Erlebnissen auch der verfolgten Kinder und Jugendlichen gerechnet werden muß und bei allen psychiatrischen Bildern ihre Wirkung ausübt, scheint es dennoch möglich, zu differenzierteren Aussagen zu kommen. Die Präadoleszentengruppe bildet mit ihrem biologisch bedingten Versagen der Angstabwehr den Übergang zu der Adoleszentengruppe. Mit dem zunehmenden Alter in den Gruppen findet eine deutliche Verschiebung statt von den charakterneurotischen Entwicklungen über die angstneurotischen Entwicklungen zu den chronisch-reaktiven Depressionen. Diese Verschiebung gewinnt mit der Anerkennung der angstneurotischen Entwicklungen als altersspezifischer Traumatisierungsform an Plausibilität. Bei der dritten Altersgruppe (4–6 J.) beginnt offenbar eine im Vergleich zu den beiden ersten Gruppen neue Form der Traumatisierung, die bei unserer Population mit den Erinnerungen an Eltern und Elternhaus zusammenhängt.

Dies bedeutet: Kinder einer verfolgten Minderheitsgruppe, aus verschiedenen Jahrgängen, aus verschiedenen sozio-kulturellen und religiösen Milieus und von unterschiedlichem sozialem Status werden im Zuge eines Verfolgungsgeschehens von ihrem kongenialen Milieu getrennt. Hierauf sind sie einer Abfolge von schweren, sich häufenden Traumatisierungen ausgesetzt, die sie als Waisen überleben. Der Zeitpunkt der Trennung von Mutter und Kind wird als Beginn des massivkumulativen Traumatisierungsverlaufes gewählt, der nur in wenigen externen Faktoren operationalisiert werden kann. Ungefähr dreißig Jahre später wird eine Gruppe dieser Kinder nachuntersucht. Sowohl in der deskriptiv-klinischen als auch der quantifizierend-statistischen Untersuchung wird eine Tendenz gefunden, die die Hypothese der altersspezifischen Traumatisierung unterstützt.

In folgenden Tabellen der psycho-sozialen Defizienz sind die hohen Werte für emotionelle Störungen bei allen Altersgruppen auffallend.

Psycho-soziale Defizienz nach Weijel (Nachuntersuchung)

Altersgruppe	I.	II.	III.	IV.	V.	VI.
Scheidung	5 (16,6%)	4 (9,75%)	6 (25%)	4 (9,5%)	4 (15,4%)	2 (4,8%)
freie Verbindung mit Kindern geschieden	1 (3,3%)	2 (4,87%)	–	2 (4,76%)	–	1 (2,7%)
Aufnahme psychiatrische Klinik	3 (10%)	4 (9,75%)	2 (8,3%)	4 (9,5%)	1 (3,9%)	3 (7,1%)
Invalide, aus dem Arbeitsprozeß	7 (23,3%)	9 (21,9%)	1 (4,15%)	2 (4,76%)	1 (3,8%)	8 (19%)
Diskrepanz Intelligenz/Ausbildung	12 (40%)	21 (51,2%)	16 (66,6%)	28 (67%)	15 (57,7%)	28 (66,6%)
emotionelle Störung	26 (86,6%)	40 (97,6%)	21 (87,5%)	39 (93%)	25 (96,1%)	36 (85,7%)

Die Spalte »Diskrepanz zwischen Intellekt und Ausbildung« verdeutlicht diesen besonderen Traumatisierungseffekt für die dritte, vierte und sechste Altersgruppe. Die Bedeutung des Faktors »Ausbildung« überhaupt erhellt aus den Prozentsätzen für »keine, abgebrochene oder gescheiterte Ausbildung«.

Keine, gescheiterte oder abgebrochene Ausbildung in den Altersgrupen I bis VI

I.	II.	III.	IV.	V.	VI.
(7)	(13)	(10)	(10)	(7)	(21)
23,3%	31,7%	41,6%	23,8%	28%	50%

Hier lagen die Werte im ganzen hoch, zwischen 23,3% und 50%, exzessiv hoch für die dritte (41,6%) und die sechste Altersgruppe (50%). Die statistische Auswertung ergab, daß die psycho-sozialen Defizienzerscheinungen nach Weijel, die auf rein klinischen Beobachtungen beruhen, einen wichtigen Indikator zur Erfassung des »Sozialverhaltens« der Nachuntersuchten darstellt, womit Hypothese II der Intensität der Traumatisierung überprüft wurde.

Bei allen Altersgrupen läßt sich ferner eine individuell-psychologische und eine gruppendynamische Problematik nachweisen. Loyalitäts- und Identitätskonflikte finden sich in wechselnder Intensität bei allen Fällen, ebenso die Dankbarkeits- und Trauerproblematik, die Überlebensphantasien, die Schuldgefühle der Überlebenden, die Bedeutung und Funktion der Phantasie und der Erinnerung an die umgekommenen Eltern und Geschwister und die Vormundschaftsproblematik. Diese Themen werden in 40 Fallstudien teilweise sehr ausführlich dargestellt und erörtert. Es ergibt sich der Eindruck, daß die gruppendynamischen Spannungen, Loyalitäts- und Dankbarkeitsprobleme mit dem Prozeß der Trauerverarbeitung in einem direkten Zusammenhang stehen und die innere Konfliktlage des Waisenkindes verstärken. Vormundschaftszuweisungen ohne fortgesetzte intensive sozial-psychiatrische Betreuung scheinen bei schwer traumatisierten Kindern einen ungestörten Entwicklungsgang nicht zu gewährleisten.

Der klinisch gewonnene Eindruck von der Bedeutung der dritten traumatischen Sequenz (der Nachkriegsperiode) für Ausgang und endgültige Beurteilung des massiv-kumulativen Traumatisierungsgeschehens wird durch die quantifizierend-statistische Untersuchung im Hinblick auf Hypothese II (Traumatisierungsintensität) bestätigt. Die Eigenständigkeit der klinisch konzipierten zweiten (direkte Verfolgung) und dritten traumatischen Sequenz erweist sich ebenfalls als statistisch signifikant. Die Beobachtungen der dritten traumatischen Sequenz erlauben treffsichere Voraussagen hinsichtlich des späteren sozialen Funktionierens, wie wir es in der Nachuntersuchung erfaßten. Die Beobachtungen der zweiten traumatischen Sequenz erlauben diese Voraussage nicht: Der statistischen Untersuchung zufolge gestattet die Vormundschaftsübertragung als solche keine Voraussage über den weiteren Entwicklungsgang des Kindes. Kinder mit einem relativ günstigen Verlauf der zweiten traumatischen Sequenz, also der Zeit der unmittelbaren Bedrohung, aber einer ungünstigen dritten traumatischen Sequenz, der Nachkriegsperiode, zeigen ca. 25 Jahre später ein schlechteres Entwicklungsbild als Kinder mit einer ungünstigeren zweiten, aber einer günstigeren dritten traumatischen Sequenz.

Die Bedeutung der dritten traumatischen Sequenz liegt in der Qualität des Pflegemilieus, in seinem Vermögen, die Nachkriegsperiode in ihrer Bedeutung für das Kind zu erfassen und demgemäß zu gestalten, die Traumatisierungskette zu brechen und dadurch das Gesamtgeschehen zu mildern, nämlich selbst die adäquate Antwort zu finden und die erforderliche Hilfe zu bieten oder rechtzeitig Hilfe und Beratung zu suchen. Das entsprechende Unvermögen verstärkt die Gesamttraumatisierung. Dies gilt besonders in den Fällen, bei denen Privatpersonen die Vormundschaft ausübten und eine weitere sozialpsychiatrische Betreuung rechtlich nicht mehr gewährleistet war. Dies gibt zur Erwägung Anlaß, ob nicht Vormundschaftsübertragung bei schwer traumatisierten Kindern in allen Fällen an eine geregelte sozialpsychiatrische Betreuung zu binden wäre.

Alle hier aufgezählten Befunde gelten gleichermaßen für die Traumatisierungseffekte bei den aus den Konzentrations- und Vernichtungslagern zurückgekehrten wie bei den untergetauchten Kindern. Statistisch signifikante Unterschiede bezüglich des sozialen Funktionierens wurden in dieser Hinsicht nicht festgestellt. Es muß hier jedoch bedacht werden, daß die gemeinsame Deportation und das Miterleben des Todes der Eltern in den Lagern in seinen Auswirkungen schwerlich abzuwägen ist gegen den Effekt der Erinnerungsbilder vom ungewissen Abschied und der Phantasie über das Ende der Eltern.

Literaturnachweise

Baeyer, Walter Ritter von; Häfner, Heinz; Kisker, Karl-Peter: *Psychiatrie der Verfolgten.* Berlin, Göttingen, Heidelberg 1964.
Baeyer, Walter Ritter von; Binder, Werner: *Endomorphe Psychosen bei Verfolgten.* Berlin, Heidelberg, New York 1982.
Bastiaans, Jan: *Psychosomatische gevolgen van onderdrukking en verzet.* Amsterdam 1957.
Bensheim, H.: »Die KZ-Neurose rassisch Verfolgter. Ein Beitrag zur Psychopathologie der Neurosen«. In: »Nervenarzt« 31, 1960, S. 462 ff.
Besluit van 13 Augustus 1945, houdende eenige maatregelen in het belang van oorlogspleegkinderen. Staatsblad van het Koningrijk der Nederlanden. No F 137. 1945.
Boekman, E.: *Demographie der Joden in Nederland.* Amsterdam 1960.
Eitinger, L.: »Pathology of the concentration camp syndrome. Preliminary report«. In: *Archiv gen Psychiat.* Bd. 5, 1961, S. 371 ff.
Fishman, J.S.: »Jewish war orphans in the Netherlands. The Guardianship Issue 1945-1950«. In: *The Wiener Library Bulletin,* vol. XXVII nos. 30-31, S. 31 ff. London 1973-74.
Freud, Anna: *Infants without families.* New York 1944

Freud, A. and Dann, S.: »An experiment in group upbringing«. In: *The Psychoanalytic Study of the child.* Vol. VI. S. 127 ff. 1951.
Freud, A. and Burlingham, D.: *War and children.* New York 1943
Heek, F. van: *Van hoggkapitalisme naar verzorgingsstaat.* Meppel 1973. Besonders siehe S. 116 ff.
Heertje, H.: *De diamantbewerkers van Amsterdam.* 1933.
Heuyer, Prof.: »Psychologie spéciale de l'enfant victime de la guerre«. Mitteilung auf dem S.E.P.E.G.-Kongreß in Lausanne, Sept. Okt. 1946.
Keilson, Hans: »Zur Psychologie der jüdischen Kriegsweisen«. In: Pfister-Ammende (Hg.). *Die Psychohygiene. Grundlagen und Ziele.* Bern 1949
–: »Sociaalpsychologische aspekten der joodse oorlogswezen. Beitrag zu einem Symposion über die jüdischen Kriegswaisen« (Amsterdam 1949, ungedruckt).
–: u. Mitarbeit v. Sarphatie, H. R.: »Sequentielle Traumatisierung bei Kindern. Descriptivklinische und quantifizierend-statistische follow-up Untersuchung zum Schicksal der jüdischen Kriegswaisen in den Niederlanden«. »Forum der Psychiatrie.« Stuttgart 1979.
Kolle, K.: »Die Opfer der nationalsozialistischen Verfolgung in psychiatrischer Sicht«. In: »Der Nervenarzt«. Bd. 29, 1958, S. 148 ff.
Khan, M. Massud R.: »The concept of cumulative trauma«. In: *The Psychoanalytic study of the child.* Bd. XVIII. S. 286–306. 1963.
De Leeuw-Aalbers, A. J.: »Het kind als oorlogsslachtoffer«. In: »Maandblad voor de geestelijke volksgezondheid«. Jg. 2. 1947. No. 3. S. 3–15.
Lempp, R.: *Extrembelastung im Kinder- und Jugendalter.* Bern, Stuttgart, Wien 1979.
Levinger, L.: »Psychiatrische Untersuchungen in Israel an 800 Fällen mit Gesundheitsschadenforderungen wegen Nazi-Verfolgung«. In: »Der Nervenarzt« Bd. 33. 1962, S. 75 ff.
Matussek, P.: *Die Konzentrationslagerhaft und ihre Folgen.* Berlin, Heidelberg, New York 1971.
Minkowski, E.: »L'anaesthésie affective«. In: »Ann. méd. psychol«. Bd. 104. 1946, S. 80 ff.
Paul, H.; Herberg, H. J. (Hg.): *Psychische Spätschäden nach politischer Verfolgung.* Basel, New York 1963.
Strauss, H.: »Besonderheiten der nicht-psychotischen Störungen bei Opfern der nationalsozialistischen Verfolgung und ihre Bedeutung bei der Begutachtung«. In: »Der Nervenarzt«, Bd. 28. 1957, S. 344 ff.
Trautmann, E. C.: »Psychiatrische Untersuchungen an Überlebenden der nationalsozialistischen Vernichtungslager 15 Jahre nach der Befreiung«. In: »Der Nervenarzt«, Bd. 32. 1961, S. 545–551.
Veffer, A.: *Statistische Daten der Juden in den Niederlanden.* Teil 1: Statistische Daten der Juden in Amsterdam, nebst vorläufigen Angaben über die Juden in den Niederlanden. Amsterdam 1942.
Venzlaff, U.: *Die psychoreaktiven Störungen nach entschädigungspflichtigen Ereignissen (die sog. Unfallneurosen).* Berlin, Göttingen, Heidelberg 1958.
–: »Erlebnishintergrund und Dynamik seelischer Verfolgungsschäden«. Siehe Paul, H.; Herberg, H. J.: *Psychische Spätschäden nach politischer Verfolgung.* 1963 (1).
Weijel, J. A.: *De mensen hebben geen leven. Een psychosociale studie.* Haarlem 1972 (3. Aufl.).

Kurzbiographien der Autoren

Richard Albrecht, geboren 1945, Autor und Kulturwissenschaftler mit einem Arbeitsschwerpunkt Exilforschung. Z. Zt. Forschungsstipendiat der Stiftung Volkswagenwerk (Carlo-Mierendorff-Edition). Seit 1970 zahlreiche Veröffentlichungen, zuletzt das Buch: »Erkundungen. Texte aus dem Revier« (Hg., 1983). – Lebt in Mannheim.

Helmut G. Asper, geboren 1945, Studium der Theaterwissenschaft, Kunstgeschichte und Germanistik in Köln, 1970 Promotion. Akademischer Rat an der Fakultät für Linguistik und Literaturwissenschaft der Universität Bielefeld. Publikationen über Theater, Fernsehen und Film.

Ehrhard Bahr, geboren 1932, 1968 Promotion, Professor für deutsche Literaturgeschichte an der University of California in Los Angeles. »Georg Lukács«. Berlin 1970; »Die Ironie im Spätwerk Goethes«. Berlin 1972; »Ernst Bloch«. Berlin 1974; »Nelly Sachs«. München 1980. Zahlreiche weitere Studien, auch zur Exilliteratur.

Dagmar Barnouw, Professorin für Anglistik und Germanistik an der University of Texas at Austin. Buchveröffentlichungen zu Mörikes Lyrik, Thomas Manns Kulturbegriff, Elias Canetti als Kulturkritiker, Sozialutopien von Morus bis zur Science Fiction, Aufsätze zu Literaturtheorie und Kulturkritik, Feminismus und Science Fiction; im Erscheinen: Fictions 1918–1938, German Intellectuals and the Anxiety of Meaning; arbeitet an einem Buch über Macht- und Raumbegriff in literarischen Utopien (Power in Paradise).

Georg Bollenbeck, geboren 1947, Studium der Germanistik, Geschichte und Philosophie in Bonn. 1976 Promotion, 1982 Habilitation. Seit 1976 an der Gesamthochschule Siegen, seit 1984 dort Professor für Neuere Deutsche Literaturwissenschaft. Veröffentlichungen vor allem auf den Gebieten der Kulturgeschichte und Literaturtheorie, u. a.: »Armer Lump und Kunde Kraftmeier. Der Vagabund in der Literatur der zwanziger Jahre«. Heidelberg 1978; »Zur Theorie und Geschichte der Arbeiterlebenserinnerungen«. Kronberg/Ts. 1976; »Oskar Maria Graf. Eine Bildmonographie«. Reinbek 1985; »Der dauerhafte Schwankheld. Zum Ineinander von Produkt- und Rezeptionsgeschichte beim Till Eulenspiegel«. Stuttgart 1985.

Bernd Faulenbach, geb. 1943, Studium der Geschichtswissenschaft, Germanistik und Politikwissenschaft, Staatsexamen, Promotion, wissenschaftlicher Mitarbeiter an der Ruhr-Universität Bochum, seit 1981 am Forschungsinstitut für Arbeiterbildung e. V., Recklinghausen. Veröffentlichungen: (Hg.): »Geschichtswissenschaft in Deutschland«. München 1974; »Ideologie des deutschen Weges. Die deutsche Geschichte in der Historiographie zwischen Kaiserreich und Nationalsozialismus«. München 1980; zahlreiche Aufsätze zur Geschichte des 19. und 20. Jahrhunderts, insbesondere zur Geschichte der Geschichtswissenschaft sowie zur Geschichtsdidaktik.

Helga Grebing, geboren 1930 in Berlin, zweiter Bildungsweg, Studium der Geschichte und Philosophie, 1952 Promotion, danach Redakteurin, Lektorin und Referentin in der politischen Bildungsarbeit, 1970 Habilitation, 1971 Professorin für Politikwissenschaft in Frankfurt/M., seit 1972 Lehrstuhl für Neuere Geschichte unter besonderer Berücksichtigung der Sozialgeschichte des 19. und 20. Jahrhunderts an der Universität Göttingen. Zahlreiche Veröffentlichungen zur Geschichte und Theorie der Arbeiterbewegung, des Konservativismus und des Nationalsozialismus.

Willi Jasper, geboren 1945, 1966–1970 Studium der Germanistik und Politologie in Berlin. Tätigkeit als Journalist und Autor. 1982 Dissertation und Publikation zum Thema: »Heinrich Mann und die Volksfrontdiskussion«. Der Autor lebt in Köln.

Hans Keilson, geboren 1909 in Bad Freienwalde/Oder, Dr., Psychiater, Psychoanalytiker. 1928 Medizinstudium in Berlin, Ausbildung zum Turn-, Sport-, Schwimmlehrer an der Preuss. Hochschule f. Leibesübungen, Spandau. Während des Studiums als Musiker tätig. 1933 »Das Leben geht weiter«, Neuauflage 1984. 1934 ärztliches Staatsexamen. Schreib-, Publikations-, Berufsverbot. Lehrer an Schulen d. jüdischen Gemeinde Berlin, Landschulheim Caputh, Theodor-Herzl-Schule. 1936 Emigration in die Niederlande. Veröffentlichte unter Pseudonym (Alexander Kailand) deutsche Gedichte in holländischen Zeitschriften, unter Pseudonym (Benjamin Cooper) holländische Anthologien. Während der Verfolgung untergetaucht, arbeitete unter angenommenem Namen als Arzt für die holländische Resistance. Gründete nach dem Krieg mit anderen jüdischen Überlebenden die Organisation für die jüdischen Kriegswaisen »Le Ezrat Hajeld«, wofür er bis 1970 als Psychiater arbeitete. Inzwischen holländisches medizinisches Staatsexamen, Ausbildung als Psychiater, Psychoanalytiker. Von 1967–1975 erster wissenschaftlicher Mitarbeiter an der Kinderpsychiatrischen Universitäts-Klinik Amsterdam. Promovierte 1979 an der Universität Amsterdam über »Sequentielle Traumatisierung bei Kindern«. Weitere Publikationen: »Komödie in Moll«. Amsterdam 1947; »Der Tod des Widersachers«. Braunschweig 1959 (auch holl., engl., amerik.). Mitarbeiter an Anthologien; wissenschaftliche Arbeiten auf holländisch, deutsch. Deutschsprachige Gedichte. Seit Frühjahr 1985 Präsident des PEN-Zentrums German speaking writers abroad.

Heike Klapdor-Kops, geboren 1952, Studium der Germanistik, Politologie und Theaterwissenschaft in Tübingen und Berlin (Staatsex.), 1983 Promotion mit einer Arbeit über Exil und Exilliteratur. Verschiedene Veröffentlichungen im Bereich der Arbeitsschwerpunkte: Exilforschung und Frauenforschung in der Literaturwissenschaft, zuletzt: »Heldinnen. Die Gestaltung der Frauen im Drama deutscher Exilautoren 1933–45« (1985). Lebt als freie wissenschaftliche Autorin in Berlin.

Erich Kleinschmidt, geboren 1946, Studium der Geschichte und Germanistik, Promotion 1973, Assistent an der Universität Freiburg i. Br. 1974–1982, Habilitation 1980, seit 1983 Professor für Neuere Deutsche Literatur an der Universität Freiburg. Forschungsgebiete: Frühe Neuzeit, Literaturtheorie und -soziologie, Edition, A. Döblin, Exilliteratur. Publikationen: »Herrscherdarstellung« (1974); »Stadt und Literatur in der Frühen Neuzeit« (1982); A. Döblin: »Drama – Hörspiel – Film« (1983); »C. Einstein: Bebuquin« (1985). Zahlreiche Aufsätze in Zeitschriften.

Friedrich Kröhnke, geboren 1956 in Darmstadt, Dr. phil., veröffentlichte u. a. »Propaganda für Klaus Mann« (1981) und »Gennariello könnte ein Mädchen sein. Essays über Pasolini« (1983). Lebt als freier Publizist und Dozent für deutsche Literatur an den Schulen des deutschen Buchhandels in Frankfurt und Köln.

Claus-Dieter Krohn, Studium der Geschichte, Germanistik und Politologie in Hamburg und Berlin 1964–1970; Staatsexamen 1970, Promotion 1973; wiss. Assistent an der Freien Universität Berlin 1973–1975, Akadem. Rat an der Hochschule Lüneburg 1975, Habilitation 1979 an der Universität Hannover mit einer Arbeit zur Entwicklung der Wirtschaftswissenschaften in Deutschland zwischen 1918 und 1933, seit 1982 Gruppe der Professoren Hochschule Lüneburg, Lehrgebiet Geschichte. Veröffentlichungen: Bücher und Aufsätze zur Wirtschafts- und Politikgeschichte im 19. und 20. Jahrhundert. Derzeitiges Forschungsgebiet: emigrierte deutsche Sozialwissenschaftler in den USA nach 1933 und der New Deal.

Thomas Lange, geboren 1943, Studium der Germanistik, Geschichte und Völkerkunde. Seit 1974 im hessischen Schuldienst. 1982–1984 Lektor des DAAD in der VR China. Promotion 1975; Publikationen zur deutschen Literatur des 18. und 20. Jahrhunderts, zur Literaturdidaktik. Vorbereitung einer größeren Arbeit über Ernst Erich Noth.

Lieselotte Maas, geboren 1937, studierte in Berlin und München Theaterwissenschaft, Germanistik und Publizistik. Nach der Promotion 1964 zunächst beim Sender Freies Berlin, dann im Auftrag der Deutschen Forschungsgemeinschaft Arbeiten zur Dokumentation und Erforschung des Exils.

Beate Messerschmidt, Studium der Germanistik und Geschichte an der Humboldt-Universität in Ostberlin (Diplom 1972). 1973–1981 wissenschaftliche Mitarbeiterin am Zentralinstitut für Literaturgeschichte der Akademie der Wissenschaften der DDR in Ostberlin. Arbeiten zur Exilliteratur. 1983 nach zweijähriger politischer Haft direkt in die Bundesrepublik Deutschland übergesiedelt. Z. Zt. Dissertation über die Buchgemeinschaft »Büchergilde Gutenberg« und ihre Mitarbeiter in den Jahren 1924–1946/47.

Siegfried Mews, Professor of German an der University of North Carolina at Chapel Hill, Herausgeber der University of North Carolina Studies in the Germanic Languages and Literatures (1968–1980), hat Monographien und Artikel zur deutschen und vergleichenden Literaturgeschichte des 19. und 20. Jahrhunderts veröffentlicht. Er ist Executive Director der South Atlantic Modern Languages Association und Herausgeber der »South Atlantic Review«.

Patrik von zur Mühlen, geboren 1942 in Posen, Studium der Geschichte, Philosophie und Politischen Wissenschaft in Berlin und Bonn, 1967 Magisterexamen, 1971 Promotion, 1973–1975 im Bundesministerium für Bildung und Wissenschaft tätig, seit 1975 im Forschungsinstitut der Friedrich-Ebert-Stiftung. Veröffentlichungen zur Geschichte des Dritten Reichs und des Nationalsozialismus, zu Widerstand und Emigration.

Klaus Müller-Salget, geboren 1940, Studium der Germanistik, Latinistik und Philosophie in Bonn, Promotion 1970, Assistent in Gießen und Bonn, Habilitation 1980, Privatdozent und apl. Professor für Neuere deutsche Literaturwissenschaft in Bonn. Veröffentlichungen: »Alfred Döblin. Werk und Entwicklung«. Bonn 1972; »Erzählungen für das Volk. Evangelische Pfarrer als Volksschriftsteller im Deutschland des 19. Jahrhunderts«. Berlin 1984; Aufsätze zur deutschen Literatur von Goethe bis zur Gegenwart.

Joachim Radkau, geboren 1943, Studium in Münster, Berlin und Hamburg; Promotion 1970 bei dem Hamburger Historiker Fritz Fischer über politische Gruppierungen und Tendenzen unter den deutschen USA-Emigranten 1933–1945; veröffentlichte 1974 zusammen mit dem 1933 emigrierten Historiker George W. F. Hallgarten »Deutsche Industrie und Politik von Bismarck bis zur Gegenwart«. Im übrigen Arbeiten zur Theorie und Didaktik der Geschichte; Habil.-Schrift zur Geschichte der bundesdeutschen Atomwirtschaft (1980). Professor für Neuere Geschichte mit besonderer Berücksichtigung der Technikgeschichte an der Universität Bielefeld.

Alfons Söllner, geboren 1947 in Hardeck/Bayern. Studium der Germanistik, Politikwissenschaft, Philosophie, Soziologie in Regensburg,

München und Harvard/USA. 1973: MA, 1977: Dr. phil.; 1977–1979 Stipendiat der DFG; 1979–1984 Wiss. Mitarbeiter am Otto-Suhr-Institut/ FU Berlin; seit 1985 Mitarbeiter am Forschungsprojekt: Wissenstransfer durch Emigration. Zentrum für Antisemitismusforschung / TU Berlin. Veröffentlichungen: »Geschichte und Herrschaft. Studien zur materialistischen Sozialwissenschaft 1929–1942«. Frankfurt/M. 1979; Hg. »Franz L. Neumann, Wirtschaft, Staat, Demokratie«. Frankfurt/M. 1978; Hg. »Zur Archäologie der Demokratie in Deutschland. Analysen politischer Emigranten im amerikanischen Geheimdienst / Außenministerium«. Bd. I, Frankfurt/M. 1982, Bd. II, Frankfurt/M. erscheint 1986; »Franz Neumann zur Einführung«. Hannover 1982; diverse Aufsätze.

Alexander Stephan, geboren 1946; Studium der Germanistik und Amerikanistik in Berlin, Ann Arbor/Michigan und Princeton; 1972–1973 Lektor in Princeton, dann Professor für neuere deutsche Literatur an der University of California, Los Angeles. Seit 1985 an der University of Florida. Veröffentlichungen: »Christa Wolf«. München 1976, 2., erweit. Aufl. 1979; »Die deutsche Exilliteratur 1933–1945«. München 1979; »Christa Wolf« (Forschungsbericht). Amsterdam 1981; »Max Frisch«. München 1983; »Die Ästhetik des Widerstands« (Hg.). Frankfurt 1983; »Schreiben im Exil. Zur Ästhetik der deutschen Exilliteratur« (Mithg.). Bonn 1985; Aufsätze über DDR-Literatur, Exilliteratur, Arbeiterliteratur, G. Lukács, A. Seghers u. a.

www.ingramcontent.com/pod-product-compliance
Lightning Source LLC
Chambersburg PA
CBHW051204300426
44116CB00006B/436